Edgar Zeit

**Programmierung des
OS/2 Extended Edition
Database Manager**

AF065491

Aus dem Bereich Computerliteratur

Effektiv Starten mit Turbo C++
von Axel Kotulla

Objektorientierte Programmierung mit Turbo Pascal
von Martin Aupperle

Parallele Programmierung mit Modula-2
von Ernst A. Heinz

Das Modula-2-Umsteigerbuch
von Rames Abdelhamid

Topspeed Modula-2 von A . . Z
von Anton Liebetrau

Turbo Pascal-Wegweiser
von Ekkehard Kaier

Grafik und Animation in C
von Herbert Weidner und Bernhard Stauß

Programmierung des OS/2 Extended Edition Database Manager
von Edgar Zeit

Referenzhandbuch Standard C
von P. J. Plauger und J. Brodie
(Ein Microsoft Press/Vieweg-Buch)

Microsoft QuickPascal Programmierhandbuch
von Kris Jamsa
(Ein Microsoft Press/Vieweg-Buch)

Turbo Pascal von A . . Z
von Anton Liebetrau

Vieweg

EDGAR ZEIT

Programmierung des
OS/2 EXTENDED EDITION
DATABASE MANAGER

Das in diesem Buch enthaltene Programm-Material ist mit keiner Verpflichtung oder Garantie irgendeiner Art verbunden. Der Autor und der Verlag übernehmen infolgedessen keine Verantwortung und werden keine daraus folgende oder sonstige Haftung übernehmen, die auf irgendeine Art aus der Benutzung dieses Programm-Materials oder Teilen davon entsteht.

Der Verlag Vieweg ist ein Unternehmen der Verlagsgruppe Bertelsmann International.

Alle Rechte vorbehalten
© Friedr. Vieweg & Sohn Verlagsgesellschaft mbH, Braunschweig 1991
Softcover reprint of the hardcover 1st edition 1991

Das Werk einschließlich aller seiner Teile ist urheberrechtlich geschützt. Jede Verwertung außerhalb der engen Grenzen des Urheberrechtsgesetzes ist ohne Zustimmung des Verlags unzulässig und strafbar. Das gilt insbesondere für Vervielfältigungen, Übersetzungen, Mikroverfilmungen und die Einspeicherung und Verarbeitung in elektronischen Systemen.

Umschlaggestaltung: Schrimpf & Partner, Wiesbaden

ISBN-13: 978-3-528-04776-4 e-ISBN-13: 978-3-322-87788-8
DOI: 10.1007/978-3-322-87788-8

Für Birgit

Vorwort

Das vorliegende Buch führt den Leser in die relationale Datenbankwelt des OS/2 Extended Edition Database Manager ein. Es wurde bewußt Wert darauf gelegt, die Grundlagen des relationalen Datenmodells und der Zugriffssprache SQL umfassend zu behandeln. Der OS/2 Extended Edition Database Manager ist hierfür sehr gut geeignet, da er alle Eigenschaften eines modernen relationalen Datenbanksystems aufweist.

Die Praxis der Entwicklung von Datenbankanwendungen zeigt immer wieder, wie wichtig eine systematische Vorgehensweise - insbesondere beim Datenbankentwurf - ist. Ein wesentliches Ziel des vorliegenden Buches besteht darin, diese Erfahrungen weiterzuvermitteln.

Für Hinweise, Anregungen und sonstige Hilfestellungen danke ich folgenden Personen: H. Laudahn, H. Kopriva, H. Lehle, H. Braun, H. Olaf Krieg, Fr. Marion Koster.

Besonderen Dank möchte ich H. Wolfgang Stark für das inhaltliche und H. Karl Krieg für das grammatikalische Korrekturlesen aussprechen.

Dem Vieweg-Verlag danke ich für die kooperative und flexible Zusammenarbeit.

Nicht zuletzt möchte ich mich bei meiner Familie bedanken, die durch diese Arbeit doch erheblich in Mitleidenschaft gezogen wurde.

Der Verfasser

Diskette zum Buch

Die abgedruckten Programmbeispiele sind auf Diskette erhältlich. Die Begleitdiskette kann zum Preis von DM 46.50 + Versandkosten bei folgender Adresse bestellt werden:

K. Krieg
Helfensteinstr. 12
7014 Kornwestheim

Bitte geben Sie bei der Bestellung das gewünschte Diskettenformat an.

Inhalt

1 **Einleitung** 1

2 **Einführung in SQL und Query Manager** 9
   2.1 **Grundlagen** 9
       2.1.1 Anlegen und Füllen von Tabellen 11
       2.1.2 Einfache Abfragen 26
       2.1.3 Datenmanipulation mit SQL 60
       2.1.4 Was man sonst noch über SQL wissen sollte 71
   2.2 **Komplexe SQL-Anweisungen** 78
       2.2.1 Funktionen und Gruppenbildung 78
       2.2.2 Unterabfragen 96
       2.2.3 Mehrere Abfragen verknüpfen 108
       2.2.4 Join einer Tabelle mit sich selbst 120
       2.2.5 Virtuelle Tabellen 126
   2.3 **Funktionen des Query Manager** 134
       2.3.1 Ergebnisaufbereitung 139
       2.3.2 Geführte Abfragen 161
       2.3.3 Funktionen zur Anwendungsentwicklung 168

3 **Einführung in die SQL-Programmierung** 173
   3.1 **Das erste SQL-Programm** 175
   3.2 **Die wichtigsten Database Manager-Funktionen** 195
       3.2.1 Fehlerinformationen aufbereiten 195
       3.2.2 Initialisierungsfunktionen 204
   3.3 **SQL-Anweisungen ohne Cursor** 214
       3.3.1 Wirtsvariablen 214
       3.3.2 Behandlung von Nullwerten 237
       3.3.3 WHENEVER-Anweisung 245
       3.3.4 Änderungsanweisungen 249

3.4 Cursorverarbeitung 256
    3.4.1 Cursorgesteuerte Änderungsanweisungen 265
    3.4.2 Verwendung von Wirtsvariablen... 275
3.5 Ausblick auf dynamisches SQL.. 287
3.6 Realisierung der Präsentationskomponente 290

4 Datenbankentwurf 295
4.1 Die 3-Ebenen-Architektur nach ANSI/SPARC 295
4.2 Der konzeptionelle Datenbankentwurf 301
    4.2.1 Das Entity-Relationship-Modell 302
    4.2.2 Das Datenmodell des Database Manager 328
    4.2.3 Vom ER-Modell zum Datenmodell des Database Manager 338
    4.2.4 Normalisierung 369
4.3 Implementierung des konzeptionellen Datenbankentwurfs 391
    4.3.1 Datenbankdefinition 391
    4.3.2 Tabellendefinition 396
4.4 Der interne Datenbankentwurf 434
    4.4.1 Indexe 436
    4.4.2 Der Optimierer 443
    4.4.3 Die Wahl geeigneter Indexe 454
    4.4.4 Tabellenreorganisation 462
4.5 Der externe Datenbankentwurf 469

5 Aufbau des Database Manager 477
5.1 Systemarchitektur... 477
5.2 SQL-Kompilation 484
5.3 Transaktionsverarbeitung.. 495
5.4 Konkurrierender Zugriff 512
5.5 Datensicherung und -wiederherstellung 522
5.6 Zugriffsschutz 524
    5.6.1 Benutzerprofil-Verwaltung 527
    5.6.2 Berechtigungsvergabe innerhalb des Database Manager 532

6 Fortgeschrittene Programmiertechniken 543
6.1 Kommunikation über die SQLDA 543
6.2 Dynamisches SQL 557
    6.2.1 Nicht-SELECT-Anweisungen 558
    6.2.2 SELECT-Anweisungen mit bekannter Spaltenliste 562
    6.2.3 SELECT-Anweisungen mit unbekannter Spaltenliste 568
    6.2.4 Dynamisches SQL in Verbindung mit cursorgesteuerten Änderungsanweisungen 592
    6.2.5 Berechtigungsprüfung bei dynamischem SQL 593
    6.2.6 Verwendung von Parametermarkierungen............................ 597

Stichwortverzeichnis 607

Anhang: Englisch-deutsches Wörterbuch 615

1 Einleitung

In den vergangenen Jahrzehnten wurde die kommerzielle Datenverarbeitung vor allem durch den Einsatz von Großrechnern geprägt. In dieser Großrechnerwelt betreibt eine Schar von EDV-Spezialisten in abgeschlossenen Rechenzentren komplizierte und teure Rechenanlagen. Der eigentliche Anwender erhält nur wenig Einblicke in die mysteriöse Welt der Datenverarbeitung. Alles was er hiervon zu sehen bekommt, sind Datensichtgeräte, die über Kommunikationsnetze an mehr oder weniger entfernte Rechenzentren angeschlossen sind.

Der wesentliche Vorteil einer derart zentralisierten Produktion von Rechenleistung besteht darin, daß viele Benutzer auf gemeinsame Datenbestände zugreifen können. Diese breite Verfügbarkeit aktueller Informationen hat sich für manche Wirtschaftszweige zu einem wettbewerbsentscheidenden Faktor entwickelt. So sind z.B. Banken oder Reiseveranstalter heute ohne funktionierende Rechenzentren nicht mehr vorstellbar.

Zunehmend zeigten sich jedoch auch die Nachteile einer zentralen Rechenzentrumsorganisation: Teure Rechner und stark spezialisiertes EDV-Personal verschlingen immer höhere Summen. Hinzu kommt, daß Rechenzentren - ihrer Machtfülle bewußt - nicht selten unflexible und bürokratische Organisationsformen annehmen. Schließlich sind die ständig weiterentwickelten Großrechnerbetriebssysteme inzwischen äußerst komplex und dadurch auch anfällig geworden. Bedingt durch die zentrale Struktur verursachen Rechnerausfälle hohe Kosten, da eine Betriebsstörung meist viele Benutzer gleichzeitig zur Untätigkeit verdammt.

Die Alternative

Seit dem Beginn der achtziger Jahre entwickelte sich mit dem Aufkommen von PC's eine völlig neue Form des Computereinsatzes. Im Gegensatz zur Anonymität des Großrechners ist der PC ein Computer zum Anfassen. Vergleichsweise geringe Anschaffungskosten und ungewohnt benutzerfreundliche Standardprogramme begründeten den großen Erfolg des PC's.

Betrachtet man das Preis-Leistungs-Verhältnis, so lassen die unvermindert anhaltenden Fortschritte in der PC-Hardwaretechnologie den Großrechner zunehmend ins Hintertreffen geraten. Auch die Anwendungsentwicklung bietet ein ähnliches Bild: Während in der Großrechnerwelt häufig veraltete Methoden und Programmiersprachen zum Einsatz kommen, werden auf dem PC-Sektor innovative Technologien, wie z.B. graphische Benutzeroberflächen und objektorientierte Programmiersprachen rasch aufgenommen.

Doch auch das PC-Szenario weist Mängel auf. Bedingt durch die Verteilung der Rechenleistung auf die Schreibtische der Anwender gestaltet sich der Zugriff auf unternehmensweite Datenbestände wesentlich schwieriger als in einer Großrechnerumgebung. Meist sind PC's überhaupt nicht oder nur in geringem Maße vernetzt. Existieren Großrechneranbindungen, so werden diese fast ausschließlich für Terminalemulationen benutzt. Der Zugriff auf zentrale Datenbanken mittels **echter** PC-Programme ist daher heute noch die Ausnahme. Die Vorteile des PC's, die vor allem aus benutzerfreundlichen graphischen Oberflächen resultieren, lassen sich deshalb nur für individuelle, nicht jedoch für unternehmensweite Datenbestände nutzen.

Die Perspektive: Client-Server-Architekturen

In den nächsten Jahren werden sich vor allem zwei Hard- und Softwarearchitekturen durchsetzen:

- ♦ In großen Unternehmen bleiben Großrechner weiterhin unverzichtbar. Allerdings ändert sich die Form ihres Einsatzes: Während sie bisher als Universalrechner konzipiert und eingesetzt wurden, wird sich zukünftig ihre Arbeit auf die Verwaltung unternehmensweiter Datenbanken und die Koordination von Kommunikationsnetzen beschränken. Die vielen Anwendungsprogramme, die heute noch auf Großrechnern ablaufen, werden zunehmend durch wesentlich leistungsfähigere und im Betrieb kostengünstigere PC-Programme verdrängt.

- ♦ Sind weniger umfangreiche Datenbestände zu verwalten, können sogar Hardewarekonfigurationen in Betracht gezogen werden, die völlig ohne Großrechner auskommen. An ihre Stelle treten sogenannte Serverstationen innerhalb lokaler Netze. Hierfür eignen sich UNIX-basierte Workstations aber auch zunehmend leistungsfähige PC's.

Die beschriebenen Architekturen besitzen eine Gemeinsamkeit: Es handelt sich um sogenannte Client-Server-Systeme; d.h. Anwendungsprogramme (Clients) und Datenbanken (Server) sind auf unterschiedliche Rechner verteilt. Diese Aufgabenteilung zwischen Clients und Servern ist jedoch nur dann mit vertretbarem Aufwand zu organisieren, wenn sich die Anwendungsprogramme auf den PC's nicht selbst um die Beschaffung entfernt gespeicherter Daten

1 Einleitung

kümmern müssen. Idealerweise sollte den PC-Anwendungsprogrammen der Eindruck vermittelt werden, die Daten stünden lokal zur Verfügung.

Der Database Manager

Mit dem IBM OS/2 Extended Edition Database Manager (im folgenden einfach nur als **Database Manager** bezeichnet) läßt sich diese Illusion in lokalen Netzen bereits heute realisieren. Anwendungsprogramme, die mit dem Database Manager zusammenarbeiten, greifen auf Daten immer in der gleichen Weise zu, unabhängig davon, ob sich diese Daten auf dem lokalen PC oder auf irgendeinem Server-PC innerhalb des lokalen Netzes befinden.

Zukünftig werden auch Großrechner-Datenbanksysteme mit einbezogen; d.h. ein PC-Anwendungsprogramm kann dann über den Database Manager z.B. unternehmensweite DB2-Datenbanken in derselben Form verarbeiten wie lokale Database Manager-Datenbanken.

Der Database Manager fungiert somit als alleiniger "Ansprechpartner" des PC-Anwendungsprogramms für sämtliche Datenbankzugriffe. Die zur Datenbeschaffung notwendige Kommunikation mit den entfernten Partnern, die die vom Anwendungsprogramm zu verarbeitenden Daten besitzen, führt er völlig eigenständig und für das Anwendungsprogramm unbemerkt durch.

Fazit: Der Database Manager bildet ein Schlüsselelement für die Realisierung zukünftiger Client-Server-Architekturen.

Unterstützte Programmiersprachen

Betrachtet man verschiedene Datenbanksysteme, so erkennt man im wesentlichen zwei unterschiedliche Techniken, wie Zugriffsanweisungen vom Anwendungsprogramm an das Datenbanksystem weitergereicht und Ergebnisse vom Datenbanksystem an das Anwendungsprogramm zurückgegeben werden:

♦ Eine weitverbreitete Technik besteht darin, über Funktionsaufrufe mit dem Datenbanksystem zu kommunizieren.

♦ Beim Database Manager und einigen anderen Datenbanksystemen kann man Datenbankanweisungen in der Zugriffssprache des Datenbanksystems direkt in das Anwendungsprogramm einbetten. Diese für den Programmierer angenehme Technik erfordert allerdings eine Vorbehandlung des Programms, bevor es sich mit dem Compiler übersetzen läßt. Hierzu dient ein sogenannter Precompiler. Im Lieferumfang der IBM OS/2 Extended Edition ist ein solcher Precompiler für den Database Manager enthalten.

Die zuletzt beschriebene Form des Datenbankzugriffs bringt es mit sich, daß Anwendungsprogramme, die mit dem Database Manager zusammenarbeiten sollen, in einer Programmiersprache geschrieben werden müssen, die vom Database Manager-Precompiler verstanden wird. Dies sind zur Zeit folgende Sprachen:

- C
- COBOL
- FORTRAN
- Pascal

Zusätzlich kann die Prozedursprache REXX für den Database Manager-Zugriff eingesetzt werden.

Es würde den Umfang dieses Buches sprengen, wollte man auf alle vier Programmiersprachen eingehen. Wir müssen uns daher auf eine Sprache beschränken. Da die Sprachen COBOL und FORTRAN im PC-Umfeld nicht allzu verbreitet sind, fällt es leicht, diese Sprachen zu streichen. Schwieriger ist die Entscheidung zwischen C und Pascal. Beide Sprachen erfreuen sich einer hohen Beliebtheit. Wegen der in letzter Zeit allgemein erkennbaren Zuwendung zur Sprache C wurde diese Sprache für die Programmierbeispiele des vorliegenden Buches benutzt.

Voraussetzungen

Da die Übungsprogramme in der Sprache C geschrieben sind, sollte der Leser über Grundkenntnisse in dieser Sprache verfügen. Weiterhin sollte ein PC zur Verfügung stehen, auf dem das Betriebssystem IBM OS/2 Extended Edition und ein OS/2-fähiger C-Compiler installiert sind.

Darüber hinaus werden keine weiteren Kenntnisse des Lesers vorausgesetzt. Insbesondere ist es für das Verständnis des vorliegenden Buches nicht erforderlich, bereits Datenbankerfahrungen zu besitzen.

Gliederung

Dieses Buch behandelt im wesentlichen vier Themenkomplexe:

Das Kapitel 2 führt in die Datenbankzugriffssprache des Database Manager ein. Zum Erlernen dieser Sprache muß noch nicht programmiert werden. Die meisten Anweisungen können nämlich interaktiv am Bildschirm eingegeben werden.

In den Kapiteln 3 und 6 wird gezeigt, wie man in C-Programmen Datenbankzugriffe ausführt.

Das Kapitel 4 ist das wichtigste Kapitel dieses Buches. Es beschäftigt sich mit dem Entwurf und der Erstellung von Database Manager-Datenbanken.

1 Einleitung

Der grundlegende Aufbau des Database Manager wird im Kapitel 5 erörtert. Hier werden Themen wie z.B. Zugriffsschutz und Datensicherung angesprochen.

Installation des Database Manager

Wie Sie sicherlich wissen, ist der Database Manager kein eigenständiges Produkt, sondern Bestandteil der Extended Edition des Betriebssystems OS/2. Er kann deshalb im Rahmen der OS/2-Installation gleich mitinstalliert werden. Es ist nicht Aufgabe dieses Buchs, die Details der OS/2-Installation zu erörtern. Da man jedoch bereits zum Installationszeitpunkt die zukünftige Einsatzform des Database Manager festlegen muß, sind an dieser Stelle einige Hinweise hierzu erforderlich:

Wenngleich die bestimmungsgemäße Konfigurationsform des Database Manager die Client-Server-Konfiguration ist, so empfiehlt es sich dennoch, am Anfang nur mit einer Einzelplatzkonfiguration zu beginnen. Bei dieser Konfigurationsform ist der Zugriff auf lokale Datenbanken, nicht jedoch der Zugriff auf entfernte Serverdatenbanken möglich. Wenn Ihr PC an kein lokales Netz angeschlossen ist, ist dies ohnehin die einzig mögliche Konfigurationsform.

Für eine Einzelplatzkonfiguration sind in der Database Manager-Installation folgende Angaben zu machen:

- Im Bildschirmformat "Database Manager - Install Menu" ist die Auswahl "1. Install Database Services and Query Manager" zu verwenden.
- Im Format "Remote Data Services" ist die Frage "Will your workstation use Remote Data Services" mit "No" zu beantworten.

Automatische Benutzeranmeldung

Um mit Database Manager-Datenbanken arbeiten zu können, muß man sich einer Benutzeranmeldung unterziehen; d.h. beim ersten Datenbankzugriff erscheint auf dem Bildschirm ein kleines Fenster mit dem Titel "Logon" und zwei Eingabefeldern "User ID" und "Password". In das Feld "User ID" ist eine sogenannte "Benutzeridentifikation" (kurz: Benutzer-ID) einzugeben. Zusätzlich muß man in das Feld "Password" ein zur Benutzer-ID passendes Paßwort eingeben.

Im Gegensatz zu einer Client-Server-Konfiguration ergibt die Benutzeranmeldung bei einem Einzelplatzsystem, an dem nur eine Person arbeitet, keinen rechten Sinn. Das im folgenden beschriebene Verfahren erlaubt eine automatische Benutzeranmeldung während des OS/2-Starts. Auf diese Weise erspart man sich, in jeder OS/2-Sitzung erneut Benutzer-ID und Paßwort einzugeben. Die nachstehenden Arbeitsschritte sind jedoch lediglich als "Kochrezept" anzusehen. Inhaltlich wird diese Thematik im Abschnitt 5.6 "Zugriffsschutz" ausführlich behandelt.

Im ersten Schritt werden wir eine neue Benutzer-ID anlegen. Hierzu klicken wir mit der Maus im Fenster "Desktop Manager" doppelt auf die Zeile "User Profile Management Services". Daraufhin öffnet sich das Fenster "Group - User Profile Management Services". In diesem Fenster klicken wir zweifach auf die Zeile "User Profile Management". Dies führt dazu, daß sich das bereits erwähnte Fenster "Logon" zur Benutzeranmeldung öffnet. Dort gibt man in das Feld "User ID" den Text **userid** (wird in Großbuchstaben angezeigt) und in das Feld "Password" den Text **password** (wird nicht angezeigt) ein. Nach dem Anklicken der Enter-Schaltfläche gelangt man dann ins Fenster "User Profile Management - User Profile". Dort ist nun in der Aktionszeile die Auswahl "Manage" anzuklicken. Es öffnet sich dann ein Untermenü mit den Auswahlmöglichkeiten "Manage Groups..." und "Manage Users...". Wir klicken auf "Manage User...". Hierdurch gelangt man ins Fenster "User Profile Management - User Management". Dort ist nun die Auswahl "Actions" und anschließend die Unterauswahl "Add a new user ID..." anzuklicken. Jetzt öffnet sich das in Abbildung 1.1 gezeigte Fenster "Add a New User".

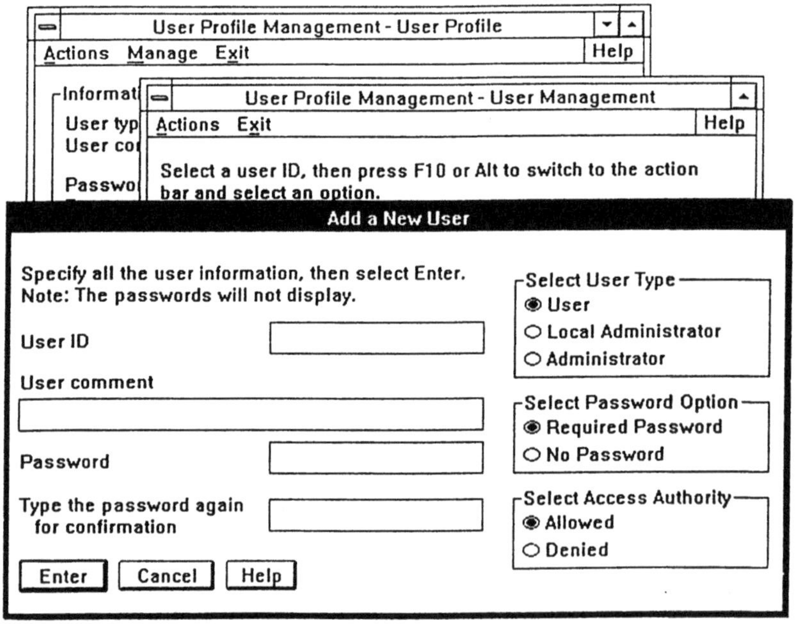

Abbildung 1.1

1 Einleitung 7

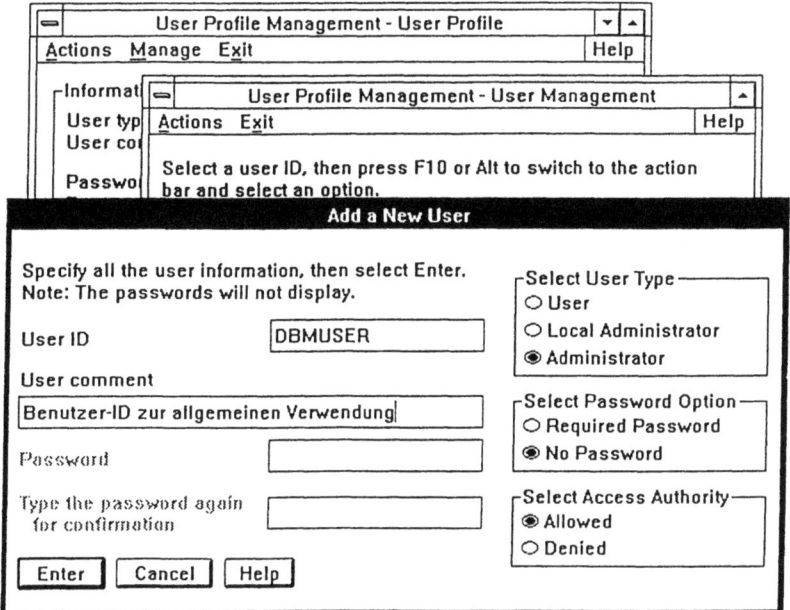

Abbildung 1.2

In das Eingabefeld "User ID" trägt man die neu anzulegende Benutzer-ID ein (siehe Abbildung 1.2). Die Übungen dieses Buches lassen sich am einfachsten nachvollziehen, wenn Sie hier den Text **DBMUSER** eintragen. Wenn ihnen diese Benutzer-ID jedoch nicht gefällt, können sie auch einen anderen, maximal achtstelligen Text eingeben. Allerdings müssen Sie dann einige Beispiele des Buches entsprechend der gewählten Benutzer-ID modifizieren.

Die Eingabe im Feld "User Comment" dient ausschließlich zur textlichen Beschreibung der neuen Benutzer-ID. Sie können hier einen beliebigen Text eintragen.

Wichtiger sind hingegen die Auswahlfelder "Select User Type" und "Select Password Option" (siehe Abbildung 1.2). Im zuerst genannten Feld ist die Auswahl "Administrator" anzuklicken, im letzteren die Auswahl "No Password".

Durch Anklicken der Enter-Schaltfläche wird die neue Benutzer-ID **DBM-USER** angelegt. Außerdem kehrt man hierdurch wieder in das Fenster "User Profile Management - User Management" zurück. Mit Hilfe der Funktionstaste *F3* läßt sich dieses Fenster schließen. Gleiches gilt für das Fenster "User Profile Management - User Profile".

Damit beim OS/2-Start automatisch eine Anmeldung mit der Benutzer-ID DBMUSER erfolgt, ist im Rootverzeichnis des logischen Laufwerks C: eine Datei mit dem Namen STARTUP.CMD und folgendem Inhalt zu erstellen:

```
start /C logon.exe dbmuser
exit
```

C:\STARTUP.CMD

Beim Start der nächsten OS/2-Sitzung wird diese Kommandodatei vom OS/2 automatisch ausgeführt (ähnlich der Datei AUTOEXEC.BAT im Betriebssystem DOS).

2 Einführung in SQL und Query Manager

2.1 Grundlagen

Der Database Manager ist - verglichen mit den meisten anderen, im PC-Bereich weit verbreiteten Datenbanksystemen - ein sehr komplexes Produkt. Um trotz dieser Komplexität einen Einstieg zu finden, beginnen wir mit einem relativ leicht verständlichen Aspekt des Database Manager - den SQL-Abfragen.

Was ist SQL?

SQL ist die Abkürzung von "Structured Query Language", was soviel wie "strukturierte Abfragesprache" bedeutet. Leider wird diese Bezeichnung den tatsächlichen Fähigkeiten von SQL nicht gerecht, da man mit SQL weitaus mehr tun kann, als nur Datenbankabfragen zu formulieren. So kann man mit SQL auch neue Daten in eine Datenbank einbringen, bestehende Daten modifizieren oder gar löschen. Darüber hinaus dient SQL dazu, die Struktur einer Datenbank festzulegen und Zugriffsberechtigungen auf eine Datenbank an verschiedene Benutzer zu erteilen bzw. wieder zurückzunehmen.

Bevor wir uns mit der Datenbanksprache SQL näher befassen können, müssen wir zuerst eine Vorstellung davon bekommen, wie im Database Manager Daten gespeichert werden.

Eine relationale Datenbank

Der Database Manager ist ein relationales Datenbanksystem. Ein wesentliches Merkmal relationaler Datenbanksysteme besteht darin, daß aus logischer Sicht alle Daten grundsätzlich in Form von Tabellen gespeichert sind. Hierzu sind zwei Anmerkungen zu machen:

1. Wenn ein Datenbanksystem Daten in Tabellenform präsentiert, so bedeutet dies noch lange nicht, daß es sich um ein relationales Datenbanksystem handelt. Insbesondere im PC-Bereich gibt es viele Datenbanksysteme, die zwar die Tabellendarstellung verwenden, die jedoch nicht als relational bezeichnet werden können. In Kapitel 4 "Datenbankentwurf" wird ausführlich behandelt, welche weitergehenden Kriterien ein relationales Datenbanksystem erfüllen muß. Im Moment wollen wir uns jedoch mit der Erkenntnis begnügen, daß die tabellarische Darstellungsform hierfür allein nicht ausreichend ist.

2. Die Tabellenform ist die logische Sicht, in der die gespeicherten Daten dem Benutzer oder Programmierer präsentiert werden. Die tatsächliche Form der Datenablage auf der Festplatte unterscheidet sich ganz erheblich von dieser Tabellendarstellung; sie ist wesentlich komplexer! Als Benutzer oder Programmierer braucht man sich jedoch für das interne Datenformat nicht zu interessieren, da die Daten vom Database Manager ausschließlich in der benutzerfreundlichen Tabellendarstellung präsentiert werden.

In Abbildung 2.1 ist eine Beispieltabelle dargestellt, die so in einer Database Manager-Datenbank enthalten sein könnte.

Eine Tabelle beinhaltet üblicherweise Daten für mehrere "Objekte" desselben Typs. In unserer Beispieltabelle sind Objekte vom Typ "Mitarbeiter" abgespeichert, d.h. die Tabelle enthält Daten zu Mitarbeitern eines Unternehmens. Wollte man Daten zu Objekten eines anderen Typs speichern - z.B. Kunden der Firma - so würde man diese Daten in einer zweiten Tabelle ablegen.

Tabellen besitzen Namen, mittels derer man sie in SQL-Anweisungen ansprechen kann. Sinnvollerweise benennt man Tabellen so, daß aus dem Tabellennamen der Objekttyp ersichtlich wird, zu dem die Tabelle Daten enthält. Unsere Beispieltabelle in Abbildung 2.1 heißt deshalb MITARBEITER.

Jede Spalte einer Tabelle definiert eine bestimmte Eigenschaft der in der Tabelle enthaltenen Objekte. So beschreibt beispielsweise die Spalte GEB_DATUM die Eigenschaft "Geburtsdatum" der Mitarbeiter. Spalten besitzen ihrerseits Namen, die in SQL-Anweisungen benutzt werden können, wenn man eine bestimmte Spalte ansprechen möchte. Auch die Spaltennamen sollte man so wählen, daß aus ihnen ersichtlich wird, welche Eigenschaft der Objekte sie repräsentieren; d.h der Inhalt der vierten Spalte von MITARBEITER wird durch die Bezeichnung GEB_DATUM eher verständlich, als wenn wir diese Spalte mit dem Namen SPALTE4 versehen hätten.

2.1 Grundlagen

MITARBEITER				
PERS NR	V NAME	N NAME	GEB DATUM	GEHALT
1	Hans	Müller	02.03.1955	3425,00
2	Rita	Schultz	13.11.1962	3744,00
3	Werner	Meier	23.04.1946	4145,00
4	Otto	Moser	18.07.1950	4724,00
5	Maria	Kuntz	11.01.1963	2803,00
6	Franz	Pfleiderer	01.12.1948	
7	Karl	Müller	11.12.1941	5478,00

Abbildung 2.1

Betrachten wir schließlich die Zeilen einer Tabelle: Eine Zeile enthält alle gespeicherten Eigenschaften eines bestimmten Objektes; die erste Zeile der Tabelle MITARBEITER beinhaltet somit alle zum Mitarbeiter "Hans Müller" gespeicherten Eigenschaften.

Nach dieser kurzen Einführung wollen wir nun unsere erste Database Manager-Tabelle anlegen und mit Daten füllen.

2.1.1 Anlegen und Füllen von Tabellen

Bevor wir nun mit der Tabellendefinition beginnen, müssen wir uns überlegen, wo die Tabellendaten abgespeichert werden sollen. Um Tabellen anlegen zu können, muß zuvor eine Datenbank (engl. database) definiert werden. Zu diesem Zweck rufen wir den Query Manager auf, indem wir im Fenster "Group - Main" die Zeile "Query Manager" mit der Maus zweimal anklicken. Daraufhin erscheint dann das in Abbildung 2.2 dargestellte Fenster mit dem Titel "Databases". Es enthält als einzigen Eintrag die Zeile:

-NEW-   Open a new database

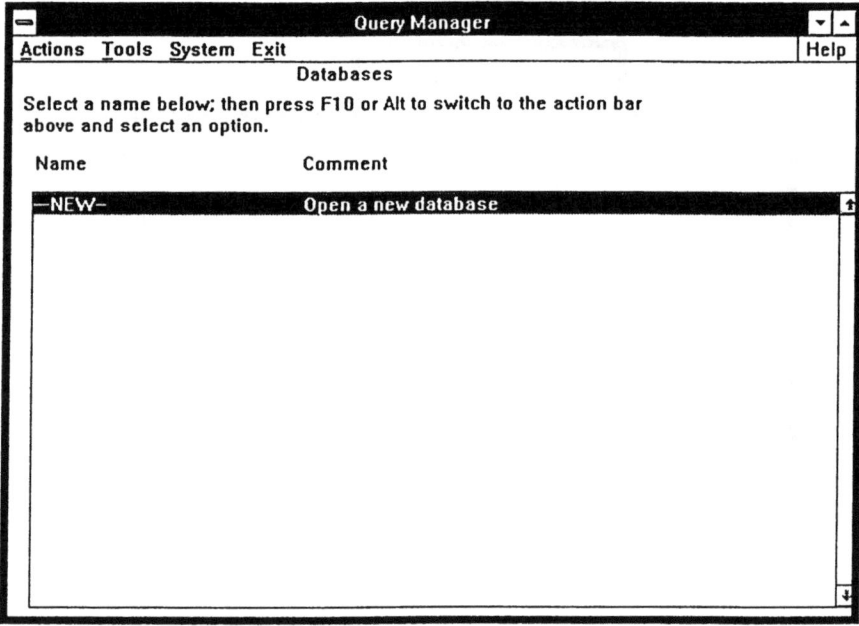

Abbildung 2.2

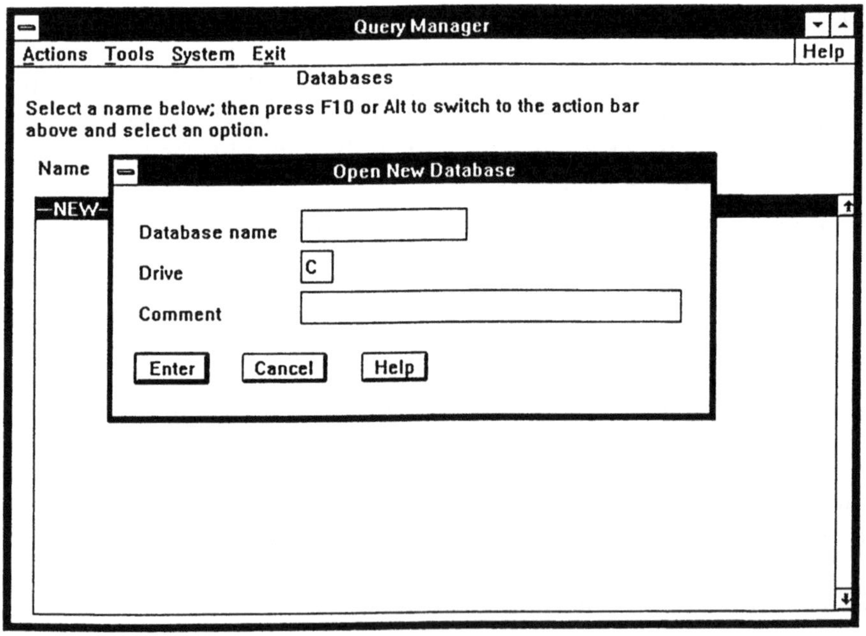

Abbildung 2.3

2.1 Grundlagen

Wir klicken diese Zeile mit der Maus zweimal an, um eine neue Datenbank anzulegen. Anschließend erscheint das Fenster "Open New Database" mit drei Eingabefeldern (siehe Abbildung 2.3).

Das erste Feld "Database name" dient dazu, die neu zu erstellende Datenbank mit einem Namen zu versehen. Wir wollen unsere Datenbank **UEBUNG** nennen.

Das zweite Feld mit der Bezeichnung "Drive" ist das wichtigste, da hiermit festgelegt wird, auf welchem logischen Laufwerk die Datenbank angelegt werden soll. Das Feld "Drive" ist bereits mit einem Laufwerksbuchstaben vorbelegt; es kann jedoch durch einen anderen Laufwerksbuchstaben überschrieben werden, sofern auf Ihrem PC weitere logische Laufwerke definiert sind. Auf dem vorgesehenen Laufwerk sollte jedoch freier Speicherplatz von mindestens 1,5 MB zur Verfügung stehen. Die Laufwerksbuchstaben A oder B sollte man nicht verwenden, da sonst eine Disketten-Datenbank angelegt wird.

Im dritten Eingabefeld "Comment" kann man schließlich die neu zu erstellende Datenbank mit einem Kommentar versehen. Wir geben hier die Zeichenkette **Datenbank für SQL-Übungen** ein.

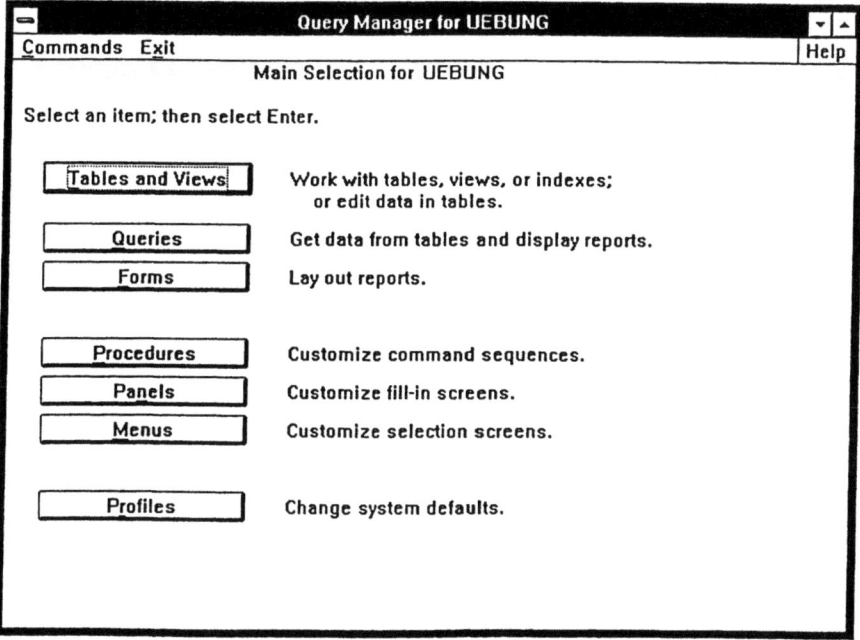

Abbildung 2.4

Mit dem Anklicken der Enter-Schaltfläche wird nun die neue Datenbank vom Database Manager angelegt. Nach erfolgreicher Erstellung erscheint das in

Abbildung 2.4 dargestellte Fenster mit dem Titel "Main Selection for UEBUNG".

Beim Anlegen der Datenbank wurden vom Database Manager auf dem angegebenen logischen Laufwerk zwei Dateiverzeichnisse erstellt. Das eine heißt SQL00001; das zweite SQLDBDIR. Beide Verzeichnisse dürfen keinesfalls in irgendeiner Weise verändert oder verlagert werden, da sonst die Datenbank zerstört wird. Der Zugriff auf diese Verzeichnisse ist einzig und allein dem Database Manager vorbehalten.

Um nun endlich die Tabelle MITARBEITER aus Abbildung 2.1 (Seite 11) zu erstellen, klicken wir im Fenster "Main Selection for UEBUNG" (siehe Abbildung 2.4) die Schaltfläche "Tables and Views" an. Dadurch gelangen wir in das in Abbildung 2.5 dargestellte Fenster "Tables and Views (Qualifier= DBMUSER)".

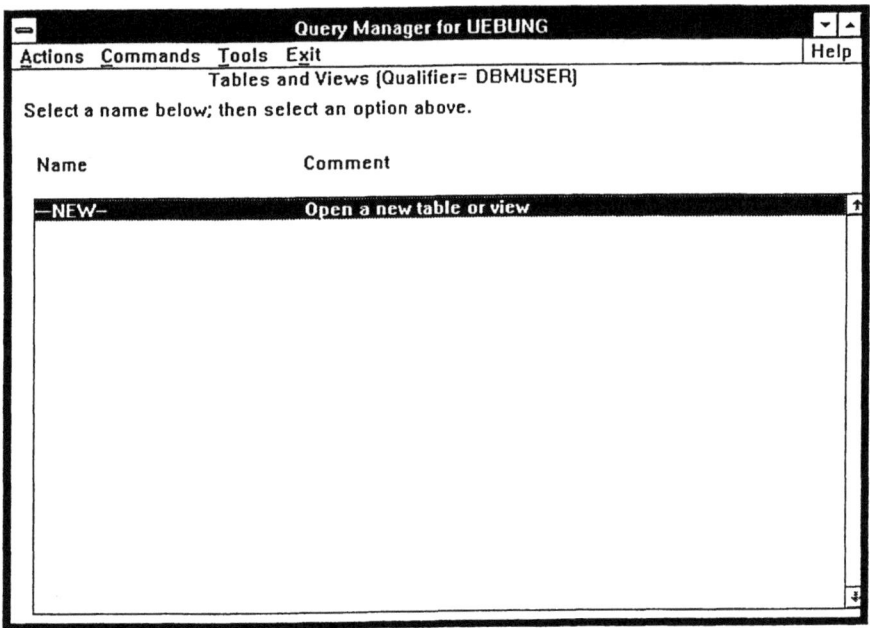

Abbildung 2.5

Dort klicken wir wiederum zweimal auf die Zeile:

-NEW-   Open a new table or view

Daraufhin erscheint das Fenster "Open" mit den beiden Alternativen "Table" und "View" (siehe Abbildung 2.6). Da die Auswahl "Table" bereits vorbelegt ist, brauchen wir nur noch die Schaltfläche "Enter" anzuklicken.

2.1 Grundlagen

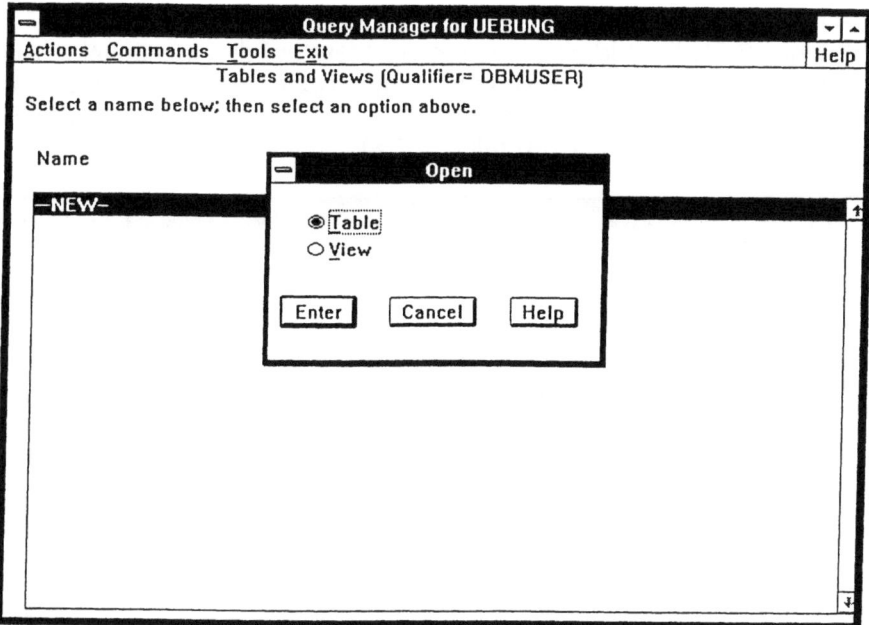

Abbildung 2.6

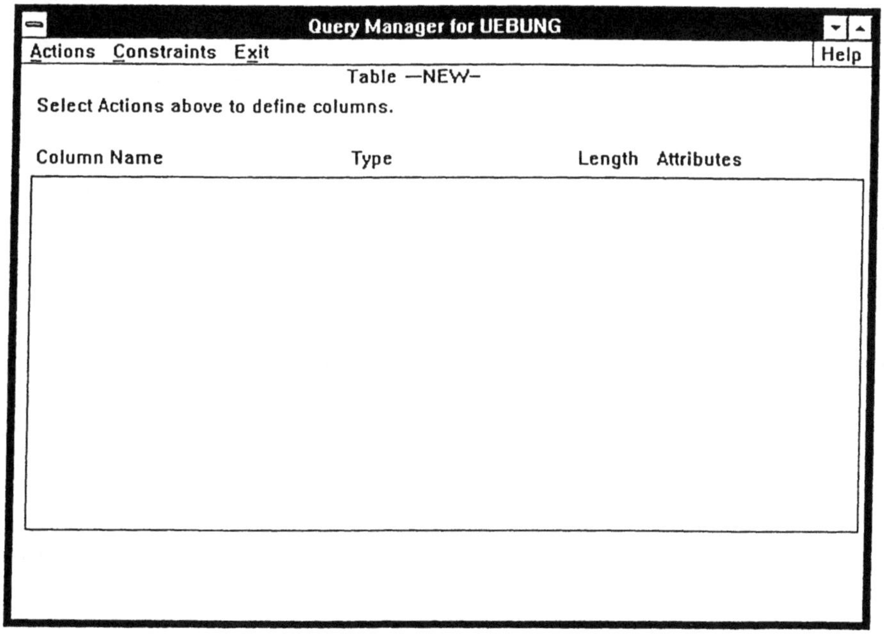

Abbildung 2.7

Anschließend erscheint das Fenster mit dem Titel "Table -NEW-" (siehe Abbildung 2.7). Dort klicken wir mit der Maus auf den Menüpunkt "Actions" in der Aktionszeile. In dem daraufhin angezeigten Untermenü klicken wir den obersten Menüpunkt "Add a column..." an. Hierdurch öffnet sich das Fenster "Column Data Type" (siehe Abbildung 2.8).

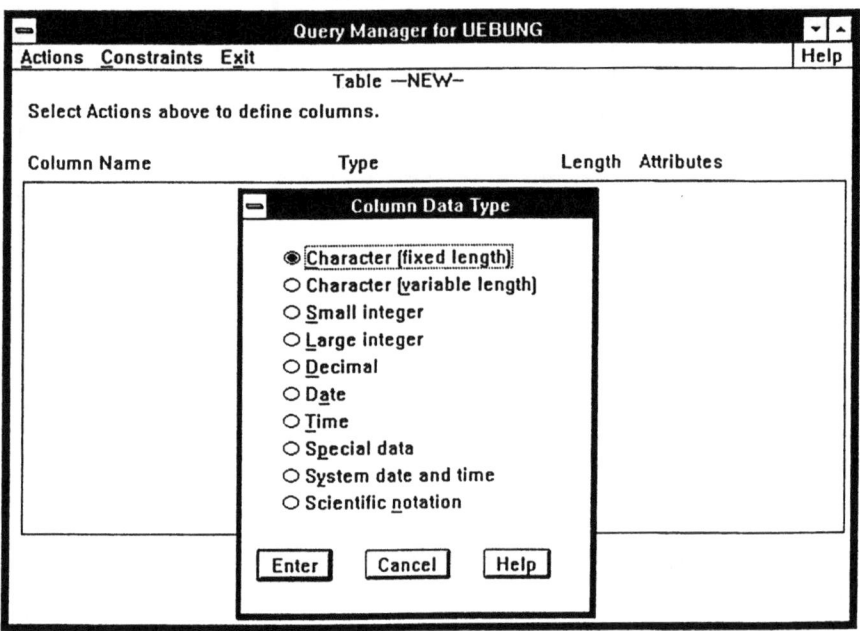

Abbildung 2.8

Wir müssen nun den Datentyp der ersten Spalte unserer Tabelle festlegen. Hierzu werden uns vom Database Manager zehn verschiedene Möglichkeiten angeboten (siehe Abbildung 2.8). Im folgenden wollen wir uns ansehen, worin sich diese zehn Datentypen unterscheiden:

Character
(fixed length): Der Datentyp "Character (fixed length)" ist für die Abspeicherung von Zeichenketten (engl. string) vorgesehen. Die Länge der Zeichenkette wird in einem weiteren Fenster festgelegt. Sie kann jedoch 256 Zeichen nicht überschreiten.
Der vorliegende Datentyp ist insbesondere dann gut geeignet, wenn die abzuspeichernden Zeichenketten in allen Zeilen etwa dieselbe Länge haben. Der Grund hierfür liegt darin, daß zur Abspeicherung immer der Speicherplatz für die maximal mögliche

2.1 Grundlagen

	Zeichenzahl beansprucht wird; d.h. bei Zeichenketten, die wesentlich kürzer als die festgelegte Maximallänge sind, wird Speicherplatz vergeudet.
Character (variable length):	Dieser Datentyp dient ebenfalls zur Abspeicherung von Zeichenketten. Im Gegensatz zum vorherigen Datentyp werden hier Zeichenketten nur in ihrer wirklichen Länge gespeichert. Die Speicherplatzausnutzung ist folglich besser; dies gilt insbesondere dann, wenn sich die Werte in der betrachteten Spalte längenmäßig sehr unterscheiden können. Die maximale Länge, die für diesen Datentyp festgelegt werden kann, beträgt 4000 Zeichen.
Small integer:	Der Datentyp "Small integer" dient zur Abspeicherung ganzer Zahlen im Zahlenbereich von -32 768 bis +32 767.
Large integer:	Der Datentyp "Large integer" ist ebenfalls für die Abspeicherung ganzer Zahlen vorgesehen. In diesem Fall steht jedoch der Zahlenbereich von -2 147 483 648 bis +2 147 483 647 zur Verfügung.
Decimal:	Dieser Datentyp eignet sich für Zahlen mit Dezimalstellen. Er ist z.B. für Währungsbeträge gut einsetzbar. Insgesamt kann eine Zahl vom Typ "Decimal" maximal 31 Stellen umfassen (Summe aus Vor- und Nachkommastellen).
Date:	Der Date-Datentyp dient zur Abspeicherung eines Kalenderdatums.
Time:	Dieser Datentyp ist zur Abspeicherung von Uhrzeiten vorgesehen.
Special data:	Der Special data-Datentyp wird verwendet, wenn sehr große Datenmengen (z.B. ganze Dokumente oder Grafiken) abgespeichert werden müssen. Da derartige Spalten nur in Programmen, nicht jedoch mit dem Query Manager verarbeitet werden können, wollen wir uns im Moment mit ihnen nicht weiter beschäftigen.
System date and time:	Der vorliegende Datentyp dient zur Speicherung eines Zeitpunktes. Während die Datentypen "Date" und "Time" jeweils einen Zeitraum festlegen (nämlich einen Tag bzw. eine Sekunde), so handelt es

	sich hier um einen praktisch unendlich kurzen Zeitraum, also einen Zeitpunkt.
Scientific notation:	Dieser Datentyp ist zur Speicherung von Fließkommazahlen vorgesehen, wie sie vor allem im technischen und naturwissenschaftlichen Bereich auftreten. Der mögliche Wertebereich erstreckt sich von $2{,}225*10^{-307}$ bis $1{,}79769*10^{+308}$.

Die vorliegende Beschreibung der Database Manager-Datentypen ist nur als eine erste, kurze Einführung in diese Thematik zu verstehen. Im Abschnitt 4.3.2 "Tabellendefinition" werden wir uns mit den Datentypen des Database Manager noch wesentlich ausführlicher beschäftigen.

Doch nun zurück zur Definition der ersten Spalte unserer Übungstabelle MITARBEITER. Entsprechend Abbildung 2.1 (Seite 11) sind in der ersten Spalte die Personalnummern der Mitarbeiter enthalten. Da als Personalnummern nur ganzzahlige Werte auftreten, verwenden wir den Datentyp "Small integer". Wir klicken also im Fenster "Column Data Type" (siehe Abbildung 2.8) den Datentyp "Small integer" mit der Maus an und klicken anschließend auf die Enter-Schaltfläche.

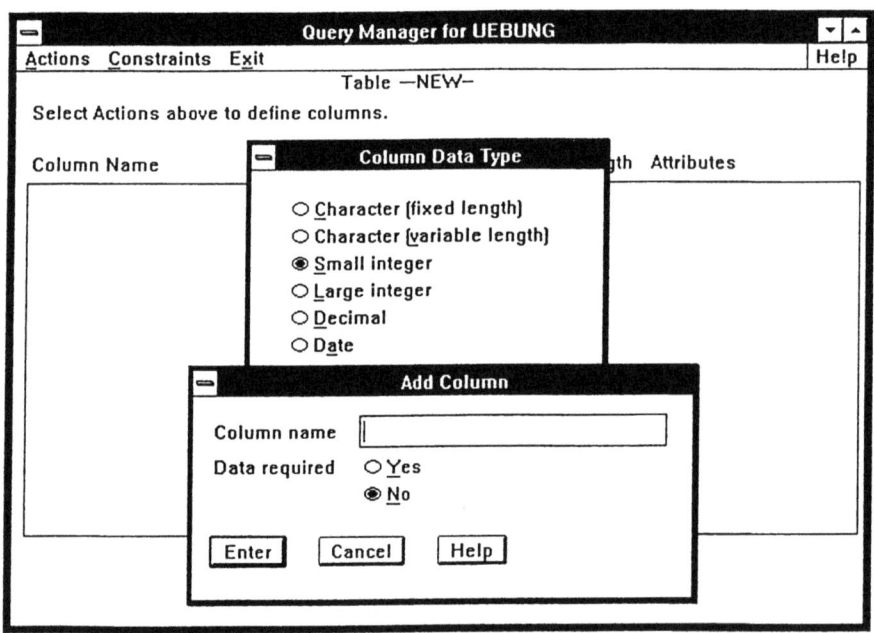

Abbildung 2.9

2.1 Grundlagen

Daraufhin erscheint das Fenster "Add Column" (siehe Abbildung 2.9). In das Eingabefeld "Column name" geben wir **PERS_NR** als Namen für die erste Tabellenspalte ein. Darüber hinaus ist im Fenster "Add Column" festzulegen, ob die betrachtete Tabellenspalte in allen Zeilen der Tabelle einen Inhalt haben muß. Hierzu dient das Auswahlfeld "Data required". Es ist mit "No" vorbelegt; d.h. es können Zeilen in die Tabelle eingefügt werden, die in der betrachteten Spalte keinen Wert enthalten. Klicken wir jedoch die Auswahl "Yes" an, so muß die zu definierende Spalte in jeder Zeile einen Wert enthalten. Da alle Mitarbeiter eine Personalnummer besitzen, klicken wir die Auswahl "Yes" an. Anschließend klicken wir auf die Enter-Schaltfläche.

Daraufhin werden die Definitionsdaten der ersten Tabellenspalte in das Fenster "Table -NEW-" übertragen und das Fenster "Column Data Type" wird erneut angezeigt. Man kann also gleich mit der Definition der zweiten Spalte fortfahren. Möchte man jedoch zuvor die Definitionsdaten der ersten Spalte nochmals überprüfen, so muß man hierzu das Fenster "Column Data Type" etwas verschieben, damit alle Einträge zur ersten Spalte sichtbar werden.

Ist Ihnen bei der Definition der ersten Spalte ein Fehler unterlaufen, so sollten Sie dies im Moment ignorieren und mit der Definition der übrigen Spalten fortfahren. Wir werden - nachdem alle Spalten definiert sind - zeigen, wie man fehlerhafte Eingaben korrigieren kann.

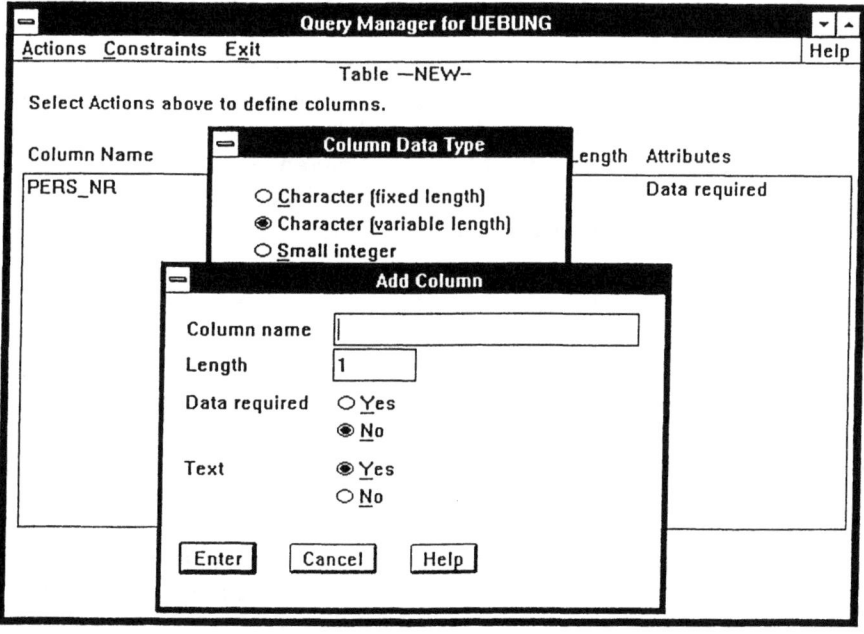

Abbildung 2.10

Die zweite Tabellenspalte dient zur Abspeicherung der Vornamen der Mitarbeiter. Da sich Vornamen in der Länge erheblich voneinander unterscheiden können, verwenden wir den Datentyp "Character (variable length)". Nachdem wir diesen Datentyp ausgewählt und anschließend die Enter-Schaltfläche angeklickt haben, gelangen wir wiederum in das Fenster "Add Column" (siehe Abbildung 2.10), das sich jedoch vom Add Column-Fenster der ersten Spalte unterscheidet (vergl. Abbildung 2.9). Der Unterschied liegt darin begründet, daß für eine Spalte vom Typ "Character (variable length) mehr Angaben notwendig sind, als für eine Spalte vom Typ "Small integer".

Im Eingabefeld "Column Name" geben wir **V_NAME** als Spaltenbezeichnung ein. Im nächsten Eingabefeld "Length" muß man die maximale Länge eingeben, die eine Zeichenkette in der betrachteten Spalte annehmen darf. Wir gehen davon aus, daß Vornamen nie mehr als 15 Zeichen umfassen und geben deshalb den Wert **15** ein. Das Auswahlfeld "Data required" ist uns ja bereits bekannt. Da jeder Mitarbeiter einen Vornamen besitzt, klicken wir auch hier die Auswahl "Yes" an. Mit dem nächsten Auswahlfeld "Text" wollen wir uns im Moment nicht beschäftigen. Wir lassen die Voreinstellung "Yes" bestehen. Durch Anklicken der Enter-Schaltfläche ist die Definition der zweiten Spalte abgeschlossen.

Die dritte Spalte unterscheidet sich von der zweiten nur dadurch, daß im Feld "Column Name" nicht V_NAME, sondern **N_NAME** (für Nachname) eingegeben wird.

Die vierte Tabellenspalte soll die Geburtsdaten der Mitarbeiter enthalten (siehe Abbildung 2.1 auf Seite 11). Wir klicken deshalb im Fenster "Column Data Type" die Auswahl "Date" an. Im anschließend erscheinenden Fenster "Add Column" geben wir **GEB_DATUM** als Spaltenbezeichnung ein. Außerdem wählen wir im Auswahlfeld "Data required" wiederum "Yes", da für alle Mitarbeiter das jeweilige Geburtsdatum bekannt ist.

Für die letzte Spalte schließlich wählen wir den Datentyp "Decimal", weil diese Spalte die Gehälter der Mitarbeiter enthalten soll. Im Fenster "Add Column" geben wir den Spaltennamen **GEHALT** ein. Im Feld "Length" müssen wir in diesem Fall zwei Angaben machen. Zum einen ist die Gesamtstellenzahl der Spalte anzugeben (Anzahl der Vor- und Nachkommastellen; das Dezimalzeichen wird hierbei nicht mitgezählt). Zusätzlich muß die Zahl der Nachkommastellen angegeben werden. Beide Angaben werden durch ein Komma getrennt. Wir geben in das Feld "Length" den Wert **7,2** ein; als Gehalt kann somit maximal ein fünfstelliger DM-Wert eingegeben werden. Wir wollen bei dieser Spalte die Voreinstellung "No" für das Auswahlfeld "Data required" bestehen lassen, da es Situationen geben kann, in denen das Gehalt eines Mitarbeiters nicht bekannt ist und folglich in diese Spalte kein Wert eingetragen werden kann.

2.1 Grundlagen

Da wir nun alle Spalten unserer Tabelle definiert haben, ist im Fenster "Column Data Type" die Schaltfläche "Cancel" anzuklicken; d.h. wir wollen keine weiteren Spalten mehr erfassen.

Das Fenster "Table -NEW-" müßte jetzt mit der Abbildung 2.11 übereinstimmen. Sollten jedoch Differenzen auftreten, so können diese korrigiert werden, indem man in der Aktionszeile die Auswahl "Actions" anklickt und anschließend die Unterauswahl "Change a column..." benutzt. Im daraufhin erscheinenden Fenster "Change Column" kann man die Spalte auswählen, zu der man Korrekturen vornehmen möchte. Die Korrektur einer Spalte läuft im Prinzip genauso ab wie die Neudefinition, so daß wir uns weitere Ausführungen hierzu ersparen können. Mit der Auswahl "Delete a column..." im Untermenü "Actions" kann man Spaltendefinitionen auch wieder löschen.

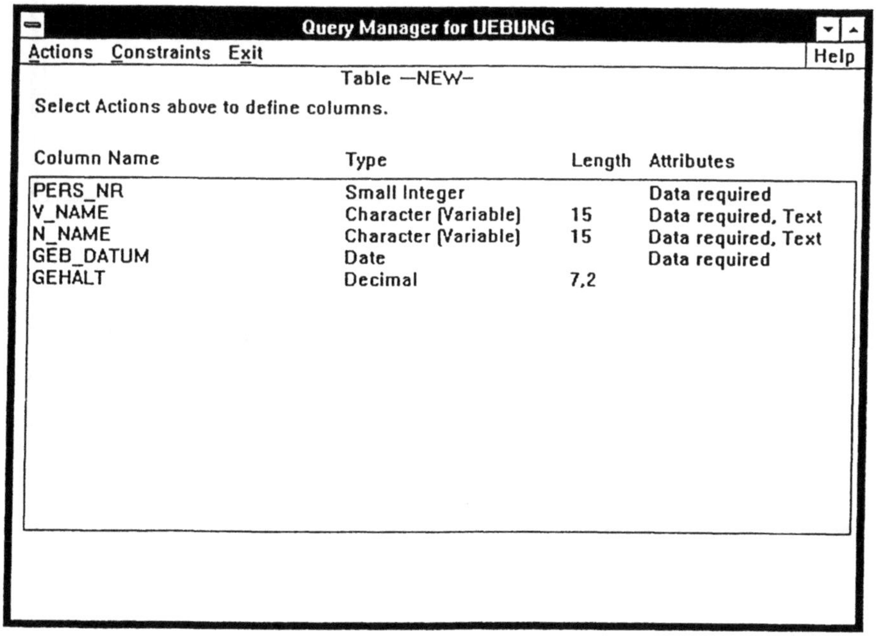

```
┌─────────────────────────────────────────────────────────────┐
│ ═              Query Manager for UEBUNG              ▼│▲   │
│ Actions  Constraints  Exit                            Help │
│                       Table —NEW—                          │
│ Select Actions above to define columns.                    │
│                                                            │
│ Column Name          Type                  Length Attributes│
│ PERS_NR              Small Integer                Data required│
│ V_NAME               Character (Variable)  15     Data required, Text│
│ N_NAME               Character (Variable)  15     Data required, Text│
│ GEB_DATUM            Date                         Data required│
│ GEHALT               Decimal               7,2             │
│                                                            │
└─────────────────────────────────────────────────────────────┘
```

Abbildung 2.11

Nachdem wir uns von der Richtigkeit aller Spaltendefinitionen nochmals überzeugt haben, schließen wir die Tabellenerstellung ab, indem wir in der Aktionszeile die Auswahl "Exit" anklicken. Im anschließend erscheinenden Bestätigungsmenü klicken wir auf "Exit Table..." und erhalten daraufhin ein weiteres Auswahlfenster. Wir bestätigen die Voreinstellung "Save and exit" indem wir die Enter-Schaltfläche anklicken.

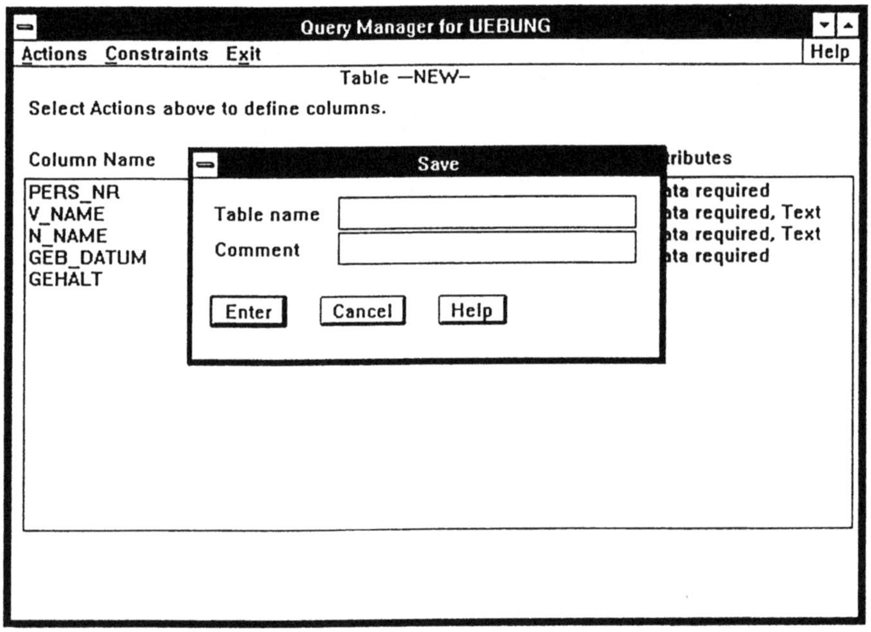

Abbildung 2.12

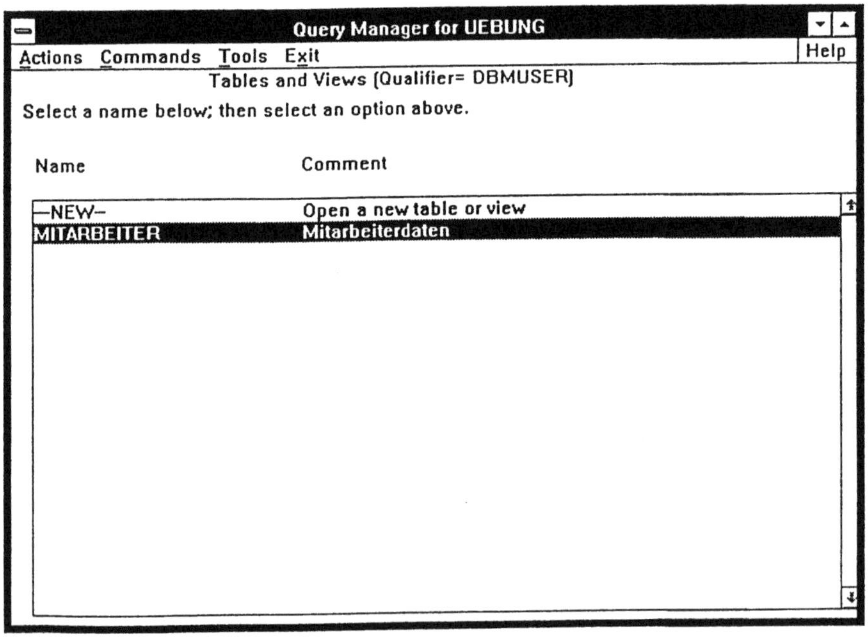

Abbildung 2.13

2.1 Grundlagen

Dadurch gelangen wir schließlich in das Fenster "Save" (siehe Abbildung 2.12). Im Eingabefeld "Table name" geben wir **MITARBEITER** als Tabellenname ein. In das Feld "Comment" schreiben wir den Text **Mitarbeiterdaten**. Mit dem Anklicken der Enter-Schaltfläche wird nun endlich unsere Tabelle vom Database Manager angelegt.

Nach erfolgreicher Erstellung gelangen wir wieder in das Fenster "Tables and Views (Qualifier = DBMUSER)", aus dem wir ursprünglich gestartet sind. Es enthält nun jedoch nicht nur den Eintrag -NEW-, sondern auch die neu erstellte Tabelle MITARBEITER (siehe Abbildung 2.13).

Das Füllen der Tabelle MITARBEITER

Wir wollen uns nun daran machen, die erstellte Tabelle mit Daten zu füllen. Hierzu klicken wir im Fenster "Tables and Views (Qualifier = DBMUSER)" die Zeile an, in der unsere neu erstellte Tabelle MITARBEITER aufgelistet ist. Dadurch wird die Tabelle MITARBEITER für die weitere Verarbeitung ausgewählt; bisher war die Zeile -NEW- ausgewählt. Je nachdem, ob Sie einen Farb- oder Monochromschirm besitzen, ändert der Hintergrund der Zeile beim Anklicken entweder seine Farbe oder seine Graustufe.

Um nun Daten in die Tabelle eingeben zu können, müssen wir die Auswahl "Actions" in der Aktionszeile anklicken. Im anschließend erscheinenden Untermenü klicken wir auf die Auswahl "Add data rows". Dadurch gelangen wir in das Fenster "Add Data into MITARBEITER" (siehe Abbildung 2.14). Dieses Fenster enthält die von uns zuvor definierten Tabellenspalten als Eingabefelder. Es erlaubt uns also, alle Daten eines Mitarbeiters gemeinsam einzugeben.

Jedes der Eingabefelder ist mit einem Bindestrich vorbelegt. Der Bindestrich ist das Kennzeichen dafür, daß ein Feld keinen Inhalt besitzt. Wir haben jedoch bei der Spaltendefinition festgelegt, daß eine Tabellenzeile nur dann erfaßt werden kann, wenn den Spalten PERS_NR, V_NAME, N_NAME und GEB_DATUM echte Werte zugeordnet werden (Data required = Yes; Sie erinnern sich?). Insofern sind die Bindestriche in diesen Feldern etwas irreführend, da sie vorspiegeln, man bräuchte hier nichts einzugeben. Tatsächlich ist jedoch das Feld GEHALT das einzige, das nicht ausgefüllt werden muß.

Bei den numerisch definierten Feldern befindet sich der Bindestrich am rechten Feldende, bei den Textfeldern hingegen am linken Feldende. Dies liegt daran, daß numerische Felder von rechts nach links gefüllt werden, während Textfelder von links nach rechts beschrieben werden.

Wir geben nun die erste Tabellenzeile ein und verwenden hierzu die Daten aus Abbildung 2.1 (Seite 11). Sie können auch andere Daten eingeben, wenn Ihnen die angebotenen Daten aus irgendwelchen Gründen nicht gefallen sollten.

Wenn Sie sich an die Daten in Abbildung 2.1 halten, haben Sie allerdings weniger Mühe, die demnächst folgenden SQL-Abfragen nachzuvollziehen.

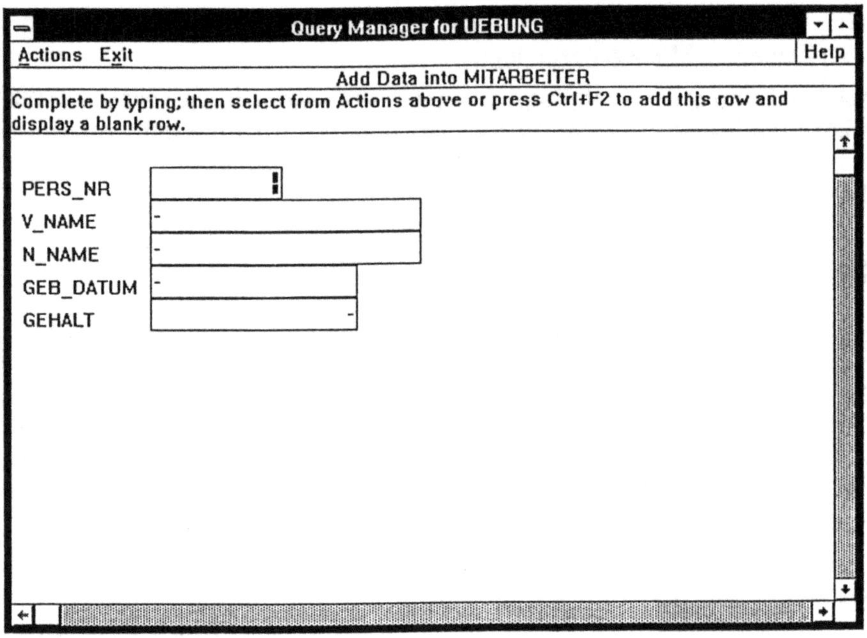

Abbildung 2.14

Nach Eingabe aller Felder der ersten Tabellenzeile müßte das Fenster "Add Data into MITARBEITER" der Abbildung 2.15 entsprechen. Hierbei ist insbesondere zu beachten, daß das Geburtsjahr vierstellig eingegeben werden muß. Dies ist zwar etwas ungewohnt und mühsam; im Jahr 2000 wird man jedoch über diese Darstellung froh sein.

Die eingetragenen Daten werden in die Tabelle MITARBEITER übertragen, indem man die Tastenkombination *Strg F2* drückt. War eine fehlerfreie Abspeicherung der Tabellenzeile möglich, so erhält man vom Query Manager anschließend die Meldung "Data row is added to the table". Man kann nun sofort die nächste Zeile eingeben.

Erscheint jedoch statt der eben genannten Erfolgsmeldung eine Fehlermeldung, so müssen die eingebenen Daten nochmals überprüft und korrigiert werden.

Auf die beschriebene Weise lassen sich nun alle Tabellenzeilen entsprechend der Abbildung 2.1 (Seite 11) eingeben. Nachdem eine Tabellenzeile mit der Tastenkombination *Strg F2* abgespeichert wurde, kann diese im vorliegenden Fenster nicht mehr bearbeitet werden. Wir werden später sehen, wie bereits gespeicherte Tabellenzeilen nachträglich geändert werden können.

2.1 Grundlagen

Nach der Erfassung der letzten Tabellenzeile kann das Fenster "Add Data into MITARBEITER" wieder verlassen werden, indem in der Aktionszeile die Auswahl "Exit" angeklickt wird. Darauf erscheint ein Bestätigungsmenü, in dem die Auswahl "Exit Panel..." anzuklicken ist. Dadurch gelangen wir wieder in das Fenster "Tables and Views (Qualifier = DBMUSER)".

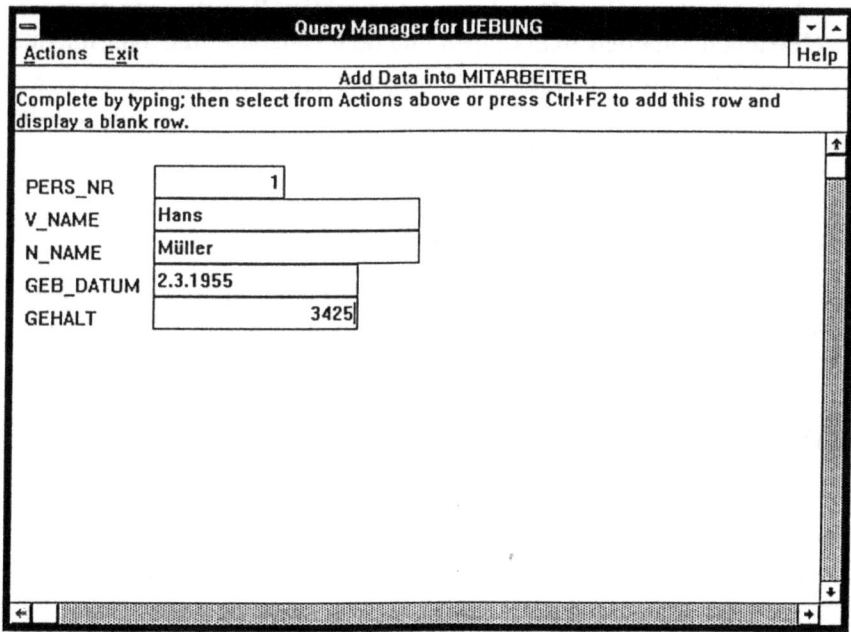

Abbildung 2.15

Wir sind nun im Besitz einer gefüllten Database Manager-Tabelle und somit für die ersten SQL-Abfragen gewappnet. Bevor wir uns mit SQL beschäftigen, wollen wir noch zwei abschließende Überlegungen zum Thema "Tabellendefinition" anstellen:

♦ Wir hätten zum Anlegen und Füllen der Mitarbeitertabelle statt der beschriebenen Technik auch SQL-Anweisungen benutzen können. Wir werden uns im Laufe des Buches noch damit beschäftigen, wie man mit SQL-Anweisungen Tabellen definiert und füllt. Im Moment kam es uns jedoch darauf an, schnell zu einer Tabelle zu kommen, um erste Erfahrungen auf dem Gebiet der SQL-Abfragen sammeln zu können.

♦ Da Sie nun wissen, wie man eine Database Manager-Tabelle erstellt, sind Sie vielleicht versucht, gleich eigene Tabellen anzulegen. Es ist sicher nichts dagegen einzuwenden, wenn Sie für die folgenden SQL-Übungen weitere Tabellen definieren und dadurch zusätzliche Übungsbeispiele zur Verfügung haben.

Sie sollten jedoch zum jetzigen Zeitpunkt noch keine Tabellen erstellen, die Sie später in einer praktischen Anwendung einsetzen möchten. Denn für einen erfolgreichen Tabellenentwurf sind weitaus mehr Kenntnisse nötig als die, die wir uns bisher angeeignet haben. Die Hauptschwierigkeit besteht darin, die abzuspeichernden Daten geeignet auf verschiedene Tabellen zu verteilen. Daneben ist es wichtig, Beziehungen zwischen verschiedenen Tabellen zu erkennen und dem Database Manager mitzuteilen.

Wir werden uns mit diesem wichtigen Thema im Kapitel 4 "Datenbankentwurf" ausführlich beschäftigen. Bis dahin wollen wir uns auf die Auswertung und Manipulation von Tabellen beschränken.

2.1.2 Einfache Abfragen

Um SQL-Anweisungen ausführen zu können, muß zuvor im Query Manager das Fenster "SQL Query" aufgerufen werden. Es ist von den meisten anderen Fenstern des Query Manager direkt erreichbar.

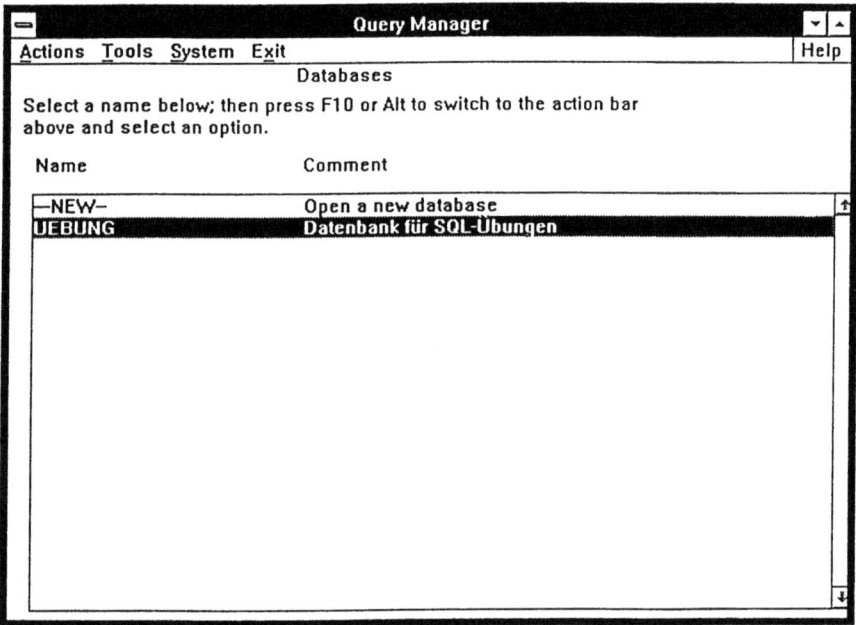

Abbildung 2.16

Hat man allerdings den Query Manager neu gestartet, dann muß in dem als erstes erscheinenden Fenster "Databases" (siehe Abbildung 2.16) zuerst eine Datenbank ausgewählt werden, bevor man mit den Tabellen dieser Datenbank

2.1 Grundlagen

in irgendeiner Weise arbeiten kann. Wir besitzen derzeit nur eine einzige Datenbank (siehe Abbildung 2.16); sie wird ausgewählt, indem die Zeile

UEBUNG   Datenbank für SQL-Übungen

mit der Maus zweimal angeklickt wird.

Alle anschließend erscheinenden Fenster, die in der Aktionszeile die Auswahl "Commands" enthalten, erlauben den Aufruf des SQL Query-Fensters. Hierzu muß man die Auswahl "Commands" in der Aktionszeile anklicken. Man erhält dann ein Untermenü mit den Auswahlmöglichkeiten "SQL Query" und "Command line...". Durch Anklicken der Auswahl "SQL Query" gelangt man schließlich in das Fenster "SQL Query -NEW-" (siehe Abbildung 2.17). Der Textcursor (senkrechter Strich) befindet sich hierbei im linken oberen Eck des Eingabebereichs für SQL-Anweisungen.

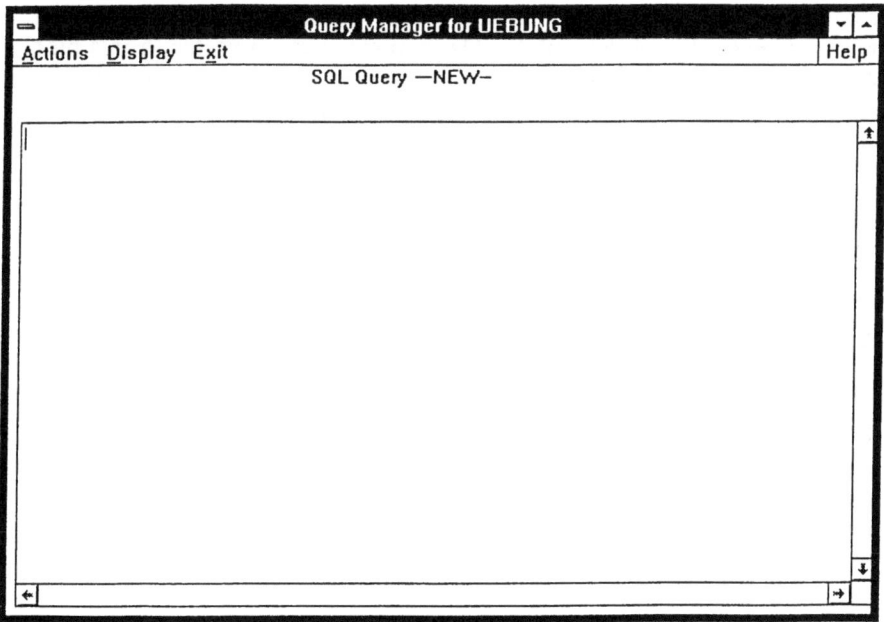

Abbildung 2.17

Nachdem wir uns nun im SQL Query-Fenster befinden, wollen wir gleich die erste SQL-Abfrage eintippen. Sie lautet:

```
SELECT * FROM MITARBEITER
```

und bedeutet soviel wie: Zeige alle Spalten und alle Zeilen der Tabelle MITARBEITER an; d.h. wir wollen alle Daten der Tabelle MITARBEITER sehen.

Betrachten wir die SQL-Anweisung genauer. Das erste Wort "SELECT" legt den Typ der Anweisung fest. Alle SQL-Abfragen beginnen mit dem Wort "SELECT", das ins Deutsche am besten mit dem Ausdruck "Auswählen" übersetzt wird. SELECT heißt also: Wir wollen Daten der Datenbank für die Anzeige auswählen.

Im Anschluß an das Wort SELECT folgt in den meisten SQL-Anweisungen eine Liste von Spaltennamen. Die einfachste Form einer solchen Liste ist das Zeichen "*". Es bedeutet: alle Spalten der Tabelle sollen angezeigt werden.

Der dritte Teil der betrachteten SQL-Anweisung gibt schließlich an, in welcher Tabelle die anzuzeigenden Daten enthalten sind. "FROM MITARBEITER" heißt also: Es sollen Daten aus der Tabelle MITARBEITER angezeigt werden.

Nun ist es an der Zeit, die SQL-Abfrage zur Ausführung zu bringen. Hierzu gibt es - wie für fast alle Aktionen im Query Manager - zwei Möglichkeiten. Man kann zum einen den direkten Weg wählen, indem man die Tastenkombination *Umschalttaste F1* drückt. Da man sich jedoch in der Praxis nicht für alle Aktionen des Query Manager die zugehörigen Tastenkombination merken kann, gibt es immer auch den alternativen Weg über die Aktionszeile.

Wählt man diesen Weg, so muß man zur Ausführung der Abfrage die Auswahl "Actions" in der Aktionszeile anklicken. Daraufhin erscheint ein Untermenü mit mehreren Auswahlmöglichkeiten. Im vorliegenden Fall ist die erste Auswahlmöglichkeit des Untermenüs mit der Bezeichnung "Run" die geeignete.

Geht man den Weg über die Aktionszeile, so wird einem im Untermenü immer die entsprechende Tastenkombination für den direkten Weg angezeigt. Hierdurch kann man sich eine in Vergessenheit geratene Tastenkombination wieder ins Gedächtnis zurückrufen.

Unabhängig davon, welchen Weg man wählt, gelangt man - sofern die SQL-Abfrage korrekt eingegeben wurde - in das Fenster "Report". Dort wird das Ergebnis der Abfrage angezeigt (siehe Abbildung 2.18). Überschreitet das Ergebnis die Größe des Reportfensters, so kann man das Reportfenster auf die übliche Art und Weise mit Hilfe der Blätterbalken über andere Teile des Ergebnisses schieben.

Vom Reportfenster aus gelangt man wieder in das Queryfenster, indem man entweder die Tastenkombination *Umschalttaste F7* verwendet, oder in der Aktionszeile die Auswahl "Display" und im anschließend erscheinenden Untermenü die Auswahl "Query" anklickt.

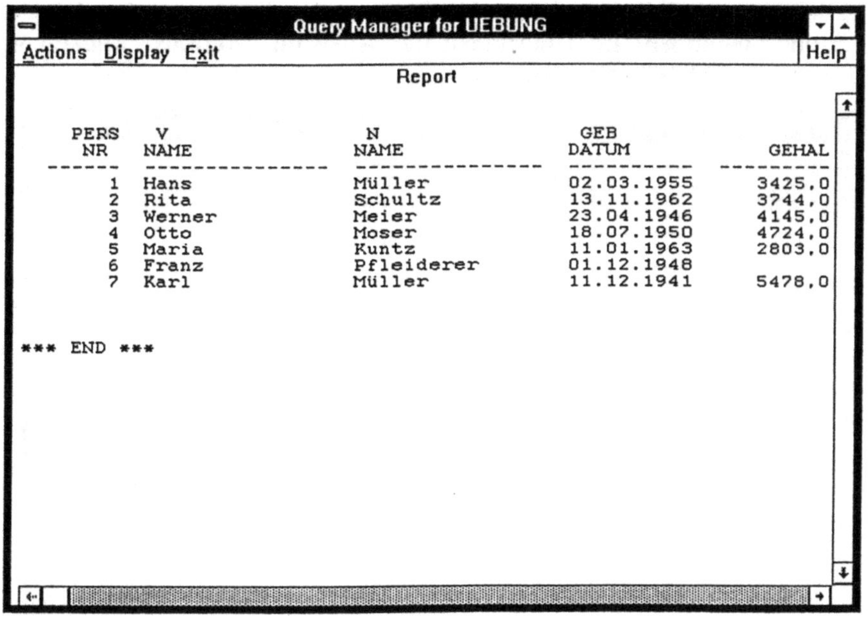

2.1 Grundlagen

```
┌─────────────────────────────────────────────────────────────┐
│ ─                  Query Manager for UEBUNG           ▼ ▲  │
│ Actions  Display  Exit                                Help │
│                           Report                            │
│                                                          ↑  │
│      PERS   V              N              GEB               │
│       NR    NAME           NAME           DATUM      GEHAL  │
│      ----  -----------    -----------    ----------  ------ │
│        1   Hans           Müller         02.03.1955  3425,0 │
│        2   Rita           Schultz        13.11.1962  3744,0 │
│        3   Werner         Meier          23.04.1946  4145,0 │
│        4   Otto           Moser          18.07.1950  4724,0 │
│        5   Maria          Kuntz          11.01.1963  2803,0 │
│        6   Franz          Pfleiderer     01.12.1948         │
│        7   Karl           Müller         11.12.1941  5478,0 │
│                                                             │
│   *** END ***                                               │
│                                                          ↓  │
└─────────────────────────────────────────────────────────────┘
```

Abbildung 2.18

Datenkorrektur

Wenn Sie das Ergebnis unserer ersten SQL-Abfrage mit den Daten in Abbildung 2.1 (Seite 11) vergleichen, sollten beide Darstellungen übereinstimmen. Treten jedoch Differenzen auf, dann haben Sie sich bei der Dateneingabe nicht genau an Abbildung 2.1 gehalten. Wenn Sie bei den folgenden SQL-Abfragen dieselben Ergebnisse wie im Buch erzielen möchten, sollten Sie eventuelle Abweichungen von den Daten in Abbildung 2.1 korrigieren.

Um eine Datenkorrektur vorzunehmen, verlassen wir das Query- oder Reportfenster mit Hilfe der Auswahl "Exit" in der Aktionszeile. Beim Verlassen wird man vom Query Manager gefragt, ob man die vorliegende SQL-Anweisung für eine spätere Verwendung abspeichern möchte. Im vorliegenden Fall lohnt sich wegen der Kürze der SQL-Abfrage das Abspeichern wohl kaum. Es empfiehlt sich daher, die Auswahl "Exit without saving" anzuklicken.

Es erscheint nun das Fenster, aus dem heraus das Queryfenster mit der Auswahl "Command" aufgerufen wurde. Das kann entweder das Fenster "Tables and Views (Qualifier= DBMUSER)" oder das Fenster "Main Selection for UEBUNG" sein. Im letzteren Fall sollte man die Schaltfläche "Tables and Views" anklicken, um in das Fenster "Tables and Views (Qualifier= DBM-USER)" zu gelangen. Dort sollte man die Tabelle MITARBEITER durch

Anklicken auswählen und anschließend in der Aktionszeile die Auswahl "Actions" benutzen. Im Untermenü der Auswahl "Actions" klicken wir nun auf die Auswahl "Change data rows".

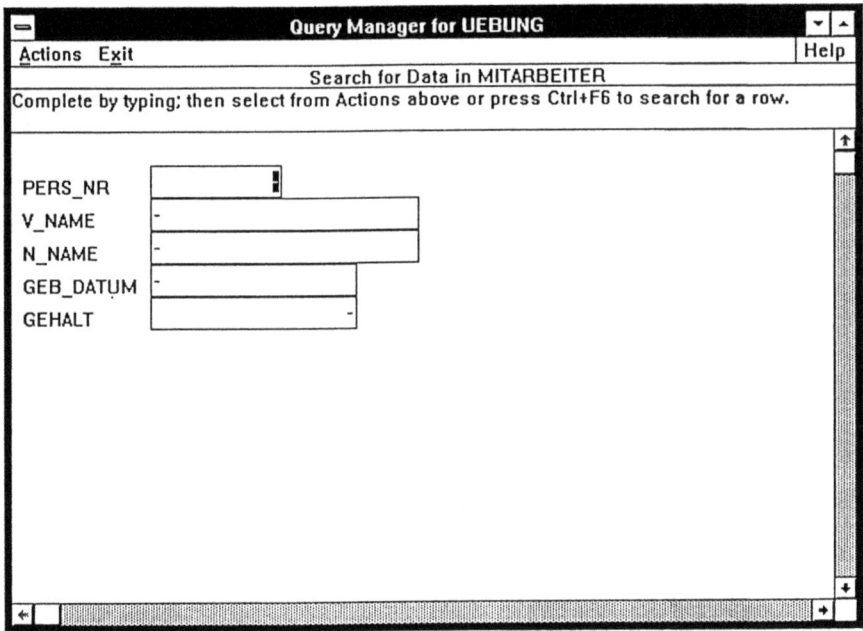

Abbildung 2.19

Daraufhin erscheint das Fenster "Search for Data in MITARBEITER" (siehe Abbildung 2.19). Man kann nun eine zu korrigierende Zeile zur Anzeige bringen, indem man z.B. im Feld "PERS_NR" die zugehörige Personalnummer eingibt und anschließend *Strg F6* drückt. Es erscheinen dann alle Daten dieser Zeile. Die von Abbildung 2.1 abweichenden Felder können nun korrigiert werden. Die Modifikation der Daten erfolgt schließlich durch die Tastenkombination *Strg F1*.

Anschließend kann man auf die beschriebene Weise weitere Zeilen modifizieren oder mit "Exit" das Fenster wieder verlassen.

Zum Abschluß empfiehlt es sich, die Datenkorrektur durch Ausführen der bekannten SQL-Abfrage

```
SELECT * FROM MITARBEITER
```

nochmals zu überprüfen.

Gezielte Wahl der anzuzeigenden Spalten

Bei der bisher behandelten SQL-Abfrage wurde durch das Zeichen "*" festgelegt, daß alle Spalten der Tabelle angezeigt werden. Die Reihenfolge der Spalten entspricht hierbei der Reihenfolge, in der die Spalten bei der Tabellendefinition angegeben wurden. Möchte man nur einen Teil der Spalten anzeigen oder die Spalten in einer anderen Reihenfolge auflisten, so muß man das Zeichen "*" durch eine Liste von Spaltennamen ersetzen. Die einzelnen Spaltennamen werden hierbei durch Kommata voneinander getrennt. Im Englischen wird diese Liste von Spaltennamen als "select list" bezeichnet. Wir werden für den Rest des Buches mit Bezeichnung **Spaltenliste** arbeiten.

Um nur die Spalten N_NAME, V_NAME und GEB_DATUM der Tabelle MITARBEITER anzuzeigen, müßte man die bisherige SQL-Abfrage in der folgenden Weise umschreiben:

```
SELECT N_NAME, V_NAME, GEB_DATUM FROM MITARBEITER
```

Im Reportfenster erhält man dann als Ergebnis:

```
N                V                GEB
NAME             NAME             DATUM
----------------  ----------------  ----------
Müller           Hans             02.03.1955
Schultz          Rita             13.11.1962
Meier            Werner           23.04.1946
Moser            Otto             18.07.1950
Kuntz            Maria            11.01.1963
Pfleiderer       Franz            01.12.1948
Müller           Karl             11.12.1941
```

Sortierung der Ergebnismenge

Bevor wir uns mit weiteren SQL-Abfragen beschäftigen, soll auf die Reihenfolge der Tabellenzeilen in der Ergebnisdarstellung eingegangen werden.

Betrachtet man das Ergebnis unserer ersten SQL-Abfrage (siehe Abbildung 2.18), so sind die Zeilen entsprechend der Personalnummer sortiert. Diese Sortierung ist jedoch im Grunde genommen rein zufällig. Man darf sich nicht darauf verlassen, daß der Database Manager die Ergebniszeilen in einer festen Reihenfolge liefert. Oder plastisch formuliert: Eine Tabelle ist eine "Zeilensuppe", die vom Database Manager jederzeit umgerührt werden kann.

Möchte man jedoch eine bestimmte Reihenfolge der Ergebniszeilen sicherstellen, so muß man diese Reihenfolge bei der Formulierung der SQL-Abfrage angeben. Hierzu dient die ORDER BY-Klausel. Sie wird immer an das Ende einer SELECT-Anweisung angefügt.

Wir wollen nun die zuletzt behandelte SQL-Abfrage in der Weise erweitern, daß die Ergebniszeilen entsprechend der Mitarbeiternachnamen sortiert sind. Für Mitarbeiter mit gleichen Nachnamen soll darüber hinaus nach Vornamen sortiert werden. Die SQL-Abfrage sieht dann folgendermaßen aus:

```
SELECT N_NAME, V_NAME, GEB_DATUM FROM MITARBEITER
ORDER BY N_NAME, V_NAME
```

Man erhält im Reportfenster folgendes Ergebnis:

```
N                 V                 GEB
NAME              NAME              DATUM
----------------  ----------------  ----------
Kuntz             Maria             11.01.1963
Meier             Werner            23.04.1946
Moser             Otto              18.07.1950
Müller            Hans              02.03.1955
Müller            Karl              11.12.1941
Pfleiderer        Franz             01.12.1948
Schultz           Rita              13.11.1962
```

Es dürfen in der ORDER BY-Klausel jedoch nur Spaltennamen angegeben werden, die beim Ausführen der SQL-Abfrage auch angezeigt werden. Es ist somit unmöglich, das Ergebnis der obigen SQL-Anweisung nach der Personalnummer zu sortieren.

Anstatt der Spaltennamen kann man in der ORDER BY-Klausel auch die Position der Spalten innerhalb der Spaltenliste angeben. Man könnte die eben genannte SQL-Anweisung also auch folgendermaßen schreiben:

```
SELECT N_NAME, V_NAME, GEB_DATUM FROM MITARBEITER
ORDER BY 1, 2
```

Wir werden später auf Situationen stoßen, in denen die Sortierung nur anhand der Spaltenposition angegeben werden kann, da die Spalten keine eindeutigen Namen mehr besitzen. Beide Techniken lassen sich übrigens auch mischen. Man könnte also schreiben:

```
... ORDER BY N_NAME, 2
```

2.1 Grundlagen

Festlegen der Sortierrichtung

Zusätzlich zur Angabe von Sortierspalten ist es möglich, die Sortierrichtung festzulegen. Standardmäßig wird aufsteigend sortiert. Man kann jedoch für jede Spalte in der ORDER BY-Klausel die Sortierrichtung explizit angeben. Für eine aufsteigende Sortierung schreibt man "ASC" (Abkürzung von engl. "ascending" = aufsteigend); eine absteigende Sortierung erhält man durch Angabe von "DESC" (Abkürzung von engl. "descending" = absteigend).

Die Verwendung einer absteigenden Sortierung ist vor allem bei numerischen Spalten oftmals nützlich. So kann es z.B. sinnvoll sein, die Ergebniszeilen in der Weise zu sortieren, daß die erste Zeile den Mitarbeiter mit dem höchsten Gehalt und die letzte Zeile den Mitarbeiter mit dem niedrigsten Gehalt enthält. Dies läßt sich mit folgender Anweisung erreichen:

```
SELECT N_NAME, V_NAME, GEB_DATUM FROM MITARBEITER
ORDER BY GEHALT DESC
```

Als Ergebnis erhält man:

```
N                V
NAME             NAME             GEHALT
---------------  ---------------  ----------
Pfleiderer       Franz            -
Müller           Karl             5478,00
Moser            Otto             4724,00
Meier            Werner           4145,00
Schultz          Rita             3744,00
Müller           Hans             3425,00
Kuntz            Maria            2803,00
```

Leere Felder werden bei der Sortierung so behandelt, als enthielten sie den größtmöglichen Wert. Aus diesem Grund erscheint im obigen Ergebnis der Mitarbeiter Franz Pfleiderer an erster Stelle.

Im weiteren werden wir den Ausdruck "leeres Feld" durch den üblicherweise verwendeten Ausdruck "das Feld enthält den **Nullwert**" ersetzen. Die Bezeichnung "Nullwert" (engl. null value) ist zwar etwas irreführend, weil sie leicht mit dem numerischen Wert 0 verwechselt werden kann. Da sich diese Bezeichnung zur Kennzeichnung leerer Felder jedoch allgemein durchgesetzt hat, werden wir sie künftig trotz dieser Mißverständlichkeit benutzen.

Die Sortierrichtung kann innerhalb einer ORDER BY-Klausel auch gewechselt werden. So wäre z.B. die Angabe

```
... ORDER BY N_NAME DESC, V_NAME ASC, GEHALT DESC
```

zulässig, allerdings nicht sonderlich sinnvoll.

Einschränkung der Ergebniszeilen

Bei den bisherigen SQL-Abfragen wurden immer alle Zeilen einer Tabelle angezeigt. Im folgenden werden wir uns mit der sogenannten WHERE-Klausel beschäftigen, mit Hilfe derer festgelegt werden kann, welche Zeilen einer Tabelle zur Anzeige ausgewählt werden sollen.

In der einfachsten Form der WHERE-Klausel gibt man einen bestimmten Wert für eine Spalte vor (Vergleichswert). Es werden dann nur die Zeilen angezeigt, die den vorgegebenen Wert in der betrachteten Spalte enthalten. Wir wollen uns z.B. alle Zeilen der Tabelle MITARBEITER anzeigen lassen, für welche die Spalte N_NAME den Wert "Müller" enthält. Diese Zeilen sollen darüber hinaus nach Vornamen sortiert sein. Durch folgende SQL-Abfrage läßt sich die gestellte Aufgabe lösen:

```
SELECT * FROM MITARBEITER
WHERE  N_NAME = 'Müller'
ORDER  BY V_NAME
```

Im Reportfenster erhält man dann:

```
PERS    V              N              GEB
NR      NAME           NAME           DATUM         GEHALT
------  -------------  -------------  ----------    ----------
   1    Hans           Müller         02.03.1955      3425,00
   7    Karl           Müller         11.12.1941      5478,00
```

Wird in der WHERE-Klausel eine Textspalte - also eine Spalte vom Datentyp "Character" - angegeben, dann ist der Text, mit dem diese Spalte übereinstimmen soll, durch Apostrophen (') zu begrenzen (siehe obige SQL-Anweisung). Das gleiche gilt für Datum- und Uhrzeitspalten (Datentypen "Date" und "Time"). Um alle Mitarbeiter anzulisten, die am 23.4.1946 geboren sind, muß man schreiben:

```
SELECT * FROM MITARBEITER
WHERE  GEB_DATUM = '23.4.1946'.
```

2.1 Grundlagen

Bei Textspalten ist darüber hinaus die Groß-/Kleinschreibung zu beachten; der Vergleichswert muß also auch diesbezüglich mit dem Inhalt der Tabellenspalte übereinstimmen. Zur SQL-Abfrage

```
SELECT * FROM MITARBEITER
WHERE  N_NAME = 'müller'
```

würde somit keine Ergebniszeile angezeigt werden. Abgesehen von derartigen Textkonstanten (d.h. Zeichenketten in Apostrophen), spielt die Groß-/Kleinschreibung in SQL-Anweisungen jedoch keine Rolle. Man kann also Groß- und Kleinbuchstaben beliebig mischen. Die folgende SQL-Anweisung ist somit zulässig:

```
seLECt * FRom MItarBEITER
Where  geb_DATUM = '23.4.1946'
```

Vergleichswerte für numerisch definierte Spalten (Datentypen "Small integer", "Large integer", "Decimal" und "Scientific notation") können als einfache Zahlenwerte angegeben werden. Um alle Mitarbeiter zu finden, die 4724 DM verdienen, würde man schreiben:

```
SELECT * FROM MITARBEITER
WHERE  GEHALT = 4724
```

Im übrigen muß eine Spalte, die in der WHERE-Klausel enthalten ist, nicht unbedingt auch angezeigt werden. Die folgende SQL-Abfrage ist somit zulässig:

```
SELECT N_NAME, V_NAME FROM MITARBEITER
WHERE  PERS_NR = 2
```

Bei der bisher behandelten Form von WHERE-Klauseln ist es eigentlich auch überflüssig, die Spalte der WHERE-Klausel in die Spaltenliste aufzunehmen, da der Inhalt dieser Spalte für alle ausgewählten Zeilen mit dem Vergleichswert übereinstimmen muß und daher von vornherein bekannt ist. Angewandt auf die obige SQL-Abfrage heißt das: Da wir nur die Zeilen auswählen, die in der Spalte PERS_NR den Wert "2" enthalten, ist es eigentlich unnötig, die Spalte PERS_NR anzulisten.

Vergleichswert mit oder ohne Apostrophen?

Um in einer WHERE-Klausel den Vergleichswert korrekt angeben zu können (d.h. mit oder ohne Apostrophen), muß man den Datentyp der Spalte kennen, die man in der WHERE-Klausel verwenden möchte. Für die Tabelle MITARBEITER ist dies keine Schwierigkeit, da wir diese Tabelle selbst angelegt haben und somit die Datentypen aller Spalten kennen.

Oftmals möchte man jedoch Tabellen auswerten, die man nicht selbst angelegt hat. In diesen Fällen sind die Datentypen der Tabellenspalten meist unbekannt[1]. Selbst wenn eine Spalte nur Zahlenwerte enthält, kann man nicht unbedingt daraus schließen, daß diese Spalte einen numerischen Datentyp besitzt, da man auch Textspalten mit Ziffern füllen kann.

In dieser Situation hilft ein kleiner Trick. Man läßt sich hierzu vom Query Manager mittels der Abfrage

```
SELECT * FROM ....
```

alle Spalten der Tabelle anzeigen. Anhand der Ausrichtung der Spaltennamen im Reportfenster kann man erkennen, ob es sich um eine numerische Spalte oder um eine nichtnumerische Spalte handelt. Bei numerischen Spalten sind die Spaltennamen und auch die Spaltenwerte rechtsbündig ausgerichtet. Bei allen anderen Spalten ist die Ausrichtung linksbündig (siehe Abbildung 2.18 auf Seite 29). Es gilt also: Für eine linksbündig ausgerichtete Spalte muß der Vergleichswert in der WHERE-Klausel durch Apostrophen begrenzt werden; bei rechtsbündigen Spalten ist der (numerische) Vergleichswert ohne Apostrophen anzugeben.

Weitere Vergleichsoperatoren in der WHERE-Klausel

Mit der bisher behandelten Form von WHERE-Klauseln sind wir in der Lage, Zeilen anzuzeigen, die in einer Spalte einen vorgegebenen Wert enthalten. In der Praxis hat man jedoch oftmals weitergehende Auswerteanforderungen. So möchte man z.B. wissen, welche Mitarbeiter über 4000 DM verdienen. Dies läßt sich mit folgender SQL-Anweisung feststellen:

```
SELECT * FROM MITARBEITER
WHERE  GEHALT > 4000
ORDER  BY GEHALT
```

---

[1] Wir werden im Abschnitt 4.3.2 "Tabellendefinition" erfahren, wie man den Datentyp einer Spalte aus sogenannten "Katalogtabellen" ermitteln kann.

2.1 Grundlagen

Als Ergebnis erhält man:

```
PERS   V              N              GEB
 NR    NAME           NAME           DATUM         GEHALT
------ -------------- -------------- ----------    ----------
   3   Werner         Meier          23.04.1946    4145,00
   4   Otto           Moser          18.07.1950    4724,00
   7   Karl           Müller         11.12.1941    5478,00
```

Eine weitere Auswerteanforderung könnte sein, alle Mitarbeiter zu ermitteln, die ein bestimmtes Alter erreicht oder überschritten haben. Um alle Mitarbeiter zu finden, die im Jahr 1950 oder früher geboren sind, würde man schreiben:

```
SELECT * FROM MITARBEITER
WHERE  GEB_DATUM <= '31.12.1950'
ORDER  BY GEB_DATUM DESC
```

Man erhält dann folgendes Ergebnis:

```
PERS   V              N              GEB
 NR    NAME           NAME           DATUM         GEHALT
------ -------------- -------------- ----------    ----------
   4   Otto           Moser          18.07.1950    4724,00
   6   Franz          Pfleiderer     01.12.1948       -
   3   Werner         Meier          23.04.1946    4145,00
   7   Karl           Müller         11.12.1941    5478,00
```

Möchte man alle Mitarbeiter anlisten, die nicht "Müller" heißen (das ist zugegebenermaßen keine besonders sinnvolle Abfrage), so müßte man schreiben:

```
SELECT * FROM MITARBEITER
WHERE  N_NAME <> 'Müller'
ORDER  BY N_NAME, V_NAME
```

Man erhält dann:

```
PERS    V               N               GEB
NR      NAME            NAME            DATUM           GEHALT
------  ------------    ------------    ----------      ----------
    5   Maria           Kuntz           11.01.1963      2803,00
    3   Werner          Meier           23.04.1946      4145,00
    4   Otto            Moser           18.07.1950      4724,00
    6   Franz           Pfleiderer      01.12.1948         -
    2   Rita            Schultz         13.11.1962      3744,00
```

Neben den Operatoren ">" für "größer", "<=" für "kleiner oder gleich" und "<>" für "ungleich", die wir in den vorangegangenen Beispielen kennengelernt haben, gibt es noch drei weitere Operatoren. In der Tabelle 2.1 sind alle zulässigen Operatoren aufgeführt.

Operator	Bedeutung
=	gleich
<>	ungleich
>	größer
<	kleiner
>=	größer oder gleich
<=	kleiner oder gleich

Tabelle 2.1

Die Operatoren ">", "<", ">=" und "<=" können nicht nur auf numerisch definierte Spalten oder Datum- und Uhrzeitspalten angewandt werden, sondern auch auf Textspalten. Während bei den erstgenannten Datentypen die Funktionsweise dieser Operatoren sicher verständlich ist, stellt sich bei Textspalten die Frage: Was ist unter der Größe einer Zeichenkette zu verstehen?

Die Größe einer Zeichenkette wird durch die alphabetische Sortierreihenfolge festgelegt und nicht - wie man vielleicht vermuten würde - durch die Länge der Zeichenkette. Wir wollen dies anhand einer SQL-Abfrage verdeutlichen. Um alle Mitarbeiter zu finden, die im Alphabet nach "Me" angesiedelt sind, muß man schreiben:

```
SELECT * FROM MITARBEITER
WHERE  N_NAME > 'Me'
ORDER  BY N_NAME
```

2.1 Grundlagen

Man erhält dann:

PERS NR	V NAME	N NAME	GEB DATUM	GEHALT
3	Werner	Meier	23.04.1946	4145,00
4	Otto	Moser	18.07.1950	4724,00
1	Hans	Müller	02.03.1955	3425,00
7	Karl	Müller	11.12.1941	5478,00
6	Franz	Pfleiderer	01.12.1948	-
2	Rita	Schultz	13.11.1962	3744,00

Werteliste

In manchen Fällen möchte man Zeilen einer Tabelle auswählen, die in einer bestimmten Spalte einen von mehreren vorgegebenen Vergleichswerten enthalten. So könnte z.B. eine Anforderung lauten: Zeige alle Zeilen, die in der Spalte N_NAME entweder den Wert "Meier" oder den Wert "Kuntz" oder den Wert "Pfleiderer" enthalten. Dies läßt sich mit folgender SQL-Abfrage erreichen:

```
SELECT * FROM MITARBEITER
WHERE  N_NAME IN ('Meier', 'Kuntz', 'Pfleiderer')
ORDER  BY N_NAME
```

Man erhält dann:

PERS NR	V NAME	N NAME	GEB DATUM	GEHALT
5	Maria	Kuntz	11.01.1963	2803,00
3	Werner	Meier	23.04.1946	4145,00
6	Franz	Pfleiderer	01.12.1948	-

Eine Spalte kann also mit einer Werteliste verglichen werden, indem man in der WHERE-Klausel den Spaltennamen mittels des IN-Operators mit einer Werteliste verbindet. Die Werteliste selbst besteht aus einem oder mehreren Vergleichswerten, die durch Klammern begrenzt und durch Kommata voneinander getrennt werden (siehe obige SQL-Anweisung).

So wie es zum Operator "=" den Umkehroperator "<>" gibt, so gibt es auch zum Operator "IN" die Umkehrung. Sie lautet "NOT IN". Hiermit ist es möglich, all die Zeilen auszuwählen, die nicht in der Werteliste enthalten sind.

Wir wollen dies wiederum anhand eines Beispiels verdeutlichen. Um alle Mitarbeiter aufzulisten, die nicht die Personalnummern 2, 3 oder 6 besitzen, schreiben wir:

```
SELECT * FROM MITARBEITER
WHERE  PERS_NR NOT IN (2, 3, 6)
ORDER  BY PERS_NR
```

Man erhält dann folgendes Ergebnis:

PERS NR	V NAME	N NAME	GEB DATUM	GEHALT
1	Hans	Müller	02.03.1955	3425,00
4	Otto	Moser	18.07.1950	4724,00
5	Maria	Kuntz	11.01.1963	2803,00
7	Karl	Müller	11.12.1941	5478,00

Wertebereich

Während man mit dem Operator "IN" eine endliche Menge von Vergleichswerten angeben konnte, so kann man mit Hilfe der Operatoren "BETWEEN" und "AND" einen kontinuierlichen Wertebereich festlegen, in dem unter Umständen sehr viele aufeinander folgende Vergleichswerte enthalten sind.

Betrachten wir hierzu ein Beispiel: Wir möchten alle Mitarbeiter auswählen, die im Jahr 1950 geboren sind. Dies läßt sich mit folgender SQL-Abfrage erreichen:

```
SELECT * FROM MITARBEITER
WHERE  GEB_DATUM BETWEEN '1.1.1950' AND '31.12.1950'
ORDER  BY GEB_DATUM
```

Bei der vorliegenden Tabelle MITARBEITER qualifiziert sich nur eine Zeile:

PERS NR	V NAME	N NAME	GEB DATUM	GEHALT
4	Otto	Moser	18.07.1950	4724,00

2.1 Grundlagen

Prinzipiell hätte man die letzte Abfrage auch mittels einer Werteliste formulieren können. In diese Werteliste hätte man jedoch 365 Werte aufnehmen müssen; nämlich alle Tage des Jahres 1950.

Auch für Wertebereiche gibt es eine Umkehroperation. Sie wird ausgeführt, indem man zusätzlich den Operator "NOT" verwendet. Um alle Mitarbeiter zu finden, die nicht zwischen 4000 DM und 5000 DM verdienen, würde man schreiben:

```
SELECT * FROM MITARBEITER
WHERE  GEHALT NOT BETWEEN 4000 AND 5000
ORDER  BY GEHALT
```

Man erhält dann:

PERS NR	V NAME	N NAME	GEB DATUM	GEHALT
5	Maria	Kuntz	11.01.1963	2803,00
1	Hans	Müller	02.03.1955	3425,00
2	Rita	Schultz	13.11.1962	3744,00
7	Karl	Müller	11.12.1941	5478,00

Flexible Suche in Textspalten

Speziell für Textspalten (Datentyp "Character") gibt es eine Möglichkeit, um ausgesprochen flexibel nach vorgegebenen Textmustern zu suchen. Hierzu dient der Operator "LIKE". Für die Definition eines Textmusters, nach dem in einer Spalte gesucht werden soll, stehen zwei Zeichen zur Verfügung, denen in diesem Zusammenhang eine besondere Bedeutung zukommt.

Es ist zum einen das Zeichen "_" (Unterstrich). Dieses Zeichen kann man im Textmuster verwenden, wenn an einer bestimmten Position der untersuchten Spalte ein beliebiges Zeichen stehen darf. Wir wollen dies anhand eines Beispiels verdeutlichen. Um alle Mitarbeiter zu finden, deren Nachnamen mit "M" beginnen, dann zwei beliebige Zeichen enthalten, und schließlich mit "er" enden, würde man schreiben:

```
SELECT * FROM MITARBEITER
WHERE  N_NAME LIKE 'M__er'
ORDER  BY N_NAME
```

Man erhält dann:

```
PERS    V               N               GEB
NR      NAME            NAME            DATUM           GEHALT
------  -------------   -------------   ----------      ----------
    3   Werner          Meier           23.04.1946      4145,00
    4   Otto            Moser           18.07.1950      4724,00
```

Da der LIKE-Operator nur auf Textspalten anwendbar ist, ist das Textmuster grundsätzlich in Apostrophen anzugeben. Das Zeichen "_" steht immer für genau eine Stelle mit beliebigem Inhalt. Aus diesem Grund wurden im obigen Beispiel die Zeilen mit dem Nachnamen "Müller" nicht angezeigt, da sich bei diesem Namen drei Zeichen zwischen "M" und "er" befinden.

Das zweite Zeichen, das beim LIKE-Operator eine besondere Bedeutung besitzt, ist das Prozentzeichen (%). Verwendet man dieses Zeichen in einem Textmuster, so darf in der betrachteten Spalte eine unbestimmte Zahl beliebiger Zeichen auftreten.

Zur Erläuterung der Wirkungsweise des Prozentzeichens formulieren wir die letzte Abfrage etwas um: Wir suchen nun alle Mitarbeiter, deren Nachnamen mit "M" beginnen und mit "er" enden. Hierzu schreiben wir:

```
SELECT * FROM MITARBEITER
WHERE  N_NAME LIKE 'M%er'
ORDER  BY N_NAME
```

Man erhält dann:

```
PERS    V               N               GEB
NR      NAME            NAME            DATUM           GEHALT
------  -------------   -------------   ----------      ----------
    3   Werner          Meier           23.04.1946      4145,00
    4   Otto            Moser           18.07.1950      4724,00
    1   Hans            Müller          02.03.1955      3425,00
    7   Karl            Müller          11.12.1941      5478,00
```

Das Prozentzeichen wird häufig dafür benutzt, um Zeilen anzuzeigen, die in der betrachteten Spalte mit einer bestimmten Zeichenkette beginnen oder enden. Um alle Mitarbeiter anzulisten, deren Nachnamen mit "M" beginnen, würde man schreiben:

```
SELECT * FROM MITARBEITER
WHERE  N_NAME LIKE 'M%'
```

2.1 Grundlagen

Entsprechend erhält man alle Mitarbeiter, die auf "er" enden, indem man schreibt:

```
SELECT * FROM MITARBEITER
WHERE  N_NAME LIKE '%er'
```

Möchte man nach einer Zeichenkette suchen, die an beliebiger Stelle innerhalb der Textspalte stehen darf, dann muß man diese Zeichenfolge mit zwei Prozentzeichen umschließen. Um z.B. alle Mitarbeiter anzuzeigen, die in ihrem Nachnamen die Zeichenfolge "ei" enthalten, muß man schreiben:

```
SELECT * FROM MITARBEITER
WHERE  N_NAME LIKE '%ei%'
ORDER  BY N_NAME
```

Man erhält dann folgendes Ergebnis:

PERS NR	V NAME	N NAME	GEB DATUM	GEHALT
3	Werner	Meier	23.04.1946	4145,00
6	Franz	Pfleiderer	01.12.1948	-

Wie bei den Operatoren "IN" und "BETWEEN", so wird auch beim LIKE-Operator die Umkehroperation ausgeführt, indem man zusätzlich den Operator "NOT" verwendet. Um alle Mitarbeiter anzuzeigen, deren Nachnamen nicht mit "M" beginnen, würde man also schreiben:

```
SELECT * FROM MITARBEITER
WHERE  N_NAME NOT LIKE 'M%'
ORDER  BY N_NAME
```

Behandlung von Nullwerten

Was passiert eigentlich, wenn die Spalte, die in der WHERE-Klausel verwendet wird, Nullwerte enthält?

Bevor wir diese Frage beantworten, wollen wir die Problematik anhand eines Beispiels verdeutlichen. Betrachten wir hierzu die Tabelle MITARBEITER. Bei der Definition der Tabelle hatten wir dafür gesorgt, daß nur in der Spalte GEHALT Nullwerte auftreten können. Tatsächlich gibt es eine Zeile in der Tabelle MITARBEITER, die in der Spalte GEHALT den Nullwert enthält. Es handelt sich hierbei um den Mitarbeiter Franz Pfleiderer, dem kein Gehalt zugeordnet ist (siehe Abbildung 2.1 auf Seite 11).

Wir wollen uns nun zwei SQL-Abfragen ansehen, in denen die WHERE-Klausel die Spalte GEHALT enthält. Die erste lautet:

```
SELECT * FROM MITARBEITER
WHERE   GEHALT = 4145
ORDER   BY PERS_NR
```

Sie liefert, wie erwartet, folgendes Ergebnis:

PERS NR	V NAME	N NAME	GEB DATUM	GEHALT
3	Werner	Meier	23.04.1946	4145,00

Die Umkehroperation zur eben genannten SQL-Abfrage lautet folgendermaßen:

```
SELECT * FROM MITARBEITER
WHERE   GEHALT <> 4145
ORDER   BY PERS_NR
```

Spontan würde man nun erwarten, daß diese SQL-Abfrage all die Zeilen der Tabelle liefert, die bei der vorangegangenen Abfrage nicht angezeigt wurden; d.h. es müßten alle Zeilen, außer die mit der Personalnummer 3, angezeigt werden. Tatsächlich erhält man jedoch folgendes Ergebnis:

PERS NR	V NAME	N NAME	GEB DATUM	GEHALT
1	Hans	Müller	02.03.1955	3425,00
2	Rita	Schultz	13.11.1962	3744,00
4	Otto	Moser	18.07.1950	4724,00
5	Maria	Kuntz	11.01.1963	2803,00
7	Karl	Müller	11.12.1941	5478,00

Wie man sieht, wird auch die Zeile mit der Personalnummer 6 nicht angezeigt. Man könnte also aus den letzten beiden SQL-Abfragen schließen: Enthält die Spalte GEHALT den Nullwert, so ist weder die Bedingung "= 4145", noch die Umkehrbedingung "<> 4145" erfüllt.

2.1 Grundlagen

Nach diesem Beispiel wollen wir uns nun der Nullwertproblematik etwas systematischer zuwenden:

Alle Ausdrücke, die wir bisher im Rahmen der WHERE-Klausel kennengelernt haben, entsprechen einer der beiden folgenden Grundformen:

```
Spaltenname     Operator ....
Spaltenname NOT Operator ....
```

Als Operatoren haben wir hierbei die einfachen Vergleichsoperatoren ("=", "<>", ">", "<", ">=", "<="), und die komplexeren Operatoren "IN", "BETWEEN" und "LIKE" behandelt. Je nach Typ des Operators folgt diesem entweder ein Vergleichswert, eine Werteliste, ein Wertebereich oder ein Textmuster. Der zusätzliche Operator "NOT" kann nicht im Zusammenhang mit den einfachen Vergleichsoperatoren eingesetzt werden. Hierzu besteht jedoch auch keine Notwendigkeit, da zu jedem Vergleichsoperator auch die Umkehrung existiert (Beispiel: die Umkehrung von ">" ist "<=").

Ausdrücke, die den obigen Grundformen entsprechen, werden üblicherweise als **Prädikate** (engl. predicate) bezeichnet. Unter einem Prädikat ist ein logischer Ausdruck zu verstehen, der einen der folgenden drei Werte annehmen kann:

- Wahr
- Unwahr
- Unbekannt

Betrachten wir hierzu ein Beispiel: Das Prädikat

```
GEHALT = 4145
```

ist

- wahr für alle Zeilen der Tabelle, die in der Spalte GEHALT den Wert 4145 enthalten,
- unbekannt für alle Zeilen der Tabelle, die in der Spalte GEHALT den Nullwert enthalten,
- unwahr für alle Zeilen der Tabelle, die in der Spalte GEHALT weder den Wert 4145 noch den Nullwert enthalten.

Es stellt sich nun die Frage: Welchen Wert muß ein Prädikat in der WHERE-Klausel annehmen, damit die zugehörige Zeile im Ergebnis der SQL-Abfrage enthalten ist? Die Antwort lautet: Nur Zeilen, für die das Prädikat in der WHERE-Klausel den Wert "wahr" annimmt, tauchen im Ergebnis der SELECT-Anweisung auf. Da ein Prädikat für die bisher betrachteten Operatoren immer den Wert "unbekannt" besitzt, sobald die Spalte in der WHERE-Bedingung den Nullwert enthält, gilt:

Gleichgültig welcher Operator in der WHERE-Klausel benutzt wird, wird eine Zeile dann nicht angezeigt, wenn die in der WHERE-Klausel verwendete Spalte den Nullwert enthält.

Gezielte Suche nach Nullwerten

Es gibt jedoch manchmal Situationen, in denen man genau die Zeilen anzeigen möchte, die in einer bestimmten Spalte den Nullwert enthalten. Hierfür steht der Operator "IS NULL" zur Verfügung. Um also nur die Mitarbeiter anzuzeigen, denen derzeit kein Gehalt zugeordnet ist, muß man schreiben:

```
SELECT * FROM MITARBEITER
WHERE  GEHALT IS NULL
ORDER  BY PERS_NR
```

Man erhält dann:

```
PERS    V               N               GEB
NR      NAME            NAME            DATUM       GEHALT
------  ------------    ------------    ----------  ----------
     6  Franz           Pfleiderer      01.12.1948       -
```

Auch für den Operator "IS NULL" existiert die Umkehrung. Sie lautet "IS NOT NULL". Alle Mitarbeiter, denen ein Gehalt zugeordnet ist, erhält man somit durch:

```
SELECT * FROM MITARBEITER
WHERE  GEHALT IS NOT NULL
ORDER  BY PERS_NR
```

Verknüpfen von Prädikaten

Die bisher behandelten Prädikate erlauben die Auswahl von Tabellenzeilen in Abhängigkeit vom Inhalt einer bestimmten Tabellenspalte.

In der Praxis möchte man jedoch oftmals Abfragen formulieren, in denen auf mehrere Spalten Bezug genommen wird. Dies ist mittels SQL möglich, indem man mehrere Prädikate über logische Operatoren miteinander verküpft. Der durch die Verknüpfung einzelner Prädikate entstehende Ausdruck wird üblicherweise als **Suchbedingung** (engl. search condition) bezeichnet.

2.1 Grundlagen

Für die Verknüpfung von Prädikaten stehen die logischen Operatoren "AND" und "OR" zur Verfügung. Darüber hinaus kann man mit Hilfe des Operators "NOT" einzelne Prädikate oder auch Suchbedingungen, die mehrere Prädikate enthalten, in ihrer Wirkungsweise umkehren.

Betrachten wir ein einfaches Beispiel, in dem zwei Prädikate durch den logischen Operator "AND" miteinander verbunden sind. Wir wollen alle Mitarbeiter ermitteln, die im Jahr 1960 oder später geboren sind und über 3000 DM verdienen. Die erste Bedingung führt zum Prädikat:

```
GEB_DATUM >= '1.1.1960'
```

Die zweite Bedingung ergibt das Prädikat:

```
GEHALT > 3000
```

Da beide Prädikate über eine logische Und-Verküpfung miteinander verbunden werden sollen (d.h. beide Prädikate müssen gleichzeitig den Wert "wahr" aufweisen), erhält man folgende zusammengesetzte Suchbedingung:

```
GEB_DATUM >= '1.1.1960' AND GEHALT > 3000
```

Die gesamte SQL-Abfrage lautet somit:

```
SELECT * FROM MITARBEITER
WHERE  GEB_DATUM >= '1.1.1960' AND GEHALT > 3000
ORDER  BY GEB_DATUM DESC
```

Sie liefert folgendes Ergebnis:

```
   PERS    V              N           GEB
     NR    NAME           NAME        DATUM          GEHALT
   ----    ----------     ----------  ----------     ----------
      2    Rita           Schultz     13.11.1962       3744,00
```

Als zweites Beispiel betrachten wir eine Abfrage, die zu einer Oder-Verknüpfung zweier Prädikate führt. Die - zugegebenermaßen wenig sinnvolle - Abfrage lautet: Zeige alle Mitarbeiter, die im Jahr 1950 geboren sind oder Müller heißen. Umgesetzt in SQL ergibt das:

```
SELECT * FROM MITARBEITER
WHERE  GEB_DATUM BETWEEN '1.1.1950' AND '31.12.1950'
OR     N_NAME = 'Müller'
ORDER  BY PERS_NR
```

Man erhält folgendes Ergebnis:

```
   PERS   V             N             GEB
   NR     NAME          NAME          DATUM        GEHALT
   ----   -----------   -----------   ----------   ----------
      1   Hans          Müller        02.03.1955   3425,00
      4   Otto          Moser         18.07.1950   4724,00
      7   Karl          Müller        11.12.1941   5478,00
```

Abarbeitungsreihenfolge logischer Operatoren

Sobald eine Suchbedingung mehr als einen logischen Operator enthält, stellt sich die Frage: In welcher Reihenfolge werden die logischen Operatoren abgearbeitet? Oder mit anderen Worten: In welcher Reihenfolge werden die einzelnen Prädikate miteinander verknüpft?

Die Ausführung der logischen Ausdrücke erfolgt in folgender Reihenfolge:

1. NOT
2. AND
3. OR

Existieren mehrere Operatoren derselben Stufe, so ist die Verarbeitungsreihenfolge dieser Operatoren nicht vorhersagbar.

Wir wollen die Abarbeitung von Suchbedingungen anhand eines Beispiels verdeutlichen. Hierzu betrachten wir die SQL-Anweisung:

```
SELECT * FROM MITARBEITER
WHERE  N_NAME = 'Müller'   OR
       N_NAME = 'Moser'    AND
       NOT GEHALT > 3000
```

2.1 Grundlagen

Die in der WHERE-Klausel enthaltene Suchbedingung soll beispielhaft für folgende Tabellenzeile ausgewertet werden:

```
PERS    V            N           GEB
 NR     NAME         NAME        DATUM          GEHALT
------  ------------ ----------- ----------     ----------
    1   Hans         Müller      02.03.1955     3425,00
```

Entsprechend der Verarbeitungsreihenfolge muß man zuerst den Ausdruck

```
NOT GEHALT > 3000
```

auflösen. Für die betrachtete Zeile liefert er das Ergebnis "unwahr". Anschließend ist der Operator "AND" anzuwenden. Man erhält:

```
N_NAME = 'Moser' AND "unwahr"
```

Für die vorliegende Zeile nimmt dieser Ausdruck ebenfalls den Wert "unwahr" an. Der zuletzt auszuwertende Ausdruck lautet folglich:

```
N_NAME = 'Müller' OR "unwahr"
```

Man erhält somit schließlich den Wert "wahr" für die gesamte Suchbedingung. Die betrachtete Zeile wird folglich angezeigt.

Möchte man eine Verarbeitungsreihenfolge erzielen, die von der Standardreihenfolge abweicht, so muß man die Ausdrücke, die vorrangig ausgewertet werden sollen, in Klammern setzen.

Die Bedeutung der bisher betrachteten Suchbedingung ändert sich beispielsweise, wenn man in der folgenden Weise klammert:

```
(N_NAME = 'Müller' OR N_NAME = 'Moser') AND
NOT GEHALT > 3000
```

Jetzt wird zuerst der Klammerausdruck ausgewertet; er nimmt für die vorgegebene Zeile den Wert "wahr" an. Anschließend wird der Ausdruck

```
NOT GEHALT > 3000
```

ermittelt, der als Ergebnis "unwahr" liefert. Zum Schluß erfolgt die AND-Verknüpfung. Man erhält in diesem Fall somit das Endergebnis "unwahr". Die betrachtete Zeile wird also nicht angezeigt.

Behandlung von Nullwerten in Suchbedingungen

Wie wir gesehen haben, kann ein Prädikat nicht nur die Werte "wahr" und "unwahr", sondern auch den Wert "unbekannt" annehmen. Ein Prädikat hat immer dann den Wert "unbekannt", wenn die Spalte des Prädikats den Nullwert enthält; d.h. das Prädikat

```
GEHALT > 3000
```

besitzt den Wert "unbekannt", sobald die Spalte GEHALT den Nullwert aufweist. Eine Ausnahme von dieser Regel bildet nur der Operator "IS NULL". Bei seiner Anwendung nimmt das Prädikat den Wert "wahr" an, wenn die zugehörige Spalte den Nullwert enthält.

Es stellt sich nun die Frage, welchen Wert eine Suchbedingung annimmt, wenn einzelne Prädikate der Suchbedingung den Wert "unbekannt" besitzen. Hierzu wiederum ein Beispiel: Welchen Wert nimmt die Suchbedingung

```
N_NAME = 'Müller' AND GEHALT > 3000
```

an, wenn die betrachtete Zeile in der Spalte N_NAME den Wert "Müller" und in der Spalte GEHALT den Nullwert enthält?

Zur Beantwortung dieser und ähnlicher Fragestellungen dienen sogenannte erweiterte Wahrheitstabellen für die logischen Operatoren "AND", "OR" und "NOT". Diese Wahrheitstabellen heißen deshalb erweitert, da sie gegenüber den boolschen Wahrheitstabellen zusätzlich zu den Werten "wahr" und "unwahr" noch den Wert "unbekannt" enthalten. Für die Und-Verknüpfung zweier Prädikate oder Suchbedingungen P1 AND P2 gilt:

AND	**P1=wahr**	**P1=unwahr**	**P1=unbekannt**
P2=wahr	wahr	unwahr	unbekannt
P2=unwahr	unwahr	unwahr	unwahr
P2=unbekannt	unbekannt	unwahr	unbekannt

2.1 Grundlagen

Für Oder-Verknüpfungen ergibt sich folgende Wahrheitstabelle:

OR	P1=wahr	P1=unwahr	P1=unbekannt
P2=wahr	wahr	wahr	wahr
P2=unwahr	wahr	unwahr	unbekannt
P2=unbekannt	wahr	unbekannt	unbekannt

Für den Operator "NOT" erhält man schließlich:

- NOT(wahr)   = unwahr
- NOT(unwahr)   = wahr
- NOT(unbekannt) = unbekannt

Ausschluß gleichlautender Ergebniszeilen

Wenn man innerhalb einer SELECT-Anweisung nicht alle Spalten, sondern nur eine oder wenige Spalten auswählt, kann es vorkommen, daß im Ergebnis identische Zeilen mehrfach auftreten. Dies ist nicht immer wünschenswert. Betrachten wir hierzu ein Beispiel: Es sollen alle in der Tabelle MITARBEITER gespeicherten Nachnamen in alphabetischer Reihenfolge aufgelistet werden. Hierzu schreiben wir:

```
SELECT N_NAME
FROM   MITARBEITER
ORDER  BY N_NAME
```

Man erhält dann:

```
 N
NAME
----------------
Kuntz
Meier
Moser
Müller
Müller
Pfleiderer
Schultz
```

An diesem Ergebnis fällt auf, daß der Nachname "Müller" zweifach auftritt. Das ist nicht verwunderlich, da in der Mitarbeitertabelle zwei Mitarbeiter enthalten sind, die "Müller" heißen. Für die vorliegende Auswerteanforderung wäre es jedoch wünschenswert, wenn im Ergebnis jeder Nachname nur einmal erscheinen würde. Dies läßt sich erreichen, indem man vor die Spaltenliste das Wort DISTINCT schreibt. Die betrachtete Abfrage lautet somit folgendermaßen:

```
SELECT DISTINCT N_NAME
FROM    MITARBEITER
ORDER   BY N_NAME
```

und liefert:

```
N
NAME
---------------
Kuntz
Meier
Moser
Müller
Pfleiderer
Schultz
```

Durch Angabe von DISTINCT vor der Spaltenliste kann man folglich erreichen, daß mehrfach auftretende, identische Ergebniszeilen nur einmal im Ergebnis auftauchen.

Verküpfung mehrerer Tabellen

Bisher hatten wir uns bei unseren SQL-Abfragen immer auf eine Tabelle beschränkt. Eine reale Datenbank enthält jedoch üblicherweise mehrere Tabellen mit unterschiedlichen Inhalten.

Dadurch bedingt besteht oftmals der Wunsch, Daten aus verschiedenen Tabellen gemeinsam auszuwerten. Solche Auswertungen, die Daten mehrerer Tabellen miteinander verknüpfen, lassen sich ebenfalls mittels SQL-Abfragen erstellen.

Um derartige SQL-Abfragen behandeln zu können, müssen wir jedoch zuvor eine zweite Tabelle erstellen. Diese zweite Tabelle soll Daten zu Kindern der Mitarbeiter enthalten. Wir wollen sie deshalb **KIND** nennen. Sie besteht aus folgenden Daten:

2.1 Grundlagen

```
PERS   V              GEB
NR     NAME           DATUM      GESCHLECHT
-----  -------------  ---------  ----------
    1  David          30.04.1987  M
    1  Natalie        12.02.1990  W
    2  Heinz          14.08.1988  M
    3  Sabine         13.01.1970  W
    3  Rolf           06.12.1973  M
    3  Susanne        16.09.1975  W
    6  Edwin          14.12.1969  M
    6  Olaf           07.06.1973  M
    7  Bernd          13.02.1965  M
```

Die Spalte PERS_NR in der Tabelle KIND ist natürlich nicht als Personalnummer des Kindes zu verstehen, sondern es ist vielmehr die Personalnummer des Elternteils, das Mitarbeiter unserer fiktiven Firma ist. Diese Spalte dient somit dazu, zwischen den Kinderdaten und den Mitarbeiterdaten des zugehörigen Elternteils einen Bezug herzustellen. Die Spalten V_NAME und GEB_DATUM haben dieselbe Bedeutung wie in der Tabelle MITARBEITER mit dem Unterschied, daß sie sich nun nicht auf die Mitarbeiter, sondern auf deren Kinder beziehen.

Neu ist hingegen die Spalte GESCHLECHT. Ein "M" in dieser Spalte steht für "männlich"; das Zeichen "W" für "weiblich".

Zum Erstellen und Füllen der Tabelle KIND kann prinzipiell in gleicher Weise vorgegangen werden, wie bei der Tabelle MITARBEITER (siehe Abschnitt 2.1.1 "Anlegen und Füllen von Tabellen" auf Seite 11 ff.). Wir wollen aus Platzgründen an dieser Stelle nicht die einzelnen Schritte wiederholen. Nach der Definition aller Tabellenspalten sollte das Fenster "Table -NEW-" mit der Abbildung 2.20 übereinstimmen. Bei der Dateneingabe sollten Sie darauf achten, die Kennbuchstaben für das Geschlecht in Form von Großbuchstaben einzugeben (M/W).

Es mag sein, daß Sie sich an dieser Stelle über den Aufbau der neu geschaffenen Tabelle KIND wundern. Vielleicht hätten Sie anstelle der Personalnummer lieber den Nachnamen als Tabellenspalte aufgenommen. Eventuell halten Sie es sogar für logischer, Mitarbeiter- und Kinderdaten in einer gemeinsamen Tabelle abzuspeichern. Wenn Sie von derartigen Gedanken heimgesucht werden, dann sollten Sie sich bis zum Kapitel 4 "Datenbankentwurf" gedulden. Dort werden wir diese Thematik ausführlich diskutieren und darüber hinaus feststellen, daß die Tabellen MITARBEITER und KIND in der vorliegenden Form durchaus sinnvoll aufgebaut sind.

```
┌─────────────────────────────────────────────────────────────────┐
│ ▬            Query Manager for UEBUNG                    ▼ ▲    │
│ Actions  Constraints  Exit                               Help   │
│                     Table —NEW—                                 │
│ Select Actions above to define columns.                         │
│                                                                 │
│ Column Name          Type                Length  Attributes     │
│                                                                 │
│ PERS_NR              Small Integer               Data required  │
│ V_NAME               Character (Variable)  15    Data required, Text │
│ GEB_DATUM            Date                        Data required  │
│ GESCHLECHT           Character (Fixed)     1     Data required, Text │
│                                                                 │
│                                                                 │
└─────────────────────────────────────────────────────────────────┘
```

Abbildung 2.20

Nun wollen wir uns jedoch dem eigentlichen Thema zuwenden; nämlich den SQL-Abfragen, die Daten mehrerer Tabellen miteinander verknüpfen.

Die wichtigste Operation zur Verknüpfung mehrerer Tabellen ist in SQL die sogenannte Joinoperation. Da sich bis heute im deutschen Sprachgebrauch für den Ausdruck "**Join**" kein äquivalenter Begriff durchgesetzt hat, wollen wir im folgenden das englische Wort "Join" beibehalten.

Im Gegensatz zu den bisher kennengelernten Operationen wird ein Join zweier Tabellen nicht durch Angabe eines speziellen Operators durchgeführt, sondern einfach dadurch, daß man in der FROM-Klausel der SELECT-Anweisung mehrere Tabellennamen angibt. Die einfachste - wenngleich völlig sinnlose - Form des Joins sieht folgendermaßen aus:

```
SELECT *
FROM    MITARBEITER, KIND
ORDER   BY MITARBEITER.PERS_NR, KIND.PERS_NR
```

Wenn Sie diese SQL-Abfrage mit Hilfe des Query Manager ausführen, werden Sie verstehen, warum an dieser Stelle das Ergebnis der Abfrage nicht abgedruckt ist. Es besteht nämlich aus 63 Zeilen, die sich dadurch ergeben, daß jede Zeile der Tabelle MITARBEITER mit jeder Zeile der Tabelle KIND kombiniert wird.

Eine Joinoperation in der vorliegenden Form ist somit wenig sinnvoll, da Daten miteinander verknüpft werden, die sachlich nicht zusammengehören. So wird im betrachteten Beispiel jeder Mitarbeiter nicht nur mit seinen eigenen Kindern, sondern auch mit den Kindern aller anderen Mitarbeitern in Beziehung gesetzt.

Betrachten wir nun eine Verknüpfung der beiden Tabellen MITARBEITER und KIND, die sachlich einen Sinn ergibt. Möchte man z.B. die Kinder mit ihren Nachnamen auflisten, so ist dies mit folgender SQL-Anweisung zu erreichen:

```
SELECT  KIND.V_NAME, N_NAME,
        KIND.GEB_DATUM, GESCHLECHT
FROM    MITARBEITER, KIND
WHERE   MITARBEITER.PERS_NR = KIND.PERS_NR
ORDER   BY N_NAME, KIND.GEB_DATUM
```

Als Ergebnis erhält man:

V NAME	N NAME	GEB DATUM	GESCHLECHT
Sabine	Meier	13.01.1970	W
Rolf	Meier	06.12.1973	M
Susanne	Meier	16.09.1975	W
Bernd	Müller	13.02.1965	M
David	Müller	30.04.1987	M
Natalie	Müller	12.02.1990	W
Edwin	Pfleiderer	14.12.1969	M
Olaf	Pfleiderer	07.06.1973	M
Heinz	Schultz	14.08.1988	M

Der wesentliche Unterschied zur vorherigen SQL-Abfrage besteht in der WHERE-Klausel, die nun zusätzlich vorhanden ist. Durch die WHERE-Klausel

```
WHERE  MITARBEITER.PERS_NR = KIND.PERS_NR
```

werden aus der Gesamtmenge aller möglichen Kombinationen von MITARBEITER- und KIND-Zeilen nur die herausgefiltert, in denen die Personalnummer der MITARBEITER-Zeile mit der Personalnummer der KIND-Zeile übereinstimmt. Es werden somit alle Kombinationen von MITARBEITER- und KIND-Zeilen vom Ergebnis ausgeschlossen, die sachlich keinen Sinn ergeben. Man bezeichnet diesen Teil der WHERE-Klausel, der für eine sinnvolle Kombination der Tabellen sorgt, üblicherweise als Joinbedingung.

Betrachtet man die obige SQL-Anweisung, so fällt auf, daß manchen Spaltennamen ein Tabellenname vorangestellt ist. Tabellen- und Spaltenname werden in diesen Fällen durch einen Punkt voneinander getrennt. Das Voranstellen des Tabellennamens vor einen Spaltennamen ist immer dann nötig, wenn der Spaltenname innerhalb der Tabellen, die in der FROM-Klausel angegeben wurden, nicht eindeutig ist. So müssen in der letzten SQL-Abfrage die Spaltennamen V_NAME, GEB_DATUM und PERS_NR jeweils mit Tabellennamen versehen werden, da sie sowohl in der Tabelle MITARBEITER als auch in der Tabelle KIND auftreten.

Korrelationsnamen

Bei Tabellen mit langen Namen kann dieses Voranstellen des Tabellennamens vor mehrdeutige Spaltennamen zu einer schreibaufwendigen Angelegenheit werden. Deshalb und aus einem weiteren Grund, den wir später erfahren werden, gibt es die Möglichkeit, Abkürzungen für die Tabellennamen zu verwenden. Diese Abkürzungen werden als Korrelationsnamen (engl. correlation name) bezeichnet. Man definiert sie in der FROM-Klausel.

So ließe sich zum Beispiel für die Tabelle MITARBEITER die Abkürzung M und für die Tabelle KIND die Abkürzung K einführen, indem man schreibt:

```
... FROM MITARBEITER M, KIND K ...
```

Diese Korrelationsnamen M und K können nun anstatt der Tabellennamen den mehrdeutigen Spaltennamen vorangestellt werden. Die letzte SQL-Abfrage läßt sich somit in folgender Weise verkürzen:

```
SELECT  K.V_NAME, N_NAME,
        K.GEB_DATUM, GESCHLECHT
FROM    MITARBEITER M, KIND K
WHERE   M.PERS_NR = K.PERS_NR
ORDER   BY N_NAME, K.GEB_DATUM
```

Bemerkenswert hierbei ist, daß die Korrelationsnamen bereits in der Spaltenliste am Beginn der SELECT-Anweisung verwendet werden können, obwohl sie erst innerhalb der FROM-Klausel definiert werden. Korrelationsnamen gelten nur innerhalb einer SQL-Anweisung; d.h. in der nächsten Abfrage kann man andere Korrelationsnamen benutzen.

Die Ausführung von Joinoperationen

Wie wir gesehen haben, werden bei einem Join ohne WHERE-Klausel alle Zeilen jeder Tabelle mit allen Zeilen jeder anderen am Join beteiligten Tabelle verknüpft. Für die Tabellen MITARBEITER und KIND führte dies zu 63 Ergebniszeilen. Bei größeren Tabellen ergeben sich jedoch sehr schnell astronomische Ergebnismengen. So liefert ein Join zweier Tabellen, die jeweils aus 1000 Zeilen bestehen, eine Million Ergebniszeilen, wenn keine WHERE-Klausel angegeben wird.

Das versehentliche Weglassen der WHERE-Klausel beim Join von Tabellen ist einer der häufigsten Fehler, die von "SQL-Anfängern" begangen werden. Man sollte deshalb bei den ersten "Join-Versuchen" verstärkt darauf achten, daß immer eine Joinbedingung angegeben wird, die für eine sinnvolle Verknüpfung der beteiligten Tabellen sorgt.

Zum besseren Verständnis der Joinoperation ist es meist ganz hilfreich, sich folgendes theoretische Verarbeitungsmodell vor Augen zu halten:

1. Schritt: Es wird ein Zwischenergebnis aus allen möglichen Zeilenkombinationen der am Join beteiligten Tabellen gebildet (Join ohne WHERE-Klausel).

2. Schritt: Aus diesem (meist sehr umfangreichen) Zwischenergebnis werden diejenigen Zeilen herausgefiltert, welche die Joinbedingung erfüllen.

Tatsächlich erfolgt die Verarbeitung eines Joins durch den Database Manager nicht nach dem eben beschriebenen theoretischen Verarbeitungsmodell; es wäre für die praktische Durchführung viel zu zeit- und speicheraufwendig. Statt dessen verfügt der Database Manager über zwei optimierte Methoden zur Verarbeitung von Joins. Anhand der aktuellen SQL-Anweisung und weiterer Entscheidungskriterien wählt er die jeweils günstigere Methode aus. Wir werden auf diese Thematik im Abschnitt 4.4.2 "Der Optimierer" detaillierter eingehen.

Joins mit zusätzlichen Suchbedingungen

Bei unseren bisherigen SQL-Übungen haben wir die WHERE-Klausel in zweierlei Funktion kennengelernt. Zum einen lassen sich mit ihr Einschränkungskriterien für die gezielte Suche bestimmter Zeilen einer Tabelle formulieren. Zum anderen dient die WHERE-Klausel zur Definition von Joinbedingungen für die Verknüpfung zweier oder mehrerer Tabellen.

Oftmals sind Auswertungsanforderungen jedoch derart gelagert, daß sowohl die Verknüpfung mehrerer Tabellen als auch die Einschränkung mittels Suchbedingungen notwendig wird. Ein Beispiel hierfür könnte folgender Auswertewunsch sein: Zeige alle weiblichen Kinder, deren in der betrachteten Firma angestelltes Elternteil unter 4000 DM verdient. Die hierfür notwendige SQL-Abfrage lautet:

```
SELECT   K.V_NAME, N_NAME,
FROM     MITARBEITER M, KIND K
WHERE    M.PERS_NR   = K.PERS_NR
AND      GESCHLECHT = 'W'
AND      GEHALT      < 4000
ORDER    BY N_NAME, K.V_NAME
```

Man erhält dann folgendes Ergebnis:

```
V                  N
NAME               NAME
----------------   ----------------
Natalie            Müller
```

Die Verbindung zwischen der Joinbedingung und einer zusätzlichen Suchbedingung führt man sinnvollerweise mit Hilfe des logischen Operators "AND" durch. Eine Verknüpfung über den Operator "OR" ergibt an dieser Stelle keinen Sinn, da man hiermit die Joinbedingung wieder außer Kraft setzen würde.

Für die Formulierung von Suchbedingungen stehen im Falle eines Joins alle Spalten der am Join beteiligten Tabellen zur Verfügung. Im obigen Beispiel wurde sowohl nach einer Spalte der Tabelle KIND (Spalte GESCHLECHT) als auch nach einer Spalte der Tabelle MITARBEITER (Spalte GEHALT) eingeschränkt.

Das Zusammenwirken von Join- und Suchbedingung ist besser zu verstehen, wenn man gedanklich die beiden Teile der WHERE-Klausel nacheinander durchläuft. Wir wollen dies mit Hilfe des Database Manager durchexerzieren. Zuerst bilden wir den Join der Tabellen MITARBEITER und KIND mit folgender SQL-Anweisung:

```
SELECT *
FROM    MITARBEITER M, KIND K
WHERE   M.PERS_NR = K.PERS_NR
```

Wir verzichten hier aus Platzgründen auf die Darstellung des Ergebnisses. Sie sollten jedoch die Abfrage mit Hilfe des Query Manager durchführen. Die hierdurch entstehenden Ergebniszeilen bestehen jeweils aus einer MITARBEITER- und einer KIND-Zeile, die quasi zusammengekettet sind. Insgesamt enthält das Ergebnis genau so viele Zeilen, wie die Tabelle KIND. Jeder KIND-

2.1 Grundlagen

Zeile ist jedoch die MITARBEITER-Zeile des jeweils zum Kind gehörenden Elternteils vorangestellt. Wie man sieht, enthält das durch den Join entstandene Zwischenergebnis alle Spalten der Tabellen MITARBEITER und KIND. In einer Suchbedingung, die sich an die Joinbedingung anschließt, können somit auch all diese Spalten verwendet werden. Gedanklich können wir uns das vorliegende Ergebnis als eine neue Tabelle vorstellen, auf die nun die eigentliche Suchbedingung

```
... GESCHLECHT = 'W' AND GEHALT < 4000
```

angewandt wird.

Wir wollen unsere "Joinübungen" mit einem letzten Beispiel abschließen. Es sollen alle Mitarbeiter mit Kindern, die vor 1980 geboren wurden, ermittelt werden. Dies läßt sich mit folgender SQL-Abfrage erreichen:

```
SELECT DISTINCT N_NAME, M.V_NAME
FROM    MITARBEITER M, KIND K
WHERE   M.PERS_NR  = K.PERS_NR
AND     K.GEB_DATUM < '1.1.1980'
ORDER   BY N_NAME, M.V_NAME
```

Man erhält dann:

```
N                    V
NAME                 NAME
---------------      ---------------
Meier                Werner
Müller               Karl
Pfleiderer           Franz
```

Durch Angabe von DISTINCT in der Abfrage wird sichergestellt, daß Mitarbeiter mit mehreren Kindern, die vor 1980 geboren wurden, nur einmal im Ergebnis auftauchen.

Die Joinoperation kann als das wichtigste Element der SQL-Sprache überhaupt bezeichnet werden. Da reale Datenbanken üblicherweise aus mehreren Tabellen bestehen, besteht bei Abfragen in der Praxis häufig die Notwendigkeit, Joins durchzuführen.

Leider muß man immer wieder feststellen, daß ein mangelndes Verständis der Joinoperation Ursache für einen schlechten Tabellenentwurf ist. Wenn man die Möglichkeit, Daten mehrerer Tabellen durch Joins zusammenzuführen, nicht richtig verstanden hat, ist man versucht, alle Daten, die man gemeinsam auswerten möchte, auch in eine gemeinsame Tabelle zu packen. Wie wir im

Kapitel 4 "Datenbankentwurf" erfahren werden, ist dies jedoch in der Regel der falsche Ansatz, um eine gut strukturierte Datenbank zu entwerfen.

Die Bedeutung der Joinoperation kann daher gar nicht hoch genug bewertet werden.

2.1.3 Datenmanipulation mit SQL

Bei der bisherigen SQL-Erkundung haben wir uns ausschließlich mit Abfragen beschäftigt; d.h. bestehende Tabelleninhalte wurden nach unterschiedlichsten Gesichtspunkten ausgewertet. Die Tabellendaten an sich blieben jedoch bei allen SQL-Anweisungen unverändert.

Wenngleich wir noch bei weitem nicht alle Möglichkeiten der SELECT-Anweisung kennengelernt haben, werden wir uns nun solchen SQL-Anweisungen zuwenden, mit denen Tabelleninhalte verändert werden können. Die noch fehlenden Elemente der SELECT-Anweisung werden im Abschnitt 2.2 "Komplexe SQL-Anweisungen" nachgeholt.

Operationen, die Tabelleninhalte verändern, lassen sich in der folgenden Weise klassifizieren:

1. Einfügen neuer Zeilen
2. Modifizieren bereits existierender Zeilen
3. Löschen von Zeilen

Alle drei Operationstypen werden wir im folgenden unter den Oberbegriffen "Datenänderung" oder "**Änderungsoperation**" zusammenfassen. Eine Änderungsoperation kann somit eine Einfügung neuer Zeilen, eine Modifikation bestehender Zeilen oder eine Löschung von Zeilen umfassen.

Wird dagegen von einer "Datenmodifikation" oder von einer "**Modifikationsoperation**" gesprochen, so sind damit immer Modifikationen innerhalb bestehender Tabellenzeilen gemeint; nicht jedoch Zeileneinfügungen oder -löschungen. Mit einer Modifikationsoperation werden somit die Inhalte bestehender Zeilen korrigiert oder aktualisiert.

Tabellen kopieren

Bevor wir uns mit den verschiedenen Operationstypen im einzelnen befassen, werden wir Kopien der Tabellen MITARBEITER und KIND erstellen. Die anschließenden SQL-Änderungsoperationen werden wir dann unter Verwendung dieser Kopien ausführen. Dadurch bleiben uns die mühsam in die Tabellen MITARBEITER und KIND eingegebenen Daten für weitere Abfragen im Abschnitt 2.2 "Komplexe SQL-Anweisungen" erhalten.

2.1 Grundlagen

Das Kopieren von Tabellen ist mit Hilfe des Query Manager ganz einfach. Um eine Kopie der Tabelle MITARBEITER zu erstellen, rufen wir das Fenster "SQL Query" auf. Dort geben wir die SQL-Anweisung

```
SELECT * FROM MITARBEITER
```

ein. Nach Ausführung der Abfrage wird uns im Reportfenster der gesamte Inhalt der Tabelle MITARBEITER angezeigt.

Wir klicken nun in der Aktionszeile die Auswahl "Actions" an. Im anschließend erscheinenden Untermenü klicken wir auf die Auswahl "Save data...". Daraufhin erscheint das Fenster "Save Data". Dort kann man nun einen Tabellennamen eingeben, unter dem die Kopie der Mitarbeitertabelle abgespeichert werden soll. Im Eingabefeld "Table name" geben wir "MITARBEITER_1" als Namen für die neu zu erstellende Tabelle ein; in das Kommentarfeld "Comment" schreiben wir: Kopie der Tabelle MITARBEITER (siehe Abbildung 2.21).

Das Auswahlfeld "Data" ist nur dann von Bedeutung, wenn bereits eine Tabelle mit dem Namen, der im Feld "Table name" eingegeben wurde, existiert und Daten enthält. In einem solchen Fall kann man angeben, ob die in dieser Tabelle enthaltenen Daten durch die im Reportfenster angezeigten Daten ersetzt werden sollen (Auswahl "Replace existing data") oder ob die im Reportfenster enthaltenen Daten zu bereits in der Tabelle existierenden Daten hinzugefügt werden sollen (Auswahl "Append to existing data"). Da in unserem Fall noch keine Tabelle mit dem Namen MITARBEITER_1 existiert, ist das Auswahlfeld "Data" nicht relevant.

Durch Anklicken der Enter-Schaltfläche wird die neue Tabelle MITARBEITER_1 angelegt und mit den im Reportfenster angezeigten Daten gefüllt. Der strukturelle Aufbau der Tabelle MITARBEITER_1 ist identisch zu dem der Tabelle MITARBEITER; d.h. die Tabelle MITARBEITER_1 besitzt die gleichen Spalten wie die Tabelle MITARBEITER. Der einzige Unterschied zwischen beiden Tabellen besteht im Tabellennamen.

Nach der für die Tabelle MITARBEITER_1 beschriebenen Verfahrensweise läßt sich auch eine Kopie der Tabelle KIND erstellen. Wir wollen diese KIND_1 nennen.

Im übrigen ist die Aktion "Save data..." nicht nur auf das Kopieren kompletter Tabellen beschränkt. Es besteht vielmehr die Möglichkeit, das Ergebnis einer beliebigen SQL-Abfrage in Form einer neuen Tabelle "einzufrieren". Wir werden auf die vielfältigen Möglichkeiten dieser Technik später zurückkommen.

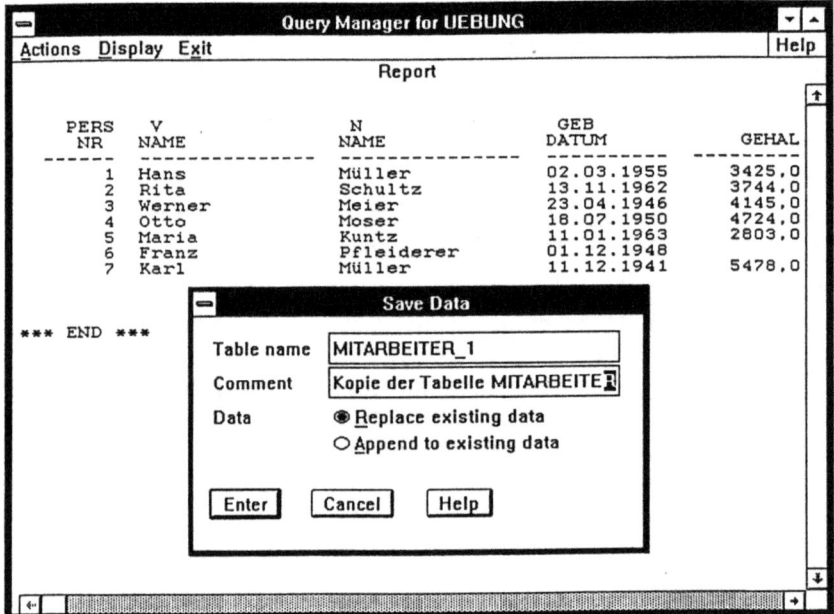

Abbildung 2.21

Nachdem wir nun Kopien der Tabellen MITARBEITER und KIND besitzen, können wir uns mit den SQL-Anweisungen zum Ändern von Tabellendaten beschäftigen. Wir beginnen mit der Einfügeoperation.

Zeilen einfügen

Mancher wird sich nun fragen: Wozu braucht man eine SQL-Anweisung zum Einfügen neuer Zeilen in eine Tabelle? Wir haben ja bereits eine Methode hierfür kennengelernt, mit der die Tabellen MITARBEITER und KIND gefüllt wurden (siehe Abbildung 2.14 auf Seite 24).

Hierzu ist zu sagen: Das Verfahren, das wir bisher zum Füllen von Tabellen benutzt haben, ist zwar sehr gut geeignet, um direkt am Bildschirm neue Tabellenzeilen zu erfassen. Für den Einsatz in C-Programmen ist es jedoch nur eingeschränkt zu verwenden. Hierfür gibt es eine ganze Reihe von Gründen, von denen wir im Moment nur einen aufführen wollen:

Sollen die Benutzereingaben vor der Abspeicherung gewissen Plausibilitätsprüfungen unterzogen werden, so ist dies mit der bisher behandelten Methode nicht in allen Fällen möglich. Eine solche Plausibilitätsprüfung könnte z.B. lauten: Das Geburtsdatum eines Kindes muß größer sein als das seines Elternteils. Benutzt man jedoch zum Einfügen von Tabellenzeilen eine SQL-Anwei-

2.1 Grundlagen

sung, so kann das Programm die Benutzereingaben beliebigen Eingabeprüfungen unterziehen, bevor es die SQL-Anweisung zur Ausführung bringt.

Nach dieser Vorrede wollen wir uns endlich mit der SQL-Anweisung zum Einfügen von Tabellenzeilen befassen. Beginnen wir mit einem Beispiel. Um ein weiteres Kind in die Tabelle KIND_1 einzufügen, würde man schreiben:

```
INSERT INTO KIND_1
VALUES (2, 'Maria', '13.5.1990', 'W')
```

Eine SQL-Anweisung zum Einfügen einer Zeile beginnt immer mit den Worten "INSERT INTO". Anschließend folgt der Name der Tabelle, in die eine Zeile eingefügt werden soll. Schließlich wird durch das Wort "VALUES" eine Werteliste eingeleitet. Die Werteliste selbst wird durch Klammern begrenzt; die einzelnen Werte werden durch Kommata voneinander getrennt. Bei der vorliegenden Form der INSERT-Anweisung muß die Werteliste für jede Spalte der Tabelle einen Wert enthalten. Die Reihenfolge der Werte muß der Reihenfolge entsprechen, in der die Tabellenspalten definiert wurden.

Durch die obige INSERT-Anweisung wird somit eine Zeile mit folgenden Werten in die Tabelle KIND_1 eingefügt:

PERS_NR   = 2
V_NAME   = Maria
GEB_DATUM   = 13.5.1990
GESCHLECHT   = W

Die Form, in der die Werte anzugeben sind, ist dieselbe wie bei der Wertangabe in WHERE-Klauseln; d.h. Werte für nichtnumerische Spalten müssen durch Apostrophen begrenzt werden.

Wenn man die obige INSERT-Anweisung im SQL Query-Fenster des Query Manager zur Ausführung bringt, so gelangt man nicht - wie man es bisher von SQL-Abfragen gewohnt war - in das Reportfenster. Die erfolgreiche Ausführung der Anweisung wird vom Query Manager statt dessen im SQL Query-Fenster mit der Meldung

```
SQL query completed without errors
```

quittiert. Wem diese Meldung zuwenig ist, dem steht es frei, sich mit Hilfe einer SELECT-Anweisung den neuen Zustand der Tabelle KIND_1 anzeigen zu lassen.

Mit der bisher behandelten Form der INSERT-Anweisung kann immer nur eine Zeile eingefügt werden. Wir werden im Abschnitt 2.2 "Komplexe SQL-Anweisungen" eine weitere Form der INSERT-Anweisung kennenlernen, die es erlaubt, gleichzeitig mehrere Zeilen in eine Tabelle einzufügen.

Keine Zeilenreihenfolge!

Eine neu eingefügte Zeile nimmt innerhalb der Tabelle keine vorhersagbare Position ein. Wie bereits erwähnt wurde, besitzen die Zeilen einer Tabelle keinerlei natürliche Reihenfolge. Sollen bei SELECT-Anweisungen die Ergebniszeilen in einer bestimmten Reihenfolge präsentiert werden, so muß die gewünschte Reihenfolge durch Angabe einer ORDER BY-Klausel festgelegt werden.

Leider wird der eben beschriebene Sachverhalt oft nicht richtig verstanden. In gewisser Weise wird dieses Mißverständnis vom Database Manager sogar (unfreiwillig) gefördert. Dies liegt daran, daß bei einer SELECT-Anweisung ohne ORDER BY-Klausel die Tabellenzeilen meistens in der Reihenfolge angezeigt werden, in der sie - zeitlich gesehen - eingefügt wurden. Man darf sich auf diese Reihenfolge jedoch nicht verlassen, da sie vom Database Manager nicht garantiert wird.

Behandlung von Nullwerten

Besitzt eine Tabelle Spalten, in denen Nullwerte zugelassen sind, so besteht die Möglichkeit, Zeilen einzufügen, die in diesen Spalten keinen realen Wert, sondern eben den Nullwert enthalten. Hierzu dient das Wort "NULL", das man anstatt eines echten Wertes in die Werteliste schreibt.

Betrachten wir hierzu ein Beispiel: Wir möchten einen neuen Mitarbeiter in die Tabelle MITARBEITER_1 einfügen, dessen Gehalt momentan noch nicht festliegt. Folglich schreiben wir:

```
INSERT INTO MITARBEITER_1
VALUES (8, 'Fritz', 'Schmidt', '15.11.1942', NULL)
```

Im vorliegenden Beispiel handelt es sich um eine numerische Spalte (Spalte GEHALT), der kein echter Wert zugeordnet wird. Das Wort NULL wird jedoch auch bei nichtnumerischen Spalten ohne Apostrophen angegeben. Wären in der Spalte V_NAME Nullwerte zugelassen, so könnte man z.B. einen Mitarbeiter ohne Vornamen in folgender Weise erfassen:

```
INSERT INTO MITARBEITER_1
VALUES (8, NULL, 'Schmidt', '15.11.1942', NULL)
```

Bei der bisher behandelten Form der INSERT-Anweisung muß die Werteliste immer so viele Werte enthalten, wie die Tabelle Spalten besitzt. Außerdem müssen die Werte in der Reihenfolge eingegeben werden, in der die Spalten definiert wurden. Es gibt jedoch eine erweiterte Form der INSERT-Anwei-

2.1 Grundlagen

sung, bei der nicht für alle Spalten Werte angegeben werden müssen und bei der die Wertereihenfolge frei wählbar ist.

Diese erweiterte Form der INSERT-Anweisung unterscheidet sich von der bisher behandelten Form dadurch, daß zwischen dem Tabellennamen und dem Wort "VALUES" eine Liste von Spaltennamen eingefügt wird. Durch diese Liste wird festgelegt, für welche Spalten die Werteliste Werte enthalten muß. Außerdem legt die Spaltenliste die Reihenfolge der Werteinträge in der Werteliste fest. Wir wollen die erweiterte Form der INSERT-Anweisung wiederum an einem Beispiel ausprobieren:

```
INSERT INTO MITARBEITER_1
(N_NAME, GEB_DATUM, V_NAME, PERS_NR)
VALUES ('Häberle', '28.2.1951', 'Gotthilf', 9)
```

Im vorliegenden Beispiel wurde zum einen die Wertereihenfolge gegenüber der Reihenfolge, in die Spalten definiert wurden, verändert; zum anderen wurde die Spalte GEHALT in der Spaltenliste weggelassen; in der Werteliste mußte somit dieser Spalte auch kein Wert zugeordnet werden. Das Weglassen einer Spalte in der Spalten- und Werteliste führt dazu, daß der Database Manager dieser Spalte den Nullwert zuordnet. Es dürfen folglich nur solche Spalten in der Spaltenliste fehlen, in denen Nullwerte zugelassen sind.

Für unsere Beispieltabelle bringt die erweiterte Form der INSERT-Anweisung keinen allzu großen Nutzen. Bei Tabellen mit vielen Spalten, in denen Nullwerte zugelassen sind, ist die erweiterte Form der INSERT-Anweisung jedoch durchaus vorteilhaft anzuwenden.

Betrachten wir hierzu eine Tabelle mit 20 Spalten; die Spalten sollen SP1, SP2, ... SP20 heißen. In den Spalten SP2 bis SP20 seien Nullwerte zugelassen. Wir möchten nun eine Zeile einfügen, die nur in den Spalten SP1, SP7 und SP8 echte Werte enthält; allen anderen Spalten soll der Nullwert zugeordnet werden. Bei der einfachen Form der INSERT-Anweisung müßten wir hierzu schreiben:

```
INSERT INTO ...
VALUES (1, NULL, NULL, NULL, NULL, NULL, 2, 3, NULL, NULL,
NULL, NULL, NULL, NULL, NULL, NULL, NULL, NULL, NULL, NULL)
```

In der erweiterten Form der INSERT-Anweisung kann man statt dessen schreiben:

```
INSERT INTO ... (SP1, SP7, SP8)
VALUES (1,2,3)
```

Verwendung von Spezialregistern in der Werteliste

In Wertelisten von INSERT-Anweisungen können auch sogenannte Spezialregister (engl. special register) verwendet werden. Der Database Manager kennt folgende Spezialregister:

CURRENT DATE   Datum des heutigen Tages
CURRENT TIME   Momentane Uhrzeit
CURRENT TIMESTAMP   Momentaner Zeitpunkt
USER   Benutzeridentifikation

Wir wollen uns im Moment nur mit den Spezialregistern "CURRENT DATE" und "CURRENT TIME" beschäftigen. Man kann diese Spezialregister überall dort verwenden, wo man sonst das aktuelle Datum oder die momentane Uhrzeit von Hand eingeben würde.

Nehmen wir an, ein Mitarbeiter würde uns bereits am Tage der Geburt seines Kindes eine Mitteilung hierüber zukommen lassen. Dann könnten wir am selben Tage zur Erfassung des Kindes folgende INSERT-Anweisung benutzen:

```
INSERT INTO KIND_1
   VALUES (4, 'Anna', CURRENT DATE, 'W')
```

In gleicher Weise können die Spezialregister in SELECT-Anweisungen innerhalb von WHERE-Klauseln anstelle expliziter Wertangaben verwendet werden. Um die eben eingefügte Zeile anzuzeigen, könnte man beispielsweise schreiben:

```
SELECT * FROM KIND_1
   WHERE GEB_DATUM = CURRENT DATE
```

Zeilen modifizieren

Für die Modifikation von Zeilen kann es grundsätzliche zwei Gründe geben:

1. Die Modifikation einer Zeile wird erforderlich, wenn sich die realen Eigenschaften des Objekts, das durch diese Zeile beschrieben wird, geändert haben. So kann es z.B. notwendig werden, den Nachnamen einer Mitarbeiterin (oder eines Mitarbeiters) zu modifizieren, weil sich der Nachname der Mitarbeiterin zuvor in der Realität durch Heirat geändert hat. In diesem Fall wird also eine Änderung, die in der realen Welt bereits stattgefunden hat, in der Datenbank nachvollzogen.

   Es gibt allerdings Eigenschaften und damit Tabellenspalten, die sich niemals ändern. Man bezeichnet derartige Eigenschaften als zeitinvariant. Ein

Beispiel hierfür ist die Spalte GEB_DATUM. Das Geburtsdatum eines Menschen kann sich verständlicherweise nicht mehr ändern.

2. Dennoch kann es für alle Spalten - auch für zeitinvariante - einen weiteren Grund zur Modifikation geben. Eine solche Modifikationsnotwendigkeit liegt immer dann vor, wenn Daten falsch erfaßt wurden. In diesem Fall spiegelt die Modifikation einer Zeile nicht die Änderung von Eigenschaften, sondern die Korrektur fehlerhaft eingegebener Daten wider.

Wir wollen uns nun die SQL-Anweisung zum Modifizieren von Tabellenzeilen anhand eines Beispiels ansehen. Es soll der Nachname der Mitarbeiterin mit der Personalnummer 5 von "Kuntz" in "Hintz" geändert werden; gleichzeitig soll das Gehalt dieser Mitarbeiterin auf 2900 DM erhöht werden. Beide Modifikationen lassen sich mit folgender SQL-Anweisung durchführen:

```
UPDATE MITARBEITER_1
SET    N_NAME = 'Hintz', GEHALT = 2900
WHERE  PERS_NR = 5
```

Eine SQL-Anweisung zum Modifizieren von Tabellenzeilen beginnt - wie im obigen Beispiel - immer mit dem Wort "UPDATE". Anschließend folgt der Name der Tabelle, in der Zeilen modifiziert werden sollen (in unserem Beispiel die Tabelle MITARBEITER_1).

In der darauf folgenden SET-Klausel werden einer oder mehreren Spalten neue Werte zugewiesen. Möchte man mehreren Spalten neue Werte zuweisen, so sind die einzelnen Wertzuweisungen durch Kommata voneinander zu trennen.

Die UPDATE-Anweisung wird üblicherweise durch eine WHERE-Klausel abgeschlossen. Die WHERE-Klausel legt fest, für welche Zeilen die Modifikation durchgeführt werden soll. Läßt man die WHERE-Klausel weg, so wird die Modifikation für alle Zeilen der Tabelle durchgeführt. Dies ist in der Regel verheerend. Würde man im obigen Beispiel die WHERE-Klausel weglassen, so würden anschließend alle Mitarbeiter "Hintz" heißen und 2900 DM verdienen. Die Tabelle MITARBEITER_1 wäre dann praktisch nicht mehr zu gebrauchen.

Durch eine entsprechende Formulierung der WHERE-KLausel kann man jedoch erreichen, daß eine bestimmte Gruppe von Tabellenzeilen modifiziert wird. So könnte man beispielsweise für alle Mitarbeiter, die "Müller" heißen, das Gehalt auf den Nullwert setzen (was zugegebenermaßen keine besonders sinnvolle Modifikation darstellt). Man würde hierzu schreiben:

```
UPDATE MITARBEITER_1
SET GEHALT   = NULL
WHERE N_NAME = 'Müller'
```

Hierbei ist zu beachten, daß eine Zuweisung des Nullwerts in der SET-Klausel durch das Gleichheitszeichen vorgenommen wird, also z.B.:

```
... SET GEHALT = NULL
```

Möchte man hingegen Zeilen auswählen, die in einer bestimmten Spalte den Nullwert enthalten, so darf man in der WHERE-Klausel nicht

```
... WHERE GEHALT = NULL
```

schreiben, sondern man muß statt dessen in der WHERE-Klausel

```
... WHERE GEHALT IS NULL
```

schreiben.

Insgesamt hat man bei der Formulierung der WHERE-Klausel dieselben vielfältigen Möglichkeiten zur Verfügung, wie wir sie bei der SELECT-Anweisung kennengelernt haben. Ein Join von Tabellen ist allerdings nicht möglich. Wir werden jedoch im Abschnitt 2.2 "Komplexe SQL-Anweisungen" erfahren, wie man sich in der UPDATE-Anweisung dennoch auf Inhalte anderer Tabellen beziehen kann.

Arithmetische Ausdrücke in der SET-Klausel

Möchte man numerische Spalten modifizieren, so kann man diesen nicht nur einen konstanten Wert zuweisen (z.B. GEHALT = 2900), sondern man kann den neuen Spaltenwert durch Angabe eines arithmetischen Ausdrucks vom Database Manager errechnen lassen. Für die Formulierung arithmetischer Ausdrücke stehen die vier Grundrechenarten zur Verfügung. Es gelten die üblichen Operatorzeichen:

- \+ für Addition,
- \- für Subtraktion,
- * für Multiplikation,
- / für Division.

Verwendet man in einer Zuweisung einen arithmetischen Ausdruck, so wird der sich hieraus ergebende Wert für jede zu modifizierende Zeile errechnet und als neuer Spaltenwert abgespeichert.

2.1 Grundlagen

Ein klassisches Beispiel für die Verwendung arithmetischer Ausdrücke in der SET-Klausel ist die Gehaltserhöhung aller Mitarbeiter um einen bestimmten Prozentsatz. Um das Gehalt aller Mitarbeiter um 8 Prozent zu erhöhen, würde man schreiben:

```
UPDATE MITARBEITER_1
SET    GEHALT = 1.08 * GEHALT
```

An dieser Stelle ist eine gewisse Inkonsistenz des Database Manager zu bemängeln. Während bei der Darstellung von Ergebnissen im Reportfenster das Komma als Dezimalzeichen verwendet wird (was den deutschen Gepflogenheiten entspricht), so muß man in SQL-Anweisungen den Punkt als Dezimalzeichen benutzen; man darf also in der obigen UPDATE-Anweisung nicht

```
... SET GEHALT = 1,08 * GEHALT
```

schreiben.

Man kann in arithmetischen Ausdrücken auch mehrere Spalten der zu modifizierenden Tabelle verwenden. Ein ausgesprochen unsinniges Beispiel könnte lauten: Addiere zum Gehalt das Zehnfache der Personalnummer. Man würde schreiben:

```
UPDATE MITARBEITER_1
SET    GEHALT = GEHALT + 10 * PERS_NR
```

Zeilen löschen

Wir wollen uns nun der dritten und damit letzten Änderungsoperation zuwenden; dem Löschen von Tabellenzeilen. Beginnen wir wiederum mit einem einfachen Beispiel: Ein bestimmter Mitarbeiter hat die Firma verlassen und soll deshalb aus der Mitarbeitertabelle gelöscht werden. Dies läßt sich mit folgender SQL-Anweisung bewerkstelligen:

```
DELETE FROM MITARBEITER_1
WHERE  PERS_NR = 3
```

Eine Löschanweisung wird immer mit den Worten "DELETE FROM" eingeleitet. Anschließend folgt der Name der Tabelle, aus der eine oder mehrere Zeilen gelöscht werden sollen. In der darauf folgenden WHERE-Klausel werden die zu löschenden Zeilen spezifiziert. Im obigen Beispiel wird nur eine

Zeile gelöscht, da jede Personalnummer jeweils nur einem Mitarbeiter zugeordnet ist.

Läßt man die WHERE-Klausel weg, so werden alle Zeilen der Tabelle gelöscht. Die Auswirkungen einer fehlenden WHERE-Klausel sind bei der DELETE-Anweisung also noch verheerender als bei der UPDATE-Anweisung.

Die obige Löschanweisung führt zu einer gewissen Inkonsistenz zwischen den Tabellen MITARBEITER_1 und KIND_1. Dies liegt darin begründet, daß mit dieser DELETE-Anweisung zwar der Mitarbeiter Werner Meier gelöscht wurde; seine Kinder Sabine, Rolf und Susanne sind dagegen weiterhin in der Tabelle KIND_1 gespeichert. Die Kinder eines Ex-Mitarbeiters sind jedoch für unsere Firma nicht mehr interessant. Im Grunde genommen sollten mit der Löschung eines Mitarbeiters aus der Tabelle MITARBEITER_1 automatisch auch dessen Kinder aus der Tabelle KIND_1 gelöscht werden.

Der Database Manager bietet einen solchen Automatismus. Hierzu muß man ihm jedoch die Beziehungen zwischen den Tabellen einer Datenbank bekanntgeben. Wir werden auf diese Thematik im Kapitel 4 "Datenbankentwurf" ausführlich eingehen.

Doch nun zurück zur DELETE-Anweisung. Ähnlich wie bei der UPDATE-Anweisung kann man mehrere Zeilen auf einmal löschen, indem man eine entsprechende WHERE-Klausel formuliert. Obwohl es bei einer Personaltabelle sachlich keinen Sinn gibt, mehrere Mitarbeiter auf einen Schlag zu löschen, wollen wir zu Übungszwecken dennoch eine derartige DELETE-Anweisung formulieren. Um z.B. alle Mitarbeiter zu löschen, die Müller heißen, müßte man schreiben:

```
DELETE FROM MITARBEITER_1
WHERE N_NAME = 'Müller'
```

Zum Schluß dieses Abschnitts wollen wir den Beweis erbringen, daß eine neu eingefügte Zeile bei einem SELECT ohne ORDER BY-Klausel nicht prinzipiell als letzte Zeile im Reportfenster erscheint. Voraussetzung für diesen Beweis ist, daß Sie die beiden letzten DELETE-Anweisungen auch tatsächlich ausgeführt haben. Wir fügen nun eine neue Zeile in die Tabelle MITARBEITER_1 ein, indem wir schreiben:

```
INSERT INTO MITARBEITER_1
VALUES (10, 'Günter', 'Weihing', '10.11.1953', 5320)
```

Eine anschließende SELECT-Anweisung ohne ORDER BY-Klausel liefert dann folgendes Ergebnis:

```
PERS   V            N             GEB
NR     NAME         NAME          DATUM       GEHALT
-----  -----------  -----------   ----------  ----------
   10  Günter       Weihing       10.11.1953     5320,00
    2  Rita         Schultz       13.11.1962     4043,52
    4  Otto         Moser         18.07.1950     5101,92
    5  Maria        Hintz         11.01.1963     3132,00
    6  Franz        Pfleiderer    01.12.1948           -
    8  Fritz        Schmidt       15.11.1942           -
    9  Gotthilf     Häberle       28.02.1951           -
```

Wie man sieht, taucht die neu eingefügte Zeile nicht am Ende des Ergebnisses auf. Um also eine gewünschte Zeilenreihenfolge in der Ergebnisdarstellung garantiert zu erzielen, muß immer eine entsprechende ORDER BY-Angabe in der SELECT-Anweisung vorgesehen werden.

2.1.4 Was man sonst noch über SQL wissen sollte

Da wir zu Beginn des Kapitels schnell zur Sache kommen wollten, haben wir uns nicht allzu lange mit allgemeinen Abhandlungen über SQL aufgehalten. Nachdem wir jetzt zumindest eine Vorstellung davon haben, wie man mit SQL Tabellen auswertet und auch verändert, sollen nun ein paar allgemeinere Aspekte der Datenbanksprache SQL betrachtet werden.

Insbesondere die Historie der Sprache SQL und Standardisierungsbemühungen auf diesem Gebiet sind es wert, genauer beleuchtet zu werden.

Darüber hinaus soll ein Überblick gegeben werden, an welcher Stelle des Buchs welche Aspekte der Sprache SQL erörtert werden. Dies ist notwendig, da sich die Behandlung der SQL-Sprache nicht auf wenige Kapitel beschränkt, sondern sich vielmehr wie ein roter Faden durch das gesamte Buch zieht.

Die Historie von SQL

Die Datenbanksprache SQL besitzt bereits eine beachtliche Geschichte. Ihre Wurzeln beginnen in einem amerikanischen IBM-Forschungslabor. Dort wurde im Jahre 1974 ein Prototyp einer relationalen Datenbanksprache unter der Bezeichnung "Structured English Query Language" (abgekürzt SEQUEL) entwickelt. In den Folgejahren wurde diese Sprache im Rahmen von Forschungsarbeiten ständig weiterentwickelt und verbessert.

Im Laufe der Entwicklung änderte sich auch der Name der Datenbanksprache mehrfach. Dieser Prozeß fand seinen Abschluß in der Bezeichnung SQL, als Abkürzung von "Structured Query Language".

Das erste käufliche Datenbanksystem, das die Datenbanksprache SQL beinhaltete, wurde von der Fa. ORACLE unter gleichem Namen im Jahre 1979 auf den Markt gebracht.

Mit SQL/DS bot die IBM im Jahre 1981 ihr erstes SQL-basierendes Datenbanksystem an. Zwei Jahre später folgte das Datenbanksystem DB2, das heute als der bekannteste Vertreter relationaler Datenbanksysteme angesehen werden kann. Inzwischen bietet die IBM vier SQL-basierende Datenbanksysteme für unterschiedliche Hardware- und Betriebssystemplattformen an. Es handelt sich hierbei neben den bereits erwähnten Produkten SQL/DS und DB2 um das Betriebssystem OS/400 und den OS/2 Extended Edition Database Manager.

In den letzten Jahren hat sich SQL als Datenbanksprache in solch einem Maße durchgesetzt, daß heute ein relationales Datenbanksystem ohne SQL-Unterstützung praktisch unverkäuflich ist.

Standardisierungsbemühungen

Die weite Verbreitung von SQL hatte zur Folge, daß sich verschiedene Normungsgremien dieser Sprache annahmen. Im Jahre 1986 wurde vom amerikanischen Normungsgremium "American National Standards Institut" (ANSI) eine SQL-Norm verabschiedet. Dieser "ANSI-Norm" hat sich später das internationale Normungsgremium "International Standards Organization" (ISO) angeschlossen.

Trotz aller Normierungsbestrebungen gibt es eine Vielzahl unterschiedlicher SQL-Dialekte. Selbst die vier IBM-eigenen SQL-Datenbanksysteme unterscheiden sich in ihren SQL-Implementierungen. Keines dieser Systeme entspricht übrigens hundertprozentig der ANSI-SQL-Norm.

In den letzten Jahren versuchte die IBM ihre unterschiedlichen Rechner- und Betriebssystemarchitekturen näher zusammenzuführen. Das Konzept, mit dem diese Vereinheitlichung erreicht werden soll, nennt sich System-Anwendungsarchitektur (SAA). Eine von mehreren Zielsetzungen des SAA-Konzepts besteht darin, die Realisierung portabler Programme zu ermöglichen. Hierzu wurden und werden standardisierte Programmschnittstellen definiert, bei deren Einhaltung ein Programm auf allen SAA-Plattformen eingesetzt werden kann.

Eine dieser SAA-Schnittstellendefinitionen bezieht sich auf die Sprache SQL. Sie nennt sich "SAA Database Reference" und enthält den SQL-Umfang, der von allen IBM-eigenen SQL-Datenbanksystemen in gleicher Weise verstanden wird. Die "SAA Database Reference" kann somit als eine IBM-interne SQL-Norm verstanden werden. Obwohl sie in hohem Maße mit der ANSI-Norm

2.1 Grundlagen

übereinstimmt, gibt es doch einige Unterschiede; insbesondere weist sie auf bestimmten Gebieten, in denen die ANSI-Norm nur schwach ausgeprägt ist, wesentliche Erweiterungen gegenüber der ANSI-Norm auf.

Wir werden im Rahmen dieses Buches der "SAA Database Reference" keine Beachtung schenken, da uns die Nutzung aller Möglichkeiten des Database Manager wichtiger erscheint als die Aussicht auf portable Programme. Sollte für Sie jedoch die Portabilität innerhalb der SAA-Plattformen ein wichtiger Aspekt sein, dann ist die Beschaffung des genannten SAA-Handbuchs "SAA Common Programming Interface Database Reference" (IBM-Bestellnummer: SC26-4348) sicher lohnenswert.

SQL ist eine deskriptive Sprache

Die wichtigste Eigenschaft von SQL ist ihr deskriptiver Charakter. Hierin unterscheidet sie sich von den meisten anderen Datenbanksprachen, die üblicherweise prozedural aufgebaut sind.

Was ist unter einer deskriptiven Sprache zu verstehen und worin liegt der Unterschied zu einer prozeduralen Sprache?

Beginnen wir mit dem Begriff "prozedural". Alle bekannten Programmiersprachen, wie C, PASCAL, BASIC, etc., sind prozedural aufgebaut. In einer prozeduralen Sprache definiert man eine Abfolge von Anweisungen; man legt somit fest, **wie** eine bestimmte Aufgabe bearbeitet wird. Meist gibt es mehrere Wege, um eine vorgegebene Aufgabe zu lösen. Eine prozedurale Sprache überläßt es dem Programmierer, die am besten geeignete Anweisungsabfolge zu finden.

Demgegenüber werden in einer deskriptiven Sprache lediglich Eigenschaften beschrieben, die das gewünschte Ergebnis besitzen soll. Es wird jedoch nicht der Weg zum Ergebnis vorgegeben. Mit wenigen Worten könnte man sagen: In einer deskriptiven Sprache formuliert man das WAS, nicht das WIE.

Betrachten wir als Beispiel hierzu den Join zweier Tabellen. In der Joinbedingung wird eine Eigenschaft des gewünschten Ergebnisses formuliert, indem man sagt: Es sollen all die Zeilen zweier Tabellen zusammengefügt werden, die in bestimmten Spalten identische Werte enthalten. Es wird also nicht gesagt, wie der Join ausgeführt werden soll. Tatsächlich gibt es auch mehrere Verfahren (d.h. prozedurale Abläufe), um einen Join von Tabellen durchzuführen.

Letztendlich muß natürlich jede Aufgabe prozedural gelöst werden. Bei einer deskriptiven Sprache obliegt jedoch die Umsetzung der Ergebnisbeschreibung in eine Prozedur nicht dem Programmierer, sondern dem Datenbanksystem; bezogen auf SQL heißt dies: Es ist Aufgabe des Database Manager, aus der

Beschreibung des gewünschten Ergebnisses (in Form einer SQL-Anweisung) eine geeignete Zugriffsprozedur zu erstellen.

In diesem Punkt zeigt sich die Qualität eines relationalen Datenbanksystems. Da der Programmierer oder Benutzer aufgrund des deskriptiven Charakters von SQL kaum eine Möglichkeit hat, den Weg zur Datenbeschaffung zu beeinflussen, muß er sich darauf verlassen können, daß seine SQL-Anweisungen vom Datenbanksystem in optimale Zugriffsprozeduren umgesetzt werden. Wir werden uns mit diesem Thema im Abschnitt 4.4.2 "Der Optimierer" intensiv befassen.

Mengenorientierte Arbeitsweise von SQL

SQL ist eine mengenorientierte Datenbanksprache; d.h. mit einer SQL-Anweisung werden üblicherweise mehrere Tabellenzeilen angesprochen. So kann man - wie wir gesehen haben - mit einer SELECT-Anweisung eine Tabellenzeile, mehrere Tabellenzeilen oder auch alle Zeilen einer Tabelle anzeigen. Ähnliches gilt für die UPDATE- und DELETE-Anweisung. Lediglich die INSERT-Anweisung läßt nur das Einfügen einzelner Zeilen zu. Wir werden jedoch auch noch eine erweiterte Form der INSERT-Anweisung kennenlernen, mit der mehrere Zeilen auf einen Schlag eingefügt werden können.

Ein wesentlicher Vorteil der mengenorientierten Arbeitsweise besteht darin, daß komplexe Aufgabenstellungen mit einer einzigen Anweisung gelöst werden können. Man denke nur an das Beispiel, in dem mit einer UPDATE-Anweisung das Gehalt aller Mitarbeiter um 8 Prozent erhöht wurde.

Andererseits birgt die Mengenorientierung des SQL auch gewisse Gefahren in sich. Insbesondere bei komplexen Anweisungen ist es oftmals schwierig, das Ergebnis einer SQL-Anweisung geistig nachzuvollziehen. So ertappt man sich des öfteren in der Situation, daß eine bestimmte SQL-Abfrage nicht das erwartete Ergebnis liefert. Bei kleineren Datenumfängen lassen sich die Ergebnisse von SQL-Abfragen noch relativ leicht überprüfen. Arbeitet man jedoch mit größeren Tabellen, so ist dies nicht mehr möglich. Es kann dann leicht passieren, daß eine falsch formulierte SQL-Anweisung zwar ein Ergebnis liefert, dieses jedoch nicht auf der eigentlich gewünschten Abfrage basiert. Im schlimmsten Fall werden dann aufgrund eines solchen Ergebnisses falsche Entscheidungen getroffen.

Eine Möglichkeit, diese Gefahr zu reduzieren, besteht darin, umfangreiche Abfragen in mehrere Teilabfragen aufzuteilen und damit die Komplexität der einzelnen Abfrage zu vermindern.

Das Ergebnis einer Abfrage ist wieder eine Tabelle

Hierbei hilft uns eine weitere wichtige Eigenschaft der SQL-Sprache. Denn es gilt: Das Ergebnis einer SELECT-Anweisung ist wieder eine Tabelle. Je nach Formulierung der Abfrage kann diese Ergebnistabelle zwar Sonderformen annehmen; sie kann z.B. nur aus einer Zeile, oder nur aus einer Spalte bestehen. Im extremsten Fall besteht das Ergebnis sogar nur aus einem einzigen Wert. Dennoch sind dies alles Sonderformen einer Tabelle.

Nun ist der Umstand, daß eine SELECT-Anweisung im Ergebnis immer eine Tabelle liefert, allein nicht ausreichend, da diese Ergebnistabelle nur temporären Charakter hat und deshalb nicht als Ausgangspunkt für weitere Abfragen dienen kann. Der Query Manager bietet jedoch - wie wir bereits gesehen haben - mittels der Aktion "Save data..." die Möglichkeit, das Ergebnis einer SQL-Abfrage in Form einer neuen Tabelle dauerhaft einzufrieren.

Man kann somit ein komplexe Abfrage vereinfachen, indem man erst einmal eine einfachere Teilabfrage formuliert. Das Ergebnis dieser Abfrage läßt sich dann mittels der Aktion "Save data..." als neue Tabelle speichern. Auf diese Tabelle können nun weitere Abfragen ausgeführt werden.

In manchen Fällen ist die eben beschriebene Arbeitsweise die einzig gangbare, da es nicht immer möglich ist, die gewünschte Auswertung mittels einer einzigen SELECT-Anweisung zu formulieren.

SQL-Syntaxbeschreibung

Im Rahmen dieses Buches wurde bisher und wird auch in den folgenden Kapiteln auf eine formale Syntaxbeschreibung der SQL-Sprache bewußt verzichtet. Für ein einführendes Werk erscheint dem Autor eine verbale Beschreibung der SQL-Anweisungen anhand von Beispielen besser geeignet als eine strenge, formale Syntaxbeschreibung.

Wenn man jedoch alle SQL-Anweisungen prinzipiell beherrscht und darüber hinaus eine gewisse Übung in der SQL-Handhabung besitzt, dann ergeben sich häufig Fragestellungen der Form: Wie muß ich eine bestimmte SQL-Klausel formulieren? In dieser Situation ist man mit einer formalen Syntaxbeschreibung am besten bedient. Eine solche Syntaxbeschreibung findet sich im Database Manager-Handbuch "OS/2 Extended Edition Database Manager SQL Reference" (IBM-Bestellnummer: S01F-0265).

Der SQL-Überblick

Da die Behandlung der SQL-Sprache über das gesamte Buch verteilt ist, soll an dieser Stelle eine Übersicht über alle SQL-Anweisungen des Database Manager gegeben werden. Dieser Übersicht ist zu entnehmen, in welchem

Kapitel die einzelnen SQL-Anweisungen behandelt werden. Sie eignet sich somit auch als Einstieg für die gezielte Suche einer bestimmten SQL-Anweisung.

Aufgabenstellung	SQL-Anweisungen	behandelt in
Abfragen	SELECT	Kapitel 2
Datenänderungen	INSERT, UPDATE, DELETE	Kapitel 2
Datendefinition	CREATE, ALTER, DROP COMMENT ON	Kapitel 4, Abschnitt 2.2.5
Anweisungen spezifisch für Programme	INCLUDE, WHENEVER BEGIN/END DECLARE SECTION DECLARE CURSOR OPEN, FETCH, CLOSE SELECT ... INTO UPDATE ... WHERE CURRENT OF DELETE ... WHERE CURRENT OF	Kapitel 3
Zugriffsschutz	GRANT, REVOKE	Abschnitt 5.6
Transaktionssteuerung	COMMIT, ROLLBACK DECLARE CURSOR ... WITH HOLD	Abschnitt 5.3
Tabellen sperren	LOCK TABLE	Abschnitt 5.4
Dynamisches SQL in Programmen	DESCRIBE FETCH ... USING DESCRIPTOR PREPARE, EXECUTE EXECUTE IMMEDIATE	Abschnitt 6.2
SQL-Kompilation	DROP PROGRAM	Abschnitt 5.2

Tabelle 2.2

Wie soll's weitergehen?

Wenn Sie sich nun lieber mit dem Einsatz von SQL in C-Programmen als mit noch mehr SQL-Details beschäftigen möchten, dann können Sie fürs erste den folgenden Abschnitt 2.2 "Komplexe SQL-Anweisungen" überspringen. Vom Abschnitt 2.3 "Funktionen des Query Manager" sollten Sie allerdings die Seiten 134 bis 139 gelesen haben, bevor Sie sich an das Kapitel 3 "Einführung in die SQL-Programmierung" machen. Spätestens wenn Sie dann das Kapitel 4 "Datenbankentwurf" beginnen, sollten Sie das Versäumte nachgeholt, d.h. zumindest den Abschnitt 2.2 durchgearbeitet haben. Der Abschnitt 2.3 ist für das Verständnis der folgenden Kapitel nicht unbedingt erforderlich. Er beschreibt jedoch einige interessante Funktionen des Query Manager.

2.2 Komplexe SQL-Anweisungen

2.2.1 Funktionen und Gruppenbildung

Der Database Manager kennt zweierlei Arten von Funktionen. Man unterscheidet zwischen **Skalarfunktionen** (engl. scalar function) und **Spaltenfunktionen** (engl. column function).

Wir wollen uns im Moment die Mühe ersparen, die Unterschiede zwischen den beiden Funktionstypen zu erläutern. Statt dessen beginnen wir sofort mit der Behandlung der Skalarfunktionen.

Skalarfunktion LENGTH

Die Skalarfunktion LENGTH ermittelt die Länge eines Datenfeldes. Diese Funktion kann sowohl in der Spaltenliste einer SELECT-Anweisung verwendet werden als auch innerhalb von WHERE-Klauseln. Betrachten wir ein Beispiel für die zuerst genannte Verwendungsform. Um die Längen der Mitarbeitervornamen anzuzeigen, schreiben wir:

```
SELECT  V_NAME, LENGTH(V_NAME)
FROM    MITARBEITER
ORDER   BY 2
```

Man erhält dann folgendes Ergebnis:

```
V
NAME             EXPRESSION 2
---------------  ------------
Hans                        4
Rita                        4
Otto                        4
Karl                        4
Maria                       5
Franz                       5
Werner                      6
```

Wie man anhand des obigen Beispiels sieht, läßt sich die Funktion LENGTH in der Spaltenliste einfach anstelle eines Spaltennamens einsetzen. Als Funktionsargument dient üblicherweise ein Spaltenname (in unserem Beispiel

2.2 Komplexe SQL-Anweisungen

V_NAME). Das Funktionsargument wird durch Klammern begrenzt. Die Funktion LENGTH ermittelt die Länge der Spalte, die als Funktionsargument eingetragen ist, und gibt diese im Ergebnis als eigene Spalte aus. Die Längenermittlung erfolgt hierbei auf Zeilenbasis; d.h. für jede Ergebniszeile wird die Länge des in der jeweiligen Zeile enthaltenen Vornamens ermittelt.

Betrachtet man das Ergebnis der letzten SQL-Anweisung, so fällt die Überschrift der zweiten Spalte auf. Sie lautet "EXPRESSION 2". Der Query Manager benennt grundsätzlich alle Spalten, die in der Spaltenliste nicht direkt einem Spaltennamen entsprechen, mit dem Ausdruck "EXPRESSION x", wobei x die Position der Spalte in der Spaltenliste angibt. Solche Spaltenüberschriften sind zugegebenermaßen nicht besonders aussagekräftig. Es besteht allerdings die Möglichkeit, alle Spaltenüberschriften durch eigene Texte zu ersetzen. Wir werden im Abschnitt 2.3.1 "Ergebnisaufbereitung" auf diese Möglichkeit zurückkommen.

In der betrachteten Beispielanweisung ist noch ein weiterer Punkt erwähnenswert. Es ist Ihnen vielleicht aufgefallen, daß in der ORDER BY-Klausel kein Spaltenname, sondern eine Spaltenposition angegeben wurde. Die Angabe eines Spaltennamens ist nämlich in diesem Fall nicht möglich, da die zweite Ergebnisspalte keinen Namen besitzt. Es gilt also: Immer dann, wenn man nach einer Spalte sortieren möchte, die nicht direkt einer Tabellenspalte entspricht, muß in der ORDER BY-Klausel die Position der Spalte innerhalb der Spaltenliste angegeben werden.

Das Ergebnis der Skalarfunktion LENGTH hängt vom Datentyp der Argumentspalte ab. Genau genommen liefert die Funktion LENGTH als Ergebnis die Anzahl Bytes, die das Argumentfeld zur Abspeicherung benötigt. Diese Bytezahl hat nur für Spalten vom Datentyp "Character (variable length)" einen nutzbaren Informationsgehalt, weil sie bei diesem Datentyp mit der Länge der Zeichenkette übereinstimmt. Für eine Spalte vom Datentyp "Date" z.B. ergibt die Funktion LENGTH immer den Wert 4, da eine Datumsspalte grundsätzlich vier Bytes zur Abspeicherung benötigt. Ähnliches gilt für die übrigen Datentypen. Wir wollen uns deshalb auch bei den folgenden Beispielen zur Funktion LENGTH auf den Datentyp "Character (variable length)" beschränken.

Arithmetische Ausdrücke in Spaltenlisten

Das nächste Beispiel zeigt, daß arithmetische Ausdrücke nicht nur in WHERE-Klauseln, sondern auch in Spaltenlisten benutzt werden können. Um die Gesamtlänge von Vor- und Nachnamen aufzulisten, schreiben wir folgende SQl-Anweisung:

```
SELECT  V_NAME, N_NAME, LENGTH(V_NAME) + LENGTH(N_NAME)
FROM    MITARBEITER
ORDER   BY 3
```

Wir erhalten dann:

```
V                N
NAME             NAME              EXPRESSION 3
---------------- ----------------  ------------
Otto             Moser                        9
Hans             Müller                      10
Maria            Kuntz                       10
Karl             Müller                      10
Rita             Schultz                     11
Werner           Meier                       11
Franz            Pfleiderer                  15
```

Wie bereits erwähnt wurde, kann die Skalarfunktion LENGTH auch in WHERE-Klauseln eingesetzt werden. Wir könnten beispielsweise die letzte Abfrage in der Weise erweitern, daß nur Mitarbeiter angezeigt werden, deren Vor- und Nachnamen in der Summe mehr als zehn Zeichen umfassen. Hierzu schreiben wir:

```
SELECT  V_NAME, N_NAME, LENGTH(V_NAME) + LENGTH(N_NAME)
FROM    MITARBEITER
WHERE   LENGTH(V_NAME) + LENGTH(N_NAME) > 10
ORDER   BY 3
```

Man erhält dann:

```
V                N
NAME             NAME              EXPRESSION 3
---------------- ----------------  ------------
Rita             Schultz                     11
Werner           Meier                       11
Franz            Pfleiderer                  15
```

Skalarfunktion SUBSTR

Die Skalarfunktion SUBSTR läßt sich nur auf Textspalten anwenden. Mit ihr ist es möglich, einen bestimmten Teil einer Zeichenkette herauszuschneiden.

2.2 Komplexe SQL-Anweisungen

Die Funktion SUBSTR besitzt drei Argumente. Das erste bezeichnet die Zeichenkette, aus der etwas herausgeschnitten werden soll; das zweite gibt die Startposition an, ab der herausgeschnitten werden soll; das dritte Argument legt die Länge des herauszuschneidenden Teils fest.

Betrachten wir ein einfaches Beispiel. Von den Vornamen der Mitarbeiter soll immer nur der erste Buchstabe angezeigt werden. Zum Vergleich soll zusätzlich der komplette Vorname angezeigt werden. Hierzu schreibt man:

```
SELECT  SUBSTR(V_NAME,1,1), V_NAME
FROM    MITARBEITER
ORDER   BY 1
```

Man erhält folgendes Ergebnis:

```
                V
EXPRESSION 1    NAME
------------    ---------------
F               Franz
H               Hans
K               Karl
M               Maria
O               Otto
R               Rita
W               Werner
```

Schwieriger wird's, wenn man die letzten beiden Zeichen des Vornamens anzeigen möchte. In diesem Fall muß man die Funktion LENGTH zur Hilfe nehmen, um die Länge des Namens zu ermitteln. Mit folgender Anweisung läßt sich die Aufgabe lösen:

```
SELECT  SUBSTR(V_NAME, LENGTH(V_NAME)-1, 2), V_NAME
FROM    MITARBEITER
ORDER   BY V_NAME
```

Das Ergebnis lautet dann:

```
            V
EXPRESSION 1   NAME
------------   ---------------
    nz         Franz
    ns         Hans
    rl         Karl
    ia         Maria
    to         Otto
    ta         Rita
    er         Werner
```

Wären in der Mitarbeitertabelle Vornamen enthalten, die nur aus einem Zeichen bestehen, dann wäre die vorliegende Abfrage nicht erfolgreich ausführbar. Für einstellige Vornamen würde das zweite Argument der Funktion SUBSTR den Wert 0 annehmen. Dies ist jedoch ein unzulässiger Wert für das Positionsargument der SUBSTR-Funktion.

Die Funktion SUBSTR kann ebenfalls in WHERE-Klauseln eingesetzt werden. Um alle Mitarbeiter zu ermitteln, die im Vornamen an dritter Stelle das Zeichen "t" enthalten, könnte man schreiben:

```
SELECT * FROM MITARBEITER
WHERE   SUBSTR(V_NAME,3,1) = 't'
ORDER   BY V_NAME
```

Man erhält:

```
 PERS    V              N           GEB
  NR    NAME           NAME         DATUM         GEHALT
 ----   ------------   ----------   ----------    ----------
   4    Otto           Moser        18.07.1950    4724,00
   2    Rita           Schultz      13.11.1962    3744,00
```

Die letzte Abfrage hätte man übrigens auch mit dem LIKE-Operator formulieren können. Die Lösung dieser Aufgabe bleibt dem Leser überlassen.

Spaltenfunktionen

Wir wollen die Behandlung der Spaltenfunktionen mit einem Beispiel einleiten. Um die Gesamtsumme aller Gehälter zu ermitteln, würde man schreiben:

2.2 Komplexe SQL-Anweisungen

```
SELECT SUM(GEHALT) FROM MITARBEITER
```

Als Ergebnis erhält man eine einzige Zahl:

```
           EXPRESSION 1
       ------------------------
              24319,00
```

An diesem Beispiel kann man bereits den Unterschied zwischen Skalar- und Spaltenfunktionen erkennen. Skalarfunktionen werden - wie wir gesehen haben - auf Zeilenbasis ausgewertet; d.h. für jede Ergebniszeile wird ein Funktionswert ermittelt und in einer eigenen Ergebnisspalte ausgegeben. Bei Spaltenfunktionen werden hingegen mehrere Werte der Argumentspalte zur Ergebnisbildung verwendet. In der vorliegenden Abfrage wird z.B. aus den Gehaltswerten aller Zeilen der Mitarbeitertabelle ein einziger Ergebniswert ermittelt.

Neben der Spaltenfunktion SUM gibt es noch vier weitere Spaltenfunktionen. Diese sind:

COUNT   Zählt Zeilen oder die Anzahl verschiedener Spaltenwerte

AVG   Bildet den Durchschnittswert einer Spalte

MAX   Liefert den Maximalwert einer Spalte

MIN   Ergibt den Minimalwert einer Spalte

Im folgenden wollen wir die Besonderheiten jeder der fünf Spaltenfunktionen kurz erläutern:

Spaltenfunktion COUNT

Die einfachste Form der Funktion COUNT erhält man, indem als Funktionsargument nicht ein Spaltenname, sondern das Zeichen "*" verwendet wird. In dieser Form zählt die Funktion COUNT alle Zeilen. Um zu ermitteln, wieviel Mitarbeiter in unserer fiktiven Firma beschäftigt sind, schreibt man:

```
SELECT COUNT(*) FROM MITARBEITER
```

Der Database Manager liefert dann:

```
EXPRESSION 1
------------
       7
```

Die Funktion COUNT ist jedoch noch in einer zweiten Form anwendbar. In dieser Form kann die Anzahl unterschiedlicher Werte einer Spalte ermittelt werden. Hierzu wird als Funktionsargument ein Spaltenname eingetragen. Dem Spaltennamen muß man das Wort "DISTINCT" voranstellen, um zum Ausdruck zu bringen, daß mehrfach auftretende Spaltenwerte nur einmal gezählt werden. Außerdem werden bei dieser Form der COUNT-Funktion auch die Zeilen nicht mitgezählt, die in der Argumentspalte den Nullwert enthalten.

Um die Anzahl unterschiedlicher Nachnamen aus der Mitarbeitertabelle zu ermitteln, würde man folgende Abfrage formulieren:

```
SELECT COUNT(DISTINCT N_NAME) FROM MITARBEITER
```

Man erhält dann:

```
EXPRESSION 1
------------
           6
```

Die Differenz zur Mitarbeiterzahl ist dadurch zu erklären, daß der Nachname "Müller" zweifach auftritt und deshalb nur einmal gezählt wird.

Spaltenfunktion SUM

Die Spaltenfunktion SUM ist verständlicherweise nur auf numerische Spalten anwendbar. Zeilen, die in der Argumentspalte den Nullwert enthalten, werden bei der Summierung ignoriert. So wurde in der bereits behandelten SQL-Abfrage

```
SELECT SUM(GEHALT) FROM MITARBEITER
```

die Zeile mit der Personalnummer 6 bei der Summenbildung nicht berücksichtigt, da diesem Mitarbeiter kein Gehalt zugeordnet ist.

Spaltenfunktion AVG

Mit der Spaltenfunktion AVG läßt sich der Durchschnittswert einer numerischen Spalte ermitteln. Zeilen, die in der Argumentspalte den Nullwert enthalten, werden sowohl bei der Summenbildung als auch bei der Zeilenzählung ignoriert. Der Ergebniswert bezieht sich folglich nur auf die Zeilen, die in der Argumentspalte nicht den Nullwert enthalten. Dies führt dazu, daß sich das

2.2 Komplexe SQL-Anweisungen

Ergebnis der AVG-Funktion von einer "manuellen" Durchschnittsbildung unterscheiden kann. Betrachten wir hierzu folgende SQL-Abfrage:

```
SELECT AVG(GEHALT), SUM(GEHALT)/COUNT(*)
FROM   MITARBEITER
```

Es ergeben sich dann folgende Ergebniswerte:

EXPRESSION 1	EXPRESSION 2
4053,166666666666667	3474,14

Die beiden Durchschnittswerte unterscheiden sich voneinander, da bei der Funktion AVG nur die Zeilen gezählt wurden, die in der Gehaltsspalte einen echten Zahlenwert enthalten, während im zweiten Fall durch COUNT(*) alle Zeilen gezählt wurden. Inhaltlich betrachtet ist der zweite Wert falsch, da bei diesem der Mitarbeiter Franz Pfleiderer mit einem Gehalt von 0 DM berücksichtigt wurde. Der Nullwert in der Gehaltsspalte bedeutet jedoch nicht, daß dieser Mitarbeiter nichts verdient, sondern er sagt nur aus, daß sein Gehalt momentan nicht bekannt ist.

Es empfiehlt sich also, zur Durchschnittsbildung die AVG-Funktion zu benutzen, da sie eine korrekte Behandlung von Nullwerten sicherstellt.

Betrachtet man das Ergebnis der AVG-Funktion, so fällt auf, daß es für einen DM-Betrag unnötig viele Nachkommastellen aufweist. Da der Database Manager jedoch nicht weiß, wofür das Ergebnis benutzt wird, rechnet er bei der Durchschnittsbildung grundsätzlich mit maximaler Genauigkeit. Wir werden im Abschnitt 2.3.1 "Ergebnisaufbereitung" allerdings eine Möglichkeit kennenlernen, die Darstellung numerischer Werte im Reportfenster zu beeinflussen.

Spaltenfunktionen MIN und MAX

Die Funktionen MIN bzw. MAX errechnen den kleinsten bzw. größten Wert einer Spalte. Sie sind im Gegensatz zu den Funktionen SUM und AVG nicht auf numerische Spalten beschränkt, sondern lassen sich auf Spalten beliebigen Datentyps anwenden. So könnte man den ältesten und jüngsten Mitarbeiter durch folgende Abfrage ermitteln:

```
SELECT MIN(GEB_DATUM), MAX(GEB_DATUM)
FROM   MITARBEITER
```

Wir erhalten dann die beiden folgenden Geburtsdaten:

```
EXPRESSION 1   EXPRESSION 2
------------   ------------
11.12.1941     11.01.1963
```

Dieses Ergebnis ist etwas unbefriedigend. Man weiß zwar nun, wann der älteste und wann der jüngste Mitarbeiter geboren ist; aus dem Ergebnis geht jedoch nicht hervor, um welche Personen es sich handelt.

In dieser Situation ist man versucht, einfach noch die Spalte N_NAME in die Spaltenliste der SELECT-Anweisung aufzunehmen. Das ist jedoch nicht möglich. Denn sobald in der Spaltenliste einer SELECT-Anweisung eine Spaltenfunktion verwendet wird, darf diese Spaltenliste ausschließlich Spaltenfunktionen enthalten[2].

Bei den Funktionen MIN und MAX ist diese Einschränkung vielleicht nicht so einfach einzusehen. Betrachtet man jedoch die übrigen Spaltenfunktionen COUNT, SUM und AVG, so wird die eben genannte Einschränkung eher verständlich. Das Ergebnis dieser Funktionen setzt sich aus den Spalteninhalten mehrerer Zeilen zusammen. Würde man nun in die Spaltenliste zusätzlich zu einer Spaltenfunktion noch Spaltennamen aufnehmen, so stellt sich die Frage, aus welcher Zeile der anzuzeigende Spaltenwert bezogen werden soll.

Spaltenfunktionen und WHERE-Klauseln

In den bisherigen Beispielen bezog sich das Ergebnis einer Spaltenfunktion immer auf eine gesamte Tabelle. Das muß nicht so sein. Wir können die Ausgangsbasis einer Spaltenfunktion mit Hilfe einer WHERE-Klausel einschränken. Möchte man z.B. das Durchschnittsgehalt aller Mitarbeiter, die vor 1950 geboren sind, ermitteln, so ist dies mit folgender Abfrage möglich:

```
SELECT AVG(GEHALT)
FROM   MITARBEITER
WHERE  GEB_DATUM < '1.1.1950'
```

Man kann sich bei der kombinierten Anwendung von Spaltenfunktionen und WHERE-Klausel gedanklich folgende Ausführungsreihenfolge vorstellen: Auf die Tabelle oder Tabellen der FROM-Klausel wird zuerst die WHERE-Klausel angewandt. Die hierdurch entstandene Ergebnistabelle ist dann Ausgangspunkt für die Anwendung der Spaltenfunktion(en).

---

[2] Diese Aussage gilt nur, solange keine GROUP BY-Klausel verwendet wird. Wir werden hierauf in Kürze zurückkommen.

2.2 Komplexe SQL-Anweisungen

Diese Verarbeitungsreihenfolge ist jedoch nur als Verständnishilfe anzusehen. In welcher Form derartige SQL-Anweisungen tatsächlich abgearbeitet werden, bleibt ein Geheimnis des Database Manager.

Bei der Behandlung der Skalarfunktionen hatten wir gesehen, daß diese auch innerhalb von WHERE-Klauseln zur Einschränkung der Ergebnismenge eingesetzt werden können. Dagegen ist die Verwendung von Spaltenfunktionen in den Formen von WHERE-Klauseln, die wir bisher kennengelernt haben, nicht möglich. Wir werden uns jedoch demnächst mit einer erweiterten Ausführung von WHERE-Klauseln beschäftigen, die dann den Einsatz von Spaltenfunktionen erlaubt.

Arithmetische Ausdrücke in Spaltenfunktionen

Bisher hatten wir als Funktionsargumente immer einzelne Spaltennamen verwendet. Man kann jedoch statt dessen auch mit arithmetischen Ausdrücken arbeiten. Hierbei gibt es allerdings zwei Einschränkungen. Zum einen darf ein arithmetischer Ausdruck, der als Argument einer Spaltenfunktion benutzt wird, nicht selbst Spaltenfunktionen aufweisen. Zum andern muß im arithmetischen Ausdruck mindestens ein Spaltenname enthalten sein.

Auch hierzu ein Beispiel: Um die durchschnittliche Länge der Vornamen aller Mitarbeiter zu ermitteln, schreiben wir:

```
SELECT AVG(1.0 * LENGTH(V_NAME))
FROM   MITARBEITER
```

Man erhält dann:

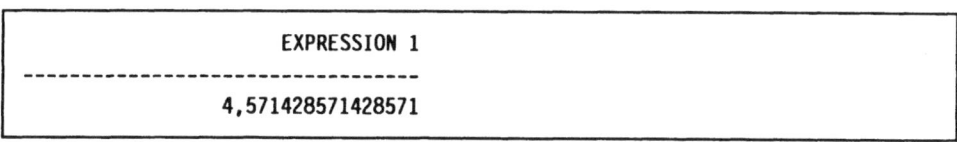

```
        EXPRESSION 1
       --------------------------------
        4,571428571428571
```

Sie werden sich nun vermutlich fragen, welchen Zweck die Multiplikation mit dem Faktor 1.0 hat; aus rein mathematischer Sicht ist sie natürlich überflüssig. Ihr eigentlicher Sinn besteht auch vielmehr darin, eine Datentypwandlung zu erzwingen. Wie geht das vor sich? Betrachten wir zuerst die Skalarfunktion LENGTH. Das Ergebnis der LENGTH-Funktion ist immer eine ganze Zahl, also vom Datentyp "Integer". Würden wir nun die Multiplikation mit dem Faktor 1.0 nicht durchführen, so wäre das Argument der AVG-Funktion vom Typ "Integer". Da das Ergebnis der AVG-Funktion den Datentyp des Funktionsarguments "erbt", wäre somit das Ergebnis der AVG-Funktion ebenfalls eine ganze Zahl gewesen. Wir hätten den Wert 4 erhalten (der Nachkommateil wird einfach abgeschnitten). Da uns dies zu ungenau gewesen wäre, haben wir einen kleinen Trick angewandt: Bei der Multiplikation einer Zahl vom Datentyp "Integer" mit einer Zahl vom Datentyp "Decimal" erhält das Ergebnis den Datentyp "Decimal". Wir brauchen also nur das Ergebnis der LENGTH-Funktion mit einer Konstante vom Datentyp "Decimal" zu multiplizieren, um ein Ergebnis vom Typ "Decimal" zu erhalten. Genau das haben wir getan.

DISTINCT in Spaltenfunktionen

Alle Spaltenfunktionen erlauben die zusätzliche Angabe des Wortes "DISTINCT" im Funktionsargument, sofern das eigentliche Argument aus einem Spaltennamen besteht. Verwendet man einen arithmetischen Ausdruck als Funktionsargument, ist die Angabe von DISTINCT nicht möglich.

Wie wir bereits gesehen haben, ist bei der Funktion COUNT die Angabe von "DISTINCT" zwingend erforderlich, es sei denn, man verwendet COUNT(*).

Bei allen anderen Spaltenfunktionen ist die Angabe von "DISTINCT" optional. Sie führt dazu, daß mehrfach auftretende Spaltenwerte nur einmal berücksichtigt werden. Bei den Spaltenfunktionen MIN und MAX ändert sich dadurch am Ergebnis nichts; die Angabe von "DISTINCT" ist bei diesen Funktionen somit ziemlich sinnlos.

Für die Funktionen SUM und AVG kann man sich auch nur schwerlich einen Anwendungsfall vorstellen, bei dem sich "DISTINCT" nutzbringend anwenden ließe.

Zusammenfassend kann man also sagen: Die zusätzliche Angabe von "DISTINCT" im Funktionsargument ist im Grunde genommen nur bei der Funktion COUNT sinnvoll.

Gruppenbildung

Die bisherige Anwendung von Spaltenfunktionen lieferte immer genau eine Ergebniszeile. Enthielt die Spaltenliste nur eine Spaltenfunktion, so bestand das Ergebnis sogar nur aus einem einzigen Wert.

Wir werden nun eine neue Einsatzmöglichkeit von Spaltenfunktionen kennenlernen, die zu mehreren Ergebniszeilen führt. Die entscheidende Neuerung besteht darin, daß Zeilengruppen gebildet werden. Diese Gruppenbildung wird durch Angabe einer GROUP BY-Klausel erreicht. In der GROUP BY-Klausel wird das Gruppierungskriterium festgelegt. Es kann aus einer oder mehreren Spalten bestehen. Eine GROUP BY-Klausel für die Tabelle KIND könnte lauten:

```
... GROUP BY PERS_NR
```

2.2 Komplexe SQL-Anweisungen

Hierdurch werden Geschwistergruppen gebildet. Man kann sich die gruppierte KIND-Tabelle folgendermaßen vorstellen:

```
1   David           30.04.1987   M
1   Natalie         12.02.1990   W
-------------------------------------
2   Heinz           14.08.1988   M
-------------------------------------
3   Sabine          13.01.1970   W
3   Rolf            06.12.1973   M
3   Susanne         16.09.1975   W
-------------------------------------
6   Edwin           14.12.1969   M
6   Olaf            07.06.1973   M
-------------------------------------
7   Bernd           13.02.1965   M
```

Im Zusammenhang mit der GROUP BY-Klausel wirken nun Spaltenfunktionen jeweils auf die einzelnen Zeilengruppen. Wir könnten z.B. ermitteln, wieviel Kinder ein Mitarbeiter hat, indem wir schreiben:

```
SELECT   PERS_NR, COUNT(*)
FROM     KIND
GROUP    BY PERS_NR
ORDER    BY 2 DESC
```

Man erhält dann folgendes Ergebnis:

```
PERS
 NR     EXPRESSION 2
------  ------------
   3         3
   1         2
   6         2
   2         1
   7         1
```

Jede Zeilengruppe liefert jetzt eine Ergebniszeile. Wie man anhand der SQL-Anweisung sieht, ist es in Verbindung mit der GROUP BY-Klausel nun auch zulässig, in der Spaltenliste Spaltennamen und Spaltenfunktionen gemeinsam aufzuführen. Es dürfen allerdings ausschließlich solche Spaltennamen benutzt werden, die auch in der GROUP BY-Klausel auftauchen. In unserem Beispiel ist dies nur die Spalte PERS_NR.

Diese Einschränkung hat ihren Grund. Da jede Zeilengruppe jeweils nur eine Ergebniszeile liefert, dürfen nur solche Spalten in der Spaltenliste benutzt werden, die für alle Zeilen der Gruppe denselben Wert besitzen. Dies gilt garantiert für die Spalten der GROUP BY-Klausel.

Das vorliegende Ergebnis ist jedoch nicht sonderlich zufriedenstellend, da man nicht nur die Personalnummern, sondern auch die Namen der Mitarbeiter sehen möchte. Dieses Problem ist durch einen Join mit der MITARBEITER-Tabelle lösbar. Die SQL-Anweisung erweitert sich somit folgendermaßen:

```
SELECT  M.PERS_NR, M.V_NAME, N_NAME, COUNT(*)
FROM    KIND K, MITARBEITER M
WHERE   K.PERS_NR = M.PERS_NR
GROUP   BY M.PERS_NR, M.V_NAME, N_NAME
ORDER   BY 4 DESC
```

Man erhält dann:

```
 PERS   V                 N
 NR     NAME              NAME              EXPRESSION 4
 ------ ----------------- ----------------- ------------
     3  Werner            Meier                       3
     1  Hans              Müller                      2
     6  Franz             Pfleiderer                  2
     2  Rita              Schultz                     1
     7  Karl              Müller                      1
```

Zwei Anmerkungen sind zur neuen Form der SQL-Anweisung zu machen:

Zum einen sieht man, daß die GROUP BY-Klausel zwischen der WHERE-Klausel und der ORDER BY-Klausel anzugeben ist.

Zum andern fällt auf, daß nun in der GROUP BY-Klausel zusätzlich zur Spalte PERS_NR die Spalten V_NAME und N_NAME der Tabelle MITARBEITER enthalten sind. An der Gruppierung ändert sich dadurch nichts, da zu einer bestimmten Personalnummer auch nur ein Mitarbeitervor- und nur ein Mitarbeiternachname gehört. Die Aufnahme dieser Spalten in die GROUP BY-Klausel ist jedoch erforderlich, um sie in der Spaltenliste benutzen zu können.

Tabellenerweiterung

Für die folgenden SQL-Übungen zum Thema "Gruppenbildung" ist es notwendig, die Tabelle MITARBEITER um eine zusätzliche Spalte zu erweitern. Diese neue Spalte soll angeben, welchen Abteilungen die Mitarbeiter jeweils angehören.

2.2 Komplexe SQL-Anweisungen

Um die Tabelle MITARBEITER zu erweitern, klickt man im Fenster "Main Selection for UEBUNG" (siehe Abbildung 2.4 auf Seite 13) auf die Schaltfläche "Tables and Views". Hierdurch gelangt man in das Fenster "Tables and Views (Qualifier=DBMUSER)". Durch doppeltes Anklicken der Zeile

MITARBEITER   Mitarbeiterdaten

erreichen wir das Fenster "Table MITARBEITER". Dort klicken wir in der Aktionszeile auf die Auswahl "Actions". Im anschließend erscheinenden Untermenü wählen wir die Auswahl "Add a column...". Daraufhin erhält man das Fenster "Column Data Type". Die neue Spalte soll den Datentyp "Character (fixed length)" erhalten. Im Fenster "Add Column" werden schließlich der Spaltenname (ABTEILUNG) und die Spaltenlänge (10) eingetragen (siehe Abbildung 2.22). Die Tabellenerweiterung wird durch Anklicken der Auswahl "Exit" in der Aktionszeile abgeschlossen.

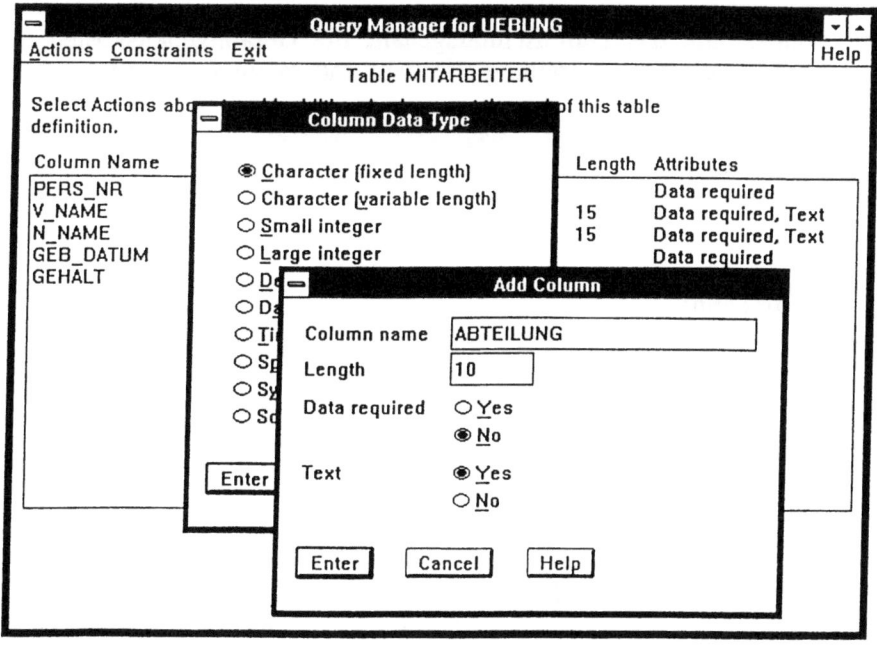

Abbildung 2.22

Mit den folgenden drei UPDATE-Anweisungen füllen wir Werte in die neue Spalte ABTEILUNG:

```
UPDATE  MITARBEITER
SET     ABTEILUNG = 'Verkauf'
WHERE   PERS_NR IN (1,2)

UPDATE  MITARBEITER
SET     ABTEILUNG = 'Produktion'
WHERE   PERS_NR IN (3,4,5)

UPDATE  MITARBEITER
SET     ABTEILUNG = 'Personal'
WHERE   PERS_NR = 6
```

Wir können nun das Durchschnittsgehalt, die Gesamtgehaltskosten und die Anzahl Mitarbeiter pro Abteilung ermitteln, indem wir schreiben:

```
SELECT ABTEILUNG, AVG(GEHALT), SUM(GEHALT), COUNT(*)
FROM   MITARBEITER
GROUP  BY ABTEILUNG
ORDER  BY 2
```

Man erhält dann:

ABTEILUNG	EXPRESSION 2	EXPRESSION 3	EXPRESSION 4
Verkauf	3584,500000000000000	7169,00	2
Produktion	3890,666666666666667	11672,00	3
-	5478,000000000000000	5478,00	1
Personal	-	-	1

Es fällt auf, daß zusätzlich zu den eingegebenen Abteilungen eine Zeile im Ergebnis enthalten ist, die in der Abteilungsspalte den Nullwert aufweist. Dies hat folgende Ursache: Alle Zeilen, die in der Gruppierungsspalte den Nullwert besitzen, werden zu einer Gruppe zusammengefaßt. Im vorliegenden Fall gibt es nur eine Zeile, die in der Spalte ABTEILUNG den Nullwert enthält; sie bildet somit eine eigene Gruppe.

Einschränkungskriterien für Gruppen

In der Praxis treten manchmal Auswertewünsche auf, bei denen nicht für alle Zeilengruppen, die sich aus der GROUP BY-Klausel ergeben, jeweils auch eine Ergebniszeile ausgegeben werden soll. Eine Auswerteanforderung dieser Art könnte sein: Zeige die Abteilungsdaten der letzten Abfrage nur für die Abteilungen an, in denen mindestens zwei Mitarbeiter arbeiten und die ein Durchschnittsgehalt von über 3600 DM aufweisen.

Durch folgende SQL-Abfrage läßt sich die Aufgabenstellung lösen:

```
SELECT  ABTEILUNG, AVG(GEHALT), SUM(GEHALT), COUNT(*)
FROM    MITARBEITER
GROUP   BY ABTEILUNG
HAVING  COUNT(*) > 1 AND AVG(GEHALT) > 3600
ORDER   BY 2
```

Man erhält dann:

```
ABTEILUNG            EXPRESSION 2    EXPRESSION 3   EXPRESSION 4
----------           --------------- -------------- -------------
Produktion           3890,666666666666667    11672,00          3
```

Wie man anhand der Abfrage sieht, werden Einschränkungskriterien für anzuzeigende Zeilengruppen durch Angabe einer HAVING-Klausel festgelegt. Es wird also nur für solche Zeilengruppen eine Ergebniszeile ausgegeben, welche die in der HAVING-Klausel angegebenen Kriterien erfüllen. Da die HAVING-Klausel keine Suchbedingung für einzelne Zeilen, sondern eine Suchbedingung für Zeilengruppen festlegt, kann sie nur solche Prädikate enthalten, die sich auf Gruppen statt auf Einzelzeilen beziehen. Es wäre im obigen Beispiel also nicht möglich

```
... HAVING GEB_DATUM > '1.1.1950' ...
```

zu schreiben, weil die Spalte GEB_DATUM innerhalb einer abteilungsbezogenen Zeilengruppe nicht für alle Zeilen denselben Wert aufweist. Andererseits können Spalten der GROUP BY-Klausel in der HAVING-Klausel verwendet werden, da diese für alle Zeilen einer Gruppe denselben Wert besitzen. Man hätte also im obigen Beispiel

```
... HAVING ABTEILUNG <> 'Produktion' ...
```

schreiben können, um die Zeilengruppe, die alle Produktionsmitarbeiter umfaßt, vom Ergebnis auszuschließen.

Weiterhin können in der HAVING-Klausel - wie im obigen Beispiel zu sehen ist - Spaltenfunktionen benutzt werden, weil diese definitionsgemäß Werte liefern, die für eine gesamte Zeilengruppe gelten.

Eine komplette SELECT-Anweisung

Mit der HAVING-Klausel haben wir nun alle Klauseln der SELECT-Anweisung kennengelernt. Bei Anwendung aller insgesamt möglichen Klauseln hat eine SELECT-Anweisung somit folgenden Maximalaufbau:

```
SELECT    ...
FROM      ...
WHERE     ...
GROUP BY  ...
HAVING    ...
ORDER BY  ...
```

Von diesen Klauseln ist lediglich die FROM-Klausel zwingend erforderlich. Die übrigen Klauseln sind optional und somit nur bei Bedarf anzugeben. Da jedoch das Abfrageergebnis üblicherweise in einer bestimmten Zeilenreihenfolge angezeigt werden soll, ist die Angabe der ORDER BY-Klausel immer ratsam, sobald mehr als eine Ergebniszeile erwartet wird.

Man kann sich für die Abarbeitung einer SELECT-Anweisung gedanklich folgendes Modell bilden:

1. Zuerst wird aus den Tabellen, die in der FROM-Klausel aufgelistet werden, eine (imaginäre) Zwischentabelle gebildet, die alle Spalten der angegebenen Tabellen umfaßt und alle insgesamt möglichen Zeilenkombinationen der Einzeltabellen enthält.

2. Auf diese Zwischentabelle wird die Suchbedingung der WHERE-Klausel angewandt (sofern vorhanden). Hierdurch werden alle Zeilen aus der (imaginären) Zwischentabelle entfernt, die nicht die Suchbedingung erfüllen.

3. Bei Angabe einer GROUP BY-Klausel werden in der Zwischentabelle Zeilengruppen gebildet. Am Umfang der Zwischentabelle ändert sich hierdurch jedoch nichts.

4. Alle Zeilengruppen, die nicht die Suchbedingung der HAVING-Klausel erfüllen (sofern vorhanden), werden eliminiert.

5. Nun wird die Spaltenliste der SELECT-Anweisung auf die Zwischentabelle angewandt. Sofern die Zwischentabelle aus Zeilengruppen besteht, so werden diese zu einzelnen Ergebniszeilen zusammengefaßt.

6. Die Zeilen der nun vorliegenden Zwischentabelle werden entsprechend der ORDER BY-Klausel sortiert und schließlich als Ergebnis angezeigt.

Diese Abarbeitungsreihenfolge ist wiederum nur als Verständnishilfe anzusehen; in welcher Form der Database Manager eine SELECT-Anweisung tatsächlich abarbeitet, ist hiermit nicht beschrieben.

WHERE oder HAVING?

Der Unterschied zwischen WHERE-Klausel und HAVING-Klausel wird oftmals nicht richtig verstanden. Wir wollen die unterschiedliche Wirkungsweise dieser beiden Klauseln deshalb hier nochmals verdeutlichen. Beiden Klauseln ist gemein, daß sie Suchbedingungen festlegen, die den Umfang des Endergebnisses einschränken. Worin liegen jedoch die Unterschiede?

Die Suchbedingung der WHERE-Klausel wird auf jede Zeile der aus der FROM-Klausel entstandenen Zwischentabelle (vor Ausführung der HAVING-Klausel) angewandt. Sie legt somit fest, ob eine Zeile in der Zwischentabelle enthalten bleibt oder entfernt wird.

Anschließend werden die Zeilen der Zwischentabelle entsprechend der GROUP BY-Klausel zu Gruppen zusammengefaßt. Die HAVING-Klausel gibt nun an, welche der Zeilengruppen in der Zwischentabelle verbleiben. Die HAVING-Klausel wird somit nicht auf Zeilenbasis, sondern auf Zeilengruppenbasis ausgeführt. Erfüllt eine Zeilengruppe die Suchbedingung der HAVING-Klausel nicht, so werden alle Zeilen der Gruppe aus der Zwischentabelle entfernt.

Betrachten wir hierzu nochmals die Abfrage:

```
SELECT  ABTEILUNG, AVG(GEHALT), SUM(GEHALT), COUNT(*)
FROM    MITARBEITER
GROUP   BY ABTEILUNG
```

Möchte man bei der Ergebnisbildung bestimmte Mitarbeiter ausschließen, so ist hierzu die WHERE-Klausel zu verwenden. Um nur die Mitarbeiter im Ergebnis zu berücksichtigen, die nach 1950 geboren sind, müßte man die letzte Anweisung um folgende WHERE-Klausel erweitern:

```
... WHERE GEB_DATUM >= '1.1.1951' ...
```

Hierdurch werden alle Mitarbeiter, die nicht nach 1950 geboren sind, aus der Zwischentabelle entfernt. Die verbleibenden Mitarbeiter werden mittels der GROUP BY-Klausel zu Abteilungen gruppiert.

Möchte man jedoch bestimmte Abteilungen (d.h. komplette Zeilengruppen) vom Ergebnis ausschließen, so ist statt der WHERE-Klausel die HAVING-Klausel zu verwenden. Beispiele hierfür haben wir ja bereits behandelt.

In solchen Fällen, in denen man sowohl bestimmte Mitarbeiter (Einzelzeilen) als auch gewisse Abteilungen (Zeilengruppen) vom Ergebnis ausschließen möchte, sind WHERE- und HAVING-Klausel gemeinsam anzugeben. Um z.B. das Durchschnittsgehalt der jungen Mitarbeiter (Geburtsdatum nach 1960) für die Abteilungen "Verkauf" und "Produktion" zu ermitteln, würde man schreiben:

```
SELECT  ABTEILUNG, AVG(GEHALT)
FROM    MITARBEITER
WHERE   GEB_DATUM >= '1.1.1961'
GROUP   BY ABTEILUNG
HAVING  ABTEILUNG IN ('Verkauf', 'Produktion')
ORDER   BY 2
```

2.2.2 Unterabfragen

Mit Hilfe von Unterabfragen (engl. subquery) lassen sich Vergleichswerte in Prädikaten durch SELECT-Anweisungen festlegen.

Beginnen wir gleich mit einem Beispiel. Es sollen alle Mitarbeiter ermittelt werden, deren Gehälter das Durchschnittsgehalt der Firma übersteigen. Mit unseren bisherigen Kenntnissen hätten wir hierzu in einer ersten Abfrage das Durchschnittsgehalt aller Mitarbeiter ermitteln müssen; z.B. durch:

```
SELECT AVG(GEHALT) FROM MITARBEITER
```

Den Ergebniswert dieser Abfrage hätten wir dann als Vergleichswert in die Suchbedingung folgender Abfrage einsetzen müssen:

```
SELECT * FROM MITARBEITER
WHERE   GEHALT > ...
ORDER   BY GEHALT
```

Beide Abfragen lassen sich jedoch auch zu einer einzigen Abfrage zusammenfassen:

```
SELECT * FROM MITARBEITER
WHERE   GEHALT > (SELECT AVG(GEHALT) FROM MITARBEITER)
ORDER   BY GEHALT
```

Die in der WHERE-Klausel enthaltene SELECT-Anweisung wird hierbei als Unterabfrage bezeichnet. Unterabfragen müssen immer - wie im vorliegenden Beispiel - durch Klammern begrenzt werden. Sie sind innerhalb von Suchbedingungen und somit in WHERE- und HAVING-Klauseln zulässig. Die übergeordnete SELECT-Anweisung, in deren WHERE- oder HAVING-Klausel eine Unterabfrage eingebettet ist, nennen wir im folgenden "**Hauptabfrage**".

Bei der Formulierung von Unterabfragen muß beachtetet werden, daß das Ergebnis der Unterabfrage mit dem Vergleichsoperator des Prädikats kompatibel ist, denn im allgemeinen ist das Ergebnis einer SELECT-Anweisung eine Tabelle. Demgegenüber lassen die Operatoren von Prädikaten als Vergleichswerte nur einzelne Werte, Wertelisten oder Wertebereiche, nicht jedoch Tabellen zu. Die Lösung dieser Kompabilitätsproblematik ist vom Typ des verwendeten Vergleichsoperators abhängig. Wir werden deshalb im folgenden für jeden einzelnen Vergleichsoperator die Anwendbarkeit von Unterabfragen behandeln.

Unterabfragen in Verbindung mit einfachen Vergleichsoperatoren

Unter einfachen Vergleichsoperatoren sind im folgenden die in Tabelle 2.1 (Seite 38) aufgeführten Operatoren zu verstehen. Prädikate, die einfache Vergleichsoperatoren enthalten, werden entsprechend "einfache Vergleichsprädikate" genannt. Möchte man eine Unterabfrage in Verbindung mit einem einfachen Vergleichsoperator einsetzen, so bestehen hierzu drei unterschiedliche Möglichkeiten:

1. Unterabfragen ohne Zusatz,
2. Unterabfragen in Verbindung mit "ANY" oder "SOME",
3. Unterabfragen in Verbindung mit "ALL".

Auf den nächsten Seiten werden wir alle drei Einsatzformen von Unterabfragen in einfachen Vergleichsprädikaten ansprechen:

Unterabfragen ohne Zusatz

Eine Unterabfrage wird bei der momentan betrachteten Einsatzform ohne weitere Zusätze anstelle eines Vergleichswertes eingetragen. Unser erstes SQL-Beispiel zum Thema "Unterabfragen" ist von diesem Typ. Eine weitere Abfrage der gleichen Art könnte sein: Zeige alle Mitarbeiter an, die älter sind als der Mitarbeiter mit der Personalnummer 4. Hierzu müßte man schreiben:

```
SELECT  *
FROM    MITARBEITER
WHERE   GEB_DATUM < (SELECT GEB_DATUM
                     FROM   MITARBEITER
                     WHERE  PERS_NR = 4)
ORDER   BY GEB_DATUM
```

Bei dieser Einsatzform von Unterabfragen darf die Unterabfrage nur **einen** Ergebniswert liefern. Die Spaltenliste der Unterabfrage muß somit aus einem einzigen Element (Spaltenname, Funktion oder arithmetischer Ausdruck) bestehen. Weiterhin ist die WHERE-Klausel so zu formulieren, daß sie nur für eine Tabellenzeile zutrifft.

Die beiden folgenden Abwandlungen der obigen Anweisung sind folglich unzulässig. Die erste, da bei ihr die Unterabfrage mehrere Spalten ergibt; die zweite, weil dort die Unterabfrage mehrere Zeilen liefert.

```
SELECT  *
FROM    MITARBEITER
WHERE   GEB_DATUM < (SELECT *
                     FROM    MITARBEITER
                     WHERE   PERS_NR = 4)
ORDER   BY GEB_DATUM
```

```
SELECT  *
FROM    MITARBEITER
WHERE   GEB_DATUM < (SELECT GEB_DATUM
                     FROM    MITARBEITER
                     WHERE   PERS_NR IN (3,4))
ORDER   BY GEB_DATUM
```

Wir sind jetzt auch in der Lage, den ältesten und jüngsten Mitarbeiter mit allen Daten auszugeben. Bei der Behandlung der Spaltenfunktionen "MIN" und "MAX" ist es uns ja bereits gelungen, die Geburtsdaten dieser beiden Mitarbeiter zu ermitteln. Die gleichzeitige Ausgabe der übrigen Mitarbeiterdaten war dort jedoch nicht möglich. Mit Hilfe von Unterabfragen läßt sich das Problem nun lösen:

```
SELECT  *
FROM    MITARBEITER
WHERE   GEB_DATUM = (SELECT MAX(GEB_DATUM)
                     FROM    MITARBEITER)
OR      GEB_DATUM = (SELECT MIN(GEB_DATUM)
                     FROM    MITARBEITER)
ORDER   BY GEB_DATUM
```

Unterabfragen in Verbindung mit "ANY" oder "SOME"

Die zweite Einsatzform von Unterabfragen in einfachen Vergleichsprädikaten unterscheidet sich von der eben behandelten Form dadurch, daß der Unterabfrage wahlweise das Wort "ANY" oder das Wort "SOME" vorangestellt wird.

2.2 Komplexe SQL-Anweisungen

Beide Worte haben dieselbe Wirkung. In Verbindung mit diesen Worten darf die Unterabfrage nun mehrere Ergebniszeilen liefern, jedoch weiterhin nur eine Spalte. Das Prädikat nimmt hierbei den Wert "wahr" an, wenn mindestens ein Ergebniswert (d.h. eine Ergebniszeile) der Unterabfrage die Vergleichsbedingung erfüllt. Führt die Unterabfrage zu keinem Ergebnis oder erfüllt keiner der Ergebniswerte die Vergleichsbedingung, dann hat das Prädikat den Wert "unwahr".

Auch hierzu wiederum ein Beispiel: Es sollen alle Mitarbeiter ermittelt werden, deren Vornamen auch in der Tabelle KIND_1 auftauchen. Mit folgender Abfrage ist dies möglich:

```
SELECT  V_NAME, N_NAME
FROM    MITARBEITER
WHERE   V_NAME = ANY (SELECT V_NAME
                      FROM   KIND_1)
ORDER   BY N_NAME
```

Man erhält:

```
V               N
NAME            NAME
--------------- ---------------
Maria           Kuntz
```

Es gibt also eine Mitarbeiterin, deren Vorname "Maria" in der Tabelle KIND_1 als Vorname mindestens eines Kindes auftritt.

Unterabfragen in Verbindung mit "ALL"

Benutzt man in Verbindung mit Unterabfragen innerhalb einfacher Vergleichsprädikate das Wort "ALL", so nimmt das Prädikat nur dann den Wert "wahr" an, wenn die Unterabfrage zu keinem Ergebnis führt, oder die Vergleichsbedingung für alle Ergebniswerte der Unterabfrage erfüllt ist.

Betrachten wir auch hierzu ein Beispiel: Es sollen alle Mitarbeiter ermittelt werden, deren Kinder ausschließlich Jungen sind. Wir versuchen es mit folgender Anweisung:

```
SELECT  PERS_NR, V_NAME, N_NAME
FROM    MITARBEITER
WHERE   'M' = ALL (SELECT GESCHLECHT
                   FROM   KIND
                   WHERE  PERS_NR = MITARBEITER.PERS_NR)
ORDER BY PERS_NR
```

Dies ergibt:

PERS NR	V NAME	N NAME
2	Rita	Schultz
4	Otto	Moser
5	Maria	Kuntz
6	Franz	Pfleiderer
7	Karl	Müller

Zum vorliegenden Beispiel sind drei Anmerkungen zu machen:

1. Das Ergebnis entspricht nicht unseren Erwartungen, weil es auch die Mitarbeiter enthält, die überhaupt keine Kinder haben. Eigentlich ist dies jedoch nicht überraschend, da - wie bereits erwähnt - in Verbindung mit "ALL" ein Prädikat auch dann den Wert "wahr" annimmt, wenn die Unterabfrage zu keinem Ergebnis führt. Für Mitarbeiter ohne Kinder ergibt die Unterabfrage kein Ergebnis. Das Prädikat der WHERE-Klausel ist somit "wahr" und der entsprechende Mitarbeiter wird deshalb angezeigt. Wir werden dieses Problem in Kürze durch eine Erweiterung der WHERE-Klausel lösen.

2. Die Unterabfrage des vorliegenden Beispiels unterscheidet sich von den zuvor behandelten Unterabfragen dadurch, daß sie nicht für alle Zeilen der Hauptabfrage dasselbe Ergebnis liefert.
   Bei den vorangegangenen Beispielen war die Unterabfrage von der übergeordneten Abfrage völlig unabhängig. Der Database Manager kann in solchen Fällen das Ergebnis der Unterabfrage vor Bearbeitung der Hauptabfrage einmalig ermitteln. Diesen Ergebniswert (oder Ergebniswerte) kann er dann in der Hauptabfrage bei Anwendungen der WHERE-Klausel für alle Zeilen gleichermaßen einsetzen.

Im vorliegenden Beispiel ist eine solche Vorgehensweise nicht mehr möglich, da das Ergebnis der Unterabfrage von der jeweils betrachteten Zeile der Hauptabfrage abhängt. Diese Abhängigkeit rührt daher, daß in der WHERE-Klausel der Unterabfrage die Spalte MITARBEITER.PERS_NR enthalten ist. Sie besitzt für jede Zeile der Hauptabfrage einen anderen Wert. Insofern nimmt auch die WHERE-Klausel der Unterabfrage für jede Zeile der Hauptabfrage eine andere Form an.

Inhaltlich betrachtet werden in der Unterabfrage die Geschlechter aller Kinder eines Mitarbeiters ermittelt. Für welchen Mitarbeiter diese Ermittlung durchgeführt werden soll, wird jeweils durch die Spalte MITARBEITER.PERS_NR festgelegt. Die Unterabfrage wird folglich insgesamt siebenmal durchgeführt, da die Tabelle MITARBEITER der Hauptabfrage sieben Zeilen enthält.

Eine Unterabfrage, deren Ergebnis von der Hauptabfrage abhängt, wird als **korrelierende** Unterabfrage (engl. correlated subquery) bezeichnet. Zur Schreibvereinfachung lassen sich Korrelationsnamen für die Tabellen der Hauptabfrage definieren. Man kann sich dann in WHERE- oder HAVING-Klauseln der Unterabfrage auf Spalten der Hauptabfrage beziehen, indem man diesen die Korrelationsnamen der entsprechenden Tabelle(n) der Hauptabfrage voranstellt. Die Beispielabfrage ließe sich somit folgendermaßen umschreiben:

```
SELECT  PERS_NR, V_NAME, N_NAME
FROM    MITARBEITER M
WHERE   'M' = ALL (SELECT GESCHLECHT
                   FROM   KIND
                   WHERE  PERS_NR = M.PERS_NR)
ORDER   BY PERS_NR
```

3. Oftmals würde man - vor allem bei korrelierenden Unterabfragen - eine bessere Verständlichkeit der Anweisung erzielen, wenn man die Unterabfrage links vom Vergleichsoperator aufführt; z.B. folgendermaßen:

```
SELECT  PERS_NR, V_NAME, N_NAME
FROM    MITARBEITER M
WHERE   ALL (SELECT GESCHLECHT
             FROM   KIND
             WHERE  PERS_NR = M.PERS_NR) = 'M'
ORDER   BY PERS_NR
```

Dies ist jedoch nicht zulässig; d.h. eine Unterabfrage muß immer rechts vom Vergleichsoperator stehen.

Wir wollen uns nun dem bereits angesprochenen Problem zuwenden, daß unsere Abfrage neben den gesuchten Mitarbeitern auch die Mitarbeiter ausgibt, die keine Kinder haben. Hierzu erweitern wir die WHERE-Klausel um ein zusätzliches Prädikat, das alle Mitarbeiter ohne Kinder ausschließt. Es könnte lauten:

```
... 0 < (SELECT COUNT(*)
         FROM   KIND
         WHERE  PERS_NR = M.PERS_NR) ...
```

Durch eine Und-Verknüpfung mit dem bisherigen Prädikat, das alle Mitarbeiter ausschließt, die mindestens eine Tochter haben, erhält man:

```
SELECT PERS_NR, V_NAME, N_NAME
FROM   MITARBEITER M
WHERE  'M' = ALL (SELECT GESCHLECHT
                  FROM   KIND
                  WHERE  PERS_NR = M.PERS_NR)
AND    0   <     (SELECT COUNT(*)
                  FROM   KIND
                  WHERE  PERS_NR = M.PERS_NR)
ORDER  BY PERS_NR
```

Es ergibt sich folgendes Resultat:

```
PERS   V                N
NR     NAME             NAME
-----  ---------------  ---------------
   2   Rita             Schultz
   6   Franz            Pfleiderer
   7   Karl             Müller
```

Die Suche nach den Mitarbeitern, die zwar Söhne aber keine Töchter haben, kann man auch mit Hilfe eines Joins der Tabellen MITARBEITER und KIND formulieren. Man würde schreiben:

```
SELECT M.PERS_NR, M.V_NAME, N_NAME
FROM   MITARBEITER M, KIND K
WHERE  M.PERS_NR = K.PERS_NR
GROUP  BY M.PERS_NR, M.V_NAME, N_NAME
HAVING MAX(GESCHLECHT) = 'M'
ORDER  BY M.PERS_NR
```

2.2 Komplexe SQL-Anweisungen

Diese Abfrage ist zwar kompakter als die vorangegegange Form, dafür jedoch etwas erklärungsbedürftiger.

Durch die Joinbedingung

```
... WHERE M.PERS_NR = K.PERS_NR ...
```

wird eine imaginäre Zwischentabelle definiert, die pro Kind eine Zeile enthält. Die Zeilen dieser Zwischentabelle umfassen alle Spalten der Tabellen MITARBEITER und KIND. Mitarbeiter ohne Kinder sind hiermit bereits eliminiert (in der bisherigen Form hatten wir hierfür eine eigene Unterabfrage benötigt).

Durch die GROUP BY-Klausel

```
... GROUP BY M.PERS_NR, M.V_NAME, N_NAME ...
```

werden die Zeilen der Zwischentabelle zu Familien gruppiert. Hierfür wäre die Angabe der Spalte M.PERS_NR ausreichend gewesen. Da jedoch auch die Spalten M.V_NAME und N_NAME im Resultat angezeigt werden sollen, wurden diese ebenfalls in die GROUP BY-Klausel aufgenommen. An der Gruppierung ändert sich dadurch nichts.

Der Ausschluß aller Gruppen, in denen mindestens ein Mädchen enthalten ist, erfolgt durch die HAVING-Klausel

```
... HAVING MAX(GESCHLECHT) = 'M' ...
```

Da der Buchstabe "W" aus Sortierungssicht größer ist als "M", verbleiben folglich nur solche Gruppen im Ergebnis, in denen kein "W" als Geschlechtskennzeichen auftritt.

Durch die Erläuterung von korrelierenden Unterabfragen haben wir unser eigentliches Ziel etwas aus den Augen verloren. Es ging darum, die drei Verwendungsformen zu beschreiben, in denen Unterabfragen innerhalb einfacher Vergleichsprädikate auftreten können. Der Einsatz von Unterabfragen in Verbindung mit dem Wort "ALL" ist hierbei die letzte dieser drei Verwendungsformen. Nachdem wir somit alle Verwendungsmöglichkeiten von Unterabfragen in einfachen Vergleichsprädikaten besprochen haben, können wir uns nun den komplexeren Operatoren, wie "BETWEEN", "IN", etc., zuwenden.

Unterabfragen in Verbindung mit den Operatoren "BETWEEN" und "LIKE"

Prädikate mit den Operatoren "BETWEEN" oder "LIKE" können keine Unterabfragen enthalten.

Unterabfragen in Verbindung mit dem Operator "IN"

In der bisher bekannten Einsatzform des Operators "IN" folgt auf diesen eine Werteliste, z.B.:

```
... N_NAME IN ('Müller', 'Maier') ...
```

An die Stelle der Werteliste kann jedoch auch eine Unterabfrage treten. Die Ergebniswerte der Unterabfrage bilden dann quasi die Werteliste; d.h. auch in dieser Einsatzform darf die Unterabfrage zwar mehrere Ergebniszeilen, jedoch nur eine Ergebnisspalte liefern. Eine Unterabfrage in Verbindung mit dem IN-Operator hat dieselbe Wirkungsweise wie eine Unterabfrage in Verbindung mit "= ANY" oder "= SOME". Die Prädikate

```
... IN (Unterabfrage)

... = ANY (Unterabfrage)

... = SOME (Unterabfrage)
```

führen somit immer zum selben Ergebnis. Welcher Formulierung man den Vorzug gibt, ist letztlich eine Frage der persönlichen Vorliebe.

Unterabfragen in Verbindung mit dem Operator "EXISTS"

Bei allen Verwendungsformen von Unterabfragen, die wir bisher kennengelernt haben, darf das Ergebnis der Unterabfrage je nach Einsatzform entweder aus einem einzelnen Wert oder aus einer einzigen Ergebnisspalte bestehen. Die Unterabfrage darf also in keinem Fall zu einem Ergebnis mit mehreren Spalten führen.

In Verbindung mit dem Operator "EXISTS" ist die Ergebnisform der Unterabfrage völlig unerheblich. Es sind also auch Unterabfragen zulässig, die mehrere Spalten liefern. Maßgebend für den Wert des EXISTS-Prädikat ist jedoch nicht der Aufbau des Ergebnisses, sondern der Umstand, ob die Unterabfrage überhaupt ein Ergebnis liefert. Der Wert des EXISTS-Prädikats ist "wahr", wenn die Unterabfrage zu mindestens einer Ergebniszeile führt, und "unwahr", wenn die Unterabfrage zu keinem Ergebnis führt.

Um alle Mitarbeiter zu ermitteln, die keine Kinder haben, könnte man schreiben:

```
SELECT   PERS_NR, V_NAME, N_NAME
FROM     MITARBEITER M
WHERE    NOT EXISTS (SELECT *
                     FROM    KIND
                     WHERE   PERS_NR = M.PERS_NR)
ORDER    BY PERS_NR
```

Wir haben nun alle Prädikatformen behandelt, in denen Unterabfragen verwendet werden können. Es handelte sich hierbei um einfache Vergleichsprädikate und Prädikate mit den Operatoren "IN" und "EXISTS". Bei den einfachen Vergleichsprädikaten konnte die Wirkungsweise von Unterabfragen durch Voranstellen der Worte "ANY", "SOME" oder "ALL" beeinflußt werden.

Unterabfragen in HAVING-Klauseln

Die bisherigen Beispiele zeigten den Einsatz von Unterabfragen in WHERE-Klauseln. In gleicher Weise können Unterabfragen auch in HAVING-Klauseln verwendet werden. Wir wollen dies mit einer Beispielanweisung verdeutlichen. Es sollen alle Abteilungen angezeigt werden, deren Abteilungsdurchschnittsgehalt das Durchschnittsgehalt der gesamten Firma übersteigt. Hierzu schreibt man:

```
SELECT   ABTEILUNG, AVG(GEHALT)
FROM     MITARBEITER
GROUP    BY ABTEILUNG
HAVING   AVG(GEHALT) > (SELECT AVG(GEHALT)
                       FROM    MITARBEITER)
ORDER    BY 2 DESC
```

Unterabfragen in UPDATE-Anweisungen

Die Verwendung von Unterabfragen ist auch in WHERE-Klauseln von UPDATE-Anweisungen möglich. Möchte man für alle Mitarbeiter mit mehr als zwei Kindern das Gehalt um 100 DM erhöhen, so würde man schreiben:

```
UPDATE MITARBEITER M
SET    GEHALT = GEHALT + 100
WHERE  2 < (SELECT COUNT(*)
            FROM    KIND
            WHERE   PERS_NR = M.PERS_NR)
```

Die Unterabfrage darf sich allerdings nicht auf die Tabelle beziehen, die in der übergeordneten UPDATE-Anweisung modifiziert werden soll. Eine Anweisung zum Anheben des Gehaltes um 5 Prozent für all die Mitarbeiter, die weniger als der Firmendurchschnitt verdienen, wäre somit in der folgenden Form nicht zulässig:

```
UPDATE MITARBEITER
SET    GEHALT = 1.05 * GEHALT
WHERE  GEHALT < (SELECT AVG(GEHALT)
                 FROM    MITARBEITER)
```

Unterabfragen in DELETE-Anweisungen

Ähnlich wie in UPDATE-Anweisungen lassen sich auch in DELETE-Anweisungen Unterabfragen benutzen. Mit den uns zur Verfügung stehenden Tabellen MITARBEITER und KIND können allerdings keine sinnvollen Übungsbeispiele für die Anwendung von Unterabfragen formuliert werden. Wir verzichten deshalb an dieser Stelle auf ein Beispiel.

Auch für DELETE-Anweisungen gilt: Die Unterabfrage darf sich nicht auf die Tabelle beziehen, aus der Zeilen gelöscht werden sollen.

ORDER BY-Klausel in Unterabfragen

Es ist Ihnen vielleicht aufgefallen, daß in den abgedruckten Beispielen keine Unterabfrage eine ORDER BY-Klausel enthielt. Dies ist kein Zufall. Die Verwendung der ORDER BY-Klausel ist nämlich in Unterabfragen nicht zulässig. Sie ist andererseits in Unterabfragen auch nicht notwendig, da die Reihenfolge der Ergebniswerte einer Unterabfrage keinen Einfluß auf das Ergebnis des Prädikats hat.

Alle anderen Klauseln, die in SELECT-Anweisungen verwendet werden können ("FROM", "WHERE", "GROUP BY", "HAVING"), sind auch in Unterabfragen zulässig.

Einfügen mehrerer Zeilen

Die Form der INSERT-Anweisung, die wir bisher kennengelernt haben, ermöglicht nur das Einfügen einer einzelnen Zeile. Möchte man mehrere Zeilen in eine Tabelle einfügen, so muß man für jede einzufügende Zeile eine eigene INSERT-Anweisung zur Ausführung bringen.

Eine andere Ausführung der INSERT-Anweisung, mit der wir uns nun beschäftigen werden, erlaubt das Einfügen mehrerer Zeilen mittels einer einzi-

2.2 Komplexe SQL-Anweisungen

gen INSERT-Anweisung. Die einzufügenden Daten müssen bei dieser Form der INSERT-Anweisung allerdings bereits in anderen Tabellen gespeichert sein. Sie können also nicht, wie bei der bisher bekannten Ausführung der INSERT-Anweisung, als Zahlenwerte oder Zeichenketten in einer Werteliste angegeben werden.

Damit die neue Form der INSERT-Anweisung anhand eines Beispiels demonstriert werden kann, müssen zuerst sämtliche Zeilen der Tabelle KIND_1 gelöscht werden. Dies ist mit folgender Anweisung möglich:

```
DELETE FROM KIND_1
```

Um nun alle Mädchen von der Tabelle KIND in die momentan leere Tabelle KIND_1 zu kopieren, formuliert man folgende INSERT-Anweisung:

```
INSERT INTO KIND_1
SELECT *
FROM   KIND
WHERE  GESCHLECHT = 'W'
```

Wie man anhand des Beispiels sieht, wird einfach die in der bisherigen Form der INSERT-Anweisung verwendete Werteliste durch eine SELECT-Anweisung ersetzt. Es handelt sich hierbei jedoch nicht um eine Unterabfrage, da man definitionsgemäß nur SELECT-Anweisungen in Prädikaten von WHERE- oder HAVING-Klauseln als Unterabfragen bezeichnet. Im Rahmen von INSERT-Anweisungen dient eine SELECT-Anweisung jedoch nicht zur Formulierung von Suchbedingungen, sondern als Datenlieferant für die übergeordnete INSERT-Anweisung.

Wichtig bei dieser neuen Form der INSERT-Anweisung ist, daß die Spaltenliste der SELECT-Anweisung bezüglich Anzahl und Datentyp mit der Spaltendefinition der Tabelle, in die Zeilen eingefügt werden sollen, übereinstimmt. Im obigen Beispiel ist dies kein Problem, da die Tabellen KIND und KIND_1 einen identischen Aufbau besitzen.

Die Spaltenreihenfolge kann verändert werden, indem man in der INSERT-Anweisung eine Spaltenliste angibt. Man könnte z.B. alle Jungen der Tabelle KIND mit folgender Anweisung in die Tabelle KIND_1 kopieren:

```
INSERT INTO KIND_1 (GEB_DATUM, PERS_NR, V_NAME, GESCHLECHT)
SELECT GEB_DATUM, PERS_NR, V_NAME, GESCHLECHT
FROM   KIND
WHERE  GESCHLECHT = 'M'
```

Eine Spaltenliste in der INSERT-Anweisung anzugeben, ist eigentlich nur dann sinnvoll, wenn man durch die anschließende SELECT-Anweisung nicht alle Spalten der zu füllenden Tabelle mit Werten versorgt (vorausgesetzt, die in der Spaltenliste nicht aufgeführten Spalten lassen überhaupt Nullwerte zu). Dies ist vor allem dann interessant, wenn nur ein Teil der Spalten einer neuen Tabelle aus Datenwerten bestehender Tabellen gefüllt werden kann. Die restlichen Spalten der neuen Tabelle müssen anschließend mittels UPDATE-Anweisungen belegt werden.

Kopieren von Zeilen innerhalb einer Tabelle

Eine SELECT-Anweisung innerhalb einer INSERT-Anweisung darf nicht auf die Tabelle verweisen (auch nicht in einer Unterabfrage), in die durch die übergeordnete INSERT-Anweisung Zeilen eingefügt werden sollen.

Man kann also nicht Zeilen innerhalb einer Tabelle "vervielfältigen". Identische Zeilen in einer Tabelle mehrfach zu speichern, ist grundsätzlich auch nicht sinnvoll (den Grund hierfür werden wir in Kapitel 4 "Datenbankentwurf" erfahren). Dennoch tritt manchmal der Fall ein, daß neue Zeilen in eine Tabelle eingefügt werden sollen, die sich von bestehenden Zeilen nur wenig unterscheiden. In solchen Situationen kann man sich mit der Aktion "Save data..." des Query Manager behelfen. Mittels einer SELECT-Anweisung bringt man die Zeilen, die als Kopiergrundlage dienen sollen, zur Anzeige. Anschließend kopiert man diese mit Hilfe der Aktion "Save data..." auf eine Hilfstabelle. Dort führt man mit UPDATE-Anweisungen die gewünschten Modifikationen aus. Schließlich fügt man die modifizierten Zeilen über eine INSERT-Anweisung in die Ausgangstabelle ein. Die Hilfstabelle kann dann wieder gelöscht werden.

2.2.3 Mehrere Abfragen verknüpfen

Im folgenden werden wir drei Operatoren kennenlernen, mit Hilfe derer die Ergebnisse mehrerer Abfragen verknüpft werden können. Es handelt sich hierbei um Operatoren aus der Mengenlehre. Wir wollen deshalb in einem ersten Schritt diese Operatoren mit Begriffen der Mengenlehre erläutern und anschließend erfahren, wie sie sich auf Ergebnisse von SQL-Abfragen anwenden lassen.

Mengen bestehen aus Elementen, die in gewisser Hinsicht gleiche Eigenschaften besitzen. So bilden alle Mitarbeiter unserer fiktiven Firma eine Menge. Jeder einzelne Mitarbeiter stellt ein Element der Menge dar. Die gemeinsame Eigenschaft aller Elemente dieser Menge besteht darin, daß jede Person der Menge einen Anstellungsvertrag mit der betrachteten Firma geschlossen hat.

2.2 Komplexe SQL-Anweisungen

Eine weitere Menge könnte z.B. alle Personen Deutschlands umfassen, die SQL-Kenntnisse besitzen.

Mengen lassen sich nun mit Hilfe von Operatoren der Mengenlehre miteinander verknüpfen. Das Ergebnis einer solchen Operation ist wiederum eine Menge. Die für unsere Zwecke relevanten Operationen der Mengenlehre sind in Abbildung 2.23 graphisch dargestellt.

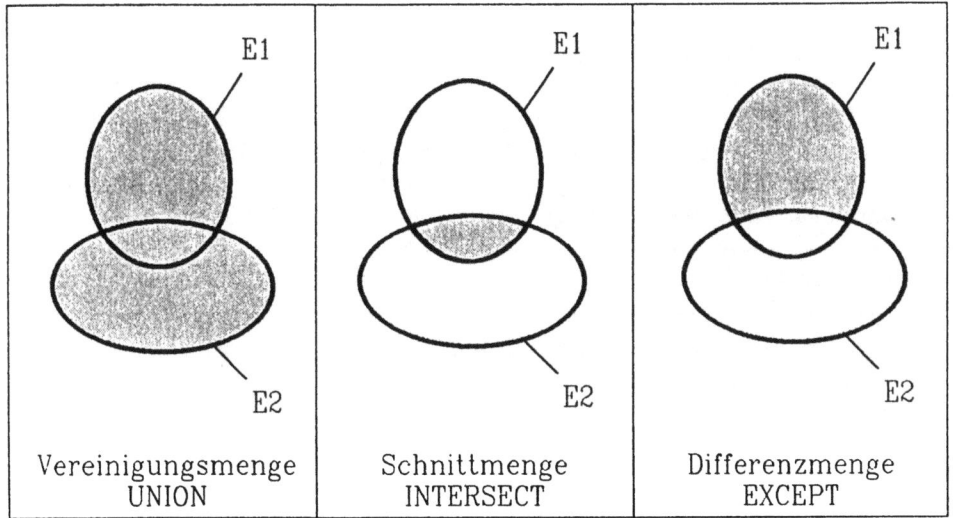

Abbildung 2.23

Die links in der Abbildung dargestellte Operation bildet die Vereinigungsmenge (engl. union) zweier Ausgangsmengen E1 und E2. Stellt man sich unter der Menge E1 alle Mitarbeiter unserer Firma vor, und unter der Menge E2 alle Personen Deutschlands, die SQL-Kenntnisse besitzen, dann enthält die Vereinigungsmenge die Personen beider Mengen E1 und E2. Mit Blick auf die demnächst zu behandelnde SQL-Notation dieser Operation könnte man schreiben:

```
E3 = E1 UNION E2
```

E3 bezeichnet hierbei die Vereinigungsmenge.

Die in der Mitte der Abbildung 2.23 dargestellte Operation bildet die Schnittmenge (engl. intersecting set) zweier Ausgangsmengen E1 und E2; d.h. die Ergebnismenge einer INTERSECT-Operation besteht aus den Elementen, die sowohl in der Menge E1 als auch in der Menge E2 enthalten sind. Bezogen auf unser Beispiel enthält die Schnittmenge alle Mitarbeiter der Firma, die SQL-

Kenntnisse besitzen. Mit dem Operator "INTERSECT" läßt sich die Schnittmengenoperation folgendermaßen schreiben:

```
E3 = E1 INTERSECT E2
```

Die letzte Operation der Mengenlehre, mit der wir uns hier befassen möchten, ist die Differenzmengenbildung (rechter Teil von Abbildung 2.23). Die Differenzmenge

```
E3 = E1 EXCEPT E2
```

enthält all die Elemente von E1, die nicht gleichzeitig in E2 enthalten sind. Im Gegensatz zu den Operatoren "UNION" und "INTERSECT" ist beim Operator "EXCEPT" die Reihenfolge, in der die Mengen miteinander verküpft werden, durchaus bedeutsam; d.h. die Operation

```
E2 EXCEPT E1
```

führt zu einem anderen Ergebnis als die Operation

```
E1 EXCEPT E2
```

Bezogen auf unsere Beispielmengen erhält man im ersten Fall alle Personen, die SQL-Kenntnisse haben, jedoch nicht in unserer Firma arbeiten; im zweiten Fall umfaßt das Ergebnis die Mitarbeiter der Firma, die keine SQL-Kenntnisse besitzen.

Anwendung von Mengenoperatoren auf Abfrageergebnisse

Wie bereits angedeutet, lassen sich durch die Operatoren "UNION", "INTERSECT" und "EXCEPT" SQL-Abfragen miteinander verknüpfen. Man könnte z.B. schreiben:

```
   SELECT V_NAME, N_NAME, GEB_DATUM
   FROM   MITARBEITER

UNION

   SELECT K.V_NAME, N_NAME, K.GEB_DATUM
   FROM   KIND K, MITARBEITER M
   WHERE  K.PERS_NR = M.PERS_NR
```

2.2 Komplexe SQL-Anweisungen

Da - wie wir gesehen haben - durch den Operator "UNION" zwei Mengen miteinander verknüpft werden, müssen die Ergebnisse der beiden SELECT-Anweisungen als Mengen interpretierbar sein, damit die Gesamtanweisung einen Sinn ergibt.

Bisher haben wir festgestellt, daß SELECT-Anweisungen als Ergebnis wiederum Tabellen oder Sonderformen von Tabellen (einzelne Zeile, einzelne Spalte oder einzelner Wert) liefern. Wie lassen sich jedoch Tabellen als Mengen interpretieren? Dies geschieht einfach dadurch, daß jede Zeile einer Ergebnistabelle als ein Mengenelement angesehen wird.

Nach Ausführung der SELECT-Anweisungen kann man sich die betrachtete Abfrage somit folgendermaßen vorstellen:

```
Hans       Müller       02.03.1955
Rita       Schultz      13.11.1962
Werner     Meier        23.04.1946
Otto       Moser        18.07.1950
Maria      Kuntz        11.01.1963
Franz      Pfleiderer   01.12.1948
Karl       Müller       11.12.1941

UNION

David      Müller       30.04.1987
Natalie    Müller       12.02.1990
Heinz      Schultz      14.08.1988
Sabine     Meier        13.01.1970
Rolf       Meier        06.12.1973
Susanne    Meier        16.09.1975
Edwin      Pfleiderer   14.12.1969
Olaf       Pfleiderer   07.06.1973
Bernd      Müller       13.02.1965
```

Als Ergebnis erhält man die Vereinigungsmenge der beiden "Personenmengen"; d.h. alle Mitarbeiter und alle Mitarbeiterkinder (alle Elemente beider Mengen):

Hans	Müller	02.03.1955
Rita	Schultz	13.11.1962
Werner	Meier	23.04.1946
Otto	Moser	18.07.1950
Maria	Kuntz	11.01.1963
Franz	Pfleiderer	01.12.1948
Karl	Müller	11.12.1941
David	Müller	30.04.1987
Natalie	Müller	12.02.1990
Heinz	Schultz	14.08.1988
Sabine	Meier	13.01.1970
Rolf	Meier	06.12.1973
Susanne	Meier	16.09.1975
Edwin	Pfleiderer	14.12.1969
Olaf	Pfleiderer	07.06.1973
Bernd	Müller	13.02.1965

Die Anwendung der Operatoren "INTERSECT" und "EXCEPT" ergibt für die Personenmengen des betrachteten Beispiels keinen allzu großen Sinn, da die beiden Ausgangsmengen keine Schnittmenge besitzen. Es gibt also kein Mitarbeiterkind, das ebenfalls bei unserer Firma angestellt ist.

Kompatibilität von Ergebnismengen

Mit den Mengenoperatoren können jedoch nicht Ergebnisse beliebiger SELECT-Anweisungen miteinander verknüpft werden. Die Ergebnisse müssen vielmehr in ihrem Zeilenaufbau zueinander kompatibel sein. Zwei Bedingungen sind hierfür zu erfüllen:

1. Die Zeilen der miteinander zu verknüpfenden Ergebnismengen müssen die gleiche Anzahl von Spalten aufweisen.

2. Korrespondierende Spalten müssen darüber hinaus in ihrem Datentyp vergleichbar sein. Miteinander vergleichbar sind Datentypen, die in der Tabelle 2.3 innerhalb einer Typklasse enthalten sind (siehe auch Abbildung 2.8 auf Seite 16).

2.2 Komplexe SQL-Anweisungen

Typklasse	Datentypen
Zeichenkette	Character (fixed length) Character (variable length)
Zahl	Small integer Large integer Decimal Scientific notation
Datum	Date
Uhrzeit	Time System date and time

Tabelle 2.3

Wir wollen die beschriebenen Kompatibilitätsaspekte anhand zweier Beispiele verdeutlichen:

Die folgende Anweisung ist unzulässig, da die Ergebniszeilen der beiden SELECT-Anweisungen nicht dieselbe Spaltenanzahl aufweisen:

```
    SELECT V_NAME, GEB_DATUM
    FROM   MITARBEITER

UNION

    SELECT V_NAME, GEB_DATUM, GESCHLECHT
    FROM   KIND
```

Demgegenüber wäre die folgende Anweisung zulässig, allerdings inhaltlich unsinnig:

```
    SELECT GEHALT, ABTEILUNG
    FROM   MITARBEITER

INTERSECT

    SELECT PERS_NR, V_NAME
    FROM   KIND
```

Die Spalten GEHALT (Datentyp "Decimal") und PERS_NR (Datentyp "Small integer") gehören beide der Typklasse "Zahl" an; die Spalten ABTEILUNG (Datentyp "Character (fixed length)") und V_NAME (Datentyp "Character (variable length") der Typklasse "Zeichenkette".

Mengenoperationen und ORDER BY

Verwendet man Mengenoperatoren, so darf innerhalb der einzelnen SELECT-Anweisung keine ORDER BY-Klausel verwendet werden. Sie wäre dort auch wenig nutzbringend, da hierdurch keine Sortierung des Gesamtergebnisses erreichbar wäre. Beim Einsatz von Mengenoperatoren darf nur eine einzige ORDER BY-Klausel angegeben werden. Sie muß als letzte Klausel der Gesamtanweisung erscheinen. Die ORDER BY-Klausel darf darüber hinaus keine Spaltennamen, sondern ausschließlich Spaltenpositionen enthalten.

Auch hierzu zwei Beispiele:

Die folgende Anweisung ist unzulässig, da innerhalb der ersten SELECT-Anweisungen eine ORDER BY-Klausel enthalten ist:

```
SELECT  V_NAME, N_NAME, GEB_DATUM
FROM    MITARBEITER
ORDER   BY N_NAME

UNION

SELECT  K.V_NAME, N_NAME, K.GEB_DATUM
FROM    KIND K, MITARBEITER M
WHERE   K.PERS_NR = M.PERS_NR
```

Richtig müßte es heißen:

```
SELECT  V_NAME, N_NAME, GEB_DATUM
FROM    MITARBEITER

UNION

SELECT  K.V_NAME, N_NAME, K.GEB_DATUM
FROM    KIND K, MITARBEITER M
WHERE   K.PERS_NR = M.PERS_NR

ORDER BY 2
```

2.2 Komplexe SQL-Anweisungen

Die ORDER BY-Klausel bezieht sich hier nicht auf eine der beiden SELECT-Anweisungen, sondern auf das Gesamtergebnis, das sich nach Anwendung des UNION-Operators ergibt. Hätte man in der letzten Anweisung

```
... ORDER BY N_NAME
```

geschrieben, so wäre dies ebenfalls falsch gewesen, obwohl in beiden SELECT-Anweisungen die zweite Spalte N_NAME heißt. Die Angabe von Spaltennamen in ORDER BY-Klauseln ist bei Verwendung von Mengenoperatoren grundsätzlich verboten.

Nachdem wir nun alle Voraussetzungen für die Anwendbarkeit von Mengenoperatoren geklärt haben, sollen im folgenden einige Verwendungsbeispiele gezeigt werden. Hierzu ist es notwendig, in die Tabelle KIND zwei weitere Kinder aufzunehmen:

```
INSERT INTO KIND
VALUES (6, 'Rita', '11.12.1975', 'W')

INSERT INTO KIND
VALUES (6, 'Heinz', '3.7.1978', 'M')
```

Möchte man nun wissen, welche Vornamen insgesamt in den Tabellen MITARBEITER und KIND auftreten, kann man schreiben:

```
    SELECT V_NAME FROM MITARBEITER
UNION
    SELECT V_NAME FROM KIND
ORDER BY 1
```

Man erhält dann:

```
EXPRESSION 1
---------------
Bernd
David
Edwin
Franz
Hans
Heinz
Karl
```

```
Maria
Natalie
Olaf
Otto
Rita
Rolf
Sabine
Susanne
Werner
```

Wie man sieht, enthält das Ergebnis jeden Vornamen nur einfach, obwohl der Name "Heinz" in der KIND-Tabelle doppelt und der Name "Rita" sowohl in der MITARBEITER- als auch in der KIND-Tabelle auftritt.

Grundsätzlich werden bei Anwendung von Mengenoperatoren mehrfach auftretende Zeilen nur einfach im Endergebnis ausgegeben. Hierbei ist es gleichgültig, ob das Mehrfachauftreten aus einer SELECT-Anweisung (wie im Fall "Heinz") oder aus der Anwendung des Mengenoperators (wie im Fall "Rita") resultiert.

Dieser Effekt - d.h. die Elimination von Duplikaten - kann durch Angabe des Wortes "ALL" im Anschluß an den Mengenoperator unterbunden werden.

Schreibt man also:

```
  SELECT V_NAME FROM MITARBEITER

UNION ALL

  SELECT V_NAME FROM KIND

ORDER BY 1
```

so erhält man die Namen "Heinz" und "Rita" doppelt:

```
EXPRESSION 1
---------------
Bernd
David
Edwin
Franz
Hans
Heinz
Heinz
Karl
```

2.2 Komplexe SQL-Anweisungen

```
Maria
Natalie
Olaf
Otto
Rita
Rita
Rolf
Sabine
Susanne
Werner
```

Möchte man alle Vornamen ermitteln, die sowohl in der Tabelle MITARBEITER als auch in der Tabelle KIND auftreten, so erreicht man dies durch eine Schnittmengenbildung. Man schreibt also:

```
SELECT V_NAME FROM MITARBEITER

INTERSECT

    SELECT V_NAME FROM KIND

ORDER BY 1
```

und erhält:

```
EXPRESSION 1
---------------
Rita
```

Sucht man alle Vornamen der Tabelle MITARBEITER, die nicht gleichzeitig in der Tabelle KIND auftreten, so ist zu schreiben:

```
SELECT V_NAME FROM MITARBEITER

EXCEPT

    SELECT V_NAME FROM KIND

ORDER BY 1
```

Wie erwartet, ergibt sich:

```
EXPRESSION 1
---------------
Franz
Hans
Karl
Maria
Otto
Werner
```

Das Outer Join-Problem

Wir wollen uns nun einer Problemstellung zuwenden, die auf den ersten Blick nichts mit Mengenoperatoren zu tun hat.

Betrachten wir folgende Auswerteanforderung: Für jeden Mitarbeiter der Firma sollen Personalnummer, Vor- und Nachname und Anzahl Kinder ausgegeben werden. Um die Kinderzahl zu erhalten, muß ein Join der Tabellen MITARBEITER und KIND durchgeführt werden. Mit Hilfe der GROUP BY-Klausel und der Spaltenfunktion COUNT(*) scheint die Aufgabenstellung lösbar:

```
SELECT M.PERS_NR, M.V_NAME, N_NAME, COUNT(*)
FROM   MITARBEITER M, KIND K
WHERE  M.PERS_NR = K.PERS_NR
GROUP  BY M.PERS_NR, M.V_NAME, N_NAME
ORDER  BY 1
```

Man erhält dann:

PERS NR	V NAME	N NAME	EXPRESSION 4
1	Hans	Müller	2
2	Rita	Schultz	1
3	Werner	Meier	3
6	Franz	Pfleiderer	4
7	Karl	Müller	1

2.2 Komplexe SQL-Anweisungen

Wie man sieht, fehlen im Ergebnis die Mitarbeiter mit den Personalnummern 4 und 5. Da diese Mitarbeiter keine Kinder haben, sind sie durch die Join-Bedingung

```
... WHERE M.PERS_NR = K.PERS_NR ...
```

vom Ergebnis ausgeschlossen worden. Dieser Effekt wird üblicherweise als das "Outer Join-Problem" bezeichnet. Manche Datenbanksystemen besitzen SQL-Erweiterungen, mit deren Hilfe das Outer Join-Problem elegant zu lösen ist. Da der Database Manager keinen speziellen Outer Join-Operator bietet, muß man sich mit den zur Verfügung stehenden SQL-Möglichkeiten behelfen:

Mit Hilfe einer Unterabfrage lassen sich alle noch fehlenden Mitarbeiter finden, z.B. so:

```
SELECT  PERS_NR, V_NAME, N_NAME
FROM    MITARBEITER M
WHERE   NOT EXISTS (SELECT *
                    FROM    KIND
                    WHERE   M.PERS_NR = PERS_NR)
ORDER BY 1
```

Man erhält hiermit tatsächlich die kinderlosen Mitarbeiter:

```
 PERS    V                   N
  NR    NAME                NAME
------  ----------------    ----------------
    4   Otto                Moser
    5   Maria               Kuntz
```

Wir haben nun durch zwei getrennte SELECT-Anweisungen zum einen alle Mitarbeiter mit Kindern und alle Mitarbeiter ohne Kinder ermittelt. Um die gewünschte Gesamtauswertung über alle Mitarbeiter zu bilden, müssen beide SELECT-Anweisungen mit Hilfe des UNION-Operators verbunden werden.

Ein Problem ist hierbei noch zu lösen: Die Ergebnismengen der beiden SELECT-Anweisungen sind nicht kompatibel, da das Ergebnis der ersten Abfrage aus vier Spalten besteht, während das zweite nur drei Spalten umfaßt; es fehlt verständlicherweise die Spalte mit der Kinderzahl.

Zur Lösung dieses Problems erweitern wir die Spaltenliste einfach um den konstanten Zahlenwert "0". Es ergibt sich somit folgende Gesamtabfrage:

```
   SELECT  M.PERS_NR, M.V_NAME, N_NAME, COUNT(*)
   FROM    MITARBEITER M, KIND K
   WHERE   M.PERS_NR = K.PERS_NR
   GROUP   BY M.PERS_NR, M.V_NAME, N_NAME

UNION

   SELECT  PERS_NR, V_NAME, N_NAME, 0
   FROM    MITARBEITER M
   WHERE   NOT EXISTS (SELECT *
                       FROM   KIND
                       WHERE  M.PERS_NR = PERS_NR)

ORDER   BY 1
```

Man erhält nun, wie gewünscht:

EXPRESSION 1	EXPRESSION 2	EXPRESSION 3	EXPRESSION 4
1	Hans	Müller	2
2	Rita	Schultz	1
3	Werner	Meier	3
4	Otto	Moser	0
5	Maria	Kuntz	0
6	Franz	Pfleiderer	4
7	Karl	Müller	1

2.2.4 Join einer Tabelle mit sich selbst

In diesem Abschnitt wollen wir uns mit einer Situation beschäftigen, in der Korrelationsnamen nicht nur als Schreiberleichterung dienen, sondern vielmehr zur Problemlösung unerläßlich sind. Dies ist immer dann der Fall, wenn ein Tabellenname in einer FROM-Klausel mehrfach auftritt.

Bevor wir uns allerdings mit einer solchen Situation befassen können, müssen wir eine weitere Tabelle erstellen. In dieser neuen Tabelle soll festgehalten werden, von welchen Mitarbeitern die einzelnen Abteilungen geleitet werden. Wir wollen die neue Tabelle **LEITUNG** nennen; sie soll folgenden Aufbau und Inhalt besitzen:

```
ABTEILUNG    ABT_LEITER
----------   ----------
Personal         6
Produktion       4
Verkauf          2
```

Hierbei beinhaltet die Spalte ABT_LEITER die Personalnummer des Abteilungsleiter der jeweiligen Abteilung.

Die Erstellung von Tabellen haben wir bereits zweifach durchexerziert. Deshalb soll an dieser Stelle auf eine Beschreibung des grundsätzlichen Verfahrens verzichtet werden. Folgende Angaben zu den beiden Spalten müßten für die Erstellung ausreichen:

Spalte ABTEILUNG:

Column Data Type = Character (fixed length)
Length   = 10
Data required   = Yes

Spalte ABT_LEITER:

Column Data Type = Small integer
Data required   = No

Zum Füllen der Tabelle LEITUNG verwenden wir INSERT-Anweisungen:

```
INSERT INTO LEITUNG VALUES ('Personal', 6)
INSERT INTO LEITUNG VALUES ('Produktion', 4)
INSERT INTO LEITUNG VALUES ('Verkauf', 2)
```

Mit der neuen Tabelle LEITUNG ist nun folgender Auswertewunsch erfüllbar: Jeder Mitarbeiter soll mit seinem Namen und dem Namen seines Abteilungsleiters ausgegeben werden.

Gehen wir die Lösung schrittweise an. Durch einen Join der Tabellen MITARBEITER und LEITUNG kann jedem Mitarbeiter die Personalnummer seines Abteilungsleiters zugeordnet werden. Hierzu schreibt man:

```
SELECT PERS_NR, V_NAME, N_NAME, ABT_LEITER
FROM   MITARBEITER M, LEITUNG L
WHERE  M.ABTEILUNG = L.ABTEILUNG
ORDER  BY PERS_NR
```

Es ergibt sich:

```
PERS  V                  N                 ABT
NR    NAME               NAME              LEITER
----  -----------------  ----------------  ------
  1   Hans               Müller              2
  2   Rita               Schultz             2
  3   Werner             Meier               4
  4   Otto               Moser               4
  5   Maria              Kuntz               4
  6   Franz              Pfleiderer          6
```

Durch den Join der Tabellen MITARBEITER und LEITUNG ist der Mitarbeiter mit der Personalnummer 7 verlorengegangen, da die zugehörige Tabellenzeile in der Spalte ABTEILUNG den Nullwert enthält. Es handelt sich hierbei wiederum um das bereits bekannte Outer Join-Problem. Wir werden es fürs erste ignorieren.

Um nun im Ergebnis die Personalnummern der Abteilungsleiter durch deren Namen zu ersetzen, muß erneut ein Join der Tabellen ABTEILUNG und MITARBEITER durchgeführt werden. Für sich betrachtet, ergibt sich folgende Anweisung:

```
SELECT V_NAME, N_NAME
FROM   LEITUNG, MITARBEITER
WHERE  ABT_LEITER = PERS_NR
```

Verbindet man diese Abfrage mit der vorangegangenen, so tritt in der resultierenden Anweisung die Tabelle MITARBEITER doppelt auf, einmal als Lieferant von Mitarbeiternamen, und zum andern als Lieferant von Abteilungsleiternamen. Damit der Database Manager die unterschiedlichen Verwendungsformen der Tabelle MITARBEITER voneinander unterscheiden kann, muß man mit Korrelationsnamen arbeiten. Für die Mitarbeiternamen verwenden wir den Korrelationsnamen MM, für die Abteilungsleiternamen benutzen wir den Korrelationsnamen MA.

Die Gesamtanweisung lautet somit folgendermaßen:

```
SELECT MM.PERS_NR, MM.V_NAME, MM.N_NAME,
       MA.V_NAME, MA.N_NAME
FROM   MITARBEITER MM, LEITUNG L, MITARBEITER MA
WHERE  MM.ABTEILUNG = L.ABTEILUNG
AND    ABT_LEITER   = MA.PERS_NR
ORDER BY MM.PERS_NR
```

2.2 Komplexe SQL-Anweisungen

Man erhält:

```
PERS   V             N             V             N
NR     NAME          NAME          NAME1         NAME2
-----  -----------   -----------   -----------   -----------
    1  Hans          Müller        Rita          Schultz
    2  Rita          Schultz       Rita          Schultz
    3  Werner        Meier         Otto          Moser
    4  Otto          Moser         Otto          Moser
    5  Maria         Kuntz         Otto          Moser
    6  Franz         Pfleiderer    Franz         Pfleiderer
```

Neben dem Fehlen des Mitarbeiters mit der Personalnummer 7 hat das vorliegende Resultat einen weiteren Schönheitsfehler: Manche Zeilen enthalten zweimal denselben Namen. Es handelt sich hierbei um die Abteilungsleiter. Wünschenswert wäre, wenn bei diesen die rechten Namensspalten leer blieben. Dies läßt sich erreichen, indem wir die Abteilungsleiter aus der bisherigen Abfrage ausschließen und über eine getrennte Abfrage mittels "UNION" hinzufügen. Die resultierende Anweisung sieht folgendermaßen aus:

```
     SELECT MM.PERS_NR, MM.V_NAME, MM.N_NAME,
                   MA.V_NAME, MA.N_NAME
     FROM   MITARBEITER MM, LEITUNG L, MITARBEITER MA
     WHERE  MM.ABTEILUNG = L.ABTEILUNG
     AND    ABT_LEITER   = MA.PERS_NR
     AND    MM.PERS_NR   <> ABT_LEITER

UNION

     SELECT PERS_NR, V_NAME, N_NAME, ' ', ' '
     FROM   MITARBEITER
     WHERE  PERS_NR IN (SELECT ABT_LEITER
                        FROM   LEITUNG)

ORDER BY 1
```

Man erhält dann:

```
EXPRE. 1  EXPRESSION2  EXPRESSION3  EXPRESSION4  EXPRESSION5
--------  -----------  -----------  -----------  -----------
       1  Hans         Müller       Rita         Schultz
       2  Rita         Schultz
       3  Werner       Meier        Otto         Moser
```

```
    4  Otto      Moser
    5  Maria     Kuntz       Otto       Moser
    6  Franz     Pfleiderer
```

Die zweite SELECT-Anweisung der Abfrage enthält in der Spaltenliste zwei konstante Textspalten, jeweils bestehend aus einem Leerzeichen (' '). Hierdurch ist gewährleistet, daß diese SELECT-Anweisung genau soviel Spalten liefert wie die erste SELECT-Anweisung. Wünschenswert wäre, wenn man anstatt der Leerzeichen in diesen Spalten Nullwerte vorsehen könnte. Dies ist leider nicht möglich, denn man kann in Spaltenlisten von SELECT-Anweisungen zwar Spaltennamen, konstante Werte, Funktionen oder arithmetische Ausdrücke, nicht jedoch Nullwerte (quasi als Konstante) angeben.

Um schließlich auch das Outer Join-Problem zu lösen, erweitern wir die Abfrage nochmals um eine SELECT-Anweisung:

```
    SELECT  MM.PERS_NR, MM.V_NAME, MM.N_NAME,
            MA.V_NAME, MA.N_NAME
    FROM    MITARBEITER MM, LEITUNG L, MITARBEITER MA
    WHERE   MM.ABTEILUNG = L.ABTEILUNG
    AND     ABT_LEITER   = MA.PERS_NR
    AND     MM.PERS_NR   <> ABT_LEITER

UNION

    SELECT  PERS_NR, V_NAME, N_NAME, ' ', ' '
    FROM    MITARBEITER
    WHERE   PERS_NR IN (SELECT ABT_LEITER
                        FROM   LEITUNG)

UNION

    SELECT  PERS_NR, V_NAME, N_NAME, 'unbekannt', 'unbekannt'
    FROM    MITARBEITER M
    WHERE   NOT EXISTS (SELECT *
                        FROM   LEITUNG
                        WHERE  ABTEILUNG = M.ABTEILUNG)

ORDER BY 1
```

2.2 Komplexe SQL-Anweisungen

Das endgültige Ergebnis lautet nun:

```
EXPRE. 1  EXPRESSION2  EXPRESSION3  EXPRESSION4  EXPRESSION5
--------  -----------  -----------  -----------  -----------
     1    Hans         Müller       Rita         Schultz
     2    Rita         Schultz
     3    Werner       Meier        Otto         Moser
     4    Otto         Moser
     5    Maria        Kuntz        Otto         Moser
     6    Franz        Pfleiderer
     7    Karl         Müller       unbekannt    unbekannt
```

Abfragen speichern

Inzwischen haben unsere Übungsabfragen beachtliche Umfänge angenommen. Es wäre deshalb nützlich, wenn man SQL-Anweisungen abspeichern könnte, um sie später ohne erneute Eingabe wieder auszuführen oder als Ausgangsbasis für ähnliche SQL-Anweisungen zu benutzen.

Der Query Manager bietet eine solche Möglichkeit, SQL-Anweisungen abzuspeichern. So wird man - wie Ihnen sicher schon unangenehm aufgefallen ist - immer beim Verlassen des Query-Fensters gefragt, ob man die momentan vorliegende SQL-Anweisung abspeichern möchte.

Man kann jedoch SQL-Anweisungen auch abspeichern, ohne das Query-Fenster zu verlassen. Hierzu klickt man in der Aktionszeile die Auswahl "Actions" an. Im anschließend erscheinenden Untermenü klickt man dann auf die Auswahl "Save...". Daraufhin öffnet sich das Fenster "Save". Dieses Fenster enthält zwei Eingabefelder (siehe Abbildung 2.24). Im Feld "Query name" gibt man einen Namen ein, unter dem die SQL-Anweisung abgespeichert werden soll. Im zweiten Feld "Comment" kann man eine verbale Beschreibung der SQL-Anweisung eingeben. Zur Abspeicherung unserer letzten Abfrage geben wir im Feld "Query name" die Bezeichnung MA_MIT_CHEF ein. In das Kommentarfeld schreiben wir: Mitarbeiter mit Vorgesetzten (siehe Abbildung 2.24). Das Auswahlfeld "Share" ist nur dann von Bedeutung, wenn mehrere Benutzer mit der Datenbank arbeiten. Die Abspeicherung der Abfrage wird durch Anklicken der Enter-Schaltfläche veranlaßt.

Im nächsten Abschnitt werden wir kennenlernen, wie man auf eine abgespeicherte SQL-Anweisung wieder zugreifen kann.

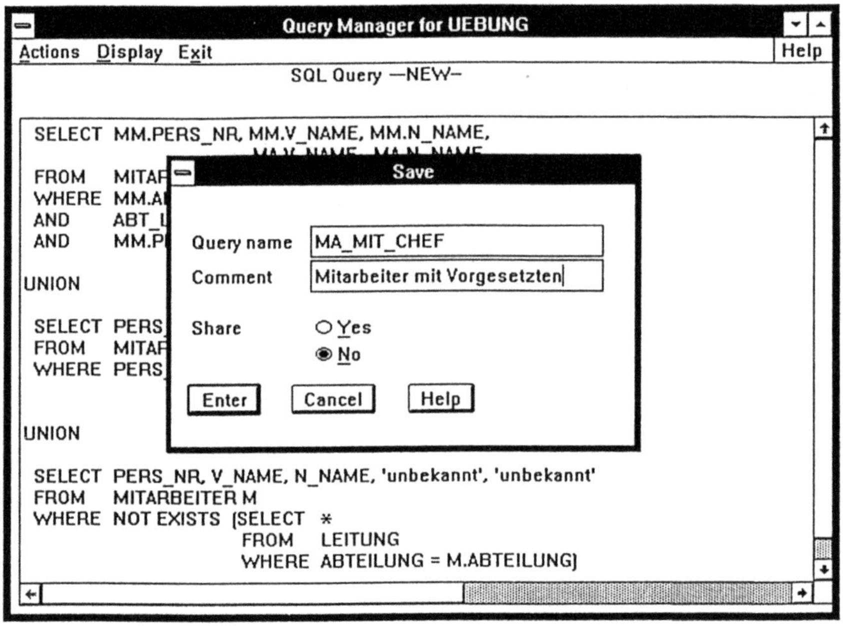

```
                    Query Manager for UEBUNG
Actions  Display  Exit                                   Help
                    SQL Query —NEW—

SELECT  MM.PERS_NR, MM.V_NAME, MM.N_NAME,
                    MA V NAME  MA N NAME
FROM    MITAR ┌─────────── Save ───────────┐
WHERE   MM.A │                              │
AND     ABT_L│  Query name  │MA_MIT_CHEF │  │
AND     MM.P │                              │
             │  Comment     │Mitarbeiter mit Vorgesetzten│
UNION        │                              │
             │  Share        ○ Yes          │
SELECT  PERS │               ◉ No           │
FROM    MITAR│                              │
WHERE   PERS │  │Enter│  │Cancel│  │Help│   │
             └──────────────────────────────┘
UNION

SELECT  PERS_NR, V_NAME, N_NAME, 'unbekannt', 'unbekannt'
FROM    MITARBEITER M
WHERE   NOT EXISTS (SELECT *
                    FROM   LEITUNG
                    WHERE  ABTEILUNG = M.ABTEILUNG)
```

Abbildung 2.24

2.2.5 Virtuelle Tabellen

Wie wir bereits mehrfach gesehen haben, hat das Ergebnis einer SQL-Abfrage wiederum Tabellenform. Es handelt sich hierbei allerdings um temporäre Tabellen, die nur solange Bestand haben, bis die nächste SQL-Abfrage ausgeführt wird. Mit Hilfe der Aktion "Save data..." im Report-Fenster des Query Manager kann man jedoch aus beliebigen Abfrageergebnissen echte Database Manager-Tabellen bilden. Auf diese Weise wurden die Tabellen MITARBEITER_1 und KIND_1 erstellt.

Das Einfrieren von Abfrageergebnissen mittels "Save data..." ist ein nützliches Hilfsmittel, um komplexe Auswerteanforderungen in mehrere, einfachere - und damit leichter nachvollziehbarere - SQL-Abfragen aufzuspalten. Manchmal ist es sogar unumgänglich, Zwischentabellen zu verwenden, da nicht alle Auswerteanforderungen mit einer einzigen SQL-Abfrage zu lösen sind. Üblicherweise löscht man Zwischentabellen, die mittels "Save data .." angelegt wurden, wieder, sobald das gesuchte Endergebnis vorliegt.

2.2 Komplexe SQL-Anweisungen

Möchte man hingegen Save data-Tabellen längerfristig aufbewahren, wird man mit folgenden Problemen konfrontiert:

1. Eine Tabelle, die mittels "Save data..." erstellt wird, erhält die Spaltennamen, die im Reportfenster angezeigt werden. Verwendet man in der Spaltenliste einer SELECT-Anweisung arithmetische Ausdrücke oder Funktionen, oder verbindet man mehrere SELECT-Anweisungen über Mengenoperatoren, dann bildet der Query Manager künstliche Spaltennamen (z.B. EXPRESSION 1) für die Anzeige im Reportfenster.

    Solche künstliche Spaltennamen sind natürlich wenig aussagekräftig. Wird eine Save data-Tabelle längere Zeit nicht benutzt, so vergißt man meist, welche Bedeutung Spalten mit künstlichen Spaltennamen zukommt.

2. Noch schwerer als der Punkt 1. wiegt folgendes Problem: Eine mittels "Save data..." erstellte Tabelle enthält Daten, die aus einer SQL-Abfrage resultieren. Der Inhalt der Save data-Tabelle ist somit aus Daten anderer (Bezugs-)Tabellen abgeleitet. Werden jedoch in den Bezugstabellen Daten geändert, nachdem die Save data-Tabelle erstellt wurde, so wirken sich diese Datenänderungen auf die Save data-Tabelle nicht mehr aus. D.h.: die Save data-Tabelle verliert ihre Aktualität und gibt somit den realen Datenbankinhalt nicht mehr korrekt wieder.

Beide Probleme lassen sich umgehen, wenn man statt der Save data-Technik virtuelle Tabellen verwendet. Virtuelle Tabellen sind keine echten Tabellen, sondern vielmehr nur spezielle Sichten auf bestehende Tabellen. Eine virtuelle Tabelle wird deshalb in SQL als **"View"** (engl. Sicht) bezeichnet.

Anhand der letzten SQL-Abfrage, die alle Mitarbeiter gemeinsam mit ihren Vorgesetzten lieferte, wollen wir die Erstellung einer View kennenlernen. Die SQL-Anweisung zur Erstellung der View sieht folgendermaßen aus:

```
CREATE VIEW VORGESETZTE
  (MA_PERSNR, MA_V_NAME,  MA_N_NAME,
             CHEF_V_NAME, CHEF_N_NAME)
AS

   SELECT MM.PERS_NR, MM.V_NAME, MM.N_NAME,
                     MA.V_NAME, MA.N_NAME
   FROM   MITARBEITER MM, LEITUNG L, MITARBEITER MA
   WHERE  MM.ABTEILUNG = L.ABTEILUNG
   AND    ABT_LEITER   = MA.PERS_NR
   AND    MM.PERS_NR   <> ABT_LEITER

UNION

   SELECT PERS_NR, V_NAME, N_NAME, ' ', ' '
   FROM   MITARBEITER
   WHERE  PERS_NR IN (SELECT ABT_LEITER
                      FROM   LEITUNG)

UNION

   SELECT PERS_NR, V_NAME, N_NAME, 'unbekannt', 'unbekannt'
   FROM   MITARBEITER M
   WHERE  NOT EXISTS (SELECT *
                      FROM   LEITUNG
                      WHERE  ABTEILUNG = M.ABTEILUNG)
```

Bevor Sie sich nun die Mühe machen, die gesamte Anweisung einzutippen, lesen Sie erst einmal weiter. Wir werden nämlich unsere abgespeicherte Abfrage zu Hilfe nehmen, um den Eingabeaufwand möglichst gering zu halten.

Zuvor wollen wir uns die Anweisung genauer ansehen. Sie ist aus zwei Teilen aufgebaut. Der erste Teil

```
CREATE VIEW VORGESETZTE
  (MA_PERSNR, MA_V_NAME,  MA_N_NAME,
             CHEF_V_NAME, CHEF_N_NAME)
AS
```

ist das eigentlich Neue der Anweisung. Der Rest der Anweisung besteht aus der bereits bekannten SQL-Abfrage zur Ermittlung der Mitarbeiter mit den zugehörigen Vorgesetzten; allerdings ohne ORDER BY-Klausel.

Betrachten wir den neuen Teil der Anweisung: Mit dem Wort "CREATE" (engl. erstellen, anlegen) werden alle SQL-Anweisungen eingeleitet, die zur Erstellung eines neuen Database Manager-Objektes dienen. Man nennt solche SQL-Anweisungen oft einfach nur "CREATE-Anweisungen". Da im vorliegenden Fall ein Objekt vom Typ "View" erstellt werden soll, folgt auf das Wort "CREATE" das Wort "VIEW". Es schließt sich der Name der View an (im betrachteten Beispiel "VORGESETZTE").

In der darauffolgenden Namensliste (in Klammern) werden die Spaltennamen der View festgelegt. Die Anzahl der Namen muß mit der Spaltenzahl der in der Viewdefinition enthaltenen Abfrage übereinstimmen.

Das Wort "AS" bildet schließlich die Überleitung zur anschließenden SQL-Abfrage, welche quasi die Definition der View darstellt. Diese SQL-Abfrage darf keine ORDER BY-Klausel aufweisen, da eine View als virtuelle Tabelle - wie auch eine echte Tabelle - keine Spaltenreihenfolge besitzt. Die Angabe einer ORDER BY-Klausel ist somit in einer Viewdefinition sinnlos und deshalb nicht zulässig.

Nachdem wir uns nun mit dem Aufbau der CREATE VIEW-Anweisung vertraut gemacht haben, wollen wir uns der Eingabe dieser Anweisung zuwenden. Am einfachsten geht's, wenn wir die unter dem Namen MA_MIT_CHEF abgespeicherte Abfrage als Ausgangsbasis verwenden. Um diese Abfrage wieder in das Query-Fenster zu bringen, klicken wir im Query-Fenster in der Aktionszeile auf die Auswahl "Actions". Im anschließend erscheinenden Untermenü klicken wir dann auf "Get...". Daraufhin öffnet sich das Fenster "Get". Dort besteht die Möglichkeit, im Feld "Query name" den Namen der anzuzeigenden SQL-Anweisung einzutragen.

Wenn man sich jedoch an diesen Namen nicht mehr genau erinnert, kann man sich durch Anklicken der Schaltfläche "List" ein Verzeichnis aller abgespeicherten SQL-Anweisungen anzeigen lassen. Dieses Verzeichnis erscheint im Fenster "Query Names" (siehe Abbildung 2.25); Die zu den Anweisungen gespeicherten Kommentare werden allerdings in der Namensliste leider nicht angezeigt. Durch Doppelklick auf einen Namen in der Liste wird dieser in das Fenster "Get" übernommen. Klickt man dort auf die Enter-Schaltfläche, so erscheint im Query-Fenster schließlich die gewünschte SQL-Anweisung.

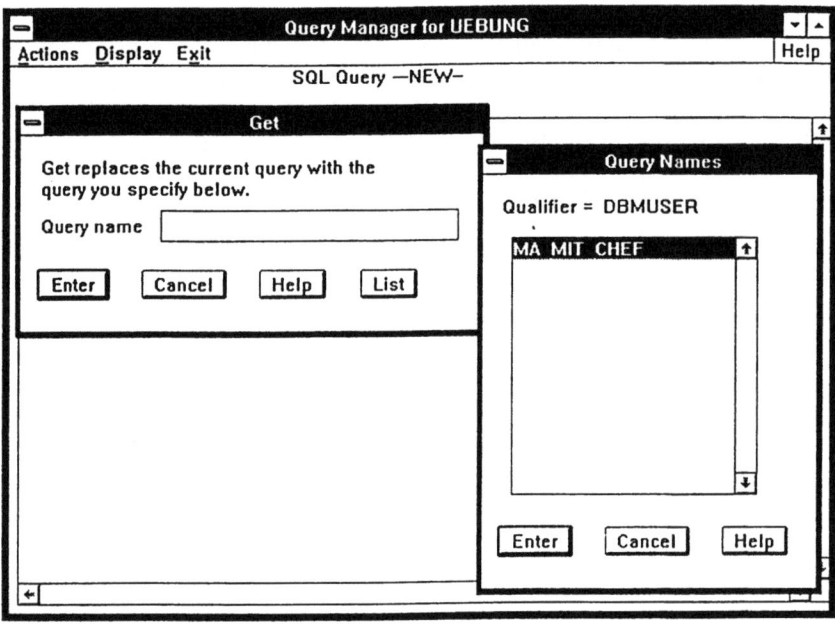

Abbildung 2.25

Die SQL-Abfrage läßt sich jetzt leicht zur CREATE VIEW-Anweisung umgestalten, indem man die ORDER BY-Klausel entfernt, und vor die Abfrage

```
CREATE  VIEW   VORGESETZTE
   (MA_PERSNR, MA_V_NAME,    MA_N_NAME,
              CHEF_V_NAME, CHEF_N_NAME)
AS
```

schreibt.

Nach Ausführung der CREATE VIEW-Anweisung besitzen wir nun eine View, die in Abfragen wie eine echte Tabelle verwendbar ist. Man kann z.B. schreiben:

```
SELECT * FROM VORGESETZTE
ORDER  BY MA_PERS_NR
```

2.2 Komplexe SQL-Anweisungen

Als Ergebnis erhält man:

```
   MA     MA          MA           CHEF         CHEF
 PERS     V           N            V            N
   NR     NAME        NAME         NAME         NAME
 ------  -----------  -----------  -----------  -----------
    1    Hans         Müller       Rita         Schultz
    2    Rita         Schultz
    3    Werner       Meier        Otto         Moser
    4    Otto         Moser
    5    Maria        Kuntz        Otto         Moser
    6    Franz        Pfleiderer
    7    Karl         Müller       unbekannt    unbekannt
```

Wie man sieht, werden nun die in der Viewdefinition angegebenen Spaltennamen angezeigt. Bisher hatte man es mit den nichtssagenden Spaltenbezeichnern "EXPRESSION ..." zu tun.

Der wirkliche Vorteil einer View gegenüber einer Tabelle, die mit "Save data..." erstellt wurde, zeigt sich jedoch, wenn in den Tabellen, die der Abfrage zugrunde liegen, Datenänderungen vorgenommen werden. Um dies zu demonstrieren, nehmen wir in die Tabelle **MITARBEITER** einen neuen Mitarbeiter auf. Hierzu schreiben wir:

```
INSERT INTO MITARBEITER
VALUES (8, 'Eugen', 'Kohler', '13.4.1951', 3620, 'Personal')
```

Wiederholen wir unsere vorherige Abfrage

```
SELECT * FROM VORGESETZTE
ORDER   BY MA_PERS_NR
```

so erhalten wir nun:

```
    MA      MA              MA              CHEF        CHEF
    PERS    V               N               V           N
    NR      NAME            NAME            NAME        NAME
    -----   ----------      ----------      ----------  ----------
    1       Hans            Müller          Rita        Schultz
    2       Rita            Schultz
    3       Werner          Meier           Otto        Moser
    4       Otto            Moser
    5       Maria           Kuntz           Otto        Moser
    6       Franz           Pfleiderer
    7       Karl            Müller          unbekannt   unbekannt
    8       Eugen           Kohler          Franz       Pfleiderer
```

Wie man sieht, taucht der neue Mitarbeiter auch beim Zugriff über die View VORGESETZTE auf. Worin liegt nun der wesentliche Unterschied zwischen einer View und einer Tabelle, die mittels "Save data..." erstellt wurde?

Beim Ausführen der Aktion "Save data..." werden die im Reportfenster angezeigten Daten in Form einer eigenständigen Tabelle abgespeichert. Da die Daten aus anderen (Bezugs-)Tabellen stammen, sind sie somit mehrfach gespeichert. Zwischen den Bezugstabellen und der (neuen) Save data-Tabelle bestehen jedoch keine Verbindungen; nachträgliche Änderungen in den Bezugstabellen wirken sich somit auf die Save data-Tabelle nicht mehr aus.

Bei einer View liegt der Sachverhalt anders. Mit dem Erstellen einer View werden keinerlei Daten neu abgespeichert. Vielmehr wird bei einem Zugriff auf eine View jedesmal die in der Viewdefinition festgelegte SQL-Abfrage ausgeführt. D.h. mit jedem Zugriff auf eine View wird letztlich auf die der View zugrundeliegenden Bezugstabellen zugegriffen. Dadurch werden beim Zugriff über eine View auch immer die aktuellen Dateninhalte der Bezugstabellen verwendet.

Vorteile von Views

Man könnte zu einem Benutzer unserer Übungsdatenbank sagen: "Die Datenbank enthält eine Tabelle mit dem Namen VORGESETZTE und den Spalten MA_PERS_NR, MA_V_NAME, ... In dieser Tabelle ist jeder Mitarbeiter gemeinsam mit seinem Vorgesetzten abgespeichert."

Der Benutzer würde nun SQL-Abfragen auf die "Tabelle" VORGESETZTE ausführen, im Glauben, es handle sich tatsächlich um eine echte Tabelle der Datenbank.

Man ist also durch Verwendung von Views in der Lage, jedem Benutzer eine Datenbank vorzuspiegeln, die seiner Sicht der Dinge optimal entspricht. Welche echten Tabellen zur Datenspeicherung tatsächlich vorhanden sind, ist hiervon weitgehend unabhängig, und für den Benutzer eigentlich auch uninteressant. Man kann sogar die Datenabspeicherung in gewissem Maße ändern, ohne daß der einzelne Benutzer hiervon etwas bemerkt. Es muß bei solchen Änderungen nur sichergestellt werden, daß alle bisher vorhandenen Sichten auf die Datenbank durch entsprechend modifizierte Viewdefinitionen weiterhin erhalten bleiben.

Wir werden diese Thematik im Kapitel 4 "Datenbankentwurf" detailliert behandeln. Wir werden dort feststellen, daß man ausschließlich über Views auf Daten einer Datenbank zugreifen sollte. Im Rahmen unserer Übungsbeispiele werden wir jedoch aus Gründen der einfacheren Darstellung weiterhin direkt auf Tabellen zugreifen (insbesondere im Kapitel 3 "Einführung in die SQL-Programmierung").

Im übrigen wurde der Themenkomplex "Views" hier nur angesprochen, um einen ersten Einblick zu geben. Eine detaillierte Behandlung erfolgt im Abschnitt 4.5 "Der externe Datenbankentwurf" und im Abschnitt 5.6 "Zugriffsschutz".

2.3 Funktionen des Query Manager

Beim Lesen des Buches bis an diese Stelle haben Sie sich vielleicht manchmal gefragt: Was ist eigentlich unter den Begriffen "Database Manager" und "Query Manager" zu verstehen, und worin unterscheiden sie sich?

Es ist nun an der Zeit, diese Fragen zu beantworten. Hierzu betrachten wir den gestrichelt eingerahmten Teil der Abbildung 2.26. Dort sind zwei getrennte Programme dargestellt. Das eine - der Query Manager - ist uns ja zumindest als Begriff bereits geläufig. Neu ist hingegen das zweite Programm, das mit "Database Services" bezeichnet ist. Der Begriff "Database Services" wird im Deutschen am besten durch den Ausdruck "Datenbankdienste" wiedergegeben.

Beide Programme - also Query Manager und Database Services - bilden zusammen den Database Manager (siehe Abbildung 2.26); jedes der beiden Programme stellt somit eine Teilkomponente des Database Manager dar.

Welchen Sinn hat die Aufteilung in zwei eigenständige Programme? Zur Klärung dieser Frage betrachten wir zuerst, was beim Aufruf des Query Manager passiert. Danach verfolgen wir den Programmablauf, der zwischen Eingabe einer SQL-Abfrage im Query-Fenster und Ausgabe des zugehörigen Ergebnisses im Report-Fenster stattfindet.

Aufruf des Query Manager

Sobald man im Fenster "Group - Main" des Presentation Manager die Auswahl "Query Manager" durch Doppelklick aktiviert, wird das Programm "Query Manager" von der Festplatte in den Hauptspeicher geladen und dort gestartet. Es meldet sich nach einiger Zeit am Bildschirm, indem sich das bekannte Fenster "Databases" öffnet. Die zweite Komponente des Database Manager - das Programm "Database Services" - ist zum jetzigen Zeitpunkt noch nicht im Hauptspeicher geladen.

Im Fenster "Databases" wählen wir nun eine Datenbank durch Doppelklick aus. Hierdurch veranlaßt, erteilt das Programm "Query Manager" dem Betriebssystem OS/2 den Auftrag, das Programm "Database Services" in den Hauptspeicher zu laden und zu starten. Es sind nun also beide Komponenten des Database Manager im Hauptspeicher geladen und aktiv.

2.3 Funktionen des Query Manager

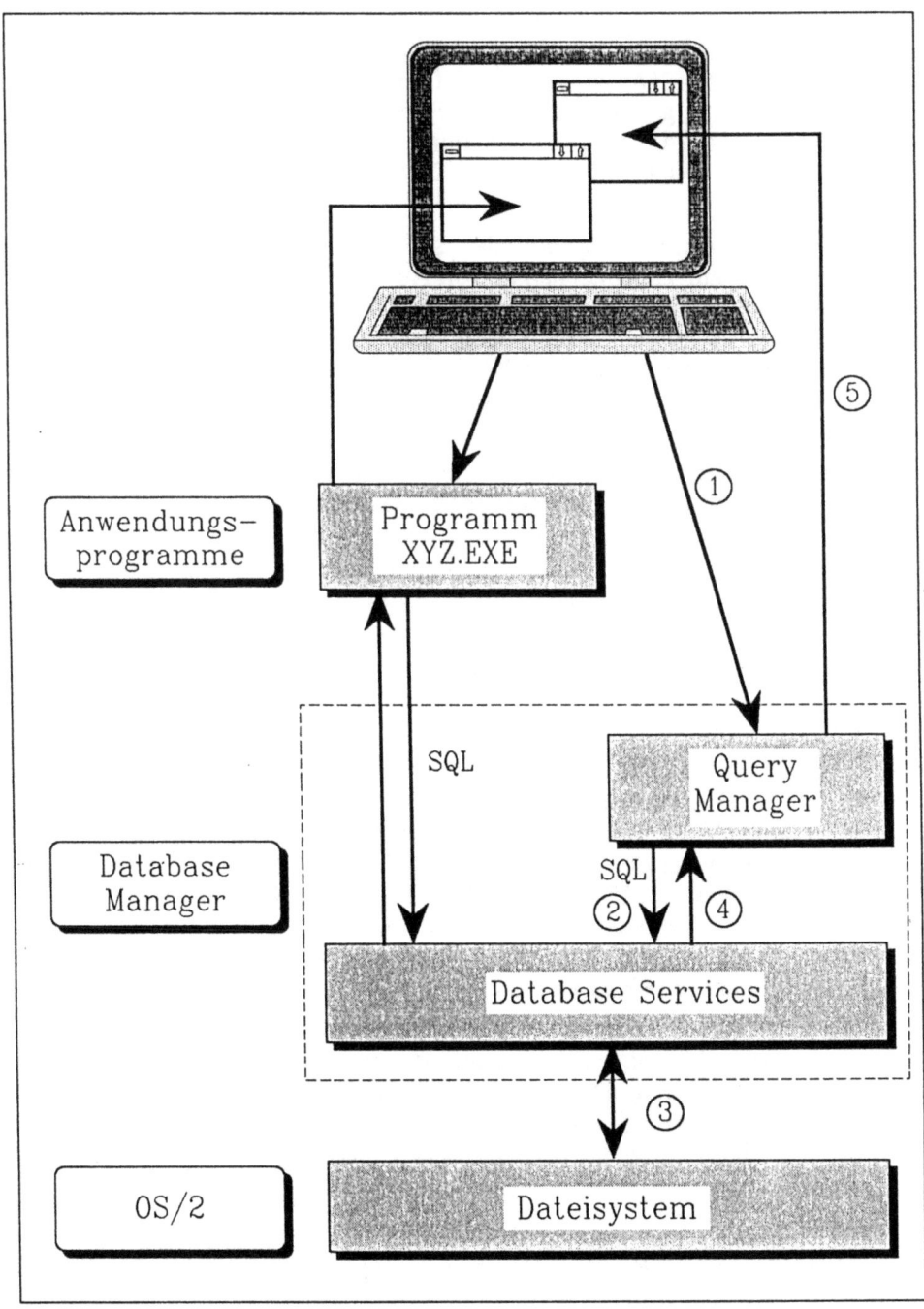

Abbildung 2.26

Man darf sich das Verhältnis zwischen Query Manager und Database Services jedoch nicht so vorstellen, daß die Database Services quasi als Unterprogramm des Programms "Query Manager" fungieren. Beide Programme laufen vielmehr unabhängig voneinander in Form eigenständiger OS/2-Prozesse. Die Unabhängigkeit der beiden Programme wird auch dadurch deutlich, daß nach Beenden des Query Manager die Database Services weiterhin geladen und aktiv bleiben.

Nach ihrer Aktivierung befinden sich die Database Services in ständiger Bereitschaft zur Entgegennahme von Aufträgen. Aufträge an die Database Services können einerseits vom Programm "Query Manager" ausgehen; die Database Services können jedoch auch von anderen Programmen Aufträge entgegennehmen (siehe Programm XYZ.EXE in Abbildung 2.26). Im Prinzip sind die Database Services bereit, von jedem beliebigen OS/2-Programm Aufträge anzunehmen.

Man kann sich somit das Programm "Database Services" als einen Dienstleister vorstellen (daher auch der Name "Datenbankdienste"), der selbst niemals am Bildschirm in Erscheinung tritt, jedoch im Auftrag anderer Programme gewisse Dienste ausführt. Es ist hierbei in der Lage, Aufträge von verschiedenen Auftraggebern parallel abzuwickeln.

Was tut das Programm "Database Services"?

Wie sehen nun die Aufträge aus, die von den Database Services als Dienstleistung für andere Programme bearbeitet werden?

Es gibt zwei Kategorien von Aufträgen, die den Database Services erteilt werden können. Wir werden uns im Moment jedoch nur mit einer dieser beiden Kategorien befassen. Es handelt sich hierbei um SQL-Anweisungen (siehe auch Abbildung 2.26); d.h. ein OS/2-Programm, wie z.B. der Query Manager, übergibt den Database Services eine SQL-Anweisung zur Ausführung. Das Programm "Database Services" versucht die SQL-Anweisung auszuführen und überreicht anschließend an das auftraggebende Programm eine Rückmeldung.

Diese Rückmeldung kann eine Fehlernachricht sein, wenn die SQL-Anweisung nicht erfolgreich auszuführen war; oder es ist eine Erfolgsmeldung, wenn es bei der Ausführung der Anweisung keine Probleme gab. Handelt es sich bei der übergebenen SQL-Anweisung um eine Abfrage, so liefern die Database Services im Erfolgsfall die ermittelten Ergebniszeilen an den Auftraggeber zurück.

Programmablauf zwischen SQL-Eingabe und Ergebnisanzeige

Wir wollen im folgenden das bisher Besprochene nochmals anhand eines Beispiels verdeutlichen. Wir stellen uns hierzu vor, das SQL Query-Fenster des

Query Manager werde momentan am Bildschirm angezeigt (das Fenster im oberen rechten Bildschirmviertel in Abbildung 2.26). Wir geben nun in dieses Fenster eine SQL-Abfrage ein. Dann werden die folgenden Programmschritte durchlaufen (siehe eingekreiste Ziffern in Abbildung 2.26):

1. Die eingegebene SQL-Abfrage gelangt von der Tastatur (über den Presentation Manager) an den Query Manager.
2. Das Drücken der Tastenkombination *Umschalttaste F1* ist für den Query Manager der Auslöser, um die eingegebene SQL-Abfrage als Auftrag an die Database Services weiterzureichen.
3. Zur Bearbeitung des Auftrags muß das Programm "Database Services" auf OS/2-Dateien zugreifen. Diese Zugriffe erfolgen durch Aufruf entsprechender OS/2-Systemfunktionen; die Database Services greifen also nicht direkt auf Dateien zu, sondern übertragen diese Aufgabe dem Betriebssystem OS/2.
4. Nachdem die Database Services die Ergebniszeilen der SQL-Abfrage ermittelt haben, werden diese an das auftraggebende Programm (in diesem Fall der Query Manager) übergeben.
5. Der Query Manager sorgt schließlich für die Anzeige der Ergebniszeilen im Report-Fenster.

Betrachten wir nun ein selbstgeschriebenes Programm XYZ.EXE (siehe Abbildung 2.26). Auch hier gibt der Benutzer in das dem Programm zugeordnete Bildschirmfenster bestimmte Daten ein. Diese Daten gelangen (via Presentation Manager) an das Programm XYZ.EXE. Dort werden die Daten benutzt, um eine SQL-Anweisung aufzubauen (z.B. als Vergleichswerte in einer WHERE-Klausel). Die SQL-Anweisung wird dann ebenfalls den Database Services zur Bearbeitung übergeben. Das Ergebnis gelangt zum Programm XYZ.EXE zurück und wird von diesem im Bildschirmfenster angezeigt.

Der Query Manager ist ein Database Manager-Anwendungsprogramm

Vergleicht man das Programm XYZ.EXE mit dem Query Manager, so erkennt man keine prinzipiellen Unterschiede; d.h. der Query Manager ist im Grunde auch nur ein Database Manager-Anwendungsprogramm, das allerdings gleich als Bestandteil des Database Manager mitgeliefert wird.

Für den Einsatz des Database Manager ist die Komponente "Query Manager" nicht unbedingt erforderlich. Man wird deshalb bei der OS/2-Installation gefragt, ob man nur das Programm "Database Services" oder ob man die Database Services in Verbindung mit dem Query Manager installieren möchte. Wird der Query Manager jedoch nicht installiert, so muß man für alle geplanten Aufgaben eigene Programme (wie das Programm XYZ.EXE in Abbildung 2.26) vorsehen.

In der PC-Fachliteratur findet man im Zusammenhang mit Datenbanksystemen häufig die Ausdrücke "Frontend" und "Backend". Unter dem Frontend versteht man die Dialogkomponente des Datenbanksystems, mit der der Benutzer kommuniziert. Das Backend ist die Komponente des Datenbanksystems, die - für den Benutzer unsichtbar - SQL-Anweisungen verarbeitet. Wie man anhand Abbildung 2.26 sieht, besitzt der Database Manager eine Frontend/Backend-Architektur: Die Database Services bilden das Backend; der Query Manager ist als Frontend-Angebot der IBM anzusehen. Aufgrund der offenen Schnittstelle der Database Services - mit der wir uns in den folgenden Kapiteln intensiv befassen werden - ist es jedoch möglich, andere Frontends in Form von Database Manager-Anwendungsprogrammen zur Verfügung zu stellen.

Die in Abbildung 2.26 gezeigte Darstellung des Database Manager ist nur als ein grobes Modell der Database Manager-Architektur zu verstehen. Im Abschnitt 5.1 "Systemarchitektur" wird dieses Modell weiter verfeinert.

Wir wollen jetzt die Fähigkeiten des Frontends "Query Manager" unter die Lupe nehmen. Einige Funktionen des Query Manager haben wir ja bereits im Rahmen unseres SQL-Kurses kennengelernt. An dieser Stelle sollen nun die verschiedenen Komponenten des Query Manager etwas systematischer behandelt werden. Die Leistungen des Query Manager lassen sich in fünf Kategorien einteilen:

1. **Eingabemöglichkeit für SQL-Anweisungen:**

   Dies ist der Teil des Query Manager, den wir bisher am meisten genutzt haben. Es handelt sich hierbei um das SQL Query-Fenster, in das man SQL-Anweisungen eingeben kann, und um das Report-Fenster, in dem Ergebnisse von SQL-Abfragen angezeigt werden. Der Query Manager ist in der vorliegenden Funktion ein Hilfsmittel, um SQL-Anweisungen von der Tastatur zu den Database Services zu transferieren und um Ergebnisse oder Fehlermeldungen von den Database Services zum Bildschirm zu leiten.

   In der betrachteten Funktion erbringt der Query Manager nur untergeordnete Leistungen. Der wesentliche Teil der Aufgabe - nämlich die Ausführung der SQL-Anweisung - wird nicht vom Query Manager, sondern von den Database Services erledigt.

2. **Ergebnisaufbereitung:**

   Ergebnisse von SQL-Abfragen werden im Report-Fenster standardmäßig in Form einfacher Tabellen dargestellt. Diese Darstellung war im Rahmen unseres SQL-Kurses völlig ausreichend. Möchte man jedoch Abfrageergebnisse in Listenform ausdrucken, so werden meist höhere Anforderungen an das Listenlayout gestellt.

Der Query Manager bietet eine Reihe von Möglichkeiten, um Abfrageergebnisse in ansprechender Form auszudrucken. Wir werden im nächsten Abschnitt hierauf genauer eingehen.

3. **Fenstergesteuerte Ausführung von SQL-Anweisungen:**

   Für die wichtigsten SQL-Anweisungen bietet der Query Manager eine zu SQL alternative Eingabeform an. Wir haben diese Technik des Query Manager bereits benutzt, um Tabellen zu erstellen und Tabellen mit Daten zu füllen. So wurde die Tabelle MITARBEITER mit Hilfe des Fensters "Add Data into..." (siehe Abbildung 2.14 auf Seite 24) gefüllt. Anstatt dieses Fensters hätte man auch INSERT-Anweisungen zum Füllen der Tabelle verwenden können. Der Vorteil der fenstergesteuerten Technik besteht jedoch darin, daß man bestimmte Aufgaben ohne SQL-Kenntnisse ausführen kann. So haben wir die SQL-Anweisung zum Erstellen von Tabellen bis jetzt noch nicht kennengelernt. Dennoch konnten wir mittels des Fensters "Table -NEW-" (siehe Abbildung 2.7 auf Seite 15) schon zu Beginn des Buches eine Tabelle erstellen.

   Neben den bereits kennengelernten Fenstern zum Erstellen und Füllen von Tabellen gibt es unter anderem auch ein Fenster zur Durchführung von Abfragen ohne Verwendung von SQL. Mit diesem Fenster werden wir uns im Abschnitt 2.3.2 "Geführte Abfragen" näher befassen.

4. **Hilfsmittel zur Anwendungserstellung**

   Der Query Manager besitzt Funktionen, die die Erstellung einfacher Datenbankanwendungen ohne Programmierung ermöglichen. Wir werden im Abschnitt 2.3.3 "Funktionen zur Anwendungsentwicklung" hierauf kurz eingehen. Eine umfassende Beschreibung dieser Leistungen des Query Manager würde allerdings den Umfang des Buches sprengen.

5. **Programmschnittstelle des Query Manager**

   Es besteht die Möglichkeit, Funktionen des Query Manager nicht nur interaktiv, sondern auch aus Programmen heraus zu verwenden. So kann man sich beispielsweise die Mühe ersparen, ein Programm zur Listenaufbereitung von Abfrageergebnissen zu schreiben, indem man die Ergebnisaufbereitungsfunktion des Query Manager aus einem Programm heraus aufruft.

2.3.1 Ergebnisaufbereitung

Mit Hilfe der Aufbereitungsfunktionen des Query Manager kann die Darstellung von Abfrageergebnissen in vielfältiger Weise beeinflußt werden. Vor allem beim Ausdrucken von Abfrageergebnissen erweisen sich die Aufbereitungsmöglichkeiten des Query Manager als sehr nützlich. Man kann hiermit ohne Programmierung recht ansprechende Drucklisten erstellen.

Alle Aufbereitungsfunktionen des Query Manager wirken sich natürlich auch auf die Bildschirmdarstellung im Report-Fenster aus. Bestimmte Funktionen sind jedoch nur für die Ausgabe auf Papier sinnvoll einzusetzen.

Zum Einstieg wollen wir die Ergebnisaufbereitung zur Hilfe nehmen, um zwei Schönheitsfehler in der Ergebnisanzeige zu beseitigen, die uns bereits bei verschiedenen SQL-Übungen aufgefallen sind. Betrachten wir hierzu nochmals die Abfrage:

```
SELECT ABTEILUNG, AVG(GEHALT), SUM(GEHALT), COUNT(*)
FROM    MITARBEITER
GROUP  BY ABTEILUNG
ORDER  BY 2
```

Man erhält folgendes Ergebnis:

ABTEILUNG	EXPRESSION 2	EXPRESSION 3	EXPRESSION 4
Verkauf	3584,500000000000000	7169,00	2
Personal	3620,000000000000000	3620,00	2
Produktion	3924,000000000000000	11772,00	3
-	5478,000000000000000	5478,00	1

Ein Mangel des Ergebnisses besteht darin, daß die Spalten 2 bis 4 nichtssagende Überschriften besitzen. Diese Kunstüberschriften "EXPRESSION ..." werden vom Query Manager immer dann vergeben, wenn in der Spaltenliste einer SELECT-Anweisung Funktionen oder arithmetische Ausdrücke enthalten sind, oder wenn Mengenoperatoren verwendet werden.

Der andere Schönheitsfehler tritt im Ausgabeformat der zweiten Spalte zutage. Diese Spalte umfaßt für einen DM-Betrag viel zu viele Nachkommastellen.

Um beide Mängel zu beseitigen, klicken wir in der Aktionszeile des Report-Fensters auf die Auswahl "Display". Im anschließend erscheinenden Untermenü klicken wir auf die Auswahl "Form". Wir erhalten dann das Fenster "Form -NEW-" (siehe Abbildung 2.27). Man kann auch in einem Schritt in das Form-Fenster gelangen, indem man im Report-Fenster die Tastenkombination *Umschalttaste F5* verwendet.

Spaltenüberschriften verändern

Für jede Spalte des Ergebnisses ist im Form-Fenster eine Zeile mit verschiedenen Einträgen aufgeführt. In der Spalte mit der Bezeichnung "Column Heading" sind die Spaltenüberschriften des Ergebnisses enthalten. Diese lassen sich nun einfach dadurch modifizieren, daß man hier neue Texte einträgt.

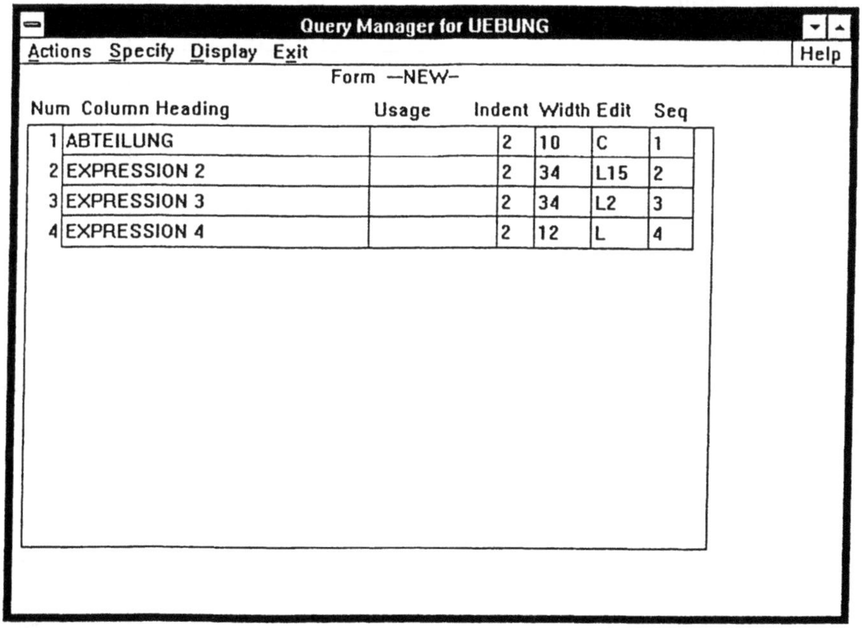

```
┌─────────────────────────────────────────────────────────────┐
│                    Query Manager for UEBUNG            ▼ ▲ │
│ Actions  Specify  Display  Exit                       Help │
│                         Form  —NEW—                        │
│   Num  Column Heading      Usage   Indent Width Edit  Seq  │
│  ┌───┬──────────────────┬────────┬──────┬─────┬────┬─────┐ │
│  │ 1 │ABTEILUNG         │        │  2   │ 10  │ C  │ 1   │ │
│  │ 2 │EXPRESSION 2      │        │  2   │ 34  │ L15│ 2   │ │
│  │ 3 │EXPRESSION 3      │        │  2   │ 34  │ L2 │ 3   │ │
│  │ 4 │EXPRESSION 4      │        │  2   │ 12  │ L  │ 4   │ │
│  └───┴──────────────────┴────────┴──────┴─────┴────┴─────┘ │
└─────────────────────────────────────────────────────────────┘
```

Abbildung 2.27

Ein Beispiel für neue - und aussagekräftigere - Spaltenüberschriften ist in Abbildung 2.28 dargestellt. Dem Zeichen "_" kommt hierbei eine besondere Bedeutung zu. Es wird nicht in der Überschrift angezeigt, sondern sorgt dafür, daß in der Überschrift eine neue Zeile begonnen wird. Dadurch kann die Länge der Überschrift der Spaltenbreite etwas angepaßt werden. Am besten sehen wir uns das Ergebnis mit den neuen Überschriften gleich an. Durch Anklicken der Auswahl "Display" und anschließendes Klicken auf die Auswahl "Report" gelangt man wieder in das Report-Fenster (oder direkt mittels der Tastenkombination *Umschalttaste F6*); allerdings werden nun die neuen Überschriften angezeigt.

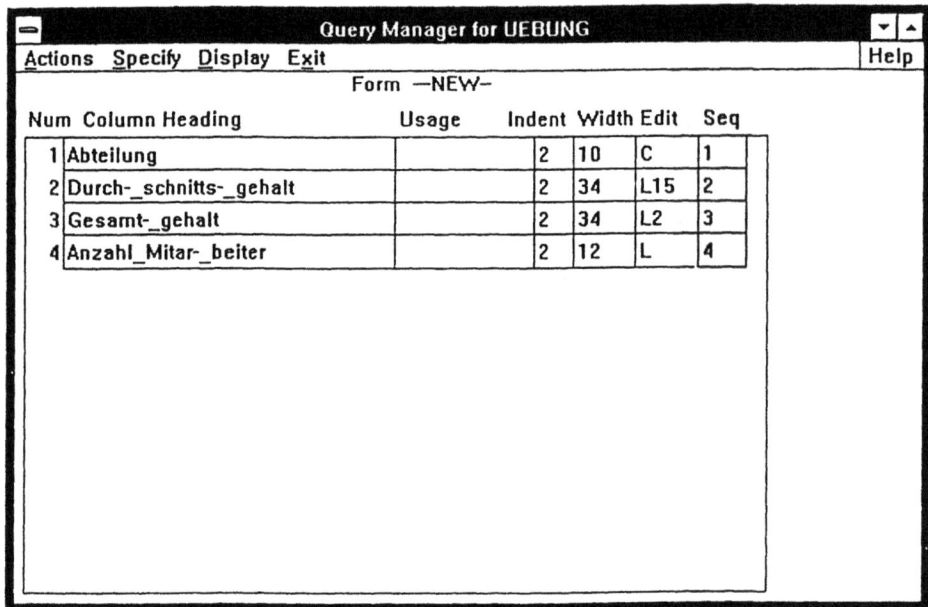

Abbildung 2.28

Man erhält folgende Ausgabe:

Abteilung	Durch-schnitts-gehalt	Gesamt-gehalt	Anzahl Mitar-beiter
Verkauf	3584,500000000000000	7169,00	2
Personal	3620,000000000000000	3620,00	2
Produktion	3924,000000000000000	11772,00	3
-	5478,000000000000000	5478,00	1

Das Überschriftenproblem ist somit gelöst. Es bleibt die ungünstige Darstellung des Durchschnittsgehalts. Überdies ist auch die Spaltenaufteilung nicht optimal, da die Spalten "Durchschnittsgehalt" und "Gesamtgehalt" jeweils 34 Zeichen einnehmen. Hierdurch wird die Ergebnistabelle unnötig breit, so daß sie weder im Report-Fenster komplett angezeigt werden kann, noch auf einer DIN A4-Seite im Hochformat ausdruckbar ist (im obigen Ergebnisausdruck sind beide Spalten nicht in ihrer vollen Breite dargestellt).

Spaltenbreite und -formatierung verändern

Um die angesprochenen Probleme zu lösen, gehen wir wieder ins Form-Fenster (*Umschalttaste F5*) zurück. Dort kann man durch den Zahlenwert in der Spalte "Width" die Spaltenbreite festlegen (siehe Abbildung 2.28). In der Spalte "Edit" läßt sich durch Formatierungscodes (engl. edit code) das Ausgabeformat der Daten beeinflussen. Welche Formatierungscodes verwendet werden können, hängt davon ab, zu welcher Datentypklasse die betrachtete Spalte gehört (Datentypklassen: siehe Tabelle 2.3 auf Seite 113).

Da wir die Formatierung der Spalte "Durchschnittsgehalt" verändern wollen, betrachten wir zuerst solche Formatierungscodes, die für Spalten der Typklasse "Zahl" eingesetzt werden können. Die folgende Tabelle enthält alle für Zahlen verwendbare Formatierungscodes.

Formatierungscode	Beschreibung
E	Exponentialdarstellung (z.B. -1,345E+103)
L	Dezimaldarstellung; (z.B. 4,25 oder -23).
D	Formatierungscode für Währungsbeträge. Es wird ein Währungssymbol (z.B. DM) und ein Trennzeichen zur Bildung von Dreiergruppen verwendet (z.B. 1.234.567,89). Die Darstellung und Position des Währungssymbols und die Form des Trennzeichens hängen vom momentan aktiven Query Manager-Profil ab (wir werden uns in Kürze mit Query Manager-Profilen beschäftigen).
P	Formatierungscode für prozentuale Angaben. Der Zahlenwert wird mit dem %-Zeichen versehen (z.B. 45,3 %).
I	Eine Zahl, die nicht die gesamte Spaltenbreite ausfüllt, wird mit führenden Nullen aufgefüllt (z.B. -00045,6 bei einer Spaltenbreite von 8).
J	Wie Formatierungscode I; allerdings wird ein negatives Vorzeichen nicht angezeigt! Die Zahl -45,6 wird bei einer Spaltenbreite von 8 als 000045,6 ausgegeben.
K	Bei der Anzeige werden Trennzeichen zur Bildung von Dreiergruppen verwendet (wie Formatierungscode D; allerdings ohne Währungssymbol).

Tabelle 2.4

Alle Formatierungscodes außer "E" können mit einem Zahlenwert versehen werden (z.B. L4). Dieser Zahlenwert gibt die Anzahl der anzuzeigenden Nachkommastellen an. Weiterhin wird bei allen Formatierungscodes für positive Werte grundsätzlich kein Vorzeichen ausgegeben. Eine Ausnahme hiervon bilden Exponenten in der Exponentialdarstellung. Bei diesen wird grundsätzlich ein Vorzeichen angezeigt (also beispielsweise -1,345E+103 statt -1,345E103).

Nachdem wir nun alle numerischen Formatierungscodes kennen, können wir das Problem der Nachkommastellen in der Spalte "Durchschnittsgehalt" lösen. Wir verwenden sowohl für die Spalte "Durchschnittsgehalt" als auch für die Spalte "Gesamtgehalt" den Formatierungscode "D2", da es sich in beiden Spalten um Währungsbeträge handelt. Darüber hinaus verkürzen wir die Spaltenbreiten (Feld "Width") der Spalten 2 bis 4 (siehe Abbildung 2.29).

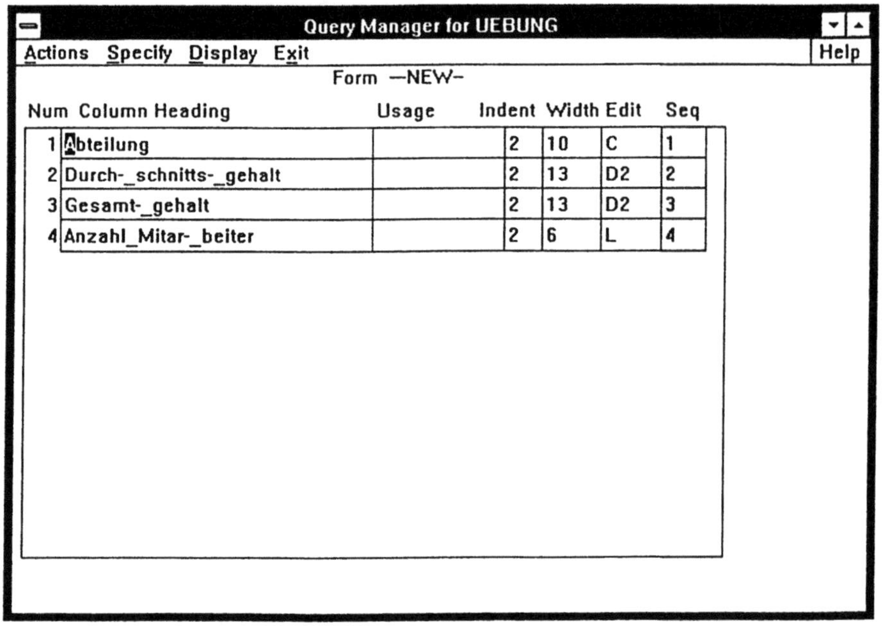

```
┌─────────────────────────────────────────────────────────────────┐
│  —                    Query Manager for UEBUNG           ▼ ▲   │
│ Actions  Specify  Display  Exit                          Help   │
│                        Form  —NEW—                              │
│  Num Column Heading        Usage   Indent Width Edit  Seq       │
│   1 │Abteilung         │        │ 2    │10  │C  │1            │
│   2 │Durch-_schnitts-_gehalt│  │ 2    │13  │D2 │2            │
│   3 │Gesamt-_gehalt    │        │ 2    │13  │D2 │3            │
│   4 │Anzahl_Mitar-_beiter│    │ 2    │6   │L  │4            │
│                                                                 │
└─────────────────────────────────────────────────────────────────┘
```

Abbildung 2.29

Das Ergebnis unserer Aktion ist allerdings wenig befriedigend:

2.3 Funktionen des Query Manager

Abteilung	Durch-schnitts-gehalt	Gesamt-gehalt	Anzahl Mitar-beiter
Verkauf	DM3.584,50	DM7.169,00	2
Personal	DM3.620,00	DM3.620,00	2
Produktion	DM3.924,00	DM11.772,00	3
-	DM5.478,00	DM5.478,00	1

Zwar ist die Breite der Ergebnistabelle erfreulich geschrumpft. Die Anzeige der Währungsspalten entspricht jedoch nicht den üblichen Gepflogenheiten.

Doch auch hier ist Abhilfe möglich, denn eine Reihe von Formatisierungsparametern werden durch sogenannte Query Manager-Profile festgelegt. Hierzu gehört unter anderem die Art und Weise, wie Währungssymbole auszugeben sind.

Erstellen eines Query Manager-Profils

Um das momentan aktive Query Manager-Profil zu verändern, müssen wir (leider) das Form-Fenster verlassen. Hierzu klicken wir auf die Auswahl "Exit" in der Aktionszeile. Im anschließend erscheinenden Bestätigungsmenü klicken wir auf die Auswahl "Exit Form...". Daraufhin öffnet sich ein Fenster, in dem gefragt wird, ob das bisher erstellte Aufbereitungsformat gespeichert werden soll. Da wir später an derselben Stelle weiter machen möchten, bietet sich eine Abspeicherung des Aufbereitungsformates durchaus an. Mittels Anklicken der Enter-Schaltfläche gelangt man in das Save-Fenster, in dem man dem Aufbereitungsformat einen Namen geben kann (Eingabefeld "Form name").

Anschließend wird man gefragt, ob man in das Query-Fenster zurückkehren möchte, um auch die SQL-Abfrage zu sichern. Auch dies empfiehlt sich in unserem Fall. Durch Anklicken der Enter-Schaltfläche gelangt man dorthin. Das Sichern der Abfrage erfolgt in ähnlicher Weise, wie das Abspeichern des Aufbereitungsformats, indem man die Auswahl "Exit" in der Aktionszeile anklickt. Man kann übrigens die Abfrage unter dem gleichen Namen wie das Aufbereitungsformat abspeichern. Dadurch weiß man immer, welches Aufbereitungsformat zu welcher Abfrage gehört.

Nachdem auch die Abfrage gesichert wurde, gelangt man schließlich in das Fenster "Main Selection for UEBUNG" (siehe Abbildung 2.4 auf Seite 13). Durch Anklicken der Schaltfläche "Profiles" kommen wir in das gleichnamige Fenster (siehe Abbildung 2.30). Mittels Doppelklick auf den (einzigen) Eintrag "-NEW-" gelangt man in das Fenster "Profile -NEW-".

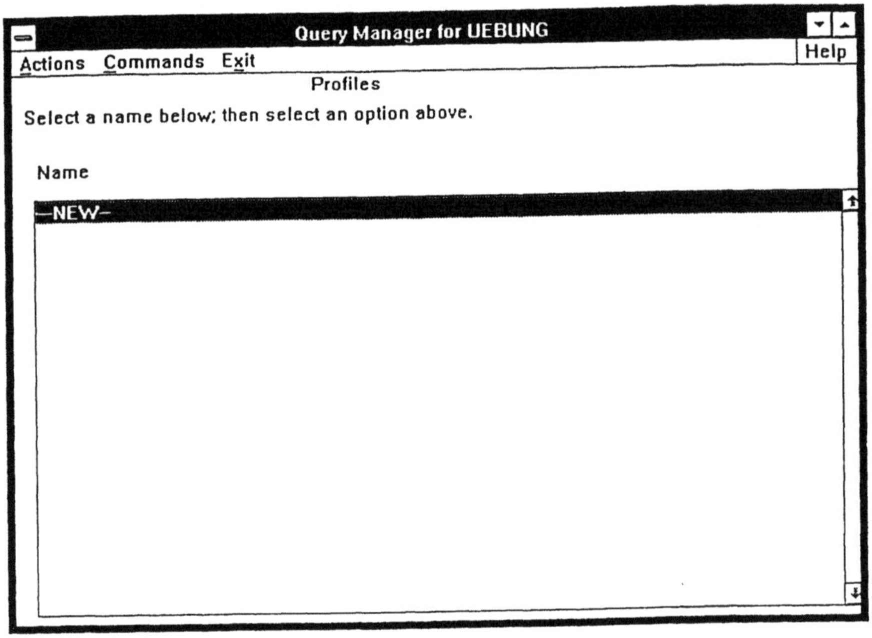

Abbildung 2.30

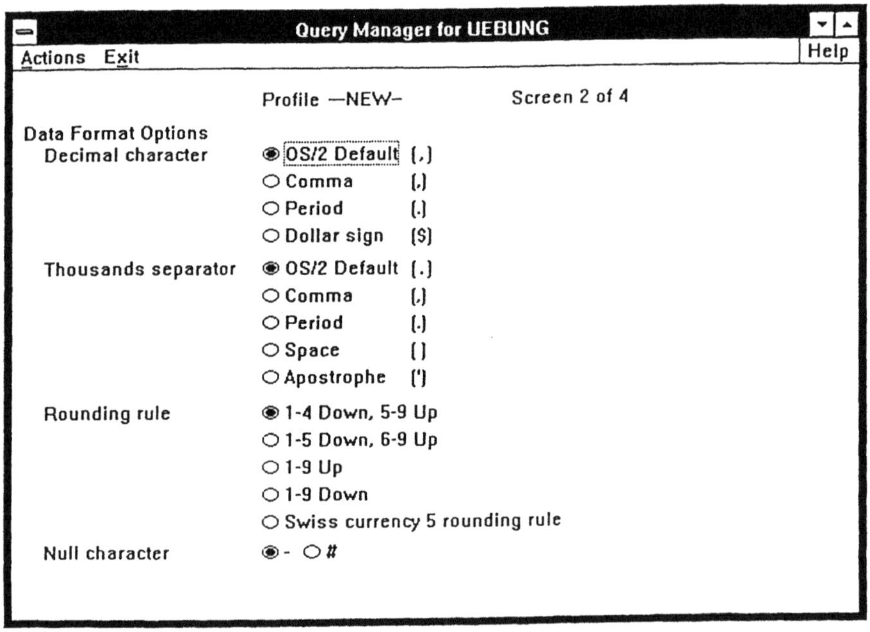

Abbildung 2.31

2.3 Funktionen des Query Manager

Dieses Fenster besteht aus vier Seiten, zwischen denen man mit den Tasten *Bild* ↑ und *Bild* ↓ hin- und herblättern kann (es scheint keine Möglichkeit zu geben, mit Hilfe der Maus zu blättern). Auf welcher Seite man sich gerade befindet, wird oben rechts durch die Angabe "Screen ... of 4" angezeigt.

Die erste Seite ist für unsere Zwecke nicht von Belang. Wir blättern deshalb sofort zur zweiten Seite (mit der Taste *Bild* ↓). Man erhält dann das in Abbildung 2.31 dargestellte Fenster.

Dort kann man festlegen, welches Zeichen als Dezimalzeichen eingesetzt wird (Auswahlfeld "Decimal character") und welches Zeichen für die Trennung von Dreiergruppen bei Zahlen mit mehr als drei Vorkommastellen verwendet wird (Auswahlfeld "Thousands separator"). Im Auswahlfeld "Rounding rule" legt man die zu verwendende Rundungsregel fest. Im letzten Auswahlfeld dieser Seite (Feld "Null character") gibt man an, wie Nullwerte dargestellt werden sollen.

Da alle Einstellungen auf dieser Seite den deutschen Gepflogenheiten entsprechen, braucht man hier nichts zu ändern, sondern kann gleich zur Seite 3 springen (siehe Abbildung 2.32).

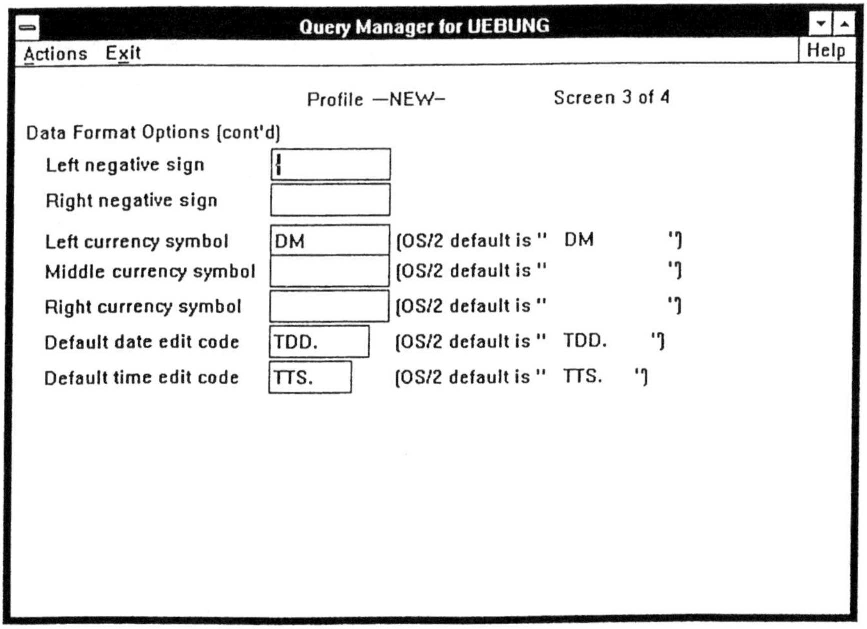

Abbildung 2.32

Dort kann man in den Feldern "Left negative sign" und "Right negative sign" angeben, ob ein negatives Vorzeichen links oder rechts vom zugehörigen Betrag stehen soll, und welches Zeichen hierfür zu verwenden ist.

Die Gruppe der nächsten drei Felder ist für uns besonders interessant, da sie für die ungünstige Darstellung des DM-Zeichens verantwortlich ist. Das Problem läßt sich lösen, indem wir das Feld "Left currency symbol" löschen und statt dessen im Feld "Right currency symbol" den Wert " DM" (ohne Anführungszeichen, aber mit dem Leerzeichen vor DM) eingeben. Dieser Eingriff sorgt dafür, daß die DM-Angabe nicht mehr links vom Betrag, sondern rechts davon erfolgt. Das Leerzeichen vor "DM" führt in der Ergebnisdarstellung zu einem Wortzwischenraum zwischen Zahlenwert und Währungssymbol.

Die letzten beiden Felder der vorliegenden Seite legen fest, wie ein Datum bzw. ein Uhrzeitfeld standardmäßig ausgegeben wird. Möchte man bei Uhrzeiten lieber das Zeichen ":" statt des Zeichens "." zur Trennung verwenden (z.B. 13:45:23 statt 13.45.23), dann kann man den Eintrag "TTS." im Feld "Default time edit code" in den Wert "TTS:" abändern.

Die letzte Seite des Profile-Fensters ist für die Ergebnisaufbereitung nicht relevant, so daß wir bereits jetzt unsere Profildefinition durch Anklicken der Auswahl "Exit" in der Aktionszeile abspeichern können. Wie gehabt, wird man auch hier im Fenster "Save" zur Eingabe eines Profilnamens aufgefordert (Eingabefeld "Profile name"). Wir wollen das Profil "STANDARD" nennen. Nach der Abspeicherung des Profils gelangt man wieder in das Fenster "Profiles" zurück.

Das neu geschaffene Profil ist jedoch noch nicht aktiv. Um es zu aktivieren, muß man es durch Anklicken auswählen. Anschließend klickt man auf die Auswahl "Actions" und dann auf die Unterauswahl "Activate". Das Profil "STANDARD" bleibt nun aktiviert, bis wir ein anderes Profil aktivieren oder den Query Manager verlassen. Beim nächsten Aufruf des Query Manager ist das Profil erneut zu aktivieren.

Man kann sich allerdings die Mühe, jedesmal nach dem Aufruf des Query Manager zuerst ein Profil zu aktivieren, dadurch ersparen, daß man bereits beim Aufruf des Query Manager einen Profilnamen angibt. Um grundsätzlich mit dem Profil "STANDARD" zu arbeiten, trägt man als Aufrufparameter /PRO:STANDARD ein (Auswahl "Program" und Unterauswahl "Properties..." im Fenster Group - Main").

Um nun wieder die alte Abfrage und das bisher entwickelte Aufbereitsformat anzuzeigen, sind folgende Schritte nötig:

1. SQL Query-Fenster aufrufen.

2. Dort die gespeicherte Abfrage mit Hilfe der Auswahlen "Actions" und "Get..." zur Anzeige bringen.

3. Die Abfrage ausführen.
4. Vom Report-Fenster in das Form-Fenster wechseln und dort das gespeicherte Aufbereitungsformat mittels "Actions" und "Get..." zur Anzeige bringen.

Wenn wir nun wieder ins Report-Fenster wechseln, erhalten wir endlich die gewünschte Ausgabe:

```
                Durch-                    Anzahl
                schnitts-      Gesamt-    Mitar-
Abteilung       gehalt         gehalt     beiter
----------      -------------  -------------  ------
Verkauf         3.584,50 DM    7.169,00 DM        2
Personal        3.620,00 DM    3.620,00 DM        2
Produktion      3.924,00 DM   11.772,00 DM        3
-               5.478,00 DM    5.478,00 DM        1
```

Man hätte den obigen Ablauf übrigens vereinfachen können, indem man statt der Punkte 3. und 4. bereits bei der Ausführung der Abfrage angibt, welches Aufbereitungsformat verwendet werden soll. Hierzu bringt man die Abfrage nicht mittels *Umschalttaste F1* zur Ausführung, sondern über die Auswahl "Actions" und anschließend "Run using...". Man wird dann nach dem Namen des zu benutzenden Aufbereitungsformats gefragt.

Formatierungscodes für Zeichenketten

Nachdem wir uns ausführlich mit Formatierungscodes für Zahlen beschäftigt haben, wollen wir uns nun mit Formatierungscodes für Zeichenketten befassen. Hier gibt es nur drei unterschiedliche Möglichkeiten. Sie unterscheiden sich in der Behandlung von Zeichenketten, die mehr Zeichen umfassen, als im Feld "Width" für die entsprechende Spalte festgelegt ist (siehe Abbildung 2.29 auf Seite 144). Folgende Formatierungscodes sind für Zeichenketten möglich:

Formatie-rungscode	**Beschreibung**
C	Ist die Zeichenkette länger als die Spaltenbreite, so wird der Teil der Zeichenkette, der die Spaltenbreite überschreitet, abgeschnitten.
CW	Zeichenketten, die die Spaltenbreite überschreiten, werden auf einer oder mehreren Folgezeilen fortgesetzt.
CT	Dieser Formatierungscode ist dem Code CW meist vorzuziehen, da hier versucht wird, den Zeilenwechsel an Wortgrenzen durchzuführen. Nur wenn ein Wort länger ist als die Spaltenbreite, wird innerhalb des Wortes getrennt.

Tabelle 2.5

Anhand des letzten Abfragebeispiels wollen wir die Verwendung des Formatierungscodes "CW" demonstrieren. Hierzu tragen wir für die Spalte "Abteilung" im Feld "Edit" den Wert "CW" ein (siehe Abbildung 2.29 auf Seite 144). Gleichzeitig verringern wir die Spaltenbreite (Feld "Width") von 10 auf 5. Man erhält dann folgendes Ergebnis:

```
              Durch-                    Anzahl
              schnitts-     Gesamt-     Mitar-
Abtei         gehalt        gehalt      beiter
-----         ------------  ----------- ------
Verka         3.584,50 DM   7.169,00 DM      2
uf
Perso         3.620,00 DM   3.620,00 DM      2
nal
Produ         3.924,00 DM  11.772,00 DM      3
ktion
-             5.478,00 DM   5.478,00 DM      1
```

Ein Beispiel für die Anwendung des Formatierungscodes "CT" können wir leider nicht liefern, da unsere Übungstabellen keine Texte enthalten, die aus mehreren Wörtern bestehen.

Formatierungsparameter "Indent" und "Seq"

Das Feld "Indent" (engl. Einrückung) im Form-Fenster dient dazu, den Abstand einer Spalte zur links angrenzenden Spalte festzulegen.

2.3 Funktionen des Query Manager

Standardmäßig beträgt der Abstand zwischen benachbarten Spalten zwei Zeichen.

Mit Hilfe des Feldes "Seq" kann die Spaltenreihenfolge nachträglich gegenüber der Reihenfolge in der SQL-Abfrage verändert werden.

Beide Parameter "Indent" und "Seq" wollen wir anhand eines Beispiels erproben. Hierbei soll das Feld "Anzahl Mitarbeiter" als zweite Spalte angezeigt werden. Weiterhin soll diese Spalte durch 4 Leerzeichen von den angrenzenden Spalten abgegrenzt werden. Dies erreicht man mit den in Abbildung 2.33 dargestellten Eintragungen. Man erhält dann folgendes Ergebnis:

```
                Anzahl      Durch-
                Mitar-      schnitts-     Gesamt-
Abteilung       beiter      gehalt        gehalt
----------      ------      -------------  -------------
Verkauf            2        3.584,50 DM    7.169,00 DM
Personal           2        3.620,00 DM    3.620,00 DM
Produktion         3        3.924,00 DM   11.772,00 DM
-                  1        5.478,00 DM    5.478,00 DM
```

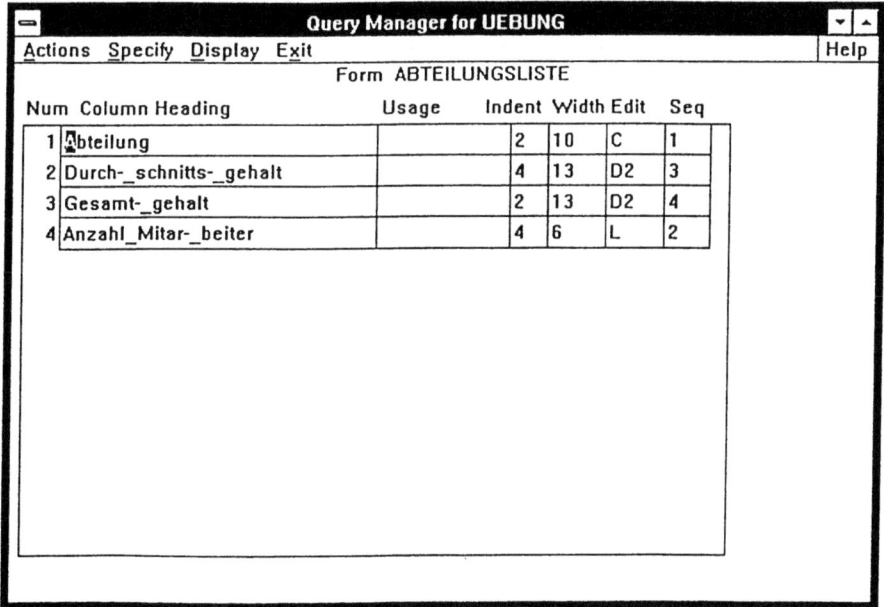

Abbildung 2.33

Erweitern eines Aufbereitungsformates um zusätzliche Spalten

Oftmals stellt man bei der Ergebnisaufbereitung fest, daß die Abfrage um zusätzliche Spalten erweitert werden sollte. In diesem Fall sind einige Punkte zu berücksichtigen. Wir betrachten hierzu wiederum ein Beispiel. Unsere letzte Abfrage soll um eine zusätzliche Spalte erweitert werden, die das Maximalgehalt jeder Abteilung liefert. Man schreibt:

```
SELECT ABTEILUNG, AVG(GEHALT), SUM(GEHALT), MAX(GEHALT), COUNT(*)
FROM   MITARBEITER
GROUP  BY ABTEILUNG
ORDER  BY 2
```

Versucht man die erweiterte Abfrage auszuführen, so erhält man die in Abbildung 2.34 gezeigte Fehlernachricht; d.h. der Query Manager ist nicht in der Lage, das um eine Spalte erweiterte Ergebnis mit dem bestehenden Aufbereitungsformat zu verknüpfen. Es werden zwei Lösungsmöglichkeiten angeboten, die jedoch beide nicht befriedigen, da man ja mit dem bestehenden Aufbereitungsformat weiterarbeiten möchte. Beide Lösungsangebote sollten deshalb durch Anklicken der Cancel-Schaltfläche abgelehnt werden.

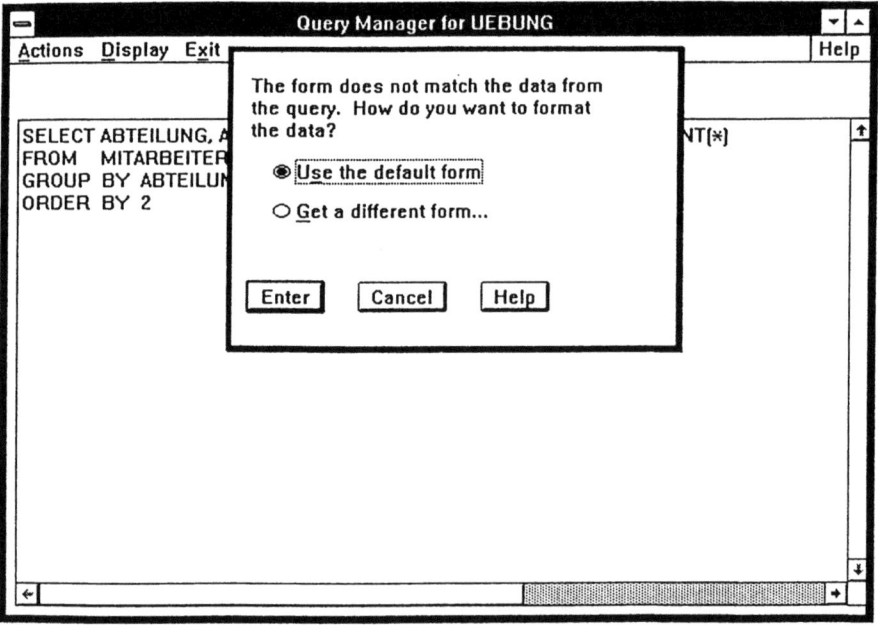

Abbildung 2.34

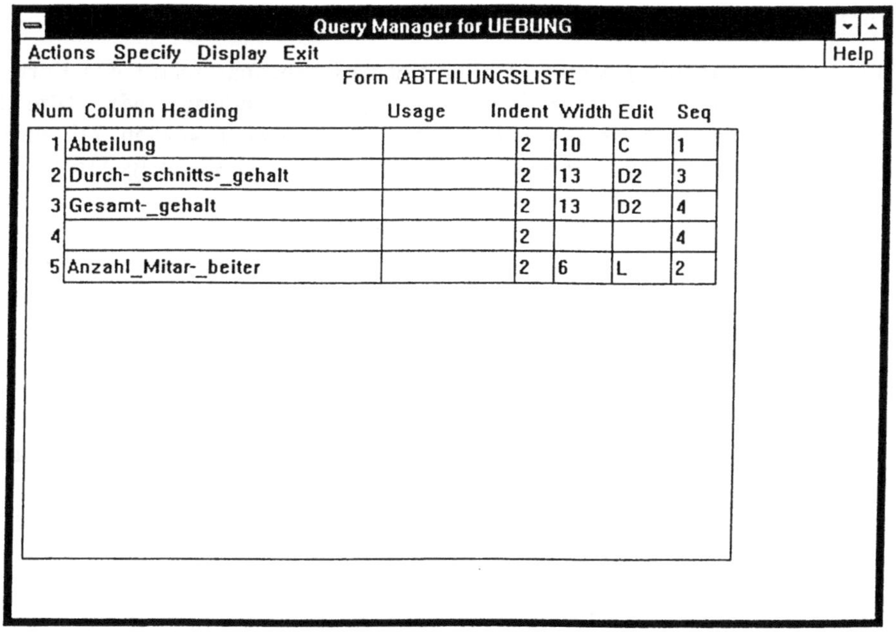

2.3 Funktionen des Query Manager 153

```
                    Query Manager for UEBUNG
Actions  Specify  Display  Exit                              Help
                       Form ABTEILUNGSLISTE
Num Column Heading              Usage   Indent Width Edit Seq
  1 Abteilung                             2    10    C    1
  2 Durch-_schnitts-_gehalt                2    13    D2   3
  3 Gesamt-_gehalt                         2    13    D2   4
  4                                        2               4
  5 Anzahl_Mitar-_beiter                   2     6    L    2
```

Abbildung 2.35

Statt dessen wechseln wir ins Form-Fenster, um dort das Aufbereitungsformat ebenfalls um eine Spalte zu erweitern. Man setzt den Cursor in die Zeile, hinter der eine neue Zeile eingefügt werden soll. Dann drückt man die Tasten *Strg F2*. Hierdurch wird in die Spaltenliste eine neue Zeile eingefügt (siehe Abbildung 2.35). Man kann nun die einzelnen Felder füllen. Wir übernehmen die Einträge für "Width" und "Edit" aus der darüberliegenden Zeile. Im Feld "Column Heading" tragen wir "Höchstes_Gehalt" ein. Anschließend wechseln wir wieder ins Query-Fenster, um die Abfrage erneut auszuführen. Man erhält dann:

```
            Anzahl   Durch-
            Mitar-   schnitts-    Gesamt-      Höchstes
Abteilung   beiter   gehalt       gehalt       Gehalt
---------   ------   ----------   ----------   ----------
Verkauf       2      3.584,50 DM   7.169,00 DM  3.744,00 DM
Personal      2      3.620,00 DM   3.620,00 DM  3.620,00 DM
Produktion    3      3.924,00 DM  11.772,00 DM  4.724,00 DM
-             1      5.478,00 DM   5.478,00 DM  5.478,00 DM
```

Formatierungsparameter "Usage"

Wir kennen nun die Bedeutung aller Formatierungsparameter des Form-Fensters bis auf den Parameter "Usage" (engl. Verwendung). Mit Hilfe dieses Parameters können ganz unterschiedliche Effekte erzielt werden. Die verschiedenen Eintragemöglichkeiten sind in der folgenden Tabelle aufgeführt:

Usage	Beschreibung
kein Eintrag	Die entsprechende Spalte wird angezeigt (Standardeinstellung).
OMIT	Die Spalte wird nicht angezeigt.
AVG	Die Spalte wird angezeigt. Am Ende der Tabelle wird in einer zusätzlichen Zeile der Durchschnitt aller Werte dieser Spalte ausgegeben.
COUNT	Die Spalte wird angezeigt. Am Ende der Tabelle wird die Anzahl aller Zeilen ausgegeben, die in der betrachteten Zeile nicht den Nullwert enthalten.
FIRST/LAST	Die Spalte wird angezeigt. Am Ende der Tabelle wird der Wert der ersten bzw. letzten Zeile in einer zusätzlichen Zeile wiederholt.
MIN/MAX	Die Spalte wird angezeigt. Am Ende der Tabelle wird der kleinste bzw. größte Wert der Spalte in einer zusätzlichen Zeile wiederholt.
SUM	Die Spalte wird angezeigt. Am Ende der Tabelle wird in einer zusätzlichen Zeile der Summenwert aller Einträge in der betrachteten Spalte ausgegeben.
BREAK1-6	Wird später behandelt.
BREAK1X-6X	Wird später behandelt.

Tabelle 2.6

Einige der aufgeführten Eintragungsmöglichkeiten für das Feld "Usage" wollen wir anhand des bisher verwendeten Aufbereitungsformats erproben. Folgende Werte sollen ermittelt werden: die Anzahl der Abteilungen (COUNT), das höchste Abteilungs-Durchschnittsgehalt (MAX), die Summe aller Gehälter der Firma (SUM) und die durchschnittliche Anzahl von Mitarbeitern pro Ab-

2.3 Funktionen des Query Manager

teilung (AVG). Die neu eingefügte Spalte "Höchstes Gehalt" soll im Ergebnis nicht erscheinen (OMIT). Abbildung 2.36 zeigt die entsprechenden Eintragungen in der Spalte "Usage".

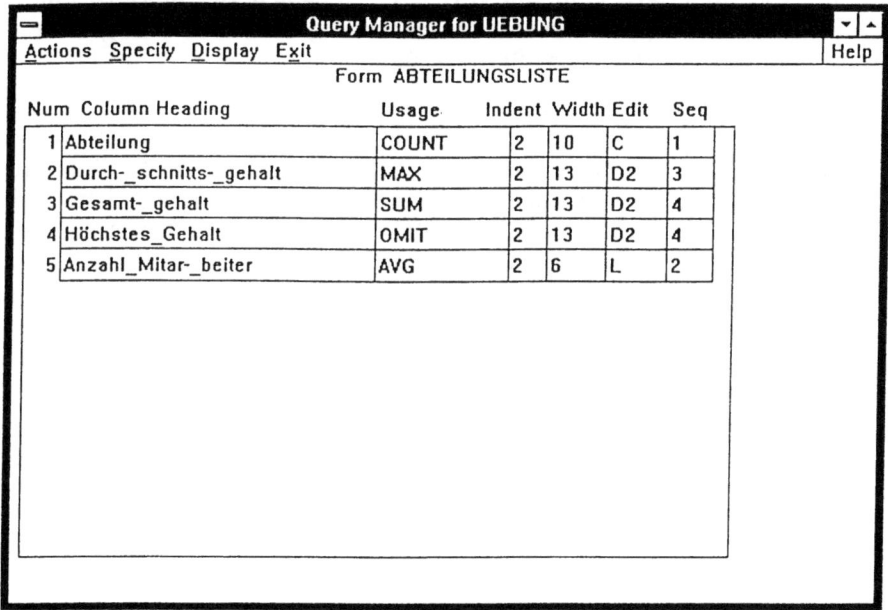

Abbildung 2.36

Man erhält dann folgendes Ergebnis:

```
              Anzahl      Durch-
              Mitar-      schnitts-      Gesamt-
Abteilung     beiter      gehalt         gehalt
----------    ------      --------------  --------------
Verkauf          2        3.584,50 DM     7.169,00 DM
Personal         2        3.620,00 DM     3.620,00 DM
Produktion       3        3.924,00 DM    11.772,00 DM
-                1        5.478,00 DM     5.478,00 DM
==========    ======      ==============  ==============
     3           2        5.478,00 DM    28.039,00 DM
```

Gruppenwechsel

Mit den Eintragungen BREAK1-6 und BREAK1X-6X im Feld "Usage" können Zeilengruppen gebildet werden. Eine Änderung des Datenwertes in einer Spalte, die im Usage-Feld mit BREAK.. versehen ist, führt zu einer neuen Zeilengruppe. Gruppen lassen sich mehrstufig schachteln; insgesamt ist eine Schachtelungstiefe von sechs Stufen möglich.

Wir wollen uns auf ein zweistufiges Beispiel beschränken. Hierzu sollen pro Abteilung (Gruppierung der ersten Stufe) alle Mitarbeiter aufgelistet werden. Darüber hinaus sind pro Mitarbeiter (Gruppierung der zweiten Stufe) alle Kinder anzuzeigen. Die vorgesehenen Gruppierungen muß man bereits bei der Formulierung der Abfrage in der ORDER BY-Klausel berücksichtigen. Im vorliegenden Fall ist eine Sortierung nach Abteilungen (erste Stufe) und nach Mitarbeiter (zweite Stufe) vorzusehen. Um alle anzuzeigenden Daten zu erhalten, schreiben wir folgende SQL-Anweisung:

```
SELECT  ABTEILUNG, M.PERS_NR, N_NAME, GEHALT,
        K.V_NAME, GESCHLECHT
FROM    MITARBEITER M, KIND K
WHERE   M.PERS_NR = K.PERS_NR

UNION

SELECT  ABTEILUNG, PERS_NR, N_NAME, GEHALT, ' ', ' '
FROM    MITARBEITER
WHERE   PERS_NR NOT IN (SELECT PERS_NR FROM KIND)

ORDER  BY 1,2,5
```

Die erste SELECT-Anweisung der Abfrage liefert alle Mitarbeiter mit Kindern; für jedes Kind wird hierbei der Vorname und das Geschlecht ausgegeben. Die zweite SELECT-Anweisung ermittelt die kinderlosen Mitarbeiter. Beide Ergebnismengen werden mittels des UNION-Operators vereinigt (Outer Join-Problem).

Um beim Übergang von einer Abteilung zu einer anderen einen Gruppenwechsel erster Stufe auszulösen, tragen wir in der Usage-Spalte für das Feld Abteilung den Wert "BREAK1" ein (siehe Abbildung 2.37). Dies führt dazu, daß die Abteilungsbezeichnung nur in der ersten Zeile jeder Abteilungsgruppe aufgeführt wird. In allen folgenden Zeilen der Gruppe bleibt diese Spalte leer (siehe Abbildung 2.38; aus Platzgründen ist in Abbildung 2.38 nur ein Teil des Ergebnisses dargestellt).

Der Gruppenwechsel zweiter Stufe wird durch die Spalte "PERS_NR" ausgelöst. Um diese Spalte von der Anzeige auszuschließen, trägt man im Usage-

2.3 Funktionen des Query Manager

Feld statt "BREAK2" den Wert "BREAK2X" ein (siehe Abbildung 2.37). Damit nicht für jedes Kind eines Mitarbeiters in den Spalten "Mitarbeiter" und "Gehalt" die entsprechenden Mitarbeiterdaten wiederholt werden, nimmt man diese Spalten ebenfalls in den Gruppenwechsel zweiter Ordnung auf. Allerdings trägt man hier im Usage-Feld statt "BREAK2X" den Wert "BREAK2" ein, da diese Spalten im Ergebnis angezeigt werden sollen (siehe Abbildungen 2.37 und 2.38)

Das Ende einer Gruppe erster Stufe (d.h. eine Abteilung) wird im Ergebnis durch eine Zeile gekennzeichnet, die rechts zwei Sterne enthält. Gruppen zweiter Stufe (Mitarbeiter) werden durch Zeilen mit einem Stern abgeschlossen (siehe Abbildung 2.38).

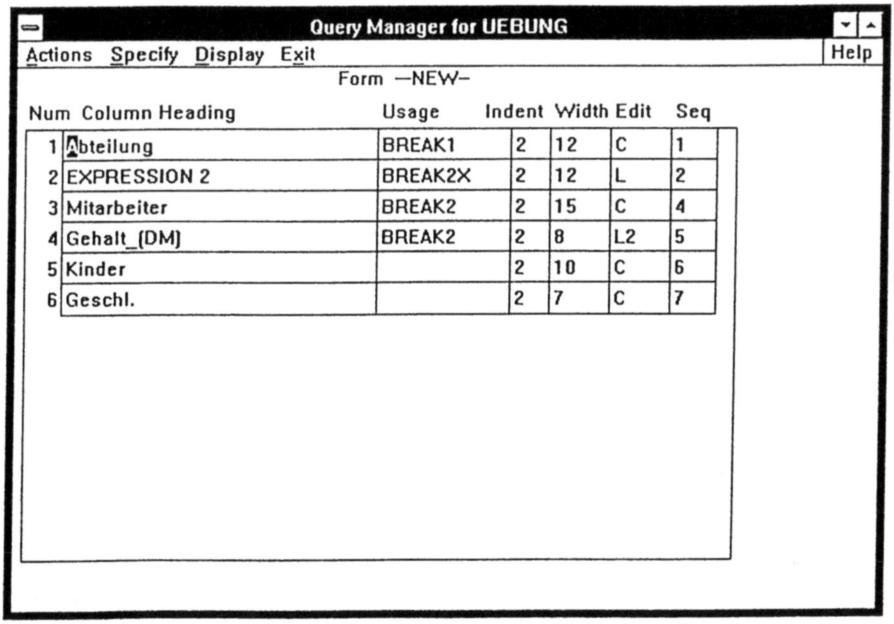

```
                    Query Manager for UEBUNG
Actions  Specify  Display  Exit                                Help
                        Form —NEW—
```

Num	Column Heading	Usage	Indent	Width	Edit	Seq
1	Abteilung	BREAK1	2	12	C	1
2	EXPRESSION 2	BREAK2X	2	12	L	2
3	Mitarbeiter	BREAK2	2	15	C	4
4	Gehalt_(DM)	BREAK2	2	8	L2	5
5	Kinder		2	10	C	6
6	Geschl.		2	7	C	7

Abbildung 2.37

```
              Gehalt
Abteilung   Mitarbeiter   (DM)     Kinder      Geschl.
---------   -----------   ------   ---------   -------
Personal    Pfleiderer       -     Edwin       M
                                   Heinz       M
                                   Olaf        M
                                   Rita        W

                                               *

            Kohler        3620,00

                                               *

                                               **

Produktion  Meier         4245,00  Rolf        M
                                   Sabine      W
                                   Susanne     W

                                               *
...
```

Abbildung 2.38

Die Möglichkeit, mit Hilfe von BREAK-Eintragungen im Usage-Feld Zeilengruppen zu bilden, darf nicht mit der GROUP BY-Klausel verwechselt werden. Bei Verwendung der GROUP BY-Klausel wird pro Zeilengruppen nur eine Ergebniszeile ausgegeben. Durch eine BREAK-Eintragung im Form-Fenster werden zwar auch Zeilengruppen gebildet; in diesem Fall werden jedoch alle Zeilen einer Gruppe angezeigt.

Ein weiterer Unterschied der beiden Techniken besteht darin, daß die GROUP BY-Klausel Bestandteil einer SQL-Anweisung ist; sie wird folglich im Programm "Database Services" verarbeitet. Demgegenüber ist die Gruppenbildung mittels "BREAK" eine Technik des Query Manager und somit nicht Bestandteil von SQL.

Weitere Aufbereitungsmöglichkeiten

Wir haben nun alle Aufbereitungsmöglichkeiten kennengelernt, die durch Eintragungen im Form-Fenster genutzt werden können. Die Aktion "Specify" in der Aktionszeile eröffnet den Zugang zu weiteren Aufbereitungsparametern, die vor allem dann interessant sind, wenn das Abfrageergebnis auf Papier ausgedruckt werden soll. Durch Anklicken von "Specify" erhält man ein Untermenü mit folgenden Auswahlmöglichkeiten:

- Page...
- Final...
- Break...
- Options...

Die meisten der so erreichbaren Parameter sind selbsterklärend, so daß wir uns eine detaillierte Erläuterung aller Felder ersparen können. Wir wollen uns hier auf eine kurze Beschreibung der verschiedenen Specify-Fenster beschränken.

Das Fenster "Page Text", das durch Anklicken der Auswahl "Page..." erreichbar ist, erlaubt die Angabe von Seitenkopf- ("Heading text") und -fußzeilen ("Footing text"). Umfaßt das Ergebnis mehrere Druckseiten, so werden diese Kopf- und Fußzeilen auf jeder Druckseite ausgedruckt. Maximal können jeweils fünf Zeilen ausgegeben werden. Wie auch bei den folgenden Textfeldern, kann man für jede Textzeile angeben, ob sie linksbündig, rechtsbündig oder zentriert ausgedruckt werden soll (Feld "Align").

Im Fenster "Final Text" lassen sich bis zu zwölf Textzeilen eintragen, die am Ende der Ergebnisliste ausgedruckt werden. Eventuelle Gesamtwerte (z.B. durch Angabe von "SUM" im Feld "Usage") können mit Hilfe des Feldes "Put final summary at line" in den Abschlußtext integriert werden.

Die meisten Aufbereitungsmöglichkeiten bietet das Fenster "Break Options". Hier kann man für jede Gruppenstufe angeben, ob beim Gruppenwechsel eine neue Seite begonnen werden soll, ob beim Gruppenwechsel die Spaltenüberschriften wiederholt werden sollen, etc. Auch hier lassen sich Kopf- und Fußtexte angeben, die dann jede Gruppe umschließen.

Das über die Auswahl "Options..." erreichbare Fenster "Form Options" enthält eine Reihe allgemeiner Formatierungsparameter. Hier ist vor allem das Feld "Number of fixed columns in report" zu erwähnen, das sich bei Ergebnissen mit vielen Spalten als nützlich erweist. Bei der Bildschirmausgabe kann man hiermit eine oder mehrere Spalten vom links-rechts-Blättern ausschließen. D.h. diese Spalten bleiben immer auf dem Bildschirm sichtbar. Wenn man auf diese Weise Spalten festhält, die die Zeilen identifizieren (z.B. die Spalte PERS_NR in der Tabelle Mitarbeiter), so verliert man während des Blätterns nie die Übersicht, welche Zeilen gerade angezeigt werden.

Beim Drucken hat der Parameter "Number of fixed columns in report" eine ähnliche Wirkung. Grundsätzlich werden Ergebnisse, die breiter sind als die zur Verfügung stehenden Druckseiten, portionsweise - d.h. über mehrere Seiten - ausgedruckt. Definiert man festgehaltene Spalten, so werden diese auch auf allen zusammengehörenden Seiten wiederholt.

Ausdrucken von Ergebnissen

Wir haben bereits verschiedene Aufbereitungsparameter behandelt, die vor allem für die Ergebnisausgabe auf Papier relevant sind. Bis jetzt ist allerdings noch offen, wie man das Drucken von Abfrageergebnissen veranlaßt. Hierzu dient die Auswahl "Actions" im Report-Fenster. Durch Anklicken von "Actions" erreicht man ein Untermenü, das u.a. die Auswahl "Print" aufweist. Klickt man auf "Print" so wird man im Print-Fenster gefragt, ob die Ausgabe auf Datei ("To file...") oder auf einen Drucker ("To printer...") erfolgen soll.

Die Ausgabe auf Datei bietet sich an, wenn Abfrageergebnisse weiterverarbeitet werden sollen. So lassen sich derart ausgegebene Ergebnisse z.B. in alle gängige Textverarbeitungs- und DTP-Programme importieren. Wird beim Import die Angabe eines Dateiformats verlangt, so ist dort "ASCII" anzugeben.

Möchte man die Abfrageergebnisse auf einen Drucker ausgeben, so gelangt man durch Anklicken der Auswahl "To printer..." in das Fenster "Print Options" (siehe Abbildung 2.39).

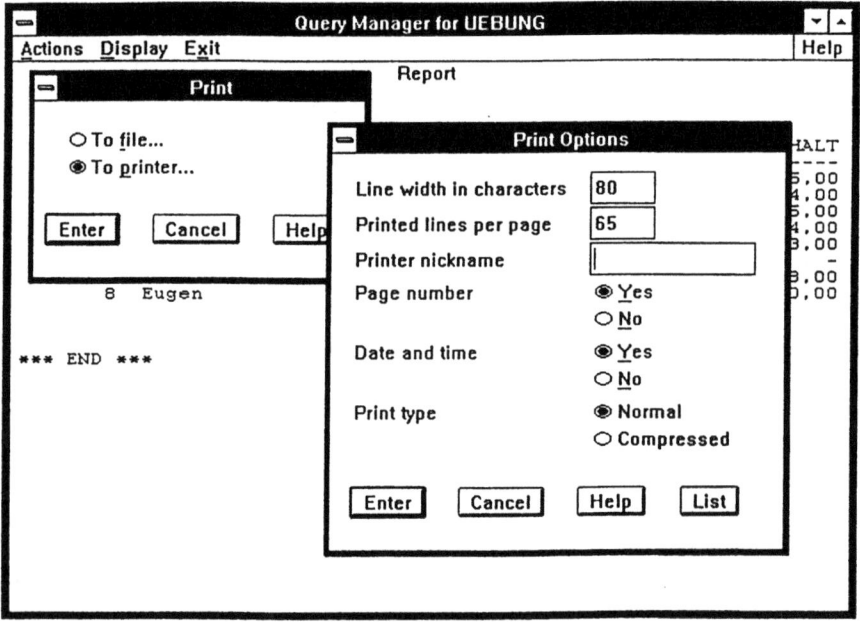

Abbildung 2.39

Dort kann man die Seitengröße in Spalten ("Line width in characters") und Zeilen ("Printed lines per page") festlegen. Mittels der Auswahlfelder "Page number" bzw. "Date and time" kann man spezifizieren, ob in der untersten

Zeile eine Seitennummer bzw. Datum und Uhrzeit (oder beides) ausgegeben werden soll.

Das Auswahlfeld "Print type" ermöglicht, zwischen zwei Schriftbreiten zu wählen. Bei einer schmäleren Schriftbreite (Auswahl "Compressed") kann die Spaltenzahl ("Line width in characters") erhöht werden. Durch Anklicken der Enter-Schaltfläche wird schließlich das Drucken veranlaßt.

Wenn Sie keinen IBM-Drucker besitzen, kann es sein, daß das Druckergebnis nicht ihren Erwartungen entspricht. In diesem Fall müssen Sie für Ihren Drukker eine Druckerdefinitionsdatei erstellen. Dieser Datei wir ein Name zugeordnet, den man dann im Fenster "Print-Options" in das Feld "Printer nickname" (zu deutsch: Spitzname des Druckers) einträgt.

Im übrigen lassen sich nicht nur Abfrageergebnisse, sondern auch SQL-Abfragen und Aufbereitungsformate ausdrucken. Man verwendet hierzu im jeweiligen Fenster die Auswahl "Actions" und die Unterauswahl "Print".

Wo wird die Ergebnisaufbereitung durchgeführt?

Wie wir gesehen haben, besteht zwischen dem Query Manager und den Database Services eine gewisse Arbeitsteilung (siehe Abbildung 2.26 auf Seite 135). Es stellt sich nun die Frage, welches der beiden Programme für die Ergebnisaufbereitung zuständig ist.

Die Antwort lautet: der Query Manager. Die Database Services liefern - nach Ausführung einer SQL-Abfrage - an den Query Manager die ermittelten Ergebniszeilen zurück. Zusätzlich übermitteln sie an den Query Manager die Namen der Ergebnisspalten; allerdings nur für die Ergebnisspalten, die direkt bestimmten Tabellenspalten entsprechen. Alles Weitere ist Aufgabe des Query Manager. Die gesamten Aufbereitungsfunktionen, die wir auf den vorangegangenen Seiten kennengelernt haben, spielen sich somit ausschließlich im Query Manager ab.

2.3.2 Geführte Abfragen

In den zurückliegenden Abschnitten haben wir uns über viele Seiten hinweg mit SQL-Abfragen beschäftigt. Wie wir gesehen haben, besitzt SQL mächtige Sprachmittel, mit denen sich auch komplexe Auswerteprobleme lösen lassen. Andererseits erfordert der erfolgreiche Umgang mit SQL eine gewisse Übung. Insofern eignet sich SQL weniger für Personen, die nur selten Abfragen an Datenbanken richten.

Für solche sporadische Benutzer bietet der Query Manager eine zu SQL alternative Abfragetechnik, die sich mit geringem Lernaufwand beherrschen läßt. Bei dieser Technik, die im Query Manager "Prompted Query" heißt, wird der

Benutzer durch den gesamten Erstellungsvorgang geführt. Wir wollen diese Technik deshalb im weiteren "geführte Abfrage" nennen. Ein Vorteil der "geführten Abfrage" gegenüber SQL besteht darin, daß man sich weder Tabellen- noch Spaltennamen merken muß. Alle verfügbaren Tabellen und Spalten können aus Listen ausgewählt werden.

Die "geführte Abfrage" weist - verglichen mit SQL - allerdings auch einige Nachteile auf. Zum einen sind die Abfragemöglichkeiten gegenüber SQL eingeschränkt. So lassen sich beispielsweise Unterabfragen, Mengenoperatoren und Skalarfunktionen nicht einsetzen. Darüber hinaus kann ein geübter "SQL-Profi" eine SQL-Abfrage wesentlich schneller eingeben als die gleichwertige "geführte Abfrage". Last but not least ist es unumgänglich, SQL zu benutzen, wenn man Datenbankzugriffe in Programme einbetten möchte.

Wir werden uns mit "geführten Abfragen" nicht sehr intensiv befassen, da diese Technik weitgehend selbsterklärend ist. Hierbei kommt uns zugute, daß uns - als SQL-Kundigen - Begriffe wie "Join" bereits geläufig sind. Darüber hinaus sind wir inzwischen mit den Dialogabläufen des Query Manager ziemlich vertraut; der Umgang mit der "geführten Abfrage" sollte deshalb auch aus dieser Sicht keine Probleme bereiten.

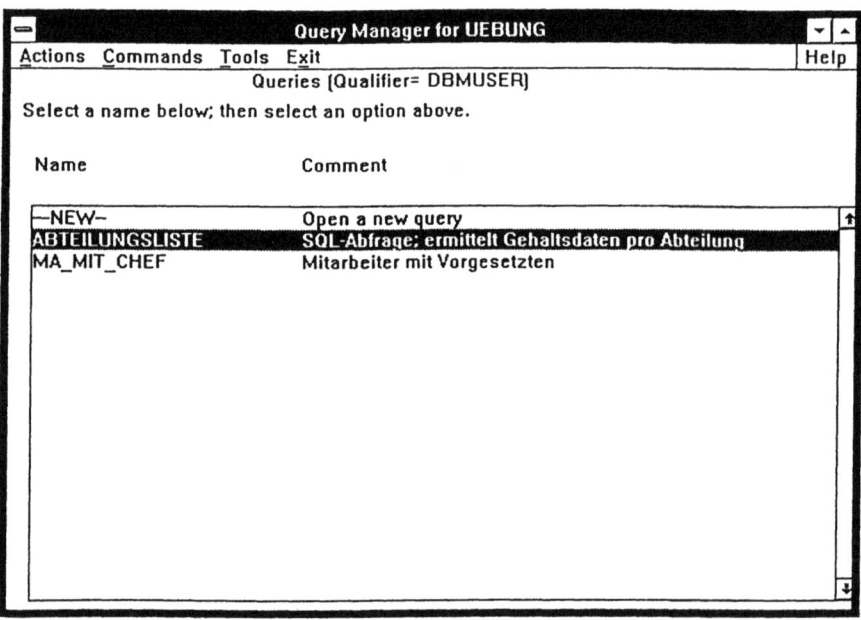

Abbildung 2.40

Um zur "geführten Abfrage" zu gelangen, klicken wir im Fenster "Main Selection for UEBUNG" die Schaltfläche "Queries" an (siehe Abbildung 2.4

2.3 Funktionen des Query Manager

auf Seite 13). Man gelangt dann in das Fenster "Queries (Qualifier = DBM-USER)". Dort sind bereits die Abfragen eingetragen, die wir im Rahmen unserer SQL-Übungen abgespeichert haben (z.B. MA_MIT_CHEF, siehe Abbildung 2.40).

Es handelt sich hierbei allerdings um SQL-Abfragen, nicht um "geführte Abfragen"; d.h. wenn man eine solche Abfrage durch Doppelklick aktiviert, gelangt man in das bekannte SQL Query-Fenster. Das Fenster für "geführte Abfragen" erreicht man, indem man den Eintrag -NEW- zweifach anklickt.

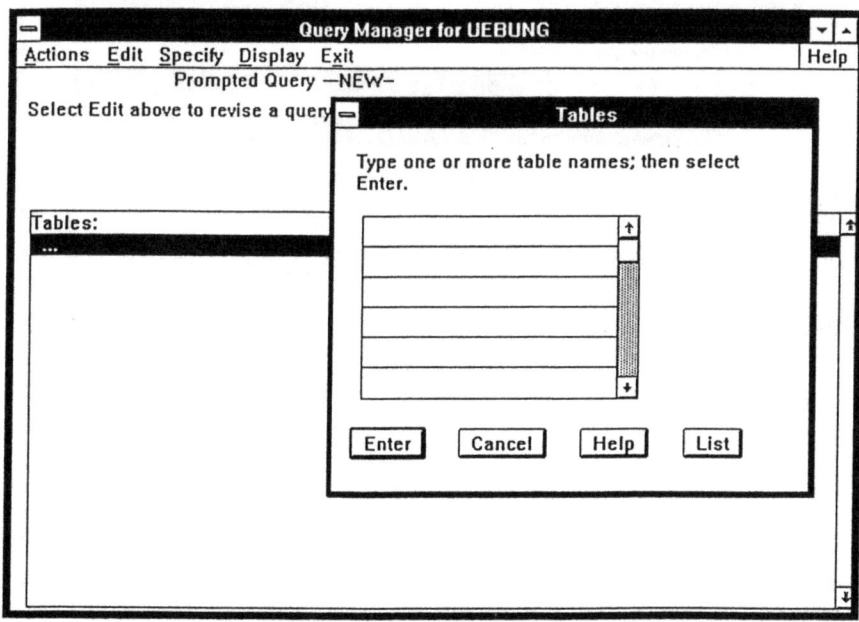

Abbildung 2.41

Man kann also im Fenster "Queries (Qualifier = DBMUSER)" existierende SQL-Abfragen aufrufen und auch modifizieren. Sobald man jedoch eine neue Abfrage eröffnet, gelangt man in das Fenster für die "geführte Abfrage" und nicht in das SQL Query-Fenster. Um eine neue SQL-Abfrage zu erstellen, muß man somit weiterhin - wie gewohnt - mit der Aktionszeilenauswahl "Commands" und der Unterauswahl "SQL Query" vorliebnehmen.

Nach diesen Vorbemerkungen beginnen wir nun eine "geführte Abfrage" durch Doppelklick auf den Eintrag -NEW-. Man findet sich anschließend im Fenster "Prompted Query -NEW-" wieder (siehe Abbildung 2.41). Diesem Fenster ist bereits ein weiteres Fenster mit dem Namen "Tables" überlagert. Dort ist nun anzugeben, auf welche Tabellen sich die Abfrage beziehen soll. Führt man sich eine SQL-SELECT-Anweisung vor Augen, so erkennt man, daß mit dem Fenster "Tables" die FROM-Klausel festgelegt wird. Hat man die Namen der gewünschten Tabellen vergessen, so kann man sich mittels der Schaltfläche "List" eine Übersicht über alle vorhandenen Tabellen verschaffen.

Wir wollen im Fenster "Tables" die Tabellen KIND, LEITUNG und MITARBEITER eintragen, um zu sehen, wie ein Join von Tabellen in der "geführten Abfrage" vonstatten geht. Durch Anklicken der Enter-Schaltfläche gelangt man in das Fenster "Join Tables" (siehe Abbildung 2.42).

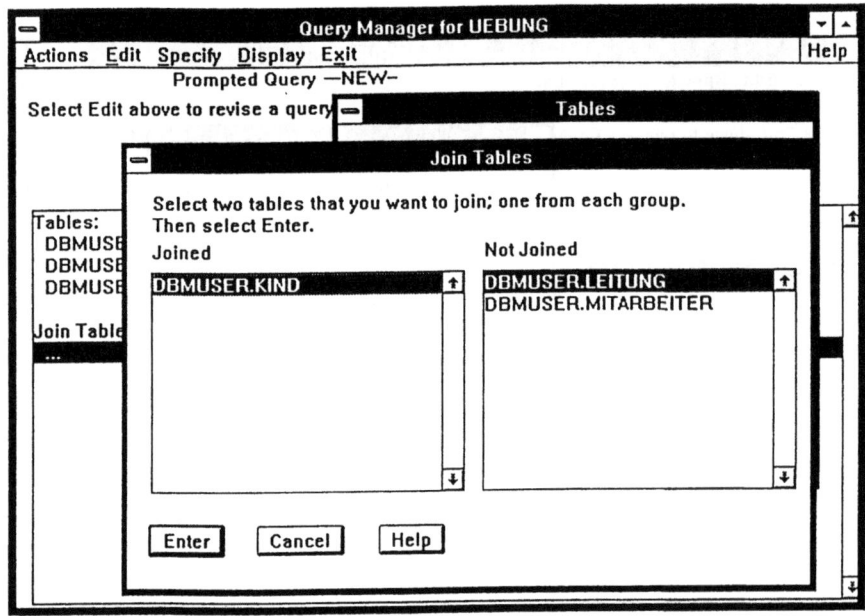

Abbildung 2.42

Dieses Fenster besteht aus zwei Bereichen. Im linken Bereich ("Joined") befinden sich die Tabellen, die bereits miteinander verbunden sind. Zu Beginn ist dort nur eine Tabelle aufgeführt; nämlich die, die als erste im Fenster "Tables" eingegeben wurde. Alle anderen Tabellen befinden sich im rechten Bereich ("Not Joined"). Man muß nun eine der Tabellen des rechten Bereichs auswählen, um diese mit der Tabelle des linken Bereichs (in unserem Fall KIND) zu verbinden. Da sich die Tabelle LEITUNG nicht sinnvoll mit der Tabelle KIND verbinden läßt, wählen wir die Tabelle MITARBEITER und klicken anschließend auf die Enter-Schaltfläche.

Daraufhin öffnet sich das Fenster "Join Columns" (siehe Abbildung 2.43). Dort sind - wiederum in zwei Bereichen - alle Spalten der miteinander zu verbindenden Tabellen aufgeführt. Man muß nun auf jeder Seite eine Spalte auswählen. Über die beiden ausgewählten Spalten erfolgt dann der Join der

2.3 Funktionen des Query Manager

betrachteten Tabellen. Im vorliegenden Fall sind die zwei zu verbindenen Spalten (jeweils PERS_NR) bereits markiert, da es sich in beiden Tabellen um die erste Spalte handelt (siehe Abbildung 2.43). Man braucht also nur noch die Enter-Schaltfläche anzuklicken.

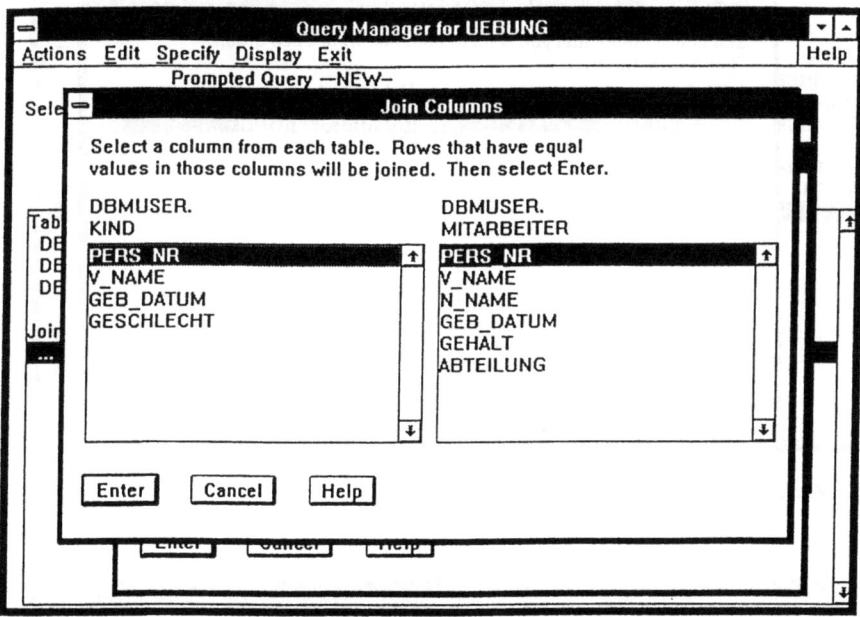

Abbildung 2.43

Ein Join über mehrere Spalten ist im Fenster "Join Columns" leider nicht möglich; d.h. man kann auf jeder Seite jeweils nur ein Feld auswählen. Dies ist ein gewisser Mangel der "geführten Abfrage", da es in der Praxis - wie wir in Kapitel 4 "Datenbankentwurf" sehen werden - durchaus Fälle gibt, in denen man zwei Tabellen über mehrere Spalten verbinden muß.

Nach dem Anklicken der Enter-Schaltfläche gelangt man wieder ins Fenster "Join Tables" (siehe Abbildung 2.44). Nun befinden sich allerdings zwei Tabellen auf der linken Seite; nur die Tabelle LEITUNG besitzt noch keine Verbindung. Man kann jetzt im linken Bereich die Tabelle auswählen, mit der die Tabelle LEITUNG verbunden werden soll. In unserem Fall ist dies die Tabelle MITARBEITER. Man gelangt anschließend erneut ins Fenster "Join Columns". Dort kann man dann die beiden Tabellen über die Spalten PERS_NR (Tabelle MITARBEITER) und ABT_LEITER (Tabelle LEITUNG) miteinander verbinden.

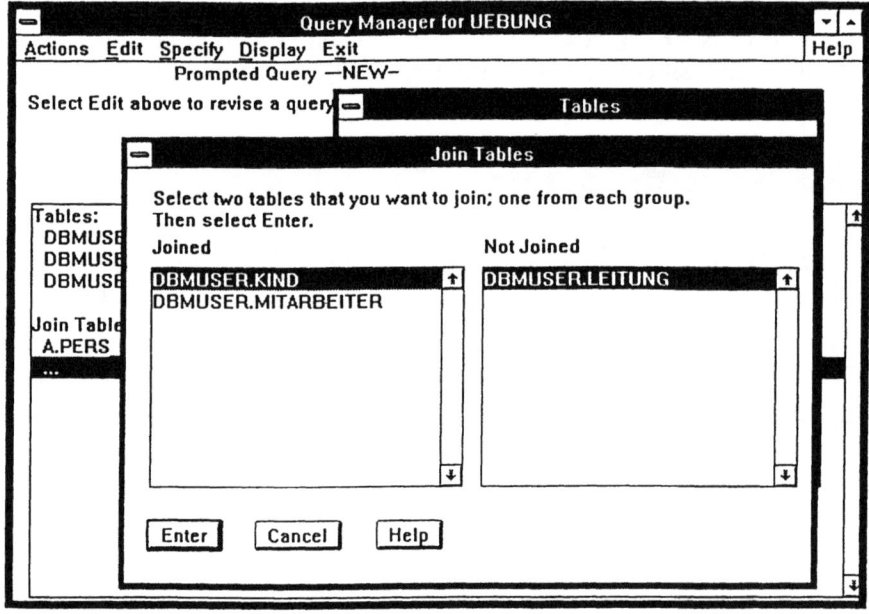

Abbildung 2.44

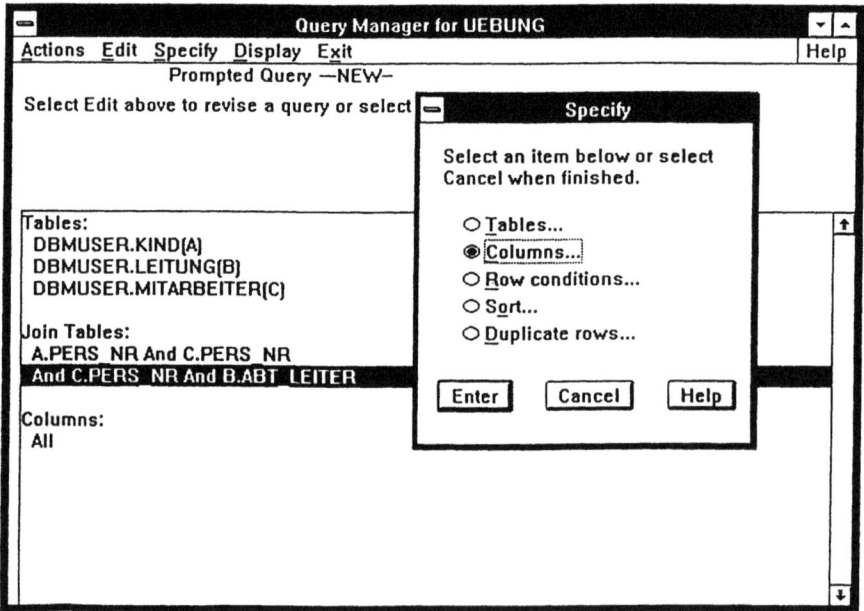

Abbildung 2.45

Nachdem nun alle Joinbedingungen festgelegt sind, öffnet sich das Fenster "Specify" (siehe Abbildung 2.45). Den ersten Punkt des Fensters "Specify" - nämlich die Auswahl "Tables..." - haben wir bereits hinter uns gebracht. Die restlichen Punkte werden wir nicht im Detail behandeln, da sie wirklich selbsterklärend sind. Vielmehr wollen wir uns darauf beschränken, für die einzelnen Punkte die Analogie zu den entsprechenden Klauseln der SELECT-Anweisung herzustellen:

Columns...   Im Fenster "Columns" wird die Spaltenliste der Abfrage festgelegt. Man kann hier auch arithmetische Ausdrücke oder Spaltenfunktionen verwenden. Der Einsatz von Skalarfunktionen ist allerdings nicht möglich. Überspringt man den Punkt "Columns...", so werden alle Spalten aller ausgewählten Tabellen angezeigt.

Row conditions...   Im Fenster "Row conditions" kann man eine WHERE-Klausel aufbauen. Die Prädikate der WHERE-Klausel, die sich aus den Joinbedingungen ergeben, braucht man hier allerdings nicht mehr anzugeben. Die Verwendung von Skalarfunktionen und Unterabfragen ist nicht möglich.

Sort...   Das Fenster "Sort" dient zur Definition der ORDER BY-Klausel.

Duplicate rows...   Im Fenster "Duplicate rows" kann festgelegt werden, ob im Ergebnis Duplikate auszuschließen sind. Dies entspricht der Angabe von "DISTINCT" in der SELECT-Spaltenliste.

Man muß sich nicht zwangsweise durch alle Punkte des Specify-Fensters durchhangeln; statt dessen kann man sich auf die Punkte beschränken, die für die geplante Abfrage relevant sind. Sobald man der Meinung ist, die Abfrage sei fertig, kann das Specify-Fenster durch Anklicken von "Cancel" verlassen werden. Die Ausführung der Abfrage erfolgt dann wie im SQL Query-Fenster entweder durch *Umschalttaste F1* oder mittels der Auswahlen "Actions" und "Run".

Verändern von geführten Abfragen

Mit jedem abgeschlossenen Schritt im Specify-Fenster baut sich ein Textblock im darunterliegenden Fenster "Prompted Query -NEW-" auf. Jeder dieser Blöcke besitzt eine Überschrift (z.B. "Tables:").

Möchte man in einem der bereits definierten Abfrageblöcke eine Veränderung vornehmen, so muß man hierzu das Specify-Fenster mittels "Cancel" verlassen und die Zeile anklicken, in der die Veränderungen gewünscht werden.

Anschließend klickt man auf die Auswahl "Edit" in der Aktionszeile. Im daraufhin sichtbaren Untermenü kann man angeben, ob das ausgewählte Abfrageelement erweitert (Auswahl "Insert..."), modifiziert (Auswahl "Update...") oder gelöscht werden soll (Auswahl "Delete"). Möchte man eine Abfrage um Elemente erweitern, die bisher noch nicht benutzt wurden, so muß man in diesem Fall statt der Auswahl "Edit" die Auswahl "Specify" verwenden. Man hat dann die Möglichkeit, alle Punkte des Specify-Fensters gezielt aufzurufen.

Umwandlung in SQL

Möchte man wissen, wie das SQL-Äquivalent einer "geführten Abfrage" aussieht, so kann man hierzu die Unterauswahl "Show SQL..." der Auswahl "Actions" aufrufen. Eine "geführte Abfrage" läßt sich auch dauerhaft in eine SQL-Anweisung umwandeln. Dies geschieht mit der Unterauswahl "Convert to SQL...". Die in SQL umgewandelte Abfrage wird dann im SQL Query-Fenster angezeigt und kann dort noch weiter modifiziert werden. Doch Vorsicht! Es gibt keinen Weg zurück zur "geführten Abfrage". Will man die ursprüngliche "geführte Abfrage" weiterhin behalten, so sollte man sie - vor dem Umwandeln in SQL - mit Hilfe der Auswahl "Actions" und der Unterauswahl "Save..." sichern.

Wie wird eine geführte Abfrage verarbeitet?

Erinnern wir uns an die Arbeitsteilung zwischen Query Manager und den Database Services (siehe Abbildung 2.26 auf Seite 135). Wie wir gesehen haben, sind die Database Services für die Ausführung aller SQL-Anweisungen zuständig. Es stellt sich nun die Frage, ob die Database Services auch "geführte Abfragen" ausführen können.

Dies ist nicht der Fall; d.h. die Database Services sind nicht in der Lage, eine "geführte Abfrage" als Auftrag entgegenzunehmen. Vielmehr ist es die Aufgabe des Query Manager, eine "geführte Abfrage" vor der Weiterleitung an die Database Services in eine äquivalente SQL-Anweisung umzuwandeln. Diese Umwandlung erfolgt jedesmal, wenn eine "geführte Abfrage" ausgeführt wird.

2.3.3 Funktionen zur Anwendungsentwicklung

Bisher haben wir den Query Manager als ein universelles Hilfsmittel für die Arbeit mit Database Manager-Datenbanken kennengelernt. Vor allem für den Anwendungsentwickler stellt er ein nützliches Werkzeug zur Erstellung von Database Manager-Anwendungen dar.

Die bislang behandelten Funktionen des Query Manager sind allerdings nur bedingt für den Endbenutzer geeignet; unter Endbenutzern verstehen wir diejenigen Personen (meist ohne EDV-Kenntnisse), für die letztlich Database Manager-Datenbanken und -Anwendungen zur Unterstützung ihrer Arbeit gedacht sind. Eine gewisse Ausnahme bilden hierbei die "geführte Abfrage" und die Ergebnisaufbereitungsfunktionen des Query Manager, die auch von versierten Endbenutzern zur Lösung sporadischer Auswerteanforderungen einsetzbar sind.

Der Query Manager besitzt allerdings auch Funktionen, die es erlauben, einfache Datenbankanwendungen ohne Einsatz einer klassischen Programmiersprache - quasi interaktiv - zu erstellen. In gewissem Umfang kann der Query Manager somit als Werkzeug zur Anwendungsentwicklung dienen. Speziell hierfür sind im Query Manager folgende drei Objekttypen vorgesehen:

- Prozeduren,
- Dateneingabe- bzw. -anzeigeformate,
- Auswahlmenüs

Zur Erstellung dieser Objekttypen des Query Manager dienen die Schaltflächen "Procedures", "Panels" und "Menus" im Fenster "Main Selection for..." (siehe Abbildung 2.4 auf Seite 13). Eine detaillierte Behandlung der genannten Objekttypen würde den Umfang des Buches sprengen. Um jedoch einen Eindruck zu vermitteln, welche Möglichkeiten der Query Manager für die Anwendungsentwicklung bietet, wollen wir uns ein einfaches Beispiel ansehen.

Auswahlmenüs

Auswahlmenüs dienen dazu, dem Benutzer die ihm zur Verfügung stehenden Funktionen anzuzeigen. Unsere Beispieltabellen MITARBEITER, KIND und LEITUNG könnte man sich als Bestandteil eines Personalsystems vorstellen. Dem Benutzer dieses Personalsystems könnte man dann das in Abbildung 2.46 dargestellte Auswahlmenü präsentieren, in dem er unter vier verschiedenen Funktionen auswählen kann.

Erstellt man ein Auswahlmenü mit Hilfe des Query Manager, so muß man für jede Auswahlschaltfläche des Menüs eine Aktion festlegen. Eine solche Aktion kann die Anzeige eines weiteren Auswahlmenüs, der Aufruf einer Prozedur oder die Anzeige eines Eingabe- bzw. Anzeigeformats sein. Die mit einer Schaltfläche verbundene Aktion wird dann vom Query Manager ausgeführt, sobald der Benutzer die entsprechende Schaltfläche anklickt.

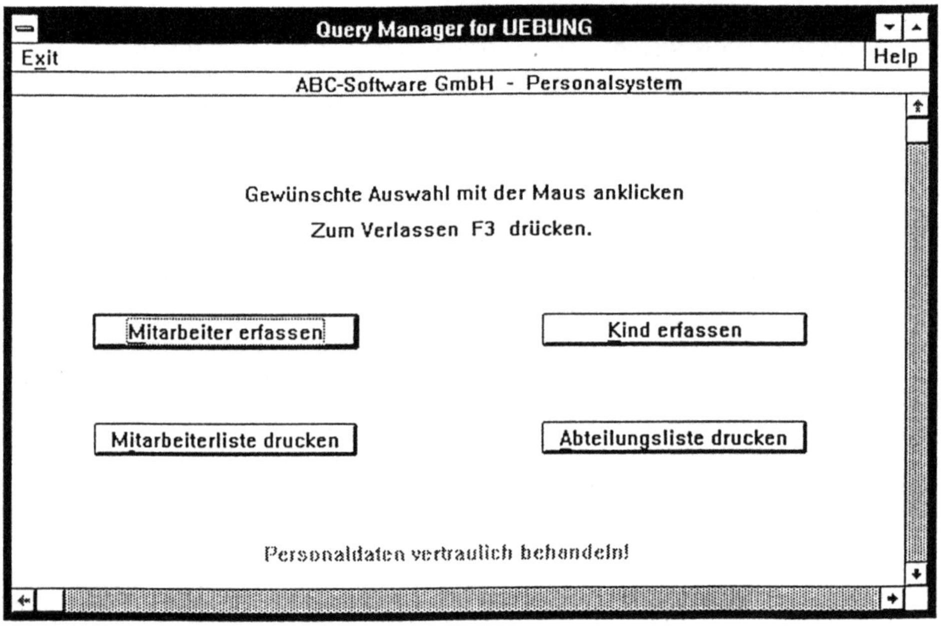

Abbildung 2.46

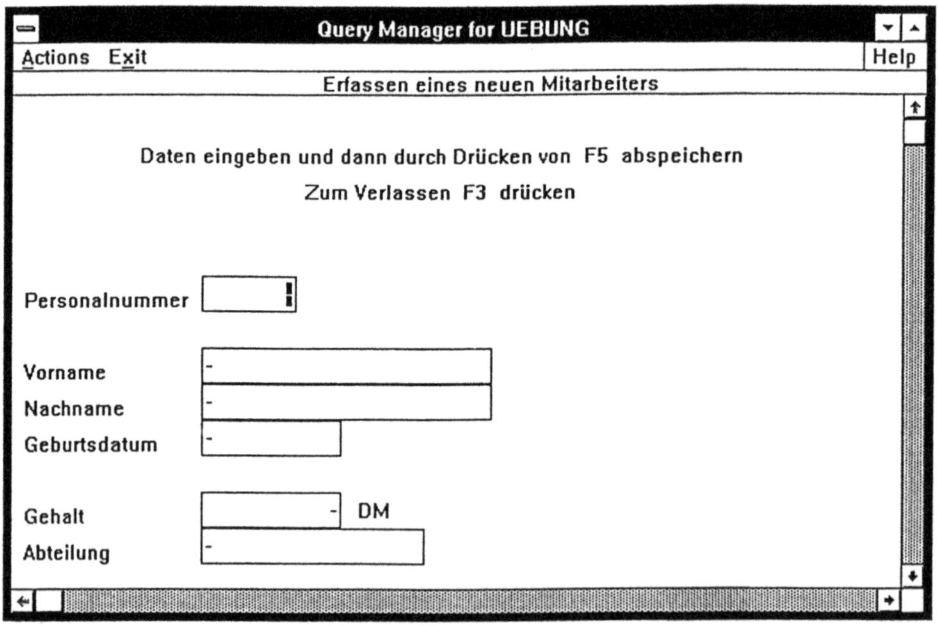

Abbildung 2.47

Dateneingabe- bzw. -anzeigeformate

Eingabe- und Anzeigeformate sind die eigentlichen Präsentationselemente des Query Manager. Hiermit lassen sich Bildschirmfenster für die unterschiedlichsten Zwecke erstellen. Wir wollen es auch hier bei einem einfachen Beispiel bewenden lassen. Durch Anklicken der Auswahl "Mitarbeiter erfassen" im Auswahlmenü (siehe Abbildung 2.46) könnte man in ein Fenster gelangen, das die Eingabe von Mitarbeiterdaten erlaubt (siehe Abbildung 2.47). Dort kann der Benutzer nun die Daten eines oder mehrerer neuer Mitarbeiter erfassen.

Der Query Manager ermöglicht die Definition von Formaten, die weitaus komplexer sind, als das in Abbildung 2.47 dargestellte. So kann man mit Hilfe sogenannter Wiederholfelder ("repeated fields") mehrere Zeilen einer Tabelle gleichzeitig anzeigen und verarbeiten. Darüber hinaus lassen sich Daten verschiedener Tabellen in einem Format darstellen und miteinander verknüpfen.

Prozeduren

Mittels Prozeduren kann die Ablauflogik einer Query Manager-Anwendung programmiert werden. Die Query Manager-Prozedursprache besitzt Sprachelemente, die man bereits aus anderen Programmiersprachen kennt. So lassen sich Schleifen über DO-WHILE- oder DO-UNTIL-Konstrukte realisieren. Für Ablaufverzweigungen steht eine IF-THEN-ELSE-Anweisung zur Verfügung. Insgesamt können zehn verschiedene Sprachelemente verwendet werden.

Zusätzlich zu diesen Sprachelementen lassen sich in Prozeduren sogenannte Query Manager-Kommandos einsetzen. Mit solchen Query Manager-Kommandos kann man z.B. Abfragen ausführen, Ergebnisse aufbereiten und ausdrucken und vieles mehr. Insgesamt gibt es zirka 20 verschiedene Query Manager-Kommandos.

Um auch hier einen kleinen Einblick zu erhalten, wollen wir uns eine (sehr einfache) Query Manager-Prozedur ansehen. Diese Prozedur ist Bestandteil unseres "Personalsystems". Sie wird vom Query Manager gestartet, sobald der Benutzer im Auswahlmenü die Schaltfläche "Mitarbeiterliste drucken" anklickt (siehe Abbildung 2.46). Die Aufgabe der Prozedur besteht darin, eine unter dem Namen MITARBEITERLISTE abgespeicherte Abfrage auszuführen. Das Ergebnis soll allerdings nicht im Report-Fenster angezeigt werden, sondern mit dem ebenfalls unter dem Namen MITARBEITERLISTE gespeicherten Aufbereitungsformat aufbereitet und gedruckt werden. Die hierzu benötigte Prozedur besteht aus folgenden zwei Anweisungen:

```
/* Prozedur zum Drucken einer Mitarbeiterliste */

'run query mitarbeiterliste (report=no)'

'print report (form=mitarbeiterliste)'
```

Man kann bereits beim Aufruf dem Query Manager eine Initialprozedur mitgeben, die dann z.B. sofort ein bestimmtes Auswahlmenü zur Anzeige bringt. Der Benutzer merkt somit überhaupt nicht, daß er mit dem Query Manager arbeitet. Die Funktionen des Query Manager sind ihm in diesem Fall auch nicht direkt zugänglich. Er kann ausschließlich die Fenster öffnen, die mittels der Query Manager-Anwendung für ihn vorgesehen wurden.

Wie realisiert man OS/2-Datenbankanwendungen?

Bevor man sich entscheidet, eine Datenbankanwendung komplett mit Hilfe des Query Manager zu realisieren, sollte man die sonst noch zur Verfügung stehenden Alternativen untersuchen und sich letztendlich zu der Technik entschließen, die sich für die geplante Anwendung am besten eignet.

Im Abschnitt 3.6 "Realisierung der Präsentationskomponente?" werden wir uns mit den verschiedenen Möglichkeiten zur Entwicklung von OS/2-Datenbankprogrammen auseinandersetzen. Dort werden die Query Manager-Werkzeuge zur Anwendungsentwicklung mit anderen Techniken verglichen, um die Wahl des für eine bestimmte Anwendung am besten geeigneten Werkzeugs zu erleichtern.

3 Einführung in die SQL-Programmierung

Wie wir im letzten Kapitel erfahren haben, besteht der Database Manager aus zwei Komponenten: dem Programm "Query Manager" und dem Programm "Database Services" (siehe Abbildung 2.26 auf Seite 135). Auf das Zusammenspiel dieser beiden Komponenten wurde im Abschnitt 2.3 "Funktionen des Query Manager" ausführlich eingegangen. Wir haben dort allerdings auch gelernt, daß die Database Services als Dienstleister für Datenbankdienste nicht nur Aufträge des Query Manager ausführen können, sondern ebenso Aufträge beliebiger anderer OS/2-Programme (siehe Programm XYZ.EXE in Abbildung 2.26).

Im vorliegenden Kapitel wollen wir uns damit beschäftigen, wie man aus C-Programmen die Dienste der Database Services in Anspruch nehmen kann; oder anders ausgedrückt: Es soll gezeigt werden, wie sich SQL-Anweisungen in C-Programme einbetten lassen.

Das Programm "Query Manager" werden wir in nächster Zeit also nicht brauchen. Dies bedeutet aber, daß wir uns in Zukunft um eine Aufgabe kümmern müssen, die uns bislang der Query Manager abgenommen hat: das Starten der Database Services. Wie bereits in Abschnitt 2.3 erläutert wurde, müssen die Database Services zuerst als eigenständiger Hintergrundprozeß gestartet werden, bevor sie bereit sind, Aufträge in Form von SQL-Anweisungen entgegenzunehmen. Sie wurden bisher vom Query Manager gestartet, ohne daß wir hiervon etwas bemerkt haben. Da wir den Query Manager in diesem Kapitel vorerst nicht benötigen, müssen die Database Services zukünfig auf andere Weise gestartet werden. Hierzu dient das Programm STARTDBM.EXE. Es ist Bestandteil des Database Manager und läßt sich in einer beliebigen Full-Screen- oder Fenstersession des OS/2 durch Eingabe von STARTDBM ausführen. Es startet die Database Services und beendet dann seine Arbeit nach Ausgabe der Erfolgsmeldung:

SQL1063N STARTDBM processing was successful.

Die Database Services laufen nun in einem Hintergrundprozeß und warten auf Aufträge. Versucht man die Database Services ein zweites Mal zu starten, indem man nochmals STARTDBM eingibt, so erhält man die Fehlermeldung:

SQL1026N Database Manager is already active.

D.h. die Database Services können nicht mehrfach gestartet werden. Das ist allerdings auch nicht nötig, da die Database Services in der Lage sind, Aufträge von verschiedenen OS/2-Programmen parallel zu bearbeiten.

Möchte man die Database Services wieder beenden, so ist dies mit dem Programm STOPDBM.EXE möglich. Es läßt sich ebenfalls in einer beliebigen Full-Screen- oder Fenstersession des OS/2 (durch Eingabe von STOPDBM) ausführen. Im Erfolgsfall erhält man die Meldung:

SQL1064N STOPDBM processing was successful.

Es gibt allerdings üblicherweise keinen Grund, die Database Services wieder zu stoppen; man läßt sie in der Regel nach dem Starten ständig aktiv. Beim Herunterfahren des gesamten OS/2 werden die Database Services dann automatisch beendet.

Um einen ersten Eindruck zu gewinnen, wie ein C-Programm mit SQL-Anweisungen aussieht, werden wir im nächsten Abschnitt ein einfaches Programmbeispiel kennenlernen. Hierbei werden wir auch erfahren, welche Schritte zur Erstellung eines lauffähigen Database Manager-Programms nötig sind.

In den darauffolgenden Abschnitten wird dann der Einsatz von SQL in C-Programmen systematisch behandelt.

3.1 Das erste SQL-Programm

Bevor wir uns das erste Database Manager-Programm ansehen, sind noch ein paar Begriffe zu klären. Die Besonderheit eines Database Manager-Programms gegenüber gewöhnlichen C-Programmen besteht darin, daß in den C-Programmcode SQL-Anweisungen eingebettet werden. Die Sprache, die für die SQL-Anweisungen den Rahmen bildet - in unserem Fall die Sprache C -, wird hierbei üblicherweise als **Wirtssprache** (engl. host language) bezeichnet; die SQL-Anweisungen sind somit - um beim Sprachbild zu bleiben - Gäste im C-Programm. Natürlich kann man eine derartige Mischung aus C- und SQL-Anweisungen nicht direkt mit einem C-Compiler übersetzen. Vielmehr muß ein solches Programm erst vorbehandelt werden. Hierzu dient ein Vorübersetzungsprogramm - ein sogenannter **Precompiler**. Ein solcher Precompiler steht Ihnen bereits zur Verfügung, da er bei der Installation des Database Manager automatisch auf die Festplatte kopiert wurde; er braucht folglich nicht separat beschafft zu werden.

Bevor wir uns jedoch genauer mit dem Umwandlungsvorgang befassen, wollen wir uns ein Beispielprogramm ansehen. Bei diesem und auch den folgenden Programmen wird vorausgesetzt, daß Sie mit der Programmiersprache C vertraut sind. Sollte dies nicht der Fall sein, so ist es ratsam, sich vor dem Weiterlesen die wesentlichen C-Grundbegriffe anzueignen. Hierzu bietet der Markt eine Vielzahl von Büchern.

Damit sich die SQL-Anweisungen besser von den C-Anweisungen unterscheiden lassen, werden in allen Beispielen SQL-Anweisungen in Großbuchstaben und C-Anweisungen - wie gewohnt - in Kleinbuchstaben geschrieben. Es wäre allerdings durchaus zulässig, auch für die SQL-Anweisungen Kleinbuchstaben zu benutzen.

Nach dieser Vorrede soll Ihre Geduld nicht weiter strapaziert werden. Es folgt unser erstes Database Manager-Programm:

```
#include <stdlib.h>
#include <stdio.h>
#include <sqlenv.h>                                              /* 1 */

EXEC SQL INCLUDE SQLCA;                                          /* 2 */

void fehler(char *anweisung);
```

```
main()
{
  EXEC SQL BEGIN DECLARE SECTION;                                    /*  3 */
    short pers_nr;
    char  v_name[16], n_name[16], geb_datum[11];
  EXEC SQL END DECLARE SECTION;

  sqlestrd("UEBUNG", SQL_USE_SHR, &sqlca);                           /*  4 */
  if (SQLCODE) fehler("Start using DB");                             /*  5 */

  printf("Personalnummer eingeben: ");
  scanf("%d", &pers_nr);

  EXEC SQL                                                           /*  6 */
    SELECT  V_NAME, N_NAME, GEB_DATUM
    INTO    :v_name, :n_name, :geb_datum                             /*  7 */
    FROM    MITARBEITER
    WHERE   PERS_NR = :pers_nr;                                      /*  8 */

  if (SQLCODE == 100)                                                /*  9 */
   {
    printf("Zur Personalnummer %d keine Daten gefunden.\n", pers_nr);
    sqlestpd(&sqlca);                                                /* 10 */
    exit(1);
   }

  if (SQLCODE < 0) fehler("SELECT-Anweisung");                       /* 11 */

  printf("Personalnummer = %d\n", pers_nr);
  printf("Name           = %s %s\n", v_name, n_name);
  printf("Geburtsdatum   = %s\n", geb_datum);

  sqlestpd(&sqlca);                                                  /* 12 */
  return(0);
}
void fehler(char *anweisung)                                         /* 13 */
{
  printf("Fehler bei %s: Sqlcode = %ld.\n", anweisung, SQLCODE);
  sqlestpd(&sqlca);
  exit(2);
}
```

ERSTES.SQC

Vielleicht haben Sie's bereits erkannt: Die Aufgabe des Programms ERSTES.SQC besteht darin, zu einer eingegebenen Personalnummer den Namen und das Geburtsdatum des zugehörigen Mitarbeiters zu ermitteln und am Bildschirm auszugeben.

3.1 Das erste SQL-Programm

Der erste Unterschied zu einem gewöhnlichen C-Programm zeigt sich bereits im Namen der Quelldatei. Während die Dateinamen von C-Programmen üblicherweise die Namenserweiterung C (z.B. XYZ.C) aufweisen, müssen Database Manager-Programme mit der Dateinamenserweiterung SQC abgespeichert werden. Diese Namenserweiterung soll zum Ausdruck bringen, daß es sich um C-Programme mit SQL-Anweisungen handelt.

Bei der folgenden Behandlung der einzelnen Programmelemente werden Sie ständig eingeklammerte Zahlen finden; z.B.: (5). Diese Zahlen dienen dazu, den Bezug zu bestimmten Programmzeilen herzustellen. Im Programm ERSTES.SQC tauchen diese Zahlen wieder in Form von Kommentaren auf (z.B. /* 5 */).

Eingebettetes SQL

Beginnen wir mitten im Programm (6): Dort finden wir eine Anweisung, die mit einer SELECT-Anweisung große Ähnlichkeit hat. Es handelt sich hierbei auch um eine SELECT-Anweisung; allerdings um die eingebettete Form einer SELECT-Anweisung. Unter dem Begriff "eingebettete Form" versteht man die Form einer SQL-Anweisung, die in Programmen zu verwenden ist. Im Gegensatz hierzu bezeichnet man die Form von SQL-Anweisungen, die im SQL Query-Fenster des Query Manager benutzt werden kann (siehe Kapitel 2), als "interaktive Form". Die interaktive Form der betrachteten SELECT-Anweisung würde (für den Mitarbeiter mit der Personalnumnmer 3) folgendermaßen lauten:

```
SELECT   V_NAME, N_NAME, GEB_DATUM
FROM     MITARBEITER
WHERE    PERS_NR = 3
```

Die eingebettete Form der SELECT-Anweisung unterscheidet sich hiervon in drei Punkten:

1. Sie beginnt mit den Schlüsselwörtern "EXEC SQL" (6). Jede in ein C-Programm eingebettete SQL-Anweisung beginnt auf diese Weise. An den Wörtern "EXEC SQL" erkennt nämlich der Precompiler des Database Manager, daß es sich um eine für ihn relevante Anweisung und nicht um eine Anweisung der Wirtssprache handelt. Darüber hinaus müssen SQL-Anweisungen in C-Programmen immer durch einen Strichpunkt abgeschlossen werden. Dies ist jedoch für einen C-Programmierer nichts Ungewöhnliches.

2. Auf die Spaltenliste der SELECT-Anweisung folgt eine Klausel, mit der wir bisher noch keine Bekanntschaft gemacht haben - die INTO-Klausel (7). In der INTO-Klausel muß für jede Spalte der Spaltenliste eine C-

Variable angegeben werden, die dann zur Aufnahme eines Ergebniswertes der SELECT-Anweisung verwendet wird; d.h. die von den Database Services ermittelten Ergebnisdaten werden in die C-Variablen eingestellt, die in der INTO-Klausel benannt werden.

Man bezeichnet solche Variablen der Wirtssprache, die in SQL-Anweisungen verwendet werden, üblicherweise als "Wirtsvariablen" (engl. host variables). Damit der Precompiler in der Lage ist, eine Wirtsvariable als solche zu erkennen, muß man in SQL-Anweisungen jede Wirtsvariable durch Voranstellen eines Doppelpunktes kennzeichnen (7).

3. Die INTO-Klausel ist nicht die einzige Stelle einer SELECT-Anweisung, an der Wirtsvariablen verwendet werden können. Weitere Einsatzmöglichkeiten von Wirtsvariablen bieten sich z.B. in der WHERE-Klausel (8). Im vorliegenden Beispiel ist zum Zeitpunkt der Programmierung noch nicht bekannt, für welche Personalnummer der (Programm-)Benutzer sich die Mitarbeiterdaten anzeigen lassen möchte. Ein Programm, das nur die Daten eines ganz bestimmten Mitarbeiters anzeigen kann, wäre wohl wenig brauchbar. Um den Aufbau der WHERE-Klausel noch zum Zeitpunkt der Programmausführung beeinflussen zu können, besteht die Möglichkeit, an Stelle konstanter Vergleichswerte Wirtsvariablen zu verwenden. Bei der Ausführung der SQL-Anweisung durch die Database Services werden dann die Inhalte dieser Wirtsvariablen zur Datensuche verwendet. In unserem Beispielprogramm wird die Wirtsvariable "pers_nr" direkt vor Ausführung der SELECT-Anweisung durch Tastatureingabe mit einem Zahlenwert gefüllt; dies geschieht mittels der C-Bibliotheksfunktion "scanf".

Zusammenfassend läßt sich sagen: Wirtsvariablen dienen zum einen dazu, bestimmte Teile einer SQL-Anweisung erst zum Zeitpunkt der Programmausführung festzulegen (z.B. Variable "pers_nr" in der WHERE-Klausel). Zum andern werden Wirtsvariablen in INTO-Klauseln verwendet, um Abfrageergebnisse aufzunehmen. Diese können dann mittels anschließender C-Anweisungen beliebig weiterverarbeitet werden.

SQL-Anweisungen versus C-Funktionen

Man kann die Verarbeitung von SQL-Anweisungen in einem C-Programm in gewisser Weise mit Funktionsaufrufen vergleichen. Hierbei bilden alle Wirtsvariablen, die nicht in einer INTO-Klausel auftreten, die Übergabeparameter. Die Wirtsvariablen der INTO-Klausel stellen Rückgabeparameter dar. Die SQL-Anweisung an sich kann man als Definition einer "Funktion" ansehen. Es gibt jedoch zwei wesentliche Unterschiede zu C-Funktionen:

1. Um eine C-Funktion aufrufen zu können, muß sie zuvor codiert werden. Eine SQL-Anweisung beschreibt hingegen nur die Eigenschaften des

3.1 Das erste SQL-Programm

gewünschten Ergebnisses. Das zur Ermittlung des Ergebnisses benötigte Programm wird anhand der SQL-Anweisung **vom Database Manager** erstellt (Was statt Wie; siehe Abschnitt 2.1.4 "Was man sonst noch über SQL wissen sollte").

2. Der zweite Unterschied besteht in der Programmausführung. Während eine Funktion im gleichen OS/2-Prozeß wie die aufrufende Funktion abläuft, wird eine SQL-Anweisung nicht im OS/2-Prozeß der aufrufenden Funktion (in unserem Beispiel die Funktion "main"), sondern in einem eigenständigen OS/2-Prozeß ausgeführt; es handelt sich hierbei um den Prozeß, in dem die Database Services aktiv sind.

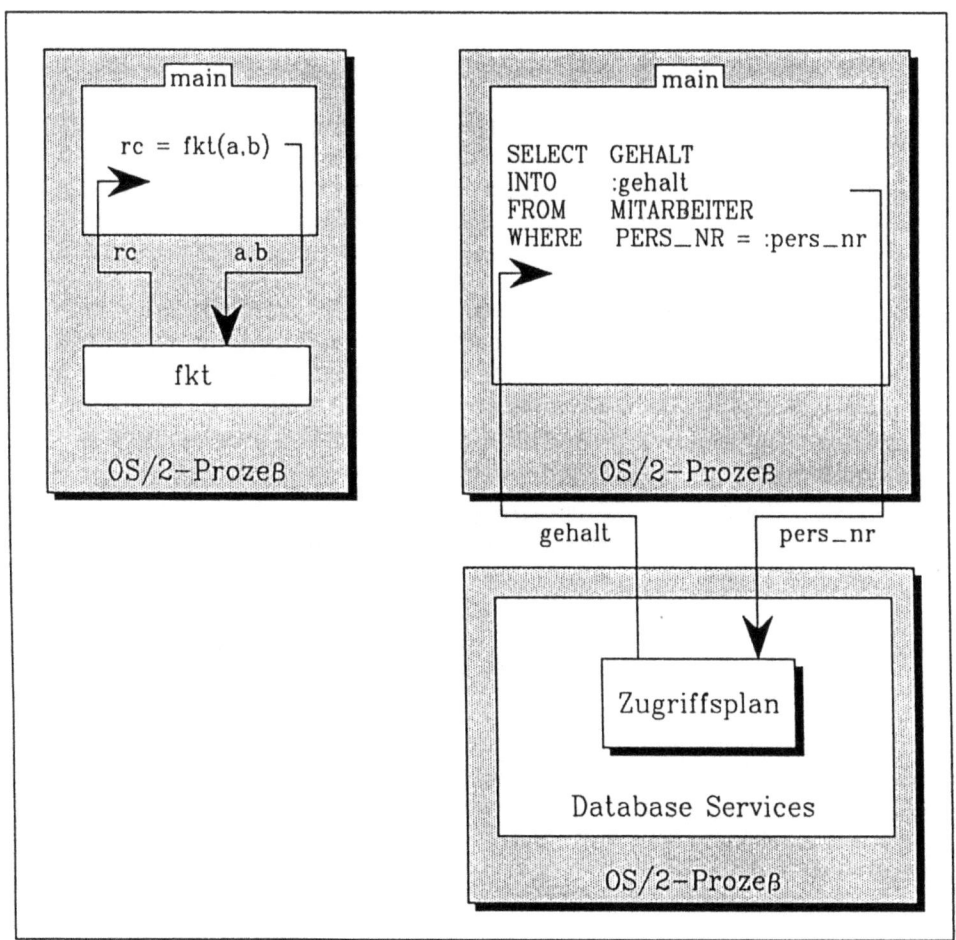

Abbildung 3.1

Die beiden eben genannten Unterschiede zwischen Funktionsaufrufen und SQL-Anweisungen sind in Abbildung 3.1 nochmals graphisch dargestellt. Dort ist innerhalb der Database Services ein Programm mit der Bezeichnung "Zugriffsplan" (engl. access plan) enthalten. Dies ist das vom Database Manager erstellte Programm, welches den Code zur Ausführung der SQL-Anweisung umfaßt. Derartige Datenzugriffsmodule, die innerhalb der Database Services ablaufen, werden im Sprachgebrauch des Database Manager grundsätzlich mit dem Begriff "Zugriffsplan" belegt. Es handelt sich bei Zugriffsplänen jedoch nicht um klassische Lademodule, die echte Prozessorbefehle enthalten. Zugriffspläne bestehen vielmehr aus einem Zwischencode, der zur Laufzeit von den Database Services interpretiert und in Prozessorbefehle umgesetzt wird.

Rückmeldung der Auftragsbearbeitung durch die Database Services

Doch nun zurück zu unserem Beispielprogramm ERSTES.SQC. Erinnern wir uns an die Abfrageübungen im Query Manager. Hat man dort die WHERE-Klausel in der Weise formuliert, daß sie für keine einzige Zeile zutraf, dann erhielt man im Report-Fenster anstatt Ergebnisdaten die Meldung:

The query you ran did not produce any data.

Die gleiche Situation kann natürlich auch in unserem Programm auftreten. Wenn der Benutzer eine Personalnummer eingibt, die in der Tabelle MITARBEITER nicht enthalten ist, dann sind die Database Services nicht in der Lage, Datenwerte für die Wirtsvariablen der INTO-Klausel zu ermitteln. Unser Programm muß folglich vom Auftreten einer solchen Situation in Kenntnis gesetzt werden.

Hierzu dient eine C-Datenstruktur mit dem Namen "sqlca"; "sqlca" ist als Abkürzung für den Begriff "SQL communication area" anzusehen, der im Deutschen mit "SQL-Kommunikationsstruktur" übersetzt werden kann. Die SQL-Anweisung "INCLUDE SQLCA" (2) veranlaßt den Precompiler, die Definition der Datenstruktur "sqlca" in die C-Programmquelle einzufügen. Darüber hinaus wird eine gleichnamige Variable mit eben dieser Struktur deklariert.

Wir wollen uns im Moment mit der Struktur "sqlca" nicht detailliert beschäftigen, sondern nur das wichtigste Element dieser Struktur betrachten. Es heißt "sqlcode" und ist als Rückkehrcode zu verstehen, mit dem die Database Services den Erfolg einer Auftragserledigung an das C-Programm zurückmelden.

3.1 Das erste SQL-Programm

Die SQL-Anweisung "INCLUDE SQLCA" sorgt weiterhin dafür, daß vom Precompiler folgende Define-Anweisung in die C-Programmquelle eingefügt wird:

```
#define    SQLCODE         sqlca.sqlcode.
```

Hierdurch wird das Symbol SQLCODE als Synonym für das Strukturelement "sqlca.sclcode" definiert. Es dient ausschließlich zur Schreiberleichterung. Die Nutzung dieses Symbols ist durchaus zu empfehlen, da das Strukturelement "sqlca.sqlcode" in Database Manager-Programmen relativ häufig angesprochen werden muß.

Eine Anwendung des Symbols SQLCODE ist in unserem Beispielprogramm auf Seite 176 in der Zeile (9) zu sehen. Dort wird geprüft, ob zur eingegebenen Personalnummer Daten gefunden wurden. Die Database Services belegen die Variable "sqlca.sqlcode" mit dem Wert "100", wenn eine Abfrage kein Ergebnis produziert. In diesem Fall gibt unser Beispielprogramm mittels "printf" eine entsprechende Nachricht aus. Das Programm wird dann mit der C-Bibliotheksfunktion "exit" beendet. Die zuvor aufgerufene Funktion "sqlestpd" werden wir uns später ansehen.

Neben der eben betrachteten Situation können noch einige andere Situationen auftreten, in denen eine SQL-Anweisung nicht erfolgreich auszuführen ist. Es könnte z.B. sein, daß ein anderes Programm momentan auf die Tabelle MITARBEITER exclusiv zugreift. Die SELECT-Anweisung des Programms ERSTES.SQC kann dann nicht ausgeführt werden.

Jede dieser möglichen Fehlersituationen ist durch einen bestimmten SQLCODE gekennzeichnet. Ist kein Fehler aufgetreten, dann enthält SQLCODE den Wert "0". In unserem Beispielprogramm wird beim Auftreten eines Fehlers (11) mit Hilfe der Funktion "fehler" (13) der aufgetretene SQLCODE und die Anweisung, bei der der Fehler auftrat, am Bildschirm ausgegeben. Wir werden in Kürze eine Möglichkeit kennenlernen, wie man anstatt des SQLCODEs eine Fehlerbeschreibung in (englischem) Klartext erhalten kann.

Bis auf die Anweisungen "BEGIN DECLARE SECTION" (3) und "END DECLARE SECTION" haben wir nun alle SQL-Anweisungen des Programms ERSTES.SQC behandelt. Mit diesen beiden Anweisungen wird ein Deklarationsbereich festgelegt. Wirtsvariablen müssen immer innerhalb eines solchen Bereiches deklariert werden. Man kann allerdings mehrere DECLARE SECTIONs verwenden. Bei der Deklaration von Wirtsvariablen sind einige Einschränkungen gegenüber der Deklaration gewöhnlicher C-Variablen zu beachten. So muß z.B. der C-Datentyp einer Wirtsvariablen mit dem Datentyp der korrespondierenden Tabellenspalte harmonieren. Wir werden uns demnächst ausführlich mit der Deklaration von Wirtsvariablen befassen.

Wir haben uns nun alle SQL-Anweisungen des Beispielprogramms angesehen. Man unterscheidet bei SQL-Anweisungen in Programmen zwischen ausführbaren und nicht ausführbaren Anweisungen. Ausführbare SQL-Anweisungen (engl. executable statements) haben zur Programmlaufzeit einen Auftrag an die Database Services zur Folge. Unser Beispielprogramm enthält nur eine ausführbare SQL-Anweisung; nämlich die SELECT-Anweisung in Zeile (6). Diese SQL-Anweisung hat während der Programmausführung zur Folge, daß die Database Services zur vorgegebenen Personalnummer die in der Spaltenliste angegebenen Mitarbeiterdaten ermitteln.

Die übrigen Anweisungen des Beispielprogramms (INCLUDE SQLCA (2), BEGIN DECLARE SECTION (3) und END DECLARE SECTION) sind nicht ausführbare Anweisungen. Sie veranlassen den Precompiler zu bestimmten Aktionen. So sorgt die Anweisung "INCLUDE SQLCA" dafür, daß der Precompiler die Datenstruktur "sqlca" in die Programmquelle einfügt. Da nicht ausführbare SQL-Anweisungen zu keiner Kommunikation mit den Database Services führen, sondern nur Steueranweisungen an den Precompiler darstellen, gibt es keinen Sinn, nach solchen Anweisungen den SQLCODE zu überprüfen.

Database Manager-Funktionen

Bisher sind wir davon ausgegangen, daß jede Kommunikation zwischen Anwendungsprogrammen und den Database Services über SQL-Anweisungen abläuft. Dies war eine Vereinfachung des wahren Sachverhalts, die wir nun nicht mehr aufrechterhalten können. Tatsächlich gibt es eine Reihe von Aufträgen an die Database Services, die nicht mittels SQL-Anweisungen, sondern durch Funktionsaufrufe an die Database Services erteilt werden. Unser Programm enthält zwei derartige Funktionen; nämlich die Funktionen "sqlestrd" (4) und "sqlestpd" (10), (12).

Bevor wir auf die Aufgaben dieser Funktionen eingehen, soll ein scheinbar auftretender Widerspruch beseitigt werden: Einige Seiten zurück (siehe Abbildung 3.1 auf Seite 179) wurde erläutert, daß eine aufgerufene Funktion immer im gleichen OS/2-Prozeß abläuft, wie die aufrufende Funktion. Nun wird behauptet, es sei möglich, mittels Funktionen Aufträge an die Database Services zu erteilen, die jedoch - wie wir wissen - in einem eigenständigen OS/2-Prozeß ablaufen. Zur Auflösung dieses Widerspruchs soll Abbildung 3.2 beitragen. Man sieht dort, daß die Funktion "sqlestrd" durchaus im OS/2-Prozeß unseres Programms abläuft. Diese Funktion leitet jedoch - mit Hilfe von Interprozeß-Kommunikationstechniken des OS/2 - den Auftrag an die Database Services weiter und das Ergebnis der Auftragsbearbeitung an unser Programm zurück.

3.1 Das erste SQL-Programm

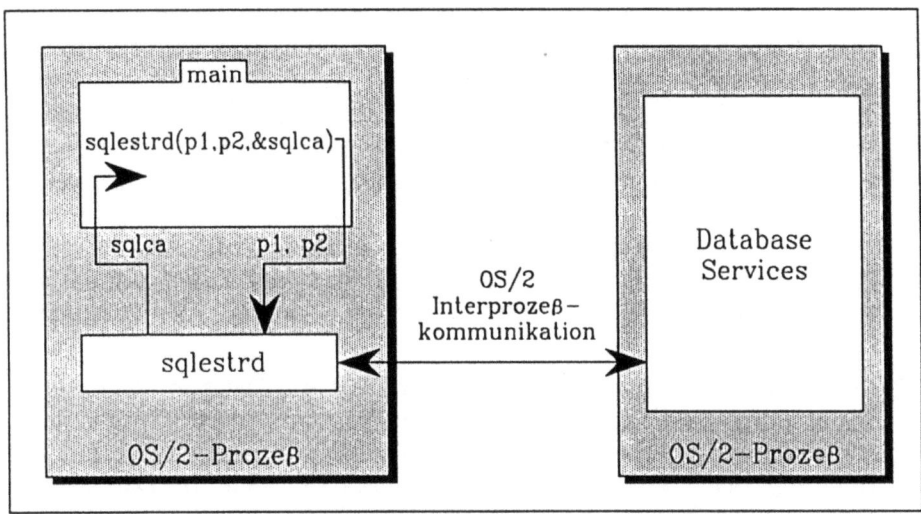

Abbildung 3.2

Nach dieser Klärung wollen wir uns mit den Funktionen "sqlestrd" und "sqlestpd" genauer befassen. Vor dem Auftreten der ersten ausführbaren SQL-Anweisung (in unserem Programm also vor Zeile (6)) muß den Database Services mitgeteilt werden, mit welcher Datenbank das Programm arbeiten möchte. Ein OS/2-Prozeß - oder vereinfacht ausgedrückt ein C-Programm - kann zu einem Zeitpunkt immer nur mit einer Datenbank arbeiten. Wir kennen dieses Phänomen vom Query Manager. Dort muß man gleich im ersten Fenster eine Datenbank auswählen. Man kann anschließend nur mit Tabellen dieser Datenbank arbeiten.

Zur Auswahl einer Datenbank dient die Database Manager-Funktion "Start using database" mit dem Funktionsnamen "sqlestrd". Sie besitzt drei Parameter. Der erste dient zur Übergabe des Namens der Datenbank, mit der das Programm im folgenden arbeiten möchte. In unserem Fall ist es die Datenbank UEBUNG (siehe Zeile (4) in ERSTES.SQC auf Seite 176).

Der zweite Parameter gibt an, in welcher Weise mit der Datenbank gearbeitet werden soll. Es gibt zwei Alternativen:

SQL_USE_SHR Der parallele Zugriff anderer Programme auf die Datenbank ist möglich.

SQL_USE_EXC Solange das Programm mit der Datenbank in Verbindung steht, kann kein anderer Benutzer mit dieser Datenbank arbeiten.

In den meisten Fällen ist der Wert SQL_USE_SHR dem Wert SQL_USE_EXC vorzuziehen. Bei den Ausdrücken SQL_USE_SHR und SQL_USE_EXC handelt es sich um Konstanten, die in der Includedatei "sqlenv.h" (1) definiert sind. Diese Datei enthält darüber hinaus Funktionsprototypen für eine Reihe von Database Manager-Funktionen, u.a. für die Funktionen "sqlestrd" und "sqlestpd". Die Includedatei "sqlenv.h" wird im Rahmen der Installation des Database Manager automatisch auf die Festplatte kopiert.

Der letzte Parameter der Funktion "sqlestrd" ist ein Pointer auf die uns bereits bekannte SQL-Kommunikationsstruktur "sqlca". Diese gibt nach Rückkehr aus "sqlestrd" Auskunft über den Erfolg der Funktion. Nur wenn der SQLCODE den Wert "0" annimmt, wurde eine Verbindung zur Datenbank hergestellt. Im Beispielprogramm ERSTES.SQC wird im Fehlerfall die Funktion "fehler" aufgerufen (5).

Das Gegenstück zur Funktion "sqlestrd" ist die Database Manager-Funktion "Stop using database" mit dem Funktionsnamen "sqlestpd". Mit ihr wird die Verbindung des Programms zu einer Datenbank wieder aufgelöst. Die Funktion "sqlestpd" wird üblicherweise aufgerufen, wenn die Datenbank gewechselt[1] oder das Programm beendet werden soll. Sie besitzt nur einen Parameter - einen Pointer auf die Struktur "sqlca". In unserem Beispielprogramm haben wir auf die Überprüfung des SQLCODEs im Anschluß an die Funktion "sqlestpd" verzichtet, da das Programm ohnehin beendet wird.

Umwandlung eines Database Manager-Programms

Nachdem wir alle Elemente des Beispielprogramms besprochen haben, wollen wir uns nun mit den Schritten befassen, die durchlaufen werden müssen, um zu einem ausführbaren Programm zu gelangen. Folgende Schritte sind nötig:

1. Precompile
2. Compile
3. Link

In Abbildung 3.3 sind die zu durchlaufenden Schritte graphisch dargestellt.

Zuallererst muß die Programmquelle mit Hilfe eines Texteditors eingegeben und unter dem Dateinamen ERSTES.SQC abgespeichert werden (am besten in einem Verzeichnis, in dem man auch sonst C-Quellprogramme abspeichert). Die Datei ERSTES.SQC dient nun als Eingabe für den Precompiler.

---

[1] Beim Datenbankwechsel sind noch weitere Punkte zu berücksichtigen. Wir werden auf dieses Thema im Abschnitt 5.2 "SQL-Kompilation" zurückkommen.

3.1 Das erste SQL-Programm

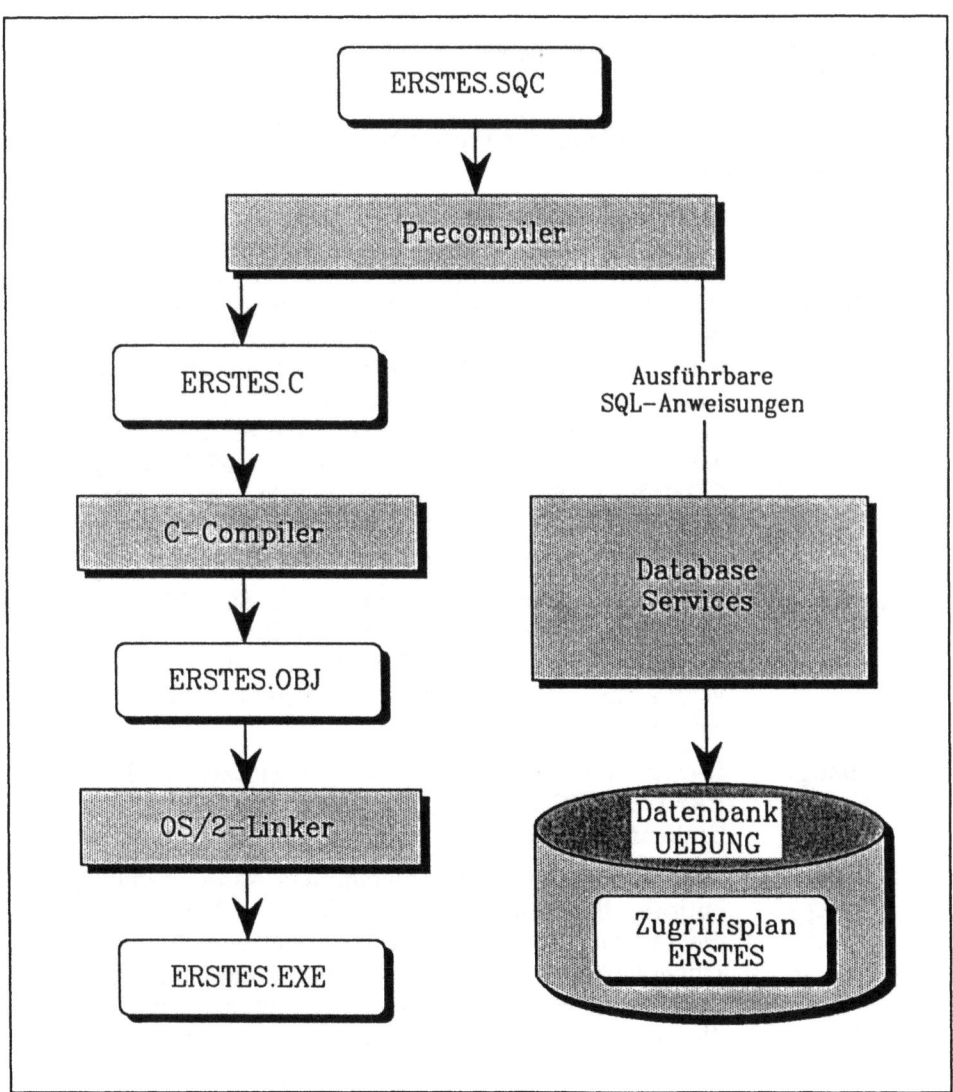

Abbildung 3.3

Aufruf des Precompilers

Der Database Manager-Precompiler kann in jeder Full-Screen- oder Fenstersession des OS/2 aufgerufen werden. Am einfachsten geht's, wenn man das Dateiverzeichnis, in dem die Datei ERSTES.SQC enthalten ist, zum aktuellen

Verzeichnis macht. Vor dem Aufruf des Precompilers müssen allerdings die Database Services durch Eingabe von

startdbm

gestartet werden. Nun kann der Precompiler mittels folgender Anweisung aufgerufen werden:

sqlprep erstes.sqc uebung /f=eur /p /b

Wir wollen uns kurz die einzelnen Elemente dieser Anweisung ansehen:

- **sqlprep**   Dies ist der Name des Database Manager-Precompilers (SQLPREP.EXE). Das Programm SQLPREP.EXE befindet sich wie alle anderen Programme des Database Manager (z.B. STARTDBM.EXE) im Dateiverzeichnis SQLLIB. Da bei der Installation des Database Manager dieses Dateiverzeichnis u.a. in die PATH-Anweisung der OS/2-Konfigurationsdatei CONFIG.SYS aufgenommen wurde, kann der Precompiler SQLPREP.EXE (und jedes andere Programm des Database Manager) aus einem beliebigen Verzeichnis gestartet werden.

- **erstes.sqc**   Der erste Parameter des Programms SQLPREP.EXE dient zur Angabe der Datei, die vom Precompiler verarbeitet werden soll. Befindet sich die Datei ERSTES.SQC nicht im aktuellen Dateiverzeichnis, so muß dem Dateinamen ein Pfadname vorangestellt werden.

- **uebung**   Dieser Parameter gibt an, mit welcher Datenbank das Programm ERSTES.SQC arbeiten soll. Wofür der Precompiler den Datenbanknamen benötigt, werden wir in Kürze genauer untersuchen.

- **/f=eur**   Die Arbeitsweise des Precompilers kann mittels Precompileroptionen beeinflußt werden. Eine dieser Precompileroptionen ist die Option "/f". Sie legt fest, in welchem Format Datum- oder Uhrzeitspalten in Wirtsvariablen eingespeichert werden. Die Angabe "/f=eur" führt dazu, daß Datum- und Uhrzeitspalten in die in Europa übliche Darstellungsform gewandelt werden.

- **/p /b**   Die Angaben "/p" und "/b" sind ebenfalls Precompileroptionen. Aufgrund der Option "/b" wird vom Precompiler eine Datei mit dem Namen ERSTES.BND erstellt. Was es mit dieser Datei auf sich hat, werden wir im Abschnitt 5.2 "SQL-Kompilation" erfahren.

Wenn Sie das Programm ERSTES.SQC genau so abgetippt haben, wie es hier im Buch auf Seite 175 f. abgedruckt ist, und darüber hinaus in der Datenbank UEBUNG die Tabelle MITARBEITER entsprechend der Anleitung in Kapitel 2 erstellt haben, dann müßte der Precompiler folgende Meldungen auf den Bildschirm schreiben:

3.1 Das erste SQL-Programm

```
LINE      MESSAGES FOR ERSTES.SQC
------    ------------------------------------------------------------
          SQL0060N  The IBM Database Manager "C" precompiler is in
                    progress.
          SQL0091N  Precompilation ended with "0" errors and "0"
                    warnings.
```

Was hat der Precompiler nun getan? Betrachten wir hierzu nochmals Abbildung 3.3. Vom Precompiler wurde ein modifiziertes Quellprogramm erstellt und in die Datei ERSTES.C abgespeichert. Dieses modifizierte Quellprogramm enthält die SQL-Anweisungen des Programms ERSTES.SQC nur noch in Form von C-Kommentaren. Dafür weist die Datei ERSTES.C gegenüber der Datei ERSTES.SQC einige zusätzliche C-Anweisungen (vor allem Funktionsaufrufe) auf, die vom Precompiler eingefügt wurden.

Das Erstellen der modifizierten Quelldatei ERSTES.C ist allerdings nicht die einzige Leistung, die der Precompiler vollbrachte. Wie man anhand der Abbildung 3.3 sieht, übermittelte der Precompiler zusätzlich die ausführbaren SQL-Anweisungen an die Database Services. Unser Beispielprogramm enthält nur eine einzige ausführbare SQL-Anweisung; die SELECT-Anweisung in Zeile (6) auf Seite 176. Diese Anweisung wurde also vom Precompiler an die Database Services übertragen. Die Database Services erstellten daraufhin das zur Ausführung der SQL-Anweisung benötigte Zugriffsmodul und speicherten es in Form des Zugriffsplans ERSTES in der Datenbank UEBUNG ab (siehe Abbildung 3.3).

Vereinfacht ausgedrückt könnte man sagen: Der Precompiler veranlaßte die Database Services dazu, bereits einen Teil des ausführbaren Programms zu erstellen - nämlich den Zugriffsplan ERSTES.

Wir verstehen nun auch, wozu der Precompiler den Namen der Datenbank benötigte. Er ist erforderlich, damit die Database Services wissen, wo sie den Zugriffsplan ERSTES abspeichern sollen. Es gibt jedoch noch einen weiteren Grund: Um einen Zugriffsplan erstellen zu können, müssen die Database Services nicht nur die auszuführenden SQL-Anweisungen kennen, sondern sie benötigen auch Informationen über den Aufbau der in diesen SQL-Anweisungen angesprochenen Tabellen. Solche Strukturinformationen über die Tabellen der Datenbank UEBUNG sind ebenfalls in der Datenbank UEBUNG enthalten.

Die restlichen Umwandlungsschritte sind für einen C-Programmierer nichts Neues. Die durch den Precompiler erstellte modifizierte Quelle ERSTES.C muß mit Hilfe eines C-Compilers in ein Objektmodul umgewandelt werden (ERSTES.OBJ, siehe Abbildung 3.3 auf Seite 185). Aus diesem Objektmodul wird dann vom OS/2-Linker ein ausführbares Lademodul erstellt (ERSTES.EXE).

Da jedoch sowohl beim Compile als auch beim Link gewisse Besonderheiten zu beachten sind, wollen wir beide Umwandlungsschritte kurz betrachten.

Übersetzen eines Database Manager-Programms

Die folgenden Angaben zur Übersetzung von Database Manager-Programmen gehen davon aus, daß Sie den C/2-Compiler (Version 1.1) der Fa. IBM verwenden. Der C-Compiler der Fa. Microsoft läßt sich ebenfalls verwenden (ab Version 5.0). Sofern Sie mit einem OS/2-fähigen C-Compiler eines anderen Herstellers arbeiten, müssen Sie unter Umständen beim Compilerhersteller oder -vertreiber nachfragen, welche Compileroptionen zur erfolgreichen Übersetzung von Database Manager-Programmen erforderlich sind.

Üblicherweise wird bei der Installation des C-Compilers eine Kommandodatei (z.B. NEW-VARS.CMD) erzeugt, die zur Belegung der vom Compiler und Linker verwendeten Umgebungsvariablen (INCLUDE, PATH, TMP und LIB) dient. In dieser Kommandodatei sollte die Umgebungsvariable INCLUDE um den Pfad zum Dateiverzeichnis SQLLIB erweitert werden, z.B. durch:

SET INCLUDE=C:\SQLLIB;C:\IBMC2\INCLUDE;

Im Verzeichnis SQLLIB sind alle Includedateien des Database Manager enthalten; u.a. die im Beispielprogramm ERSTES.SQC angesprochene Includedatei "sqlenv.h".

Der C/2-Compiler kann nach dem Ausführen der erweiterten Kommandodatei folgendermaßen gestartet werden:

cc erstes.c /AL /FPa /DLINT_ARGS;

Betrachten wir die einzelnen Teile des Compileraufrufs:

cc	Programmname des C-Compilers (CC.EXE).
erstes.c	Name der Datei, die das vom Precompiler modifizierte Quellprogramm enthält (siehe Abbildung 3.3 auf Seite 185).
/AL	Die Compileroption "/AL" sorgt dafür, daß der C-Compiler das Speichermodell "Large" verwendet. Der Einsatz dieses Speichermodells ist für Database Manager-Programme obligatorisch.
/FPa	Durch die Compileroption "/FPa" kommt die alternative Gleitkommazahlen-Bibliothek zum Einsatz. Auch diese Option muß bei Database Manager-Programmen verwendet werden.

| /DLINT_ARGS | Mit der Option "/D" lassen sich Konstanten definieren. Die Option "/DLINT_ARGS" ist somit gleichwertig zur C-Preprozessoranweisung |

#define LINT_ARGS

am Beginn der Programmquelle. Hierdurch werden die in den Database Manager-Includedateien definierten Funktionsprototypen aktiviert. Im Beispielprogramm ERSTES.SQC sind das die Funktionsprototypen, die in der Includedatei "sqlenv.h" enthalten sind (z.B. Prototypen für die Funktionen "sqlestrd" und "sqlestpd"). Die Verwendung der Option "/DLINT_ARGS" ist im Gegensatz zu den zuvor genannten Optionen nicht obligatorisch, aber durchaus zu empfehlen, da hierdurch Fehler beim Codieren von Database Manager-Funktionsaufrufen nicht erst zur Laufzeit, sondern bereits zum Übersetzungszeitpunkt erkannt werden können.

Neben den angeführten Compileroptionen können durchaus noch weitere Optionen eingesetzt werden, sofern sie nicht den Optionen "/AL" und "/FPa" widersprechen. Insbesondere die Option "/G2" ist zu empfehlen; sie veranlaßt den C-Compiler, Befehle für den 80286-Prozessor zu erzeugen. Da OS/2 mindestens einen 80286-Prozessor voraussetzt, stellt die Angabe von "/G2" keine Einschränkung bezüglich der Verwendbarkeit des erzeugten Programms dar. Die Option "/Za" zur Überprüfung auf ANSI-Kompatibilität darf allerdings nicht benutzt werden, weil sonst beim Übersetzen der Database Manager-Includedateien (z.B. "sqlenv.h") Fehler auftreten[2].

Möchte man für den Programmtest das Hilfsmittel "CodeView" einsetzen, so sind zusätzlich die Optionen "/Zi" und "/Od" zu verwenden. "CodeView" läßt sich für Database Manager-Programme problemlos benutzen; allerdings geschieht die Programmverfolgung nicht auf der Ebene des ursprünglich erstellten Programms ERSTES.SQC, sondern - wie nicht anders zu erwarten - anhand der vom Precompiler modifizierten Quelle ERSTES.C. Da das modifizierte Programm zusätzlich zum eingefügten Code auch noch die ursprünglichen SQL-Anweisungen in Form von C-Kommentaren enthält, ist eine Orientierung innerhalb der modifizierten Quelle durchaus möglich.

---

[2] Bereits bei der Installation des C/2-Compilers mittels INSTAID wird man gefragt, ob ANSI-Kompatibilität erzwungen werden soll (Installationsformat: "Enforce ANSI Compatibility"). Wählt man dort "Yes", dann werden in der Datei NEW-VARS.CMD die Umgebungsvariablen CC und CL mit "/Za" belegt. In diesem Fall sollten Sie die SET-Anweisungen für CC und CL aus der Datei NEW-VARS.CMD entfernen.

Linken eines Database Manager-Programms

Zum Linken von Database Manager-Programmen wird der Linker des OS/2 verwendet (LINK.EXE). Damit der Linker alle externen Referenzen des Programms auflösen kann, müssen ihm die zu durchsuchenden Bibliotheken genannt werden. Mit Hilfe der Umgebungsvariable INCLUDE wird festgelegt, in welchen Dateiverzeichnissen nach Bibliotheken gesucht werden soll. Zum erfolgreichen Linken von Database Manager-Programmen werden Bibliotheken zum Auflösen der folgenden Funktionsaufrufe benötigt:

1. **C-Bibliotheksfunktionen:**

   Da Database Manager-Programme mit dem Speichermodell "Large" zu übersetzen sind und darüber hinaus die alternative Gleitkommazahlen-Bibliothek benutzen müssen, werden die C-Funktionsaufrufe in einer Bibliothek mit dem Dateinamen LLIBCA.LIB gesucht. Um die benötigte Bibliothek zu erhalten, sollte bei der Installation des C/2-Compilers mittels INSTAID das Speichermodell "Large" ausgewählt werden ("Yes" im Format "Select large memory model"). Außerdem ist die alternative Gleitkomma-Bibliothek zu installieren ("Yes" im Format "Select alternate math library"). Schließlich ist die Erstellung kombinierter Bibliotheken zu veranlassen ("Yes" im Format "Build combined libraries").

   Die genannten Angaben führen dazu, daß im Verzeichnis LIB eine Bibliothek mit dem Namen LLIBCAP.LIB erzeugt wird. Da der Linker jedoch eine Bibliothek mit dem Namen LLIBCA.LIB erwartet, muß die Datei LLIBCAP.LIB in LLIBCA.LIB umbenannt werden.

2. **OS/2-Funktionen:**

   Die C-Bibliotheksfunktionen rufen ihrerseits OS/2-Funktionen auf. Um diese OS/2-Funktionen ebenfalls auflösen zu können, benötigt der Linker die Bibliothek DOSCALLS.LIB. Sie wird bei der Installation des OS/2 in das Verzeichnis OS2 kopiert.

3. **Database Manager-Funktionen:**

   Für Database Manager-Funktionen existieren zwei Bibliotheken in den Dateien SQL_DYN.LIB und SQL_STAT.LIB. Beide Dateien befinden sich im Database Manager-Dateiverzeichnis SQLLIB.

Damit der Linker alle benötigten Bibliotheken findet, muß die Umgebungsvariable LIB die Pfade zu den Verzeichnissen SQLLIB und OS2 und dem Verzeichnis mit den C-Bibliotheken angeben; dies erreicht man z.B. durch folgende SET-Anweisung:

SET LIB=C:\SQLLIB;C:\OS2;C:\IBMC2\LIB;

Üblicherweise definiert man die Umgebungsvariable LIB in der Kommandodatei, die auch die vom C-Compiler verwendeten Umgebungsvariablen (INCLUDE, TEMP) enthält.

Der Aufruf des OS/2-Linkers ist dann mit folgender Anweisung möglich:

link erstes.obj,,nul,sql_dyn+sql_stat;

Die einzelnen Elemente der Linkanweisung bedeuten hierbei:

link Name des OS/2-Linkers (LINK.EXE).

erstes.obj Datei, die das vom C-Compiler erzeugte Objektmodul enthält (siehe Abbildung 3.3 auf Seite 185).

nul Durch Angabe von "nul" wird die Erstellung eines Linkprotokolls unterdrückt.

sql_dyn+sql_stat Zur Auflösung externer Referenzen sollen die Database Manager-Bibliotheken SQL_DYN.LIB und SQL_STAT.LIB durchsucht werden. Die C-Bibliothek LLIBCA.LIB und die OS/2-Bibliothek DOSCALLS.LIB brauchen nicht angegeben zu werden, da diese vom Linker automatisch durchsucht werden.

Natürlich kann man beim Link noch eine Vielzahl weiterer Parameter und Optionen angeben. Insbesondere ist die Linkoption "/CO" notwendig, wenn das vom Linker erzeugte Programm mit "CodeView" getestet werden soll.

Ausführen des Beispielprogramms

Jetzt sind wir endlich im Besitz unseres ersten Database Manager-Programms ERSTES.EXE. Damit es ausgeführt werden kann, müssen die Database Services aktiv sein. Sollten Sie also seit dem Precompile des Programms ERSTES.SQC das OS/2 verlassen haben, dann müssen Sie nun die Database Services erneut starten.

Unser Programm ERSTES.EXE läßt sich jetzt einfach durch Eingabe von

erstes

starten. Es meldet sich dann mit der Eingabeaufforderung:

```
Personalnummer eingeben:
```

Nach Eingabe einer gespeicherten Personalnummer (z.B. "3") liefert ERSTES.EXE die zugehörigen Mitarbeiterdaten aus der Tabelle MITARBEITER:

```
Personalnummer = 3
Name           = Werner Meier
Geburtsdatum   = 23.04.1946
```

Database Manager-Schnittstellenfunktionen

Zum Schluß dieses Abschnitts wollen wir den Programmablauf des Beispielprogramms ERSTES.SQC nochmals nachvollziehen. Betrachten wir hierzu Abbildung 3.4. Die Eingabe von "erstes" führt dazu, daß OS/2 das Programm aus der Datei ERSTES.EXE in den Hauptspeicher lädt und anschließend startet.

Ziemlich zu Beginn des Programms wird die Database Manager-Funktion "sqlestrd" aufgerufen (siehe Abbildung 3.4). Durch diese Funktion nimmt unser Programm zum erstenmal Kontakt mit den Database Services auf. Die Funktion "sqlestrd" teilt den Database Services u.a. mit, für welche Datenbank die zukünftig von unserem Programm ausgehenden SQL-Anweisungen bestimmt sind.

Sind die Database Services zu dem Zeitpunkt, zu dem die Funktion "sqlestrd" mit ihnen Kontakt aufnehmen möchte, nicht aktiv (weil sie noch nicht gestartet wurden), dann gelingt der Funktion "sqlestrd" die Kontaktaufnahme verständlicherweise nicht. In diesem Fall liefert "sqlestrd" den SQLCODE "-1032" an unser Programm zurück. Man kann die eben beschriebene Situation leicht ausprobieren, indem man die Database Services stoppt (STOPDBM eingeben) und anschließend das Programm ERSTES.EXE startet.

Betrachten wir jedoch nun wieder den normalen Programmablauf (d.h. die Database Services sind aktiv). In diesem Fall kehrt die Funktion "sqlestrd" mit dem SQLCODE "0" zu unserem Programm zurück. Nach einigen Anweisungen gelangt man zu der einzigen ausführbaren SQL-Anweisung des Programms ERSTES.SQC; es ist die SELECT-Anweisung in Zeile (6) auf Seite 176. Diese SQL-Anweisung wurde vom Precompiler durch eine Sequenz von Database Manager-Funktionsaufrufen ersetzt. Wenn Sie das Programm ERSTES.SQC mit "CodeView" ausgeführt haben, dann haben Sie diese Funktionsaufrufe (sqlastrt, sqlaaloc, sqlasetv, sqlacall, sqlastop) bereits gesehen. Wir wollen von den eben genannten Funktionen nur die Funktion "sqlacall" betrachten, da ihr die wesentliche Aufgabe zukommt. Sie erteilt an die Database Services den Auftrag, den Teil des Zugriffsplans ERSTES auszuführen, der den Zugriffscode für die SELECT-Anweisung enthält (siehe Abbildung 3.4). Die Funktion

3.1 Das erste SQL-Programm

"sqlacall" wartet dann solange, bis die Database Services das Ergebnis der SELECT-Anweisung an sie zurückliefern. Anschließend überträgt "sqlacall" das erhaltene Ergebnis in die Wirtsvariablen der INTO-Klausel und kehrt zu unserem Programm zurück.

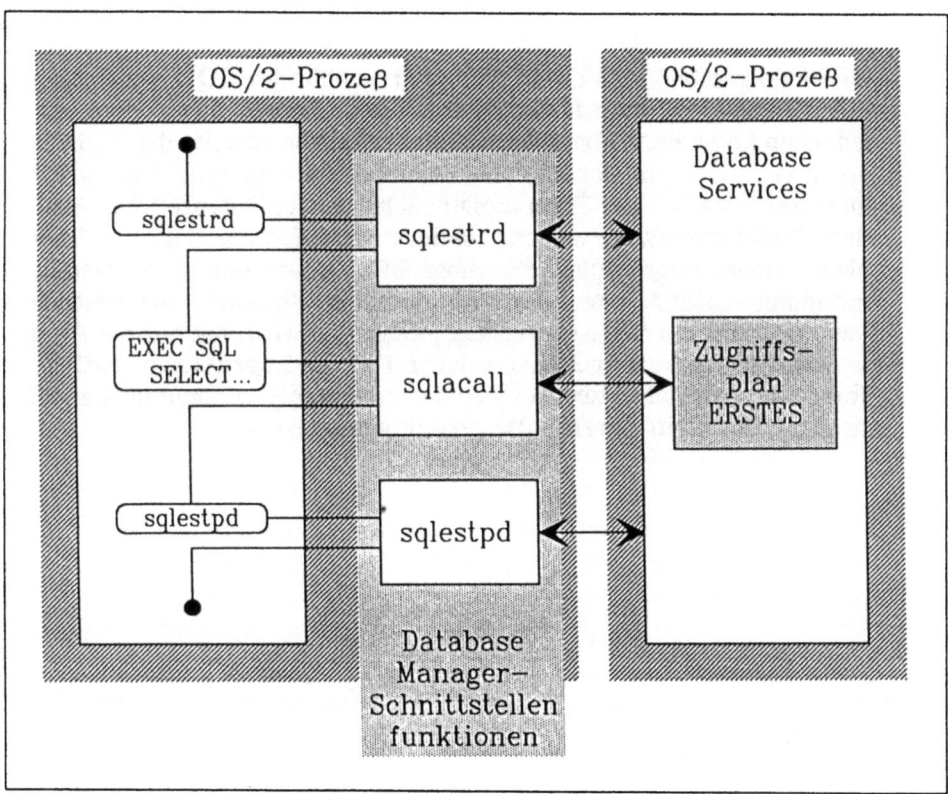

Abbildung 3.4

Die dritte und damit letzte Funktion unseres Programms, die Kontakt mit den Database Services aufnimmt, ist die Funktion "sqlestpd" (siehe Abbildung 3.4). Diese Funktion teilt den Database Services mit, daß nun von unserem Programm keine weiteren SQL-Anweisungen für die Datenbank, die mittels "sqlestrd" festgelegt wurde, zu erwarten sind.

Zusammenfassend läßt sich feststellen:

Die gesamte Kommunikation zwischen dem Programm ERSTES.SQC und den Database Services erfolgt über Funktionen des Database Manager ("Database Manager-Schnittstellenfunktionen" in Abbildung 3.4). Bei diesen Funktionen handelt es sich zum einen um Funktionen, die wir explizit im Programm

ERSTES.SQC aufgerufen haben (die Funktionen "sqlestrd" und "sqlestpd" in Abbildung 3.4). Zum anderen handelt es sich um Funktionen, die der Precompiler anstelle ausführbarer SQL-Anweisungen in das Programm eingebettet hat (die Funktion "sqlacall" in Abbildung 3.4). Alle diese Funktionen laufen im selben OS/2-Prozeß wie das Hauptprogramm. Sie kommunizieren mit den Database Services, die ja bekanntlich einen eigenen OS/2-Prozeß beanspruchen, über Interprozeß-Kommunikationsfunktionen des OS/2.

Wir haben gesehen, daß der Precompiler ausführbare SQL-Anweisungen durch Aufrufe von Database Manager-Funktionen ersetzt. Man könnte nun auf den Gedanken kommen, selbst diese Funktionsaufrufe anstelle der SQL-Anweisungen zu codieren, um sich so den Precompile zu ersparen. Dies ist jedoch kein gangbarer Weg, da der Precompiler nicht nur ausführbare SQL-Anweisungen durch Funktionsaufrufe ersetzt, sondern zusätzlich die Database Services veranlaßt, einen Zugriffsplan für diese SQL-Anweisungen zu erstellen (siehe Abbildung 3.3 auf Seite 185). Die Funktion "sqlacall", die letztlich anstelle einer ausführbaren SQL-Anweisung aufgerufen wird, hat nur die Aufgabe, den Database Services mitzuteilen, welcher Teil des Zugriffsplans ERSTES auszuführen ist. Man sieht also, daß sich der Precompiler nicht umgehen läßt, da nur mit seiner Hilfe ein Zugriffsplan erstellt werden kann.

3.2 Die wichtigsten Database Manager-Funktionen

Bevor wir uns mit dem SQL-Einsatz in C-Programmen systematisch beschäftigen, wollen wir in diesem Abschnitt drei weitere Database Manager-Funktionen einführen (wir kennen ja bereits die zwei Funktionen "sqlestrd" und "sqlestpd"), die eigentlich in jedem Database Manager-Programm benötigt werden. Darüber hinaus gibt es noch eine Reihe weiterer Database Manager-Funktionen, die man allerdings in einem "normalen" C-Programm mit SQL-Zugriffen nicht braucht. Einige dieser weiterführenden Database Manager-Funktionen werden im Kapitel 4 behandelt.

3.2.1 Fehlerinformationen aufbereiten

Wie anhand des Beispielprogramms ERSTES.SQC zu sehen war, kann ein Programm mit den Database Services auf zweierlei Art kommunizieren - über Database Manager-Funktionsaufrufe (z.B. "sqlestrd") oder über ausführbare SQL-Anweisungen (z.B. "EXEC SQL SELECT ..."). In beiden Fällen wird der Erfolg der Auftragsausführung durch die Database Services[3] über die Datenstruktur "sqlca" an das Programm zurückgemeldet. Das wichtigste Element dieser Struktur - die Variable "sqlcode" - wurde ja bereits im Programm ERSTES.SQC verwendet.

Im folgenden werden wir uns zum einen mit den restlichen Elementen der Struktur "sqlca" genauer beschäftigen, zum andern werden wir eine Database Manager-Funktion kennenlernen, mit deren Hilfe ein (nichtssagender) SQL-CODE in eine (englische) Klartextmeldung umgewandelt werden kann.

Die Kommunikationsstruktur "sqlca"

Mittels der SQL-Anweisung

```
EXEC SQL INCLUDE SQLCA;
```

---

[3] In manchen Situationen werden Fehlersituationen bereits von den Database Manager-Schnittstellenfunktionen (siehe Abbildung 3.4 auf Seite 193) aufgedeckt, so daß es nicht mehr zum Weiterreichen des Auftrags an die Database Services kommt. Ein Beispiel hierfür ist der SQLCODE "-1032", der von der Funktion "sqlestrd" zurückgemeldet wird, wenn die Database Services nicht aktiv sind. In diesem Fall ist die Auftragsbearbeitung durch die Database Services - wie sicher leicht einzusehen ist - überhaupt nicht möglich.

wird der Precompiler veranlaßt, die Definition der SQL-Kommunikationsstruktur (engl. SQL communication area) "sqlca" in die Programmquelle einzufügen. Es handelt sich hierbei um eine nicht ausführbare SQL-Anweisung; d.h. zum Zeitpunkt der Programmausführung erfolgt aufgrund dieser Anweisung keine Kommunikation mit den Database Services. Es wäre somit sinnlos, im Anschluß an die Anweisung "EXEC SQL INCLUDE SQLCA;" den SQLCODE zu überprüfen.

Hat man eine Programmquelle vorliegen, in der zwar Database Manager-Funktionsaufrufe enthalten sind, nicht jedoch SQL-Anweisungen, dann kann man sich den Precompile ersparen. Dennoch wird auch für Database Manager-Funktionsaufrufe die "sqlca" benötigt. In diesem Fall läßt sich die Definition der "sqlca" mit Hilfe der C-Includeanweisung

```
#include <sqlca.h>
```

bewerkstelligen. Durch die Anweisung "EXEC SQL INCLUDE SQLCA;" werden vom Precompiler folgende C-Anweisungen in das Programm eingefügt:

```
/* SQL Communication Area - SQLCA - structures and constants */

#ifndef SQLCODE

/* SQL Communication Area - SQLCA */
struct sqlca
{
   unsigned char   sqlcaid[8];      /* Eyecatcher = 'SQLCA   ' */
   long            sqlcabc;         /* SQLCA size in bytes = 136 */
   long            sqlcode;         /* SQL return code */
   short           sqlerrml;        /* Length for SQLERRMC */
   unsigned char   sqlerrmc[70];    /* Error message tokens */
   unsigned char   sqlerrp[8];      /* Diagnostic information */
   long            sqlerrd[6];      /* Diagnostic information */
   unsigned char   sqlwarn[8];      /* Warning flags */
   unsigned char   sqlext[8];       /* Reserved */
};

#define   SQLCODE     sqlca.sqlcode
#define   SQLWARN0    sqlca.sqlwarn[0]
#define   SQLWARN1    sqlca.sqlwarn[1]
#define   SQLWARN2    sqlca.sqlwarn[2]
#define   SQLWARN3    sqlca.sqlwarn[3]
#define   SQLWARN4    sqlca.sqlwarn[4]
#define   SQLWARN5    sqlca.sqlwarn[5]
```

3.2 Die wichtigsten Database Manager-Funktionen

```
#define   SQLWARN6      sqlca.sqlwarn[6]
#define   SQLWARN7      sqlca.sqlwarn[7]

#endif

struct sqlca sqlca;
```

SQL-Kommunikationsstruktur "sqlca"

Verwendet man die Preprozessoranweisung "#include <sqlca.h>", dann entfällt die letzte Zeile der obigen C-Anweisungen; in diesem Fall wird also keine Variable mit der Struktur "sqlca" deklariert. Wie wir in den folgenden Programmbeispielen sehen werden, gibt es durchaus Situationen, in denen zwar die Definition der Struktur "sqlca" benötigt wird, jedoch eine gleichzeitige Variablendeklaration nicht wünschenswert ist. Dies ist immer dann der Fall, wenn die "sqlca" ausschließlich als formaler Parameter von Funktionen auftritt und man die "moderne" Form der Deklaration formaler Parameter (d.h. Deklaration innerhalb der Parameterliste) verwenden möchte.

Im folgenden sollen die einzelnen Elemente der Struktur "sqlca" kurz beleuchtet werden:

sqlcaid[8]   Dieses Element enthält die Zeichenkette "SQLCA " und dient lediglich als Blickfang (engl. eyecatcher), um die "sqlca" in Speicherauszügen leichter wiederzufinden.

sqlcabc   Länge der Struktur "sqlca"; ist für Programmiersprachen gedacht, die nicht über einen Operator zur Längenermittlung ("sizeof" in C) verfügen.

sqlcode   Wichtigstes Element der "sqlca"; gibt Auskunft über den Erfolg einer ausführbaren SQL-Anweisung oder einer Database Manager-Funktion. Wie bereits erwähnt, kann zur Schreiberleichterung statt "sqlca.sqlcode" das Symbol SQLCODE verwendet werden.

sqlerrml   Längenfeld für das Textfeld "sqlerrmc[70]" (siehe unten). Enthält "sqlerrml" den Wert "0", dann ist "sqlerrmc[70]" nicht belegt. Dies ist für C-Programmierer eine etwas ungewöhnliche Methode, um die Länge von Zeichenketten festzulegen. Hierbei ist jedoch zu berücksichtigen, daß nicht alle Programmiersprachen über eine so elegante Technik wie die Sprache C verfügen, um variabel lange Zeichenketten zu definieren.

sqlerrmc[70]   Zu jedem SQLCODE existiert ein bestimmter Nachrichtentext. Manche dieser Texte enthalten eine oder mehrere Lücken. Die in diese Lücken einzufügenden Textteile beziehen sich auf die aktuelle SQL-Anweisung und lassen sich folglich nicht von vornherein festlegen. Das Element "sqlerrmc" enthält nun die aktuell einzufügenden Textteile. Handelt es sich um mehrere Textteile, so sind diese in "sqlerrmc" durch das Zeichen 0xFF voneinander getrennt.

sqlerrp[8]   Interne Database Manager-Diagnoseinformationen.

sqlerrd[6]   Von den sechs Elementen des Arrays "sqlerrd" sind nur die Elemente "sqlerrd[2]" und "sqlerrd[4]" interessant. Das Element "sqlerrd[2]" gibt an, wieviele Tabellenzeilen infolge einer INSERT-, UPDATE- oder DELETE-Anweisung geändert wurden.
Mit dem Element "sqlerrd[4]" können wir im Moment noch nichts anfangen; wir werden später darauf zurückkommen.

sqlwarn[8]   Das Array "sqlwarn" enthält acht Warnungskennzeichen (engl. warning indicator) mit unterschiedlicher Bedeutung. Zur Schreiberleichterung können die Symbole SQLWARN0 bis SQLWARN7 verwendet werden. Wir werden das Zusammenwirken dieses Arrays mit dem Strukturelement "sqlcode" im folgenden genauer behandeln.

sqlext   Enthält keine relevante Information.

Auswertung des SQLCODEs

Nach jedem Aufruf einer Database Manager-Funktion bzw. nach jeder ausführbaren SQL-Anweisung sollte der SQLCODE überprüft werden. Folgende Situationen können auftreten:

SQLCODE = 0   Die Database Manager-Funktion bzw. die SQL-Anweisung wurde erfolgreich ausgeführt. Bei SQL-Anweisungen sollte anschließend das Element SQLWARN0 überprüft werden. Wir werden hierauf gleich zurückkommen.

SQLCODE > 0   Bei der Ausführung der SQL-Anweisung trat eine Ausnahmesituation auf. Es ist in diesem Fall Aufgabe des Programms, zu entscheiden, wie weiter zu verfahren ist.
Der wichtigste positive SQLCODE ist der Wert "100". Er gibt bei einer SELECT- oder INSERT-Anweisung an, daß keine Tabellenzeile gefunden wurde, die die WHERE- oder HAVING BY-Klausel erfüllt. Auch bei UPDATE- oder DELETE-Anweisungen tritt der Wert "100" auf, wenn keine Tabellenzeile die WHERE-Klausel erfüllt.

SQLCODE < 0   Die Database Manager-Funktion bzw. die SQL-Anweisung wurde nicht ausgeführt, da ein Fehler aufgetreten ist. Es gibt mehrere hundert negative SQLCODEs. Eine komplette Beschreibung aller SQLCODEs ist im IBM-Handbuch "Database Manager Programming Guide and Reference, Volume 2: Reference" (IBM-Bestellnummer: S01F-0269) enthalten. Kurzbeschreibungen der meisten SQLCODEs befinden sich in den Includedateien SQLCODES.H, SQLENV.H und SQLUTIL.H.

Auswertung der Warnungskennzeichen SQLWARN0 bis SQLWARN7

Trotz eines SQLCODEs = 0 kann es sein, daß bei der Verarbeitung einer ausführbaren SQL-Anweisung bestimmte Ausnahmesituationen auftraten, die von den Database Services in Form von Warnungskennzeichen an das Programm zurückgemeldet werden.

Damit man nicht nach jeder SQL-Anweisung alle acht Warnungskennzeichen abfragen muß, dient das Warnungskennzeichen SQLWARN0 als Hauptkennzeichen. Enthält SQLWARN0 ein Leerzeichen, dann sind auch alle anderen Warnungskennzeichen nicht gesetzt. Beinhaltet SQLWARN0 das Zeichen "W", dann ist mindestens eines der übrigen Kennzeichen gesetzt. Jedes der vier Warnungskennzeichen SQLWARN1 bis SQLWARN4 hat eine bestimmte Bedeutung. Die Kennzeichen SQLWARN5 bis SQLWARN7 sind für zukünftige Erweiterungen reserviert und brauchen somit nicht ausgewertet zu werden.

Von den vier Situationen, vor denen die Kennzeichen SQLWARN1 bis SQLWARN4 warnen, ist uns im Moment nur die zweite Situation verständlich. Die anderen drei Kennzeichen werden nachgeholt, sobald wir die zugehörige Thematik behandelt haben.

Das Kennzeichen SQLWARN2 ist immer dann gesetzt (enthält den Buchstaben "W"), wenn das Argument einer Gruppenfunktion den Nullwert annimmt. Betrachten wir hierzu folgende SQL-Anweisung:

```
EXEC SQL
  SELECT AVG(GEHALT)
  INTO   :avg_gehalt
  FROM   MITARBEITER;
```

Bei dieser Anweisung wird SQLWARN2 (und folglich auch SQLWARN0) auf "W" gesetzt, da die Spalte GEHALT für den Mitarbeiter mit der Personalnummer "6" den Nullwert enthält.

Die Kennzeichen SQLWARN2 und SQLWARN0 bleiben allerdings ungesetzt (d.h. enthalten Leerzeichen), wenn man die Abfrage in folgender Weise erweitert:

```
EXEC SQL
  SELECT AVG(GEHALT)
  INTO   :avg_gehalt
  FROM   MITARBEITER
  WHERE  PERS_NR <> 6;
```

Das Kennzeichen SQLWARN2 warnt somit vor Situationen, in denen bei der Anwendung von Gruppenfunktionen eine oder mehrere Zeilen ignoriert wurden, weil diese im Funktionsargument den Nullwert enthielten (siehe hierzu auch Abschnitt 2.2.1 "Funktionen und Gruppenbildung").

Ermitteln des Nachrichtentextes

Im folgenden wollen wir uns mit der Database Manager-Funktion "Retrieve message" mit dem Funktionsnamen "sqlaintp" beschäftigen, die in der Lage ist, zu einem vorgegebenen SQLCODE den zugehörigen Nachrichtentext zu ermitteln. Handelt es sich hierbei um einen Nachrichtentext mit Lücken, so werden von der Funktion "sqlaintp" diese Lücken mit den passenden Textteilen aus dem Array "sqlerrmc" aufgefüllt.

Bereits im Programm ERSTES.SQC auf Seite 175 wurde eine Funktion mit dem Namen "fehler" benutzt, um bei einem negativen SQLCODE eine Fehlermeldung auszugeben und das Programm anschließend zu beenden. Diese Funktion wird im folgenden durch den zusätzlichen Aufruf von "sqlaintp" erweitert.

Damit wir den Quellcode der Funktion "fehler" nicht in jedes zukünftige Programmbeispiel kopieren müssen, wollen wir sie aus der Datei ERSTES.SQC in eine neue Quelldatei FEHLER.C übertragen. Das Objektmodul dieser Funktion soll dann in eine Bibliothek übernommen werden, um so allen weiteren Programmen zur Verfügung zu stehen.

```
#include <stdlib.h>
#include <stdio.h>
#include <sqlenv.h>
#include <sql.h>                                              /* 1 */
#include <sqlca.h>                                            /* 2 */

void fehler(char *anweisung, struct sqlca *adr_sqlca)         /* 3 */
{
  char ausgabe[512];                                          /* 4 */
```

3.2 Die wichtigsten Database Manager-Funktionen

```
      printf("Fehler bei %s: Sqlcode=%ld.\n\n", anweisung,
                                                adr_sqlca->sqlcode);

      if (sqlaintp(ausgabe, sizeof ausgabe, 79, adr_sqlca) >= 0)       /* 5 */
         printf(ausgabe);

      sqlestpd(adr_sqlca);
      exit(2);
   }
```

FEHLER.C

Da man in Bibliotheksfunktionen globale Variablen nach Möglichkeit vermeidet, wurde die Parameterliste der Funktion "fehler" gegenüber der alten Version in ERSTES.SQC um einen Pointer zur Struktur "sqlca" erweitert (3).

Die wesentliche Neuerung der Funktion "fehler" besteht allerdings im Aufruf der Funktion "sqlaintp" zur Ermittlung des Nachrichtentextes (5). Betrachten wir die Parameter dieser Funktion:

Als erster Parameter ist ein Textfeld (4) anzugeben, in das "sqlaintp" den ermittelten Nachrichtentext stellt. Der zweite Parameter gibt die Länge dieses Textfeldes an. Die maximale Länge von Nachrichtentexten beträgt 512 Zeichen. Ist das aufnehmende Textfeld kürzer deklariert, dann wird die Nachricht vor dem Übertragen in das Textfeld abgeschnitten. Mit dem dritten Parameter kann eine Zeilenlänge festgelegt werden. Diese Zeilenlänge wird von "sqlaintp" zur Formatierung des Nachrichtentextes verwendet; d.h. nach dem letzten Wort, das noch komplett in eine Zeile paßt, werden die Zeichen 0x0D (carriage return) und 0x0A (line feed) in das Ausgabetextfeld eingefügt. Als letzter Parameter ist ein Pointer zur SQL-Kommunikationsstruktur "sqlca" anzugeben, für deren "sqlcode" der zugehörige Nachrichtentext von "sqlaintp" ermittelt werden soll.

Die Bestimmung des Nachrichtentextes war erfolgreich, wenn "sqlaintp" keinen negativen Rückkehrwert liefert (5). Der Rückkehrwert enthält in diesem Fall die Länge des Nachrichtentextes. Ist der Rückkehrwert negativ, dann ist bei der Ermittlung des Nachrichtentextes ein Fehler aufgetreten. Die Bedeutung negativer Rückkehrwerte kann der Includedatei SQL.H entnommen werden. Sie enthält übrigens auch den Prototyp der Funktion "sqlaintp" (1).

Da die Funktion "fehler" ohne SQL-Anweisungen auskommt, braucht kein Precompile durchgeführt zu werden. Die Struktur "sqlca" wird deshalb nicht mit der SQL-Anweisung "EXEC SQL INCLUDE SQLCA;", sondern mittels der C-Preprozessoranweisung "#include <sqlca.h>" definiert (2).

Nach dem Compile der Quelle FEHLER.C läßt sich das erzeugte Objektmodul FEHLER.OBJ in eine Bibliothek aufnehmen. Durch die Anweisung

lib dbm +fehler;

wird eine Bibliothek mit dem Namen DBM.LIB angelegt und das Objektmodul FEHLER.OBJ in diese Bibliothek eingebracht. Bei der Ausführung der Anweisung "lib dbm +fehler" sollte man darauf achten, daß man sich in dem Dateiverzeichnis befindet, das auch zum Linkzeitpunkt aktuell ist. Andernfalls muß der Verzeichnispfad der Datei DBM.LIB in die Umgebungsvariable LIB aufgenommen werden.

Möchte man zu einem späteren Zeitpunkt das Modul FEHLER.OBJ in der Bibliothek DBM.LIB durch eine neuere Version ersetzen, so ist dies mit der Anweisung

lib dbm -+fehler;

möglich.

Da sich die Aufrufschnittstelle der Funktion "fehler" gegenüber der in ERSTES.SQC enthaltenen Version geändert hat, muß auch das Hauptprogramm modifiziert werden. Die neue Version unseres Database Manager-Programms sieht folgendermaßen aus:

```
#include <stdlib.h>
#include <stdio.h>
#include <sqlenv.h>
#include "dbm.h"                                                    /* 1 */

EXEC SQL INCLUDE SQLCA;

main()
{
  EXEC SQL BEGIN DECLARE SECTION;
    short pers_nr;
    char  v_name[16], n_name[16], geb_datum[11];
  EXEC SQL END DECLARE SECTION;

  sqlestrd("UEBUNG", SQL_USE_SHR, &sqlca);                          /* 2 */
  if (SQLCODE) fehler("Start using DB", &sqlca);                    /* 3 */

  printf("Personalnummer eingeben: ");
  scanf("%d", &pers_nr);

  EXEC SQL
     SELECT  V_NAME, N_NAME, GEB_DATUM
     INTO    :v_name, :n_name, :geb_datum
     FROM    MITARBEITER
     WHERE   PERS_NR = :pers_nr;
```

3.2 Die wichtigsten Database Manager-Funktionen

```
   if (SQLCODE == 100)
   {
     printf("Zur Personalnummer %d keine Daten gefunden.\n", pers_nr);
     sqlestpd(&sqlca);
     exit(1);
   }

   if (SQLCODE < 0) fehler("SELECT-Anweisung", &sqlca);           /* 4 */
   printf("Personalnummer = %d\n", pers_nr);
   printf("Name           = %s %s\n", v_name, n_name);
   printf("Geburtsdatum   = %s\n", geb_datum);

   sqlestpd(&sqlca);
   return(0);
}
```

ZWEITES.SQC

Die Programmquelle ZWEITES.SQC unterscheidet sich in drei Punkten von der Quelle ERSTES.SQC:

1. Die Aufrufe der Funktion "fehler" enthalten als zweiten Parameter die Adresse der "sqlca" (3), (4).

2. Der Prototyp für die Funktion "fehler" wurde in eine Includedatei mit dem Namen DBM.H verbannt (1). Diese Datei hat erwartungsgemäß folgenden Inhalt:

```
/********************************************************

    Funktionsprototypen für allgemeine Hilfsfunktionen

********************************************************/

void fehler(char *anweisung, struct sqlca *adr_sqlca);
```

DBM.H

Verwendet man in der Includeanweisung (1) Anführungszeichen statt eckige Klammern, so sucht der C-Compiler die angegebene Includedatei zuerst im aktuellen Dateiverzeichnis. Man erspart sich auf diese Weise die Aufnahme des Pfads zum aktuellen Dateiverzeichnis in die Umgebungsvariable INCLUDE.

3. Der Programmcode für die Funktion "fehler" ist in der Quelle ZWEITES.SQC nicht mehr nötig, da diese Funktion nun beim Link aus der Bibliothek DBM.LIB bezogen wird.

Die Schritte zur Umwandlung der Quelle ZWEITES.SQC in ein Lademodul ZWEITES.EXE und einen Database Manager-Zugriffplan ZWEITES unterscheiden sich nur beim Link von denen des Programms ERSTES.SQC. Dort ist nun zusätzlich die neue Bibliothek DBM.LIB anzugeben. Die zur Umwandlung einzugebenden Anweisungen lauten somit folgendermaßen:

- sqlprep zweites.sqc uebung /f=eur /p /b
- cc zweites.c /AL /FPa /DLINT_ARGS;
- link zeites.obj,,nul,sql_dyn+sql_stat+dbm;

Man kann sich das Leben erleichtern, indem man mit einer MAKE-Datei arbeitet. Aus Platzgründen wollen wir hier jedoch nicht auf MAKE-Dateien eingehen. Sollten Sie mit der MAKE-Technik nicht vertraut sein, so finden Sie im Compilerhandbuch (beim IBM-Compiler C/2 das Handbuch "IBM C/2 Compile, Link, and Run") die benötigten Informationen.

Nach all der Mühe wollen wir nun die neue Bibliotheksversion der Funktion "fehler" auch ausprobieren. Da sie nur beim Auftreten eines Fehlers durchlaufen wird, müssen wir eine Fehlersituation erzeugen. Ein Fehler läßt sich am einfachsten dadurch provozieren, daß man vor dem Aufruf des Programms ZWEITES.EXE die Database Services stoppt (STOPDBM eingeben). Der Aufruf von ZWEITES.EXE führt dann zu folgender Programmausgabe:

```
Fehler bei Start using DB: Sqlcode=-1032.

SQL1032N  No START DATABASE MANAGER command was issued.
```

Die untere der beiden Ausgabezeilen wurde hierbei von der Funktion "sqlaintp" aufgrund des SQLCODEs "-1032" erzeugt.

3.2.2 Initialisierungsfunktionen

Während man die eben behandelte Funktion "sqlaintp" zur Ermittlung von Nachrichtentexten als einen gewissen Luxus ansehen kann, werden wir uns im folgenden mit zwei Database Manager-Funktionen befassen, von denen zumindest eine in keinem Database Manager-Programm fehlen sollte.

Beide Funktionen dienen dazu, in Fällen, in denen der Aufruf von "sqlestrd" (Start using database) fehlschlägt, das vorzeitige Programmende zu verhindern.

Es gibt eine Reihe von Ursachen, die für einen Fehler beim Aufruf von "sqlestrd" verantwortlich sein können. In manchen Fällen - z.B. wenn ein anderer Benutzer mit einem Programm arbeitet, das exklusiven Zugriff auf die Datenbank verlangt - bleibt einem nichts anderes übrig, als das Programm zu beenden.

Es gibt jedoch auch Fehlersituationen, die noch programmintern gerettet werden können, so daß kein Benutzereingriff nötig wird. Die beiden am häufigsten auftretenden Fehlersituationen dieser Art sind:

1. Die Database Services sind nicht aktiv.
2. Die Datenbank ist in einem nicht konsistenten Zustand. Was unter einem "konsistenten Datenbankzustand" zu verstehen ist, werden wir im Abschnitt 5.3 "Transaktionsverarbeitung" ausführlich behandeln. Da es bei den folgenden Programmierübungen jedoch durchaus einmal passieren kann, daß ein inkonsistenter Datenbankzustand entsteht, müssen wir uns bereits jetzt in eingeschränktem Umfang mit diesem Thema befassen:

Eine Datenbank kann in einen inkonsistenten Zustand geraten, wenn die Database Services bei der Ausführung von Änderungsoperationen unterbrochen werden (z.B. durch Stromausfall). In einem solchen Fall wird eine Änderungsoperation oder eine Gruppe zusammengehörender Änderungsoperationen nur teilweise ausgeführt. Alle späteren Versuche, mit der Datenbank wieder zu arbeiten, werden beim Aufruf von "sqlestrd" von den Database Services mit dem SQLCODE "-1015" quittiert. Die Datenbank ist also vorerst nicht mehr benutzbar.

Wie bereits erwähnt, lassen sich beide Fehlersituationen programmintern durch Aufruf geeigneter Database Manager-Funktionen bereinigen. Im ersten Fall sind die Database Services zu starten. Dies ist mit der Database Manager-Funktion "Start Database Manager" (Funktionsname "sqlestar") möglich.

Im zweite Fall muß die Datenbank wieder in einen konsistenten Zustand gebracht werden. Hierzu dient die Funktion "Database restart" (Funktionsname "sqlerest"). Wie diese "Datenbankinstandsetzung" von den Database Services bewerkstelligt wird, werden wir im Abschnitt 5.3 "Transaktionsverarbeitung" detailliert untersuchen. An dieser Stelle nur soviel: Die Datenbankreparatur führt dazu, daß unvollständig ausgeführte Änderungsoperationen wieder rückgängig gemacht werden.

Die Funktion "initdbm"

Wir wollen den Aufruf der Funktion "sqlestrd" und die Behandlung der eben beschriebenen Fehlersituationen in einer Funktion mit dem Namen "initdbm" zusammenfassen. Diese Funktion soll dieselbe Aufrufschnittstelle besitzen, wie die Database Manager-Funktion "sqlestrd". Wir können dann bei zukünftigen Programmen den Aufruf von "sqlestrd" einfach durch einen Aufruf von "initdbm" ersetzen und müssen uns nicht mehr um die Behandlung möglicher Fehlersituationen kümmern.

Die Initialisierungsfunktion "initdbm" ist folgendermaßen aufgebaut:

```
#include <stdlib.h>
#include <stdio.h>
#include <sqlenv.h>
#include <sql.h>
#include <sqlca.h>
#include "dbm.h"

void initdbm(unsigned char *db_name,                              /* 1 */
             unsigned char  db_use, struct sqlca *adr_sqlca)
{
  short  rc;

  sqlestrd(db_name, db_use, adr_sqlca);                           /* 2 */

  if (adr_sqlca->sqlcode == SQLE_RC_NOSTARTG)                     /* 3 */
    {
      printf("\nDie Database Services werden jetzt gestartet\n\n");
      if ((rc = sqlestar()))                                      /* 4 */
        {
          printf("Fehler bei STARTDBM; RC=%d\n", rc);
          exit(2);
        }
      sqlestrd(db_name, db_use, adr_sqlca);                       /* 5 */
    }

  if (adr_sqlca->sqlcode == SQLE_RC_DB_RESTART)                   /* 6 */
    {
      printf("\nDie Datenbank %s wird instandgesetzt\n\n", db_name);
      sqlerest(db_name, adr_sqlca);                               /* 7 */
      if (adr_sqlca->sqlcode) fehler("DB Restart", adr_sqlca);    /* 8 */

      sqlestrd(db_name, db_use, adr_sqlca);                       /* 9 */
    }

  if (adr_sqlca->sqlcode) fehler("Start using DB", adr_sqlca);    /* 10 */
}
```

INITDBM.C

Wie schon bei der Funktion "fehler", so handelt es sich bei "initdbm" ebenfalls um eine Funktion, die zwar Database Manager-Funktionsaufrufe, aber keine SQL-Anweisungen enthält. Ein Precompile ist deshalb auch hier nicht nötig.

Der Aufbau von "initdbm"

Beginnen wir mit der Aufrufschnittstelle von "initdbm" (1): Wie bereits erwähnt, entsprechen die Parameter von "initdbm" denen von "sqlestrd" (siehe Zeile (2)), so daß "initdbm" einfach als Ersatz für "sqlestrd" verwendet werden kann.

Einen Unterschied zu "sqlestrd" gibt es allerdings. Er besteht darin, daß in Fehlersituationen, die nicht innerhalb von "initdbm" gelöst werden können, keine Rückkehr zum aufrufenden Programm erfolgt. Vielmehr beendet "initdbm" in diesen Fällen - nach Ausgabe einer Fehlernachricht - den gesamten Programmlauf mit Hilfe der C-Bibliotheksfunktion "exit" oder durch Aufruf von "fehler". Dadurch erspart man sich im Hauptprogramm eine entsprechende Abfrage nach der Rückkehr aus "initdbm".

In Zeile (2) wird die Funktion "sqlestrd" aufgerufen, um den Database Services mitzuteilen, daß im folgenden mit der Datenbank "db_name" gearbeitet werden soll. Dieser Aufruf ist für uns nicht neu; wir kennen ihn bereits aus den Programmen ERSTES.SQC und ZWEITES.SQC.

Dem Aufruf von "sqlestrd" folgen nun drei if-Anweisungen (Zeilen (3) bis (5), Zeilen (6) bis (9) und Zeile (10)). Die erste if-Anweisung behandelt den Fall, daß die Database Services nicht aktiv sind. Die zweite if-Anweisung wird durchlaufen, wenn sich die Datenbank in einem inkonsistenten Zustand befindet. Die dritte if-Anweisung wird in allen nicht korrigierbaren Fehlerfällen durchlaufen; sie beendet das Programm mittels der Funktion "fehler".

Database Services nicht aktiv

Betrachten wir die erste if-Anweisung (Zeilen (3) bis (5)) genauer: Die Ausführungsbedingung ist erfüllt, wenn der SQLCODE, der sich aus dem Aufruf von "sqlestrd" ergab, dem Wert der Konstanten SQLE_RC_NOSTARTG entspricht; das Symbol SQLE_RC_NOSTARTG ist in der Includedatei SQLENV.H definiert; ihm ist dort der Wert "-1032" zugeordnet.

Der SQLCODE "-1032" ist - wie wir bereits gesehen haben - das Kennzeichen dafür, daß die Database Services nicht aktiv sind. Die Database Services lassen sich nun mit Hilfe der Database Manager-Funktion "Start Database Manager" (Funktionsname "sqlestar") starten. Der Aufruf von "sqlestar" entspricht somit dem Aufruf des Programms STARTDBM.EXE in einer OS/2-Session. Die Funktion "sqlestar" besitzt keine Parameter (4). Der Erfolg des Funktionsaufrufs wird nicht - wie sonst bei Database Manager-Funktionen üblich - über die Struktur "sqlca" zurückgemeldet, sondern über einen gewöhnlichen Rückkehrwert (Variable "rc" in INITDBM.C). Ein Rückkehrwert "0" gibt an, daß die Database Services erfolgreich gestartet wurden. Im Fehlerfall (4) wird das

Programm nach Ausgabe einer Fehlernachricht beendet. Im Erfolgsfall wird die Funktion "sqlestrd" erneut aufgerufen (5).

Inkonsistente Datenbank

Die zweite if-Anweisung (Zeilen (6) bis (9)) wird durchlaufen, wenn der SQLCODE dem Wert des Symbols SQLE_RC_RESTART entspricht. Diesem Symbol ist in der Includedatei SQLENV.H der Wert "-1015" zugeordnet. Er bringt zum Ausdruck, daß sich die Datenbank in einem inkonsistenten Zustand befindet. Mit Hilfe der Funktion "Database restart" (Funktionsname "sqlerest") können die Database Services beauftragt werden, eine Datenbank wieder in einen konsistenten Zustand zu bringen. Beim Aufruf von "sqlerest" müssen der Name der instandzusetzenden Datenbank und die "sqlca" als Parameter mitgegeben werden (7). Liefert der Aufruf von "sqlrest" einen SQL-CODE ungleich Null, dann ist's um die Datenbank schlecht bestellt (8); sie konnte von den Database Services nicht repariert werden. In einer solchen Situation hat man meist keine andere Wahl, als die Datenbank aus einer Sicherung (sofern man eine hat) wiederherzustellen. Alle Änderungen an der Datenbank, die nach der Sicherung durchgeführt wurden, sind dann allerdings verloren.

War die Datenbankinstandsetzung jedoch erfolgreich, so muß anschließend nochmals "sqlestrd" aufgerufen werden (9).

Man könnte sich nun fragen: Wieso wird eine inkonsistente Datenbank nicht automatisch von der Funktion "sqlestrd" instandgesetzt? Die Database Manager-Entwickler antworten darauf: Die Instandsetzung einer Datenbank kann unter Umständen relativ lange dauern. Dadurch, daß die Datenbankreparatur nicht automatisch durchgeführt wird, hat man als Programmierer die Möglichkeit, vor Aufruf der Funktion "sqlerest" den Programmbenutzer über den Grund der längeren Wartezeit zu informieren.

In allen Fällen, in denen der Aufruf von "sqlestrd" in einem SQLCODE resultiert, der nicht den Werten "0", "-1015" oder "-1032" entspricht, wird die Funktion "fehler" aufgerufen und somit der gesamte Programmablauf beendet (10).

Umwandlung und Einsatz des Programms INITDBM.C

Bei der Umwandlung von INITDBM.C ist in gleicher Weise vorzugehen wie bei der Quelle FEHLER.C; d.h. zuerst muß mit Hilfe des C-Compilers ein Objektmodul INITDBM.OBJ erzeugt werden.

3.2 Die wichtigsten Database Manager-Funktionen

INITDBM.OBJ läßt sich dann mit der Anweisung

lib dbm + initdbm

in die Bibliothek DBM.LIB einbringen.

Die Verwendung von "initdbm" anstelle von "sqlestrd" im Programm ZWEITES.SQC (siehe Seite 202) ist ausgesprochen einfach, so daß sich der Abdruck der kompletten Quelle nicht lohnt. Es müssen nur die Zeilen (2) und (3)

```
sqlestrd("UEBUNG", SQL_USE_SHR, &sqlca);                    /* 2 */
if (SQLCODE) fehler("Start using DB", &sqlca);              /* 3 */
```

durch die Zeile

```
initdbm("UEBUNG, SQL_USE_SHR, &sqlca);
```

ersetzt werden.

Vor einer erneuten Umwandlung des Programms ZWEITES.SQC ist allerdings die Includedatei DBM.H um den Prototyp der Funktion "initdbm" zu erweitern. DBM.H sieht dann folgendermaßen aus:

```
/*********************************************************

    Funktionsprototypen für allgemeine Hilfsfunktionen

*********************************************************/
void fehler(char *anweisung, struct sqlca *adr_sqlca);
void initdbm(unsigned char *db_name,
             unsigned char db_use, struct sqlca *adr_sqlca);
```

DBM.H

Die Funktion "initdbm" testen

Vermutlich wollen Sie nun prüfen, ob "initdbm" das tut, was es tun soll. Der Normalablauf läßt sich einfach durch Aufruf der geänderten Version von ZWEITES.EXE testen. Das Programm sollte sich wie vor der Änderung verhalten.

Die Überprüfung, ob "initdbm" von sich aus die Database Services startet, ist ebenfalls einfach durchzuführen, indem man vor Aufruf von ZWEITES.EXE die Database Services durch Eingabe von STOPDBM stoppt. Unser Programm sollte dann vor Ausgabe der Eingabeaufforderung "Personalnummer eingeben:" folgende Meldung anzeigen:

```
Die Database Services werden jetzt gestartet
```

Die dritte Situation - das Instandsetzen einer inkonsistenten Datenbank - ist nicht so einfach auszutesten wie die beiden vorangegangenen Situationen. Die Schwierigkeit besteht darin, eine inkonsistente Datenbank zu erzeugen. Wir werden in Kürze hierzu ein kleines Programm schreiben, mit dessen Hilfe sich die Datenbank meist auf Anhieb in einen inkonsistenten Zustand bringen läßt. Um jedoch jedes Risiko auszuschließen, sollte die Datenbank zuvor unbedingt gesichert werden.

Erstellen einer Datenbanksicherung

Zum Erstellen einer Sicherungskopie der Datenbank UEBUNG verwenden wir den Query Manager. Das Sichern von Datenbanken ist gleich im ersten Query Manager-Fenster mit dem Titel "Databases" möglich (siehe Abbildung 2.16 auf Seite 26). Hierzu klickt man die Zeile

UEBUNG   Datenbank für SQL-Übungen

nicht - wie bisher gewohnt - zweifach, sondern nur einmal an. Anschließend klickt man in der Aktionszeile auf die Auswahl "Tools". Im daraufhin erscheinenden Untermenü ist der Menüpunkt "Backup local database..." auszuwählen. Nun öffnet sich das Fenster "Backup Local Database".

Im Eingabefeld "Output drive" kann man den Kennbuchstaben des Laufwerks eingeben, das zur Sicherung verwendet werden soll. Üblicherweise werden Sicherungskopien auf Disketten abgespeichert; insofern bieten sich die Laufwerke "A" oder "B" (sofern man zwei Diskettenlaufwerke besitzt) zur Sicherung an.

Im Auswahlfeld "Backup" kann man festlegen, ob die gesamte Datenbank gesichert werden soll (Entire database), oder nur die Dateien, die seit der letzten Sicherung verändert wurden (Changes only). Beim erstmaligen Sichern einer Datenbank ist "Entire database" auszuwählen.

Nach dem Anklicken der Enter-Schaltfläche wird eine OS/2-Fenstersession mit dem Titel "Backing Up Database UEBUNG" gestartet. In diesem Fenster meldet sich nun das "gewöhnliche" OS/2-Backup-Programm mit der Aufforderung, die Eingabetaste zu drücken.

Anschließend werden mehrere Dateien aufgelistet, die allesamt auf Diskette gesichert werden. Da die Datenbank UEBUNG ausgesprochen klein ist, müßte eine HD-Diskette für die gesamte Sicherung ausreichen.

Nach Abschluß der Sicherung gelangt man ohne weitere Meldungen wieder ins Query-Manager-Fenster "Databases" zurück.

Wie erzeugt man einen inkonsistenten Datenbankzustand?

Da wir nun eine Sicherungskopie der Datenbank UEBUNG besitzen, können wir es wagen, die Datenbank in einen inkonsistenten Zustand zu versetzen.

Hierzu dient das folgende Database Manager-Programm:

```
#include <stdlib.h>
#include <stdio.h>
#include <sqlenv.h>
#include "dbm.h"

EXEC SQL INCLUDE SQLCA;

main()
{
  EXEC SQL BEGIN DECLARE SECTION;
    short pers_nr;
  EXEC SQL END DECLARE SECTION;

  initdbm("UEBUNG", SQL_USE_SHR, &sqlca);

  for (pers_nr=20; pers_nr < 1000; pers_nr++)             /* 1 */
   {
    if (pers_nr == 300) printf("Jetzt Strg+Alt+Entf drücken!\n");  /* 2 */

    EXEC SQL                                              /* 3 */
        INSERT INTO MITARBEITER (PERS_NR, V_NAME, N_NAME, GEB_DATUM)
        VALUES(:pers_nr, 'Otto', 'Müller', '1.1.1955');   /* 4 */

    if (SQLCODE < 0) fehler("INSERT-Anweisung", &sqlca);
   }                                                      /* 5 */

  printf("Jetzt ist es zu spät\n");

  sqlestpd(&sqlca);
  return(0);
}
```

ABSTURZ.SQC

Das Programm ABSTURZ.SQC verdient seinen Namen eigentlich nicht, da es ein durchaus funktionsfähiges Database Manager-Programm darstellt. Es besteht im wesentlichen aus einer Programmschleife (Zeilen (1) bis (5)), die knapp tausendmal durchlaufen wird. Bei jedem Schleifendurchlauf wird eine

Zeile in die Tabelle MITARBEITER eingefügt (Zeilen (3) bis (4)). Die einzufügenden Zeilen unterscheiden sich nur in der Spalte PERS_NR.

Für den Zweck des Programms ist es allerdings völlig gleichgültig, welche Zeilen eingefügt werden. Wichtig ist nur, daß die Database Services eine gewisse Zeit ohne größere Unterbrechungen mit Änderungsoperationen beschäftigt sind.

Wenn wir in diesem Zeitraum die Database Services durch einen OS/2-Neustart unterbrechen (Tastenkombination: *Strg Alt Entf*), ist die Chance ziemlich groß, daß ein inkonsistenter Datenbankzustand entsteht. Damit wir den Programmablauf nicht zu früh abbrechen, erscheint erst nach knapp 300 INSERT-Anweisungen die Meldung

```
Jetzt Strg+Alt+Entf drücken
```

am Schirm (2). Danach sollte man allerdings nicht mehr zu lange warten; denn je nach Rechnergeschwindigkeit sind es nur ein paar Sekunden, bis das Schleifenende erreicht ist. Wenn die Meldung

```
Jetzt ist es zu spät
```

am Schirm erscheint, dann sind alle Zeilen eingefügt worden. Ein inkonsistenter Datenbankzustand ist nun nicht mehr erreichbar. In diesem Fall sollten die eingefügten Zeilen mit Hilfe des Query Manager wieder gelöscht und das Programm ABSTURZ.EXE nochmals aufgerufen werden.

Die Umwandlung des Programms ABSTURZ.SQC ist entsprechend den Angaben beim Programm ZWEITES.SQC vorzunehmen. Wir werden hier und auch bei den folgenden Programmen auf die zur Umwandlung nötigen Schritte nicht mehr eingehen.

Vor dem Aufruf des Programms ABSTURZ.EXE sollten alle aktiven OS/2-Programme (z.B. File Manager, Query Manager, etc.) beendet werden, um durch die brutale OS/2-Beendigung keinen Datenverlust zu erleiden.

Nach dem Hochfahren des OS/2 kann man nun das Programm ZWEITES.EXE aufrufen. Mit etwas Glück erhält man dann die Meldung:

```
Die Datenbank UEBUNG wird instandgesetzt
```

Erscheint diese Meldung nicht am Schirm, dann wurde durch die zwangsweise Beendigung von ABSTURZ.EXE kein inkonsistenter Datenbankzustand erreicht. In diesem Fall sollte man das Programm ABSTURZ.EXE erneut aufrufen und nochmals gewaltsam beenden.

3.2 Die wichtigsten Database Manager-Funktionen 213

Wenn man sich nach der Instandsetzung der Datenbank UEBUNG die Tabelle MITARBEITER mit dem Query Manager anschaut, dann fällt auf, daß sie nur die Zeilen enthält, die bereits vor dem Aufruf von ABSTURZ.EXE in ihr enthalten waren. Eigentlich müßte sie mindestens 280 weitere Zeilen aufweisen. Offenbar sind jedoch durch die Datenbankinstandsetzung die mittels ABSTURZ.EXE eingefügten Zeilen wieder entfernt worden. Wir werden auf dieses Phänomen im Abschnitt 5.3 "Transaktionsverarbeitung" zurückkommen.

Bisher behandelte Database Manager-Funktionen

Zum Abschluß dieses Abschnitts sollen die bisher behandelten Database Manager-Funktionen in tabellarischer Form zusammengefaßt werden:

Funktionsname	Bezeichnung
sqlestrd	Start using database
sqlestpd	Stop using database
sqlaintp	Retrieve message
sqlestar	Start Database Manager
sqlerest	Database restart

Neben den hier aufgelisteten Funktionen werden wir im Laufe der folgenden Kapitel noch weitere Database Manager-Funktionen kennenlernen.

3.3 SQL-Anweisungen ohne Cursor

Nachdem wir uns bisher mit verschiedenen - allerdings durchaus wichtigen - Database Manager-Funktionen beschäftigt haben, werden wir uns nun intensiver mit dem Einsatz von SQL-Anweisungen in C-Programmen befassen. Im vorliegenden Abschnitt "SQL-Anweisungen ohne Cursor" werden alle aus Kapitel 2 bekannten SQL-Anweisungen, wie SELECT, INSERT, UPDATE und DELETE, behandelt. Bei den SELECT-Anweisungen betrachten wir jedoch lediglich eine Sonderform, die darin besteht, daß die SELECT-Anweisung nur eine Ergebniszeile liefert.

Der allgemeinere Fall - SELECT-Anweisungen, die mehrere Ergebniszeilen erzeugen - bleibt dem Abschnitt 3.4 "Cursorverarbeitung" vorbehalten. Zur Verarbeitung mehrerer Ergebniszeilen werden wir in diesem Abschnitt ein neues SQL-Sprachelement kennenlernen - den sogenannten "Cursor".

3.3.1 Wirtsvariablen

Der wesentliche Unterschied zwischen interaktiven SQL-Anweisungen (die mit Hilfe des Query Manager ausgeführt werden) und eingebetteten SQL-Anweisungen besteht darin, daß in eingebetteten SQL-Anweisungen Variablen der Wirtssprache verwendet werden können. Wir haben derartige Wirtsvariablen in den Beispielprogrammen ERSTES.SQC auf Seite 175 und ABSTURZ.SQC auf Seite 211 bereits kennengelernt. Sie sind innerhalb von SQL-Anweisungen anhand des vorangestellten Doppelpunktes erkennbar.

Im folgenden wollen wir uns mit den Besonderheiten von Wirtsvariablen detaillierter befassen.

C-Datentypen versus SQL-Datentypen

Wirtsvariablen sind Vermittler zwischen zwei Welten.

Innerhalb von C-Anweisungen stellen sie ganz gewöhnliche C-Variablen dar; insbesondere besitzt eine Wirtsvariable - wie jede andere C-Variable auch - einen C-Datentyp, der das Verhalten einer Variablen in C-Anweisungen maßgeblich beeinflußt.

Wirtsvariablen unterscheiden sich von den übrigen C-Variablen dadurch, daß sie nicht nur in C-Anweisungen, sondern auch in eingebetteten SQL-Anweisungen verwendet werden. Innerhalb von SQL-Anweisungen ist eine Wirtsvariable als "SQL-Variable" anzusehen; sie besitzt dort somit einen SQL-Datentyp.

3.3 SQL-Anweisungen ohne Cursor

Aus dem eben Gesagten läßt sich folgern:

Einer Wirtsvariablen sind zwei Datentypen zugeordnet: ein C- und ein SQL-Datentyp. Es ist nun Aufgabe des Precompilers, anhand der C-Deklaration einer Wirtsvariablen zu erkennen, welcher SQL-Datentyp dieser Wirtsvariablen zukommt. Nur solche C-Datentypen, für die der Precompiler ein SQL-Äquivalent kennt, sind zur Deklaration von Wirtsvariablen zulässig.

Die folgende Tabelle gibt zu allen SQL-Datentypen die äquivalenten C-Deklarationen an. Für die SQL-Datentypen werden hierbei zweierlei Bezeichnungsweisen verwendet; zum einen die Bezeichnungen, die uns vom Query Manager bekannt sind. Zusätzlich werden die sogenannten "SQL-Datentypen" angegeben, die wir - wegen der kürzeren Schreibweise - im folgenden anstelle der Query Manager-Bezeichnungen verwenden werden.

Query Manager-Bezeichnung	SQL-Datentyp	C-Deklaration
Character (fixed length) mit Länge = 1	CHAR(1)	char
Character (fixed length) mit Länge n > 1	CHAR(n)	-
Character (variable length) mit maximaler Länge n	VARCHAR(n)	char[m] $1 <= m <= 4000$ struct {short; char[n];} $1 <= n <= 4000$
Small integer	SMALLINT	short int short
Large integer	INTEGER	long int long
Decimal g: Gesamtstellenzahl n: Anzahl Nachkommastellen	DECIMAL(g,n)	-

Tabelle 3.1 (Teil 1)

Query Manager-Bezeichnung	SQL-Datentyp	C-Deklaration
Date	DATE	char[10]
Time	TIME	char[8]
Special data	LONG VARCHAR	struct {short; char[n];} 4001 <= n <= 32700
System date and time	TIMESTAMP	char[26]
Scientific notation	FLOAT	double

Tabelle 3.1 (Teil 2)

Betrachtet man die vorliegende Zuordnungstabelle, so fallen drei unterschiedliche Situationen auf:

1. Für die meisten SQL-Datentypen existiert genau eine äquivalente C-Deklaration (für SMALLINT, INTEGER, DATE, TIME, LONG VARCHAR und FLOAT).
2. Für den Datentyp VARCHAR gibt es zwei äquivalente C-Deklarationen. Bei der zweiten Deklarationsalternative dient die short-Variable zur Aufnahme der (echten) Spaltenlänge; das char-Array enthält den Spalteninhalt.
3. Für den SQL-Datentyp DECIMAL existiert überhaupt kein äquivalenter C-Datentyp. Beim SQL-Datentyp CHAR ist die Situation ähnlich; hier gibt es nur dann einen äquivalenten C-Datentyp, wenn die Spaltenlänge den Wert "1" besitzt.

Man könnte nun folgern, daß die SQL-Datentypen DECIMAL und CHAR(>1) in C-Programmen nicht verarbeitbar sind. So schlimm ist es zum Glück nicht. Wir werden in Kürze sehen, wie man sich in diesen Fällen behelfen kann.

Zulässige C-Deklarationen für Wirtsvariablen

Neben der Zuordnung von SQL-Datentypen zu C-Deklarationen liefert die Tabelle 3.1 eine weitere wichtige Information: Nur die in der Spalte "C-Deklaration" angegebenen Deklarationsformen sind für Wirtsvariablen zulässig. Darüber hinausgehende C-Datentypen - wie "float" oder mittels "typedef" eigendefinierte Datentypen - können zur Deklaration von Wirtsvariablen nicht benutzt werden.

Glücklicherweise ist es nun nicht so, daß für eine Wirtsvariable, die in Verbindung mit einer bestimmten Tabellenspalte (z.B. als Datenempfänger in der INTO-Klausel) verwendet wird, unbedingt der zum SQL-Datentyp äquivalente C-Datentyp entsprechend Tabelle 3.1 verwendet werden muß. Vielmehr kann man in gewissem Umfang zwischen verschiedenen C-Deklarationen wählen. Welche C-Deklarationen für einen bestimmten SQL-Datentyp zulässig sind, hängt von der Klasse ab, der der betrachtete SQL-Datentyp angehört. Zwischen drei Klassen ist zu unterscheiden:

1. Textspalten bis 4000 Zeichen, Datumsspalten, Uhrzeitspalten und Zeitpunktspalten
2. Textspalten über 4000 Zeichen
3. Numerische Spalten

Innerhalb dieser Klassen kann man zwischen folgenden C-Deklarationen wählen:

SQL-Datentypklasse	SQL-Datentypen	C-Deklarationen

Textspalten bis 4000 Zeichen	CHAR
	VARCHAR
	DATE
	TIME
	TIMESTAMP
		char
		
		char[m]
		
		struct
		  {short;
		   char[m];}
		$1 <= m <= 4000$

Textspalten über 4000 Zeichen	LONG VARCHAR	struct
		  {short;
		   char[m];}
		$4001 <= m <= 32700$

Numerische Spalten	SMALLINT INTEGER DECIMAL FLOAT	short int, short long int, long double

Tabelle 3.2

Wirtsvariablen in der INTO-Klausel

Bei Wirtsvariablen, die nicht in INTO-Klauseln verwendet werden, kann man zwischen den verschiedenen Deklarationsalternativen, die sich entsprechend Tabelle 3.2 innerhalb einer Klasse ergeben, frei wählen. Bei numerischen Wirtsvariablen sollte man allerdings bedenken, daß sich Typkonvertierungen am ehesten vermeiden lassen, wenn man die Deklaration verwendet, die in Tabelle 3.1 zum jeweiligen SQL-Datentyp angegeben wurde.

Wirtsvariablen, die in INTO-Klauseln benutzt werden, müssen sorgfältiger deklariert werden. Der Grund hierfür liegt darin, daß Wirtsvariablen in INTO-Klauseln zur Aufnahme von Tabellendaten dienen, während bei allen sonstigen Verwendungsformen von Wirtsvariablen nur Datenwerte vom Programm an die Database Services gesendet werden.

In INTO-Klauseln verwendete Wirtsvariablen müssen also in der Lage sein, von den Database Services ermittelte Tabellendaten aufzunehmen. Bei einer ungünstigen Deklaration solcher (Empfangs-)Wirtsvariablen kann es vorkommen, daß die empfangenen Tabellendaten das Datenformat der zugeordneten Wirtsvariablen sprengen.

Die Reaktion der Database Services auf derartige Überlaufsituationen ist unterschiedlich. Betrachten wir zuerst das Verhalten bei Textspalten:

Abschneiden von Zeichenketten

Wird beim Übertragen eines Tabellenwertes aus einer Textspalte (CHAR, VARCHAR, DATE[4] ...) in eine Wirtsvariable der INTO-Klausel festgestellt, daß der durch die Wirtsvariable reservierte Speicherplatz zur Aufnahme des Tabellenwerts nicht ausreicht, so wird folgendermaßen reagiert:

- ♦ Vom zu übertragenden Tabellenwert werden soviele Zeichen in die Wirtsvariable übernommen, wie diese aufnehmen kann.
- ♦ Der SQLCODE erhält den Wert "0"; allerdings wird das Warnungskennzeichen SQLWARN1 der "sqlca" auf den Wert "W" gesetzt; das gleiche gilt natürlich für das Hauptkennzeichen SQLWARN0.
- ♦ Eine Besonderheit ist zu beachten, wenn die aufnehmende Wirtsvariable als char-Array definiert ist. In diesem Fall wird der übertragene Wert in der Wirtsvariablen durch einen Nullterminator (Zeichen "\0") abgeschlos-

---

[4] Spalten vom SQL-Datentyp DATE, TIME oder TIMESTAMP sind keine Textspalten, weil die Tabellenwerte solcher Spalten nicht als Zeichenketten, sondern in einer speichergünstigeren internen Form abgelegt werden. Da jedoch Tabellenwerte für die betrachteten Datentypen beim Transfer von oder zu Wirtsvariablen grundsätzlich in Zeichenketten umgewandelt werden, können wir diese Datentypen im folgenden gemeinsam mit den "echten" Text-Datentypen CHAR und VARCHAR behandeln.

3.3 SQL-Anweisungen ohne Cursor 219

sen, so daß eine problemlose Weiterverarbeitung der Zeichenkette mit C-Bibliotheksfunktionen (z.B. "strcat") möglich ist.

Enthält nun der zu übertragende Tabellenwert soviele Zeichen, wie das aufnehmende char-Array Elemente, dann wird zwar der gesamte Tabellenwert übertragen; für den abschließenden Nullterminator ist in diesem Fall jedoch kein Platz mehr vorhanden. Tritt eine solche Situation auf, dann wird das Warnungskennzeichen SQLWARN1 auf den Wert "N" gesetzt; SQLWARN0 erhält den Wert "W".

Im folgenden wollen wir anhand zweier Übungsprogramme die eben besprochenen Ausnahmesituationen nochmals verdeutlichen:

```c
#include <stdlib.h>
#include <stdio.h>
#include <sqlenv.h>
#include "dbm.h"

EXEC SQL INCLUDE SQLCA;

main()
{
  EXEC SQL BEGIN DECLARE SECTION;
    short pers_nr;
    char  v_name[5];                                         /* 1 */
  EXEC SQL END DECLARE SECTION;

  initdbm("UEBUNG", SQL_USE_SHR, &sqlca);

  printf("Personalnummer eingeben: ");
  scanf("%d", &pers_nr);

  EXEC SQL
    SELECT   V_NAME                                          /* 2 */
    INTO     :v_name                                         /* 3 */
    FROM     MITARBEITER
    WHERE    PERS_NR = :pers_nr;

  if (SQLCODE == 100)
  {
    printf("Zur Personalnummer %d keine Daten gefunden.\n", pers_nr);
    sqlestpd(&sqlca);
    exit(1);
  }

  if (SQLCODE < 0) fehler("SELECT-Anweisung", &sqlca);

  printf("Vorname = %.5s\n", v_name);
```

```
if (SQLWARN0 == 'W')                                            /* 4 */
   printf("SQLWARN0=W, SQLWARN1=%c\n", SQLWARN1);

sqlestpd(&sqlca);
return(0);
}
```

UEBERL1.SQC

Im ersten Programm UEBERL1.SQC arbeiten wir mit einem char-Array als Wirtsvariable (Variable "v_name" in Zeile (1)). Dieses Array kann maximal 5 Zeichen aufnehmen. Es dient jedoch als aufnehmende Wirtsvariable für die Tabellenspalte V_NAME (2),(3), die maximal 15 Zeichen enthalten kann. Mit der if-Abfrage in Zeile (4) wird überprüft, ob das Hauptkennzeichen SQLWARN0 der "sqlca" gesetzt ist. Wenn ja, wird das Warnungskennzeichen SQLWARN1 ausgegeben.

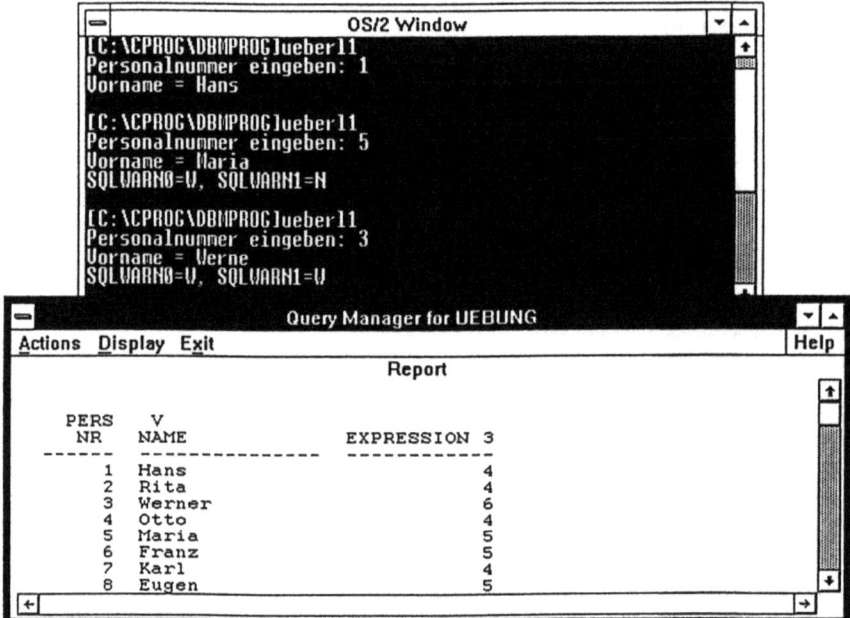

Abbildung 3.5

Abbildung 3.5 zeigt in der oberen Hälfte (OS/2 Window) die drei verschiedenen Situationen, die beim Aufruf von UEBERL1.SQC auftreten können. Zur Orientierung ist in der unteren Hälfte von Abbildung 3.5 ein Query Manager-Report dargestellt, der die Spalten PERS_NR, V_NAME und LENGTH(V_NAME) der Tabelle MITARBEITER zeigt.

3.3 SQL-Anweisungen ohne Cursor

Betrachten wir kurz die drei Aufrufe von UEBERL1.EXE in der Fenstersession (oberer Teil von Abbildung 3.5). Beim ersten Aufruf wird die Zeile mit der Personalnummer "1" ausgewählt. Der zugehörige Vorname "Hans" umfaßt vier Stellen. Die Wirtsvariable "v_name" kann also zusätzlich zum Tabellenwert noch den Nullterminator aufnehmen; SQLWARN0 und SQLWARN1 werden folglich nicht gesetzt.

Der zweite Aufruf von UEBERL1.EXE führt zur Auswahl eines fünfstelligen Namens. Der Tabellenwert kann zwar komplett in die Wirtsvariable "v_name" übertragen werden; es ist jedoch kein Platz mehr für den Nullterminator vorhanden. Deshalb wird SQLWARN0 auf "W" und SQLWARN1 auf "N" gesetzt.

Beim dritten Aufruf von UEBERL.EXE wird ein sechsstelliger Name ausgewählt. In diesem Fall werden nur die ersten fünf Stellen des Tabellenwertes in die Wirtsvariable übertragen. Als Kennzeichen für den unvollständigen Inhalt von "v_name" wird SQLWARN1 auf "W" gesetzt.

Fensterkompatible Programme

Wie man anhand von Abbildung 3.5 sieht, ist es manchmal vorteilhaft, ein Programm statt in einer Full-Screen-Session in einer Fenstersession des OS/2 ablaufen zu lassen. Der wesentliche Vorteil besteht darin, daß man gleichzeitig andere Fenster im Blickfeld hat (z.B. das Report-Fenster des Query Manager).

Damit ein Programm in einer OS/2-Fenstersession ablauffähig ist, muß man beim Link eine Moduldefinitionsdatei (engl. modul definition file) angeben. Man kann innerhalb von Moduldefinitionsdateien vielfältige Angaben machen, auf die wir hier aus Platzgründen nicht eingehen können. Solange es ausschließlich darum geht, ein Programm fensterkompatibel zu machen, kann man eine allgemeine Moduldefinitionsdatei erstellen, die sich dann beim Link beliebiger Programme einsetzen läßt. Eine solche allgemeine Moduldefinitionsdatei ALLG.DEF könnte folgendermaßen aussehen:

```
NAME         WINDOWCOMPAT
DESCRIPTION  'DBM-Programm'
PROTMODE
```

ALLG.DEF

In der Linkanweisung wird die Moduldefinitionsdatei als letzter Parameter angegeben. Für die Erstellung von UEBERL1.EXE erhält man dann folgende Linkanweisung:

link ueberl1.obj,,nul,sql_dyn+sql_stat+dbm, allg;

Doch nun zurück zu unserem eigentlichen Thema. Wir haben anhand des Programms UEBERL1.SQC gesehen, welche Überlaufsituationen auftreten können, wenn man ein char-Array als Wirtsvariable verwendet, das zur Aufnahme bestimmter Tabellenwerte nicht ausreicht. Als Konsequenz aus den gesammelten Erfahrungen läßt sich folgender Ratschlag formulieren:

Ein char-Array, das als Wirtsvariable innerhalb einer INTO-Klausel verwendet wird, sollte grundsätzlich eine Stelle mehr umfassen als die korrespondierende Tabellenspalte. Es ist dann immer sichergestellt, daß jeder potentiell auftretende Tabellenwert und zusätzlich ein Nullterminator aufgenommen werden können.

Strukturvariablen

Eine der drei Möglichkeiten, Wirtsvariablen für Textspalten zu deklarieren, besteht in der Deklaration einer Struktur folgender Form (siehe Tabelle 3.2 auf Seite 217):

```
struct
  {short;
    char[m];}
```

Wir wollen auch diese Technik anhand einer leicht modifizierten Form des Programmbeispiels UEBERL1.SQC verdeutlichen:

```
#include <stdlib.h>
#include <stdio.h>
#include <sqlenv.h>
#include "dbm.h"

EXEC SQL INCLUDE SQLCA;

main()
{
  EXEC SQL BEGIN DECLARE SECTION;
    short   pers_nr;

    struct{                                             /* 1 */
      short  laenge;
      char   inhalt[5];
    }        v_name;                                    /* 2 */
  EXEC SQL END DECLARE SECTION;

  char    *i;

  initdbm("UEBUNG", SQL_USE_SHR, &sqlca);
```

3.3 SQL-Anweisungen ohne Cursor

```
    printf("Personalnummer eingeben: ");
    scanf("%d", &pers_nr);

    EXEC SQL
      SELECT  V_NAME
      INTO    :v_name                                               /* 3 */
      FROM    MITARBEITER
      WHERE   PERS_NR = :pers_nr;

    if (SQLCODE == 100)
    {
      printf("Zur Personalnummer %d keine Daten gefunden.\n", pers_nr);
      sqlestpd(&sqlca);
      exit(1);
    }

    if (SQLCODE < 0) fehler("SELECT-Anweisung", &sqlca);

    printf("Vorname = ");
    for (i=v_name.inhalt; i<v_name.inhalt+v_name.laenge; i++)        /* 4 */
      printf("%c", *i);

    printf("\nLänge des Vornamens = %d\n", v_name.laenge);

    if (SQLWARN0 == 'W') printf("SQLWARN0=W, SQLWARN1=%c\n", SQLWARN1);

    sqlestpd(&sqlca);
    return(0);
}
```
UEBERL2.SQC

Die Wirtsvariable "v_name" (Zeile (1) bis (2)) besteht nun aus zwei Strukturelementen; im vorliegenden Programmbeispiel wurden sie mit "laenge" und "inhalt" bezeichnet.

Benutzt man eine derartige Strukturvariable in einer INTO-Klausel (3), dann wird von den Database Services das short-Element der Struktur mit der Länge des Tabellenwerts gefüllt; das char-Array der Struktur erhält den eigentlichen Tabellenwert. Der Tabellenwert wird bei dieser Art von Wirtsvariablen grundsätzlich nicht mit einem Nullterminator abgeschlossen. Man muß also bei der Weiterverarbeitung eines solchen char-Arrays aufpassen, daß man es in der richtigen Länge verwendet (siehe (4)).

Um ähnliche Überlaufsituationen wie im Programm UEBERL1.SQC zu erzielen, wurde auch im Programm UEBERL2.SQC die Wirtsvariable "v_name" zu klein deklariert. Bei einer korrekten Deklaration müßte das char-Array "inhalt" 15 Elemente aufweisen. Im Gegensatz zum Programm UEBERL1.SQC wird jedoch im Programm UEBERL2.SQC bei einem fünfstelligen Tabellenwert kein Warnungskennzeichen gesetzt, da ja - wie bereits erwähnt - kein Platz für einen Nullterminator benötigt wird.

Möchte man eine Wirtsvariable in der "Strukturform" zur Datenübergabe an die Database Services verwenden (z.B. als Vergleichswert in einer WHERE-Klausel), so muß man selbst dafür sorgen, daß das short-Element der Struktur die korrekte Längeninformation erhält. Das folgende (unvollständige) Programmstück soll die Verwendung von Strukturvariablen zur Datenübergabe an die Database Services verdeutlichen:

```
EXEC SQL BEGIN DECLARE SECTION;
  struct{
    short  laenge;
    char   inhalt[16];
  }      v_name;
EXEC SQL END DECLARE SECTION;


printf("Vorname eingeben: ");
scanf("%15s", v_name.inhalt);
v_name.laenge = strlen(v_name.inhalt);

EXEC SQL
    SELECT  ...
    INTO    ...
    FROM    MITARBEITER
    WHERE   V_NAME = :v_name;
```

Es stellt sich nun die Frage, warum man Wirtsvariablen für Textspalten in der "Strukturform" deklarieren soll, wenn doch offensichtlich die Deklaration als simples char-Array viel einfacher ist.

Solange man es mit gewöhnlichen Texten zu tun hat, wäre es sicher unsinnig, die "Strukturform" zu verwenden. Wenn jedoch Textspalten zur Aufnahme von Binärinformationen verwendet werden sollen, dann eignet sich das Zeichen "\0" nicht mehr als Abschlußzeichen, da es unter Umständen auch innerhalb einer (binären) Zeichenkette auftreten kann.

Ob eine Textspalte Binärinformationen aufnehmen soll, ist bereits im Rahmen der Tabellendefinition anzugeben. Bei der Tabellendefinition mit Hilfe des Query Manager dient hierzu das Auswahlfeld "Text" im Add Column-Fenster (siehe Abbildung 2.10 auf Seite 19). Wir werden auf diesen Punkt im Abschnitt 4.3.2 "Tabellendefinition" nochmals zurückkommen.

Wenn man mit Textspalten arbeitet, die zur Aufnahme von Binärinformationen vorgesehen sind, muß man für korrespondierende Wirtsvariablen die im Pro-

3.3 SQL-Anweisungen ohne Cursor

gramm UEBERL2.SQC dargestellte "Strukturform" verwenden. Die Deklaration als simples char-Array ist in diesem Fall nicht zulässig.

Wirtsvariablen für numerische SQL-Datentypen

Zur Deklaration numerischer Wirtsvariablen können die C-Datentypen "short" (bzw. "short int"), "long" (bzw. "long int") und "double" verwendet werden. Wie Tabelle 3.2 auf Seite 217 zeigt, ist jede dieser Deklarationen zu allen numerischen SQL-Datentypen kompatibel.

Doch auch hier ist besondere Vorsicht geboten, wenn es sich um Wirtsvariablen handelt, die in INTO-Klauseln verwendet werden. Folgende Ausnahmesituationen können dann auftreten:

- Verwendet man ganzzahlige C-Deklarationen ("short" oder "long") für Wirtsvariablen zur Aufnahme von Tabellenwerten mit Nachkommastellen (SQL-Datentypen DECIMAL oder FLOAT), so werden die Nachkommastellen beim Übertragen in die Wirtsvariablen abgeschnitten. Dieser Datenverlust bleibt völlig unbemerkt, da in einem solchen Fall weder ein SQLCODE ungleich Null, noch ein Warnungskennzeichen gesetzt wird.

- Überschreitet ein Tabellenwert betragsmäßig die Aufnahmekapazität der zugeordneten Wirtsvariablen, so wird die Ausführung der SQL-Anweisung abgebrochen und die Fehlersituationen durch einen negativen SQL-CODE (-304) angezeigt.

Wir wollen die beiden eben beschriebenen Ausnahmesituationen anhand zweier Beispielprogramme verdeutlichen:

```
#include <stdlib.h>
#include <stdio.h>
#include <sqlenv.h>
#include "dbm.h"

EXEC SQL INCLUDE SQLCA;

main()
{
  EXEC SQL BEGIN DECLARE SECTION;
    short   pers_nr;
    short   gehalt_s;                                   /* 1 */
    double  gehalt_d;                                   /* 2 */
  EXEC SQL END DECLARE SECTION;

  initdbm("UEBUNG", SQL_USE_SHR, &sqlca);

  printf("Personalnummer eingeben: ");
  scanf("%d", &pers_nr);
```

```
    EXEC SQL
      SELECT  GEHALT/10, GEHALT/10                              /* 3 */
      INTO    :gehalt_s, :gehalt_d                              /* 4 */
      FROM    MITARBEITER
      WHERE   PERS_NR = :pers_nr;

    if (SQLCODE == 100)
     {
       printf("Zur Personalnummer %d keine Daten gefunden.\n", pers_nr);
       sqlestpd(&sqlca);
       exit(1);
     }

    if (SQLCODE) fehler("SELECT-Anweisung", &sqlca);            /* 5 */

    printf("short-Wert = %d, double-Wert = %.1f\n",
           gehalt_s, gehalt_d);

    printf("SQLWARN0=%s\n", SQLWARN0);                          /* 6 */

    sqlestpd(&sqlca);
    return(0);
  }
```

ABSCHN.SQC

Im Programm ABSCHN.SQC werden eine short- (1) und eine double-Wirtsvariable (2) zur Aufnahme von Tabellenwerten mit Nachkommastellen verwendet.

Die Tabelle MITARBEITER besitzt eine numerische Spalte mit Nachkommastellen - nämlich die Spalte GEHALT. Allerdings sind alle Gehaltswerte, die wir im Kapitel 2 in die Tabelle MITARBEITER eingetragen haben, ganzzahlig. Um dennoch den "Abschneideeffekt" demonstrieren zu können, wird in der SELECT-Anweisung des Programms ABSCHN.SQC der ermittelte Gehaltswert durch zehn dividiert (3), so daß sich eine Zahl mit Nachkommastellen ergibt.

Durch Ausgabe des Hauptkennzeichens SQLWARN0 in Zeile (6) soll bewiesen werden, daß kein Warnkennzeichen auf das Abschneiden der Nachkommastellen beim Übertragen in die Wirtsvariable "gehalt_s" aufmerksam macht. Außerdem wird die Funktion "fehler" nicht nur im Fall eines negativen SQL-CODEs aufgerufen (wie bisher üblich), sondern auch bei einem positiven SQLCODE (5). Somit läßt sich überprüfen, ob eventuell durch einen positiven SQLCODE auf das Abschneiden der Nachkommastellen hingewiesen wird.

3.3 SQL-Anweisungen ohne Cursor

Der Aufruf des Programms ABSCHN.SQC mit der Personalnummer "7" führt zu folgender Ausgabe:

```
short-Wert = 547, double-Wert = 547.8
SQLWARN=
```

Betrachten wir nun die zweite Ausnahmesituation: der Wertebereich einer numerischen Wirtsvariable reicht zur Aufnahme eines Tabellenwertes nicht aus. Auch hierzu ein Beispielprogramm:

```
#include <stdlib.h>
#include <stdio.h>
#include <sqlenv.h>
#include "dbm.h"

EXEC SQL INCLUDE SQLCA;

main()
{
  EXEC SQL BEGIN DECLARE SECTION;
    short   pers_nr;
    short   gehalt_s;                                         /* 1 */
  EXEC SQL END DECLARE SECTION;

  initdbm("UEBUNG", SQL_USE_SHR, &sqlca);

  printf("Personalnummer eingeben: ");
  scanf("%d", &pers_nr);

  EXEC SQL
    SELECT  10*GEHALT                                         /* 2 */
    INTO    :gehalt_s                                         /* 3 */
    FROM    MITARBEITER
    WHERE   PERS_NR = :pers_nr;

  if (SQLCODE == 100)
   {
    printf("Zur Personalnummer %d keine Daten gefunden.\n", pers_nr);
    sqlestpd(&sqlca);
    exit(1);
   }

  if (SQLCODE < 0) fehler("SELECT-Anweisung", &sqlca);
```

```
    printf("short-Wert = %d\n", gehalt_s);

    sqlestpd(&sqlca);
    return(0);
}
```

UEBERL3.SQC

Im Programm UEBERL3.SQC wird die short-Variable "gehalt_s" (1), (3) dazu verwendet, den zehnfachen Gehaltswert (2) aufzunehmen. Für die Personalnummer "5" funktioniert die Übertragung noch problemlos; man erhält:

```
short-Wert = 28030
```

Gibt man allerdings die Personalnummer "1" ein, so überschreitet der zehnfache Gehaltswert die Aufnahmekapazität einer short-Variablen. Man erhält folgende Ausgabe:

```
Fehler bei SELECT-Anweisung: Sqlcode=-304.

SQL0304N  A value cannot be assigned to a host variable because the value is
not within the range of the host variable's data type.
```

Empfohlene C-Deklarationen für Wirtvariablen

Nachdem wir uns auf den zurückliegenden Seiten mit den Zusammenhängen zwischen C-Deklarationen und SQL-Datentypen befaßt haben, soll nun diese Thematik mit einer Tabelle empfohlener C-Deklarationen abgeschlossen werden.

Verwendet man die in der folgenden Tabelle zu jedem SQL-Datentyp angegebene C-Deklaration, so treten Überlaufsituationen nicht mehr auf. Weiterhin werden Datentypkonvertierungen bei Einhaltung der Empfehlungen weitgehend vermieden.

3.3 SQL-Anweisungen ohne Cursor

SQL-Datentyp	C-Deklaration
CHAR(1)	char
CHAR(n>1)	char[n+1]
VARCHAR(n)	char[n+1]
SMALLINT	short
INTEGER	long
DECIMAL ohne Nachkommastellen bis DECIMAL(3) bis DECIMAL(9) über DECIMAL(9)	short long double
DECIMAL mit Nachkommastellen	double
DATE	char[11]
TIME	char[9]

LONG VARCHAR	struct
	  {short;
	   char[n];}
	4001 <= n <= 32700

TIMESTAMP	char[27]
FLOAT	double

Tabelle 3.3

Anmerkung zu Tabelle 3.3:

Werden DECIMAL-Spalten mit mehr als 15 Stellen benutzt, so wird die Genauigkeit eines Datenwertes beim Übertragen in eine double-Wirtsvariable auf ca. 15 signifikante Stellen verringert.

Sichtbarkeit von Wirtsvariablen

Die Sprache C bietet verschiedene Möglichkeiten, die Sichtbarkeit einer Variablen auf die Anweisungsbereiche zu beschränken, in denen diese Variable tatsächlich benötigt wird.

So sind lokale Variablen nur innerhalb des Anweisungsblocks sichtbar, in dem sie deklariert wurden. Globale Variablen sind hingegen ab der Zeile ihrer Deklaration für den Rest der Quelldatei sichtbar, sofern nicht gleichnamige lokale Variablen vorhanden sind. Globale Variablen anderer Quelldateien können durch die Speicherklassenspezifikation "extern" sichtbar gemacht werden. Andererseits lassen sich globale Variablen durch Angabe von "static" gegenüber anderen Quelldateien geheim halten. Formale Parameter sind bezüglich ihrer Sichtbarkeit mit lokalen Variablen vergleichbar.

Der wesentliche Nutzen der vielfältigen Sichtbarkeitsvarianten besteht darin, daß die versehentliche Verwendung einer Variablen weitgehend vermieden werden kann. Das Risiko der mißbräuchlichen Verwendung einer Variablen läßt sich verringern, wenn man die Sichtbarkeit auf die Anweisungsbereiche begrenzt, in denen die Variable benötigt wird.

Eine C-Variable wird zu einer Wirtsvariablen, indem sie innerhalb einer DECLARE SECTION deklariert wird; d.h. die Deklaration muß zwischen den SQL-Anweisungen

```
EXEC SQL BEGIN DECLARE SECTION;
```

und

```
EXEC SQL END DECLARE SECTION;
```

erfolgen.

Wie der C-Compiler, so besitzt auch der Database Manager-Precompiler ein Sichtbarkeitskonzept. Da sich der Precompiler nicht für alle C-Variablen, sondern nur für Wirtsvariablen interessiert, bezieht sich sein Sichtbarkeitskonzept auch nur auf Wirtsvariablen.

Idealerweise sollte das Sichtbarkeitskonzept des Precompilers mit dem des C-Compilers übereinstimmen, da Wirtsvariablen sowohl den Regeln des Precompilers als auch den Regeln des C-Compilers unterworfen sind. Leider stimmen die beiden Sichtbarkeitskonzepte nicht überein. Der Database Manager-Precompiler weist - verglichen mit dem C-Compiler - ein ausgesprochen simples Sichtbarkeitskonzept auf:

Alle Wirtsvariablen sind ab der Zeile ihrer Deklaration für den Rest der Quelldatei sichtbar und können in SQL-Anweisungen, die sich zwischen der Deklaration und dem Dateiende befinden, verwendet werden. Eine Quelldatei kann zwar mehrere DECLARE SECTIONs enthalten; jeder Variablenname darf jedoch nur für jeweils eine Deklaration verwendet werden.

Beibehaltung des C-Sichtbarkeitskonzepts

Da sich das Sichtbarkeitskonzept der Sprache C unbestritten bewährt hat, sollte man es eigentlich nicht dadurch verwässern, daß man alle Wirtsvariablen als globale C-Variablen deklariert, um so dem Sichtbarkeitskonzept des Precompilers entgegen zu kommen.

Mit etwas Disziplin läßt sich das C-Sichtbarkeitskonzept auch für Wirtsvariablen durchhalten: Es sind keine Fehler zu befürchten, die nicht bereits beim Umwandlungsvorgang erkannt werden, solange man Variablennamen, die in DECLARE SECTIONs benutzt werden, nicht für C-Deklarationen außerhalb von DECLARE SECTIONs verwendet.

Wir wollen anhand eines kleinen Programms aufzeigen, was passieren kann, wenn man sich nicht an die eben genannte Regel hält.

```c
#include <stdlib.h>
#include <stdio.h>
#include <sqlenv.h>
#include "dbm.h"

EXEC SQL INCLUDE SQLCA;

void gehalt_anzeigen(short pers_nr);

main()
{
  EXEC SQL BEGIN DECLARE SECTION;
    short   pers_nr;
    long    gehalt;                                            /* 1 */
  EXEC SQL END DECLARE SECTION;

  initdbm("UEBUNG", SQL_USE_SHR, &sqlca);

  printf("Personalnummer eingeben: ");
  scanf("%d", &pers_nr);

  gehalt_anzeigen(pers_nr);                                    /* 2 */

  sqlestpd(&sqlca);
  return(0);
}
```

```
void gehalt_anzeigen(short pers_nr)
{
  float   gehalt;                                              /* 3 */
  EXEC SQL
     SELECT  100000*GEHALT
     INTO    :gehalt                                           /* 4 */
     FROM    MITARBEITER
     WHERE   PERS_NR = :pers_nr;

  if (SQLCODE == 100)
   {
     printf("Zur Personalnummer %d keine Daten gefunden.\n", pers_nr);
     return;
   }

  if (SQLCODE < 0) fehler("SELECT-Anweisung", &sqlca);

  printf("100000*Gehalt = %E\n", gehalt);                      /* 5 */
}
```

SICHTBAR.SQC

Im vorliegenden Programm SICHTBAR.SQC wird die Variable "gehalt" zweifach deklariert; zum einen als Wirtsvariable in der Funktion "main" (1), zum andern als gewöhnliche C-Variable in der Funktion "gehalt_anzeigen" (3). Aus C-Sicht ist die in Zeile (1) deklarierte Variable nur in der Funktion "main" sichtbar und die in der Zeile (3) deklarierte Variable nur in der Funktion "gehalt_anzeigen".

Aus Sicht des Precompilers gibt es nur die in Zeile (1) enthaltene Deklaration der Variablen "gehalt", da sich diese Deklaration in einer DECLARE SECTION befindet. Trifft der Precompiler im folgenden auf eine SQL-Anweisung, in der die Wirtsvariable "gehalt" auftaucht, so geht er davon aus, daß es sich um die in Zeile (1) deklarierte long-Variable handelt.

Die einzige ausführbare SQL-Anweisung des Programms befindet sich in der Funktion "gehalt_anzeigen" (4). Diese SQL-Anweisung wird vom Precompiler durch eine Reihe von Database Manager-Funktionsaufrufen ersetzt. Einer dieser Funktionsaufrufe dient dazu, den Database Services mitzuteilen, daß es sich bei der Wirtsvariablen "gehalt" um eine long-Variable (SQL-Datentyp INTEGER) handelt. Aufgrund dieser Information konvertieren die Database Services das Ergebnis "100000*GEHALT" in den Datentyp "long", bevor sie es an unser Programm weiterreichen. Die Wirtsvariable "gehalt" enthält also nach Ausführung der SELECT-Anweisung den Wert "100000*GEHALT" im C-Datenformat "long".

3.3 SQL-Anweisungen ohne Cursor

Aus C-Sicht ist die Variable "gehalt" in der Funktion "gehalt_anzeigen" jedoch als float-Variable definiert (3). Der Inhalt der Variablen "gehalt" wird somit in C-Anweisungen als float-Wert interpretiert. Die Anzeige des Inhalts von "gehalt" mittels "printf" (5) liefert deshalb einen falschen Zahlenwert.

Wie anhand des Programms SICHTBAR.SQC deutlich wurde, können die unterschiedlichen Sichtbarkeitskonzepte von Pre- und C-Compiler zu Fehler führen, die bei der Programmumwandlung nicht erkannt werden und zur Laufzeit unter Umständen nur schwer lokalisierbar sind. Derartige Fehlersituationen lassen sich verhindern, wenn die Regel beherzigt wird, Wirtsvariablennamen für C-Deklaration außerhalb von DECLARE SECTIONs nicht zu verwenden.

Formale Parameter als Wirtsvariablen

Für die Deklaration von formalen Funktionsparametern bietet die Sprache C zwei Möglichkeiten. Zum einen die "klassische" Form:

```
typ funktionsname(parm1, parm2, ... parmN)
typ parm1;
typ parm2;
.
.
typ parmN;
{
```

oder zum andern die "moderne" Form:

```
typ funktionsname(typ parm1, typ parm2, ... typ parmN)
```

Der ANSI-Standard für die Sprache C empfiehlt die Verwendung der modernen Form. Unglücklicherweise hat man bei der modernen Form jedoch keine Chance, Funktionsparameter als Wirtsvariablen zu deklarieren. Dies ist nur mit der klassischen Deklarationsform möglich, bei der man einen oder mehrere Parameter zu Wirtsvariablen erklären kann, indem man die entsprechenden Parameterdeklarationen mit den Anweisungen "EXEC SQL BEGIN DECLARE SECTION" und "EXEC SQL END DECLARE SECTION" umschließt.

Betrachten wir hierzu ein kleines Beispiel. Die folgende Funktion "gehalt" hat die Aufgabe, zu vorgegebener Personalnummer das Gehalt des Mitarbeiters zu ermitteln. In "gehalt" werden zwei DECLARE SECTIONs benötigt, eine für den Funktionsparameter "pers_nr", eine zweite für die lokale Variable "gehaltswert". Die beiden DECLARE SECTIONs dürfen nicht zu einer zusammengefaßt werden, da das Zeichen "{" in einer DECLARE SECTION unzulässig ist.

```
double gehalt(pers_nr)

EXEC SQL BEGIN DECLARE SECTION;
  short  pers_nr;
EXEC SQL END DECLARE SECTION;
{
  EXEC SQL BEGIN DECLARE SECTION;
    double  gehaltswert;
  EXEC SQL END DECLARE SECTION;

  EXEC SQL
     SELECT   GEHALT
     INTO     :gehaltswert
     FROM     MITARBEITER
     WHERE    PERS_NR = :pers_nr;

  if (SQLCODE == 100) gehaltswert = -1.F;
  if (SQLCODE <  0)   fehler("SELECT GEHALT", &sqlca);

  return(gehaltswert);
}
```

Besonderheiten bei der Deklaration von Wirtsvariablen

Neben den bisher gemachten Angaben zur Deklaration von Wirtsvariablen sind noch weitere Punkte zu beachten. Diese sind im folgenden aufgeführt:

- Da der Database Manager-Precompiler Programmquellen vor dem C-Preprozessor bearbeitet, dürfen DECLARE SECTIONs und auch alle übrigen SQL-Anweisungen keine mittels "#define" definierten Symbole enthalten. Die von C-Programmierern häufig genutzte Technik, die Größe von Arrays mit Hilfe von Symbolen festzulegen, ist somit auf Wirtsvariablen leider nicht anwendbar. Folgendes Programmstück ist also unzulässig:

```
#define V_NAME_MAX 15

EXEC SQL BEGIN DECLARE SECTION;
    char v_name[V_NAME_MAX+1];
EXEC SQL END DECLARE SECTION;
```

- In DECLARE SECTIONs sollten nur Variablen deklariert werden, die tatsächlich auch als Wirtsvariablen Verwendung finden. Gewöhnliche C-Variablen sollte man außerhalb von DECLARE SECTIONs deklarieren.

3.3 SQL-Anweisungen ohne Cursor

- Namen von Wirtsvariablen dürfen maximal 30 Stellen umfassen.
- Namen von Wirtsvariablen sollten nicht mit den Zeichenfolgen "EXEC", "SQL" oder "sql" beginnen. Innerhalb von Variablennamen sind die genannten Zeichenketten jedoch zulässig.
- Pro Quelldatei können maximal 512 Wirtsvariablen deklariert werden.
- Enthält eine Deklaration eine Variablenliste, bestehend aus mehreren Wirtsvariablennamen, so kann nur die letzte Variable der Liste initialisiert werden; z.B.:

```
EXEC SQL BEGIN DECLARE SECTION;
   short abc = 1, def = 3;    /* unzulässig */
   short abc , def = 3;       /* zulässig   */
EXEC SQL END DECLARE SECTION;
```

- Die Länge eines char-Arrays muß explizit angegeben werden. Folgende Deklaration ist also unzulässig:

```
EXEC SQL BEGIN DECLARE SECTION;
   char v_name[] = "Otto";
EXEC SQL END DECLARE SECTION;
```

- Die Speicherklassenspezifikationen "auto", "extern" und "static" können bei der Deklaration von Wirtsvariablen verwendet werden.
- Wirtsvariablen dürfen nicht in Strukturen eingebettet werden. In DECLARE SECTIONs sind ausschließlich Strukturen vom Typ:

```
struct
  {short;
   char[n];}
```

zur Deklaration von Wirtsvariablen für variabel lange Zeichenketten zulässig (siehe auch Tabelle 3.2 auf Seite 217).

Verwendung von Pointervariablen

Anstelle der bisher behandelten Deklarationen für Wirtsvariablen können in DECLARE SECTIONs auch Pointervariablen verwendet werden. Allerdings müssen Pointervariablen in DECLARE SECTIONs auf Datentypen oder -strukturen zeigen, die für die Deklaration von Wirtsvariablen zulässig sind. Bis zu 10 Indirektionen sind erlaubt.

Beispiele zulässiger Pointervariablen könnten sein:

```
EXEC SQL BEGIN DECLARE SECTION;
   short  *ptr_pers_nr;
   double **ptrptr_gehalt;
   struct{
          short laenge
          char  inhalt[15]
   }      *ptr_v_name;
EXEC SQL END DECLARE SECTION;
```

Werden Pointerwirtsvariablen in SQL-Anweisungen verwendet, so sind diese in exakt der Form anzugeben, in der sie deklariert wurden (d.h. mit gleicher Anzahl Indirektionszeichen "*").

Eine SELECT-Anweisung, in der die oben deklarierten Pointervariablen benutzt werden, könnte folgendermaßen aussehen:

```
EXEC SQL
   SELECT V_NAME, GEHALT
   INTO   :*ptr_v_name, :**ptrptr_gehalt
   FROM   MITARBEITER
   WHERE  PERS_NR = :*ptr_pers_nr;
```

Zur Deklaration eines Pointers auf ein char-Array sind Klammern zu verwenden, z.B.:

```
EXEC SQL BEGIN DECLARE SECTION;
   char (*ptr_v_name)[16];
EXEC SQL END DECLARE SECTION;
```

Ohne Klammern würde man keinen Pointer auf ein char-Array, sondern ein Array, bestehend aus 16 Pointern, deklarieren. Dies wäre kein zulässiger Datentyp für eine Wirtsvariable.

Innerhalb von SQL-Anweisungen kann man die Klammern allerdings weglassen, z.B. folgendermaßen:

```
EXEC SQL BEGIN DECLARE SECTION;
   char (*ptr_v_name)[16];                                     /* 1 */
EXEC SQL END DECLARE SECTION;

char  v_name[16];                                              /* 2 */
*ptr_v_name = v_name;                                          /* 3 */
```

3.3 SQL-Anweisungen ohne Cursor

```
EXEC SQL
   SELECT V_NAME
   INTO   :*ptr_v_name
   FROM   MITARBEITER
   WHERE  ...;
```

Die bei der Deklaration innerhalb der DECLARE SECTION angegebene Länge eines char-Arrays ist für den Precompiler maßgebend (1). Man muß folglich darauf achten, daß zum Zeitpunkt der Verwendung einer Pointerwirtsvariablen diese auf einen Speicherbereich verweist, der die notwendige Länge besitzt (2), (3). Zeigt die Pointervariable auf einen Speicherbereich, dem eine kürzer deklarierte Variable zugeordnet ist, werden eventuell andere Programmvariablen überschrieben.

Deklaration der "sqlca"

Da die "sqlca" unter Umständen in mehreren Funktionen verwendet wird, empfiehlt es sich, sie als globale Variable zu deklarieren. Dies ist gewährleistet, wenn die Anweisung "EXEC SQL INCLUDE SQLCA;" auf der externen Ebene (d.h. außerhalb von Funktionen) steht (am besten vor der Funktion "main").

Besteht ein Programm aus mehreren Quelldateien, so kann jede dieser Dateien die Anweisung "EXEC SQL INCLUDE SQLCA;" auf der externen Ebene enthalten. Hierdurch wird in jeder Quelldatei die Strukturvariable "sqlca" als globale Variable deklariert. Der OS/2-Linker ordnet dann allen sqlca-Deklarationen denselben Speicherbereich zu (siehe auch "SQL-Kommunikationsstruktur sqlca" auf Seite 196).

3.3.2 Behandlung von Nullwerten

Wie Sie sich sicher erinnern werden, kann man während der Erstellung von Tabellen angeben, ob in einer oder mehreren Spalten Nullwerte zugelassen sind. Die Spalte GEHALT in der Tabelle MITARBEITER erlaubt Nullwerte; d.h. es kann Mitarbeiter geben, deren Gehalt momentan (noch) nicht festliegt. Betrachtet man die Beispieldaten der Tabelle MITARBEITER (siehe Abbildung 2.1 auf Seite 11), so erkennt man, daß dem Mitarbeiter Franz Pfleiderer mit der Personalnummer "6" kein Gehalt zugeordnet ist; die Spalte GEHALT enthält für diese Personalnummer den Nullwert.

Es stellt sich nun die Frage: Was passiert eigentlich, wenn ein Spaltenwert in eine Wirtsvariable übertragen werden soll und es sich beim zu übertragenden Spaltenwert um den Nullwert handelt? Da wir bereits mehrere Programme geschrieben haben, die SELECT-Spaltenlisten mit der Spalte GEHALT enthalten, bereitet es keine große Mühe, die Reaktion auf einen Nullwert zu erforschen. Am besten eignet sich hierzu das Programm ABSCHN.SQC (siehe Seite 225). Wird dieses Programm mit der Personalnummer "6" aufgerufen, so erhält man folgende Fehlermeldung:

```
Fehler bei SELECT-Anweisung: Sqlcode=-305.

SQL0305N  The NULL value cannot be assigned to a host variable in the SELECT
or FETCH statement because no indicator variable is specified.
```

Das Programm ABSCHN.EXE ist also nicht in der Lage, Nullwerte zu verarbeiten. Wie man der Fehlermeldung entnehmen kann, liegt das Problem darin begründet, daß die SELECT-Anweisung keine "Indikatorvariable" aufweist.

Was ist unter einer Indikatorvariablen zu verstehen? Eine Indikatorvariable ist eine Wirtsvariable, die zusätzlich zu einer "normalen" Wirtsvariablen angegeben wird. Der Inhalt der Indikatorvariablen gibt Auskunft darüber, ob es sich bei einem Tabellenwert um den Nullwert handelt.

Wir wollen dies anhand eines Programmbeispiels verdeutlichen:

```
#include <stdlib.h>
#include <stdio.h>
#include <sqlenv.h>
#include "dbm.h"
EXEC SQL INCLUDE SQLCA;

main()
{
  EXEC SQL BEGIN DECLARE SECTION;
     char    v_name[16], n_name[16];
     double  gehalt;
     short   pers_nr, gehalt_ind;                           /* 1 */
  EXEC SQL END DECLARE SECTION;

  initdbm("UEBUNG", SQL_USE_SHR, &sqlca);

  printf("Personalnummer eingeben: ");
  scanf("%d", &pers_nr);

  EXEC SQL
     SELECT  V_NAME, GEHALT, N_NAME
     INTO    :v_name, :gehalt:gehalt_ind, :n_name           /* 2 */
     FROM    MITARBEITER
     WHERE   PERS_NR = :pers_nr;                            /* 3 */
```

3.3 SQL-Anweisungen ohne Cursor

```
   if (SQLCODE == 100)
   {
     printf("Zur Personalnummer %d keine Daten gefunden.\n", pers_nr);
     sqlestpd(&sqlca);
     exit(1);
   }

   if (SQLCODE < 0) fehler("SELECT-Anweisung", &sqlca);

   printf("Name = %s %s.\n", v_name, n_name);
   if (gehalt_ind < 0) printf("Gehalt nicht festgelegt.\n");          /* 4 */
   else                printf("Gehalt = %.2f DM.\n", gehalt);

   sqlestpd(&sqlca);
   return(0);
}
```

NULLIND1.SQC

In der INTO-Klausel (2) werden zur Aufnahme des Datenwertes aus der Spalte GEHALT jetzt zwei Wirtsvariablen angegeben; die Variablen "gehalt" und "gehalt_ind". Die Variable "gehalt" dient hierbei - wie bisher - zur Aufnahme des eigentlichen Gehaltswerts.

Die Variable "gehalt_ind" ist eine Indikatorvariable. Wenn sie nach Ausführung der SELECT-Anweisung einen negativen Wert aufweist, dann enthält die zugeordnete Spalte - also die Spalte GEHALT - für die ermittelte Zeile den Nullwert. In diesem Fall wurde in die Wirtsvariable "gehalt" kein Datenwert übertragen. Andernfalls - d.h. bei einem nichtnegativen Inhalt von "gehalt_ind" - wurde durch die SQL-Anweisung ein Datenwert in die Variable "gehalt" übertragen.

Indikatorvariablen müssen grundsätzlich mit dem C-Datentyp "short" deklariert werden (1).

Anhand des vorliegenden Programmbeispiels NULLIND1.SQC haben wir gesehen, wie man Indikatorvariablen in INTO-Klauseln verwendet. Indikatorvariablen, die ausschließlich in INTO-Klauseln eingesetzt werden, brauchen innerhalb des Programms nie mit einem Wert versehen zu werden. Die Wertzuweisung an "INTO-Indikatorvariablen" erfolgt vielmehr im Rahmen der SQL-Ausführung. Bevor man jedoch im Anschluß an eine SELECT-Anweisung mit einer Wirtsvariablen der INTO-Klausel weiterarbeitet (z.B. "gehalt"), ist anhand der zugeordneten Indikatorvariablen zu prüfen, ob der Wirtsvariablen überhaupt ein Wert zugewiesen wurde (4). Die Verwendung von Indikatorvariablen in INTO-Klauseln ist natürlich nur für solche Wirtsvariablen notwendig, für die die korrespondierenden Spalten Nullwerte enthalten können.

In zukünftigen Programmen wollen wir das Testen von Indikatorvariablen gegenüber der in Zeile (4) verwendeten Form etwas aussagekräftiger formulieren, indem wir hierzu ein Symbol verwenden. Zu diesem Zweck erweitern wir die Includedatei DBM.H um folgende Zeile:

```
#define IST_SQL_NULL <0
```

Damit läßt sich die Abfrage in Zeile (4) folgendermaßen formulieren:

```
if (gehalt_ind IST_SQL_NULL) printf("Gehalt nicht festgelegt.\n");   /* 4 */
else                         printf("Gehalt = %.2f DM.\n", gehalt);
```

Indikatorvariablen außerhalb von INTO-Klauseln

Der Einsatz von Indikatorvariablen ist nicht auf INTO-Klauseln beschränkt. Grundsätzlich läßt sich überall dort, wo in SQL-Anweisungen Wirtsvariablen auftreten können, zusätzlich zur eigentlichen Wirtsvariablen auch eine Indikatorwirtsvariable angeben. Mit anderen Worten: Anstelle einer Wirtsvariablen

:wirtsvar

kann man immer auch

:wirtsvar:ind_wirtsvar

schreiben.

Wie wir bereits erläutert haben, dienen Wirtsvariablen außerhalb von INTO-Klauseln dazu, bestimmte Teile einer SQL-Anweisung erst zur Programmlaufzeit festzulegen (z.B. einen Vergleichswert in einer WHERE-Klausel, siehe Zeile (3) in NULLIND1.SQC). Man kann derartige Wirtsvariablen in gewisser Weise als Übergabeparameter ansehen, die von den Database Services zur Ausführung einer SQL-Anweisung benötigt werden (siehe auch Abbildung 3.1 auf Seite 179).

Dies bedeutet, daß Wirtsvariablen, die außerhalb von INTO-Klauseln auftreten, vor Ausführung der SQL-Anweisung von unserem Programm einen Wert erhalten haben müssen. In gleicher Weise muß man auch Indikatorvariablen, die außerhalb von INTO-Klauseln verwendet werden, vor Ausführung der SQL-Anweisung mit einem Wert versehen.

Weist man einer Indikatorvariablen den Wert "0" zu, dann wird von den Database Services der Inhalt der zugeordneten Wirtsvariable verwendet. Belegt man eine Indikatorvariable jedoch mit dem Wert "-1", dann ist dies das Kennzeichen für die Database Services, daß es sich um den Nullwert handelt. Der wirkliche Inhalt der zugeordneten Wirtsvariablen wird in diesem Fall von den Database Services nicht benutzt.

3.3 SQL-Anweisungen ohne Cursor

Wir wollen den beschriebenen Sachverhalt wiederum anhand eines Programms verdeutlichen:

```
#include <stdlib.h>
#include <stdio.h>
#include <sqlenv.h>
#include "dbm.h"

EXEC SQL INCLUDE SQLCA;

main()
{
  EXEC SQL BEGIN DECLARE SECTION;
    double gehalt;
    short  pers_nr, gehalt_ind;
  EXEC SQL END DECLARE SECTION;

  initdbm("UEBUNG", SQL_USE_SHR, &sqlca);

  printf("Personalnummer und neues Gehalt eingeben"
         "\n(-1 für \"Gehalt nicht festgelegt\"): ");
  scanf("%d %lf", &pers_nr, &gehalt);                        /* 1 */

  if (gehalt == -1.F) gehalt_ind = SQL_NULL;                 /* 2 */
  else                gehalt_ind = NICHT_SQL_NULL;           /* 3 */

  EXEC SQL
    UPDATE  MITARBEITER_1                                    /* 4 */
    SET     GEHALT = :gehalt:gehalt_ind
    WHERE   PERS_NR = :pers_nr;

  if (SQLCODE == 100)                                        /* 5 */
   {
     printf("Personalnummer %d nicht gefunden.\n", pers_nr);
     sqlestpd(&sqlca);
     exit(1);
   }

  if (SQLCODE < 0) fehler("UPDATE-Anweisung", &sqlca);
  else             printf("Gehaltsänderung durchgeführt.\n");

  sqlestpd(&sqlca);
  return(0);
}
```

NULLIND2.SQC

Mit dem Programm NULLIND2.SQC kann das Gehalt eines Mitarbeiters geändert werden. Man gibt hierzu die Personalnummer des gewünschten Mitarbeiters und den neuen Gehaltswert ein (siehe "scanf" in Zeile (1)). Ist das bisherige Gehalt zwar nicht mehr gültig, aber andererseits noch kein neues Gehalt festgelegt, so kann man dies durch Eingabe von "-1" anstelle eines Gehaltswertes zum Ausdruck bringen.

In der auf die Funktion "scanf" folgenden if-Anweisung (Zeile (2) bis (3)) wird nun die Indikatorvariable "gehalt_ind" mit einem Wert versehen. Statt einer direkten Zuweisung der Zahlenwerte "-1" bzw. "0" arbeiten wir wiederum mit Symbolen. Die beiden Konstanten SQL_NULL und NICHT_SQL_NULL sind vor der Umwandlung von NULLIND2.SQC in der Includedatei DBM.H zu definieren. Diese hat dann folgendes Aussehen:

```
/*********************************************************

   Symboldefinitionen und
   Funktionsprototypen für allgemeine Hilfsfunktionen

*********************************************************/

#define IST_SQL_NULL      <0
#define SQL_NULL          -1
#define NICHT_SQL_NULL    0

void fehler(char *anweisung, struct sqlca *adr_sqlca);
void initdbm(unsigned char *db_name,
             unsigned char db_use, struct sqlca *adr_sqlca);
```

DBM.H

Die eigentliche Gehaltsänderung erfolgt schließlich mittels einer UPDATE-Anweisung (4). Je nach Wert der Indikatorvariablen "gehalt_ind" wird der bisherige Gehaltswert in den Wert der Wirtsvariablen "gehalt" (bei gehalt_ind = 0) oder in den Nullwert (bei gehalt_ind = -1) modifiziert.

Wir verwenden im Programm NULLIND2.SQC die Kopie MITARBEITER_1 der Tabelle MITARBEITER, um den Inhalt der Tabelle MITARBEITER in der bisherigen Form für weitere Übungsprogramme zu erhalten. Wenn Sie nicht mehr wissen, welche Zeilen die Tabelle MITARBEITER_1 enthält, können Sie sich mit Hilfe einer SELECT-Anweisung im Query Manager den nötigen Überblick verschaffen.

Wie beim Programm UEBERL1.EXE (siehe Abbildung 3.5 auf Seite 220) lohnt es sich auch im vorliegenden Fall, das Programm NULLIND2.EXE in

3.3 SQL-Anweisungen ohne Cursor

einer Fenstersession des OS/2 aufzurufen. Man hat dann die Möglichkeit, in einem parallelen Query Manager-Fenster das Ergebnis der von NULLIND2.EXE durchgeführten Modifikationen sofort zu kontrollieren.

Die Abfrage des SQLCODEs auf den Wert "100" in Zeile (5) mag Sie vielleicht verwundern. Sie ist jedoch durchaus sinnvoll, da die UPDATE-Anweisung eine WHERE-Klausel enthält. Gibt man nämlich eine Personalnummer ein, die in der Tabelle MITARBEITER_1 nicht gespeichert ist, dann kann verständlicherweise auch keine Gehaltsmodifikation erfolgen. In diesem Fall erhält der SQLCODE den Wert "100".

Indikatorvariablen in Prädikaten

Wie bereits erwähnt wurde, lassen sich überall dort, wo in SQL-Anweisungen Wirtsvariablen angegeben werden können, auch Indikatorwirtsvariablen hinzufügen. Folgende SQL-Anweisung wäre also durchaus zulässig:

```
EXEC SQL
    SELECT  V_NAME,  N_NAME
    INTO    :v_name, :n_name
    FROM    MITARBEITER
    WHERE   GEHALT = :gehalt:gehalt_ind;
```

Man darf sich allerdings nicht der Hoffnung hingeben, daß man mit der vorliegenden Abfrage einen Mitarbeiter, für den kein Gehalt festliegt, ermitteln kann, indem man der Indikatorvariablen "gehalt_ind" den Wert SQL_NULL zuweist. Die obige Abfrage liefert überraschenderweise kein Ergebnis (d.h. SQLCODE = 100), sobald die Indikatorvariable "gehalt_ind" den Wert SQL_NULL besitzt, obwohl es in der Tabelle einen Mitarbeiter gibt, dem kein Gehalt zugeordnet ist.

Wie ist dies zu erklären? Wenn in einem Prädikat ein Nullwert enthalten ist - z.B. in Form einer Indikatorvariablen mit dem Wert SQL_NULL -, dann besitzt das Prädikat den Wert "unbekannt"[5]. Die zugehörige Tabellenzeile wird somit nicht ausgewählt (siehe auch Abschnitt "Behandlung von Nullwerten" auf Seite 43). Da das Prädikat

GEHALT = :gehalt:gehalt_ind

für alle Tabellenzeilen den Wert "unbekannt" annimmt, wenn "gehalt_ind" den Wert SQL_NULL aufweist, wird somit keine Tabellenzeile ausgewählt.

Zusammenfassend läßt sich feststellen: In Prädikaten ist die Verwendung von Indikatorvariablen im allgemeinen nicht sinnvoll.

---

[5] Dies gilt nicht für Prädikate mit dem Operator "IN". Wir kommen hierauf später zurück.

Um das gewünschte Ergebnis zu erzielen, müßte man die SELECT-Anweisung folgendermaßen umformulieren:

```
EXEC SQL
   SELECT  V_NAME, N_NAME
   INTO    :v_name, :n_name
   FROM    MITARBEITER
   WHERE   GEHALT IS NULL;
```

Weitere Einsatzmöglichkeit für Indikatorvariablen

Die Hauptaufgabe von Indikatorvariablen besteht sicherlich darin, SQL-Nullwerte zu spezifizieren bzw. das Auftreten von Nullwerten in INTO-Klauseln zu erkennen.

Daneben kann eine Indikatorvariable hilfreich sein, wenn eine Wirtsvariable der INTO-Klausel zur Aufnahme des ermittelten Tabellenwerts einer Textspalte längenmäßig nicht ausreicht. In einer solchen Situation wird das Warnungskennzeichen SQLWARN1 gesetzt und der Tabellenwert in der maximal möglichen Länge in die Wirtsvariable übertragen (siehe auch Abschnitt "Abschneiden von Zeichenketten" auf Seite 218 ff.). Sofern der betroffenen Wirtsvariablen in der INTO-Klausel eine Indikatorvariable zugeordnet ist, wird die Indikatorvariable mit der wahren Länge des Tabellenwerts belegt. Folgendes Programmstück soll diese Verwendungsmöglichkeit von Indikatorvariablen verdeutlichen:

```
EXEC SQL BEGIN DECLARE SECTION;
   short pers_nr, v_name_ind;
   char  v_name[5];
EXEC SQL END DECLARE SECTION;

...

EXEC SQL
   SELECT  V_NAME
   INTO    :v_name:v_name_ind
   FROM    MITARBEITER
   WHERE   PERS_NR = :pers_nr;
```

```
...
if (SQLWARN1 == 'W')
  printf("Vorname unvollständig; %d Zeichen fehlen.\n",
         v_name_ind - 5);
...
```

3.3.3 WHENEVER-Anweisung

Bei der Ausführung von SQL-Anweisungen können Ausnahmesituationen auftreten, die im anschließenden C-Code meist eine besondere Verarbeitung erforderlich machen. Wir haben bereits erfahren, daß man das Vorliegen derartiger Ausnahmesituationen anhand des SQLCODEs und der Warnungskennzeichen SQLWARN0 bis SQLWARN7 erkennen kann (siehe Abschnitt "Auswertung des SQLCODEs" auf Seite 198 ff.).

Mit der WHENEVER-Anweisung bietet SQL ein Hilfsmittel, das dem Programmierer die Mühe erspart, nach jeder ausführbaren SQL-Anweisung zu prüfen, ob eine Ausnahmesituation aufgetreten ist. Es lassen sich C-Sprungmarken (engl. label) festlegen, an die beim Auftreten von Ausnahmesituationen automatisch verzweigt wird. Der hierzu nötige C-Code wird vom Precompiler im Anschluß an jede ausführbare SQL-Anweisung eingefügt.

Die WHENEVER-Anweisung kann folgende Formen annehmen:

- ♦ WHENEVER NOT FOUND GOTO Sprungmarke;
- ♦ WHENEVER SQLERROR GOTO Sprungmarke;
- ♦ WHENEVER SQLWARNING GOTO Sprungmarke;

Es ist also möglich, für die Ausnahmesituationen "keine Zeile gefunden" (NOT FOUND), "Fehler" (SQLERROR) und "Warnung" (SQLWARNING) unterschiedliche Sprungmarken festlegen.

Eine WHENEVER-Anweisung ist eine nichtausführbare SQL-Anweisung; d.h. aus ihr resultiert zur Programmlaufzeit keine Kommunikation mit den Database Services; sie stellt lediglich eine Steueranweisung an den Precompiler dar.

Bevor wir uns mit weiteren Einzelheiten der WHENEVER-Anweisung beschäftigen, soll ihre prinzipielle Handhabung anhand des folgenden Programmbeispiels verdeutlicht werden:

```
#include <stdlib.h>
#include <stdio.h>
#include <sqlenv.h>
#include "dbm.h"

EXEC SQL INCLUDE SQLCA;

EXEC SQL WHENEVER NOT FOUND   GOTO nicht_gefunden;           /* 1 */
EXEC SQL WHENEVER SQLERROR    GOTO sql_fehler;               /* 2 */
EXEC SQL WHENEVER SQLWARNING  GOTO sql_warnung;              /* 3 */

main()
{
  EXEC SQL BEGIN DECLARE SECTION;
    short pers_nr;
    char  v_name[16], n_name[16], geb_datum[11];
  EXEC SQL END DECLARE SECTION;

  char *anweisung;                                            /* 4 */

  initdbm("UEBUNG", SQL_USE_SHR, &sqlca);

  printf("Personalnummer eingeben: ");
  scanf("%d", &pers_nr);

  anweisung = "SELECT ... FROM MITARBEITER";                  /* 5 */

  EXEC SQL                                                    /* 6 */
     SELECT  V_NAME, N_NAME, GEB_DATUM
     INTO    :v_name, :n_name, :geb_datum
     FROM    MITARBEITER
     WHERE   PERS_NR = :pers_nr;

  printf("Personalnummer = %d\n", pers_nr);
  printf("Name           = %s %s\n", v_name, n_name);
  printf("Geburtsdatum   = %s\n", geb_datum);

  sqlestpd(&sqlca);
  return(0);

  nicht_gefunden:                                             /* 7 */
     printf("%s: Keine Daten gefunden.\n", anweisung);
     sqlestpd(&sqlca);
     exit(1);
```

3.3 SQL-Anweisungen ohne Cursor

```
    sql_fehler:                                                    /* 8 */
      fehler(anweisung, &sqlca);

    sql_warnung:                                                   /* 9 */
      if (SQLCODE) fehler(anweisung, &sqlca);
      else
      {
        printf("%s: Warnungskennzeichen=%.8s.\n",
               anweisung, sqlca.sqlwarn);
        sqlestpd(&sqlca);
        exit(1);
      }
  }
```

WHENEVER.SQC

Das Programm WHENEVER.SQC enthält für alle drei möglichen Ausnahmesituationen jeweils eine WHENEVER-Anweisung (Zeilen (1) bis (3)). Mit jeder dieser WHENEVER-Anweisung korrespondiert eine C-Sprungmarke ((7) bis (9)).

Im Anschluß an die ausführbare SQL-Anweisung (6) sind nun die bisher üblichen if-Anweisungen zur Behandlung von Ausnahmesituationen überflüssig. Der hierfür benötige C-Code wird anhand der WHENEVER-Anweisungen vom Precompiler erzeugt. Für das vorliegende Programm sieht dieser Code folgendermaßen aus:

```
  if (sqlca.sqlcode < 0)
  {
     sqlastop(0L);
     goto sql_fehler;
  }

  if (((sqlca.sqlcode > 0) && (sqlca.sqlcode != 100)) ||
      ((sqlca.sqlcode == 0) && (sqlca.sqlwarn[0] == 'W')))
  {
     sqlastop(0L);
     goto sql_warnung;
  }

  if (sqlca.sqlcode == 100)
  {
     sqlastop(0L);
     goto nicht_gefunden;
  }
```

Die vom Precompiler generierten C-Anweisungen sind - abgesehen vom Aufruf der Funktion "sqlastop" - selbsterklärend. Auf die Funktion "sqlastop" wollen wir an dieser Stelle nicht eingehen. Sie ist für das Verständnis der WHENEVER-Anweisung nicht von Bedeutung.

Doch nun zurück zum Programm WHENEVER.SQC: Der Einsatz von WHENEVER-Anweisungen ist vor allem dann sinnvoll, wenn in einer Programmquelle mehrere ausführbare SQL-Anweisungen enthalten sind. Der Precompiler erzeugt dann im Anschluß an jede ausführbare SQL-Anweisung den oben angegebenen C-Code. Weist die Programmquelle mehrere ausführbare SQL-Anweisungen auf, so ist bei der Abhandlung einer Ausnahmesituation nicht mehr bekannt, welche SQL-Anweisung die Ausnahmesituation verursachte. Dieser Mangel läßt sich jedoch mit relativ geringem Aufwand beseitigen. Hierzu definiert man eine Textvariable (4), die vor jeder ausführbaren SQL-Anweisung mit einem Text belegt wird, der die aktuelle SQL-Anweisung beschreibt (5). Diese Textvariable kann man dann im Rahmen der Behandlung von Ausnahmesituationen ausgeben (siehe (7) bis (9)).

Geltungsbereich von WHENEVER-Anweisungen

Eine WHENEVER-Anweisung ist für die auf sie folgenden Programmzeilen gültig. Sie gilt bis zum Ende der Programmquelle, es sei denn, sie wird durch eine neue WHENEVER-Anweisung für dieselbe Ausnahmesituation außer Kraft gesetzt. Möchte man dafür sorgen, daß ab einer bestimmten Zeile der Quelle für eine der Ausnahmesituationen überhaupt keine WHENEVER-Anweisung mehr wirksam ist, so läßt sich dies durch

```
EXEC SQL WHENEVER Ausnahmesituation CONTINUE;
```

erreichen. Man ist anschließend für die Abhandlung der Ausnahmesituation selbst verantwortlich.

Wir wollen den Geltungsbereich von WHENEVER-Anweisungen anhand eines kleinen Beispiels veranschaulichen:

```
...
EXEC SQL WHENEVER SQLERROR GOTO abc;
EXEC SQL SELECT ...                                    /* 1 */
...
EXEC SQL UPDATE ...                                    /* 2 */
...
EXEC SQL WHENEVER SQLERROR GOTO xyz;
```

3.3 SQL-Anweisungen ohne Cursor

```
EXEC SQL INSERT ...                                          /* 3 */

...

EXEC SQL WHENEVER SQLERROR CONTINUE;

EXEC SQL DELETE ...                                          /* 4 */

...
```

Tritt in der SELECT-Anweisung (1) oder in der UPDATE-Anweisung (2) ein Fehler auf, so wird zur Sprungmarke "abc" verzweigt. Bei einem Fehler in der INSERT-Anweisung (3) wird die Marke "xyz" angesprungen. Ein Fehler in der DELETE-Anweisung (4) führt hingegen zu keiner Programmverzweigung.

Der Geltungsbereich von WHENEVER-Anweisungen ist völlig unabhängig von der Struktur des C-Programms. Es ist ausschließlich die sequentielle Abfolge der Programmzeilen maßgeblich; d.h eine WHENEVER-Anweisung kann über mehrere C-Funktionen hinweg gültig sein. Man muß dann allerdings dafür sorgen, daß alle Funktionen die in der WHENEVER-Anweisung festgelegte Sprungmarke enthalten, sofern sie ausführbare SQL-Anweisungen aufweisen.

In den weiteren Programmbeispielen werden wir von WHENEVER-Anweisungen keinen Gebrauch machen. Die meisten Beispiele enthalten jeweils nur eine ausführbare SQL-Anweisung; WHENEVER-Anweisungen bringen in diesen Fällen keine Codeverringerung. Auf die Behandlung von Warnungssituationen wird aus Platzgründen völlig verzichtet. In produktiv eingesetzten Programmen sollte man sich allerdings durchaus die Mühe machen, Warnungssituationen (z.B. mittels WHENEVER-Anweisungen) abzuprüfen.

Verfechter der strukturierten Programmierung werden sich am GOTO-Konstrukt der WHENEVER-Anweisung stören. Leider läßt es sich nicht durch einen Funktionsaufruf ersetzen. Bei einer unüberwindlichen Abneigung gegen das "GOTO" bleibt nur die Alternative, Ausnahmesituationen - wie in den Beispielprogrammen dieses Buchs - durch eigene C-Anweisungen abzufangen.

3.3.4 Änderungsanweisungen

Der vorliegende Abschnitt befaßt sich mit SQL-Änderungsanweisungen. Dies bedeutet jedoch nicht, daß hiermit die Behandlung von SELECT-Anweisungen abgeschlossen ist. Wir werden im Abschnitt 3.4 "Cursorverarbeitung" die Beschäftigung mit SELECT-Anweisungen wieder aufnehmen. Dort werden wir erfahren, wie sich Abfragen realisieren lassen, die mehrere Ergebniszeilen produzieren; darüber hinaus wird dort der Einsatz von Wirtsvariablen in Funktionen, Spaltenlisten und Prädikaten systematisch behandelt.

INSERT-Anweisungen

Ein Beispiel für eine eingebettete INSERT-Anweisung haben wir bereits kennengelernt; das Programm ABSTURZ.SQC auf Seite 211. Der einzige Unterschied zwischen der interaktiven und der eingebetteten Form von INSERT-Anweisungen besteht darin, daß man bei der eingebetteten Form in der Werteliste Wirtsvariablen verwenden kann.

Die INSERT-Anweisung zum Einfügen eines neuen Mitarbeiters in die Tabelle MITARBEITER_1 lautet in der interaktiven Form z.B. folgendermaßen:

```
INSERT INTO MITARBEITER_1
VALUES (11, 'Edgar', 'Fischer', '13.4.1943', 4870)
```

Ein Programm zum Erfassen eines neuen Mitarbeiters könnte wie folgt aussehen:

```
#include <stdlib.h>
#include <stdio.h>
#include <sqlenv.h>
#include <sqlcodes.h>                                         /* 1 */
#include "dbm.h"

EXEC SQL INCLUDE SQLCA;

main()
{
  EXEC SQL BEGIN DECLARE SECTION;
    short  pers_nr, gehalt_ind;
    char   v_name[16], n_name[16], geb_datum[11];
    double gehalt;
  EXEC SQL END DECLARE SECTION;

  initdbm("UEBUNG", SQL_USE_SHR, &sqlca);

  printf("Daten des neuen Mitarbeiters eingeben\n"
         "Vorname, Nachname, Geb.-Datum, Gehalt\n"
         "(-1 für \"Gehalt nicht festgelegt\"): ");
  scanf("%s %s %s %lf", v_name, n_name, geb_datum, &gehalt);   /* 2 */

  if (gehalt == -1.F) gehalt_ind = SQL_NULL;                   /* 3 */
  else                gehalt_ind = NICHT_SQL_NULL;

  EXEC SQL                                                     /* 4 */
    SELECT MAX(PERS_NR+1)
    INTO   :pers_nr
    FROM   MITARBEITER_1;
```

3.3 SQL-Anweisungen ohne Cursor

```
   if (SQLCODE < 0) fehler("SELECT MAX(PERS_NR+1)...", &sqlca);

   EXEC SQL                                                           /* 5 */
      INSERT   INTO MITARBEITER_1
      VALUES   (:pers_nr, :v_name, :n_name, :geb_datum, :gehalt:gehalt_ind);

   if (SQLCODE == SQL_RC_E180 || SQLCODE == SQL_RC_E181)               /* 6 */
   {
      printf("\nGeb.-Datum \"%s\" ungültig; Mitarbeiter nicht erfasst.\n",  /* 7 */
              geb_datum);
      exit(1);
   }

   if (SQLCODE < 0) fehler("INSERT-Anweisung", &sqlca);                /* 8 */
   else             printf("Mitarbeiter wurde erfaßt; Pers.-Nr. = %d.\n",
                            pers_nr);

   sqlestpd(&sqlca);
   return(0);
}
```

MITARNEU.SQC

Mit der Funktion "scanf" in Zeile (2) werden die Daten eines neuen Mitarbeiters in die entsprechenden Wirtsvariablen eingelesen. Man braucht allerdings keine Personalnummer einzugeben; diese wird - wie wir gleich sehen werden - vom Programm ermittelt. Ist das Gehalt des neuen Mitarbeiters noch nicht festgelegt, so ist anstatt eines Gehaltswerts die Zahl "-1" einzugeben. Wir kennen diese Mimik bereits vom Programm NULLIND2.SQC auf Seite 241.

In Zeile (3) wird anhand des Inhalts der Variable "gehalt" die zugehörige Indikatorvariable belegt.

Anschließend wird mit Hilfe einer SELECT-Anweisung (4) die nächste freie Personalnummer ermittelt und in die Wirtsvariable "pers_nr" übertragen. Die Personalnummer erhöht sich folglich für jeden neuen Mitarbeiter um eins. Im Grunde genommen ist es nicht bedeutsam, welche Personalnummer einem neuen Mitarbeiter zugeordnet wird, da sie keine Eigenschaft des Mitarbeiters ausdrückt. Ihre Aufgabe besteht lediglich darin, einen Mitarbeiter eindeutig von allen anderen zu unterscheiden. Die automatische Vergabe von Tabellenwerten, die zur Identifizierung einer Tabellenzeile dienen, ist in der Praxis häufig anzutreffen.

Doch nun zurück zum Programm MITARNEU.SQC. Nach der Ermittlung der Personalnummer werden die Daten des neuen Mitarbeiters mit Hilfe einer INSERT-Anweisung (5) in die Tabelle MITARBEITER_1 eingefügt.

Differenzierte Behandlung negativer SQLCODEs

Anhand der if-Anweisung in Zeile (6) wollen wir zeigen, daß es nicht immer sinnvoll ist, alle negativen SQLCODEs über einen Kamm zu scheren. Zwei Kategorien sind zu unterscheiden:

1. Zum einen können Fehlersituationen auftreten, die nicht von Benutzereingaben herrühren. So ist vorstellbar, daß ein neuer Mitarbeiter nicht erfaßt werden kann, weil die Festplatte voll ist. Derartige Fehlersituationen werden am besten über eine zentrale Fehlerprozedur (Funktion "fehler" in Zeile (8)) abgehandelt.

2. Zum anderen gibt es Fehlersituationen, die aus Benutzereingaben resultieren. Im Programm MITARNEU.SQC können Fehler dieser Kategorie auftreten, wenn der Benutzer ein ungültiges Geburtsdatum eingibt. In solchen Fällen ist es sinnvoll, dem Benutzer eine Fehlernachricht anzuzeigen (7) und ihm die Korrektur der fehlerhaften Eingabe zu ermöglichen. Im Programm MITARNEU.SQC wurde allerdings aus Gründen der Übersichtlichkeit auf eine Korrekturmöglichkeit verzichtet.

Ein ungültiger Wert für die Spalte GEB_DATUM kann - abhängig von der Art des Fehlers - zu zwei verschiedenen SQLCODEs ("-180" und "-181") führen. Manchem Leser mag sich hier die Frage stellen: Woher erfährt man eigentlich, welche SQLCODEs infolge von Benutzerfehleingaben auftreten können? Es gibt zwei Möglichkeiten, sich diese Informationen zu beschaffen:

Zum einen kann man die gesuchten SQLCODEs durch Ausprobieren ermitteln; d.h. man gibt gezielt ungültige Daten ein und schaut, welche SQLCODEs auftreten.

Die zweite Möglichkeit besteht darin, die Liste aller vorkommenden SQLCODEs durchzusehen. Dies ist allerdings ein aufwendiges Unterfangen, da es sehr viele SQLCODEs gibt. Die am häufigsten auftretenden SQLCODEs sind in der Includedatei SQLCODES.H (im Dateiverzeichnis SQLLIB) beschrieben.

Die Includedatei SQLCODES.H (1) erfüllt im übrigen noch eine weitere wichtige Aufgabe. Sie ordnet jedem SQLCODE einen symbolischen Namen zu. Derartige Symbole (SQL_RC_E180 und SQL_RC_E181) werden in der if-Abfrage (6) anstelle der SQLCODE-Werte "-180" und "-181" verwendet. Worin besteht nun der Vorteil der Symbole gegenüber den SQLCODE-Werten?

Es ist nicht auszuschließen, daß zukünftig SQLCODEs im Rahmen einer ANSI-Norm herstellerübergreifend vereinheitlicht werden. Dies wird unter Umständen zu einer Änderung der derzeitigen Database Manager-SQLCODEs führen. Wenn man jedoch mit den Symbolen der Includedatei SQLCODES.H arbeitet, kann man einer zukünftigen SQLCODE-Vereinheitlichung gelassen entgegensehen, weil dann nur die Zuordnungen in der Datei SQLCODES.H, nicht jedoch die Programme geändert werden müßten. Die Verwendung der Symbole von SQLCODES.H ist also durchaus zu empfehlen.

Wirtsvariablen und konstante Werte mischen

Innerhalb der Werteliste einer INSERT-Anweisung können Wirtsvariablen und konstante Datenwerte gemischt werden. Die INSERT-Anweisung (4) im Programm ABSTURZ.SQC auf Seite 211 ist ein Beispiel hierfür. In der Praxis ist dieser Fall allerdings selten anzutreffen.

Dagegen kommt es häufiger vor, daß zum Zeitpunkt des Einfügens einer Tabellenzeile bestimmte Spaltenwerte noch nicht vorliegen. Betrachten wir hierzu die Tabelle MITARBEITER_1. Es wäre denkbar, daß das Gehalt eines neuen Mitarbeiters nicht bei der Erfassung der übrigen Mitarbeiterdaten eingegeben wird, sondern grundsätzlich erst zu einem späteren Zeitpunkt. In diesem Fall könnte man zum Einfügen der Daten eines neuen Mitarbeiters folgende INSERT-Anweisungen verwenden:

```
EXEC SQL
    INSERT  INTO MITARBEITER_1
    VALUES  (:pers_nr, :v_name, :n_name, :geb_datum, NULL);
```

oder

```
EXEC SQL
    INSERT  INTO MITARBEITER_1 (PERS_NR, V_NAME, N_NAME, GEB_DATUM)
    VALUES  (:pers_nr, :v_name, :n_name, :geb_datum);
```

Einfügen mehrerer Zeilen

Neben der bisher behandelten Form von INSERT-Anweisungen, mit der man jeweils immer nur eine Zeile einfügen kann, gibt es noch eine weitere Form, die es erlaubt, mehrere Zeilen gemeinsam einzufügen. Dies geschieht dadurch, daß die einzufügenden Zeilen mit Hilfe einer SELECT-Anweisung aus anderen Tabellen ermittelt werden (siehe auch Abschnitt "Einfügen mehrerer Zeilen" in Kapitel 2 auf Seite 106).

Ein Beispiel hierfür könnte sein:

```
EXEC SQL
   INSERT  INTO MITARBEITER
   SELECT  *
   FROM    MITARBEITER_1
   WHERE   PERS_NR > :pers_nr;
```

Bei dieser Form von INSERT-Anweisungen können Wirtsvariablen nur in der zugehörigen SELECT-Anweisung auftreten. Es sind also die Punkte zu berücksichtigen, die bereits zu SELECT-Anweisungen ausgeführt wurden bzw. die im Abschnitt 3.4 "Cursorverarbeitung" noch folgen werden. Allerdings darf eine SELECT-Anweisung innerhalb einer INSERT-Anweisung keine INTO-Klausel aufweisen, da die ermittelten Daten nicht in Wirtsvariablen, sondern in die angegebene Tabelle übertragen werden sollen.

UPDATE-Anweisungen

Den Einsatz einer eingebetteten UPDATE-Anweisung haben wir bereits im Programm NULLIND2.SQC auf Seite 241 kennengelernt. Mit der dort angegebenen UPDATE-Anweisung (4) läßt sich das Gehalt eines Mitarbeiters modifizieren. Möchte man alle Daten eines Mitarbeiters gemeinsam modifizieren, dann müßte die UPDATE-Anweisung hierfür folgendermaßen lauten:

```
EXEC SQL
   UPDATE MITARBEITER_1
   SET    V_NAME    = :v_name,
          N_NAME    = :n_name,
          GEB_DATUM = :geb_datum,
          GEHALT    = :gehalt:gehalt_ind,
   WHERE  PERS_NR   = :pers_nr;
```

Im Abschnitt 3.4 "Cursorverarbeitung" werden wir noch eine weitere Form von UPDATE-Anweisungen kennenlernen, die sich nicht interaktiv, sondern nur in Programmen einsetzen läßt.

DELETE-Anweisungen

Die eingebettete Form von DELETE-Anweisungen unterscheidet sich nur wenig vom interaktiven Gegenstück. Der einzige Unterschied besteht darin, daß bei der eingebetteten Form in der WHERE-Klausel Wirtsvariablen verwendet werden können.

3.3 SQL-Anweisungen ohne Cursor

So könnte eine DELETE-Anweisung zum Löschen eines Mitarbeiters wie folgt aussehen:

```
EXEC SQL
  DELETE FROM MITARBEITER
  WHERE  PERS_NR = :pers_nr;
```

Auch für die DELETE-Anweisung gibt es eine weitere Form, die nur in Programmen verwendet werden kann. Wir werden diese ebenfalls im folgenden Abschnitt 3.4 "Cursorverarbeitung" behandeln.

3.4 Cursorverarbeitung

Bei allen SELECT-Anweisungen der bisherigen Übungsprogramme wurde in der WHERE-Klausel das Prädikat

```
PERS_NR = :pers_nr
```

angegeben. Da in den Beispieldaten der Tabelle MITARBEITER keine Personalnummer mehrfach vorkommt (siehe Abbildung 2.1 auf Seite 11), war somit sichergestellt, daß die Ergebnisse der SELECT-Anweisungen jeweils nur aus einer Zeile bestanden. Aus diesem Grund wurden die eingebetteten SELECT-Anweisungen - entgegen den Empfehlungen des zweiten Kapitels - nicht mit ORDER BY-Klauseln versehen. Sie hätten bei einer einzigen Ergebniszeile keinen allzu großen Sinn.

Wie bereits erwähnt, versagt die bisher behandelte Form der SELECT-Anweisung, sobald die Ergebnismenge aus mehreren Zeilen besteht. So würde das folgende Programmstück:

```
...
gehalt_vergl = 3000.F;

EXEC SQL
  SELECT  V_NAME, N_NAME
  INTO    :v_name, :n_name
  FROM    MITARBEITER
  WHERE   GEHALT > :gehalt_vergl;

if(SQLCODE < 0) fehler("SELECT ...", &sqlca);
...
```

die Fehlermeldung:

```
Fehler bei SELECT ...: Sqlcode=-811.

SQL0811N  The result of an embedded SELECT statement is a table of more than
one row, or the result of the subquery of a basic predicate is more than one
value.
```

liefern.

3.4 Cursorverarbeitung

Wie lassen sich nun SELECT-Anweisungen, die mehrere Ergebniszeilen produzieren, in C-Programme einbetten?

Man könnte sich eine Lösung vorstellen, die darin besteht, daß in INTO-Klauseln statt einzelner Wirtsvariablen Wirtsvariablen-Arrays verwendet werden. Wie sollten jedoch derartige Arrays dimensioniert werden? Oftmals weiß man bei der Erstellung des Programms gar nicht, mit wieviel Ergebniszeilen zu rechnen ist. In vielen Fällen ist es auch überhaupt nicht nötig, alle Ergebniszeilen gleichzeitig im Hauptspeicher zu halten.

Aufgrund der eben genannten Problempunkte der "Array-Methode" haben sich die SQL-Entwickler eine andere Lösung des Mengenproblems von Abfrageergebnissen ausgedacht. Sie besteht darin, daß das Ergebnis einer Abfrage dem Programm häppchenweise - d.h. Zeile für Zeile - zur Verfügung gestellt wird. Die Ergebnismenge wird also für das Programm sequentialisiert.

Die SQL-Anweisungen DECLARE CURSOR und FETCH

Eine Lösung des Mengenproblems, die die Ergebnisdaten dem Programm zeilenweise zur Verfügung stellt, kann logischerweise nicht aus einer einzigen SQL-Anweisung bestehen. Man braucht hierzu mindestens zwei SQL-Anweisungen:

Erstens wird eine SQL-Anweisung benötigt, mit deren Hilfe die eigentliche SELECT-Anweisung spezifiziert wird.

Zweitens ist eine SQL-Anweisung erforderlich, die es erlaubt, die Daten einer einzelnen Ergebniszeile in die Wirtsvariablen des Programms zu übertragen. Eine derartige Anweisung zum Übertragen einer Ergebniszeile in Wirtsvariablen wird in SQL "FETCH-Anweisung" genannt. Der Ausdruck "fetch" läßt sich hier am besten mit dem Begriff "abholen" übersetzen.

Man kann sich nun vorstellen, daß in einem Programm mehrere SELECT-Ergebnismengen parallel verarbeitet werden sollen. In einer solchen Situation ist es erforderlich, bei der FETCH-Anweisung anzugeben, aus welcher Ergebnismenge die nächste Zeile abgeholt werden soll. Zur Verknüpfung einer FETCH-Anweisung mit der zugehörigen SELECT-Anweisung dient ein neues SQL-Sprachmittel; der **"Cursor"**. Es handelt sich hierbei um einen weitgehend frei wählbaren Namen (maximal 18-stellig). Wir wollen die Verwendung des Cursors anhand eines Beispiels verdeutlichen. Es sollen alle Mitarbeiter ermittelt werden, deren Gehälter den Wert einer Wirtsvariablen (gehalt_min) nicht unterschreiten. Die beiden SQL-Anweisungen lauten dann:

```
EXEC SQL
  DECLARE MITARBEITER_LES CURSOR FOR
    SELECT PERS_NR, V_NAME, N_NAME, GEB_DATUM, GEHALT
    FROM    MITARBEITER
    WHERE   GEHALT >= :gehalt_min
    ORDER   BY GEHALT;
...

EXEC SQL
  FETCH MITARBEITER_LES
    INTO  :pers_nr, :v_name, :n_name, :geb_datum, :gehalt;
```

In der ersten SQL-Anweisung wird ein Cursor mit dem Namen MITARBEITER_LES deklariert und einer SELECT-Anweisung zugeordnet. Man nennt diese Anweisung deshalb auch DECLARE CURSOR-Anweisung. Ein Cursor darf nicht mit einer Wirtsvariablen verwechselt werden. Er kann nur innerhalb von SQL-Anweisungen, nicht jedoch in C-Anweisungen benutzt werden. Seine Aufgabe besteht ja gerade darin, verschiedene SQL-Anweisungen miteinander zu verknüpfen.

Die FETCH-Anweisung im obigen Beispiel dient dazu, die Daten eines Mitarbeiters, der mindestens "gehalt_min" verdient, in die angegebenen Wirtsvariablen zu übertragen. Die Angabe der aufnehmenden Wirtsvariablen erfolgt also nicht bereits in der DECLARE CURSOR-Anweisung, sondern erst in der FETCH-Anweisung. Mit anderen Worten: Die SELECT-Anweisung innerhalb der Cursordeklaration darf keine INTO-Klausel enthalten.

Damit der Precompiler weiß, zu welchem SELECT die FETCH-Anweisung gehört, muß bei der FETCH-Anweisung der Cursorname der zugehörigen DECLARE CURSOR-Anweisung angegeben werden.

Die FETCH-Anweisung wird nun üblicherweise in einer C-Programmschleife so oft ausgeführt, bis die gesamte Ergebnismenge verarbeitet ist. Das Ende der Ergebnismenge läßt sich daran erkennen, daß die FETCH-Anweisung den SQLCODE "100" liefert.

Die Reihenfolge, in der man die Zeilen der Ergebnismenge erhält, wird durch die ORDER BY-Klausel in der DECLARE CURSOR-Anweisung spezifiziert. Gibt es dort keine ORDER BY-Klausel, so ist die Reihenfolge, in der die Ergebniszeilen angeliefert werden, zufällig.

Die SQL-Anweisungen OPEN und CLOSE

Bis zu diesem Punkt wurde der Eindruck erweckt, daß zur Verarbeitung von SELECT-Ergebnismengen zwei SQL-Anweisungen ausreichend sind: eine DECLARE CURSOR-Anweisung und eine FETCH-Anweisung, wobei die FETCH-Anweisung in einer Programmschleife mehrfach ausgeführt wird. Tatsächlich werden jedoch insgesamt vier SQL-Anweisungen benötigt. Zusätzlich zu den bereits bekannten Anweisungen DECLARE CURSOR und FETCH gibt es noch die SQL-Anweisungen OPEN und CLOSE. Man erhält somit folgende Sequenz von SQL-Anweisungen:

```
EXEC SQL
  DECLARE MITARBEITER_LES CURSOR FOR
    SELECT PERS_NR, V_NAME, N_NAME, GEB_DATUM, GEHALT
    FROM    MITARBEITER
    WHERE   GEHALT >= :gehalt_min
    ORDER   BY GEHALT;

EXEC SQL
  OPEN MITARBEITER_LES;

EXEC SQL
  FETCH MITARBEITER_LES
    INTO :pers_nr, :v_name, :n_name, :geb_datum, :gehalt;

EXEC SQL
  CLOSE MITARBEITER_LES;
```

Bevor wir uns der berechtigten Frage zuwenden, warum noch zwei weitere SQL-Anweisungen zur Verarbeitung von SELECT-Ergebnismengen nötig sind, soll erläutert werden, was sich bei den einzelnen SQL-Anweisungen abspielt:

- Die DECLARE CURSOR-Anweisung ist eine **nichtausführbare** SQL-Anweisung. Sie übermittelt dem Precompiler die SELECT-Anweisung und den Namen des zugehörigen Cursors. Die DECLARE CURSOR-Anweisung ist ausschließlich als eine Steueranweisung an den Precompiler zu verstehen. Sie taucht in der modifizierten Quelle nur noch in Form eines C-Kommentars auf. Aus einer DECLARE CURSOR-Anweisung resultiert somit zur Programmlaufzeit keine Kommunikation mit den Database Services. Es gibt folglich keinen Sinn, im Anschluß an eine DECLARE CURSOR-Anweisung den SQLCODE zu überprüfen.

- Mittels der OPEN-Anweisung werden die Database Services veranlaßt, die in der DECLARE CURSOR-Anweisung festgelegte Abfrage zur Ausführung zu bringen. Hierbei werden auch die Werte der Wirtsvariablen ("gehalt_min" im obigen Beispiel) an die Database Services übermittelt.

- Die FETCH-Anweisung beauftragt die Database Services, die nächste Zeile der Ergebnismenge an das Programm zu liefern.
- Die CLOSE-Anweisung teilt den Database Services schließlich mit, daß für die ermittelte Ergebnismenge keine weiteren FETCH-Anweisungen mehr zu erwarten sind. Die Database Services brauchen also eventuell noch bereitgestellte Ergebniszeilen nicht länger aufzubewahren.

Nach dem Ausführen der CLOSE-Anweisung kann vom Programm erneut eine OPEN-Anweisung für denselben Cursor abgesetzt werden. Dadurch wird die in der DECLARE CURSOR-Anweisung festgelegte Abfrage nochmals - eventuell mit neuen Wirtsvariablenwerten - zur Ausführung gebracht.

Hiermit ist nun auch die Frage beantwortet, wofür die OPEN- und CLOSE-Anweisungen benötigt werden. Diese beiden SQL-Anweisungen machen es möglich, eine mittels DECLARE CURSOR definierte Abfrage mehrmals auszuführen. Im übrigen kann man die CLOSE-Anweisung auch weglassen, wenn man den Cursor nicht ein zweites Mal öffnen möchte. Die mit der CLOSE-Anweisung verbundenen Bereinigungsaktivitäten werden dann von den Database Services bei Programmende durchgeführt.

Insgesamt hat die SQL-Cursortechnik zur Verarbeitung von Abfrageergebnissen viel Ähnlichkeit mit der Dateiverarbeitung. Auch eine Datei muß zuerst geöffnet werden (z.B. mit der C-Bibliotheksfunktion "fopen"). Das Lesen von einer Datei (z.B. mittels "fgets") entspricht der FETCH-Anweisung. Schließlich wird auch die Dateiverarbeitung üblicherweise mit dem Schließen der Datei beendet (z.B. mittels "fclose").

Ein Beispielprogramm zur Cursortechnik

Wir wollen nun die vier neuen SQL-Anweisungen DECLARE CURSOR, OPEN, FETCH und CLOSE anhand eines zusammenhängenden Programms veranschaulichen. Das folgende Programm CURSOR1.SQC dient dazu, alle Mitarbeiter anzuzeigen, deren Gehälter eine vorgebbare Untergrenze nicht unterschreiten.

```
#include <stdlib.h>
#include <stdio.h>
#include <sqlenv.h>
#include "dbm.h"

EXEC SQL INCLUDE SQLCA;
```

3.4 Cursorverarbeitung

```
main()
{
  EXEC SQL BEGIN DECLARE SECTION;
    short  pers_nr;
    char   v_name[16], n_name[16], geb_datum[11];
    double gehalt, gehalt_min;
  EXEC SQL END DECLARE SECTION;

  EXEC SQL                                                               /* 1 */
    DECLARE MITARBEITER_LES CURSOR FOR
      SELECT PERS_NR, V_NAME, N_NAME, GEB_DATUM, GEHALT
      FROM   MITARBEITER
      WHERE  GEHALT >= :gehalt_min
      ORDER  BY GEHALT;

  initdbm("UEBUNG", SQL_USE_SHR, &sqlca);

  printf("Gehaltsuntergrenze für Anzeige eingeben: ");
  scanf("%lf", &gehalt_min);

  EXEC SQL OPEN MITARBEITER_LES;

  if (SQLCODE < 0) fehler("OPEN MITARBEITER_LES", &sqlca);

  printf("\nPNR Vorname          Nachname        Geb.-Dat.  Gehalt\n"
         "--- ---------------  ---------------  ---------- --------\n");

  while (SQLCODE != 100)
  {
    EXEC SQL
      FETCH MITARBEITER_LES
      INTO  :pers_nr, :v_name, :n_name, :geb_datum, :gehalt;

    if (SQLCODE < 0) fehler("FETCH MITARBEITER_LES", &sqlca);

    if (SQLCODE != 100) printf("%3d %-15s %-15s %10s %8.2f\n",       /* 2 */
                        pers_nr, v_name, n_name, geb_datum, gehalt);
  }

  EXEC SQL CLOSE MITARBEITER_LES;

  if (SQLCODE < 0) fehler("CLOSE MITARBEITER_LES", &sqlca);

  sqlestpd(&sqlca);
  return(0);
}
```

CURSOR1.SQC

Mit den Kenntnissen, die wir inzwischen über die Cursortechnik erworben haben, dürfte das Programm CURSOR1.SQC weitgehend selbsterklärend sein. Auf zwei Punkte soll jedoch noch eingegangen werden:

1. Im Anschluß an die DECLARE CURSOR-Anweisung (1) wird der SQL-CODE nicht überprüft, da die DECLARE CURSOR-Anweisung eine nicht ausführbare SQL-Anweisung ist und somit zur Programmlaufzeit keine Kommunikation mit den Database Services stattfindet.
2. Liefert die FETCH-Anweisung den SQLCODE "100" (2), dann wurde keine Ergebniszeile mehr in die Wirtsvariablen der INTO-Klausel übertragen. Mit anderen Worten: die letzte Zeile der Ergebnismenge hat man bereits mit der vorangegangenen FETCH-Anweisung erhalten.

Ergebnisdaten in ein C-Array übertragen

Im Programm CURSOR1.SQC wurde jede Ergebniszeile im Anschluß an die FETCH-Anweisung sofort mittels "printf" ausgegeben. Es war in diesem Programm folglich nicht von Nachteil, daß mit jedem FETCH die Daten der zuvor gelesenen Zeile in den Wirtsvariablen überschrieben wurden. Für eine derartige Verarbeitungsform ist es ausreichend, wenn für jede Spalte der Ergebnistabelle eine Wirtsvariable vorgesehen wird, die dann mit jeder FETCH-Anweisung neu beschrieben wird.

Es gibt allerdings auch Situationen, in denen die Verarbeitung nicht auf Zeilenbasis erfolgen kann. In solchen Fällen ist es unter Umständen erforderlich, alle Zeilen der Ergebnismenge in einem Array zu sammeln, um sie anschließend gemeinsam weiterzuverarbeiten.

Obwohl das Füllen eines Arrays sicher nicht zu den anspruchsvollen Übungen der C-Programmierung gehört, wollen wir dennoch ein Beispielprogramm hierfür vorstellen. Ein solches Programm eignet sich nämlich gut dazu, die Verwendung von Pointerwirtsvariablen zu demonstrieren. Das folgende Programm CURSOR2.SQC erfüllt im Prinzip dieselbe Aufgabe wie das Programm CURSOR1.SQC. Im Gegensatz zu diesem werden jedoch alle Ergebniszeilen in einem Array gesammelt, um dann zum Schluß des Programms gemeinsam ausgegeben zu werden.

```
#include <stdlib.h>
#include <stdio.h>
#include <sqlenv.h>
#include "dbm.h"

EXEC SQL INCLUDE SQLCA;

#define ZEILEN_PRO_BLOCK    100                              /*  1 */
#define BLOCKGROESSE        ZEILEN_PRO_BLOCK * sizeof *ergebnis_zeile  /*  2 */
```

3.4 Cursorverarbeitung

```
main()
{
  EXEC SQL BEGIN DECLARE SECTION;
    char    (*ptr_v_name)[16], (*ptr_n_name)[16];                    /* 3 */
    double  *ptr_gehalt, gehalt_min;
  EXEC SQL END DECLARE SECTION;

  struct {                                                           /* 4 */
    char    v_name[16];
    char    n_name[16];
    double  gehalt;
  } *ergebnis_zeile;                                                 /* 5 */

  short i=0, j, block_anz=1;

  ergebnis_zeile = malloc(BLOCKGROESSE);                             /* 6 */
  if (ergebnis_zeile == NULL)
    {
      printf("Fehler bei Anforderung des 1. Speicherblocks.\n");
      exit(2);
    }

  EXEC SQL
    DECLARE MITARBEITER_LES CURSOR FOR
      SELECT V_NAME, N_NAME, GEHALT
      FROM   MITARBEITER
      WHERE  GEHALT >= :gehalt_min
      ORDER  BY GEHALT;

  initdbm("UEBUNG", SQL_USE_SHR, &sqlca);

  printf("Gehaltsuntergrenze für Anzeige eingeben: ");
  scanf("%lf", &gehalt_min);

  EXEC SQL OPEN MITARBEITER_LES;

  if (SQLCODE < 0) fehler("OPEN MITARBEITER_LES", &sqlca);

  while (SQLCODE != 100)
    {
      *ptr_v_name  = ergebnis_zeile[i].v_name;                       /* 7 */
      *ptr_n_name  = ergebnis_zeile[i].n_name;
       ptr_gehalt  = &ergebnis_zeile[i++].gehalt;                    /* 8 */

      EXEC SQL                                                       /* 9 */
        FETCH MITARBEITER_LES
          INTO  :*ptr_v_name, :*ptr_n_name, :*ptr_gehalt;

      if (SQLCODE < 0) fehler("FETCH MITARBEITER_LES", &sqlca);
```

```
        if (i == block_anz * ZEILEN_PRO_BLOCK)                          /* 10 */
          {
            ergebnis_zeile = realloc(ergebnis_zeile,                    /* 11 */
                                     ++block_anz * BLOCKGROESSE);
            if (ergebnis_zeile == NULL)
              {
                printf("Fehler bei Anforderung des %d. Speicherblocks.\n",
                       block_anz);
                exit(2);
              }
          }
      }
  EXEC SQL CLOSE MITARBEITER_LES;

  if (SQLCODE < 0) fehler("CLOSE MITARBEITER_LES", &sqlca);

  printf("\nVorname           Nachname              Gehalt\n"
         "---------------   ---------------   --------\n");

  for (j=0; j<i-1; j++)                                                 /* 12 */
    printf("%-15s  %-15s  %8.2f\n", ergebnis_zeile[j].v_name,
           ergebnis_zeile[j].n_name, ergebnis_zeile[j].gehalt);

  sqlestpd(&sqlca);
  return(0);
}
```

CURSOR2.SQC

Beginnen wir die Diskussion des Programms CURSOR2.SQC mit der Deklaration der Wirtsvariablen:

Da die von den Database Services ermittelten Daten in einem Array abgelegt werden sollen, werden die Wirtsvariablen "ptr_v_name", "ptr_n_name" und "ptr_gehalt" als Pointervariablen deklariert (3). Eine detaillierte Behandlung von Pointerwirtsvariablen erfolgte im Abschnitt "Verwendung von Pointervariablen" auf Seite 235 ff.

Die Strukturdeklaration in den Zeilen (4) bis (5) umfaßt die Variablen zur Aufnahme der Daten einer Ergebniszeile. Da die Speicherbereitstellung für die Ergebnisdaten dynamisch erfolgen soll, wird kein Struktur-Array, sondern statt dessen eine Pointervariable "ergebnis_zeile" auf die angegebene Struktur deklariert (5). Diese läßt sich jedoch bekanntermaßen wie ein Array indizieren.

Mittels der C-Bibliotheksfunktion "malloc" wird in Zeile (6) Speicherplatz für die Ergebnisdaten angefordert. Die Konstantendefinitionen in den Zeilen (1) und (2) gewährleisten, daß der bereitgestellte Speicherbereich zur Aufnahme von 100 Ergebniszeilen ausreicht. Durch Änderung des Werts von ZEI-

LEN_PRO_BLOCK kann die Größe des Speicherbereichs der erwarteten Zeilenzahl angepaßt werden.

In den Zeilen (7) bis (8) werden die Pointerwirtsvariablen auf die jeweils aktuellen Elemente des Arrays "ergebnis_zeile" positioniert. Die anschließende FETCH-Anweisung (9) legt die Ergebnisdaten somit direkt im Array "ergebnis_zeile" ab.

Die if-Anweisung in Zeile (10) dient zur Überprüfung, ob der bereitgestellte Speicherbereich noch Platz für weitere Ergebniszeilen bietet. Ist dies nicht der Fall, wird er mit Hilfe der Funktion "realloc" vergrößert (11).

Schließlich werden in einer for-Schleife alle gelesenen Daten ausgegeben (12). Hierfür wäre es natürlich nicht notwendig gewesen, die gesamte Ergebnismenge zuvor in einem Array zwischenzuspeichern. Die Ausgabe der Ergebnisdaten mittels "printf" ist jedoch nicht als Beispiel für eine Verarbeitungsform anzusehen, die eine Zwischenspeicherung in einem Array erfordert. Sie dient lediglich zur Überprüfung, ob sich tatsächlich alle gelesenen Daten im Array "ergebnis_zeile" befinden.

3.4.1 Cursorgesteuerte Änderungsanweisungen

Die Arbeitsweise der bisher kennengelernten Formen von UPDATE- und DELETE-Anweisungen ist mengenorientiert; d.h. mit einer UPDATE- oder DELETE-Anweisung werden im allgemeinen mehrere Tabellenzeilen modifiziert oder gelöscht. Wieviele Zeilen von einer UPDATE- oder DELETE-Anweisung betroffen sind, hängt von der Formulierung der WHERE-Klausel ab. Die Anweisung:

```
EXEC SQL
   UPDATE MITARBEITER
   SET    GEHALT = 1.1 * GEHALT;
```

modifiziert alle Zeilen der Tabelle MITARBEITER, da sie keine WHERE-Klausel enthält. Demgegenüber modifiziert die Anweisung:

```
EXEC SQL
   UPDATE MITARBEITER
   SET    GEHALT = 1.1 * GEHALT
   WHERE  PERS_NR = :pers_nr;
```

nur eine einzige Tabellenzeile.

Aufgrund der mengenorientierten Funktionsweise lassen sich zwei Tabellenzeilen, die in allen Spalten übereinstimmen, nicht einzeln ändern; d.h. eine

UPDATE-Anweisung modifiziert entweder beide Zeilen oder keine. Ebenso können identische Zeilen nur gemeinsam gelöscht werden.

Dies ist allerdings in der Praxis kein Problem, da bei einem korrekten Tabellenentwurf völlig identische Zeilen nicht auftreten können. Kapitel 4 "Datenbankentwurf" behandelt dieses Thema im Detail.

Wir werden im folgenden Formen von UPDATE- und DELETE-Anweisungen kennenlernen, die nicht mengenorientiert arbeiten, sondern grundsätzlich nur auf eine einzelne Tabellenzeile wirken. Worin unterscheiden sich diese neuen Formen von UPDATE- und DELETE-Anweisungen von den bisher bekannten?

Der wesentliche Unterschied besteht darin, daß in der WHERE-Klausel keine Suchbedingung formuliert wird, sondern statt dessen der Bezug zu einem Cursor hergestellt wird. Die Modifikation oder Löschung betrifft somit die Tabellenzeile, auf die der in der WHERE-Klausel angegebene Cursor momentan zeigt. Mit anderen Worten: die zuletzt mittels FETCH gelesene Tabellenzeile wird modifiziert oder gelöscht.

Da sich die neuen Formen von UPDATE- bzw. DELETE-Anweisungen auf die aktuelle Position eines Cursors beziehen, werden im Englischen die Bezeichnungen "positioned update statement" bzw. "positioned delete statement" verwendet. Wir wollen im Rahmen des vorliegenden Buches diese Ausdrücke nicht wörtlich ins Deutsche übersetzen, sondern statt dessen die Begriffe "cursorgesteuerte UPDATE-Anweisung" und "cursorgesteuerte DELETE-Anweisung" benutzen. Zur besseren Unterscheidung versehen wir die bisher bekannten Formen von DELETE- und UPDATE-Anweisungen im weiteren mit dem Zusatz "mengenorientiert".

Cursorgesteuerte UPDATE- und DELETE-Anweisungen können nur dann ausgeführt werden, wenn zuvor eine FETCH-Anweisung zur Ausführung kam. Für eine cursorgesteuerte UPDATE-Anweisung ist somit folgende Sequenz von SQL-Anweisungen nötig:

```
EXEC SQL
  DECLARE MITARBEITER_LES CURSOR FOR
    SELECT PERS_NR, V_NAME, N_NAME, GEB_DATUM, GEHALT      /* 1 */
    FROM   MITARBEITER
    WHERE  GEHALT >= :gehalt_min
    FOR    UPDATE OF GEHALT;                                /* 2 */
EXEC SQL
  OPEN MITARBEITER_LES;
EXEC SQL
  FETCH MITARBEITER_LES
    INTO  :pers_nr, :v_name, :n_name, :geb_datum, :gehalt;
```

3.4 Cursorverarbeitung

```
EXEC SQL                                                /* 3 */
   UPDATE MITARBEITER
   SET    GEHALT = :gehalt_neu
   WHERE  CURRENT OF MITARBEITER_LES;

EXEC SQL
   CLOSE MITARBEITER_LES;
```

Möchte man eine cursorgesteuerte UPDATE-Anweisung verwenden, so muß man dies bereits bei der DECLARE CURSOR-Anweisung berücksichtigen. Die dort enthaltene SELECT-Anweisung ist dann nämlich um die Klausel "FOR UPDATE OF" zu erweitern (2). Mit Hilfe der FOR UPDATE OF-Klausel gibt man an, welche Spalten später modifiziert werden sollen. Die in der FOR UPDATE OF-Klausel aufgeführten Spalten können, müssen aber nicht in der Spaltenliste (1) der SELECT-Anweisung enthalten sein.

Die cursorgesteuerte UPDATE-Anweisung beginnt in Zeile (3). Sie unterscheidet sich nur in der WHERE-Klausel von einer mengenorientierten UPDATE-Anweisung. Mit der Angabe "CURRENT OF", gefolgt von einem Cursornamen, legt sie nicht - wie bisher üblich - eine Suchbedingung fest, sondern benennt statt dessen einen (geöffneten) Cursor. Es wird also die Zeile modifiziert, die mit der letzten FETCH-Anweisung zum benannten Cursor gelesen wurde.

Zum besseren Verständnis der cursorgesteuerten UPDATE-Anweisung wollen wir uns nochmals mit dem Cursor selbst beschäftigen. Er kann als ein Positionsanzeiger innerhalb der Ergebnismenge verstanden werden (Pfeile in Abbildung 3.6). Nach dem OPEN befindet sich der Cursor vor der ersten Ergebniszeile. Eine cursorgesteuerte UPDATE-Anweisung ist zu diesem Zeitpunkt noch nicht möglich, da der Cursor auf keine Ergebniszeile zeigt. Mit der ersten FETCH-Anweisung rückt der Cursor auf die erste Ergebniszeile vor. Diese kann anschließend über eine cursorgesteuerte UPDATE-Anweisung modifiziert werden.

Mit jedem weiteren FETCH rückt der Cursor um jeweils eine Ergebniszeile weiter. Folgt auf eine FETCH-Anweisung eine cursorgesteuerte UPDATE-Anweisung, so verändert sich hierdurch die Position des Cursors nicht.

Führt man eine FETCH-Anweisung aus, nachdem bereits die letzte Ergebniszeile gelesen wurde, so erhält der SQLCODE - wie bereits erwähnt - den Wert "100". Darüber hinaus befindet sich nun der Cursor hinter der letzten Ergebniszeile (siehe Abbildung 3.6). Eine cursorgesteuerte UPDATE-Anweisung ist jetzt verständlicherweise nicht mehr möglich.

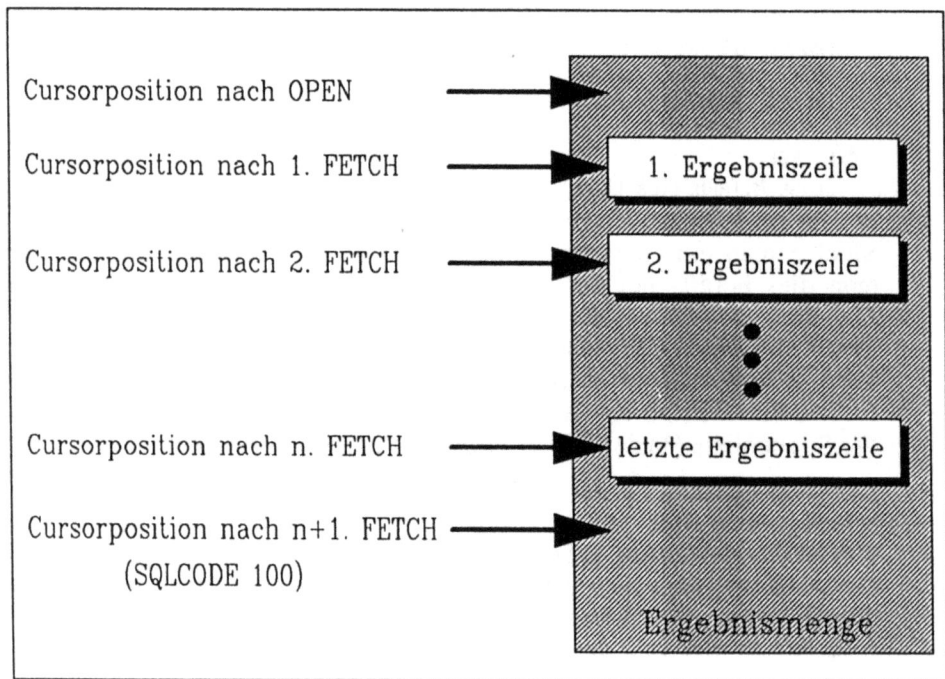

Abbildung 3.6

Ein Beispielprogramm zur cursorgesteuerten UPDATE-Anweisung

Die Wirkungsweise der cursorgesteuerten UPDATE-Anweisung soll mit Hilfe eines Beispielprogramms nochmals veranschaulicht werden. Das folgende Programm zeigt nacheinander die Daten der Mitarbeiter an, deren Gehälter unter dem Firmendurchschnitt liegen. Durch Eingabe neuer Gehaltswerte lassen sich die Gehälter einzelner Mitarbeiter gezielt modifizieren.

```
#include <stdlib.h>
#include <stdio.h>
#include <sqlenv.h>
#include "dbm.h"

EXEC SQL INCLUDE SQLCA;

main()
{
  EXEC SQL BEGIN DECLARE SECTION;
    short   pers_nr, durchschn_gehalt_ind;
    char    v_name[16], n_name[16], geb_datum[11];
```

3.4 Cursorverarbeitung

```
    double gehalt, durchschn_gehalt, gehalt_neu;
EXEC SQL END DECLARE SECTION;

    char    char_gehalt_neu[80];                                        /* 1 */

EXEC SQL                                                                /* 2 */
    DECLARE MITARBEITER_LES CURSOR FOR
        SELECT PERS_NR, V_NAME, N_NAME, GEB_DATUM, GEHALT
        FROM   MITARBEITER_1
        WHERE  GEHALT < :durchschn_gehalt
        FOR    UPDATE OF GEHALT;

initdbm("UEBUNG", SQL_USE_SHR, &sqlca);

EXEC SQL                                                                /* 3 */
    SELECT AVG(GEHALT) INTO :durchschn_gehalt:durchschn_gehalt_ind
    FROM   MITARBEITER_1;

if (SQLCODE < 0) fehler("SELECT AVG(GEHALT)", &sqlca);

if (durchschn_gehalt_ind IST_SQL_NULL)                                  /* 4 */
  {
    printf("Bisher ist noch keinem Mitarbeiter ein Gehalt zugeordnet.\n");
    exit(1);
  }

EXEC SQL OPEN MITARBEITER_LES;

if (SQLCODE < 0) fehler("OPEN MITARBEITER_LES", &sqlca);

while (SQLCODE != 100)
 {
   EXEC SQL                                                             /* 5 */
     FETCH MITARBEITER_LES
       INTO :pers_nr, :v_name, :n_name, :geb_datum, :gehalt;

   if (SQLCODE < 0) fehler("FETCH MITARBEITER_LES", &sqlca);

   if (SQLCODE != 100)
     {
       printf("\x1B[2J\nPersonalnr. : %d\nName          : %s, %s\n"     /* 6 */
              "Geburtsdat. : %s\nGehalt        : %-8.2f DM          "
              "Differenz zum Durchschnittsgehalt: %-8.2f DM\n"
              "Gehalt neu  : \x1B[7m            \x1B[0m DM\x1B[11D",
              pers_nr, n_name, v_name, geb_datum, gehalt,
              durchschn_gehalt - gehalt);
```

```
            if (*gets(char_gehalt_neu))                            /* 7 */
             {
               gehalt_neu = atof(char_gehalt_neu);                 /* 8 */

               EXEC SQL                                            /* 9 */
                 UPDATE MITARBEITER_1
                 SET    GEHALT = :gehalt_neu
                 WHERE  CURRENT OF MITARBEITER_LES;

               if (SQLCODE < 0) fehler("UPDATE MITARBEITER_1", &sqlca);
             }
        }
   }
   EXEC SQL CLOSE MITARBEITER_LES;

   if (SQLCODE < 0) fehler("CLOSE MITARBEITER_LES", &sqlca);

   sqlestpd(&sqlca);
   return(0);
}
```

CURSOR3.SQC

Betrachten wir die einzelnen Elemente des Programms CURSOR3.SQC:

Die DECLARE CURSOR-Anweisung (2) weist nun eine FOR UPDATE OF-Klausel auf. Da wir ausschließlich Gehaltswerte modifizieren möchten, ist dort nur die Spalte GEHALT aufgeführt. Im Gegensatz zu den vorangegangenen Programmen enthält die DECLARE CURSOR-Anweisung keine ORDER BY-Klausel mehr. Dies ist kein Zufall. Wir werden den Grund hierfür in Kürze erläutern.

Mit der SELECT-Anweisung in Zeile (3) wird das Durchschnittsgehalt der Firma ermittelt und der Wirtsvariablen "durchschn_gehalt" zugeordnet. Wenn alle Zeilen der Tabelle MITARBEITER_1 in der Gehaltsspalte den Nullwert aufweisen (was unwahrscheinlich ist), dann liefert die Funktion AVG als Ergebnis ebenfalls den Nullwert. Das Programm endet in diesem Fall mit einer entsprechenden Benutzernachricht (4).

Nachdem die Daten eines Mitarbeiter in die entsprechenden Wirtsvariablen übertragen wurden (FETCH-Anweisung in Zeile (5)), gelangen diese mittels eines etwas umfangreichen printf-Aufrufs zur Anzeige (6). Die Bildschirmsteuerung erfolgt hierbei durch ANSI-ESCAPE-Sequenzen. Wir wollen an dieser Stelle nicht detailliert auf ANSI-ESCAPE-Sequenzen eingehen, sondern uns auf eine kurze Beschreibung der verwendeten ESC-Sequenzen beschränken:

\x1B[2J	Bildschirm löschen und Bildschirmcursor im oberen linken Bildschirmeck positionieren.
\x1B[7m	Bildschirmdarstellung auf "invers" umschalten (schwarze Schrift auf weißem Hintergrund).
\x1B[0m	Zurücksetzen des Bildschirms auf normale Darstellung (weiße Schrift auf schwarzem Hintergrund).
\x1B[11D	Bildschirmcursor um 11 Zeichen nach links verschieben.

Mittels der C-Bibliotheksfunktion "gets" wird die Benutzereingabe in ein Hilfsfeld (char_gehalt_neu (1)) eingelesen (7). Eine korrekte Benutzereingabe besteht entweder aus einem Zahlenwert (neues Gehalt) oder aus einer leeren Zeichenkette (wenn lediglich die ENTER-Taste gedrückt wurde).

Nur im ersten Fall wird der Anweisungsblock der if-Anweisung durchlaufen. Die C-Bibliotheksfunktion "atof" konvertiert die in "char_gehalt_neu" enthaltene Zeichenfolge in einen double-Wert (8). Auf die Behandlung unzulässiger Eingaben (z.B. Buchstaben oder zu große Zahlenwerte) wird aus Gründen der Übersichtlichkeit verzichtet.

In der Zeile (9) beginnt schließlich die cursorgesteuerte UPDATE-Anweisung, mit deren Hilfe die Spalte GEHALT der zuletzt mittels FETCH eingelesenen Zeile in den Wert "gehalt_neu" modifiziert wird.

Die anschließende SQLCODE-Verarbeitung zeigt einen weiteren Unterschied zur mengenorientierten UPDATE-Anweisung: Trifft die WHERE-Klausel einer mengenorientierten UPDATE-Anweisung für keine einzige Tabellenzeile zu, erfolgt keine Modifikation. Als Kennzeichen hierfür erhält der SQLCODE in diesem Fall den Wert "100" (siehe Zeile (5) im Programm NULLIND2.SQC auf Seite 241). Eine cursorgesteuerte UPDATE-Anweisung wird niemals den SQLCODE "100" produzieren, weil sie definitionsgemäß genau eine Zeile modifiziert. Es ist folglich überflüssig, den SQLCODE im Anschluß an eine cursorgesteuerte UPDATE-Anweisung diesbezüglich zu überprüfen.

Um das Beispielprogramm möglichst einfach zu halten, wurde auf die Behandlung von Nullwerten weitgehend verzichtet: Zum einen ist durch die WHERE-Klausel der SELECT-Anweisung (2) sichergestellt, daß im Ergebnis keine Zeilen auftreten, die in der Spalte GEHALT den Nullwert aufweisen[6]. Deshalb konnte in der FETCH-Anweisung auf eine Indikatorvariable verzichtet werden. Zum anderen ist im Programm CURSOR3.SQC keine Möglichkeit vorgesehen, als neuen Gehaltswert den Nullwert anzugeben.

---

[6] Sollten Sie diese Aussage nicht nachvollziehen können, empfiehlt es sich, den Abschnitt "Behandlung von Nullwerten" (Seite 43 ff.) nochmals durchzulesen.

Cursorgesteuerte DELETE-Anweisungen

Cursorgesteuerte DELETE-Anweisungen sind ganz ähnlich zu handhaben wie cursorgesteuerte UPDATE-Anweisungen. Eine cursorgesteuerte DELETE-Anweisung löscht die Ergebniszeile, die mit der letzten FETCH-Anweisung gelesen wurde. Man erhält folgende Sequenz von SQL-Anweisungen:

```
EXEC SQL                                                      /* 1 */
  DECLARE MITARBEITER_LES CURSOR FOR
    SELECT PERS_NR, V_NAME, N_NAME, GEB_DATUM, GEHALT
    FROM   MITARBEITER
    WHERE  GEHALT >= :gehalt_min;
EXEC SQL
  OPEN MITARBEITER_LES;
EXEC SQL
  FETCH MITARBEITER_LES
    INTO :pers_nr, :v_name, :n_name, :geb_datum, :gehalt;
EXEC SQL                                                      /* 2 */
  DELETE FROM MITARBEITER
  WHERE  CURRENT OF MITARBEITER_LES;
EXEC SQL
  CLOSE MITARBEITER_LES;
```

Wie anhand der obigen Beispielanweisungen zu sehen ist, braucht man in der DECLARE CURSOR-Anweisung nicht anzukündigen, daß eine cursorgesteuerte DELETE-Anweisung folgt (1). Es gibt für die cursorgesteuerte DELETE-Anweisung also kein Äquivalent zur Klausel "FOR UPDATE OF".

Die eigentliche DELETE-Anweisung (2) ist grundsätzlich wie eine mengenorientierte DELETE-Anweisung aufgebaut. Sie unterscheidet sich von dieser jedoch darin, daß ihre WHERE-Klausel keine Suchbedingung definiert, sondern statt dessen die Beziehung zu einem Cursor herstellt. Es wird somit die Zeile gelöscht, auf die der genannte Cursor momentan verweist.

Nach der Ausführung einer cursorgesteuerten DELETE-Anweisung befindet sich der Cursor quasi zwischen zwei Ergebniszeilen. Für eine weitere cursorgesteuerte Änderungsoperation kann er erst dann wieder benutzt werden, nachdem er mittels FETCH auf die nächste Ergebniszeile positioniert wurde.

Einschränkungen bei cursorgesteuerten Änderungsanweisungen

Mit dem Einsatz cursorgesteuerter Änderungsanweisungen handelt man sich einige Einschränkungen bezüglich der zugrundeliegenden SELECT-Anweisung ein. Soll ein Cursor in der WHERE-Klausel einer UPDATE- oder DELETE-Anweisung verwendet werden, so muß die mit dem Cursor verbundene SELECT-Anweisung folgende Bedingungen erfüllen:

- Der SELECT-Spaltenliste darf nicht das Wort DISTINCT vorangestellt werden.
- Es dürfen keine Spaltenfunktionen (z.B. MIN, AVG etc.) verwendet werden.
- Die Klauseln GROUP BY, HAVING oder ORDER BY dürfen nicht auftreten. Diese Einschränkung ist der Grund dafür, daß in der DECLARE CURSOR-Anweisung im Programm CURSOR3.SQC (Seite 268) auf eine ORDER BY-Klausel verzichtet wurde.
- Enthält die SELECT-Anweisung eine Unterabfrage, so darf sich diese nicht auf dieselbe Tabelle beziehen wie die Hauptabfrage. Ohne diese Einschränkung hätte man im Programm CURSOR3.SQC die Mitarbeiter mit unterdurchschnittlichem Verdienst mit einer einzigen Abfrage ermitteln können:

```
EXEC SQL
  DECLARE MITARBEITER_LES CURSOR FOR
    SELECT PERS_NR, V_NAME, N_NAME, GEB_DATUM, GEHALT
    FROM   MITARBEITER_1
    WHERE  GEHALT < (SELECT AVG(GEHALT)
                     FROM    MITARBEITER_1);
```

- Mengenoperatoren (UNION, INTERSECT oder EXCEPT) dürfen nicht verwendet werden.
- Die FROM-Klausel der Hauptabfrage darf nur eine einzige Tabelle oder View enthalten; d.h. ein Join zweier Tabellen ist (auf der Ebene der Hauptabfrage) ausgeschlossen. Die folgende DECLARE CURSOR-Anweisung ist also unzulässig:

```
EXEC SQL
  DECLARE KIND_LES CURSOR FOR
    SELECT K.V_NAME, N_NAME, K.GEB_DATUM
    FROM   MITARBEITER M, KIND K
    WHERE  M.PERS_NR = K.PERS_NR
    FOR    UPDATE OF KIND;
```

Innerhalb von Unterabfragen sind Joins zugelassen.

- Sofern in der FROM-Klausel der Hauptabfrage keine Tabelle, sondern eine View angegeben wird, darf diese View keine "reine Leseview" sein.

Was unter einer "reinen Leseview" zu verstehen ist, werden wir im Abschnitt 4.5 "Der externe Datenbankentwurf" erfahren.

Sobald eine der angeführten Bedingungen nicht erfüllt ist, kann der zugeordnete Cursor nicht in cursorgesteuerten UPDATE- oder DELETE-Anweisungen verwendet werden. Wir bezeichnen die Ergebnistabelle in diesem Fall als "reine Lesetabelle" (engl. read only result table), da sie nur für FETCH-, nicht jedoch für UPDATE- oder DELETE-Anweisungen einsetzbar ist.

Von den aufgeführten Bedingungen für änderbare Ergebnistabellen ist der Verzicht auf eine ORDER BY-Klausel sicher am schmerzlichsten, da es in vielen Fällen erforderlich ist, die Ergebniszeilen dem Benutzer in einer definierten Reihenfolge zu präsentieren.

Sinnvoller Einsatz von cursorgesteuerten Änderungsanweisungen

Nachdem wir nun zwei unterschiedliche Techniken für das Modifizieren und Löschen von Tabellenzeilen kennengelernt haben, stellt sich die Frage, wann welche Technik vorteilhafter einzusetzen ist. Grundsätzlich kann eine cursorgesteuerte Änderungsanweisung immer durch eine mengenorientierte Änderungsanweisung ersetzt werden. Hierzu muß man die Suchbedingung der mengenorientierten Form so formulieren, daß sie ausschließlich auf die Zeile zutrifft, die auch von der cursorgesteuerten Anweisungsform geändert worden wäre. Im Programm CURSOR3.SQC könnte man z.B. die cursorgesteuerte UPDATE-Anweisung in Zeile (9) einfach durch folgende mengenorientierte Anweisung ersetzen:

```
EXEC SQL
  UPDATE MITARBEITER_1
  SET    GEHALT  = :gehalt_neu
  WHERE  PERS_NR = :pers_nr;
```

Andererseits ist die Änderung mehrerer Zeilen nur mittels mengenorientierter, nicht jedoch durch cursorgesteuerte Anweisungen möglich. Es stellt sich somit die Frage nach dem Nutzen cursorgesteuerter Änderungsanweisungen.

Cursorgesteuerte Änderungsanweisungen sind vor allem dann sinnvoll einzusetzen, wenn sichergestellt werden muß, daß eine Tabellenzeile im Zeitraum zwischen Anzeige und Änderung nicht von einem anderen Benutzer verändert wird. Betrachten wir hierzu das Programm CURSOR3.SQC auf Seite 268:

Nach dem FETCH einer Ergebniszeile ist diese Zeile für den Benutzer des Programms reserviert. Er kann sich also in Ruhe überlegen, ob er das Gehalt des angezeigten Mitarbeiters verändern möchte. Es ist hierbei gewährleistet, daß während dieses Zeitraums kein anderer Benutzer die angezeigten Daten verändert. Die betrachtete Tabellenzeile kann frühestens dann von einem anderen Benutzer verändert werden, wenn unser Benutzer zum nächsten Mitarbeiter übergeht. Eine detaillierte Behandlung dieser Thematik erfolgt im Abschnitt 5.4 "Konkurrierender Zugriff".

3.4.2 Verwendung von Wirtsvariablen

Wie bereits mehrfach erwähnt, unterscheidet sich die eingebettete Version von SQL-Anweisungen von der interaktiven Form vor allem dadurch, daß sie die Verwendung von Wirtsvariablen zuläßt. Wir haben hierfür bereits einige Beispiele kennengelernt. Im vorliegenden Abschnitt wollen wir uns nun etwas systematischer mit diesem Thema befassen.

Folgende SQL-Sprachelemente erlauben den Einsatz von Wirtsvariablen:

- Prädikate in WHERE- und HAVING-Klauseln
- Funktionen
- Spaltenlisten
- INTO-Klauseln

Im Rahmen dieses Kapitels haben wir uns mit INTO-Klauseln bereits ausführlich beschäftigt; dieser Punkt bedarf somit keiner weiteren Behandlung.

Wirtsvariablen in WHERE- und HAVING BY-Klauseln

Mit Hilfe von WHERE- und HAVING BY-Klauseln werden Suchbedingungen formuliert. Suchbedingungen bestehen ihrerseits aus Prädikaten, die mittels logischer Operatoren (AND oder OR) miteinander verknüpft werden. Diese logischen Operatoren können bei der im vorliegenden Kapitel betrachteten statischen Form von SQL-Anweisungen nicht durch Wirtsvariablen ersetzt werden. Das folgende Programmstück ist also unzulässig:

```
oper = "AND";

EXEC SQL
  SELECT V_NAME, N_NAME INTO :v_name, n_name
  WHERE  GEB_DATUM > '1.1.1960' :oper GEHALT > 4000;
```

Man muß somit bereits während der Programmerstellung festlegen, in welcher Form Prädikate zu Suchbedingungen verknüpft werden. Aus diesem Grund läßt sich das Thema "Wirtsvariablen in WHERE- und HAVING BY-Klauseln" auf die Fragestellung "Wirtsvariablen in Prädikaten" reduzieren.

Ganz allgemein gilt die Faustregel: Überall dort, wo in Prädikaten konstante Werte zulässig sind, ist es möglich, an Stelle der konstanten Werte Wirtsvariablen zu verwenden.

Hierzu ein ganz einfaches Beispiel. Statt

```
... WHERE PERS_NR = 5 ...
```

kann man auch

```
... WHERE PERS_NR = :pers_nr ...
```

schreiben. Trotz dieser leicht zu merkenden Grundregel wollen wir uns die Mühe machen, die einzelnen Prädikatformen genauer zu betrachten.

Einfache Vergleichsprädikate

In einfachen Vergleichsprädikaten werden zwei Ausdrücke über die Operatoren "=", "<>", "<", ">", "<=" oder ">=" miteinander verglichen. Die beiden beteiligten Ausdrücke müssen bezüglich des Datentyps kompatibel sein. So ist das Programmstück

```
EXEC SQL BEGIN DECLARE SECTION;
   char abc[10], n_name[16];
EXEC SQL END DECLARE SECTION;

EXEC SQL
   DECLARE MITARBEITER_LES CURSOR FOR
     SELECT N_NAME
     FROM   MITARBEITER WHERE GEHALT > :abc;
```

unzulässig, da die Spalte GEHALT und die Wirtsvariable "abc" in ihren Datentypen nicht kompatibel sind.

Nichtnumerische Ausdrücke

Betrachten wir zuerst Ausdrücke mit nichtnumerischen Datentypen. Ein solcher Ausdruck kann aus einem der folgenden SQL-Sprachelemente bestehen:

- Spaltenname; z.B. N_NAME oder GEB_DATUM
- Wirtsvariable; z.B. :n_name oder :geb_datum:ind_geb_datum
- Textkonstante; z.B. 'Müller' oder '1.3.1989'
- Skalarfunktion SUBSTR; z.B. SUBSTR(V_NAME,3,1)
- Spezialregister CURRENT DATE, CURRENT TIME, CURRENT TIMESTAMP oder USER

Die Bezeichnung "Ausdruck" ist etwas irreführend, da der Eindruck entsteht, die aufgeführten Sprachelemente könnten durch irgendwelche Operatoren miteinander verbunden werden, so wie numerische Ausdrücke durch Anwendung

3.4 Cursorverarbeitung

der Operatoren "+", "-" etc. entstehen. Tatsächlich gibt es jedoch keine Operatoren, mittels derer sich die aus den oben genannten Elementen echte Ausdrücke bilden ließen. Auf jeder Seite des Vergleichsoperators darf also jeweils nur eines der aufgeführten Elemente stehen, z.B:

```
... N_NAME        = 'Maier' ...
... :geb_datum    >= GEB_DATUM ...
... 'ott'         <> SUBSTR(V_NAME,2,3) ...
... CURRENT DATE  = GEB_DATUM ...
```

Numerische Ausdrücke

In numerischen Ausdrücken können folgende SQL-Sprachelemente als Operanden auftreten:

- Spaltenname; z.B. GEHALT oder PERS_NR
- Wirtsvariable; z.B. :pers_nr oder :gehalt:gehalt_ind
- Numerische Konstante; z.B. -1, 3.5, 4.2E-13
- Skalarfunktion LENGTH; z.B. LENGTH(N_NAME)
- Gruppenfunktionen COUNT, AVG, MIN, MAX oder SUM; z.B. SUM(GEHALT)

Im Gegensatz zu nichtnumerischen Ausdrücken kann ein numerischer Ausdruck mehrere der genannten Sprachelemente als Operanden enthalten, die dann durch arithmetische Operatoren miteinander verbunden werden, z.B.:

```
... :faktor * GEHALT -10      > :vergl_wert ...
... SUM(GEHALT) / COUNT(*)   <> :durch_wert - MIN(GEHALT) ...
... LENGTH(V_NAME) + 3        = :laenge / :abc ...
```

Sobald einer der Operanden eines Ausdrucks den Nullwert annimmt, besitzt der gesamte Ausdruck den Nullwert.

Die Definitionen nichtnumerischer und numerischer Ausdrücke sind nicht nur im Zusammenhang mit einfachen Vergleichsprädikaten bedeutsam; auch an vielen anderen Stellen innerhalb von SQL-Anweisungen sind Ausdrücke im oben erläuterten Sinn verwendbar. Genau genommen ist eine vollständige Definition der Sprache SQL ohne den Begriff "Ausdruck" gar nicht möglich. Nachdem nun klar ist, was unter einem Ausdruck zu verstehen ist, wollen wir uns deshalb nochmals mit den wichtigsten Elementen der SELECT-Anweisung in einer etwas formaleren Form befassen.

Die formale Definition eines Vergleichsprädikats lautet somit wie folgt:

```
Ausdruck Vergleichsoperator Ausdruck
```

Neben Ausdrücken können in Vergleichsprädikaten auch Unterabfragen zum Einsatz kommen. Da sich jedoch Unterabfragen bezüglich der Verwendbarkeit von Wirtsvariablen nicht von "gewöhnlichen" Abfragen unterscheiden, wollen wir das Thema "Unterabfragen" hier nicht erneut aufgreifen.

Wertelisten

Mit Hilfe des IN-Operators kann ein Ausdruck mit einer Werteliste verglichen werden. Die formale Definition des IN-Prädikats lautet somit (Unterabfragen ausgenommen):

```
Ausdruck (NOT) IN Werteliste
```

In einer Werteliste sind neben konstanten Werten auch Wirtsvariablen und das Spezialregister USER verwendbar. Ausdrücke sind in Wertelisten jedoch nicht zulässig. Die unterschiedlichen Repräsentationsformen von Werten - also Konstanten, Wirtsvariablen oder USER - können innerhalb einer Werteliste gemischt werden, z.B. folgendermaßen:

```
... N_NAME IN ('Müller', :n_name1, :n_name2, 'Maier') ...
```

Das IN-Prädikat ist im übrigen die einzige Prädikatform, in der sich Indikatorvariablen sinnvoll einsetzen lassen. Man könnte sich z.B. eine Auswertung vorstellen, bei der ein Benutzer bis zu drei Nachnamen eingeben kann, nach denen dann die Mitarbeitertabelle durchsucht wird. Die hierzu benötigte Abfrage würde lauten:

```
EXEC SQL
  DECLARE MITARBEITER_LES CURSOR FOR
    SELECT PERS_NR, V_NAME, N_NAME
    FROM   MITARBEITER
    WHERE  N_NAME IN (:n_name_1:ind_1, :n_name_2:ind_2, :n_name_3:ind_3)
    ORDER  BY N_NAME;
```

Gibt der Benutzer weniger als drei Nachnamen ein, so lassen sich die überzähligen Wirtsvariablen von der Werteliste ausschließen, indem die zugehörigen Indikatorvariablen mit dem Wert SQL_NULL belegt werden.

Wertebereiche

Die Operatoren BETWEEN und AND ermöglichen den Vergleich eines Ausdrucks mit einem kontinuierlichen Wertebereich. Die formale Definition des BETWEEN-AND-Prädikats lautet:

```
Ausdruck (NOT) BETWEEN Ausdruck AND Ausdruck
```

Wie man sieht, können zur Festlegung der beiden Bereichsgrenzen ebenfalls Ausdrücke verwendet werden. Einige Beispiele sollen die Anwendungsmöglichkeiten verdeutlichen:

```
... N_NAME                 BETWEEN 'A'          AND :grenze ...
... (:faktor * GEHALT) - 10 BETWEEN :gehalt_min AND :gehalt_min + 1000 ...
... :v_name               NOT BETWEEN V_NAME    AND :v_name_max ...
```

Suche in Textspalten

In Kapitel 2 haben wir den LIKE-Operator als ein Hilfsmittel zur flexiblen Suche innerhalb von Textspalten kennengelernt. Ein LIKE-Prädikat hat formal folgenden Aufbau:

```
Ausdruck (NOT) LIKE Textmuster
```

Es wird also geprüft, ob der links vom LIKE-Operator stehende Ausdruck dem im LIKE-Prädikat angegebenen Textmuster entspricht. Durch Einsatz der Sonderzeichen "%" und "_" lassen sich Textmuster für die unterschiedlichsten Zwecke definieren. Wir wollen hier die vielfältigen Möglichkeiten des LIKE-Operators nicht erneut behandeln. Sollte eine Auffrischung der diesbezüglichen Kenntnisse nötig sein, so empfiehlt es sich, den Abschnitt "Flexible Suche in Textspalten" (Seite 41 ff.) nochmals durchzulesen.

Die Angabe eines Textmusters im LIKE-Prädikat kann auf zweierlei Art erfolgen: als Textkonstante (wie bereits in Kapitel 2 kennengelernt) oder als Wirtsvariable[7]. Beim Einsatz von Wirtsvariablen ist darauf zu achten, daß die Wirtsvariable nicht länger ist als das gewünschte Textmuster.

---

[7] Neben den beiden aufgeführten Möglichkeiten kann auch das Spezialregister USER als Textmuster eingesetzt werden. Da es sich hierbei jedoch um kein echtes Muster handelt (d.h. die Sonderzeichen "%" und "_" treten nicht auf), bringt der LIKE-Operator keinen Vorteil zum Vergleichsoperator "=".

Hierzu ein Beispiel:

```
textmuster = "%ül% ";

DECLARE MITARBEITER_LES CURSOR FOR
  SELECT N_NAME FROM MITARBEITER
  WHERE N_NAME LIKE :textmuster;
```

Mit der vorliegenden Abfrage werden nur die Zeilen ausgewählt, die in der Spalte N_NAME die Zeichenkette "ül" enthalten und darüber hinaus als letztes Zeichen ein Leerzeichen aufweisen. Das zweite Kriterium trifft allerdings für keine Zeile der Beispieltabelle zu, da die Nachnamen nur in ihrer tatsächlichen Länge abgespeichert wurden.

Kehren wir nochmals zur formalen Definition des LIKE-Prädikats zurück. Links vom LIKE-Operator kann prinzipiell jeder nichtnumerische Ausdruck zum Einsatz kommen. Tatsächlich ist jedoch nur die Angabe eines Spaltennamens sinnvoll. Eine Wirtsvariable an dieser Stelle hätte zur Folge, daß überprüft wird, ob das Textmuster in der Wirtsvariablen enthalten ist. Eine derartige Aufgabenstellung hat nichts mit Tabellendaten zu tun und sollte deshalb auch nicht den Database Services übertragen werden; der Aufruf einer C-Bibliotheksfunktion ist hier sicher sinnvoller.

Die LIKE-Klausel wird in der Praxis häufig zur Realisierung von Auswerteprogrammen verwendet. Wir wollen eine typische Anwendungsform des LIKE-Operators demonstrieren, indem wir im Programm CURSOR1.SQC (Seite 260) einige Änderungen vornehmen. Das Programm soll dann all die Mitarbeiter anlisten, die im Nachnamen eine vorgegebene Zeichenkette aufweisen. Hierzu ist in die DECLARE SECTION folgende Variablendeklaration aufzunehmen:

```
char    n_name_vergl[18];
```

Die Zeilen (1) bis (2) sind durch folgende Anweisungen zu ersetzen:

```
EXEC SQL
  DECLARE MITARBEITER_LES CURSOR FOR
    SELECT PERS_NR, V_NAME, N_NAME, GEB_DATUM, GEHALT
    FROM    MITARBEITER
    WHERE  N_NAME LIKE :n_name_vergl
    AND    GEHALT IS NOT NULL                              /* 1 */
    ORDER  BY N_NAME;

  initdbm("UEBUNG", SQL_USE_SHR, &sqlca);
```

```
printf("Gesucht wird nach Nachnamen mit folgender Zeichenkette: ");
scanf("%15s", &n_name_vergl[1]);

n_name_vergl[0] = '%';                                              /* 2 */
strcat(n_name_vergl, "%");                                          /* 3 */
```

Beim Lesen der obigen SELECT-Anweisung haben Sie sich vielleicht über das Prädikat GEHALT IS NOT NULL (1) gewundert. Dieses Prädikat hat keinen inhaltlichen Hintergrund; es schließt nur deswegen Zeilen mit Nullwerten in der Gehaltsspalte aus, weil die FETCH-Anweisung im Programm CURSOR1.SQC bei derartigen Zeilen - mangels Indikatorvariable - scheitern würde.

Nach Ausführung der Anweisungen in den Zeilen (2) und (3) ist die eingegebene Zeichenkette in der Variablen "n_name_vergl" von %-Zeichen umgeben. Dadurch ist sichergestellt, daß alle Zeilen ausgewählt werden, die diese Zeichenkette an beliebiger Position innerhalb des Nachnamens enthalten. Die Variable "n_name_vergl" wurde als 18-stelliges Array deklariert, damit sie neben einer maximal 15-stelligen Zeichenkette noch die beiden %-Zeichen aufnehmen kann.

Schließlich ist noch eine letzte Modifikation des Programms CURSOR1.SQC nötig: Damit der C-Preprozessor den Prototypen der C-Bibliotheksfunktion "strcat" findet, sollte folgende Anweisung in die Programmquelle aufgenommen werden:

```
#include <string.h>
```

Weitere Prädikatformen

Neben den bisher behandelten Prädikatformen gibt es noch die Prädikate IS NULL und EXISTS. Das IS NULL-Prädikat hat folgenden formalen Aufbau:

```
Ausdruck IS (NOT) NULL
```

Grundsätzlich wäre es also möglich, in einem IS NULL-Prädikat Wirtsvariablen zu verwenden. In der Praxis gibt es hierfür jedoch keinen sinnvollen Anwendungsfall.

Auf den EXISTS-Operator folgt immer eine Unterabfrage. Das EXISTS-Prädikat bietet somit keine spezifischen Einsatzmöglichkeiten für Wirtsvariablen. Eine Unterabfrage ist bezüglich der Verwendung von Wirtsvariablen wie eine "gewöhnliche" Abfrage anzusehen.

Wirtsvariablen in Funktionen

Nahezu alle Funktionen des Database Manager erlauben die Verwendung von Wirtsvariablen als Funktionsargumente. Die Wirkungsweise von Wirtsvariablen ist für die verschiedenen Funktionen unterschiedlich. Es bleibt uns daher nicht erspart, die vorhandenen Funktionen im einzelnen zu betrachten. Wir beginnen diese Betrachtung mit den Skalarfunktionen LENGTH und SUBSTR; anschließend werden die Spaltenfunktionen AVG, SUM, MIN, MAX und COUNT behandelt.

Skalarfunktion LENGTH

Die formale Syntaxbeschreibung der Funktion LENGTH lautet:

```
LENGTH (Ausdruck)
```

Mit der Funktion LENGTH läßt sich die Länge eines beliebigen Ausdrucks ermitteln. Was hat man unter der "Länge eines Ausdrucks" zu verstehen? Ist das Funktionsargument ein Spaltenname, dann liefert die Funktion LENGTH die Anzahl Bytes, die zur Abspeicherung des Funktionsarguments benötigt werden. In Kapitel 2 haben wir gesehen, daß diese Bytezahl nur für Spalten vom Datentyp VARCHAR einen nutzbaren Informationsgehalt besitzt, da sie in diesem Fall mit der Länge der Zeichenkette übereinstimmt.

Besteht das Funktionsargument aus einer Wirtsvariablen, die als char-Array deklariert ist, so liefert LENGTH die Länge des Wirtsvariablenwerts. Hierzu ein kleines Programmbeispiel:

```
EXEC SQL BEGIN DECLARE SECTION;
  short    laenge_v_name;
  char     v_name[16];
EXEC SQL END DECLARE SECTION;

v_name = "Otto";

EXEC SQL
  SELECT   LENGTH(:v_name)
  INTO     :laenge_v_name
  FROM     MITARBEITER
  WHERE    PERS_NR = 1;
```

Nach Ausführung der SELECT-Anweisung enthält die Variable "laenge_v_name" den Wert "4". Für die vorliegende Operation wäre eigentlich kein Tabellenzugriff nötig, da ja nur die Länge einer Wirtsvariablen ermittelt wird. Dennoch muß man in der SELECT-Anweisung eine FROM-Klausel angeben und mittels der WHERE-Klausel dafür sorgen, daß das Ergebnis aus genau einer Zeile besteht.

Das obige Programmstück stellt somit ein äußerst umständliches und auch laufzeitintensives Verfahren zur Ermittlung der Länge einer C-Variablen dar. Das gleiche Ergebnis ließe sich wesentlich einfacher mit der C-Anweisung

```
laenge_v_name = strlen(v_name);
```

ermitteln.

Ähnlich verhält es sich, wenn als Funktionsargumente statt char-Arrays numerische Wirtsvariablen benutzt werden. In diesen Fällen erhält man dasselbe Ergebnis wie bei Anwendung des C-Operators "sizeof".

Betrachten wir zum Schluß noch numerische Ausdrücke: Der Datentyp und die Länge eines numerischen Ausdrucks hängt von den Datentypen der beteiligten Operanden und den verwendeten Operatoren ab. Hierzu wiederum ein kleines (inhaltlich wenig sinnvolles) Beispiel:

```
EXEC SQL BEGIN DECLARE SECTION;
   short    pers_nr, laenge_ausdruck;
EXEC SQL END DECLARE SECTION;

EXEC SQL
   SELECT   LENGTH(PERS_NR + :pers_nr - 13)
   INTO     :laenge_ausdruck
   FROM     MITARBEITER
   WHERE    PERS_NR = 1;
```

Die obige SELECT-Anweisung liefert den Ergebniswert "4" in der Variablen "laenge_ausdruck". Wie kommt dieses Ergebnis zustande? Sowohl die Spalte PERS_NR als auch die Wirtsvariable "pers_nr" und die Konstante "13" besitzen den SQL-Datentyp SMALLINT; ihre Länge ist somit jeweils 2 Bytes. Es gilt nun folgende Regel: Das Ergebnis eines Ausdrucks, bestehend aus SMALLINT- oder INTEGER-Operanden, erhält immer den Datentyp INTEGER und somit die Länge "4".

Man kann für alle Formen von numerischen Ausdrücken Regeln zur Ermittlung des resultierenden Datentyps angeben. Diese Regeln sind zum Teil ziemlich kompliziert; vor allem dann, wenn Operanden des SQL-Datentyps DECIMAL zu berücksichtigen sind. In den meisten Fällen ist es allerdings nicht notwendig, den Datentyp eines Ausdrucks exakt zu kennen. Wir wollen deshalb auf weitere Ausführungen hierzu verzichten. Eine umfassende Behandlung dieser Thematik findet sich im IBM-Handbuch "OS/2 Extended Edition 1.2 Database Manager SQL Reference" (IBM-Bestellnummer: S01F-0265)

Zusammenfassend läßt sich sagen: Die Verwendung von Wirtsvariablen als Argument der Funktion LENGTH ist nicht sinnvoll. Der praktische Einsatz der LENGTH-Funktion beschränkt sich somit auf die Längenermittlung von VARCHAR-Spalten.

Besondere Aufmerksamkeit ist der Nullwertproblematik zu widmen: Nimmt das Argument der LENGTH-Funktion den Nullwert an, dann erhält auch das Ergebnis den Nullwert. Verwendet man also die LENGTH-Funktion in einer Spaltenliste, so muß man die zugeordnete Wirtsvariable mit einer Indikatorvariablen versehen, wenn im Funktionsargument der Nullwert auftreten kann.

Skalarfunktion SUBSTR

Die Funktion SUBSTR dient dazu, einen Teil einer Zeichenkette herauszukopieren. Die formale Syntaxbeschreibung lautet:

```
SUBSTR(Ausdruck, Ausdruck, Ausdruck)
```

Das erste Argument der SUBSTR-Funktion legt die Zeichenkette fest, aus der etwas herauskopiert werden soll (Quellzeichenkette). Man kann hier den Namen einer CHAR- oder VARCHAR-Spalte, eine Wirtsvariable vom Datentyp "char" oder eine Textkonstante angeben. Die Verwendung einer Wirtsvariablen oder einer Textkonstante ist an dieser Stelle allerdings wenig sinnvoll.

Das zweite Argument gibt die Startposition innerhalb der Quellzeichenkette an, ab der kopiert werden soll. Dieses Argument kann ein beliebiger numerischer Ausdruck sein.

Das dritte Argument legt die Länge des zu kopierenden Teils fest; auch hier kann ein beliebiger numerischer Ausdruck angegeben werden. Läßt man das dritte Argument weg, dann besteht die Ergebniszeichenkette aus allen Zeichen der Quellzeichenkette ab der angegebenen Startposition.

Sobald eines der Argumente der SUBSTR-Funktion den Nullwert annimmt, erhält das Ergebnis ebenfalls den Nullwert. Dies macht eventuell eine Indikatorvariable in der INTO-Klausel erforderlich, wenn die SUBSTR-Funktion in der Spaltenliste benutzt wird.

Einige Beispiele sollen die Anwendungsmöglichkeiten der Funktion SUBSTR verdeutlichen:

```
... SUBSTR(V_NAME, 2, 3) ...
... SUBSTR(V_NAME, :start_pos, :start_pos + 5) ...
... SUBSTR(N_NAME, LENGTH(N_NAME) - :laenge) ...
```

Spaltenfunktionen AVG, MAX, MIN und SUM

Wir wollen die Spaltenfunktionen AVG, MAX, MIN und SUM gemeinsam behandeln, da sie bezüglich der Verwendbarkeit von Wirtsvariablen die gleichen Möglichkeiten bieten. Alle diese Funktionen lassen sich grundsätzlich in zwei unterschiedlichen Formen einsetzen. Die formalen Syntaxbeschreibungen der beiden Formen lauten (FKT steht für AVG, MAX, MIN oder SUM):

```
FKT (Ausdruck)
FKT (DISTINCT Spaltenname)
```

Wie man sieht, kommen in Verbindung mit DISTINCT nur Spaltennamen als Funktionsargumente in Frage (siehe hierzu Abschnitt "DISTINCT in Spaltenfunktionen" auf Seite 88).

Ohne DISTINCT kann als Funktionsargument ein beliebiger Ausdruck verwendet werden. Allerdings ist es sinnlos, Ausdrücke zu bilden, die keine Spaltennamen enthalten. In seltenen Fällen kann die Verwendung von Wirtsvariablen zusätzlich zu Spaltennamen erforderlich sein. Betrachten wir hierzu ein Beispiel:

Es gelte folgende Annahme: Die Tabelle MITARBEITER enthält eine zusätzliche Spalte PROVISION. Das Gesamteinkommen eines Mitarbeiters setzt sich dann aus den Werten GEHALT und PROVISION zusammen. Zur Ermittlung des maximalen Gesamteinkommens, das sich ergibt, wenn der Gehaltsanteil um einen vorgegebenen Faktor erhöht wird, eignet sich folgendes Programmstück:

```
EXEC SQL BEGIN DECLARE SECTION;
   double   faktor, gesamt_einkommen;
EXEC SQL END DECLARE SECTION;

scanf("%lf", &faktor);

EXEC SQL
   SELECT  MAX(:faktor*GEHALT + PROVISION)
   INTO    :gesamt_einkommen
   FROM    MITARBEITER;
```

Die betrachteten Spaltenfunktionen können auch den Nullwert zum Ergebnis haben. Dies ist immer dann der Fall, wenn die zugrundeliegende Zeilengruppe entweder keine Zeilen oder nur solche Zeilen enthält, für die das Funktionsargument den Nullwert aufweist. Als Beispiel für die Nullwertbehandlung bei Spaltenfunktionen kann das Programm CURSOR3.SQC (Seite 268) dienen.

Spaltenfunktion COUNT

Die Spaltenfunktion COUNT ist die einzige Funktion des Database Manager, die keinen Einsatz von Wirtsvariablen als Funktionsargumente erlaubt. Der Vollständigkeit halber wollen wir dennoch die formale Syntaxbeschreibung der COUNT-Funktion aufführen. Zwei unterschiedliche Formen sind möglich:

```
COUNT (*)
COUNT (DISTINCT Spaltenname)
```

Mit der ersten Form werden alle Zeilen der zugrundeliegenden Zeilengruppe gezählt; bei der zweiten Form werden diejenigen Zeilen, die sich in der Argumentspalte nicht unterscheiden, nur als eine Zeile gezählt. Außerdem werden bei dieser Form Zeilen nicht mitgezählt, wenn sie in der Argumentspalte den Nullwert enthalten.

Wirtsvariablen in Spaltenlisten

Die allgemeine Form eines Elements der Spaltenliste ist der Ausdruck. Eine SELECT-Anweisung könnte z.B. folgenden Aufbau haben:

```
EXEC SQL BEGIN DECLARE SECTION;
   char  titel[4];
   short xyz;
EXEC SQL END DECLARE SECTION;

EXEC SQL
   DECLARE ABC CURSOR FOR
     SELECT V_NAME, :titel, GEHALT + 100, LENGTH(N_NAME)/:xyz
     FROM   MITARBEITER;
```

Es ist allerdings nicht sonderlich sinnvoll, eine einzelne Wirtsvariable als Element der Spaltenliste zu verwenden (z.B. Variable "titel" im obigen Beispiel). Man erreicht hierdurch lediglich, daß der Database Manager den Wert einer C-Variablen (in der Werteliste) in eine andere C-Variable (in der INTO-Klausel) überträgt. Dies kann man mit einer einfachen C-Zuweisung wahrlich einfacher haben.

3.5 Ausblick auf dynamisches SQL

Wirtsvariablen stellen das Hilfsmittel dar, mit dem die Wirkungsweise von SQL-Anweisungen noch zur Programmlaufzeit beeinflußt werden kann. Auf den zurückliegenden Seiten haben wir gesehen, wo innerhalb von SQL-Anweisungen Wirtsvariablen zum Einsatz kommen können. Wenngleich Wirtsvariablen vielfältige Einflußmöglichkeiten bieten, so gibt es doch Situationen, die mit der bisher kennengelernten Form des eingebetteten SQL nicht befriedigend gelöst werden können. Drei Beispiele sollen die Problematik verdeutlichen:

- Es ist nicht möglich, die Zeilenreihenfolge eines Abfrageergebnisses erst zur Programmlaufzeit festzulegen, da in der ORDER BY-Klausel keine Wirtsvariablen zugelassen sind.

- Operatoren in Prädikaten können nicht dynamisch definiert werden. Anspruchsvolle Auswerteprogramme, bei denen der Benutzer nicht nur Suchwerte, sondern auch die anzuwendenden Vergleichsoperatoren vorgibt, sind folglich nur sehr umständlich realisierbar. Oftmals werden soviele unterschiedliche SQL-Anweisungen benötigt, daß eine Realisierung praktisch ausscheidet.

- Innerhalb von SQL-Anweisungen verwendete Tabellennamen lassen sich nicht erst zur Laufzeit festlegen. Manchmal wäre es jedoch von Vorteil, wenn der Benutzer angeben könnte, mit welcher Tabelle er arbeiten möchte.

Die eben genannten und alle sonstigen Aufgabenstellungen, bei denen die bisher behandelten Formen von SQL-Anweisungen versagen, lassen sich lösen. Hierzu gibt es Formen von SQL-Anweisungen, die es erlauben, größere Teile einer Anweisung - z.B. eine komplette WHERE-Klausel - erst zur Programmlaufzeit festzulegen. Im extremsten Fall kann man sogar die gesamte SQL-Anweisung dynamisch erstellen.

Man nennt solche SQL-Anweisungen "dynamisches SQL". Demgegenüber werden alle SQL-Anweisungen, die uns im vorliegenden Kapitel begegnet sind, als "statisches SQL" bezeichnet. An dieser Stelle soll nicht erläutert werden, wie man dynamische SQL-Anweisungen programmiert. Dies bleibt dem Abschnitt 6.2 "Dynamisches SQL" vorbehalten. Wir wollen uns jedoch bereits jetzt mit den grundsätzlichen Unterschieden zwischen statischem und dynamischem SQL befassen:

Im Abschnitt "SQL-Anweisungen versus C-Funktionen" wurde anhand der Abbildung 3.1 (Seite 179) gezeigt, daß eine SQL-Anweisung in mancherlei Hinsicht mit einer C-Funktion zu vergleichen ist. So wie eine C-Funktion letztlich in eine Folge ausführbarer Prozessoranweisungen umgewandelt wird, so resultiert auch aus SQL-Anweisungen eine Art Lademodul - der sogenannte

Zugriffsplan. Die Wirtsvariablen einer SQL-Anweisung sind hierbei mit Parametern einer C-Funktion vergleichbar. Wirtsvariablen außerhalb von INTO-Klauseln stellen Übergabeparameter dar; Wirtsvariablen innerhalb von INTO-Klauseln können als Rückgabeparameter angesehen werden.

Zwischen C-Funktionen und SQL-Anweisungen besteht jedoch ein wichtiger Unterschied: Eine C-Funktion muß von irgend jemandem programmiert werden. Diese Person muß sich hierzu überlegen, wie (d.h. mit welcher Anweisungsabfolge) die Aufgabe zu lösen ist. Der zu einer SQL-Anweisung gehörende Zugriffsplan wird dagegen von den Database Services automatisch erstellt. Als Programmierer muß man sich somit keine Gedanken machen, wie die gewünschten Tabellendaten zu beschaffen sind. Man hat lediglich - in Form einer SQL-Anweisung - anzugeben, welche Eigenschaften das gewünschte Ergebnis aufweisen soll (siehe auch Abschnitt "SQL ist eine deskriptive Sprache" auf Seite 73).

Wann wird der Zugriffsplan erstellt?

Die entscheidende Frage ist nun: Wann wird der Zugriffsplan von den Database Services erstellt? Grundsätzlich gibt es zwei in Frage kommende Zeitpunkte:

- Zum einen kann der Zugriffsplan im Rahmen des Precompiles erstellt werden. Alle SQL-Anweisungen, die sich bereits während des Precompiles in einen Zugriffsplan überführen lassen, sind statische SQL-Anweisungen.

- Die zweite Möglichkeit besteht darin, den Zugriffsplan erst zum Zeitpunkt der Programmausführung zu erstellen. Die Planausführung schließt sich somit - zeitlich gesehen - direkt an die Planerstellung an. SQL-Anweisungen, die erst zur Laufzeit "übersetzt" werden, sind dynamische SQL-Anweisungen.

Beide Methoden besitzen Vor- und Nachteile:

Die Planerstellung im Rahmen des Precompiles hat den Vorteil, daß zum Zeitpunkt der Programmausführung der Zugriffsplan bereits existiert und sofort ausgeführt werden kann. Es geht also während der Programmausführung keine Zeit damit verloren, den schnellsten Weg zu den Daten zu ermitteln. Andererseits muß eine SQL-Anweisung zum Zeitpunkt des Precompiles bereits weitgehend festliegen, damit die Database Services so frühzeitig den zugehörigen Zugriffsplan erstellen können.

Bei einer Planerstellung während der Programmausführung sind die Vor- und Nachteile gerade vertauscht. Man ist nun bezüglich der Formulierung einer SQL-Anweisung sehr flexibel, da der Aufbau einer SQL-Anweisung erst zum Zeitpunkt der Anweisungsausführung festliegen muß. Auf der anderen Seite führt die Planerstellung während der Programmausführung zu einer längeren Programmlaufzeit. Genaugenommem wird ein Teil der Programmerstellung - nämlich die Erstellung des Zugriffsplans - bis zur Programmausführung verschoben. Dies dauert in manchen Fällen länger als der eigentliche Datenzugriff (d.h. die Ausführung des Plans).

Nachdem wir nun die Vor- und Nachteile von statischem und dynamischem SQL beleuchtet haben, liegt die Einsatzempfehlung auf der Hand:

Immer dann, wenn eine SQL-Anweisung zum Programmierzeitpunkt soweit festliegt, daß sie statisch formuliert werden kann, sollte sie auch statisch formuliert werden. Alle SQL-Anweisungen, die wir in diesem Kapitel behandelt haben, sind statische SQL-Anweisungen; sie werden also grundsätzlich während des Precompiles in einen Zugriffsplan umgesetzt. Solange man also mit den hier behandelten SQL-Anweisungen auskommt, gibt es keinen Grund, dynamisches SQL zu verwenden.

Ist jedoch eine Flexibilität erforderlich, die mit statischem SQL nicht erzielbar ist (z.B. das Festlegen der Sortierreihenfolge durch den Benutzer), muß man auf dynamisches SQL ausweichen und die damit verbundenen höheren Antwortzeiten in Kauf nehmen.

Die Technik des statischen SQL stellt für die Entwickler eines Datenbanksystems eine schwierige Aufgabe dar und ist daher im PC-Bereich keine Selbstverständlichkeit. Bei nahezu allen Konkurrenzprodukten des Database Manager werden SQL-Anweisungen grundsätzlich erst zur Programmlaufzeit in Zugriffsanweisungen umgesetzt. Manche Systeme erlauben zwar, vorübersetzte SQL-Prozeduren (engl. stored procedures) zu verwenden; im Gegensatz zum statischen SQL des Database Manager entsprechen derartige SQL-Prozeduren jedoch nicht dem ANSI-Standard für SQL. Programme, die SQL-Prozeduren benutzen, lassen sich deshalb nicht ohne weiteres von einem Datenbanksystem auf ein anderes übertragen.

Sie werden sich vielleicht schon gefragt haben, wie die alternativen Zugriffspfade aussehen, die den Database Services bei der Planerstellung zur Wahl stehen. Diesem Thema werden wir uns im Abschnitt 4.4.2 "Der Optimierer" zuwenden. Der Abschnitt 5.2 "SQL-Kompilation" behandelt einige weiterführende Aspekte des statischen SQL. Im Abschnitt 6.2 "Dynamisches SQL" wird schließlich erläutert, wie dynamische SQL-Anweisungen zu programmieren sind.

3.6 Realisierung der Präsentationskomponente

Der letzte Abschnitt dieses Kapitels soll sich mit der Fragestellung befassen: Wie realisiert man die Präsentationskomponente eines Database Manager-Programms?

Dieses Thema betrifft zwar nicht direkt den Database Manager; für den Entwickler eines Database Manager-Programms ist es dennoch bedeutsam. Betrachten wir hierzu Abbildung 3.7:

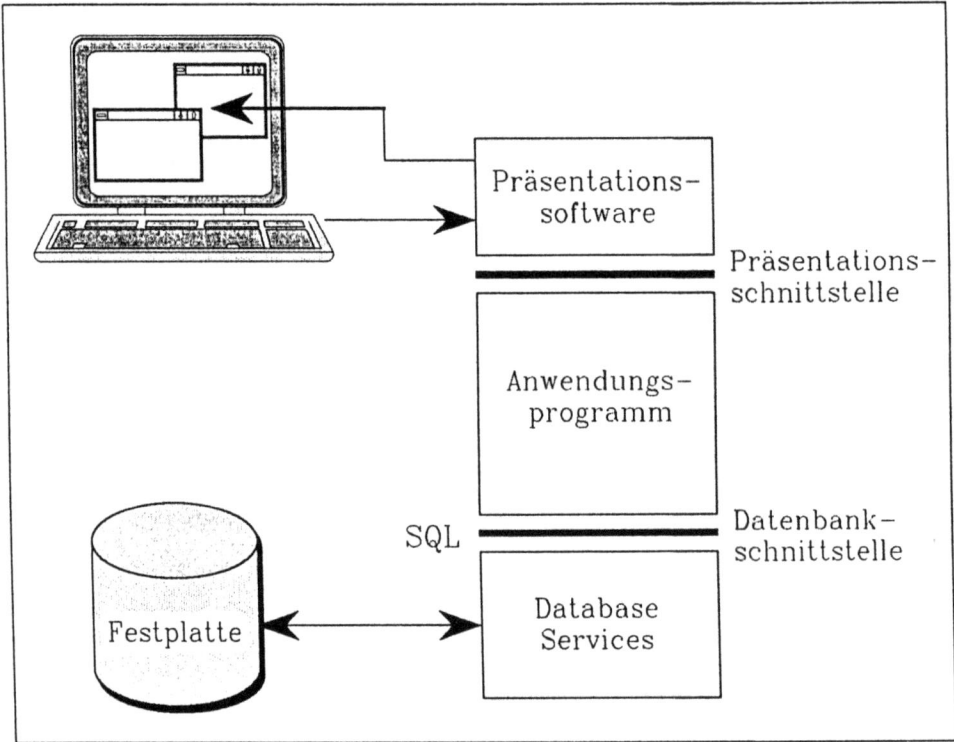

Abbildung 3.7

Ein Database Manager-Programm besitzt in der Regel zwei Schnittstellen zur Außenwelt (schwarze Balken in Abbildung 3.7).

3.6 Realisierung der Präsentationskomponente

Eine der beiden Schnittstellen ist die Schnittstelle zur Datenbank. Sie besteht aus eingebetteten SQL-Anweisungen und Database Manager-Funktionsaufrufen. Hiermit haben wir uns ja bereits ausführlich beschäftigt.

Die zweite Schnittstelle, die ein Database Manager-Programm üblicherweise besitzt, ist die Schnittstelle zur Präsentationssoftware. Diese ist für die Kommunikation mit dem Benutzer zuständig (siehe Abbildung 3.7),

Bezüglich der Präsentationssoftware hat man als Programmentwickler mehrere Alternativen. Sowohl die Schnittstelle zwischen Programm und Präsentationssoftware als auch das Erscheinungsbild des Programms gegenüber dem Benutzer hängen wesentlich davon ab, welche Präsentationssoftware eingesetzt wird.

Im folgenden sollen einige Formen von Präsentationssoftware einander gegenübergestellt werden:

Benutzerkommunikation mittels printf und scanf

Beginnen wir mit einer Form, die in den Beispielprogrammen dieses Kapitels nahezu ausschließlich verwendet wurde. Sie ist in Abbildung 3.8 graphisch dargestellt.

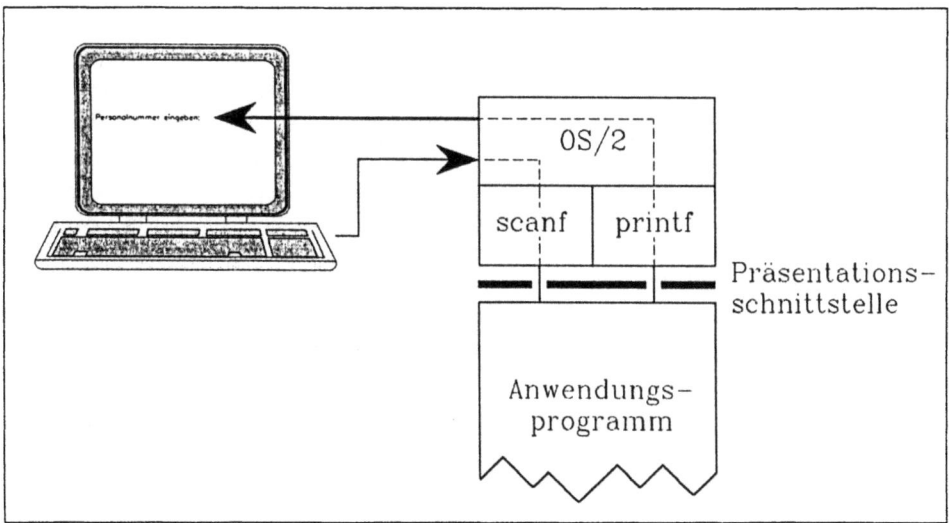

Abbildung 3.8

Die Übertragung von Tastatureingaben an das Programm erfolgt hierbei über die C-Bibliotheksfunktion "scanf". Programmausgaben werden mittels der C-Bibliotheksfunktion "printf" zur Anzeige gebracht. Die C-Funktionen kommunizieren jedoch nicht direkt mit den beteiligten Hardwareelementen (Tastatur, Bildschirmspeicher), sondern verwenden ihrerseits hierzu OS/2-Funktionen.

Der wesentliche Vorteil der Präsentationssoftware "printf/scanf" besteht darin, daß sie eine äußerst simple Schnittstelle zum Anwendungsprogramm besitzt. Dies ist der Grund, warum sie in den Übungsprogrammen des vorliegenden Kapitels so ausgiebig verwendet wurde. Diesem Vorteil steht jedoch ein gewaltiger Nachteil gegenüber. Die durch "printf" und "scanf" realisierte Form der Präsentation stammt aus den Zeiten des Fernschreibers. Sie ist einem Presentation Manager-verwöhnten Anwender heutzutage nicht mehr zumutbar. Da nützt es auch nicht viel, wenn wir unser Programm in einer OS/2-Fenster-Session ablaufen lassen.

Schauen wir uns also nach anderen Formen von Präsentationssoftware um.

Zeichenorientierte Präsentation mittels OS/2-Funktionen

Eine gewisse Verbesserung gegenüber der printf/scanf-Technik kann man erreichen, indem die Bildschirm-, Tastatur- und Mausfunktionen des OS/2-Basissystems verwendet werden. Es handelt sich hierbei um die OS/2-Funktionen, deren Namen mit "Vio" (Bildschirmfunktionen), "Kbd" (Tastaturfunktionen) und "Mou" (Mausfunktionen) beginnen. Mit diesen Funktionen läßt sich eine zeichenorientierte Full-Screen-Benutzeroberfläche realisieren.

Zeichenorientierte Programme haben zwar den Erfolg des PC's und des Betriebssystems DOS begründet, sind jedoch heute nicht mehr zeitgemäß. Die Vorzüge eines Multitasking-Betriebssystems kommen nicht so richtig zur Geltung, wenn man immer nur ein Programm auf dem Bildschirm sehen kann. Zwar ist ein Full-Screen-Programm - sofern man bei der Programmierung gewisse Einschränkungen beachtet - auch in einem Presentation Manager-Fenster ablauffähig. Im Gegensatz zu einem echten Presentation Manager-Programm paßt sich jedoch ein textorientiertes OS/2-Programm nicht an die aktuelle Größe seines Fensters an. Außerdem lassen sich graphische Präsentationselemente, wie z.B. Blätterbalken, in textorientierten Programmen nicht verwenden.

Möchte man also zukunftsweisende Programme schreiben (wer möchte das nicht?), dann kommt man am Presentation Manager nicht vorbei. Doch auch für die Programmierung von Presentation Manager-Programmen gibt es mehrere Alternativen. Einige davon wollen wir im folgenden kurz beleuchten.

Presentation Manager-Programme

OS/2 umfaßt mehrere hundert Funktionen, die als Schnittstelle zum Presentation Manager angesehen werden können. Die Namen dieser Funktionen beginnen grundsätzlich mit "Win" oder "Gpi".

3.6 Realisierung der Präsentationskomponente

Beim Versuch, Presentation Manager-Programme zu erstellen, tauchen allerdings mehrere Schwierigkeiten auf:

- Aufgrund der Komplexität des Presentation Manager und der Vielzahl von Schnittstellenfunktionen dauert die Einarbeitungsphase ausgesprochen lang.
- Der Aufwand zur Realisierung von Presentation Manager-Programmen ist verglichen mit herkömmlicher Programmierung sehr hoch.
- Die objektorientierte Architektur des Presentation Manager erschwert den Einstieg zusätzlich. Zwar bietet die Objektorientierung viele Vorteile; der Einstieg in die objektorientierte Programmierung verlangt jedoch eine radikale Abkehr von gewohnten Programmiertechniken.

Im Grunde ist die Benutzung der Presentation Manager-Schnittstellen nur dann tragbar, wenn die solchermaßen erstellten Programme in hoher Stückzahl zum Einsatz kommen. Denn nur dann besteht die Chance, die hohen Entwicklungskosten zu amortisieren.

Hilfsmittel zur Presentation Manager-Programmierung

Die beschriebenen Probleme im Umgang mit dem Presentation Manager wurden bereits von einigen Softwarehäusern erkannt. Es entstehen daher in steigendem Maße Zusatzprodukte, die die Entwicklung von Presentation Manager-Anwendungen erleichtern. Produkte dieser Art sind z.B. (die Liste ist sicher unvollständig):

- CommonView (Firma Glockenspiel Ltd.)
- Easel/2 (Firma Interactive Images Inc.)
- ENFIN/2 (Firma Enfin Inc.)
- Object/1 (Firma mdbs Inc.)
- Smalltalk/V PM (Firma Digitalk Inc.)

Teilweise besitzen diese Produkte Werkzeuge, mit deren Hilfe Presentation Manager-Fenster interaktiv gestaltet werden können. Üblicherweise geschieht dies dadurch, daß man aus einer Palette von Bildschirmobjekten (Eingabefelder, Listen, graphische Elemente, etc.) die benötigten Objekte auswählt und im zu erstellenden Fenster an den vorgesehenen Stellen plaziert. Die zugehörige Programmlogik wird bei den genannten Produkten überwiegend mittels objektorientierter Sprachen realisiert. Die Verarbeitung der Programme erfolgt meist interpretativ.

Für den Zugriff auf Database Manager-Tabellen gibt es - je nach Produkt - zwei unterschiedliche Techniken:

- Einige der aufgeführten Produkte erlauben das Einbinden von C-Programmen. Diese müssen in der Regel in Form dynamischer Linkbibliotheken (engl. dynamic link library) vorliegen. In solchen C-Programmen können dann eingebettete SQL-Anweisungen verwendet werden. Bei der C++-Klassenbibliothek CommonView ist der Umweg über dynamische Linkbibliotheken nicht nötig; hier lassen sich C-Programme wie gewohnt hinzulinken.

- Die zweite Technik besteht darin, eine produktspezifische Schnittstelle zum Database Manager anzubieten. SQL-Anweisungen können dann direkt in die Programmiersprache des jeweiligen Produkts eingebettet werden. Dies ist z.B. bei ENFIN/2 möglich.

Zusammenfassend läßt sich sagen: Die genannten und ähnliche Produkte bilden eine brauchbare Basis für die Entwicklung von Presentation Manager-Anwendungen. Insbesondere ist der Einsatz objektorientierter Techniken positiv zu vermerken. Die Objektorientierung erhöht zwar den Einlernaufwand; nach dieser Anfangsphase werden jedoch die Vorzüge der Objektorientierung, die sich vor allem in einer gesteigerten Produktivität niederschlagen, bald spürbar.

Bevor Sie sich für den Einsatz eines Werkzeugs dieser Art entscheiden, sollten Sie unbedingt prüfen, ob das auserkorene Produkt den Zugang zum Database Manager erlaubt.

Anwendungsentwicklung mit Hilfe des Query Manager

Wie bereits im Abschnitt 2.3.3 "Funktionen zur Anwendungsentwicklung" angesprochen, besitzt auch der Query Manager in gewissem Umfang Funktionen zur Anwendungserstellung. Bei der Arbeit mit diesen Funktionen stößt man allerdings schnell an Grenzen. Darüber hinaus werden vom Query Manager alle Database Manager-Zugriffe dynamisch ausgeführt. Statisches SQL läßt sich also nicht einsetzen.

Die Query Manager-Funktionen zur Anwendungsentwicklung eignen sich somit nur für einfache Aufgabenstellungen. Bei komplexeren Problemen sind die zuvor genannten Presentation Manager-Werkzeuge dem Query Manager vorzuziehen.

4 Datenbankentwurf

4.1 Die 3-Ebenen-Architektur nach ANSI/SPARC

Das amerikanische Normgremium ANSI/SPARC entwickelte 1975 ein Schichtenmodell für die Architektur von Datenbanksystemen. Es besteht aus den folgenden drei Ebenen:
- Externe Ebene
- Konzeptionelle Ebene
- Interne Ebene

Dieses Modell beschreibt nun jedoch nicht den Aufbau des zugrundeliegenden Datenbanksystems (also in unserem Fall den Aufbau des Database Manager), sondern es ist vielmehr ein Modell zur Gliederung des Datenbankentwurfs. Es erlaubt uns, den Datenbankentwurf in drei voneinander weitgehend unabhängige Teilaufgaben zu untergliedern. Im Moment wollen wir uns nicht darum kümmern, was man sich unter den drei Ebenen vorzustellen hat; statt dessen betrachten wir die Dreiteilung des Entwurfsprozesses an sich:

Da der Datenbankentwurf bei komplexeren Anwendungen eine schwierige Aufgabe darstellt, ist es äußerst wichtig, ein Verfahren zu haben, das diese Aufgabe in einfacher zu lösende Teilaufgaben untergliedert. Genau dies wird durch die 3-Ebenen-Architektur ermöglicht; d.h.: beim konzeptionellen Datenbankentwurf (konzeptionelle Ebene) muß man sich weder um die externe noch um die interne Ebene Gedanken machen. Entsprechendes gilt für die anderen Ebenen. Es ist sicher leicht einzusehen, daß eine komplexe Aufgabe einfacher zu lösen ist, wenn sie in Teilaufgaben gegliedert wird, die für sich isoliert betrachtet werden können. Man kann sich dann gezielt mit einer Teilaufgabe beschäftigen, ohne dabei ständig die Komplexität der gesamten Aufgabe berücksichtigen zu müssen.

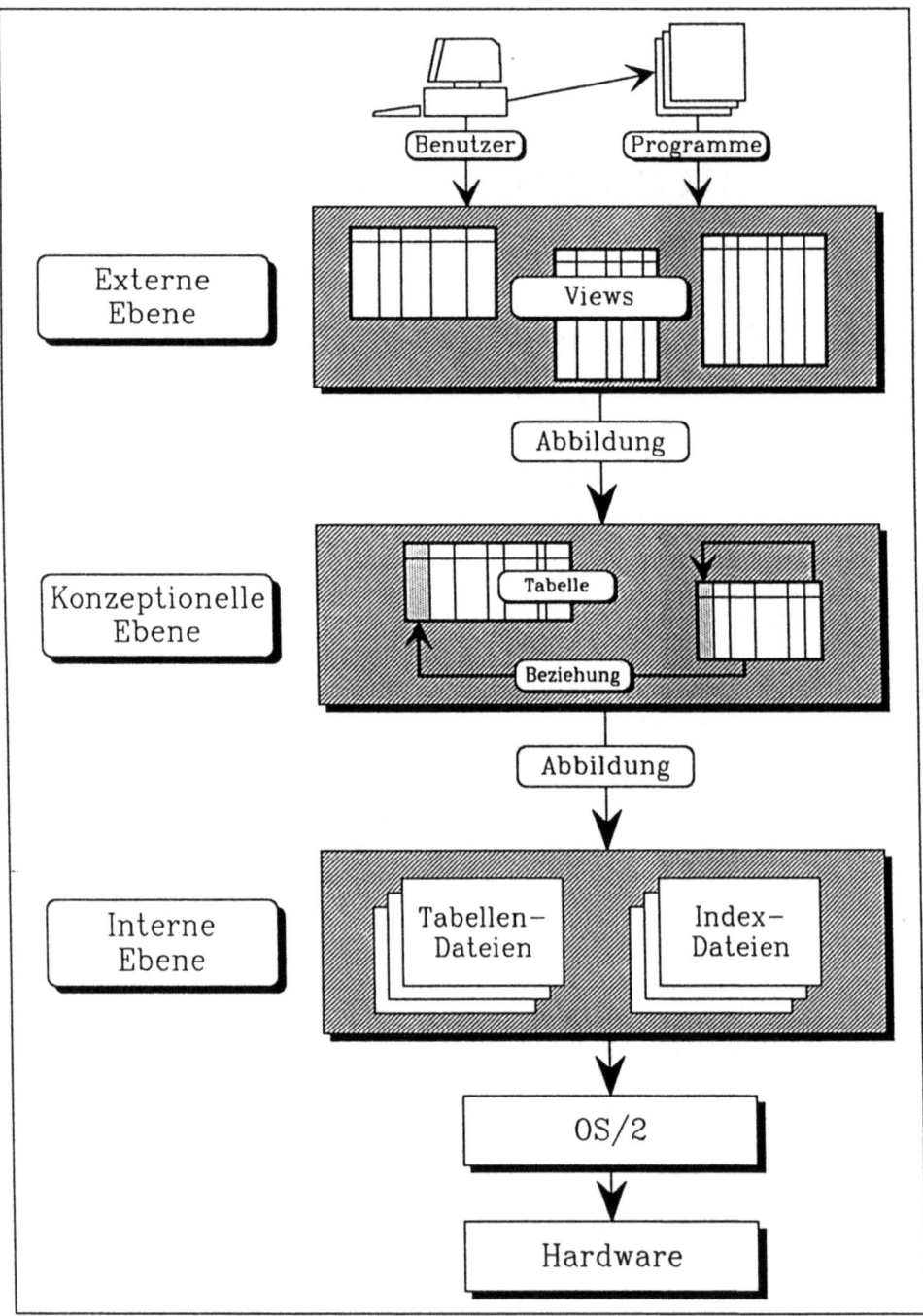

Abbildung 4.1

4.1 Die 3-Ebenenarchitektur nach ANSI/SPARC

Nach diesen Vorbemerkungen wollen wir uns nun mit den einzelnen Ebenen der ANSI/SPARC-Architektur genauer befassen. Beginnen wir hierzu mit der konzeptionellen Ebene (Abbildung 4.1).

Die konzeptionelle Ebene

Der konzeptionelle Datenbankentwurf ist das Kernstück des gesamten Entwurfs. Er ist darüber hinaus die Teilaufgabe, die als erste gelöst werden muß. Das Ergebnis des konzeptionellen Entwurfs sind Tabellen und Beziehungen zwischen diesen Tabellen (siehe Abbildung 4.1). Aufgabe des konzeptionellen Datenbankentwurfs ist es, die Datenfelder, die in der zu erstellenden Datenbankanwendung verarbeitet werden sollen, optimal in Database Manager-Tabellen anzuordnen und die Beziehungen der Tabellen untereinander festzulegen. Für diese Aufgabenstellung wurden vielfältige Verfahren entwickelt; im Rahmen dieses Buches werden wir uns mit dem zur Zeit geläufigsten Verfahren für den konzeptionellen Datenbankentwurf - der **Entity-Relationship-Methode** - befassen.

Die externe Ebene

Auf der externen Ebene (siehe Abbildung 4.1) werden die tatsächlich benötigten Datenbanksichten bereitgestellt. Dies geschieht mit Hilfe von Views; d.h. mittels View-Definitionen werden die Informationen, die in den Tabellen der konzeptionellen Ebene enthalten sind, für den eigentlichen Zugriff durch Programme oder Benutzer[1] bereitgestellt. So wird beispielsweise für ein Programm, das Mitarbeiterdaten gemeinsam mit dem Namen des Vorgesetzten ausgeben soll, die auf Seite 128 dargestellte View VORGESETZTE verwendet. Diese View stellt eine von vielen externen Sichten auf die Datenbank dar. Zwischen jeder externen Sicht (View) und der konzeptionellen Ebene gibt es eine Abbildungsfunktion, die durch die Definition der View festgelegt wird.

Man könnte sich nun fragen: Wieso macht man das alles so kompliziert? Warum kann man die Tabellen nicht gleich so gestalten, daß sie den Anforderungen der Programme und Benutzer entsprechen? Könnte man sich dadurch die externe Ebene nicht komplett ersparen?

Auf diese Frage gibt es mehrere Antworten (wir werden alle Antworten später mit Beispielen belegen). Ein Tabellenentwurf (konzeptioneller Entwurf), der

---

[1] Wenn hier Programme und Benutzer gleichgesetzt werden, ist das so zu verstehen, daß Benutzer mit Hilfe des Query Manager direkt auf Daten zugreifen können, die in Database Manager-Tabellen gespeichert sind (z.B. durch SQL- oder geführte Abfragen). Es besteht deshalb die Notwendigkeit, sowohl für Programme als auch für Benutzer geeignete Sichten bereitzustellen.

sich an der externen Datendarstellung orientiert, ist mit einer Reihe von Problemen behaftet:

1. In der Regel gibt es mehrere, unterschiedliche externe Sichten auf dieselben Daten, so daß eine einzige Struktur überhaupt nicht ausreichend sein kann.
2. Orientiert man sich beim Tabellenentwurf an extern benötigten Darstellungen, so führt dies meist dazu, daß Informationen mehrfach gespeichert werden (man sagt: die Abspeicherung ist nicht redundanzfrei). Dadurch ergeben sich Schwierigkeiten bei der Datenverwaltung.
3. Ein an externen Sichten orientierter Tabellenentwurf läßt sich in vielen Fällen nur mit hohem Aufwand erweitern, wenn neue Datenfelder in die Datenbank aufgenommen werden sollen. Häufig sind dann viele bestehende Programme zu ändern.

Dies sind nur einige Gründe für die Trennung in eine konzeptionelle und externe Ebene. Wenn diese Gründe für Sie im Moment vielleicht noch nicht nachvollziehbar sind, so sollte zumindest ein Gefühl dafür entstanden sein, daß eine solche Trennung sinnvoll ist. Für einen erfolgreichen konzeptionellen Datenbankentwurf ist es geradezu notwendig, die externe Ebene zu ignorieren[2].

Die interne Ebene

Betrachten wir nun die interne Ebene (Abbildung 4.1), so ist dies die Ebene, auf der die eigentliche Form der Abspeicherung festgelegt wird. Hier wird z.B. definiert, ob die physische Abspeicherung der Sätze einer Tabelle entsprechend der Sortierung eines bestimmten Tabellenfeldes erfolgt. Weiterhin wird auf der internen Ebene festgelegt, ob durch Definition sogenannter Indexe zusätzliche Zugriffspfade zu den Daten eingerichtet werden.

Die interne Ebene wird in manchen Publikationen auch als physische Ebene bezeichnet. Dieser Ausdruck trifft den Sachverhalt - insbesondere beim Database Manager - weniger gut als der Begriff interne Ebene, da sich zwischen der betrachteten Ebene und der physischen Abspeicherung noch einige Ebenen des Betriebssystems und der Hardware befinden (siehe Abbildung 4.1 auf Seite 296). Im Fall des OS/2 sind dies die Ebene des Dateisystems und die Ebene der Gerätetreiber. Beide Ebenen sind innerhalb des OS/2 als austauschbare Subsysteme gestaltet. Vom Database Manager wird somit nicht direkt auf die Hardware (z.B. Festplatte) zugegriffen, sondern es werden statt dessen OS/2-Funk-

---

[2] Die externe Ebene muß natürlich insoweit berücksichtigt werden, als daß sie die Datenfelder liefert, die überhaupt für die Abspeicherung in Frage kommen. Nach dem Abschluß dieser "Datensammlung" spielt die externe Ebene jedoch für den konzeptionellen Datenbankentwurf keine Rolle mehr.

tionsaufrufe zum Lesen und Beschreiben von OS/2-Dateien benutzt. OS/2-interne Änderungen (z.B. der Austausch eines Gerätetreibers) beeinflussen folglich die Arbeitsweise des Database Manager nicht.

Zwischen der konzeptionellen und internen Ebene besteht - ähnlich wie zwischen externer und konzeptioneller Ebene - eine Abbildungsfunktion (siehe Abbildung 4.1). Diese Abbildungsfunktion legt fest, wie logische Tabellen- und Beziehungsstrukturen (konzeptionelle Ebene) in OS/2-Dateistrukturen (interne Ebene) umzusetzen sind.

Datenunabhängigkeit

Der wichtigste Aspekt der 3-Ebenen-Architektur nach ANSI/SPARC ist die Datenunabhängigkeit. Sie wird gleich zweifach erreicht. Es herrscht Datenunabhängigkeit sowohl zwischen der externen und der konzeptionellen als auch zwischen der konzeptionellen und der internen Ebene. Was ist darunter zu verstehen?

Datenunabhängigkeit zwischen zwei Ebenen des Modells bedeutet, daß auf einer Ebene Änderungen vorgenommen werden können, ohne dadurch die andere Ebene zu beeinflussen. Wir wollen dies anhand verschiedener Beispiele erläutern:

♦ Auf der externen Ebene können für neue Auswerteprogramme zusätzliche externe Sichten (Views) definiert werden, ohne hierzu Änderungen an der konzeptionellen oder internen Ebene vornehmen zu müssen.

♦ Der konzeptionelle Datenbankentwurf kann erweitert werden, indem neue Felder oder neue Tabellen aufgenommen werden. Es sind auch Änderungen der Form denkbar, daß ein Feld von einer Tabelle in eine andere wandert. Sofern eine vollständige Datenunabhängigkeit existiert[3], lassen sich all diese Änderungen vornehmen, ohne hierbei bestehende externe Sichten zu verlieren. Die Definitionen der Views, die diese Sichten realisieren, müssen zwar unter Umständen geändert werden; d.h. die Abbildungsfunktion zwischen konzeptioneller und externer Ebene ändert sich. Aber - was viel wichtiger ist - die Programme, die mit diesen Views arbeiten, brauchen nicht geändert zu werden. Die externen Sichten bleiben erhalten! Diese Form der Datenunabhängigkeit der externen von der konzeptionellen Ebene wird auch als Datenstrukturunabhängigkeit bezeichnet, da man die Tabellenstrukturen auf der konzeptionellen Ebene ändern kann, ohne externe Sichten dadurch zu beeinflussen.

---

[3] Der Database Manager erlaubt - wie die meisten relationalen Datenbanksysteme - keine vollständige Datenunabhängigkeit zwischen externer und konzeptioneller Ebene. Auf die vorhandenen Einschränkungen wird im Abschnitt 4.5 "Der externe Datenbankentwurf" detailliert eingegangen.

♦ Änderungen auf der internen Ebene - z.B. das Definieren eines zusätzlichen Indexes - haben keinerlei Auswirkung auf die konzeptionelle oder externe Ebene. Für jemanden, der Indexe bereits von anderen Datenbanksystemen her kennt, mag dies wundersam klingen. Er wird sich fragen: Was nützt ein Index, wenn man ihn im Programm (d.h. auf der externen Ebene) nicht verwendet? Sobald man den neuen Index jedoch im Programm einsetzt, ist die Unabhängigkeit zwischen interner und externer Ebene verletzt, da ein bestehendes Programm geändert werden muß, um die Verwendung des Indexes zu erreichen. Die Lösung dieses Dilemmas kann eigentlich nur darin liegen, daß der neue Index im Programm nicht explizit angesprochen wird, er aber andererseits beim Datenzugriff durch das Programm dennoch benutzt wird. Genau so geschieht es beim Database Manager und bei allen anderen "echt relationalen" Datenbanksystemen, d.h. die Datenunabhängigkeit zwischen der internen und den anderen Ebenen des Modells ist gewährleistet.

Die 3-Ebenen-Architektur und der Database Manager

Anhand des letzten Beispiels läßt sich erahnen, daß die 3-Ebenen-Architektur nach ANSI/SPARC nicht nur ein Gliederungsverfahren für den Datenbankentwurf darstellt, sondern daß hierdurch auch Anforderungen an ein Datenbanksystem formuliert werden. Mit anderen Worten: Wenn der Database Manager keine Datenunabhängigkeit zwischen den drei Ebenen des Modells ermöglicht, kann der Datenbankentwurf auch nicht in der beschriebenen Weise gegliedert werden. Alle hiermit verbundenen Vorteile sind dann nicht erzielbar. Glücklicherweise wurde der Database Manager so konstruiert, daß er die Datenunabhängigkeit zwischen der internen und konzeptionellen Ebene vollständig und die Unabhängigkeit zwischen der konzeptionellen und der externen Ebene in hohem Maße ermöglicht.

4.2 Der konzeptionelle Datenbankentwurf

Zielsetzung des konzeptionellen Datenbankentwurfs ist es, einen Ausschnitt aus der realen Welt in einem Datenmodell abzubilden. Dieser "Realitätsausschnitt" wird oftmals als Miniwelt bezeichnet, da er im Rahmen des konzeptionellen Datenbankentwurfs eine in sich abgeschlossene, eigene Welt darstellt. Die Vorgehensweise beim konzeptionellen Datenbankentwurf ist datenorientiert; d.h. die Daten der betrachteten Miniwelt und ihre gegenseitigen Beziehungen bilden die Elemente des Entwurfs. Die Anwendungen, die später die Daten verarbeiten sollen, sind in dieser Phase des Entwurfs nicht relevant[5].

Entwurfsbeispiel "Das Softwarehaus"

Um die folgenden Entwurfsverfahren anschaulich darstellen zu können, wollen wir nun eine eigene Miniwelt definieren, die uns im weiteren als Beispiel für den Entwurfsprozeß dienen soll.

Unsere Miniwelt besteht aus einem Softwarehaus, das im Auftrag Anwendungsentwicklung betreibt. Unser Softwarehaus arbeitet für mehrere Kunden, wobei die einzelnen Kunden einen oder mehrere Aufträge vergeben. Die Aufträge werden zum Teil auf Festpreisbasis abgeschlossen (d.h. der Preis des Auftrags wird bereits zum Zeitpunkt der Auftragsvergabe festgelegt); teilweise werden Aufträge jedoch auch auf Aufwandsbasis verrechnet (d.h. dem Kunden wird der tatsächlich angefallene Realisierungsaufwand in Rechnung gestellt). Aufträge setzen sich aus mehreren separaten Leistungen zusammen. Es besteht auch die Möglichkeit, daß einzelne Leistungen eines Auftrags auf Festpreisbasis, andere Leistungen desselben Auftrags auf Verrechnungsbasis gegenüber dem Kunden abgerechnet werden.

Unser Softwarehaus beschäftigt mehrere Mitarbeiter. Diese Mitarbeiter lassen sich in zwei Gruppen einteilen. Ein Teil arbeitet an den Aufträgen der Kunden (im folgenden als Projektmitarbeiter bezeichnet); der übrige Teil der Mitarbeiter führt administrative Aufgaben durch (z.B. Sekretärinnen, Buchhalter, Führungskräfte).

Für jeden Kundenauftrag wird ein Projektmitarbeiter als Projektleiter benannt. Alle Mitarbeiter unseres Softwarehauses besuchen regelmäßig Kurse, um ihre Qualifikation zu erhalten bzw. zu steigern.

---

[5] Der Zusammenhang zu den Anwendungen kann natürlich nicht völlig ignoriert werden. Die geplanten Anwendungen spielen bereits bei der Auswahl der zu modellierenden Miniwelt eine Rolle, da man natürlich nur die Ausschnitte der realen Welt nachbilden wird, für die man später auch Anwendungen entwickeln möchte.

Soviel zur verbalen Beschreibung der Miniwelt. Das Beispiel müßte für den praktischen Einsatz sicher noch wesentlich detaillierter ausgearbeitet werden. Für unsere Zwecke ist der Detaillierungsgrad der obigen Beschreibung jedoch ausreichend.

4.2.1 Das Entity-Relationship-Modell

Das Entity-Relationship-Modell (im folgenden als **ER-Modell** bezeichnet) wurde erstmals 1976 von P. P. Chen als ein datenmodellunabhängiges Verfahren für den konzeptionellen Datenbankentwurf vorgestellt. Datenmodellunabhängigkeit bedeutet hierbei, daß die Anwendung des ER-Modells als Ergebnis den konzeptionellen Datenbankentwurf in einer datenmodellunabhängigen Notation liefert. In einem zweiten Schritt muß dann dieser "ER-Entwurf" in eine datenmodellspezifische Notation umgesetzt werden. Die Art und Weise dieser Umsetzung hängt verständlicherweise vom Datenmodell des zugrundegelegten Datenbanksystems ab; d.h. bei Verwendung eines hierarchischen Datenbanksystems muß der ER-Entwurf in das hierarchische Datenmodell umgesetzt werden; beim Einsatz eines Netzwerk-Datenbanksystems muß eine Umsetzung in das Netzwerkmodell erfolgen. Da der Database Manager auf dem Relationenmodell basiert, ist in unserem Fall eine Umsetzung des ER-Entwurfs in das Relationenmodell notwendig.

Auf den ersten Blick erscheint diese Datenmodellunabhängigkeit als eine nützliche Eigenschaft des ER-Modells, weil man sich erst zu einem späteren Zeitpunkt auf ein bestimmtes Datenbanksystem festlegen muß. Da jedoch inzwischen hierarchische Datenbanksysteme und Netzwerk-Datenbanksysteme weitgehend durch relationale Datenbanksysteme verdrängt wurden, ist dieser Aspekt nicht mehr so bedeutsam. Speziell in unserem Fall, da wir für ein ganz bestimmtes Datenbanksystem - nämlich den Database Manager - entwerfen wollen, ist diese Eigenschaft des ER-Modells nicht von Interesse.

Wegen der wachsenden Bedeutung des relationalen Modells gibt es inzwischen - konkurrierend zum ER-Modell - mehrere Entwurfsverfahren, die in einem einzigen Schritt einen relationalen Datenbankentwurf liefern, und somit verglichen mit dem ER-Modell etwas schneller zum Ziel führen.

Wir wollen in diesem Buch dennoch dem ER-Modell den Vorzug geben, da diese Methode die vergleichsweise anschaulichste Präsentation der Ergebnisse in Form von graphischen Darstellungen - den sogenannten ER-Diagrammen - liefert.

Entitäten, Entitätsmengen

Wie der Name Entity-Relationship-Modell bereits vermuten läßt, bildet der Begriff **Entität** (engl. entity) eine der beiden Grundsäulen dieser Methode.

Eine Entität kann ein Individuum, ein Objekt, ein Konzept, oder ein Ereignis sein, das klar von seiner Umgebung unterschieden werden kann. Entitäten können real (z.B. Personen oder Dinge) oder aber abstrakt (z.B. ein Auftrag oder eine Veranstaltung) sein. Beispiele für Entitäten aus unserer Miniwelt - dem Softwarehaus - sind Mitarbeiter, Kunden oder Aufträge.

Unter einer Entität versteht man hierbei das einzelne, identifizierbare Objekt; z.B. den Mitarbeiter "Müller", den Kunden "REMA GmbH" oder den Auftrag mit der Auftragsnummer "19234". Für den Entwurf eines Datenmodells sind solche individuelle Objekte nicht relevant. Wesentlich interessanter sind statt dessen Typen oder Klassen von Entitäten, die als Entitätsmengen bezeichnet werden. So gehört die Entität "Müller" der Entitätsmenge Mitarbeiter an. Unter einer Entitätsmenge versteht man somit die Kollektion aller Entitäten eines bestimmten Typs.

Wie definiert man Entitätsmengen?

Die Festlegung von Entitätsmengen ist ein willkürlicher Vorgang des Entwerfers; es gibt kein wissenschaftliches Verfahren zur Definition von Entitätsmengen. Darin liegt begründet, daß die Wahl der Entitätsmengen von der jeweiligen Sicht des Entwerfers auf die zu modellierende Miniwelt abhängt und sich darüber hinaus im Verlauf des Entwurfsprozesses ändern kann. Da ein Modell die Realität nie völlig exakt abbildet, besteht immer die Gefahr, daß ein zukünftig auftretender Informationsbedarf nicht befriedigt werden kann. Außerdem müssen Veränderungen, die in der Realität auftreten, auch im Datenmodell nachvollzogen werden[6].

So wäre z.B. denkbar, daß sich unser Softwarehaus eines Tages entscheidet, neben Software auch die zum Betrieb der Anwendungen benötigte Hardware anzubieten. In diesem Fall müßte das Datenmodell sicher um zusätzliche Entitätsmengen (z.B. DV-Geräte) erweitert werden.

Entitätsmengen im ER-Diagramm

Entitätsmengen bilden die Basis der ER-Diagramme. Eine Entitätsmenge wird im ER-Diagramm als Rechteck dargestellt, das den Namen der Entitätsmenge

---

[6] Ein wesentlicher Vorteil des relationalen Datenmodells gegenüber dem hierarchischen oder Netzwerkmodell besteht in der hohen Datenunabhängigkeit zwischen der konzeptionellen und externen Ebene (siehe 3-Ebenen-Architektur nach ANSI/SPARC). Zukünftige Erweiterungen und Änderungen des Datenmodells sind deswegen "ohne Schmerzen" möglich, weil bestehende Programme nicht geändert werden müssen.

Da hierarchische oder Netzwerk-Datenbanksysteme praktisch keine Datenunabhängigkeit unterstützen, wurde beim konzeptionellen Entwurf für diese Systeme versucht, alle zukünftigen Eventualitäten von Anfang an zu berücksichtigen. Ein solches "in alle Ewigkeit" gültiges Datenmodell war verständlicherweise in der Praxis nie zu realisieren, so daß spätere, nicht zu vermeidende Modelländerungen sehr hohe Kosten verursachten.

enthält. Abbildung 4.3 zeigt die erste Stufe des ER-Diagramms für die Miniwelt "Softwarehaus".

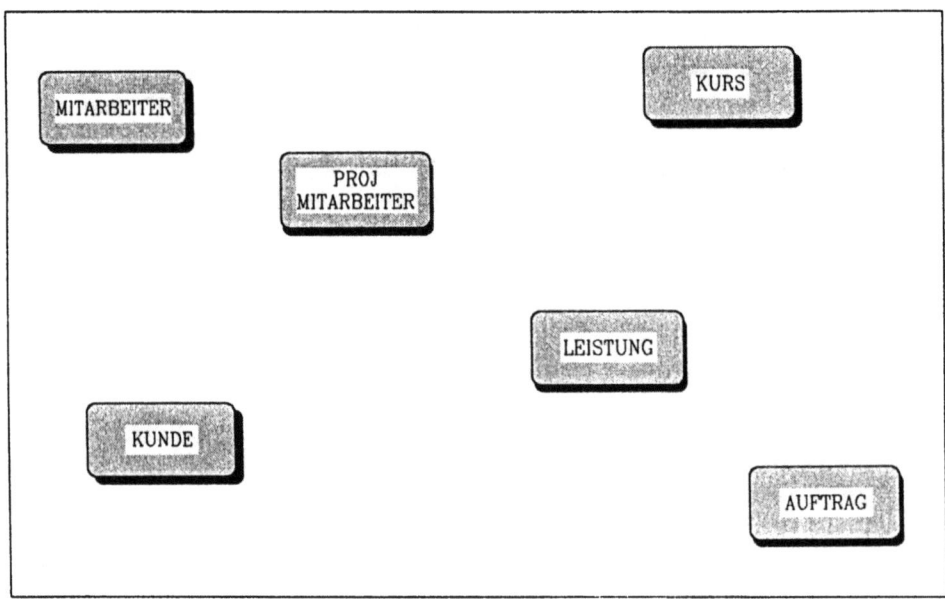

Abbildung 4.3

Unser Modell enthält zwei sich überschneidende Entitätsmengen; jede Entität der Entitätsmenge PROJ_MITARBEITER ist auch Mitglied der Entitätsmenge MITARBEITER. Derartige Überschneidungen sind im ER-Modell zulässig und vielfach auch sinnvoll. So ist die Definition der eigenständigen Entitätsmenge PROJ_MITARBEITER zweckmäßig, da Projektmitarbeiter in mancher Hinsicht eine eigenständige Mitarbeitergruppe darstellen. Wir werden diese Thematik im folgenden noch detaillierter untersuchen.

Attribute und Werte

Wie bereits erwähnt, zeichnen sich Entitätsmengen dadurch aus, daß sie Entitäten desselben Typs umfassen; d.h. die Entitäten einer Entitätsmenge besitzen vergleichbare Eigenschaften. Diese Eigenschaften von Entitätsmengen werden im ER-Modell als Attribute bezeichnet. So hat jeder Mitarbeiter einen Vornamen, einen Nachnamen, und er bezieht ein Gehalt. Dies sind Attribute, die typisch für die Entitätsmenge MITARBEITER sind; die jedoch für Entitäten der Entitätsmenge AUFTRAG keinen Sinn ergeben. Für die Entitätsmenge

AUFTRAG sind statt dessen Attribute wie Auftragspreis und vereinbarter Fertigstellungstermin von Bedeutung.

Die Ausprägungen von Attributen für einzelne Entitäten werden als Werte bezeichnet. So haben z.B. die Attribute Vorname, Nachname und Gehalt für einen bestimmten Mitarbeiter die Werte "Gerhard", "Müller" und "2500 DM". Betrachtet man die Entitätsmenge AUFTRAG, so könnte für einen bestimmten Auftrag das Attribut Auftragspreis den Wert "50 000 DM" und das Attribut Fertigstellungstermin den Wert "30.09.1990" annehmen.

Wertebereiche

Welche Werte ein Attribut annehmen kann, wird durch den Wertebereich des Attributs definiert; d.h. Attribute sind Wertebereichen zugeordnet. So ist z.B. das Attribut Vorname dem Wertebereich "Vornamen von Personen" zugeordnet.

Eine formale Definition von Wertebereichen ist oftmals nicht möglich. Es ist z.B. sicher jedem einleuchtend, daß "Fritz" ein Element des Wertebereichs "Vornamen von Personen", "Abc" dagegen kein Element dieses Wertebereichs ist. Es läßt sich jedoch kein Algorithmus finden, der Auskunft darüber gibt, ob eine bestimmte Zeichenkette dem Wertebereich "Vornamen von Personen" angehört.

Trotz dieser Schwierigkeit ist es dennoch sinnvoll, für jedes Attribut zumindest verbal den zugehörigen Wertebereich anzugeben. Dadurch kann später erkannt werden, welche Attribute ihre Werte aus denselben Wertebereichen beziehen. Dies wird sich bei der Tabellendefinition (innerhalb des relationalen Datenbankentwurfs) als sehr nützlich erweisen.

Man sollte jedoch darauf achten, Wertebereiche auf einer semantischen anstatt nur auf einer syntaktischen Basis zu beschreiben. Eine rein syntaktische Definition des Wertebereichs für das Attribut Vorname wäre z.B. "Zeichenkette bestehend aus maximal 50 Zeichen". Dieselbe (syntaktische) Definition könnte für den Wertebereich von Kursbezeichnungen vergeben werden. Es ist sicher leicht einzusehen, daß die Attribute Vorname und Kursbezeichnung ihre Werte nicht aus demselben Wertebereich beziehen. Der Ausdruck "Vornamen von Personen" ist im Gegensatz zur eben genannten Definition eine semantische Beschreibung des Wertebereichs für das Attribut Vorname und deshalb gegenüber der Beschreibung "Zeichenkette bestehend aus maximal 50 Zeichen" vorzuziehen.

Welche Attribute sind zu berücksichtigen?

In der Praxis wird es kaum möglich sein, alle Attribute, die eine Entitätsmenge in der realen Welt besitzt, im konzeptionellen Datenmodell abzubilden. Viele reale Attribute der Entitätsmenge sind jedoch für die Modellbildung überhaupt nicht interessant. So ist z.B. das Attribut "Haarfarbe" der Entitätsmenge Mitarbeiter für das Datenmodell unseres Softwarehauses sicher nicht von Bedeutung.

Dennoch ist die Festlegung der relevanten Attribute entscheidend für die Qualität des konzeptionellen Datenmodells. Deshalb sollte man sich bei der Definition der Attribute nicht von den Anforderungen geplanter Anwendungen leiten lassen, sondern statt dessen überlegen, welche Attribute der Entitätsmenge in der Realität bedeutsam sind.

Für unser Beispiel heißt das: Das Attribut "Haarfarbe" der Entitätsmenge MITARBEITER wird nicht berücksichtigt, da die Haarfarbe der Mitarbeiter in einem Softwarehaus keine wichtige Information darstellt. Dagegen werden wir das Attribut "Geburtsdatum" der Entitätsmenge MITARBEITER im Datenmodell berücksichtigen, weil das Alter der Mitarbeiter in der Realität für ein Unternehmen bedeutsam ist. Dies gilt sogar dann, wenn wir in nächster Zeit keine Anwendung planen, die das Attribut "Geburtsdatum" verarbeitet.

Die Wichtigkeit eines Attributs ist jedoch keine absolute Größe, sondern sie ist abhängig von der Miniwelt, die modelliert werden soll. Das Attribut "Haarfarbe", das in der Miniwelt "Softwarehaus" unbedeutend ist, kann in einem anderen Realitätsausschnitt (z.B. "Ehevermittlungsinstitut") durchaus wichtig sein.

Ob eine Informationseinheit der realen Welt ein Attribut oder gar eine eigenständige Entitätsmenge darstellt, hängt ebenfalls vom betrachteten Realitätsausschnitt ab. So besitzt z.B. die Entitätsmenge KURS das Attribut "Lehrgangsinstitut". Wären in unserem Datenmodell die Adressen der Lehrgangsinstitute bedeutsam, so müßten wir das Attribut "Lehrgangsinstitut" der Entitätsmenge KURS in eine eigenständige Entitätsmenge "Lehrgangsinstitut" überführen. Diese Entitätsmenge besäße dann das Attribut "Adresse".

Attribute in ER-Diagrammen

Die Attribute der Entitätsmengen werden im ER-Diagramm als Kreise dargestellt (siehe Abbildung 4.4). Innerhalb der Kreise sind die jeweiligen Attributnamen eingetragen. Jeder Kreis ist durch eine Linie mit der Entitätsmenge verbunden, zu der das durch den Kreis dargestellte Attribut gehört. Aus Gründen der Übersichtlichkeit werden Wertebereiche im ER-Diagramm nicht dargestellt.

4.2 Der konzeptionelle Datenbankentwurf

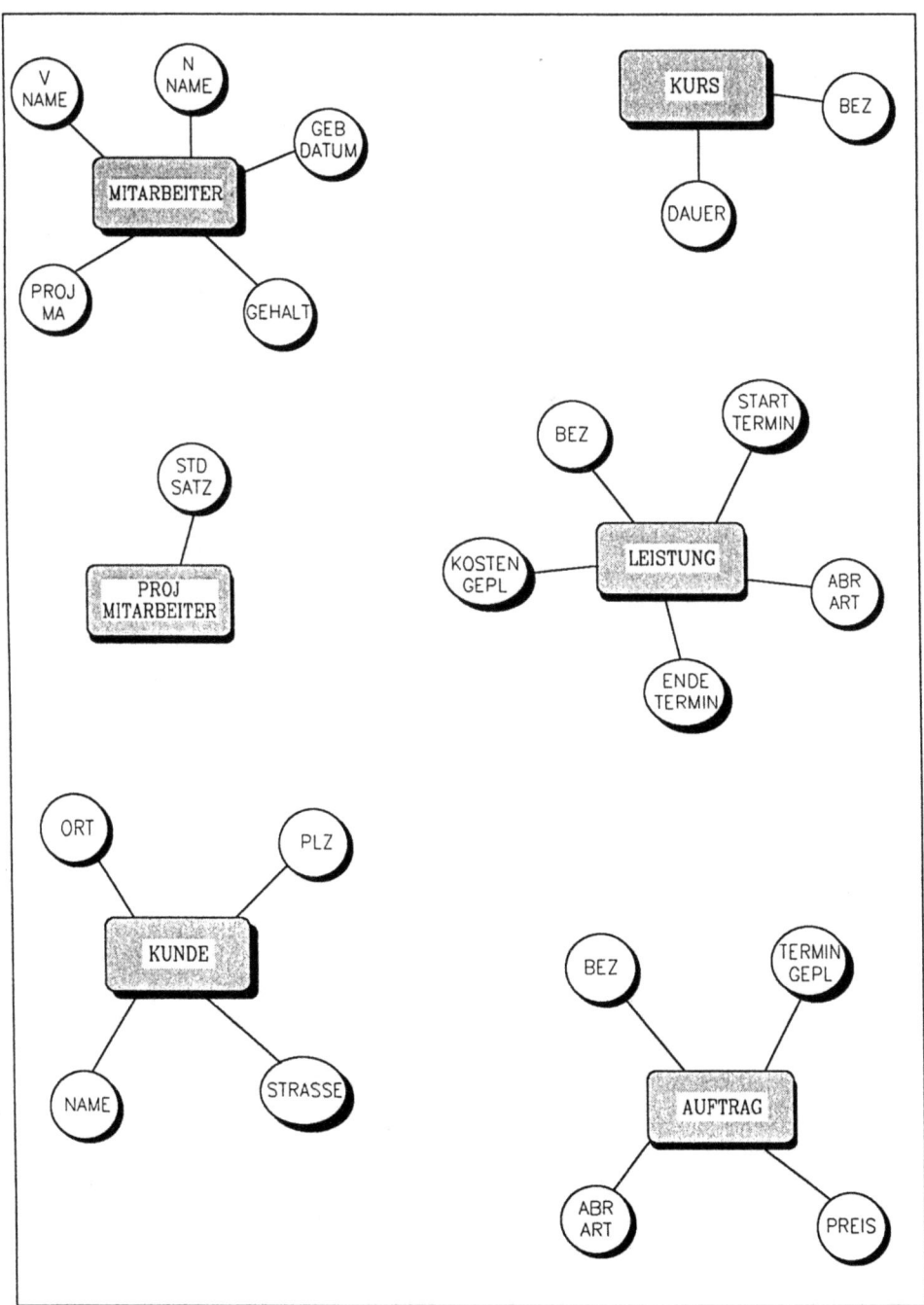

Abbildung 4.4

In Abbildung 4.4 sind die Attribute eingetragen, die wir im Rahmen des Beispiels weiter verfolgen möchten. In einem praktisch einsetzbaren Datenmodell müßten den einzelnen Entitätsmengen sicher wesentlich mehr Attribute zugeordnet werden.

Neben der graphischen Darstellung von Entitätsmengen in Form von ER-Diagrammen lassen sich Entitätsmengen auch in einer tabellarischen Form darstellen. Diese Darstellungsform hat jedoch nichts mit dem Relationenmodell zu tun.

Die erste Stufe der tabellarischen Darstellung sieht für die Entitätsmenge MITARBEITER folgendermaßen aus:

	Entitätsmenge	
Name	**MITARBEITER**	
Attribute	Name	Wertebereich
	N_NAME	Nachnamen von Personen
	V_NAME	Vornamen von Personen
	GEB_DATUM	Datum
	GEHALT	DM-Betrag

Entitätsschlüssel

Verschiedene Entitäten einer Entitätsmenge müssen anhand ihrer Attribute voneinander unterscheidbar sein. Betrachtet man die Entitätsmenge MITARBEITER, so sind zwei Mitarbeiter, die dieselben Namen, das gleiche Geburtsdatum und dasselbe Gehalt haben, voneinander nicht unterscheidbar. Wenngleich diese Konstellation unwahrscheinlich ist, so ist sie doch theoretisch nicht ausgeschlossen. Die bisher definierten Attribute sind deshalb zur Identifikation einzelner Mitarbeiter nicht ausreichend.

Da uns natürliche Attribute fehlen, die für eine eindeutige Identifikation der Entitäten innerhalb der Menge MITARBEITER in Frage kommen, führen wir ein künstliches Attribut PERS_NR (Personalnummer) ein, das für jeden Mitarbeiter eindeutig vergeben wird. Da dieses Attribut keine reale Eigenschaft des Mitarbeiters widerspiegelt, ist es leicht, die Eindeutigkeit zu gewährleisten. Ein Attribut oder eine Attributkombination, die eine eindeutige Identifikation

4.2 Der konzeptionelle Datenbankentwurf

einer Entität innerhalb der Entitätsmenge erlauben, werden als Entitätsschlüssel bezeichnet.

Innerhalb des ER-Modells spielt der Entitätsschlüssel keine wesentliche Rolle. Es ist im Prinzip ausreichend, wenn irgendeine Attributkombination gefunden werden kann, welche die Entitäten einer Entitätsmenge voneinander unterscheidbar macht. Diese Kombination könnte im Extremfall aus allen Attributen der Entitätsmenge bestehen.

Die Wahl des Entitätsschlüssels

Für die spätere Umsetzung in einen relationalen Datenbankentwurf ist die richtige Wahl von Entitätsschlüssel jedoch sehr wichtig. Deshalb wollen wir uns bereits jetzt intensiver mit diesem Thema befassen.

Bei der Suche nach einem geeigneten Entitätsschlüssel beginnt man üblicherweise damit, die bereits definierten Attribute der betrachteten Entitätsmenge auf ihre Schlüsseltauglichkeit zu untersuchen. Wie schon erwähnt, muß der Entitätsschlüssel nicht aus einem einzigen Attribut bestehen, dennoch ist es für den späteren relationalen Datenbankentwurf ungünstig, wenn der Schlüssel mehr als drei Attribute umfaßt. Darüber hinaus sollte der Entitätsschlüssel nur zeitinvariante Attribute beinhalten. Weiterhin müssen die Schlüsselattribute für alle Entitäten einen echten Wert besitzen; sie dürfen also zu keinem Zeitpunkt leer sein (Nullwert in SQL).

Betrachten wir hierzu als Beispiel eine Entitätsmenge KRAFTFAHRZEUG mit den folgenden Attributen:

Entitätsmenge		
Name	**KRAFTFAHRZEUG**	
Attribute	Name	Wertebereich
	KENNZEICHEN	KFZ-Kennzeichen
	FGST_NR	Fahrgestellnummern
	MARKE	KFZ-Hersteller
	LEISTUNG	Kilowatt-Betrag

Für die erste Betrachtung wollen wir annehmen, daß die Entitätsmenge nur zugelassene Fahrzeuge enthält; d.h. für jedes Fahrzeug enthält das Attribut KENNZEICHEN immer einen Wert. Unter dieser Annahme kommt als Entitätsschlüssel für die Entitätsmenge KRAFTFAHRZEUG sowohl das Attribut KENNZEICHEN als auch das Attribut FGST_NR in Frage. Beide Attribute erlauben eine eindeutige Identifikation von Kraftfahrzeugen. Hat man zur Festlegung des Entitätsschlüssels mehrere Attribute (oder Attributkombinationen) zur Auswahl, so werden diese Attribute als Schlüsselkandidaten (engl. candidate key) bezeichnet.

In unserem Fall fällt die Wahl nicht schwer, da das Attribut FGST_NR zeitinvariant ist (es ändert sich nie); wohingegen das Attribut KENNZEICHEN sich im Laufe der Zeit für ein bestimmtes Fahrzeug ändern kann (z.B. wenn der Fahrzeughalter in eine andere Stadt umzieht). Das Attribut KENNZEICHEN ist somit nicht zeitinvariant und deshalb als Entitätsschlüssel weniger geeignet.

Läßt man obige Annahme außer acht (die Entitätsmenge KRAFTFAHRZEUG soll also auch nicht zugelassene Fahrzeuge umfassen), dann ist das Attribut KENNZEICHEN kein Schlüsselkandidat mehr, da nicht gewährleistet ist, daß das Attribut KENNZEICHEN für alle Entitäten einen Wert enthält. Es ist sicher einleuchtend, daß ein leeres Attribut nicht zur Identifikation verwendbar ist (nicht zugelassene Fahrzeuge wären nicht unterscheidbar, wenn das Attribut KENNZEICHEN als Entitätsschlüssel benutzt würde). Bei Entitätsschlüsseln, die aus mehreren Attributen bestehen, darf keines der am Schlüssel beteiligten Attribute leer sein.

Künstliche Entitätsschlüssel

In den meisten Fällen ist man in der unerfreulichen Lage, keinen einzigen geeigneten - d.h. aus nicht mehr als drei Attributen bestehenden - Schlüsselkandidaten zu finden. Unsere Beispiel-Entitätsmenge KRAFTFAHRZEUG, bei der ein natürliches Attribut[7] als Entitätsschlüssel benutzt werden konnte, ist daher eher als Ausnahme anzusehen.

Bei der Definition eines künstlichen Schlüsselattributs unterliegt man leicht der Versuchung, dieses Attribut über die Identifizierungsaufgabe hinaus mit realen Eigenschaften der Entitätsmenge zu versehen. So enthalten Personalnummern oftmals das Eintrittsjahr des Mitarbeiters (z.B. 90003 für den dritten im Jahr 1990 eingestellten Mitarbeiter). Diese Kombination von Identifizierung mit beschreibenden Attributen ist im Prinzip akzeptabel, solange die im Entitätsschlüssel enthaltenen beschreibenden Teile zeitinvariant sind (was im Falle der

---

[7] Genau genommen stellt die Fahrgestellnummer eines Kraftfahrzeugs auch kein natürliches Attribut dar. Sie ist vielmehr aus der Erkenntnis der KFZ-Hersteller entstanden, daß Kraftfahrzeuge eindeutig identifizierbar sein sollten. Man hat sich deshalb entschlossen, jedes Fahrzeug bei seiner "Geburt" mit einer einmaligen Nummer zu "taufen". Damit wurden alle, die Kraftfahrzeuge in ihrem Datenmodell berücksichtigen müssen, der Sorge enthoben, ein künstliches Schlüsselattribut zu definieren. Für Menschen gibt es eine solche Numerierung bei der Geburt (glücklicherweise) nicht, so daß in allen Datenmodellen modellinterne Schlüsselattribute für Personen definiert werden. Dies führt dazu, daß jeder Mensch einige Identifizierungen bei unterschiedlichen Firmen und Behörden besitzt.

Personalnummer 90003 gewährleistet wäre, da sich das Einstellungsjahr nicht mehr ändern kann). Dennoch sollte diese Kombination nicht innerhalb eines Attributs erfolgen, sondern es sollten statt dessen zwei Attribute definiert werden (z.B. Einstellungsjahr "1990" und laufende Nummer "003"), die dann gemeinsam den Entitätsschlüssel bilden. Dadurch wird erreicht, daß ein Attribut nur eine Eigenschaft der realen Entität repräsentiert.

Keineswegs akzeptabel sind Entitätsschlüssel, die zeitvariante Teile beinhalten, da dann bei einer Modifikation des zeitvarianten Schlüsselteils sich der gesamte Entitätschlüssel ändert; die Entität erhält quasi einen neuen Namen.

Idealerweise sollte ein künstlicher Entitätsschlüssel jedoch keinerlei beschreibende Informationen beinhalten. Bei einer solchen Wahl von Entitätsschlüsseln werden jedoch höhere Anforderungen an die Anwendungen gestellt, die diese Entitäten verarbeiten. Da Schlüssel ohne jede beschreibende Information für die Benutzer nur schwer zu merken sind, müssen alternative Formen der Identifizierung über Nichtschlüsselattribute realisiert werden; d.h.: Wenn die Personalnummer eine reine Zählnummer ist, muß es den Benutzern möglich sein, einen Mitarbeiter über andere Attribute (z.B. Namen) zu identifizieren. Diese Problematik ist zwar strenggenommen kein Thema des konzeptionellen Datenbankentwurfs; dennoch ist sie meist der Grund dafür, daß sich viele Entwerfer bei der Festlegung von Entitätsschlüsseln nicht zu einem reinen identifizierenden Schlüssel durchringen können.

Die Darstellung von Entitätsschlüsseln

Entitätsschlüssel werden sowohl in ER-Diagrammen dargestellt als auch bei der tabellarischen Notation von Entitätsmengen berücksichtigt.

In ER-Diagrammen werden Entitätsschlüssel durch Unterstreichen gekennzeichnet. Abbildung 4.5 zeigt die bekannten Entitätsmengen des Softwarehauses, erweitert um die Entitätsschlüssel. Da für keine der Entitätsmengen natürliche Attribute vorhanden sind, die sich als Entitätsschlüssel eignen, wurden für alle Entitätsmengen künstliche Schlüsselattribute eingeführt (PERS_NR, KURS_NR, AUFTR_NR, etc.). Die Entitätsmengen MITARBEITER und PROJ_MITARBEITER erhalten, wie leicht einzusehen ist, denselben Entitätsschlüssel.

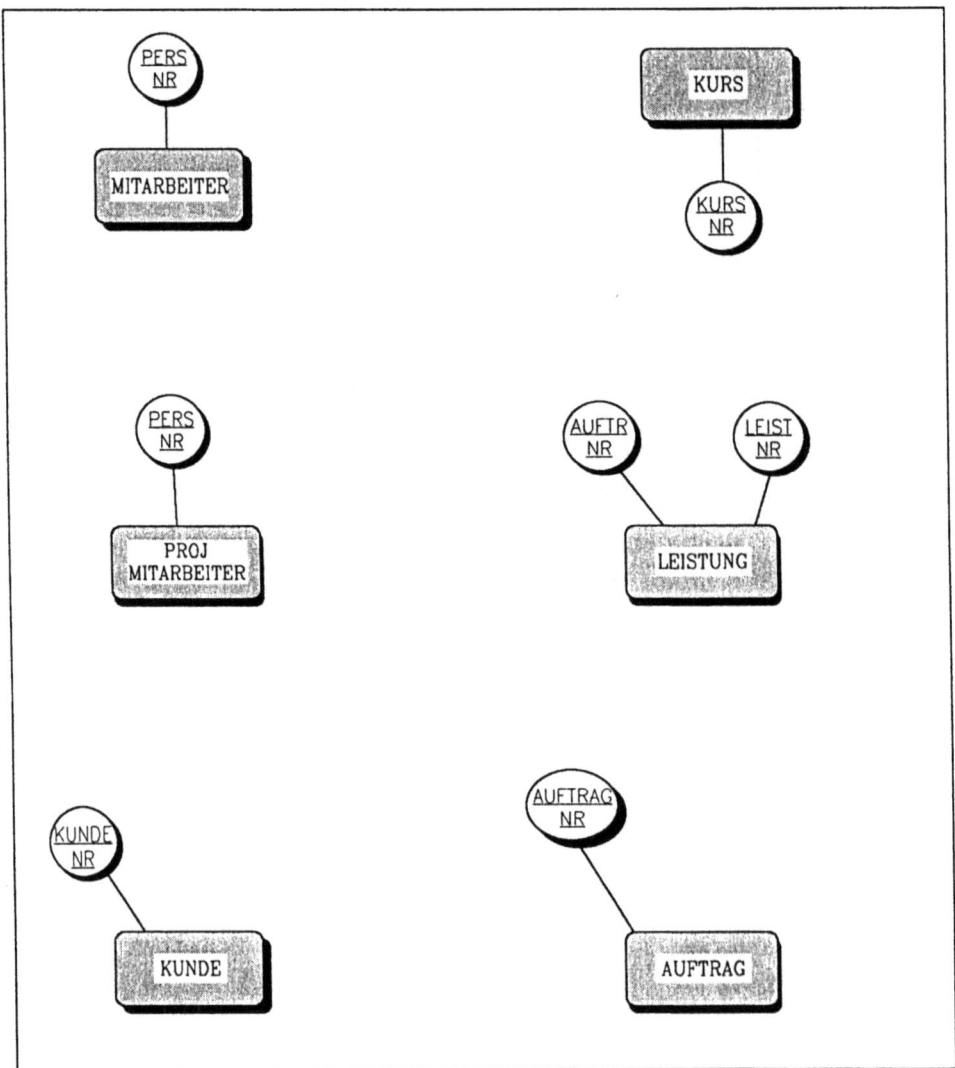

Abbildung 4.5

Da Leistungen direkt einem Auftrag zugeordnet sind, benutzen wir für die Entitätsmenge LEISTUNG einen zweiteiligen Entitätsschlüssel, bestehend aus der Auftragsnummer AUFTR_NR und einer Leistungsnummer LEIST_NR, die nur innerhalb der Leistungen eines Auftrags eindeutig sein muß (d.h. die Leistungen eines Auftrags können durchnumeriert werden). Man hätte alternativ hierzu auch ausschließlich eine Leistungsnummer als Schlüssel für die Entitätsmenge LEISTUNG verwenden können. Diese Leistungsnummer müßte dann jedoch über alle Leistungen hinweg eindeutig sein. Beide Alternativen haben Vor- und Nachteile. Wir werden darauf später zurückkommen.

Die tabellarische Notation für Entitätsmengen erweitert sich in der folgenden Weise:

Entitätsmenge		
Name	**MITARBEITER**	
Attribute	Name	Wertebereich
	PERS_NR	Personalnummern
	N_NAME	Nachnamen von Personen
	V_NAME	Vornamen von Personen
	GEB_DATUM	Datum
	GEHALT	DM-Betrag
Schlüssel	**PERS_NR**	

Beziehungen

Die zweite Grundsäule des Entity-Relationship-Modells bildet der Begriff Beziehung (engl. relationship). Durch Beziehungen werden Entitäten einander zugeordnet.

Beispiele für Beziehungen zwischen Entitäten unserer Miniwelt "Softwarehaus" können sein:

- Der Mitarbeiter mit der PERS_NR "123" besuchte den Kurs mit der KURS_NR "456".
- Der Kunde mit der KUNDEN_NR "78" erteilte die Aufträge mit den AUFTR_NR "124" und "324".
- Der Auftrag mit der AUFTR_NR "124" besteht aus den Leistungen mit den LEIST_NR "1" bis "10".
- Der Projektmitarbeiter mit der PERS_NR "123" arbeitet an den Leistungen mit den LEIST_NR "5" und "6" des Auftrags mit der AUFTR_NR "124".

Ähnlich wie bei Entitäten, so sind auch einzelne Beziehungen einzelner Entitäten für das konzeptionelle Datenmodell nicht relevant. Interessant sind vielmehr die Beziehungstypen, die zwischen Entitätsmenge auftreten können; diese werden im ER-Modell Beziehungsmengen genannt.

Das erste der obigen Beispiele läßt sich dann folgendermaßen umformulieren:

♦ Zwischen der Entitätsmenge MITARBEITER und der Entitätsmenge KURS existiert die Beziehungsmenge BESUCHT.

Ähnlich wie Entitätsmengen können auch Beziehungsmengen Attribute besitzen. Betrachten wir hierzu nochmals die gerade eingeführte Beziehungsmenge BESUCHT, so läßt sich ihr das Attribut TERMIN zuordnen, welches Auskunft über den Zeitpunkt gibt, zu dem ein Mitarbeiter einen Kurs besuchte.

Es ist leicht einzusehen, daß das Attribut TERMIN weder eine Eigenschaft des Mitarbeiters, noch eine Eigenschaft des Kurses beschreibt. Es ist tatsächlich ein Attribut, das nur der Beziehung zwischen den beiden Entitätsmengen zuordenbar ist.

Beziehungsmengen in ER-Diagrammen

Wir wollen nun unser ER-Diagramm um Beziehungsmengen erweitern. Hierzu betrachten wir die Beziehung BESUCHT zwischen den Entitätsmengen MITARBEITER und KURS. Beziehungsmengen werden in ER-Diagrammen als Rauten dargestellt, die über Linien mit den beteiligten Entitätsmengen verbunden sind (siehe Abbildung 4.6). In der Raute ist der Name der Beziehungsmenge enthalten.

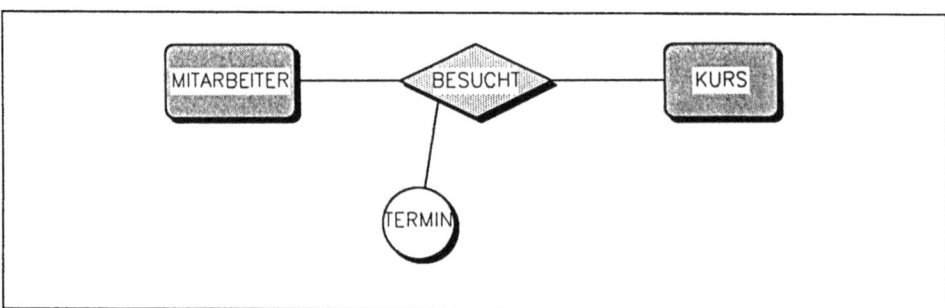

Abbildung 4.6

Mit der Wahl dieses Namens definiert man darüber hinaus die Rollen, welche die beteiligten Entitätsmengen in der Beziehung spielen. So wird - durch den Namen BESUCHT - die Entitätsmenge MITARBEITER zum Subjekt, und die Entitätsmenge KURS zum Objekt der Beziehung. Hätten wir der betrachteten

4.2 Der konzeptionelle Datenbankentwurf

Beziehungsmenge den Namen WIRD_BESUCHT_VON gegeben, so hätten wir damit die Rollen der Entitätsmengen vertauscht. Im ER-Diagramm werden die Rollen, die Entitätsmengen in einer Beziehungsmenge einnehmen, nicht gekennzeichnet. Sie lassen sich jedoch leicht dadurch erkennen, indem man versucht, aus den Namen der Entitätsmengen und der Beziehungsmenge einen Satz zu konstruieren. So ergibt in unserem Beispiel der Satz "MITARBEITER BESUCHT KURS" einen Sinn; der Satz "KURS BESUCHT MITARBEITER" hingegen nicht.

Attribute von Beziehungsmengen werden - wie Attribute von Entitätsmengen - durch Kreise dargestellt, die die jeweiligen Attributnamen beinhalten (siehe Abbildung 4.6).

Die bisher betrachtete Beziehungsmenge BESUCHT verbindet zwei unterschiedliche Entitätsmengen miteinander. Wenngleich Beziehungen zwischen zwei Entitäten in der Praxis am häufigsten auftreten, so gibt es jedoch durchaus Beziehungen, an denen nur eine oder mehr als zwei Entitätsmengen beteiligt sind. Wir wollen dies anhand von Beispielen verdeutlichen:

Rekursive Beziehungen

Das in Abbildung 4.7 dargestellte Beispiel zeigt eine Beziehung, die eine Entitätsmenge mit sich selbst verbindet.

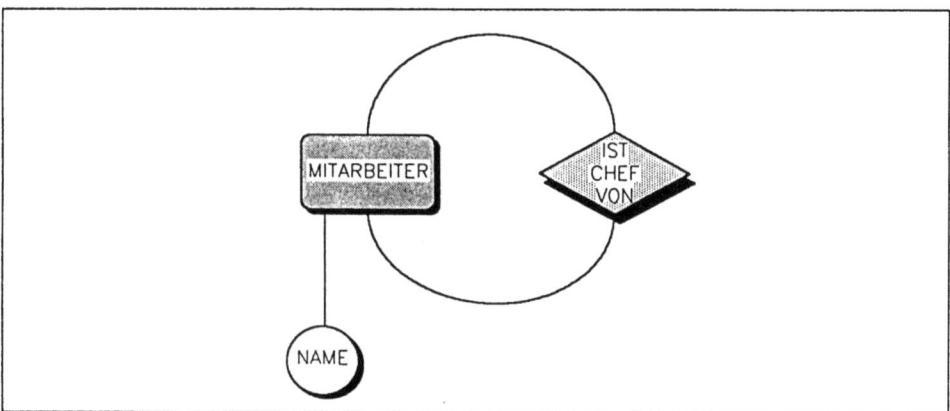

Abbildung 4.7

Derartige Beziehungen werden als rekursiv bezeichnet. Die Entitätsmenge MITARBEITER enthält - wie bereits erwähnt - alle Mitarbeiter unseres Softwarehauses. Zwischen diesen Mitarbeitern gibt es Beziehungen in der Form, daß bestimmte Mitarbeiter als Vorgesetzte anderer Mitarbeiter fungieren. Die

Entitätsmenge MITARBEITER ist folglich über die Beziehung IST_CHEF_VON mit sich selbst verbunden. Mit anderen Worten: eine Entität aus der Menge MITARBEITER kann mit anderen Entitäten derselben Menge MITARBEITER in der Beziehung IST_CHEF_VON stehen. Die erstgenannte Entität nimmt hierbei die Rolle der Führungskraft ein; die zuletzt genannten Entitäten nehmen die Rolle der unterstellten Mitarbeiter ein.

Beziehungen zwischen mehr als zwei Entitätsmengen

In Abbildung 4.8 ist eine Beziehung dargestellt, an der drei Entitätsmengen beteiligt sind.

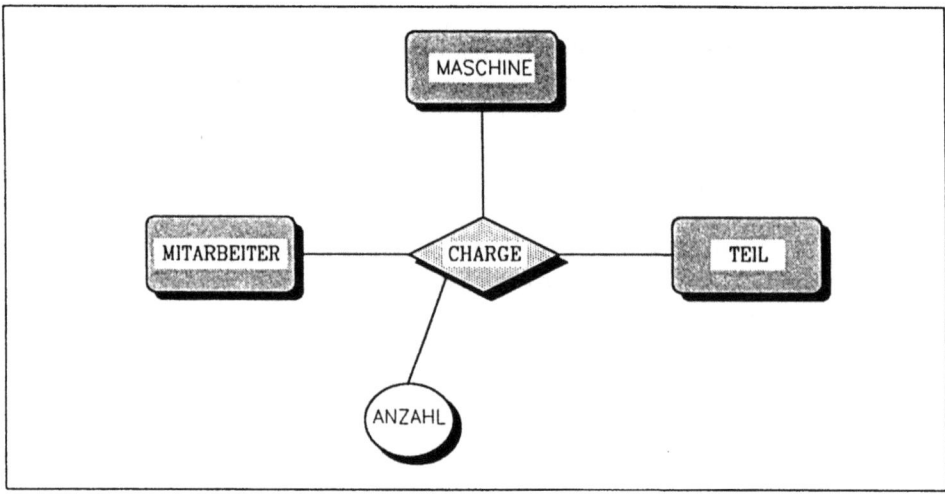

Abbildung 4.8

In diesem Beispiel wird nicht unsere Miniwelt "Softwarehaus" betrachtet, sondern statt dessen eine Firma, die mechanische Teile fertigt. In unserem Modell existieren die Entitätsmengen MITARBEITER, MASCHINE und TEIL. Die Entitätsmenge TEIL enthält hierbei nicht physische Teile, sondern Teiletypen, von denen jeweils beliebig viele (physische) Exemplare hergestellt werden können. Weiterhin soll es möglich sein, daß ein Mitarbeiter an verschiedenen Maschinen arbeitet, und daß an einer Maschine verschiedene Teile hergestellt werden können.

Unter den eben genannten Voraussetzungen erhält man die in Abbildung 4.8 dargestellte Beziehungsmenge CHARGE, die alle drei Entitätsmengen miteinander verbindet. Die Beziehung CHARGE beschreibt die Teilemenge eines bestimmten TEILetyps, die von einem MITARBEITER auf einer MASCHINE hergestellt wurden. Ein Attribut dieser Beziehung ist z.B. die Anzahl der Teile, die eine CHARGE umfaßt.

Die Komplexität von Beziehungen

Neben der Anzahl der an einer Beziehungsmenge beteiligten Entitätsmengen spielt die Komplexität einer Beziehungsmenge eine wichtige Rolle. Für Beziehungsmengen, an denen nicht mehr als zwei Entitätsmengen beteiligt sind, unterscheidet man folgende Komplexitätsstufen:

- 1:1-Beziehung,
- 1:n-Beziehung,
- m:n-Beziehung.

Nachfolgend wollen wir uns mit diesen Komplexitätsstufen anhand von Beispielen näher befassen.

1:1-Beziehungen

Eine 1:1-Beziehung liegt vor, wenn die betrachtete Beziehung genau eine Entität der ersten Entitätsmenge mit ebenfalls genau einer Entität der zweiten Entitätsmenge verbindet. Mit anderen Worten: ein Vertreter der einen Entitätsmenge steht mit genau einem Vertreter der anderen Entitätsmenge in Beziehung.

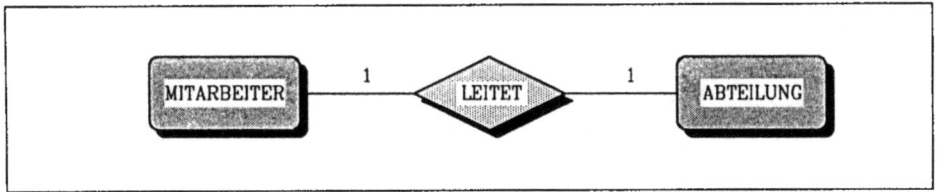

Abbildung 4.9

Um ein Beispiel für eine 1:1-Beziehung zu erhalten, erweitern wir unsere Miniwelt "Softwarehaus" vorübergehend um die Entitätsmenge ABTEILUNG. Durch diese Entitätsmenge soll die interne Struktur des Softwarehauses modelliert werden; d.h. das Softwarehaus besteht organisatorisch aus mehreren Abteilungen. Mit dieser Erweiterung ergibt sich u.a. die in Abbildung 4.9 dargestellte 1:1-Beziehung LEITET zwischen der Entitätsmenge MITARBEITER und der Entitätsmenge ABTEILUNG. Die Beziehungsmenge LEITET bringt zum Ausdruck, daß Abteilungen von Mitarbeitern (Abteilungsleitern) geleitet werden. Da eine Abteilung von genau einem Mitarbeiter geleitet wird und ein

Mitarbeiter zu einem Zeitpunkt nur eine Abteilung leitet, handelt es sich bei der Beziehungsmenge LEITET um eine 1:1-Beziehungsmenge.

Wie man anhand von Abbildung 4.9. erkennen kann, wird die Komplexität einer Beziehung im ER-Diagramm dadurch gekennzeichnet, daß an der Verbindungslinie zwischen einer Entitäts- und einer Beziehungsmenge die Zahl der Entitäten, die an einer Beziehung teilnehmen, angeschrieben wird.

1:n-Beziehungen

Eine 1:n-Beziehung liegt vor, wenn die betrachtete Beziehung genau eine Entität der ersten Entitätsmenge mit keiner, einer oder mehreren Entitäten der zweiten Entitätsmenge verbindet. Mit anderen Worten: ein Vertreter der einen Entitätsmenge kann mit keinem, einen oder vielen Vertretern der anderen Entitätsmenge in Beziehung stehen.

Als Beispiel für eine 1:n-Beziehung wollen wir die Beziehungsmenge LEITET ansehen, welche die Entitätsmengen PROJ_MITARBEITER und AUFTRAG miteinander verbindet (siehe Abbildung 4.10). Unter der Voraussetzung, daß ein Auftrag immer nur von einem Mitarbeiter geleitet wird, andererseits jedoch ein Mitarbeiter mehrere Aufträge leiten kann, ist die Beziehungsmenge LEITET eine 1:n-Beziehungsmenge zwischen den Entitätsmengen PROJ_MITARBEITER und AUFTRAG. Die Beziehung LEITET erlaubt jedoch auch die Sonderfälle, daß es Projektmitarbeiter gibt, die keinen Auftrag leiten (n=0), oder Projektmitarbeiter, die genau einen Auftrag leiten (n=1).

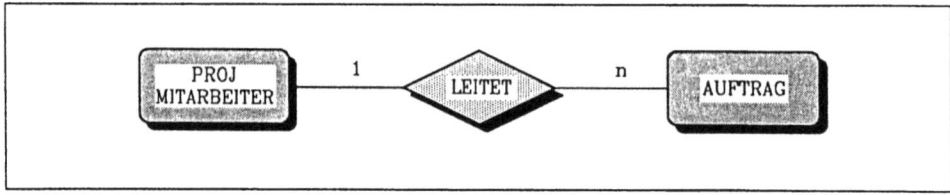

Abbildung 4.10

Ein weiteres Beispiel für eine 1:n-Beziehung ist die in Abbildung 4.7 (Seite 315) dargestellte rekursive Beziehung IST_CHEF_VON. Jeder Mitarbeiter hat nur einen direkten Vorgesetzten; einer Führungskraft sind andererseits üblicherweise mehrere Mitarbeiter unterstellt.

M:n-Beziehungen

Eine m:n-Beziehung liegt vor, wenn die betrachtete Beziehungsmenge mehrere Entitäten der ersten Entitätsmenge mit ebenfalls mehreren Entitäten der zwei-

4.2 Der konzeptionelle Datenbankentwurf

ten Entitätsmenge verbindet. Der Begriff "mehrere" umfaßt hierbei als Sonderfälle auch die Werte 0 und 1.

Als Beispiel für eine m:n-Beziehung betrachten wir die in Abbildung 4.11 dargestellte Beziehungsmenge ARBEITET_AN zwischen den Beziehungsmengen PROJ_MITARBEITER und LEISTUNG. Diese Beziehung sagt aus, daß ein Projektmitarbeiter an mehreren Leistungen (eines oder verschiedener Projekte) arbeiten kann. Auf der anderen Seiten können mehrere Projektmitarbeiter an einer Leistung arbeiten; d.h. auf beiden Seiten der Beziehung ARBEITET_AN können mehrere Entitäten beteiligt sein.

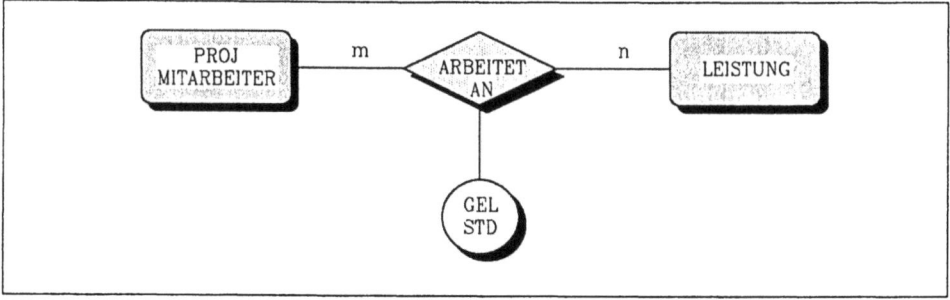

Abbildung 4.11

M:n-Beziehungen besitzen oft eigene Attribute. So stellt in unserem Beispiel das Attribut GEL_STD (geleistete Stunden) der Beziehungsmenge ARBEITET_AN sicher eine wichtige Information dar, da es angibt, wieviel Stunden ein Projektmitarbeiter an einer bestimmten Leistung bereits gearbeitet hat (siehe Abbildung 4.11).

Weitere Beispiele für m:n-Beziehungen sind die Beziehungsmenge BESUCHT in Abbildung 4.6 (Seite 314) und die Beziehungsmenge CHARGE in Abbildung 4.8 (Seite 316). Die Beziehungsmenge CHARGE muß genau genommen als m:n:p-Beziehung bezeichnet werden, da an ihr drei Entitätsmengen beteiligt sind.

Hierarchische Beziehungen

Hierarchische Beziehungen sind in der Praxis häufig vorzufinden und können als Spezialform von 1:1- oder 1:n-Beziehungen angesehen werden. Wie der Name bereits andeutet, beschreiben hierarchische Beziehungen eine hierarchische Abhängigkeit zwischen Entitäten.

In unserem Realitätsausschnitt "Softwarehaus" existiert sogar eine hierarchische Beziehungskette, die aus den Entitätsmengen KUNDE, AUFTRAG und

LEISTUNG und den Beziehungsmengen ERTEILT und BESTEHT_AUS aufgebaut ist (siehe Abbildung 4.12).

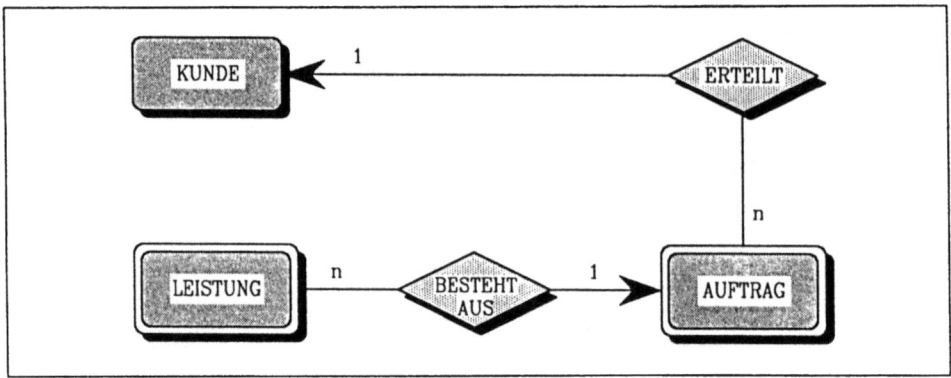

Abbildung 4.12

Sowohl die Beziehungsmenge ERTEILT als auch die Beziehungsmenge BESTEHT_AUS sind hierarchische Beziehungsmengen, da sie jeweils eine Existenzabhängigkeit beschreiben. Ein Auftrag ist in seiner Existenz von dem Kunden abhängig, der ihn erteilte. Oder anders formuliert: Es kann keinen Auftrag ohne einen zugehörigen Kunden geben. Die Beziehungsmenge BESTEHT_AUS zwischen den Entitätsmengen AUFTRAG UND LEISTUNG ist - wie leicht einzusehen ist - vom selben Typ wie die Beziehungsmenge ERTEILT; d.h. die Leistungen eines Auftrags haben ohne einen zugehörigen Auftrag keine Existenzberechtigung.

Entitätsmengen, die hierarchisch von anderen Entitätsmengen abhängen, werden oftmals als schwache Entitätsmengen bezeichnet, weil sie meist keinen wirklich eigenständigen Sachverhalt darstellen. So sind Auftragsleistungen im Grunde keine eigenständigen Entitäten, sondern Eigenschaften eines Auftrags. Da sie jedoch pro Auftrag vielfach auftreten können und darüber hinaus durch mehrere Attribute beschrieben werden, müssen Auftragsleistungen im ER-Modell als eigenständige (schwache) Entitäten modelliert werden. Ähnliches gilt für die Aufträge selbst. Auch sie sind eigentlich Eigenschaften des Kunden, der sie vergab.

Hierarchisch abhängige Entitätsmengen werden in ER-Diagrammen durch eine doppelte Umrahmung besonders hervorgehoben. Um das Abhängigkeitsverhältnis darzustellen, zeigt eine hierarchische Beziehung mit einer Pfeilspitze auf die übergeordnete Entitätsmenge (siehe Abbildung 4.12).

Spezialisierung und Verallgemeinerung

Eine Sonderform der hierarchischen Beziehungen stellt die Spezialisierung[8] dar. Es handelt sich hierbei um 1:1-Beziehungen zwischen einer "verallgemeinerten Entitätsmenge" und einer oder mehrerer "spezialisierter Entitätsmengen".

Oftmals ist es nützlich, Teilmengen von Entitätsmengen, die sich durch spezifische Attribute oder Beziehungen gegenüber dem Rest der Entitätsmenge hervorheben, quasi als eigenständige Entität auszuweisen. Damit der Bezug zur eigentlichen Entität nicht verloren geht, wird zu dieser eine Beziehung aufgebaut.

Bevor wir auf die Eigenschaften solcher Beziehungen genauer eingehen, wollen wir uns hierzu ein Beispiel aus der Miniwelt "Softwarehaus" betrachten. Abbildung 4.13 zeigt die Entitätsmengen MITARBEITER und PROJ_MITARBEITER.

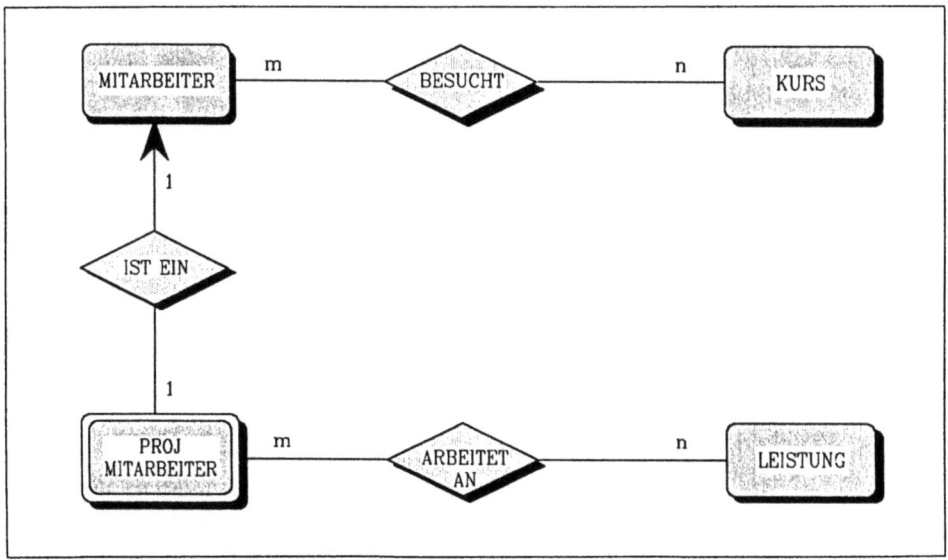

Abbildung 4.13

---

[8] In der ursprünglich von Chen eingeführten Grundform des ER-Modells ist die Spezialisierung nicht enthalten. In vielen Publikationen wurde jedoch inzwischen das ER-Modell um das Element Spezialisierung erweitert. Im Grunde genommen handelt es sich bei der Spezialisierung um ein Konstrukt aus der objektorientierten Programmierung.

Die Entitätsmenge MITARBEITER stellt hierbei die verallgemeinerte Entitätsmenge dar, da sie die allgemein für alle Mitarbeiter gültigen Attribute umfaßt. Die Entitätsmenge PROJ_MITARBEITER ist hingegen eine Spezialisierung der Entitätsmenge MITARBEITER[9]. Sie umfaßt nur die Teilgruppe aller Mitarbeiter, die Projektarbeit betreiben. Sie enthält darüber hinaus nur die Attribute, die speziell für Projektmitarbeiter relevant sind; z.B. der für einen Projektmitarbeiter in Rechnung gestellte Stundensatz (STD_SATZ, siehe Abbildung 4.4 auf Seite 307).

Eine spezialisierte Entitätsmenge steht immer in einer sogenannten **Ist-ein-Beziehung** zur übergeordneten verallgemeinerten Beziehungsmenge (siehe Abbildung 4.13). Diese Ist-ein-Beziehung bringt zum Ausdruck, daß eine spezialisierte Entität grundsätzlich auch in der verallgemeinerten Entitätsmenge enthalten sein muß (ein Projektmitarbeiter muß auch in der Entitätsmenge MITARBEITER auftreten).

Eine verallgemeinerte Entitätsmenge kann mehrere Spezialisierungen besitzen. So wäre z.B. eine Spezialisierung von MITARBEITER in die Entitätsmengen ANGESTELLTER und ARBEITER möglich. In diesem Fall wäre es sinnvoll zu fordern, daß eine Entität der Menge MITARBEITER grundsätzlich auch in einer der Spezialisierungen ANGESTELLTER oder ARBEITER enthalten sein muß.

Spezialisierungen können sich auch teilweise überdecken; d.h. sie müssen nicht disjunkt sein. In unserem Modell könnten wir z.B. gleichzeitig die Spezialisierungen PROJ_MITARBEITER, ANGESTELLTER und ARBEITER definieren. In diesem Fall werden sich die Spezialisierungen PROJ_MITARBEITER und ANGESTELLTER sicher zu einem gewissen Grad überdecken. Dies ist jedoch nicht nachteilig, da den Spezialisierungen PROJ_MITARBEITER und ANGESTELLTER ganz unterschiedliche Blickrichtungen zugrunde liegen.

Klassifizierende Attribute

Bei der Einführung von spezialisierten Entitätsmengen müssen Regeln definiert werden, die festlegen, ob eine Entität der verallgemeinerten Entitätsmenge auch einer bestimmten spezialisierten Entititätsmenge angehört. Meist werden solche Regeln aufgrund der Werte eines Attributs oder einer Attributkombination der verallgemeinerten Entitätsmenge definiert.

---

[9] Aus einer globalen Sicht sind alle Entitätsmengen, die Personen beinhalten, eine Spezialisierung der Entitätsmenge "Weltbevölkerung". Da aber niemand ernsthaft ein Datenmodell der gesamten Welt erstellen will, kann zumindest die Gesamtheit aller in der Miniwelt auftretenden Personen als verallgemeinerte Entitätsmenge angesehen werden. Entitätsmengen, die Personen umfassen, modellieren also nicht die Person an sich, sondern die Person in einer bestimmten Rolle oder in der Zugehörigkeit zu einer Gruppe.

Betrachten wir hierzu das Beispiel, bestehend aus der verallgemeinerten Entitätsmenge MITARBEITER und den spezialisierten Entitätsmengen ANGESTELLTER und ARBEITER. Wir ordnen nun der Entitätsmenge MITARBEITER das Attribut "Arbeitsverhältnis" (ARB_VERH) zu, das nur die Werte "Arbeiter" oder "Angestellter" annehmen kann; d.h. der Wertebereich von ARB_VERH besteht nur aus zwei Werten. Der jeweilige Inhalt von ARB_VERH entscheidet nun, ob eine bestimmte Entität der Menge MITARBEITER entweder der Entitätsmenge ANGESTELLTER oder der Entitätsmenge ARBEITER angehört.

Attribute, deren Werte über die Zugehörigkeit zu einer spezialisierten Entitätsmenge entscheiden, werden klassifizierende Attribute genannt, da sie eine Entitätsmenge in mehrere Klassen - die Spezialisierungen - unterteilen.

Vererbung

Spezialisierte Entitätsmengen erben die Attribute und Beziehungen ihrer übergeordneten Entitätsmengen. Ein Projektmitarbeiter erbt also alle Attribute der verallgemeinerten Entitätsmenge MITARBEITER. Er erbt darüber hinaus die Beziehungen dieser Entitätsmenge (z.B. die Beziehungsmenge BESUCHT zur Entitätsmenge KURS; siehe Abbildung 4.13).

Andererseits sind die speziellen Attribute und Beziehungen eines Projektmitarbeiters nicht auf die verallgemeinerte Entitätsmenge MITARBEITER übertragbar; d.h. die Beziehungsmenge ARBEITET_AN zur Entitätsmenge LEISTUNG gilt zwar für Projektmitarbeiter, nicht jedoch für sonstige Mitarbeiter des Softwarehauses.

Mit Hilfe spezialisierter Entitätsmengen kann ein mehrfaches Auftreten gleichbedeutender Attribute und Beziehungen weitgehend vermieden werden. Betrachten wir hierzu ein ER-Modell, in dem zwar die Entitätsmengen ANGESTELLTER und ARBEITER modelliert wurden, nicht jedoch die verallgemeinerte Entitätsmenge MITARBEITER. In diesem Modell müßten die Attribute, die bisher der Entitätsmenge MITARBEITER zugeordnet waren, sowohl für die Entitätsmenge ANGESTELLTER als auch der Entitätsmenge ARBEITER definiert werden. Darüber hinaus müßte auch die Beziehungsmenge BESUCHT (siehe Abbildung 4.6 auf Seite 314) für beide Entitätsmengen definiert werden.

Durch Verwendung verallgemeinerter Entitätsmengen kann somit ein mehrfaches Auftreten gleichbedeutender Attribute und Beziehungsmengen im ER-Modell vermieden werden. Die Verbindung zwischen verallgemeinerten und spezialisierten Entitätsmengen wird - wie wir gesehen haben - durch Ist-ein-Beziehungen gewährleistet.

Wie kann man jedoch erkennen, wann und in welcher Form die Einführung von spezialisierten Entitätsmengen sinnvoll ist?

Um diese Fragestellung zu beantworten, nehmen wir vorübergehend an, wir hätten in unserem Modell zwar die Entitätsmenge MITARBEITER vorgesehen, nicht jedoch die Entitätsmenge PROJ_MITARBEITER. In dieser Situation hätten wir u.a. das Attribut Stundensatz der Entitätsmenge MITARBEITER zugeordnet, da dieses Attribut in unserem Modell eine wichtige Information darstellt. Bei einer Analyse aller Attribute der Entitätsmenge MITARBEITER hätten wir festgestellt, daß es einige Mitarbeiter gibt, für die das Attribut Stundensatz nicht anwendbar ist (nämlich für all die Mitarbeiter, die nicht an Projekten arbeiten). Neben der Attributanalyse hätten wir auch eine Beziehungsanalyse durchführen können. Wir hätten dann festgestellt, daß die Beziehungen ARBEITET_AN und LEITET ebenfalls nicht für alle Mitarbeiter anwendbar sind.

Diese Technik der Analyse von Attributen und Beziehungen bezüglich der Anwendbarkeit auf alle Entitäten der betrachteten Entitätsmenge liefert in der Regel genügend Anhaltspunkte, um die für das jeweilige Modell geeigneten spezialisierten Entitätsmengen zu finden.

Rekursive Beziehungen oder Ist-ein-Beziehungen

Erinnern wir uns an die in Abbildung 4.7 (Seite 315) dargestellte rekursive Beziehungsmenge IST_CHEF_VON, die bestimmte Entitäten der Menge MITARBEITER (Vorgesetzte) mit anderen Entitäten derselben Menge (Untergebene) in Beziehung setzt. Wie bereits erwähnt, spielen die an einer Beziehung beteiligten Entitäten unterschiedliche Rollen. Bei einer rekursiven Beziehung bedeutet dies, daß sich die Vertreter der betrachteten Entitätsmenge in gewisser Weise strukturell unterscheiden müssen.

Deshalb könnten wir alternativ zur bisherigen Darstellung eine Entitätsmenge FUEHRUNGSKRAFT definieren, die alle Vorgesetzten enthält. Die Entitätsmenge FUEHRUNGSKRAFT ist somit eine Spezialisierung der Entitätsmenge MITARBEITER. Man erhält dann die in Abbildung 4.14 dargestellten Beziehungen zwischen den Entitätsmengen MITARBEITER und FUEHRUNGSKRAFT.

Es stellt sich nun die Frage, welche Darstellungsform geeigneter ist. Grundsätzlich gibt die in Abbildung 4.14 gezeigte Darstellung den realen Sachverhalt besser wieder als die rekursive Beziehung in Abbildung 4.7 (Seite 315). Andererseits führt eine allzu intensive Anwendung der Spezialisierung zu einem unübersichtlichen Datenmodell. Deshalb sollte die in Abbildung 4.14 dargestellte Modellierung nur dann gewählt werden, wenn die spezialisierte Entitätsmenge FUEHRUNGSKRAFT mehrere Attribute (z.B. RANG) oder Beziehungen besitzt, die für die übrigen Mitarbeiter nicht anwendbar sind.

4.2 Der konzeptionelle Datenbankentwurf

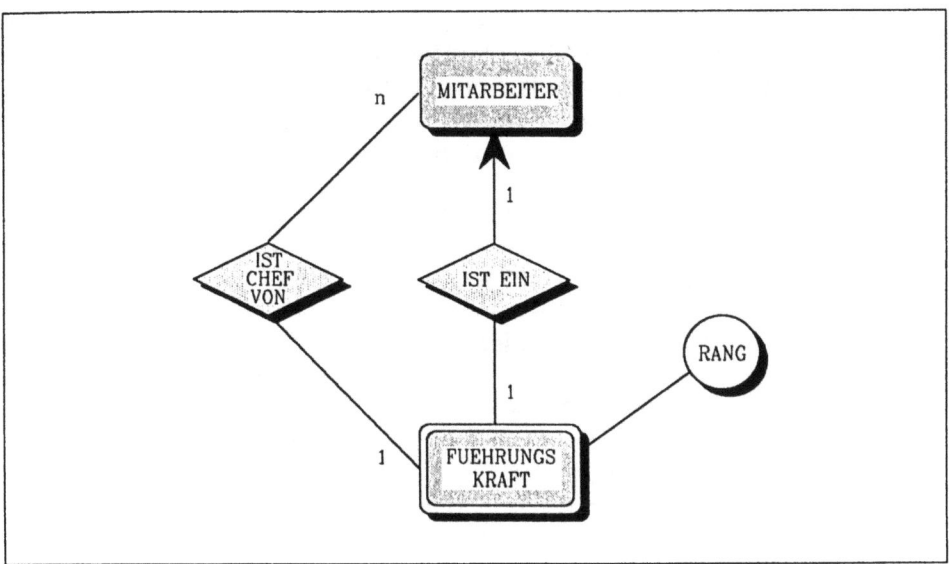

Abbildung 4.14

Tabellarische Darstellung von Beziehungsmengen

In ähnlicher Weise wie für Entitätsmengen wollen wir nun auch für Beziehungsmengen eine tabellarische Notation vorstellen.

Die tabellarischen Darstellungen von Entitäts- und Beziehungsmengen sollen das grafische ER-Diagramm ergänzen, da in diesem bei umfangreicheren Modellen meist aus Platzgründen Details weggelassen werden müssen (z.B. Wertebereiche und Attribute). Darüber hinaus sind tabellarische Darstellungen eine nützliche Ausgangsbasis für die Umsetzung des ER-Modells in das relationale Datenmodell des Database Manager.

Die tabellarische Notation beinhaltet alle wesentlichen Daten einer Beziehungsmenge, wie Name der Beziehungsmenge, an der Beziehung beteiligte Entitätsmengen, Typ der Beziehung und die Attribute der Beziehungsmenge.

Für die hierarchische Beziehungsmenge BESTEHT_AUS zwischen den Entitätsmengen AUFTRAG und LEISTUNG (siehe Abbildung 4.12 auf Seite 320) erhält man die folgende tabellarische Darstellung:

Beziehungsmenge		
Name	**BESTEHT_AUS**	
Entitätsmengen	AUFTRAG, LEISTUNG	
Typ	1:n hierarchisch	
Attribute	Name	Wertebereich
	-	-

Die m:n-Beziehungsmenge ARBEITET_AN zwischen den Entitätsmengen PROJ_MITARBEITER und LEISTUNG läßt sich tabellarisch in der folgenden Weise formulieren:

Beziehungsmenge		
Name	**ARBEITET_AN**	
Entitätsmengen	PROJ_MITARBEITER, LEISTUNG	
Typ	m:n	
Attribute	Name	Wertebereich
	GEL_STD	Zeitdauer (Stunden)

Gesamtmodell der Miniwelt "Softwarehaus"

Wir haben nun alle Elemente des ER-Modells kennengelernt und sind somit in der Lage, das gesamte ER-Modell des von uns betrachteten Realitätsausschnitts "Softwarehaus" zu erstellen.

Das ER-Diagramm des gesamten Modells ist in Abbildung 4.15 dargestellt. Aus Platzgründen wurden bei den Entitätsmengen die Nichtschlüsselattribute weggelassen. Diese können jedoch der Abbildung 4.4 (Seite 307) entnommen werden.

4.2 Der konzeptionelle Datenbankentwurf

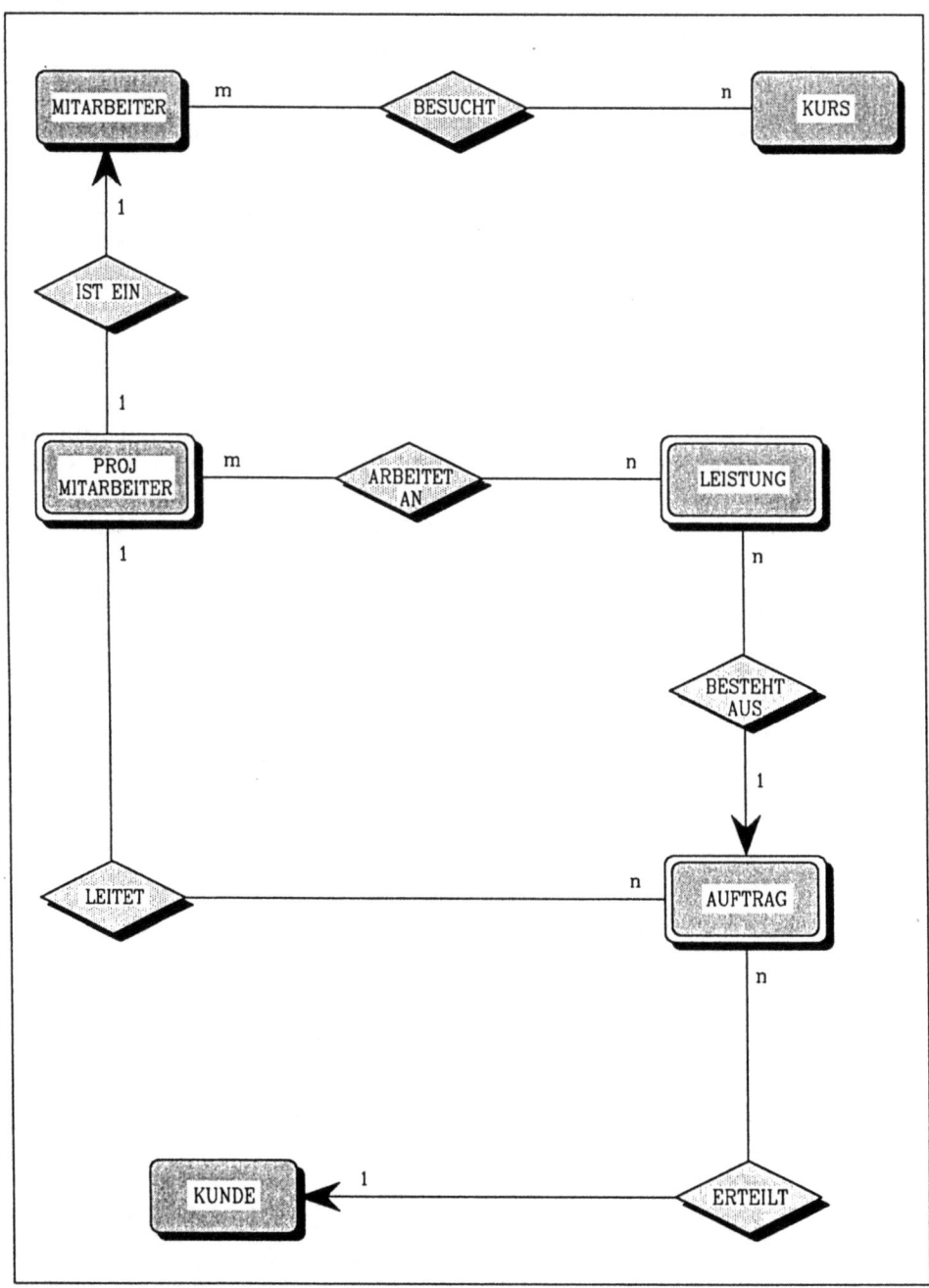

Abbildung 4.15

4.2.2 Das Datenmodell des Database Manager

Wie bereits erwähnt, handelt es sich beim ER-Modell um ein datenmodellunabhängiges Verfahren. Wir könnten nun das in Abbildung 4.15 dargestellte ER-Modell unseres Softwarehauses in ein beliebiges Datenmodell umsetzen.

Da der Database Manager auf dem relationalen Datenmodell basiert, werden wir sinnvollerweise das ER-Modell in ein relationales Modell transformieren. Bevor wir uns jedoch mit dieser Transformation befassen, wollen wir das relationale Datenmodell in seinen Grundzügen erläutern.

Geschichte des relationalen Datenmodells

Das relationale Datenmodell ist verglichen mit den beiden anderen in der Praxis weitverbreiteten Datenmodellen - dem hierarchischen und dem Netzwerkmodell - ausgesprochen jung. Es wurde erstmalig 1970 von E. F. Codd in dem inzwischen berühmten Aufsatz "A Relational Model of Data for Large Shared Data Banks" vorgestellt[10]. Codd gilt bis heute als Vater der relationalen Datenbanksysteme.

Während sich das hierarchische Modell und das Netzwerkmodell aus der Praxis heraus entwickelten, wurde das relationale Datenmodell zuerst theoretisch eingeführt. Anfänglich galt es für eine praktische Realisierung ungeeignet, da man sich eine mit den etablierten Modellen konkurrenzfähige Implementierung nicht vorstellen konnte. Mitte der siebziger Jahre entstanden die ersten Prototypen, die auf den theoretischen Grundlagen basierten. Es dauerte jedoch bis zum Beginn der achtziger Jahre, bis die ersten kommerziell einsetzbaren relationalen Datenbanksysteme verfügbar waren.

Das derzeit im Großrechnerbereich erfolgreichste relationale Datenbanksystem ist das Produkt DATABASE 2 (DB2) der Firma IBM. Für uns als Anwender des Database Manager ist es erfreulich, daß dieser funktional in hohem Maße mit dem Datenbanksystem DB2 übereinstimmt.

Relationale Datenbanksysteme im PC-Umfeld

Da der Beginn des PC-Zeitalters zeitlich gesehen mit dem Durchbruch des relationalen Datenmodells zusammentraf, gab es auf PC's eigentlich von

---

[10] Die wesentliche Zielsetzung von Codd bestand darin, die theoretischen Grundlagen für Datenbanksysteme zu schaffen, welche die Unabhängigkeit zwischen externer und interner Datendarstellung unterstützen. Alle bis dahin bekannten Datenbanksysteme konnten diese Anforderung nicht erfüllen. Die Zielsetzung der Datenunabhängigkeit wurde später vom amerikanischen Normgremium ANSI/SPARC übernommen und führte zur Definition der 3-Ebenen-Architektur für Datenbanksysteme (siehe Abschnitt 4.1 "Die 3-Ebenen-Architektur nach ANSI/SPARC").

4.2 Der konzeptionelle Datenbankentwurf 329

Anfang an nur relationale Datenbanksysteme. Hierarchische Systeme oder Netzwerksysteme waren dort nie in größerem Maße in Erscheinung getreten.

Dagegen entstanden im PC-Bereich einige zum Teil sehr erfolgreiche Datenbanksysteme, die sich relational nannten, die jedoch mit dem relationalen Datenmodell von Codd nur wenig gemeinsam hatten. Erst in den letzten Jahren etablierten sich im PC-Bereich wirklich relationale Datenbanksysteme. Die meisten dieser Datenbanksysteme sind Portierungen von UNIX-Versionen, die folglich nicht speziell für das PC-Umfeld entwickelt wurden. Der Database Manager ist derzeit das einzige relationale Datenbanksystem, das speziell für die PC-Architektur und das Betriebssystem OS/2 entwickelt wurde.

Relationen und Tabellen

Das wesentliche Konstruktionselement des relationalen Datenmodells stellt die Relation dar. Wir ersparen uns eine theoretische Definition des Begriffs Relation und beschäftigen uns statt dessen mit der üblichen Darstellungsform von Relationen - der bereits wohl vertrauten Tabellendarstellung. Anhand dieser Darstellungsform wollen wir einige Eigenschaften von Relationen erläutern. Ein Beispiel für eine Relation ist in Abbildung 4.16 dargestellt.

PERS NR	V NAME	N NAME	GEB DATUM	GEHALT	PROJ MA	
1	Hans	Müller	02.03.1955	3425.00	Ja	Zeile
2	Rita	Schultz	13.11.1962	3744.00	Ja	
3	Werner		MITARBEITER	6 4145.00	Nein	
4	Otto			0 4724.00	Ja	
5	Maria	Kuntz	11.01.1963	2803.00	Ja	
6	Franz	Pfleiderer	01.12.1948	4845.00	Nein	
7	Karl	Schwarz	11.12.1941	5478.00	Nein	

Spalte

Abbildung 4.16

Für den Einstieg in das relationale Datenmodell können wir uns Relationen als eine Darstellungsform von Entitätsmengen vorstellen. Wir werden allerdings später sehen, daß Relationen wesentlich universeller sind als Entitätsmengen.

Betrachten wir die in Abbildung 4.16 dargestellte Relation - eine Repräsentation der Entitätsmenge MITARBEITER - so ist diese aus Zeilen und Spalten aufgebaut. Jede Zeile entspricht einer Entität aus der Entitätsmenge MITARBEITER; d.h. einem realen Mitarbeiter. Die Zeilen einer Tabelle werden oftmals als **Tupel** bezeichnet. Die Tabellenspalten entsprechen den Attributen der Entitätsmenge.

Jede Relation besitzt einen Namen. In unserem Beispiel in Abbildung 4.16 haben wir die Relation gleich benannt wie die zugrunde liegende Entitätsmenge. Dies bietet sich in den Fällen an, in denen die Relation eine Entitätsmenge verkörpert.

Weiterhin besitzt jede Tabellenspalte einen Namen. Auch hier benutzen wir die Namen, die wir im ER-Modell für die Attribute eingeführt haben (z.B. PERS_NR). Bei der Definition einer Tabelle werden außer dem Namen noch weitere Eigenschaften der Tabellenspalten, wie z.B. Datentyp und Länge, festgelegt. Wir werden hierauf später detaillierter eingehen.

Eigenschaften von Relationen

Relationen zeichnen sich durch die folgenden Eigenschaften aus:

- ◆ Die Zeilen einer Relation besitzen keine definierte Reihenfolge. Die Anordnung der Tabellenzeilen ist somit völlig willkürlich; sie sind in keiner Weise miteinander verknüpft. Die Zeilen einer Tabelle könnten also in beliebiger Weise gemischt werden, ohne daß hierdurch ein Informationsverlust entstünde.

    Diese Eigenschaft von Relationen wird oftmals nicht richtig verstanden. Dies liegt leider auch daran, daß einige weit verbreitete PC-Datenbanksysteme dem relationalen Datenmodell nicht gerecht werden, weil sie jede Zeile beim Anlegen mit einer "Satznummer" versehen und damit eine Zeilenreihenfolge erzeugen[11]. Der Database Manager implementiert jedoch in diesem Aspekt das relationale Datenmodell konsequent; d.h. die Tabellenzeilen besitzen keine definierte Reihenfolge.

- ◆ Die Spalten einer Relation weisen ebenfalls keine definierte Reihenfolge auf. In der Praxis ergibt sich zwar eine feste Spaltenanordnung aus der

---

[11] In Datenbanksystemen, die eine definierte Anordnung von Zeilen vorsehen, entspricht diese Anordnung der internen Speicherungsreihenfolge. Wird die Zeilenreihenfolge von Anwendungsprogrammen ausgenutzt, dann geht die Unabhängigkeit zwischen externer und interner Datendarstellung verloren. Eine Änderung der internen Speicherungsreihenfolge zieht also zwangsläufig Programmänderungen nach sich.

Reihenfolge der Spaltendefinition. Diese Anordnung der Spalten beinhaltet jedoch keinerlei Information.
- In einer Relation darf es keine Zeilen geben, die in allen Spalten identische Werte enthalten.

Primärschlüssel

Für eine Relation muß ein Attribut oder eine Attributkombination als Primärschlüssel (engl. primary key) festgelegt werden. Jede Zeile muß sich in ihrem Primärschlüssel von allen anderen Zeilen der Relation unterscheiden; der Primärschlüssel muß also eindeutig sein. Darüber hinaus darf keines der Primärschlüsselattribute den Nullwert annehmen. Im übrigen gelten für den Primärschlüssel alle Eigenschaften, die für Schlüsselattribute im Rahmen des ER-Modells erläutert wurden (siehe Abschnitt "Entitätsschlüssel" auf Seite 308 ff.).

Der Primärschlüssel dient zur Identifikation einer Zeile innerhalb der Relation. Kennt man den Wert eines Primärschlüssels und den Namen der Relation, so lassen sich alle übrigen Attributwerte der zum Primärschlüssel gehörigen Zeile ermitteln.

In manchen (seltenen) Fällen ist man in der glücklichen Lage, daß mehrere unterschiedliche Attribute oder Attributkombinationen zur eindeutigen Identifikation aller Tabellenzeilen geeignet sind. In einer solchen Situation muß einer der Schlüsselkandidaten zum Primärschlüssel gekürt werden. Man wird sich hierbei für einen Schlüsselkandidaten entscheiden, der ausschließlich aus zeitinvarianten Attributen besteht und der sich aus möglichst wenigen Attributen zusammensetzt. Alle anderen Schlüsselkandidaten, die nicht zum Primärschlüssel erwählt wurden, werden dann **alternative Schlüssel** (engl. alternate key) genannt.

Im Gegensatz zum relationalen Datenmodell, das für jede Tabelle einen Primärschlüssel vorschreibt, verlangt der Database Manager nicht zwangsläufig die Definition eines Primärschlüssels. Es bleibt dem Entwerfer überlassen, ob er seine Tabellen mit Primärschlüsseln versieht oder nicht. Als Konsequenz hieraus läßt der Database Manager auch das mehrfache Auftreten identischer Zeilen innerhalb einer Tabelle zu, was im relationalen Datenmodell ebenfalls unzulässig ist.

Um jedoch einen korrekten relationalen Datenbankentwurf sicherzustellen, ist dringend zu empfehlen, diese mangelnde Strenge des Database Manager nicht auszunutzen. Für jede Tabelle sollte ein Primärschlüssel definiert werden!

Beziehungen zwischen Relationen

Zwischen zwei Relationen oder innerhalb einer Relation können Beziehungen auftreten. Diese Beziehungen zwischen Relationen dürfen nicht mit den im ER-Modell kennengelernten Beziehungen gleichgesetzt werden. Im relationalen Datenmodell können an einer Beziehung maximal zwei Relationen beteiligt sein. Darüber hinaus können im relationalen Datenmodell Beziehungen keine eigenen Attribute besitzen.

Eine Beziehung zwischen zwei Relationen ist immer eine Beziehung zwischen dem Primärschlüssel einer Relation und "irgendwelchen" Spalten der zweiten Relation.

In Abbildung 4.17 ist eine Beziehung zwischen den Tabellen PROJ_MITARBEITER und AUFTRAG dargestellt (siehe hierzu auch Abbildung 4.10 auf Seite 318).

Wie man sieht, ist der Primärschlüssel PERS_NR der Tabelle PROJ_MITARBEITER zum Attribut "Auftragsleiter" (AUFTR_LEITER) der Tabelle AUFTRAG in Beziehung gesetzt. Das Attribut AUFTR_LEITER wird hierbei **Fremdschlüssel** (engl. foreign key) genannt, da es sich auf den Primärschlüssel einer (fremden) Tabelle bezieht; es enthält die Personalnummer des Auftragsleiters.

Die an einer Beziehung beteiligten Relationen spielen zwei unterschiedliche Rollen. Man sagt: Die Tabelle, die den Fremdschlüssel enthält, ist die **abhängige Tabelle** (engl. dependent table); die Tabelle, die den Primärschlüssel zur Beziehung beisteuert, ist die **Vatertabelle** (engl. parent table). Der Begriff Vatertabelle suggeriert eine Existenzabhängigkeit für die abhängige Tabelle und ist insofern etwas unglücklich gewählt worden. Denn in vielen Fällen ist die abhängige Tabelle nicht existenzabhängig von der "Vatertabelle".

So ist z.B. ein Auftrag nicht in seiner Existenz vom leitenden Projektmitarbeiter abhängig. Ein Auftrag bleibt erhalten, wenn der Projektmitarbeiter, der diesen Auftrag bisher leitete, kündigt. Da sich die Begriffe Vatertabelle und abhängige Tabelle in der Literatur durchgesetzt haben, wollen wir sie - trotz der genannten Problematik - weiterhin verwenden.

Die Attribute des Fremdschlüssels können dieselben Namen tragen wie die entsprechenden Attribute des Primärschlüssels, sofern es sich nicht um eine rekursive Beziehung (d.h. eine Beziehung innerhalb einer Tabelle) handelt. Bei rekursiven Beziehungen ist dies nicht möglich, da innerhalb einer Tabelle alle Spalten unterschiedliche Namen haben müssen.

4.2 Der konzeptionelle Datenbankentwurf

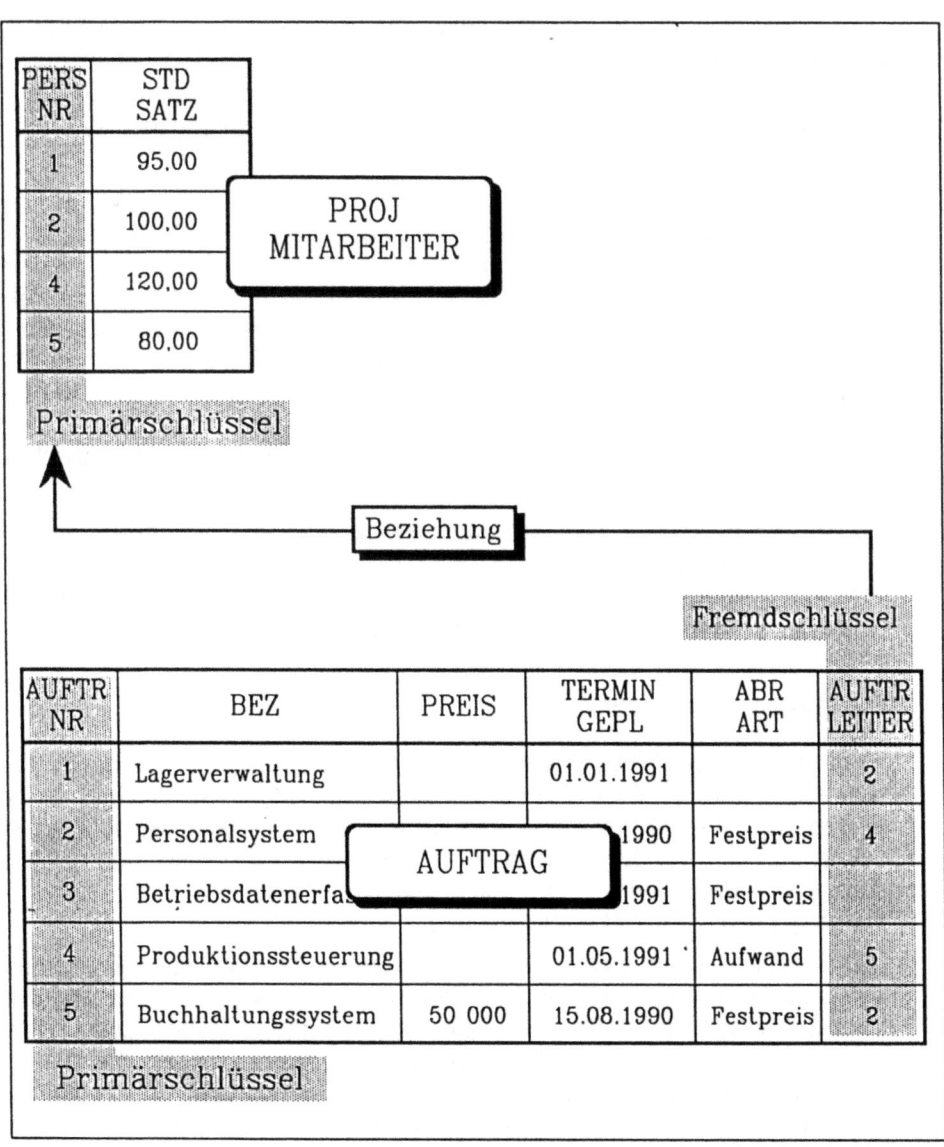

Abbildung 4.17

Die miteinander korrespondierenden Attribute von Primär- und Fremdschlüssel müssen ihre Werte aus denselben Wertebereichen beziehen[12]. Durch die Beziehung werden die möglichen Werte für die Fremdschlüsselattribute jedoch gegenüber ihren Wertebereichen noch weiter eingeschränkt. So können im Fremdschlüssel nur die Werte auftreten, die in der zugehörigen Vatertabelle als Primärschlüsselwerte existieren.

Betrachten wir hierzu die in Abbildung 4.17 dargestellte Beziehung: Der Wertebereich für die Attribute PERS_NR und AUFTR_LEITER besteht aus der Menge aller ganzen, positiven Zahlen. Die Vatertabelle PROJ_MITARBEITER enthält in unserem Beispiel aus diesem Wertebereich nur die Werte 1, 2, 4 und 5. Aufgrund der Beziehung zwischen den beiden Tabellen, können in der abhängigen Tabelle AUFTRAG auch nur die Werte 1, 2, 4 oder 5 auftreten, obwohl der Wertebereich von AUFTR_LEITER auch jeden anderen ganzzahligen, positiven Wert zulassen würde. Durch die Beziehung wird dem Wertebereich des Fremdschlüssels somit eine Einschränkung auferlegt (engl. referential constraint).

Da sich ein Fremdschlüssel auf einen Primärschlüssel bezieht und nicht umgekehrt, handelt es sich bei Beziehungen im relationalen Datenmodell um gerichtete Beziehungen. Man bezeichnet deshalb abhängige Tabellen oft als **referenzierende** Tabellen und Vatertabellen als **referenzierte** Tabellen.

Beziehungsintegrität

Unter dem Begriff Beziehungsintegrität (engl. referential integrity) versteht man die Wahrung einer Beziehung zwischen zwei Tabellen; d.h. es herrscht Beziehungsintegrität für die in Abbildung 4.17 dargestellte Beziehung, wenn in der Spalte AUFTR_LEITER in der Tabelle AUFTRAG nur solche Werte vorkommen, die auch in der Spalte PERS_NR in der Tabelle PROJ_MITARBEITER enthalten sind.

Die Beziehungen zwischen den verschiedenen Tabellen einer Datenbank können gegenüber dem Database Manager bekannt gemacht werden. Der Database Manager sorgt dann dafür, daß diese Beziehungen zu keiner Zeit verletzt werden; er stellt also die Beziehungsintegrität sicher. Benutzer, die Daten eingeben, brauchen sich folglich keine Gedanken zu machen, ob die Beziehungen zwischen den Tabellen gewahrt werden. Ebenso muß in den Anwendungsprogrammen, die zur Dateneingabe oder -änderung benutzt werden sollen, keine Logik zur Einhaltung der Beziehungsintegrität vorgesehen werden.

---

[12] Da die Definition von Wertebereichen in der Praxis schwerfällt, bestehen beim Database Manager, wie übrigens bei den meisten relationalen Datenbanksystemen, nur sehr eingeschränkte Möglichkeiten, überhaupt Wertebereiche festzulegen. Deshalb kann vom Database Manager auch nicht überprüft werden, ob Primär- und zugehörige Fremdschlüsselattribute dieselben Wertebereiche besitzen.

Beziehungsintegrität und Datenänderungen

Wir wollen uns nun überlegen, welche Konsequenzen sich aus einer Beziehung zwischen zwei Tabellen für Datenänderungen ergeben. Insgesamt sind sechs Fälle zu unterscheiden. Es handelt sich hierbei um Einfüge-, Modifikations- oder Löschoperationen auf die Vater- oder abhängige Tabelle.

Betrachten wir zuerst die abhängige Tabelle:

Das Einfügen einer neuen Zeile in die abhängige Tabelle ist nur möglich, wenn der Fremdschlüssel dieser Zeile einen Wert enthält, der bereits als Primärschlüssel in der Vatertabelle auftritt, oder wenn der Fremdschlüssel der neuen Zeile den Nullwert enthält (also leer ist). Sehen wir uns hierzu die Tabelle AUFTRAG in Abbildung 4.17 an. Wollen wir in diese Tabelle eine neue Zeile einfügen, so muß der Fremdschlüssel AUFTR_LEITER die Werte 1, 2, 4, 5 oder den Nullwert enthalten. Ein Nullwert im Fremdschlüssel AUFTR_LEITER bedeutet, daß für den Auftrag noch kein leitender Projektmitarbeiter benannt wurde.

Für das Modifizieren einer Zeile in der abhängigen Tabelle gilt ähnliches wie für das Einfügen einer neuen Zeile: Die Modifikation des Fremdschlüssels kann nur in der Form erfolgen, daß der neue Wert für den Fremdschlüssel wiederum mit einem existierenden Wert des korrespondierenden Primärschlüssels übereinstimmt oder dem Nullwert entspricht. Betrachten wir hierzu abermals die Tabelle AUFTRAG in Abbildung 4.17. Eine Modifikation des Wertes 4 für den Fremdschlüssel AUFTR_LEITER des Auftrags mit der Auftragsnummer 2 in den Wert 1 wäre zulässig, da 1 ebenfalls die Personalnummer eines für die Leitung in Frage kommenden Projektmitarbeiters ist. Eine Modifikation in den Wert 3 hingegen würde vom Database Manager abgewiesen, da es keinen Projektmitarbeiter mit der Personalnummer 3 gibt. Ebenso wäre es zulässig, den ursprünglichen Wert 4 durch den Nullwert zu ersetzen, weil z.B. der bisherige Projektmitarbeiter die Leitung des Auftrags abgibt, ein neuer Leiter jedoch noch nicht bestimmt wurde.

Das Löschen einer Zeile in der abhängigen Tabelle beeinflußt die Beziehungsintegrität nicht und wird somit vom Database Manager immer zugelassen. Anhand der Tabelle AUFTRAG in Abbildung 4.17 ist sicher leicht nachvollziehbar, daß das Löschen eines Auftrags die Beziehung zwischen den beiden Tabellen nicht berührt.

Betrachten wir nun die Vatertabelle. Hier ist die Situation etwas komplexer als bei der abhängigen Tabelle:

Das Einfügen einer neuen Zeile in die Vatertabelle berührt die Beziehungsintegrität nicht. Mit dem Einfügen einer neuen Zeile steht für den Fremdschlüssel in der abhängigen Tabelle ein weiterer zulässiger Wert zur Verfügung. In der Tabelle PROJ_MITARBEITER (siehe Abbildung 4.17) kann ein neuer Projektmitarbeiter eingefügt werden, ohne daß hierdurch die Beziehung zur Tabelle AUFTRAG beeinflußt würde.

Wird eine Zeile aus der Vatertabelle gelöscht, deren Primärschlüssel zu diesem Zeitpunkt nicht als Fremdschlüssel in der abhängigen Tabelle enthalten ist, so bleibt die Integrität der Beziehung gewahrt. Das Löschen wird in diesem Fall folglich vom Database Manager zugelassen. Bezogen auf unser Beispiel in Abbildung 4.17 heißt das: Das Löschen der Zeile mit der Personalnummer 1 aus der Tabelle PROJ_MITARBEITER ist unproblematisch, da dieser Projektmitarbeiter kein Projekt leitet.

Soll jedoch eine Zeile aus der Vatertabelle gelöscht werden, deren Primärschlüssel als Fremdschlüssel in der abhängigen Tabelle auftaucht, so kann die Integrität der Beziehung auf dreierlei Art sichergestellt werden. Diese drei Alternativen werden als Löschregeln (engl. delete rules) bezeichnet. Für jede Beziehung muß angegeben werden, welche Löschregel anzuwenden ist. Die Löschregeln unterscheiden sich folgendermaßen:

Löschregeln

Löschen abweisen: Wird versucht, eine Zeile aus der Vatertabelle zu löschen, deren Primärschlüssel bereits als Fremdschlüssel in der abhängigen Tabelle benutzt wird, so wird der Löschversuch vom Database Manager abgewiesen (engl. restrict constraint). Für unser Beispiel in Abbildung 4.17 bedeutet dies: Soll der Mitarbeiter mit der Personalnummer 4 aus der Tabelle PROJ_MITARBEITER gelöscht werden, so muß zuvor dem Auftrag mit der Auftragsnummer 2 ein neuer Auftragsleiter zugeordnet werden. Erst dann kann die Löschung in der Vatertabelle PROJ_MITARBEITER erfolgen.

Kaskadierendes Löschen: Bei dieser Löschregel werden mit dem Löschen einer Zeile aus der Vatertabelle gleichzeitig alle Zeilen aus der abhängigen Tabelle gelöscht, die den gelöschten Primärschlüssel als Fremdschlüssel enthalten (engl. cascade constraint). Betrachten wir hierzu die Abbildung 4.17: Wird in der Tabelle PROJ_MITARBEITER der Mitarbeiter mit der Personalnummer 2 gelöscht, so verschwinden bei der Anwendung dieser Löschregel gleichzeitig auch die Aufträge mit den Auftragsnummern 1 und 5 aus der Tabelle AUFTRAG. Für die in Abbildung 4.17 dargestellte Beziehung

4.2 Der konzeptionelle Datenbankentwurf

wäre das kaskadierende Löschen sicher nicht die geeignete Löschregel, da sie die in der Realität auftretende Reaktion (ein neuer Leiter wird für die betroffenen Aufträge ernannt) nicht geeignet widerspiegelt.

Nullsetzen: Beim Löschen einer Zeile aus der Vatertabelle wird in allen Zeilen der abhängigen Tabelle, die den gelöschten Primärschlüssel als Fremdschlüssel enthalten, dieser Fremdschlüssel auf den Nullwert gesetzt (engl. set null constraint). Für unser Beispiel in Abbildung 4.17 bedeutet die Anwendung dieser Löschregel folgendes: Wird der Mitarbeiter mit der Personalnummer 2 aus der Tabelle PROJ_MITARBEITER gelöscht, so wird der Fremdschlüssel AUFTR_LEITER für die Aufträge mit den Auftragsnummern 1 und 5 auf den Nullwert gesetzt; die Aufträge bleiben also erhalten, es ist ihnen jedoch kein leitender Projektmitarbeiter mehr zugeordnet.

Abschließend läßt sich sagen: Die Löschregel legt fest, ob eine Löschung in der Vatertabelle zugelassen wird und wenn ja, welche Auswirkungen diese Löschung auf die abhängige Tabelle hat. Welche Löschregel zu wählen ist, muß im Einzelfall entschieden werden. Wir werden auf diese Thematik im Rahmen der Umsetzung des ER-Entwurfs in einen relationalen Entwurf detaillierter eingehen.

Modifikationsregeln

Man könnte sich nun vorstellen, daß beim Modifizieren des Primärschlüssels einer Zeile in der Vatertabelle die gleichen Regeln gelten wie beim Löschen einer Zeile aus der Vatertabelle.

Wenngleich dies sicher sinnvoll wäre, so ist beim Database Manager derzeit nur eine Modifikationsregel realisiert. Es ist die Regel "Modifikation abweisen" (engl. restrict rule); d.h. ein Primärschlüssel kann nicht modifiziert werden, wenn es in der abhängigen Tabelle Zeilen gibt, die den bisherigen Wert des Primärschlüssels als Fremdschlüsselwert enthalten.

Bezogen auf unser Beispiel in Abbildung 4.17 heißt dies: Die Personalnummern 2, 4 und 5 in der Tabelle PROJ_MITARBEITER können nicht modifiziert werden, da sie bereits Aufträgen zugeordnet sind. Eine Modifikation der Personalnummer 1 in der Tabelle PROJ_MITARBEITER wäre hingegen möglich.

Im betrachteten Beispiel ist dieser Mangel des Database Manager nicht nachteilig, da es keinen Grund gibt, Personalnummern zu modifizieren. Dies liegt daran, daß die Personalnummer als willkürliche Zahl keine Eigenschaft des Mitarbeiters ausdrückt und deswegen auch nie geändert werden muß.

Die fehlende Modifikationsmöglichkeit von Primärschlüsseln beim Database Manager ist der Grund, warum bei der Behandlung des ER-Modells empfohlen wurde, keine zeitvarianten Attribute der Entitätsmenge als Schlüsselattribute zu verwenden.

Bevor wir uns noch intensiver mit der Beziehungsintegrität befassen, wollen wir die Umsetzung des ER-Entwurfs in das relationale Datenmodell behandeln. Dies erlaubt uns, die noch fehlenden Aspekte der Beziehungsintegrität anschließend anhand von Beispielen zu erläutern.

4.2.3 Vom ER-Modell zum Datenmodell des Database Manager

Nachdem wir uns ausführlich mit dem ER-Entwurf und in Grundzügen mit dem relationalen Datenmodell beschäftigt haben, stehen wir nun vor der Aufgabe, den Datenbankentwurf vom ER-Modell in das relationale Datenmodell umzusetzen. Diese Umsetzung werden wir nicht nur theoretisch abhandeln, sondern auch am Beispiel des Softwarehauses konkret durchführen. Ausgangspunkt hierzu ist das in Abbildung 4.15 (Seite 327) dargestellte ER-Gesamtmodell der Miniwelt "Softwarehaus".

Die Umsetzung von Entitätsmengen

Die Umsetzung von Entitätsmengen in das relationale Datenmodell ist ein relativ einfacher Vorgang. Für jede Entitätsmenge des ER-Modells wird im relationalen Modell eine Tabelle definiert.

Eine Ausnahme hiervon bilden Entitätsmengen, die Spezialisierungen anderer Entitätsmengen darstellen (z.B. die Entitätsmenge PROJ_MITARBEITER). Spezialisierungen können in bestimmten Situationen gemeinsam mit der übergeordneten verallgemeinerten Entitätsmenge eine gemeinsame Tabelle bilden. Wir werden auf diese Thematik später noch ausführlich zu sprechen kommen.

Betrachten wir nun wieder den Normalfall; d.h. eine Entitätsmenge des ER-Modells ergibt eine Tabelle im relationalen Modell. Hierbei entspricht jedem Attribut der Entitätsmenge eine Spalte in der korrespondierenden Tabelle. Abbildung 4.16 (Seite 329) zeigt die Tabellendarstellung der Entitätsmenge MITARBEITER. In entsprechender Weise lassen sich auch die übrigen Entitätsmengen unserer Miniwelt "Softwarehaus" in Tabellen umsetzen.

4.2 Der konzeptionelle Datenbankentwurf

Die Schlüsselattribute der Entitätsmengen gehen hierbei in die Primärschlüssel der entsprechenden Tabellen über. Waren im ER-Modell mehrere Attribute zur Schlüsseldefinition notwendig, so erhält man auch in der korrespondierenden Tabelle einen Primärschlüssel, der aus mehreren Spalten besteht.

Betrachten wir hierzu die Entitätsmenge LEISTUNG. Sie besitzt die beiden Schlüsselattribute AUFTR_NR und LEIST_NR (siehe Abbildung 4.15 auf Seite 327). In der entsprechenden Tabellendarstellung (siehe Abbildung 4.18) bilden beide Attribute gemeinsam den Primärschlüssel der Tabelle LEISTUNG.

AUFTR NR	LEIST NR	BEZ	START TERMIN	ENDE TERMIN	ABR ART	KOSTEN GEPL
1	1	Systemanalyse	01.01.1990	30.03.1990	Aufwand	
1	2	Datenbankentwurf	15.04.1990	31.05.1990	Festpreis	30 000
1	3	Programmier...	...1990		Festpreis	45 000
2	1	Datenbanken...		...1990		30 000
2	2	Programmierung	01.04.1990	15.08.1990		55 000
3	1	Systemstudie	15.08.1990	15.02.1991		20 000
5	1	Pflichtenheft	15.03.1990	01.08.1990		50 000

LEISTUNG

Primär-
schlüssel

Abbildung 4.18

Man sagt: Die Tabelle besitzt einen **zusammengesetzten** Primärschlüssel. Der Database Manager erlaubt Primärschlüssel, die bis zu 16 Spalten umfassen, wobei die Gesamtlänge des Primärschlüssels jedoch 255 Bytes nicht überschreiten darf. In der Praxis sollte man jedoch weit unter dieser Grenze bleiben. Der Primärschlüssel von Tabellen, die mit Entitätsmengen korrespondieren, sollte sinnvollerweise nicht mehr als drei Spalten umfassen.

Die Umsetzung von Beziehungsmengen

Die Umsetzung von Beziehungsmengen des ER-Modells gestaltet sich weitaus schwieriger als die Umsetzung von Entitätsmengen. Dies liegt daran, daß es im relationalen Datenmodell keine Elemente gibt, die den Beziehungsmengen des ER-Modells direkt entsprechen. Wie wir gesehen haben, kennt das relationale Datenmodell nur Beziehungen zwischen Tabellen. Diese Beziehungen zwischen Fremd- und Primärschlüsseln entsprechen jedoch nicht den Beziehungsmengen des ER-Modells, da sie keine eigenen Attribute besitzen können und maximal zwei Tabellen miteinander verbinden können.

Wie wir im folgenden sehen werden, lassen sich Beziehungsmengen des ER-Modells im relationalen Datenmodell in manchen Fällen durch relationale Beziehungen darstellen, in anderen Fällen müssen zusätzlich neue Tabellen definiert werden. Wie im einzelnen Beziehungsmengen im relationalen Datenmodell darstellbar sind, hängt in erster Linie von der Komplexität der jeweils betrachteten Beziehungsmenge ab. Wir werden deshalb das Umsetzverfahren für die unterschiedlichen Komplexitätsstufen getrennt behandeln. Beginnen wir mit 1:n-Beziehungen:

Die Umsetzung von 1:n-Beziehungen

Eine 1:n-Beziehung wird im relationalen Datenmodell dadurch abgebildet, indem in der Tabelle, welche die "n-Seite" repräsentiert, der Primärschlüssel der "1-Seite" als Fremdschlüssel aufgenommen wird. Besitzt die Beziehungsmenge eigene Attribute, so werden diese ebenfalls als Spalten in der Tabelle der "n-Seite" aufgenommen.

Zur Verdeutlichung dieses Umsetzvorgangs betrachten wir die 1:n-Beziehungsmenge LEITET zwischen den Entitätsmengen PROJ_MITARBEITER und AUFTRAG (siehe Abbildung 4.10 auf Seite 318). Um diese Beziehung im relationalen Datenmodell abzubilden, müssen wir den Primärschlüssel PERS_NR der Tabelle PROJ_MITARBEITER (1-Seite der Beziehung) als Fremdschlüssel in die Tabelle AUFTRAG (n-Seite der Beziehung) aufnehmen. Das Ergebnis ist in Abbildung 4.17 (Seite 333) dargestellt. Gegenüber der Entitätsmenge AUFTRAG hat nun die gleichnamige Tabelle ein zusätzliches Attribut aufzuweisen, nämlich den Fremdschlüssel AUFTR_LEITER. Die Beziehungsmenge LEITET des ER-Modells ist somit in eine relationale Beziehung zwischen dem Primärschlüssel PERS_NR und dem Fremdschlüssel AUFTR_LEITER übergegangen.

Fremdschlüsselattribute werden oftmals auch referenzierende Attribute genannt, da sie selbst keine Eigenschaften der Entität beschreiben, sondern den Bezug zu einer anderen Entität herstellen. So beschreibt der Fremdschlüssel AUFTR_LEITER in Abbildung 4.17 keine Eigenschaft der Entitätsmenge AUFTRAG, sondern er verweist auf die Entitätsmenge PROJ_MITAR-

BEITER. Durch diesen Verweis können beschreibende Attribute der Entitätsmenge PROJ_MITARBEITER (im vorliegenden Beispiel existiert nur das Attribut STD_SATZ) der Entitätsmenge AUFTRAG zugeordnet werden.

Wie wir gesehen haben, muß einer relationalen Beziehung bei ihrer Definition eine Löschregel zugeordnet werden. Diese Löschregel wird vom Database Manager angewandt, wenn eine Zeile aus der Vatertabelle gelöscht werden soll, deren Primärschlüsselwert in der abhängigen Tabelle als Fremdschlüsselwert enthalten ist. Zur Wahl stehen die Löschregeln: Löschen abweisen, kaskadierendes Löschen und Nullsetzen. Wie man dem ER-Modell (Abbildung 4.15 auf Seite 327) entnehmen kann, handelt es sich bei der Beziehung LEITET nicht um eine hierarchische Beziehung; d.h. Aufträge sind in ihrer Existenz von den Auftragsleitern unabhängig. Aus diesem Grund kommt die Löschregel "kaskadierendes Löschen" für die Beziehung LEITET nicht in Frage, da bei ihrer Anwendung mit dem Löschen eines Auftragsleiters die von ihm geleiteten Aufträge gleichzeitig mitgelöscht würden.

Welche der verbleibenden zwei Löschregeln nun angewandt wird, hängt von den Unternehmensregeln des modellierten Softwarehauses ab.

Wird in dem betrachteten Unternehmen verlangt, daß einem Auftrag zu jeder Zeit ein verantwortlicher Auftragsleiter zugeordnet ist, so müßte der Beziehung LEITET die Löschregel "Löschen abweisen" zugeordnet werden. Bei dieser Unternehmensregel kann ein Mitarbeiter erst dann aus der Tabelle PROJ_MITARBEITER gelöscht werden, wenn die bisher von ihm geleiteten Aufträge anderen Projektmitarbeitern zur Leitung übertragen wurden. In diesem Fall wäre es auch sinnvoll, bei der Definition der Tabelle AUFTRAG festzulegen, daß in der Spalte AUFTR_LEITER Nullwerte unzulässig sind. Ein neuer Auftrag kann dann nur erfaßt werden, wenn der zuständige Auftragsleiter bekannt ist.

Ist es jedoch in dem betrachteten Unternehmen üblich, bei Weggang eines Auftragsleiters dessen Aufträge nicht sofort anderen Projektmitarbeitern zur Leitung zu übergeben, dann wäre die Anwendung der Löschregel "Nullsetzen" sinnvoll. Dies bedeutet, daß ein Mitarbeiter aus der Tabelle PROJ_MITARBEITER gelöscht werden kann, auch wenn dieser bisher Aufträge leitete. Die betroffenen Aufträge erhalten dann in der Spalte AUFTR_LEITER den Nullwert; momentan ist diesen Aufträgen also kein Leiter zugeordnet. Voraussetzung für die Anwendung der Löschregel "Nullsetzen" ist, daß die Spalte AUFTR_LEITER überhaupt Nullwerte aufnehmen darf.

Hierarchische 1:n-Beziehungen

Eine weitere 1:n-Beziehung ist in Abbildung 4.19 dargestellt. Es handelt sich hierbei um die hierarchische Beziehungsmenge ERTEILT zwischen den Entitätsmengen KUNDE und AUFTRAG (siehe Abbildung 4.15 auf Seite 327). Die Beziehungsmenge ERTEILT ist deshalb hierarchisch, da Aufträge in ihrer Existenz von den zugehörigen Kunden abhängen. Deswegen wird man in diesem Fall die Löschregel "kaskadierendes Löschen" anwenden, weil sie dafür sorgt, daß mit dem Löschen einer Entität aus der Vatertabelle alle hierarchisch abhängigen Entitäten aus der abhängigen Tabelle mitgelöscht werden. Bezogen auf unser Beispiel heißt das: Wird ein bestimmter Kunde aus der Tabelle KUNDE gelöscht, so werden automatisch alle Aufträge, die er erteilte, aus der Tabelle AUFTRAG gelöscht.

Die Regel "kaskadierendes Löschen" ist somit grundsätzlich die geeignete Löschregel für hierarchische Beziehungen. Darüber hinaus sollte bei der Definition von Spalten, die den Fremdschlüssel einer hierarchischen Beziehung bilden (in Abbildung 4.19 die Spalte KUNDE_NR in der Tabelle AUFTRAG), darauf geachtet werden, daß Nullwerte nicht zugelassen werden. Würde man z.B. für den Fremdschlüssel KUNDE_NR in der Tabelle AUFTRAG Nullwerte zulassen, dann wäre es möglich, einen Auftrag zu erfassen, der keinem Kunden zugeordnet ist. Damit wäre jedoch die hierarchische Beziehung zwischen den Entitätsmengen KUNDE und AUFTRAG verletzt.

Wie der Abbildung 4.19 zu entnehmen ist, kann eine Tabelle durchaus mehrere, voneinander unabhängige Fremdschlüssel enthalten. Die Tabelle AUFTRAG ist sowohl von der Tabelle KUNDE als auch von der Tabelle PROJ_MITARBEITER (siehe Abbildung 4.17 auf Seite 333) abhängig. Sie besitzt deshalb zwei Fremdschlüssel (KUNDE_NR und AUFTR_LEITER).

4.2 Der konzeptionelle Datenbankentwurf

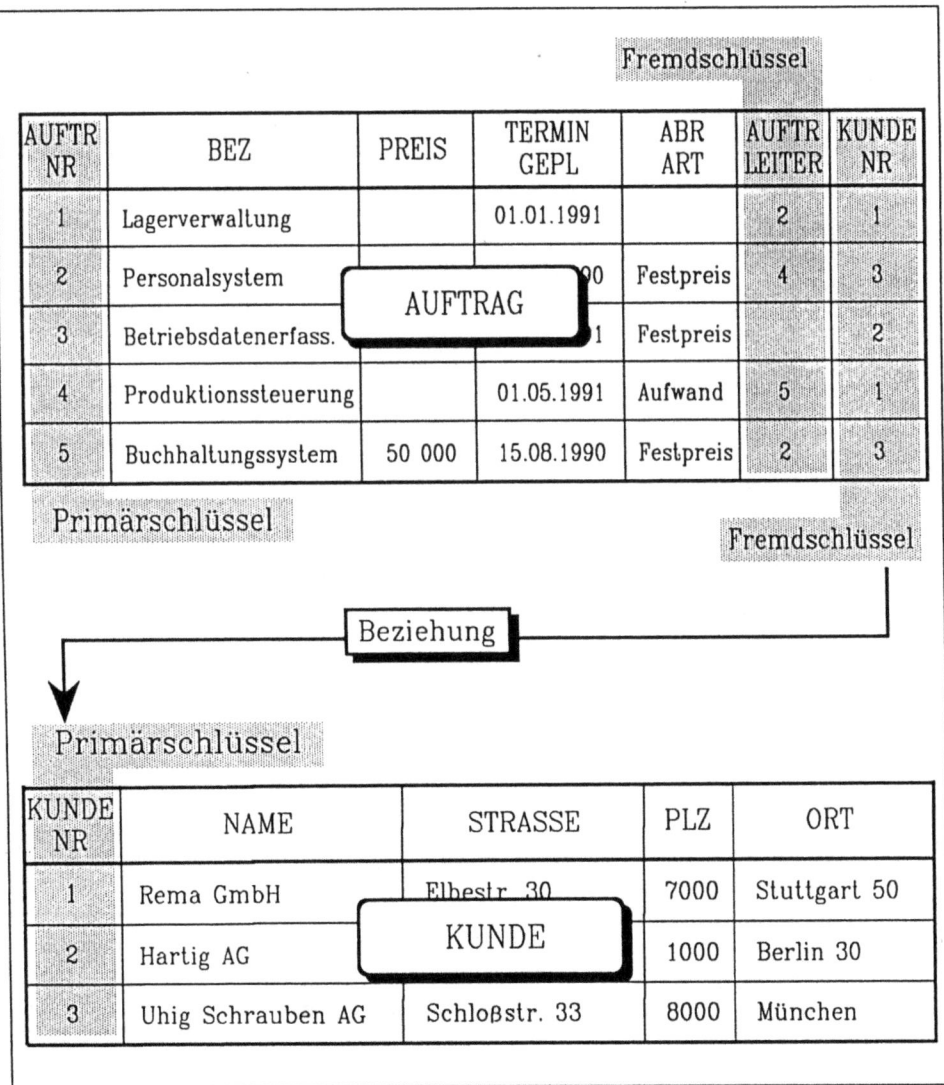

Abbildung 4.19

Ein weiterer Fall einer hierarchischen Beziehung ist in Abbildung 4.20 dargestellt. Es handelt sich hierbei um die Beziehungsmenge BESTEHT_AUS zwischen den Entitätsmengen AUFTRAG und LEISTUNG (siehe auch Abbildung 4.15 auf Seite 327). Die Besonderheit dieser Beziehung besteht darin, daß der Fremdschlüssel AUFTR_NR in der Tabelle LEISTUNG gleichzeitig Bestandteil des zusammengesetzten Primärschlüssels dieser Tabelle ist.

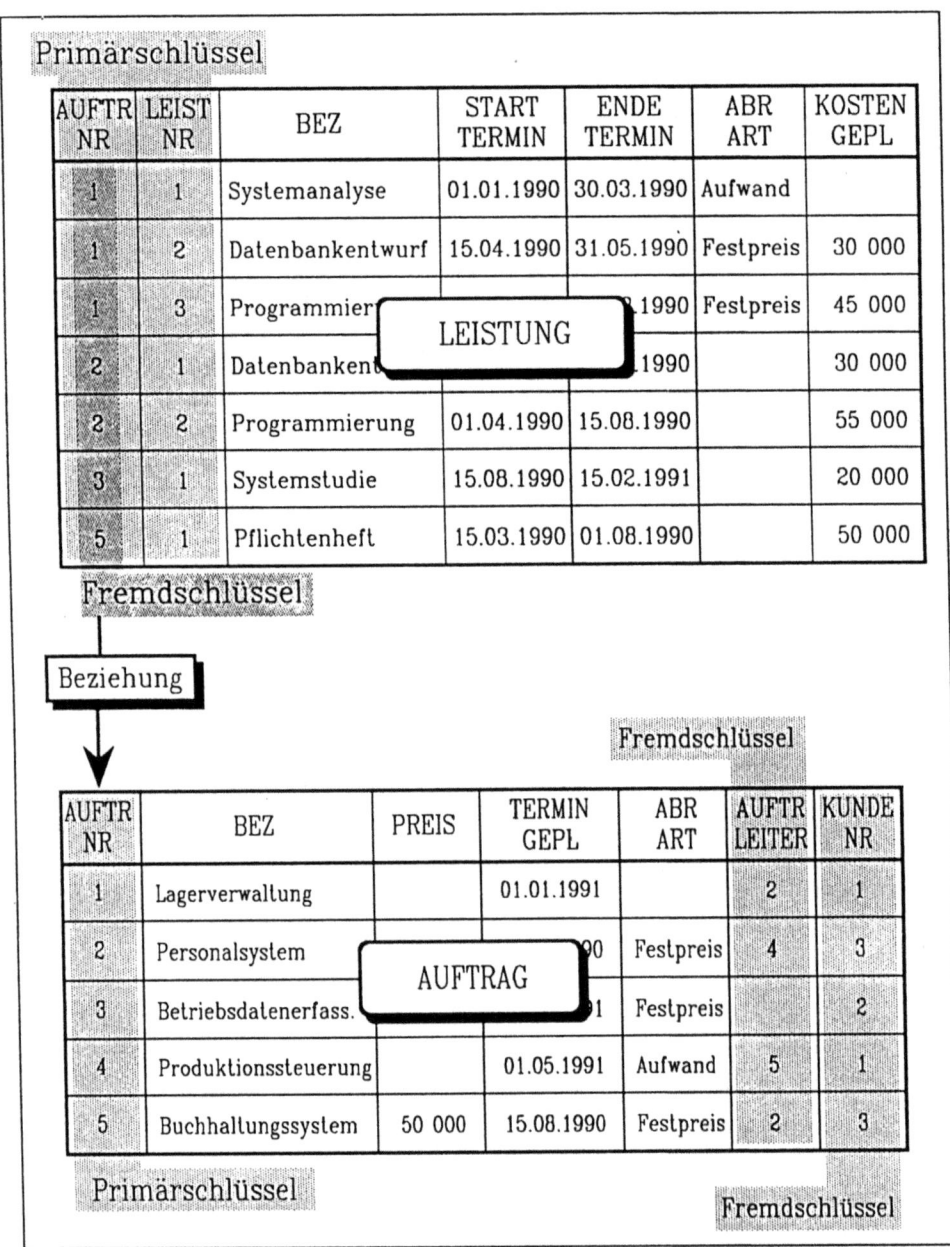

Abbildung 4.20

In diesem Fall kann die Löschregel "Nullsetzen" nicht angewandt werden, da die Spalte AUFTR_NR als Komponente des Primärschlüssels der Tabelle LEI-

STUNG keine Nullwerte annehmen darf[13]. Diese Einschränkung ist jedoch unbedeutend, da bei hierarchischen Beziehungen grundsätzlich die Löschregel "kaskadierendes Löschen" zum Einsatz kommt.

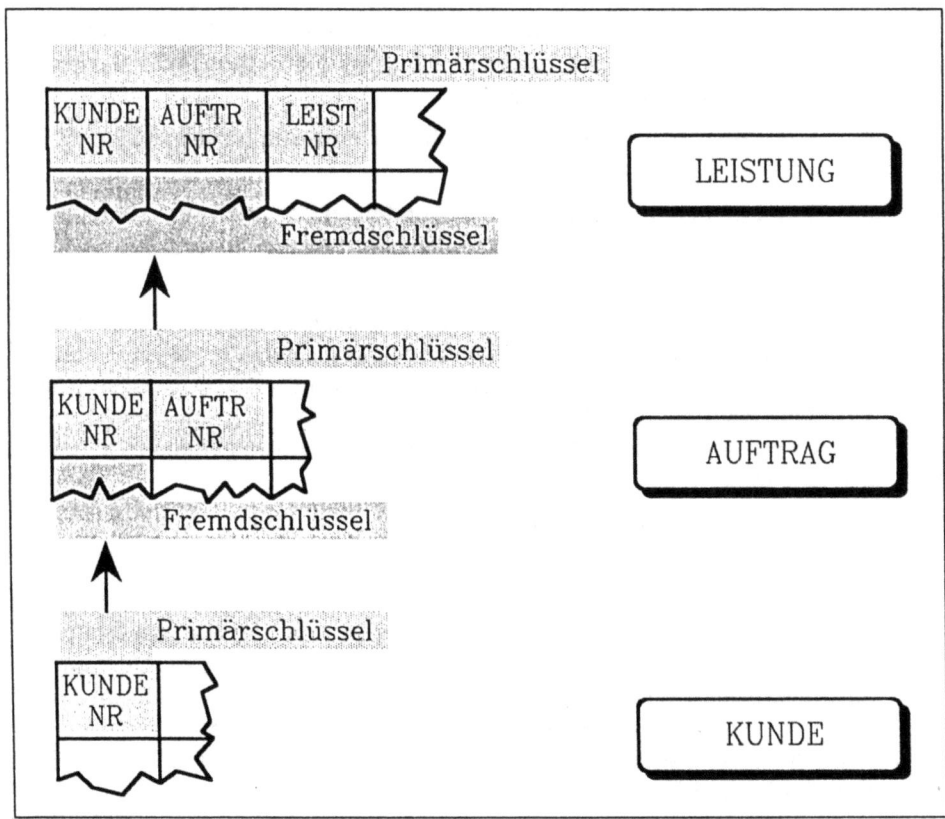

Abbildung 4.21

In ähnlicher Weise wie bei der Tabelle LEISTUNG hätten wir bereits bei der Tabelle AUFTRAG mit einem zusammengesetzten Primärschlüssel arbeiten können, da auch hier eine hierarchische Abhängigkeit vorliegt. Wir hätten dann die in Abbildung 4.21 dargestellte Beziehungskette zwischen den Tabellen KUNDE, AUFTRAG und LEISTUNG erhalten. Die Spalte AUFTR_NR müßte in diesem Fall nur bezüglich eines Kunden eindeutig sein, da ja die

---

[13] Würden Nullwerte in einer Komponente des Primärschlüssels auftreten, dann wäre dadurch der gesamte Primärschlüssel undefiniert. Ein undefinierter Primärschlüssel kann jedoch nicht mehr zur eindeutigen Identifizierung einer Tabellenzeile herangezogen werden. Aus diesem Grunde dürfen in keiner Komponente des Primärschlüssels Nullwerte zugelassen werden.

Kundennummer selbst Bestandteil des Primärschlüssels der Tabelle AUFTRAG ist; d.h. man könnte die Aufträge eines Kunden einfach durchzählen. Bei der bisher gewählten Lösung muß die Spalte AUFTR_NR in der Tabelle AUFTRAG über alle Kunden hinweg eindeutig sein, da diese Spalte allein den Primärschlüssel der Tabelle AUFTRAG bildet.

Beide Verfahren zur Bildung von Primärschlüsseln hierarchisch abhängiger Tabellen haben Vor- und Nachteile. Das in Abbildung 4.21 dargestellte Verfahren bietet folgende Vorteile:

- ♦ Aus dem Aufbau der Primärschlüssel wird die hierarchische Abhängigkeit sofort ersichtlich.

- ♦ Soll ein neuer Auftrag eines Kunden erfaßt werden, so müssen für die Ermittlung einer neuen AUFTR_NR nur die bereits für diesen Kunden bestehenden Aufträge berücksichtigt werden.

Nachteilig ist jedoch, daß mit jeder Hierarchiestufe der Primärschlüssel um eine Spalte länger wird. Ein Primärschlüssel, der aus vielen Spalten besteht, wirkt sich vor allem dann ungünstig aus, wenn es von mehreren abhängigen Tabellen Bezüge auf diesen Primärschlüssel gibt. In allen abhängigen Tabellen müssen dann Fremdschlüssel eingeführt werden, die genauso viele Spalten umfassen wie der zugehörige Primärschlüssel.

Deshalb ist bei Hierarchien mit vielen Stufen das in Abbildung 4.21 dargestellte Verfahren nur beschränkt einsetzbar.

Das alternative, in Abbildung 4.19 (Seite 343) dargestellte Verfahren beruht darauf, einen neuen Primärschlüssel einzuführen, der die hierarchische Abhängigkeit nicht zum Ausdruck bringt. Der Vorteil dieses Verfahrens besteht darin, daß man einen nicht zusammengesetzten Primärschlüssel erhält. Nachteilig ist jedoch, daß für die Ermittlung eines neuen, noch nicht benutzten Primärschlüssels immer alle bereits existierenden Zeilen der Tabelle berücksichtigt werden müssen.

In unserem Beispiel haben wir zu Demonstrationszwecken beide Verfahren kombiniert. In der Praxis hätte man sich wahrscheinlich für das in Abbildung 4.21 dargestellte Verfahren entschieden, da ein Primärschlüssel aus drei Komponenten (gerade) noch akzeptabel ist[14].

---

[14] Im Grunde genommen ist die Festlegung von Entitätschlüsseln ein Vorgang, der nicht datenmodellunabhängig durchgeführt werden kann. So wäre z.B. der für die Entitätsmenge AUFTRAG gewählte, nicht zusammengesetzte Entitätsschlüssel AUFTR_NR im hierarchischen Datenmodell überhaupt nicht realisierbar. Auch im relationalen Modell hängt - wie wir gesehen haben - die Wahl des Entitätsschlüssels von modellspezifischen Kriterien ab (z.B. Anzahl der Komponenten eines Primärschlüssels). Aus diesem Grund könnte man bei der ER-Modellierung auch vollständig auf die Festlegung von Entitätsschlüsseln verzichten und diese Aufgabe auf den datenmodellspezifischen Entwurf verschieben.

4.2 Der konzeptionelle Datenbankentwurf

Rekursive 1:n-Beziehungen

Wie wir bei der Behandlung der ER-Methode gesehen haben, kann eine Entitätsmenge mit sich selbst in Beziehung gesetzt werden. Ein Beispiel für eine solche rekursive Beziehung ist die in Abbildung 4.7 (Seite 315) dargestellte Beziehungsmenge IST_CHEF_VON, welche die Vorgesetzten-Untergebenen-Verhältnisse zwischen den Mitarbeitern zum Ausdruck bringt.

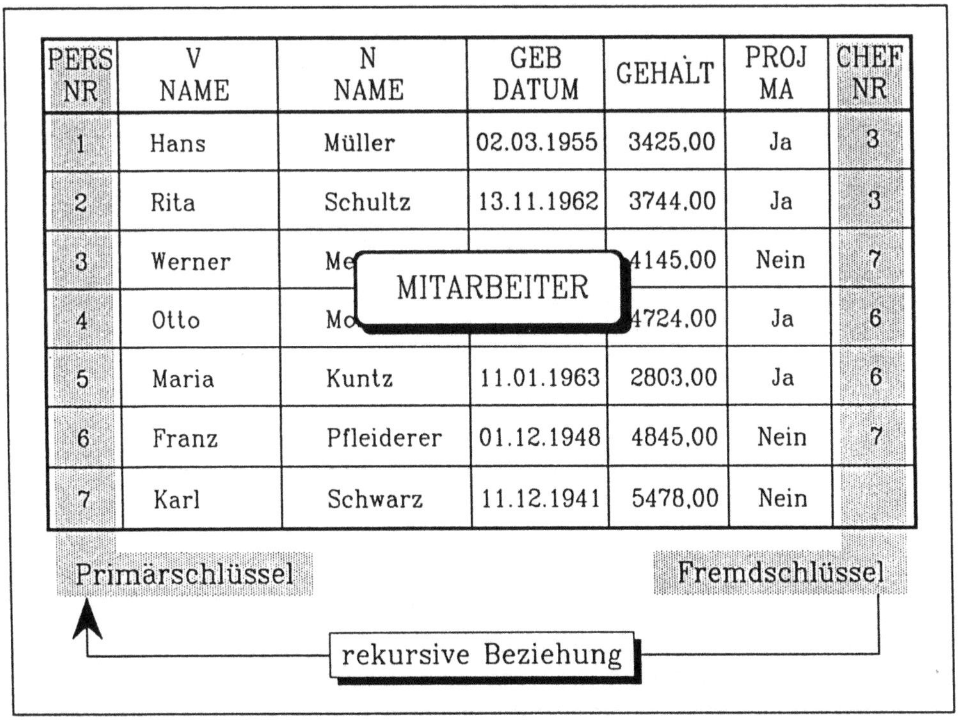

PERS NR	V NAME	N NAME	GEB DATUM	GEHALT	PROJ MA	CHEF NR
1	Hans	Müller	02.03.1955	3425,00	Ja	3
2	Rita	Schultz	13.11.1962	3744,00	Ja	3
3	Werner	Me…	…	4145,00	Nein	7
4	Otto	Mo…	…	4724,00	Ja	6
5	Maria	Kuntz	11.01.1963	2803,00	Ja	6
6	Franz	Pfleiderer	01.12.1948	4845,00	Nein	7
7	Karl	Schwarz	11.12.1941	5478,00	Nein	

Primärschlüssel — MITARBEITER — Fremdschlüssel — rekursive Beziehung

Abbildung 4.22

Wollen wir diese Beziehungsmenge in das relationale Datenmodell übertragen, so übernimmt die Tabelle MITARBEITER sowohl die Rolle der Vatertabelle als auch die Rolle der abhängigen Tabelle. In ihrer Rolle als abhängige Tabelle muß sie um einen Fremdschlüssel erweitert werden. Dieser Fremdschlüssel bezieht sich auf den Primärschlüssel der Vatertabelle. Da die Rolle der Vatertabelle ebenfalls von der Tabelle MITARBEITER übernommen wird, dient als Primärschlüssel die Spalte PERS_NR. Den für die rekursive Beziehung neu einzuführenden Fremdschlüssel können wir nicht auch PERS_NR nennen, weil dieser Spaltenname in der Tabelle MITARBEITER bereits vergeben ist. Dieser Name wäre für den einzuführenden Fremdschlüssel allerdings auch nicht besonders aussagekräftig; wir wollen die Fremdschlüsselspalte deshalb CHEF_NR nennen (siehe Abbildung 4.22).

Da es in unserem Softwarehaus immer einen Mitarbeiter gibt, der keinen Vorgesetzten hat - nämlich der Geschäftsführer des Unternehmens -, sind in der Spalte CHEF_NR Nullwerte zugelassen. Im gezeigten Beispiel (siehe Abbildung 4.22) hat der Mitarbeiter mit der Personalnummer 7 als einziger keinen Vorgesetzten. Er ist folglich der Geschäftsführer des Unternehmens.

Die gesamte hierarchische Unternehmensstruktur, die sich aus der rekursiven Beziehung innerhalb der Tabelle MITARBEITER ergibt (siehe Abbildung 4.22), ist in Abbildung 4.23 anhand der Personalnummern grafisch dargestellt.

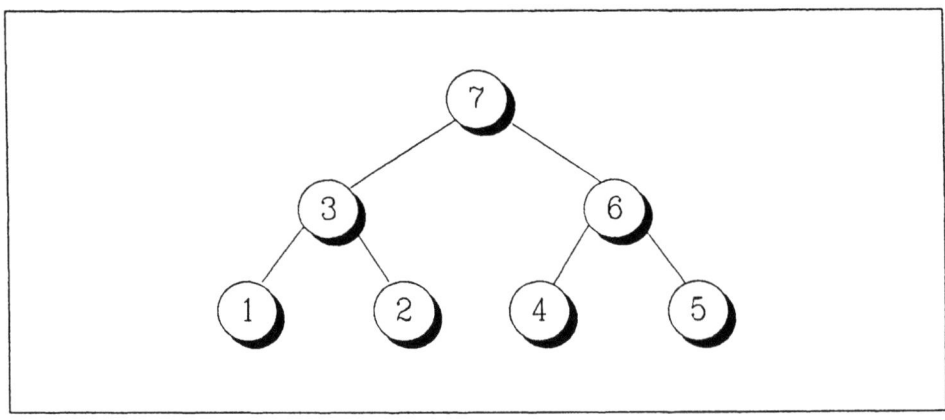

Abbildung 4.23

Eine rekursive Beziehung bringt jedoch gewisse Erschwernisse mit sich. Diese sind darin begründet, daß mit jeder Änderungsoperation gleichzeitig eine Änderung in der Vatertabelle und in der abhängigen Tabelle vorgenommen wird. Es sind somit immer beide Seiten der Beziehung betroffen.

Wollen wir in eine leere Tabelle mit einer rekursiven Beziehung die erste Zeile einfügen, so muß der Fremdschlüssel dieser Zeile entweder den Nullwert (sofern dieser bei der Tabellendefinition für die Fremdschlüsselspalte überhaupt zugelassen wurde) oder den eigenen Primärschlüssel enthalten, da andere Primärschlüssel noch nicht zur Verfügung stehen. Die Verwendung des eigenen Primärschlüssels als Fremdschlüssel ist jedoch sachlich meist nicht sinnvoll. So würde für die Tabelle MITARBEITER die Verwendung des eigenen Primärschlüssels als Fremdschlüssel beispielsweise bedeuten, daß ein Mitarbeiter sein eigener Vorgesetzter ist.

Für die Definition von Löschregeln rekursiver 1:n-Beziehungen können die bereits erläuterten, allgemein für 1:n-Beziehungen gültigen Kriterien angewandt werden. Handelt es sich also bei der rekursiven Beziehung gleichzeitig um eine hierarchische Beziehung, so ist die Löschregel "kaskadierendes Löschen" zu benutzen. Bei nicht hierarchischen rekursiven Beziehungen muß man sich zwischen den Löschregeln "Löschen abweisen" und "Nullsetzen" entscheiden. Ausschlaggebend für diese Entscheidung ist wiederum das Verhalten der zugrunde liegenden realen Miniwelt.

Betrachten wir hierzu nochmals die Tabelle MITARBEITER mit der in Abbildung 4.22 dargestellten rekursiven Beziehung. Obwohl diese Beziehung die Hierarchie des Unternehmens definiert (siehe Abbildung 4.23), so ist sie dennoch keine hierarchische Beziehung, da keine Existenzabhängigkeit zwischen Vorgesetzten und untergebenen Mitarbeitern besteht. Kündigt eine Führungskraft, bleiben die bisher dieser Führungskraft unterstellten Personen weiterhin Mitarbeiter des Unternehmens. Im vorliegenden Beispiel wäre die Löschregel "Nullsetzen" sicher die geeignetste, da sie das Löschen eines Vorgesetzten ermöglicht, ohne daß zuvor dessen Mitarbeiter anderen Führungskräften zugeordnet werden müssen.

Einschränkungen bei rekursiven Beziehungen

Für eine Tabelle, die über eine rekursive Beziehung mit sich selbst in Beziehung gesetzt ist, sind die Verarbeitungsmöglichkeiten durch folgende Restriktionen eingeschränkt:

Einfügerestriktion: In eine Tabelle mit rekursiver Beziehung kann eine Einfügeoperation, die mittels einer Unterabfrage mehrere Zeilen einfügen würde, nicht ausgeführt werden (SQLCODE "-533").

Löschrestriktion: Die Verwendung der Löschregeln "Löschen abweisen" oder "Nullsetzen" bei rekursiven Beziehungen führt dazu, daß Löschoperationen, die mehr als eine Zeile aus der betroffenen Tabelle löschen würden, nicht durchgeführt werden (SQLCODE "-535"). Diese Restriktion gilt jedoch nicht, wenn alle Zeilen der Tabelle gelöscht werden sollen (DELETE-Anweisung ohne WHERE-Klausel).

Der Grund für die eben genannten Restriktionen liegt nicht im relationalen Datenmodell, sondern vielmehr in der Art und Weise, wie die Überprüfung der Beziehungsintegrität vom Database Manager gehandhabt wird.

Es gibt mehrere Möglichkeiten, zu überprüfen, ob durch eine SQL-Anweisung die Integrität von Beziehungen verletzt wird. Eine Möglichkeit besteht darin, während der Ausführung der SQL-Anweisung eventuell auftretende Integritätsverletzungen zu tolerieren und erst nach Durchführung der Änderungen zu prüfen, ob Beziehungen verletzt sind. Sind nach Abschluß aller Änderungen noch Beziehungen verletzt, so müssen bei dieser Arbeitsweise alle Änderungen wieder rückgängig gemacht werden.

Der Database Manager arbeitet jedoch nach einem anderen Verfahren: Die Beziehungsintegrität wird bereits während der Durchführung von Änderungen überprüft; d.h. bei einer SQL-Änderungsanweisung, die die Änderung mehrerer Tabellenzeilen zur Folge hat, wird bei der Änderung (Einfügen, Modifizieren oder Löschen) jeder betroffenen Zeile sofort überprüft, ob die Beziehungsintegrität noch gewährleistet ist. Sobald eine Verletzung der Beziehungsintegrität erkannt wird, wird die Anweisung entweder abgebrochen oder es werden die notwendigen Folgemaßnahmen ausgeführt (z.B. kaskadierendes Löschen abhängiger Zeilen oder Nullsetzen der Fremdschlüssel abhängiger Zeilen). Man sagt: Die Integrität wird "im Flug" (engl. inflight) überprüft.

Nachteilig an dieser Arbeitsweise des Database Manager ist jedoch, daß für bestimmte SQL-Anweisungen das Änderungsergebnis davon abhängt, in welcher Reihenfolge die einzelnen Tabellenzeilen bearbeitet werden. Wir wollen diesen Umstand anhand der Tabelle MITARBEITER (siehe Abbildung 4.22 auf Seite 347) erläutern. Hierbei gehen wir davon aus, der rekursiven Beziehung IST_CHEF_VON sei die Löschregel "Nullsetzen" zugeordnet. Weiterhin existiere die obengenannte Löschrestriktion nicht. Folgende Löschanweisung wäre somit ausführbar:

```
DELETE FROM MITARBEITER WHERE CHEF_NR > 5
```

Erfolgt die Abarbeitung der SQL-Anweisung von oben nach unten entsprechend der Darstellung in Abbildung 4.22, dann hat die Tabelle MITARBEITER anschließend folgendes Aussehen:

PERS NR	...	CHEF NR
1	...	-
2	...	-
7	...	-

Erfolgt die Verarbeitung der Löschanweisung in umgekehrter Reihenfolge, so ergibt sich folgendes Ergebnis:

PERS NR	...	CHEF NR
1	...	-
2	...	-
4	...	-
5	...	-
7	...	-

Man sieht also, daß eine geänderte Verarbeitungsreihenfolge auch ein anderes Ergebnis liefert. Da jedoch auf der SQL-Ebene die Verarbeitungsreihenfolge nicht beeinflußt werden kann[15], werden alle Änderungsoperationen, deren Ergebnis potentiell von der Verarbeitungsreihenfolge abhängen könnte, vom Database Manager erst gar nicht zugelassen. Bei den Einfüge- und Löschoperationen, die für Tabellen mit rekursiven Beziehungen durch die Einfüge- und Löschrestriktionen unterbunden werden, handelt es sich gerade um solche Situationen, in denen die Verarbeitungsreihenfolge das Ergebnis beeinflußt.

Die Umsetzung von m:n-Beziehungen

Wie wir gesehen haben, lassen sich 1:n-Beziehungen des ER-Modells direkt in relationale Fremd-Primärschlüssel-Beziehungen umsetzen. Die Transformation von m:n-Beziehungen aus dem ER-Modell in das relationale Datenmodell gestaltet sich jedoch etwas komplizierter.

Zur Abbildung einer m:n-Beziehungsmenge im relationalen Datenmodell muß eine spezielle Beziehungstabelle definiert werden. Ihr Primärschlüssel setzt sich aus den Primärschlüsseln der an dieser Beziehung beteiligten Entitätsmengen zusammen. Gleichzeitig fungieren die einzelnen Komponenten des Primärschlüssels als Fremdschlüssel zu den an der Beziehung teilnehmenden Tabellen. Alle Attribute der m:n-Beziehungsmenge werden ebenfalls in die Beziehungstabelle aufgenommen.

---

[15] Die wesentliche Eigenschaft von SQL und relationalen Datenbanksystemen besteht gerade darin, daß nur das gewünschte Ergebnis vom Programmierer (oder Benutzer) spezifiziert wird, nicht jedoch der Weg zu diesem Ergebnis. Nur so läßt sich die Datenunabhängigkeit zwischen externer und interner Ebene erreichen (siehe 3-Ebenen-Architektur nach ANSI/SPARC).

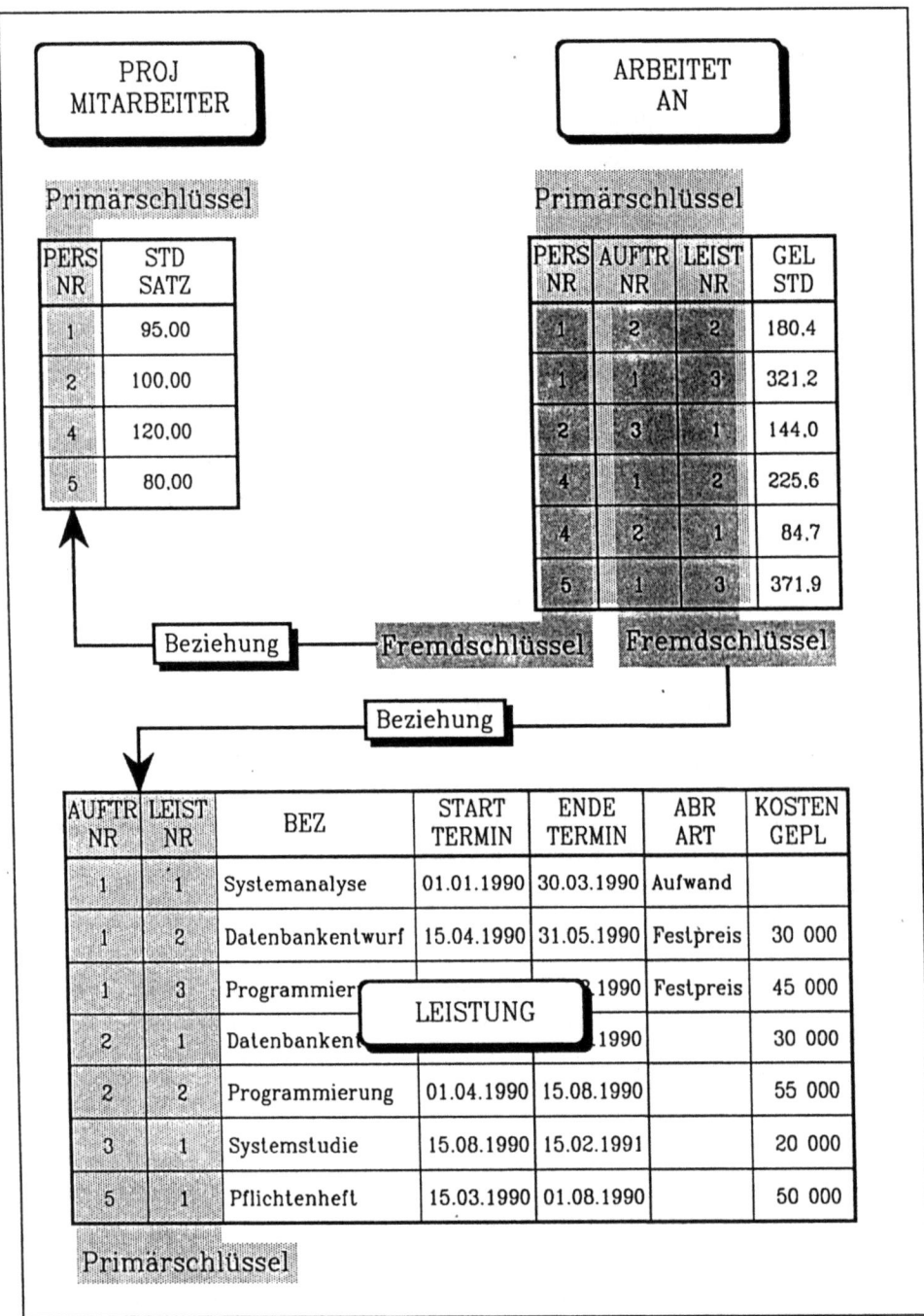

Abbildung 4.24

4.2 Der konzeptionelle Datenbankentwurf

Wir wollen diesen Umsetzvorgang von m:n-Beziehungen anhand eines Beispiels aus der Miniwelt "Softwarehaus" verdeutlichen. Hierzu betrachten wir die in Abbildung 4.11 (Seite 319) dargestellte m:n-Beziehungsmenge ARBEITET_AN zwischen den Entitätsmengen PROJ_MITARBEITER und LEISTUNG. Abbildung 4.24 zeigt die Realisierung dieser Beziehungsmenge im relationalen Datenmodell.

Man sieht dort die neu eingeführte Beziehungstabelle ARBEITET_AN, deren Primärschlüssel aus dem Primärschlüssel der Tabelle PROJ_MITARBEITER (Spalte PERS_NR) und dem zusammengesetzten Primärschlüssel der Tabelle LEISTUNG (Spalten AUFTR_NR und LEIST_NR) besteht. Zusätzlich zum Primärschlüssel enthält die Tabelle ARBEITET_AN das Attribut "geleistete Stunden" (GEL_STD), das der Beziehungsmenge ARBEITET_AN zugeordnet ist (vergl. Abbildung 4.11)

Anhand der in Abbildung 4.24 enthaltenen Daten kann der m:n-Komplexitätsgrad der Beziehungsmenge ARBEITET_AN leicht nachvollzogen werden: Es gibt einerseits die Projektmitarbeiter mit den Personalnummern 1 und 4, die an zwei Leistungen arbeiten. Auf der anderen Seite gibt es die Leistung mit der Auftragsnummer 1 und Leistungsnummer 3, die von zwei Projektmitarbeitern bearbeitet wird.

Löschregeln für m:n-Beziehungen

Wie wir gesehen haben, setzt sich der Primärschlüssel einer m:n-Beziehungstabelle ausschließlich aus den Fremdschlüsseln der an der Beziehung beteiligten Tabellen zusammen. Im Primärschlüssel der Beziehungstabelle sind hierbei exakt so viele Fremdschlüssel enthalten, wie Tabellen an der Beziehung beteiligt sind. Welche Löschregeln sind nun für diese Fremdschlüssel zu wählen?

Die Löschregel "Nullsetzen" scheidet aus, da keine Spalte des Primärschlüssels Nullwerte annehmen darf. Im übrigen wäre die Anwendung dieser Löschregel auch wenig sinnvoll, weil sonst die Beziehungstabelle Einträge enthalten könnte, die keine Beziehung zu einer oder gar zu mehreren an der Beziehung beteiligten Tabellen haben. Damit hätte die Beziehungstabelle jedoch ihren Sinn als Abbild einer m:n-Beziehungsmenge des ER-Modells verloren.

Welche der verbleibenden Löschregeln - "Löschen abweisen" oder "kaskadierendes Löschen" - für die Fremdschlüssel einer m:n-Beziehungstabelle zu verwenden sind, muß im Einzelfall anhand des Verhaltens der zugrunde liegenden realen Miniwelt entschieden werden. Hierbei können für die verschiedenen Fremdschlüssel einer Beziehungstabelle durchaus unterschiedliche Löschregeln zum Einsatz kommen.

Betrachten wir hierzu wiederum die m:n-Beziehungsmenge ARBEITET_AN in Abbildung 4.24. Für den Fremdschlüssel PERS_NR würde man vermutlich die Löschregel "Löschen abweisen" definieren, da ein Mitarbeiter erst dann aus der Tabelle PROJ_MITARBEITER gelöscht werden sollte, wenn die von ihm bearbeiteten Leistungen dem Auftraggeber verrechnet wurden. Diese Lösung ist jedoch in gewisser Weise unbefriedigend, da nun Mitarbeiter in der Tabelle PROJ_MITARBEITER gespeichert bleiben, die in der Realität nicht mehr als Projektmitarbeiter existieren. Die Tabelle PROJ_MITARBEITER bildet somit die reale Welt nicht mehr korrekt ab. Zwei Lösungsmöglichkeiten dieser Konfliktsituation bieten sich an:

1. Die Tabelle PROJ_MITARBEITER könnte um ein Statusattribut erweitert werden, welches zum Ausdruck bringt, ob ein eingetragener Mitarbeiter aktuell noch als Projektmitarbeiter tätig ist. Dadurch wird erreicht, daß ein Mitarbeiter beim Ausscheiden aus der Projektarbeit nicht aus der Tabelle PROJ_MITARBEITER gelöscht werden muß und somit auch die ihn betreffenden Sätze in der Beziehungstabelle erhalten bleiben.

2. Alternativ hierzu könnte das Problem dadurch gelöst werden, daß in der Tabelle LEISTUNG mittels einer zusätzlichen Spalte die Summe der geleisteten Stunden pro Leistung abgelegt wird. Bei dieser Lösung erhält man jedoch eine Abhängigkeit zwischen der Spalte GEL_STD in der Beziehungstabelle ARBEITET_AN und der neuen Summenspalte in der Tabelle LEISTUNG; d.h. mit jeder Datenänderung in der Spalte GEL_STD muß auch eine entsprechende Änderung in der neuen Summenspalte vorgenommen werden. Diese Abhängigkeit der beiden Spalten ist dem Database Manager jedoch nicht bekannt; sie kann von ihm folglich auch nicht sichergestellt werden. Es müßte somit durch Programme gewährleistet werden, daß einer Änderung in der Spalte GEL_STD immer die entsprechende Änderung der Summenspalte in der Tabelle LEISTUNG folgt. Weiterhin müßte durch Berechtigungsfunktionen die Umgehung dieser Programme (z.B. Änderung der Spalte GEL_STD mittels Query Manager) verhindert werden.

Insgesamt ist diese Lösung jedoch problematisch, weil Strukturinformation - nämlich die Abhängigkeit zwischen zwei Datenfeldern - nicht im Database Manager, sondern in Programmen abgelegt ist. Da Anwendungsprogramme auf der externen Ebene angesiedelt sind (siehe 3-Ebenen-Architektur nach ANSI/SPARC), ist somit die Datenunabhängigkeit zwischen externer und konzeptioneller Ebene nicht mehr gewährleistet. Andererseits können derartige Abhängigkeiten vom Database Manager in seiner jetzigen Form nicht verwaltet werden.

Die Umsetzung von 1:1-Beziehungen

Bei der Umsetzung von 1:1-Beziehungen aus dem ER-Modell in das relationale Modell wollen wir uns auf solche Beziehungen beschränken, die zwischen ver-

4.2 Der konzeptionelle Datenbankentwurf

allgemeinerten und spezialisierten Entitätsmengen auftreten, da diese in der Praxis am häufigsten auftreten.

Wie wir bereits bei der Behandlung der ER-Methode gesehen haben, ist es oftmals nützlich, Teilmengen einer Entitätsmenge mit speziellen Eigenschaften als eigenständige Entitätsmenge darzustellen. Zwischen einer solchen spezialisierten und der übergeordneten verallgemeinerten Entitätsmenge besteht dann eine hierarchische 1:1-Beziehung. Im ER-Modell wurden derartige Beziehungen Ist-ein-Beziehungen genannt.

Ein Beispiel für eine Ist-ein-Beziehung ist in Abbildung 4.13 (Seite 321) dargestellt. Es handelt sich hierbei um die Beziehungsmenge zwischen der verallgemeinerten Entitätsmenge MITARBEITER und der spezialisierten Entitätsmenge PROJ_MITARBEITER. Anhand dieses Beispiels wollen wir nun die Umsetzung von Ist-ein-Beziehungen in das relationale Datenmodell behandeln.

Drei alternative Lösungswege bieten sich für die Darstellung von Ist-ein-Beziehungen an:

1. Die verallgemeinerte Entitätsmenge und alle zugehörigen spezialisierten Entitätsmengen werden zu einer gemeinsamen Tabelle zusammengefaßt. Für alle Attribute, die aus spezialisierten Entitätsmengen entstammen, werden bei der Definition Nullwerte zugelassen. Dies ist notwendig, da die "spezialisierten Attribute" nicht auf alle Zeilen (d.h. alle Entitäten) anwendbar sind.

   Bezogen auf die Ist-ein-Beziehung zwischen den Entitätsmengen MITARBEITER und PROJ_MITARBEITER ergibt sich die in Abbildung 4.25 dargestellte Gesamttabelle.

2. Die verallgemeinerte Entitätsmenge und jede spezialisierte Entitätsmenge werden in jeweils eigene Tabellen umgesetzt. Der Einfachheit halber nennen wir im folgenden die Tabelle, welche die verallgemeinerte Entitätsmenge repräsentiert, "verallgemeinerte Tabelle"; die übrigen Tabellen, welche die spezialisierten Entitätsmengen darstellen, nennen wir entsprechend "spezialisierte Tabellen".

   Alle an einer Ist-ein-Beziehung beteiligten Tabellen besitzen den gleichen Primärschlüssel. Für die spezialisierten Tabellen ist der Primärschlüssel gleichzeitig auch Fremdschlüssel zur verallgemeinerten Tabelle. Diese Fremdschlüssel-Primärschlüssel-Beziehungen sorgen für den hierarchischen Charakter der Ist-ein-Beziehungen; d.h. eine Entität (Tabellenzeile), die in einer spezialisierten Tabelle enthalten ist, befindet sich garantiert auch in der übergeordneten verallgemeinerten Tabelle.

   Abbildung 4.26 zeigt die Realisierung der Ist-ein-Beziehung zwischen den Entitätsmengen MITARBEITER und PROJ_MITARBEITER mittels getrennter Tabellen.

3. Die letzte Lösungsalternative kombiniert die Alternativen 1. und 2.: Ein Teil der spezialisierten Entitätsmengen wird gemeinsam mit der verallgemeinerten Entitätsmenge in einer Tabelle zusammengefaßt; die verbleibenden spezialisierten Entitätsmengen werden in eigene Tabellen umgesetzt. Diese Lösungsalternative ist natürlich nur dann anwendbar, wenn zu einer Verallgemeinerung mehrere Spezialisierungen existieren. Sie läßt sich vor allem dann sinnvoll einsetzen, wenn eine Spezialisierung wesentlich mehr Entitäten enthält als alle anderen. Es bietet sich in diesem Fall an, die dominierende Spezialisierung gemeinsam mit der Verallgemeinerung in einer Tabelle abzuspeichern.

PERS NR	V NAME	N NAME	GEB DATUM	GEHALT	PROJ MA	STD SATZ
1	Hans	Müller	02.03.1955	3425,00	Ja	95,00
2	Rita	Schultz	13.11.1962	3744,00	Ja	100,00
3	Werner	Mei...	...	145,00	Nein	
4	Otto	Mos...	...	724,00	Ja	120,00
5	Maria	Kuntz	11.01.1963	2803,00	Ja	80,00
6	Franz	Pfleiderer	01.12.1948	4845,00	Nein	
7	Karl	Schwarz	11.12.1941	5478,00	Nein	

MITARBEITER
PROJ MITARBEITER

Abbildung 4.25

Im folgenden wollen wir uns mit den Vor- und Nachteilen der Alternativen 1. und 2. genauer befassen:

Der wesentliche Vorteil der Alternative 1. besteht darin, daß man mit weniger Tabellen und relationalen Beziehungen auskommt. Dies gilt vor allem dann, wenn das Spezialisierungskonzept im ER-Entwurf intensiv angewandt wurde.

4.2 Der konzeptionelle Datenbankentwurf

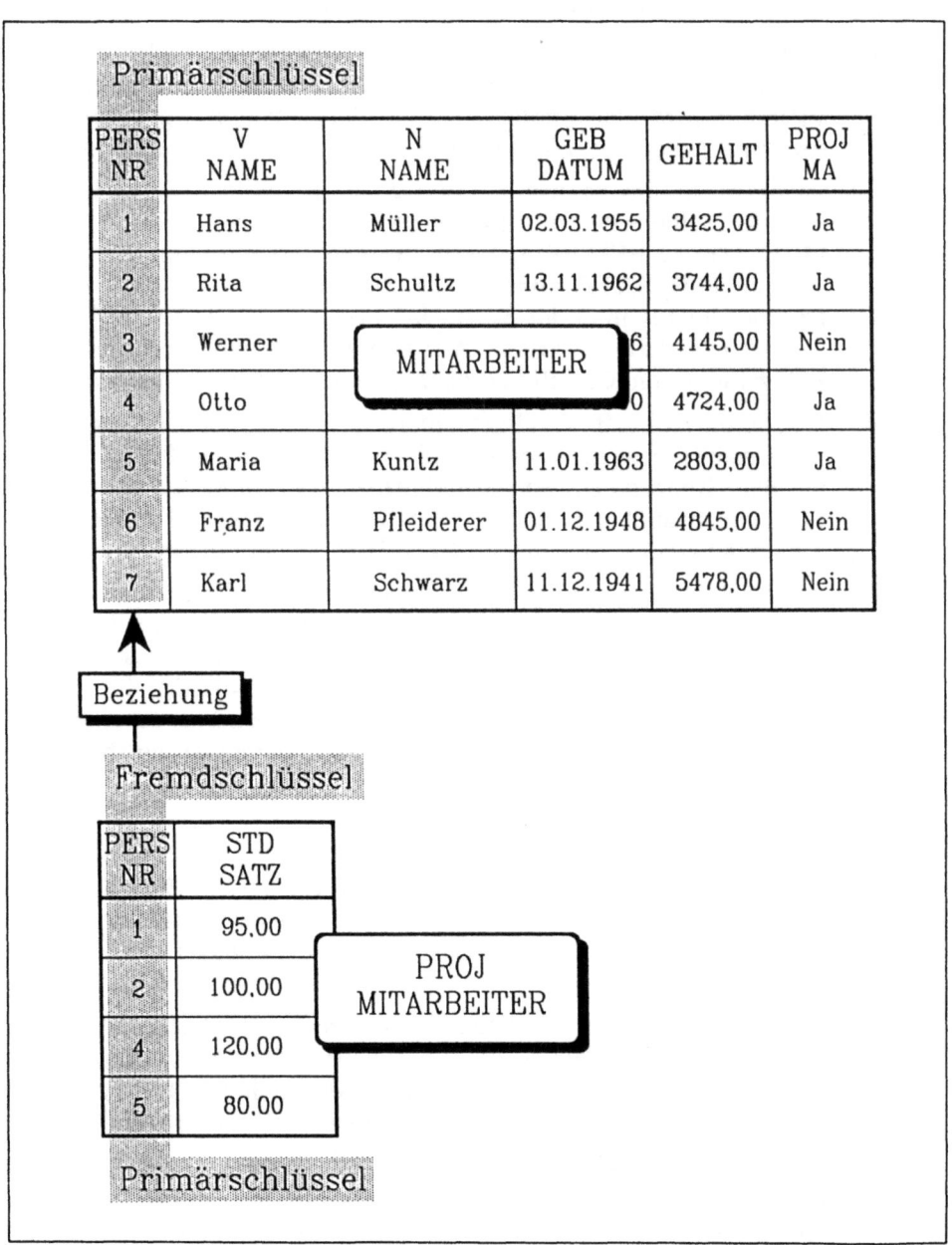

Abbildung 4.26

Dem eben genannten Vorteil stehen jedoch folgende Nachteile gegenüber:

- ♦ Möchte man eine Entität aus der Spezialisierung löschen, so kann man hierfür nicht - wie sonst üblich - die DELETE-Anweisung benutzen. Vielmehr wird eine Entität aus einer Spezialisierung gelöscht, indem alle Attribute dieser Spezialisierung mit dem Nullwert versehen werden.

  Bezogen auf das in Abbildung 4.25 dargestellte Beispiel bedeutet dies: Soll der Mitarbeiter mit der Personalnummer 1 aus der Spezialisierung PROJ_MITARBEITER gelöscht werden, so muß das Spezialisierungsattribut STD_SATZ von "95,00" in den Nullwert modifiziert werden. Darüber hinaus muß der Wert "Ja" in der Spalte PROJ_MA in den Wert "Nein" modifiziert werden. Auf den zweiten Punkt werden wir bei der Behandlung von Klassifizierungsregeln noch zurückkommen.

- ♦ Existieren zu einer Verallgemeinerung viele Spezialisierungen, die ihrerseits jeweils eine größere Anzahl von Attributen umfassen, so kann man mit den Grenzen des Database Manager in Konflikt geraten. Der Database Manager erlaubt maximal 255 Spalten pro Tabelle. Darüber hinaus darf die Länge einer Tabellenzeile 4005 Bytes[16] nicht überschreiten.

Die zweite Lösungsalternative vermeidet die eben beschriebenen Nachteile. Wie wir gesehen haben, ist bei dieser Alternative der Primärschlüssel von spezialisierten Tabellen immer gleichzeitig auch Fremdschlüssel zur verallgemeinerten Tabelle (siehe Abbildung 4.26). Als Löschregel für diese Fremdschlüssel kommt "kaskadierendes Löschen" zum Einsatz, da eine Spezialisierung hierarchisch von der übergeordneten Verallgemeinerung abhängt.

Klassifizierungsregeln

Beide Lösungsalternativen zur Realisierung von Ist-ein-Beziehungen besitzen einen gemeinsamen Nachteil. Er liegt darin begründet, daß die Integrität von Ist-ein-Beziehungen mit Hilfe des Database Manager nur eingeschränkt gewährleistet ist.

Zwar läßt sich bei beiden Realisierungsformen der hierarchische Charakter von Ist-ein-Beziehungen sicherstellen; d.h. eine Entität kann nur dann in einer spezialisierten Tabelle enthalten sein, wenn sie auch in der verallgemeinerten Tabelle existiert. Die Einhaltung von Klassifizierungsregeln kann dagegen nicht dem Database Manager übertragen werden.

Klassifizierungsregeln legen fest, ob eine Entität einer verallgemeinerten Tabelle in einer bestimmten spezialisierten Tabelle enthalten sein darf oder gar enthalten sein muß.

---

[16] Wir werden im Abschnitt 4.3.2 "Tabellendefinition" auf diese Grenzen detaillierter eingehen. Insbesondere wird dort erläutert, wie man die Länge von Tabellenzeilen errechnet.

4.2 Der konzeptionelle Datenbankentwurf

Wir wollen dies anhand der in Abbildung 4.26 dargestellten Ist-ein-Beziehung zwischen der Entitätsmenge MITARBEITER und PROJ_MITARBEITER verdeutlichen. Die Klassifizierungsregel ist in diesem Fall sehr einfach: Ein Mitarbeiter darf nur dann in der spezialisierten Tabelle PROJ_MITARBEITER enthalten sein, wenn diesem in der verallgemeinerten Tabelle MITARBEITER in der Spalte PROJ_MA den Wert "Ja" zugeordnet ist. Man könnte darüber hinaus fordern: Wenn in der Spalte PROJ_MA der Wert "Ja" enthalten ist, dann muß in der Tabelle PROJ_MITARBEITER ein Stundensatz (STD_SATZ) für diesen Mitarbeiter gespeichert sein.

Es läßt sich jedoch durch Definitionen im Database Manager nicht verhindern, daß für einen Mitarbeiter, der in der Tabelle PROJ_MITARBEITER gespeichert ist, der Wert PROJ_MA in der Tabelle MITARBEITER von "Ja" auf "Nein" modifiziert wird. Damit ist die Integrität der Ist-ein-Beziehung verletzt.

Die einzige Möglichkeit, die Einhaltung derartiger Klassifizierungsregeln sicherzustellen, besteht darin, Änderungsoperationen nur über Anwendungsprogramme durchzuführen, die ihrerseits die strukturellen Abhängigkeiten überwachen. Damit wird jedoch Strukturinformation des Datenmodells von der konzeptionellen in die externe Ebene verlagert; d.h. die Datenunabhängigkeit zwischen diesen beiden Ebenen ist nicht mehr vollständig gewährleistet.

Wir haben nun für alle Elemente des ER-Modells - Entitätsmengen und Beziehungsmengen - gezeigt, wie eine Umsetzung in das relationale Datenmodell durchgeführt werden kann. Das Ergebnis dieser Umsetzung sind Tabellen, zwischen denen relationale Beziehungen (Fremdschlüssel-Primärschlüssel-Beziehungen) existieren. Wir haben gesehen, daß 1:1- und 1:n-Beziehungen direkt in entsprechende relationale Beziehungen überführbar sind. Zur Umsetzung von m:n-Beziehungen müssen hingegen zusätzliche Beziehungstabellen eingeführt werden. Relationale Fremdschlüssel-Primärschlüssel-Beziehungen werden im Gegensatz zu Beziehungsmengen des ER-Modells nicht als eigenständige Elemente des Datenmodells angesehen, sondern statt dessen als Eigenschaften von Tabellen. Insofern ist das Element "Relation" des relationalen Datenmodells die gemeinsame, einheitliche Darstellungsform sowohl für Entitätsmengen als auch für Beziehungsmengen.

Zum Abschluß dieses Abschnitts wollen wir uns mit drei Randthemen befassen, die jedoch für den relationalen Datenbankentwurf durchaus bedeutsam sind. Das erste behandelt Nullwerte in zusammengesetzten Fremdschlüsseln, das zweite Einschränkungen, die dem Entwerfer bei der Festlegung von Löschregeln durch den Database Manager auferlegt werden. Das letzte Thema beschäftigt sich mit Einschränkungen bei Änderungsoperationen.

Nullwerte in zusammengesetzten Fremdschlüsseln

Betrachtet man zusammengesetzte Fremdschlüssel, d.h. Fremdschlüssel, die aus mehreren Spalten bestehen, so sind folgende drei Situationen zu unterscheiden:

1. In keiner der Fremdschlüsselspalten sind Nullwerte zugelassen.
2. In einem Teil der Fremdschlüsselspalten sind Nullwerte zugelassen, jedoch nicht in allen Spalten des Fremdschlüssels.
3. In allen Spalten des Fremdschlüssels sind Nullwerte zugelassen.

Liegt die erste Situation vor, so kann die Löschregel "Nullsetzen" verständlicherweise nicht angewandt werden. Diese Situation tritt - wie wir gesehen haben - vor allem bei hierarchischen Beziehungen auf. Für alle auftretenden Fremdschlüssel muß ein entsprechender Primärschlüssel existieren.

In der dritten Situation kann die Löschregel "Nullsetzen" angewandt werden. Wird zu einem Fremdschlüssel die Zeile mit dem zugehörigen Primärschlüssel aus der Vatertabelle gelöscht und ist außerdem die Löschregel "Nullsetzen" aktiv, dann werden alle Spalten des betroffenen Fremdschlüssels mit dem Nullwert belegt. Auf der anderen Seite wird für einen Fremdschlüssel nur dann geprüft, ob ein zugehöriger Primärschlüssel existiert, wenn in keiner der Fremdschlüsselspalten der Nullwert auftritt. Sobald in einer oder mehreren Spalten des Fremdschlüssels der Nullwert auftritt, ist dieser Fremdschlüssel unabhängig vom Inhalt der übrigen Fremdschlüsselspalten gültig und ohne Bezug zu irgendeinem Primärschlüssel. Die Philosophie, die sich hinter dieser Vorgehensweise verbirgt, lautet: Sobald ein Teil eines Fremdschlüssels unbekannt ist (also den Nullwert enthält), ist der gesamte Fremdschlüssel als unbekannt anzusehen. Zu einem unbekannten Fremdschlüssel braucht und kann es keinen Primärschlüssel zu geben, da Nullwerte in Primärschlüsselspalten verboten sind.

Die Behandlung der zweiten Situation ist die konsequente Fortführung der Situation 3. Auch hier gilt: Sobald eine Komponente des Fremdschlüssels den Nullwert enthält, ist der Fremdschlüssel gültig und ohne Bezug zu irgendeinem Primärschlüssel. Neu ist jedoch die Ausführung der Löschregel "Nullsetzen": Wird zu einem Fremdschlüssel die Zeile mit dem zugehörigen Primärschlüssel aus der Vatertabelle gelöscht, so werden alle Spalten des Fremdschlüssels, für die der Nullwert zulässig ist, auf den Nullwert gesetzt.

Abschließend läßt sich sagen: Zusammengesetzte Fremdschlüssel, die in mindestens einer Spalte den Nullwert aufweisen, können in den übrigen Spalten beliebige Werte enthalten, die mit keinem Wert in den korrespondierenden Primärschlüsselspalten übereinstimmen müssen. Eine derartige Situation läßt sich vermeiden, indem anstatt eines zusammengesetzten Primärschlüssels ein neuer, künstlicher Primärschlüssel eingeführt wird, der nur aus einer Spalte besteht. Diese Lösung zieht jedoch erhöhten Programmieraufwand nach sich, da für den neu eingeführten künstlichen Primärschlüssel ein Schlüsselvergabeverfahren realisiert werden muß.

Einschränkungen bezüglich Löschregeln

Bisher hatten wir uns - der Einfachheit halber - immer nur mit einzelnen Beziehungen befaßt. In der Praxis treten jedoch innerhalb eines relationalen Datenmodells immer mehrere Beziehungen auf; man hat es also üblicherweise mit einer Beziehungsstruktur (engl. referential structure) zu tun. Eine solche Beziehungsstruktur ist in Abbildung 4.27 für das Datenmodell "Softwarehaus" dargestellt.

Bei der Festlegung von Löschregeln in einer Beziehungsstruktur wird man mit einigen Restriktionen des Database Manager konfrontiert. Da sich Löschregeln im Grunde genommen zwangsläufig aus dem Verhalten der modellierten Miniwelt ableiten, bedeutet dies, daß nicht in jedem Fall die reale Welt wirklichkeitsgetreu in das Datenmodell des Database Manager übertragen werden kann. Bevor wir uns mit diesen Restriktionen des Database Manager beschäftigen, müssen noch zwei Begriffe eingeführt werden:

Man bezeichnet eine Tabelle T1 als **Abkömmling** (engl. descendent) einer anderen Tabelle T2, wenn die Tabelle T1 nicht unmittelbar, sondern indirekt von der Tabelle T2 abhängig ist. So ist z.B. die Tabelle LEISTUNG (siehe Abbildung 4.27) ein Abkömmling der Tabelle KUNDE, da sie über die Tabelle AUFTRAG mit der Tabelle KUNDE verbunden ist. Auch die Tabelle ARBEITET_AN ist ein Abkömmling der Tabelle KUNDE, da sie über die Tabellen LEISTUNG und AUFTRAG mit dieser verbunden ist. Man darf den Begriff Abkömmling allerdings nicht zu wörtlich nehmen, weil damit nicht eine Existenzabhängigkeit zwischen den betrachteten Tabellen gemeint ist, sondern lediglich eine Kette von Fremdschlüssel-Primärschlüssel-Beziehungen.

Der zweite, neu einzuführende Begriff ist für das Verständnis der Restriktionen des Database Manager sehr wichtig. Es handelt sich um den Begriff **"Löschverbindung"** (engl. delete-connected).

Eine Tabelle T1 hat eine Löschverbindung zu einer Tabelle T2, wenn eine Löschung in der Tabelle T2 die Tabelle T1 beeinflußt oder von der Tabelle T1 beeinflußt wird. Eine abhängige Tabelle hat somit immer eine Löschverbindung zu ihrer Vatertabelle, da eine Löschung in der Vatertabelle entweder die abhängige Tabelle beeinflußt (bei den Löschregeln "kaskadierendes Löschen" oder "Nullsetzen") oder die Löschung in der Vatertabelle vom Inhalt der abhängigen Tabelle beeinflußt wird (bei der Löschregel "Löschen abweisen").

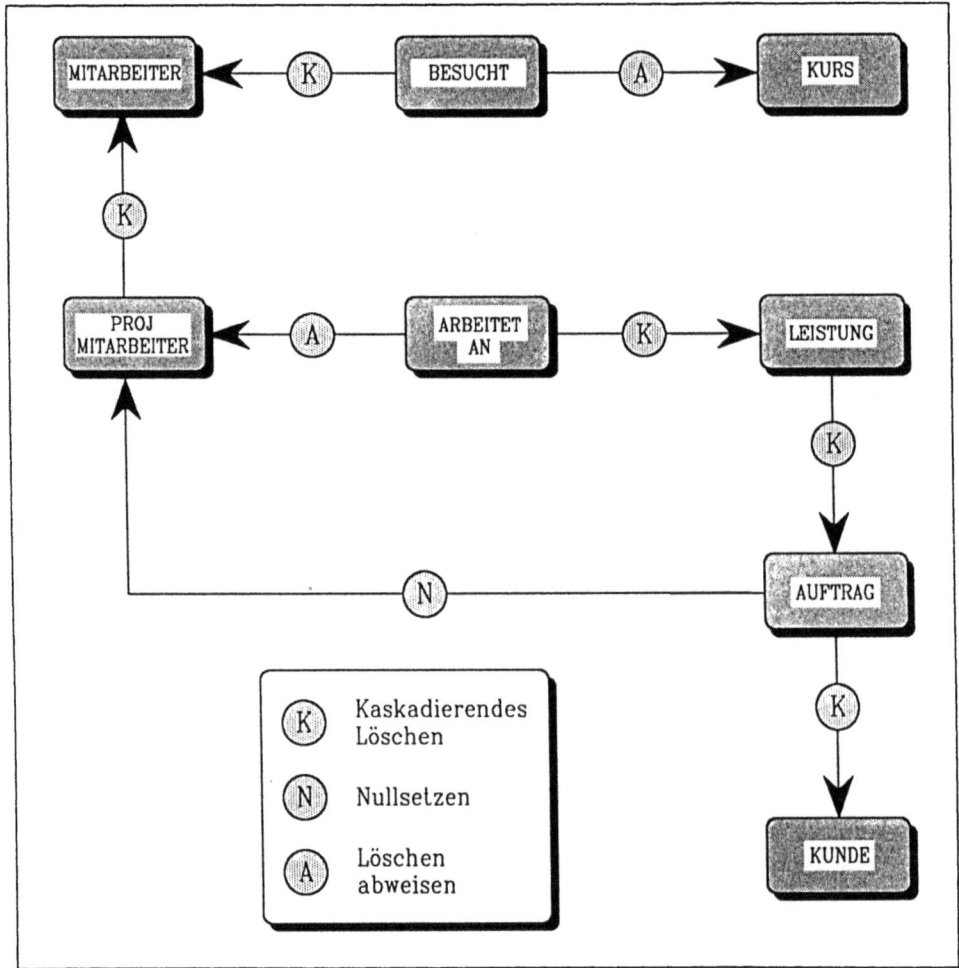

Abbildung 4.27

Ein Abkömmling hat nur dann eine Löschverbindung zu seinen "Vorfahren", wenn alle indirekten Beziehungen die Löschregel "kaskadierendes Löschen" besitzen. Welche Löschregel der direkten Beziehung zu seiner Vatertabelle zugeordnet ist, spielt hierbei keine Rolle, da ja immer eine Löschverbindung zur Vatertabelle existiert.

Wir wollen diesen Zusammenhang anhand der in Abbildung 4.28 dargestellten Beziehungsstruktur erläutern.

4.2 Der konzeptionelle Datenbankentwurf

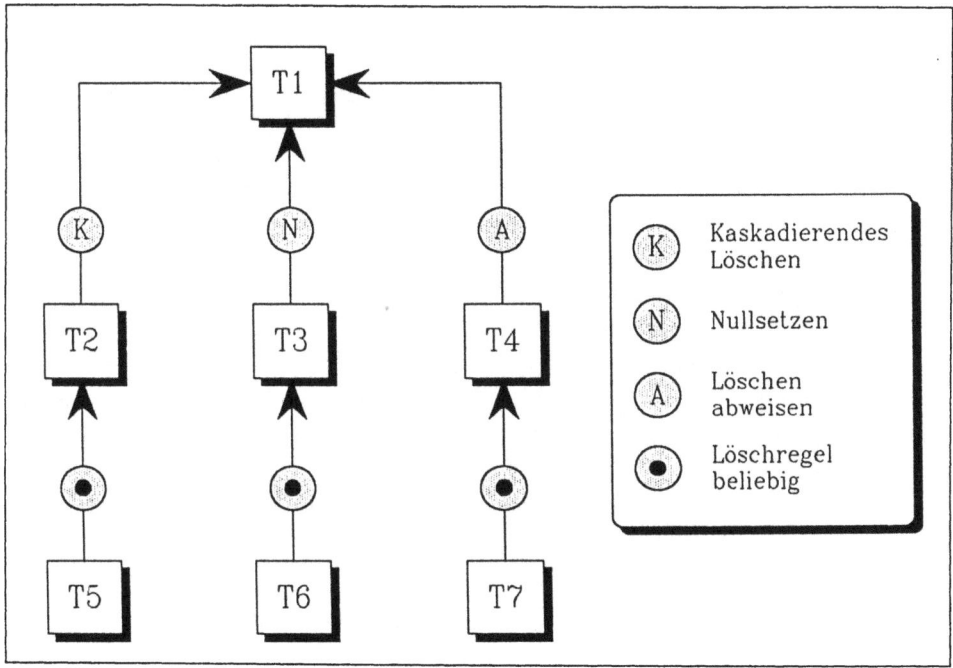

Abbildung 4.28

Die Tabellen T2, T3 und T4 haben eine Löschverbindung zur Tabelle T1, weil sie direkt von T1 abhängen. Die Tabellen T5, T6 und T7 sind hingegen Abkömmlinge der Tabelle T1, da sie nur indirekt von ihr abhängen. Fragen wir nun, welche der Tabellen T5, T6 und T7 eine Löschverbindung zur Tabelle T1 besitzen, so lautet die Antwort: Nur die Tabelle T5 besitzt eine Löschverbindung zur Tabelle T1, da nur bei dieser Tabelle der indirekten Beziehung (zwischen T2 und T1) die Löschregel "kaskadierendes Löschen" zugeordnet ist. Um die bisher nur als theoretische Definition eingeführte Regel, daß bei einer Löschverbindung alle indirekten Beziehungen die Löschregel "kaskadierendes Löschen" haben müssen, zu verstehen, betrachten wir die verschiedenen Beziehungspfade in Abbildung 4.28:

Wird in Tabelle T1 eine Zeile gelöscht, so führt dies in der Tabelle T2 aufgrund der Löschregel "kaskadierendes Löschen" eventuell ebenfalls zu Löschungen. Diese Löschungen können dann in der Tabelle T5 Modifikationen (Löschregel "Nullsetzen") oder weitere Löschungen (Löschregel "kaskadierendes Löschen") nach sich ziehen. Ist der Beziehung von T5 nach T2 die Löschregel "Löschen abweisen" zugeordnet, so können durch Inhalte in T5 Löschungen in T2 und damit auch Löschungen in T1 abgewiesen werden. Man sieht also, daß eine Löschung in T1 zu Änderungen in T5 führen kann, oder, daß aufgrund von Dateninhalten in T5 eine Löschung in T1 abgewiesen werden kann.

Betrachten wir nun den zweiten Pfad zwischen den Tabellen T6, T3 und T1. Eine Löschung in T1 führt hier eventuell zu Modifikationen in T3. Es bleiben jedoch alle Zeilen und somit alle Primärschlüssel in T3 erhalten. Insofern wirkt sich eine Löschung in T1 weder auf T6 aus, noch kann durch Dateninhalte in T6 eine Löschung in T1 verhindert werden.

Für den dritten Pfad zwischen den Tabellen T7, T4 und T1 gilt wie für den zweiten Pfad: Eine Löschung in T1 wird weder von Dateninhalten in T7 beeinflußt noch beeinflußt sie diese.

Man sieht also anhand der Beziehungspfade in Abbildung 4.28: Eine Löschverbindung eines Abkömmlings zu seinem Großvater oder entfernteren Vorfahren liegt nur dann vor, wenn alle indirekten Beziehungen die Löschregel "kaskadierendes Löschen" besitzen.

Nach diesen Vorarbeiten können wir nun die Restriktionen des Database Manager behandeln:

Restriktion für geschlossene Beziehungsketten

In einer geschlossenen Beziehungskette (engl. cycle), an der zwei oder mehr Tabellen beteiligt sind, darf keine Tabelle eine Löschverbindung zu sich selbst haben. Dies ist sichergestellt, wenn mindestens zwei Beziehungen der Kette die Löschregel "Nullsetzen" oder "Löschen abweisen" besitzen.

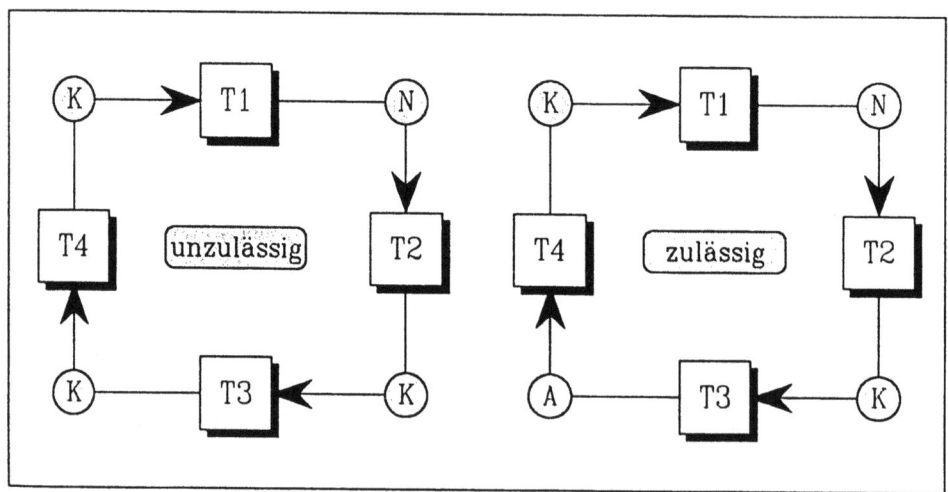

Abbildung 4.29

4.2 Der konzeptionelle Datenbankentwurf

Betrachten wir hierzu die beiden Beziehungsketten in Abbildung 4.29. In der linken Beziehungskette hat die Tabelle T1 eine Löschverbindung zu sich selbst, da allen indirekten Beziehungen die Löschregel "kaskadierendes Löschen" zugeordnet ist. In der rechten Beziehungskette hat keine der beteiligten Tabellen eine Löschbeziehung zu sich selbst, weil die Kette zwei Beziehungen enthält, die nicht die Löschregel "kaskadierendes Löschen" besitzen.

Mit der vorliegenden Restriktion für geschlossene Beziehungsketten werden Situationen ausgeschlossen, in denen das Ergebnis einer SQL-Änderungsanweisung von der Abarbeitungsreihenfolge abhängt. Wir wollen dies anhand der - unzulässigen - linken Beziehungskette in Abbildung 4.29 "beweisen". In der Tabelle T1 seien folgende Zeilen enthalten.

FELD_1	...	FELD_2
1	...	-
2	...	4

Die Spalte FELD_1 sei der Primärschlüssel und FELD_2 der Fremdschlüssel von T1. Betrachten wir nun die SQL-Löschanweisung:

```
DELETE FROM T1 WHERE FELD_2 IS NULL
```

Wird diese Anweisung von oben nach unten abgearbeitet, dann wird im ersten Schritt die Zeile mit dem Primärschlüsselwert "1" aus T1 gelöscht. Wir nehmen nun an, daß durch diese Löschung über die drei kaskadierenden Beziehungen die Zeile mit dem Primärschlüsselwert "4" aus der Tabelle T2 gelöscht wird. Dies hat wegen der Beziehung zwischen T1 und T2 zur Folge, daß der Fremdschlüsselwert "4" in T1 in den Nullwert modifiziert wird. Diese Modifikation führt nun im nächsten Schritt zur Löschung der zweiten Zeile aus T1. Die Tabelle T1 ist somit bei der betrachteten Verarbeitungsreihenfolge nach Ausführung der Löschanweisung leer. Bei der umgekehrten Verarbeitungreihenfolge (von unten nach oben) wird nur die erste Zeile aus T1 gelöscht, da die Modifikation der zweiten Zeile nicht mehr löschwirksam ist.

Wenngleich man das eben durchexerzierte Beispiel nicht als allgemeingültigen Beweis für die Notwendigkeit der betrachteten Restriktion ansehen darf, so vermittelt es doch hoffentlich ein gewisses Verständnis für den Grund dieser Restriktion.

Restriktion für Löschverbindungen über parallele Pfade

Besitzt eine Tabelle T1 zu einer Tabelle T2 Löschverbindungen über mehrere Pfade, dann müssen die direkten Beziehungen von T1 in allen Pfaden dieselbe Löschregel haben und diese darf nicht die Löschregel "Nullsetzen" sein.

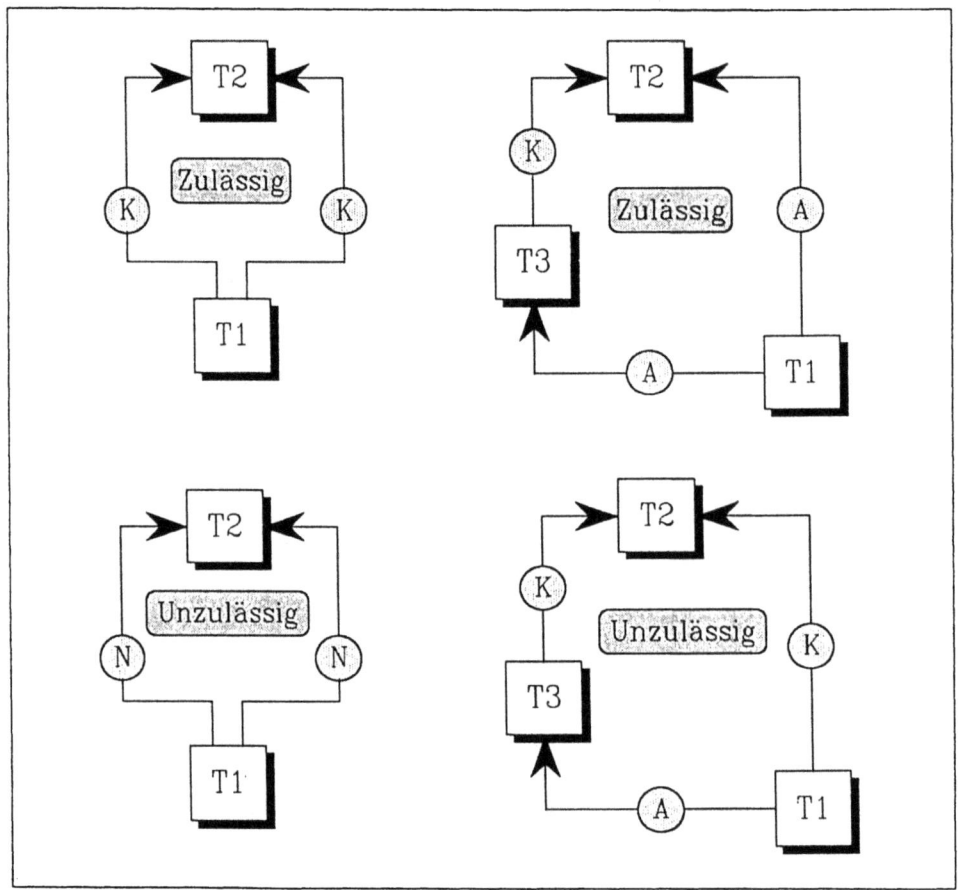

Abbildung 4.30

In Abbildung 4.30 sind vier Beispiele für Beziehungsstrukturen mit parallelen Pfaden dargestellt. In allen vier Strukturen besitzt die Tabelle T1 Löschverbindungen zur Tabelle T2 über jeweils zwei Pfade. Die im oberen Teil der Abbildung dargestellten Beziehungsstrukturen erfüllen die eben genannte Restriktion des Database Manager. Die in Abbildung 4.30 unten links gezeigte Struktur ist hingegen unzulässig, da den direkten Beziehungen der Tabelle T1 (indirekte

Beziehungen treten hier nicht auf) die Löschregel "Nullsetzen" zugeordnet ist. Die in Abbildung 4.30 unten rechts enthaltene Struktur ist unzulässig, weil sich die direkten Beziehungen von T1 (zu T2 und T3) in ihren Löschregeln unterscheiden.

Die vorliegende Restriktion beinhaltet als Sonderfall auch rekursive Beziehungen. Sie lautet für diesen Spezialfall folgendermaßen: Besitzt eine Tabelle mehrere rekursive Beziehungen, dann müssen alle rekursiven Beziehungen der betrachteten Tabelle dieselbe Löschregel haben und diese darf nicht "Nullsetzen" sein.

Restriktion für rekursive Beziehungen

Besitzt eine Tabelle mit einer rekursiven Beziehung zusätzlich eine Beziehung zu einer anderen Tabelle mit der Löschregel "kaskadierendes Löschen", dann muß der rekursiven Beziehung ebenfalls die Löschregel "kaskadierendes Löschen" zugeordnet sein.

In der Praxis treten nur selten Beziehungsstrukturen auf, bei denen die beschriebenen Einschränkungen bezüglich der Wahl von Löschregeln zum Problem werden. Liegt dennoch ein solcher Fall vor, bei dem die gewünschte Löschregel nicht eingesetzt werden kann, so muß eine andere, möglichst restriktivere Löschregel benutzt werden. Das gewünschte Löschverhalten ist dann durch Anwendungsprogramme zu realisieren.

Einschränkungen bei Änderungsoperationen

Die Überwachung der Beziehungsintegrität durch den Database Manager führt - wie wir gesehen haben - zu einer Reihe von Einschränkungen bei der Ausführung von Änderungsoperationen. Diese Einschränkungen sind notwendig, um die Integrität der Beziehungen zu wahren. Sie sind folglich durchaus beabsichtigt.

Neben diesen beabsichtigten Einschränkungen gibt es darüber hinaus leider weitere Restriktionen, die daher rühren, daß der Database Manager die Primärschlüssel- und Beziehungsintegrität während der Ausführung einer Änderungsanweisung auf Zeilenbasis (im Flug) überprüft. Sie haben somit dieselbe Ursache wie die zuvor behandelten Einschränkungen bezüglich Löschregeln.

Zwei derartige Änderungsrestriktionen haben wir bereits kennengelernt. Es handelt sich um die Einfüge- und Löschrestriktion für Tabellen mit rekursiven Beziehungen. Darüber hinaus gibt es zwei weitere Restriktionen, die grundsätzlich zu beachten sind; eine Modifikations- und eine Löschrestriktion.

Modifikationsrestriktion

Eine Modifikationsanweisung, die mehr als einen Primärschlüssel modifizieren würde, wird vom Database Manager mit einem SQLCODE von "-534" abgewiesen. Es kann mit einer Anweisung folglich immer nur ein einziger Primärschlüssel modifiziert werden. Diese Restriktion ist natürlich nur für Primärschlüssel relevant, auf die sich (noch) keine Fremdschlüssel beziehen. Primärschlüssel, für die bereits Bezüge vorhanden sind, können - wie wir gesehen haben - überhaupt nicht mehr modifiziert werden.

Der Grund für die vorliegende Restriktion läßt sich anhand der Tabelle MITARBEITER in Abbildung 4.26 (Seite 357) leicht nachvollziehen. Hierzu nehmen wir an, daß zu keiner der Personalnummern in der Tabelle MITARBEITER bereits Fremdschlüsselbezüge existieren; d.h. alle Personalnummern sind prinzipiell noch modifizierbar. Betrachten wir nun die folgende SQL-Anweisung:

```
UPDATE MITARBEITER
SET    PERS_NR = PERS_NR + 1
```

Würde bei der Abarbeitung dieser Anweisung mit der Personalnummer 1 begonnen, so lägen nach der Modifikation der ersten Zeile zwei Primärschlüssel mit dem Wert 2 vor. Die Eindeutigkeit des Primärschlüssels wäre somit verletzt und die Verarbeitung würde abgebrochen. Bei der umgekehrten Abarbeitungsreihenfolge (beginnend bei Personalnummer 7) würde ein solcher Verstoß gegen die Eindeutigkeit des Primärschlüssels zu keiner Zeit auftreten. Die Anweisung wäre also ausführbar.

Um eine derartige Abhängigkeit des Ergebnisses von der Verarbeitungsreihenfolge zu verhindern, wird die Modifikation mehrerer Primärschlüssel in einer Anweisung durch die vorliegende Restriktion grundsätzlich unterbunden[17].

Löschrestriktion

Eine Löschanweisung mit Unterabfrage darf in der Unterabfrage nur Tabellen enthalten, die ihrerseits von der Löschung nicht beeinflußt werden. Dadurch wird verhindert, daß sich die Löschbedingung im Laufe der Verarbeitung verändert.

---

[17] Leider funktioniert der Database Manager - zumindest in der dem Autor vorliegenden Version (CSD-Level: WR04064) - nicht so, wie er das laut IBM-Dokumentation tun sollte. Die beschriebene Modifikationsrestriktion ist **nicht** wirksam, was dazu führt, daß das Ergebnis tatsächlich von der gewählten Verarbeitungsreihenfolge abhängt. Es es somit nicht vorhersehbar, ob die Anweisung ausgeführt wird oder den SQLCODE "-803" liefert.

4.2 Der konzeptionelle Datenbankentwurf

Wir wollen die Löschrestriktion anhand der Tabellen AUFTRAG und LEISTUNG (siehe Abbildung 4.20 auf Seite 344) verdeutlichen. Um alle Aufträge zu löschen, zu denen Leistungen mit der Bezeichnung "Programmierung" existieren, formulieren wir folgende Löschanweisung:

```
DELETE FROM AUFTRAG
WHERE  AUFTR_NR IN (SELECT AUFTR_NR
                    FROM   LEISTUNG
                    WHERE  BEZ = 'Programmierung')
```

Diese Löschanweisung wird mit dem SQLCODE "-536" abgewiesen, weil eine Löschung in der Tabelle AUFTRAG eventuell die in der Unterabfrage aufgeführte Tabelle LEISTUNG beeinflußt.

4.2.4 Normalisierung

Das Verfahren der Normalisierung wurde ursprünglich, ähnlich wie die ER-Methode, als Entwurfsverfahren für den konzeptionellen Datenbankentwurf entwickelt. In einem dem eigentlichen Normalisierungsverfahren vorgelagerten Schritt sammelt man alle Attribute der zu modellierenden Miniwelt; hierbei erfolgt jedoch noch keine Gruppierung dieser Attribute in Form von Entitätsmengen oder Tabellen. Durch Analyse der Abhängigkeiten zwischen den Attributen entsteht in einem dreistufigen Entwurfsverfahren eine Tabellenstruktur. Man nennt die Tabellenstrukturen, die sich bei den einzelnen Normalisierungsschritten ergeben, erste, zweite und dritte Normalform. Mit dem Erreichen der dritten Normalform ist der Entwurfsprozeß abgeschlossen[18].

Wir wollen im folgenden die Normalisierung jedoch nicht als Entwurfsverfahren betrachten, da wir mit der ER-Methode bereits ein Verfahren für den konzeptionellen Datenbankentwurf kennengelernt haben. Stattdessen verwenden wir die Normalisierung als ein Analyseverfahren, mit dem wir Mängel, die eventuell in unserem Datenbankentwurf enthalten sind, erkennen und korrigieren können. Insbesondere wenn man mit der ER-Methode noch wenig Erfahrung hat, ist die Normalisierung eine nützliche Hilfe zur Überprüfung des ER-Entwurfs. Im übrigen wird heute die Normalisierung überwiegend in dieser Form - d.h. als Analyseverfahren - eingesetzt. Als konstruktives Verfahren hat sich die Normalisierung aufgrund der etwas formalistischen Vorgehensweise nur sehr eingeschränkt durchsetzen können, wenngleich sie ursprünglich hierfür konzipiert wurde.

---

[18] In verschiedenen Publikationen zum Thema Datenbankentwurf werden noch weitergehende Normalformen eingeführt. Man spricht von der Boyce-Codd-Normalform, von der vierten und fünften Normalform. Die Behandlung dieser weitergehenden Normalformen würde jedoch den Umfang des vorliegenden Buches sprengen.

Verwendet man die Normalisierung als Analyseverfahren, so läßt sich jede Tabelle unabhängig von allen übrigen Tabellen des Datenmodells untersuchen. Wird jedoch bei dieser Untersuchung eine Verletzung der Normalformen festgestellt, so hat dies immer eine Aufspaltung der untersuchten Tabelle in mehrere Tabellen zur Folge.

Wir wollen nun die drei Normalformen behandeln und hierbei die Nachteile aufzeigen, die man sich einhandelt, wenn das Datenmodell nicht allen Normalformen entspricht. Um Beispiele zu erhalten, die den Normalformen widersprechen, müssen wir den bisher erarbeiteten Tabellenentwurf (siehe Abbildung 4.27 auf Seite 362) in mehrfacher Weise modifizieren, da das Datenmodell in der vorliegenden Form bereits allen drei Normalformen genügt.

Die erste Normalform

Eine Relation erfüllt die erste Normalform, wenn jede Entität (d.h. jede Zeile) für jedes Attribut der Relation nur einen Datenwert besitzt.

Manche argumentieren nun, daß eine Tabelle immer die erste Normalform erfüllen muß, da es technisch überhaupt nicht möglich ist, für eine Zeile zu einem Attribut mehrere Werte zu speichern. Dies ist zwar richtig; dennoch gibt es Tabellenstrukturen, die die erste Normalform inhaltlich nicht erfüllen.

Wir betrachten hierzu die in Abbildung 4.31 dargestellte Tabelle MITARBEITER_KURS, die eine Kombination aus den Tabellen MITARBEITER, BESUCHT und KURS bildet. Aus Platzgründen wurde die Tabelle in der Mitte durchgeschnitten und die dadurch entstandenen Teile untereinander dargestellt. Wie man sieht, wurden die Kursdaten in die Tabelle MITARBEITER_KURS integriert, indem das Spaltenpaar KURS_BEZ und KURS_DAUER dreimal vorgesehen wurde. Man kann also pro Mitarbeiter maximal drei Kurse erfassen. Da alle Spaltennamen innerhalb einer Tabelle eindeutig sein müssen, wurden die Namen der Kursspalten um einen Zähler (1,2,3) erweitert.

Obwohl die Tabelle MITARBEITER_KURS formal die erste Normalform erfüllt, da jeder Tabellenspalte nur ein Datenwert zugeordnet ist, so verletzt sie diese dennoch inhaltlich, weil durch einen Kunstgriff aus den beiden Spalten KURS_BEZ und KURS_DAUER sechs Spalten entstanden sind. Tatsächlich werden durch diese sechs Spalten jedoch nur zwei unterschiedliche Attribute repräsentiert. Man könnte somit sagen: Den Attributen KURS_BEZ und KURS_DAUER lassen sich bis zu drei Werte zuordnen. Die erste Normalform ist folglich verletzt.

Die erste Normalform ist also immer dann verletzt, wenn eine Tabelle Wiederholfelder enthält. Diese sind meist daran zu erkennen, daß sich ihre Spaltennamen nur durch irgendwelche Zählzusätze unterscheiden.

4.2 Der konzeptionelle Datenbankentwurf

Primärschlüssel

PERS NR	V NAME	N NAME	GEB DATUM	GEHALT	PROJ MA
1	Hans	Müller	02.03.1955	3425,00	Ja
2	Rita	Schultz	13.11.1962	3744,00	Ja
3	Werner	Meier	23.04.1946	4145,00	Nein
4	Otto	Moser	18.07.1950	4724,00	Ja
5	Maria	Kuntz	11.01.1963	2803,00	Ja
6	Franz	Pfleiderer	01.12.1948	4845,00	Nein
7	Karl	Schwarz	11.12.1941	5478,00	Nein

MITARBEITER
KURS

KURS1 BEZ	KURS1 DAUER	KURS2 BEZ	KURS2 DAUER	KURS3 BEZ	KURS3 DAUER
C-Programm.	10	DB-Entwurf	7	Assembler-Pr.	12
OS/2-Einf.	5				
DB-Entwurf	7	OS/2-Einf.	5		
SQL-Grundl.	6	C-Programm.	10	DB-Entwurf	7
Buchhaltung					

Abbildung 4.31

Überführung in die erste Normalform

Wie kann man nun eine Verletzung der ersten Normalform korrigieren? Dies geschieht dadurch, daß man die Spalten, für die man pro Tabellenzeile mehrere Werte erfassen möchte (in unserem Beispiel die Spalten KURS_BEZ und KURS_DAUER), in eine eigene Tabelle packt. Damit die Zuordnung zu den übrigen Daten der ursprünglichen Tabelle erhalten bleibt, muß der Primärschlüssel der Ursprungstabelle ebenfalls in die neue Tabelle aufgenommen werden.

Das Ergebnis der Korrekturmaßnahme ist in Abbildung 4.32 dargestellt. Wir haben die neu entstandene Tabelle BESUCHT_1 genannt, da sie nicht der Tabelle BESUCHT in Abbildung 4.27 (Seite 362) entspricht. Der Grund hierfür liegt darin, daß die Tabelle BESUCHT_1 zwar die erste Normalform erfüllt, nicht jedoch die zweite Normalform. Wir werden deshalb die Tabelle BESUCHT_1 später noch ein weiteres Mal überarbeiten müssen.

Zunächst wollen wir uns jedoch mit der Tabelle BESUCHT_1 genauer beschäftigen:

Die Tabelle BESUCHT_1 muß, wie jede Tabelle, einen Primärschlüssel besitzen. Diese Aufgabe kann von der Personalnummer allein nicht übernommen werden, da sie die eindeutige Identifizierung der Zeilen in BESUCHT_1 nicht erlaubt. Sobald ein Mitarbeiter mehrere Kurse besucht hat, sind zu seiner Personalnummer auch mehrere Zeilen in BESUCHT_1 enthalten (siehe Abbildung 4.32). Eine eindeutige Identifizierung der Zeilen in BESUCHT_1 wäre gewährleistet, wenn man einen zusammengesetzten Primärschlüssel einführt, der aus den Spalten PERS_NR und KURS_BEZ besteht. Da das Attribut KURS_BEZ nicht zeitinvariant ist - die Bezeichnung eines Kurses kann sich im Laufe der Zeit ändern - eignet es sich nicht als Primärschlüsselattribut. Deshalb wurde ein neues künstliches Schlüsselattribut KURS_NR eingeführt[19]. Der Primärschlüssel der Tabelle BESUCHT_1 besteht somit aus den Spalten PERS_NR und KURS_NR. Die Spalte PERS_NR ist hierbei Fremdschlüssel zur Tabelle MITARBEITER (siehe Abbildung 4.32).

---

[19] Die Einführung des künstlichen Schlüsselattributs KURS_NR ist nicht Bestandteil des Normalisierungsvorgangs. Die erste Normalform liegt bereits dann vor, wenn die Tabelle BESUCHT_1 nur die Spalten PERS_NR, KURS_BEZ und KURS_DAUER enthält, da sich aus den Spalten PERS_NR und KURS_BEZ ein Primärschlüssel für die Tabelle BESUCHT_1 bilden läßt. Man trifft bei der Überführung in die erste Normalform jedoch häufig auf die Situation, daß sich für die neu geschaffene Tabelle kein Primärschlüssel finden läßt, der ausschließlich aus zeitinvarianten Spalten besteht. Wie wir bereits gesehen haben, läßt der Database Manager in seiner derzeitigen Form die Modifikation von Spalten eines Primärschlüssels nicht zu, wenn bereits Bezüge auf diesen Primärschlüssel existieren. Die Verwendung von zeitvarianten Spalten als Primärschlüsselattribute ist deshalb äußerst problematisch, da für solche Spalten die Notwendigkeit einer zukünftigen Modifikation nicht auszuschließen ist. Die einzige Lösung dieser Problematik ist die Einführung eines neuen künstlichen Schlüsselattributs.

4.2 Der konzeptionelle Datenbankentwurf

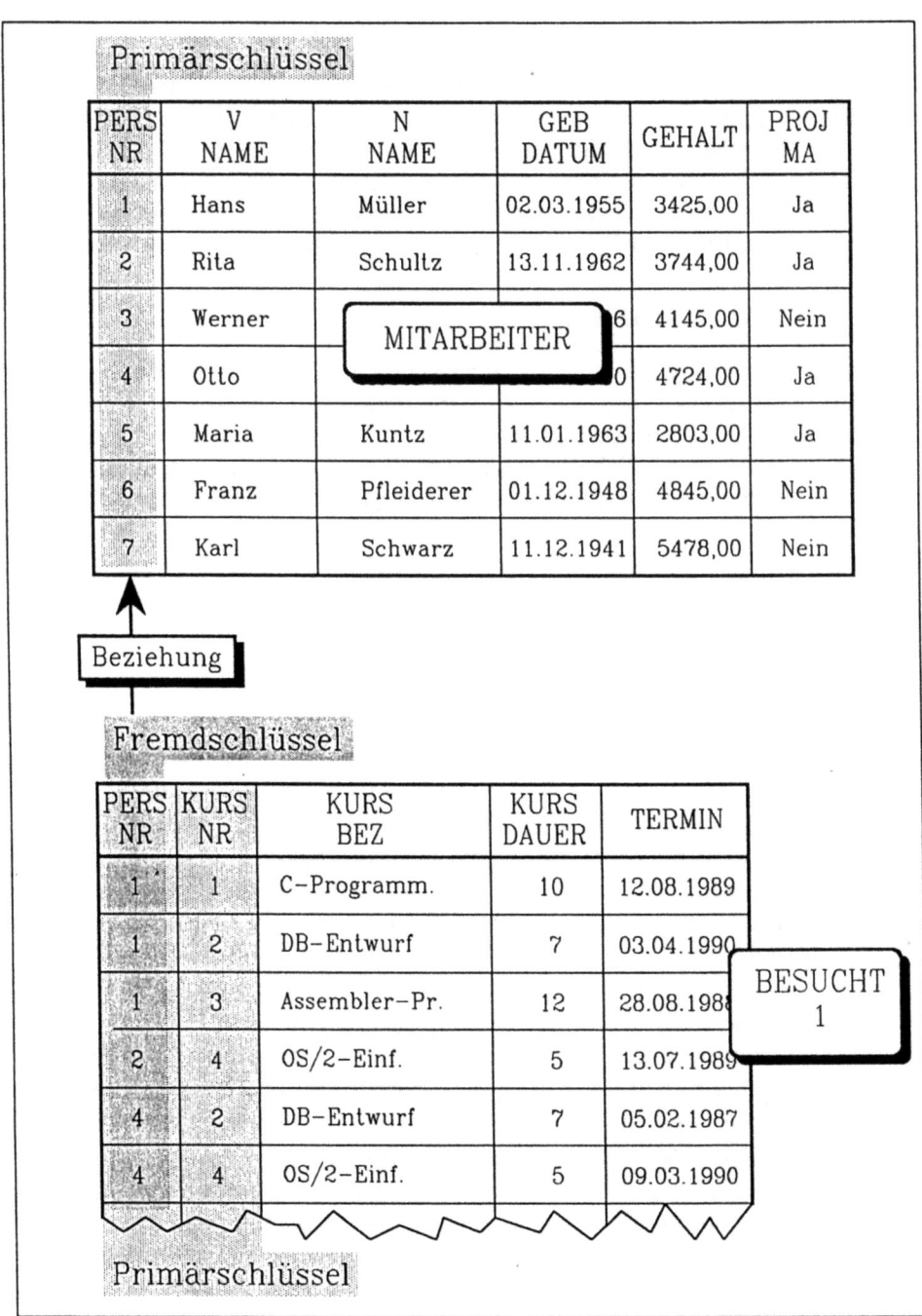

Abbildung 4.32

Wie man der Abbildung 4.32 entnehmen kann, haben wir die Tabelle BESUCHT_1 um die zusätzliche Spalte TERMIN erweitert. Sie gibt an, wann ein bestimmter Mitarbeiter einen bestimmten Kurs besuchte. Dieses Attribut hätten wir eigentlich auch in der unnormalisierten Form (siehe Abbildung 4.31) als Wiederholfelder aufnehmen müssen (TERMIN1, TERMIN2, TERMIN3). Wir haben bei der Darstellung ausschließlich aus Platzgründen hierauf verzichtet. Die gegenüber der unnormalisierten Form zusätzliche Spalte TERMIN in der Tabelle BESUCHT_1 ist also kein Ergebnis der Normalisierung.

Vorteile der ersten Normalform

Auf den ersten Blick sind die Vorteile der ersten Normalform gegenüber der unnormalisierten Form nicht so ohne weiteres zu erkennen. Immerhin bietet die unnormalisierte Form in Abbildung 4.31 (Seite 371) den Vorteil, daß man mit einer einzigen Tabelle auskommt. Diesem Vorteil der unnormalisierten Form stehen jedoch folgende Nachteile gegenüber, die durch die erste Normalform vermieden werden:

1. Begrenzte Anzahl von Wiederholfeldern
2. Speicherplatzvergeudung
3. Umständliche Abfrageformulierung

Begrenzte Anzahl von Wiederholfeldern

Bei der unnormalisierten Form muß man sich auf eine maximale Anzahl von Wiederholfeldern festlegen. Entsprechend oft müssen die Wiederholfelder in der Tabelle definiert werden. In unserem Beispiel in Abbildung 4.31 (Seite 371) haben wir maximal drei Kurse pro Mitarbeiter vorgesehen. Je höher man die Grenze setzt, um so größer wird der Aufwand für die Tabellendefinition. Dennoch besteht prinzipiell immer die Gefahr, daß eine Situation eintritt, in der die vorgesehene Anzahl an Wiederholfeldern nicht ausreicht.

In unserem Beispiel wäre der vierte Kurs eines Mitarbeiters nicht abspeicherbar; d.h. die reale Welt ließe sich in diesem Fall im Datenmodell nicht mehr korrekt abbilden. Im übrigen wird es wohl selten eine Unternehmensregel geben, die die Anzahl Kurse der Mitarbeiter beschränkt. Eine künstliche Beschränkung im Datenmodell wird folglich der realen Welt nicht gerecht.

In der ersten Normalform (siehe Abbildung 4.32) tritt dieses Problem nicht auf; man braucht sich also keine Gedanken zu machen, wieviel Wiederholfelder maximal auftreten können. Da bei der normalisierten Form jede Wiederholgruppe (zusammengehörige Wiederholfelder, engl. repeating group) eine eigene Tabellenzeile bildet, können - zumindest theoretisch - beliebig viele Wiederholgruppen auftreten.

Speicherplatzvergeudung

Der zweite Nachteil der unnormalisierten Form hängt mit der gerade besprochenen Problematik eng zusammen: Bei den meisten Datentypen[20] des Database Manager wird der zur Abspeicherung benötigte Speicherplatz beim Anlegen einer Tabellenzeile grundsätzlich reserviert; und zwar unabhängig davon, ob das Datenfeld in der betrachteten Zeile belegt ist oder nicht. Dies bedeutet: Tabellenzeilen der unnormalisierten Tabelle, in denen nur ein Teil der Wiederholfelder gefüllt ist, benötigen unter Umständen genausoviel Speicherplatz wie Zeilen, in denen alle Wiederholfelder belegt sind. In den meisten Fällen wird somit Speicherplatz vergeudet. Dies gilt um so mehr, je höher man die Wiederholungsanzahl wählt.

Die erste Normalform vermeidet die Speicherplatzvergeudung der unnormalisierten Form. Es werden in der Tabelle, die die Wiederholfelder enthält, jeweils nur soviel Tabellenzeilen angelegt, wie aktuell Wiederholgruppen vorhanden sind (siehe Abbildung 4.32 auf Seite 373).

Der eben diskutierte Aspekt der Normalisierung darf strenggenommen nicht beim konzeptionellen Datenbankentwurf behandelt werden, weil die Art und Weise, wie der Database Manager Tabellenzeilen in OS/2-Dateien abspeichert, ein Thema des internen Datenbankentwurfs darstellt. Da andererseits SQL und damit auch der Database Manager bei der Tabellendefinition nicht zwischen konzeptioneller und interner Ebene unterscheiden, ist es jedoch zulässig, diesen Vorteil der ersten Normalform bereits hier zu erwähnen.

Umständliche Abfrageformulierung

Ein weiterer Nachteil der unnormalisierten Form gegenüber der ersten Normalform besteht in der umständlicheren Formulierungsweise von Abfragen. Wir wollen dies an zwei Beispielen belegen:

- ◆ Im ersten Abfragebeispiel suchen wir die Namen aller Mitarbeiter, die sowohl den Kurs "OS/2-Einführung" als auch den Kurs "DB-Entwurf" besuchten.

---

[20] Für die SQL-Datentypen VARCHAR und LONG VARCHAR tritt das Problem der Speicherplatzvergeudung nicht auf, da diese nur in ihrer echten Länge abgespeichert werden.

In der unnormalisierten Form ergibt sich folgende SQL-Abfrage (siehe auch Abbildung 4.31 auf Seite 371):

```
SELECT  V_NAME, N_NAME
FROM    MITARBEITER_KURS
WHERE   (       KURS1_BEZ = 'DB-Entwurf'
        AND     KURS2_BEZ = 'OS/2-Einführung')
    OR (        KURS1_BEZ = 'DB-Entwurf'
        AND     KURS3_BEZ = 'OS/2-Einführung')
    OR (        KURS1_BEZ = 'OS/2-Einführung'
        AND     KURS2_BEZ = 'DB-Entwurf')
    OR (        KURS1_BEZ = 'OS/2-Einführung'
        AND     KURS3_BEZ = 'DB-Entwurf')
    OR (        KURS2_BEZ = 'OS/2-Einführung'
        AND     KURS3_BEZ = 'DB-Entwurf')
    OR (        KURS2_BEZ = 'DB-Entwurf'
        AND     KURS3_BEZ = 'OS/2-Einführung')
```

Formulierte man dieselbe Abfrage auf die Tabellen MITARBEITER und BESUCHT_1, die sich in erster Normalform befinden (siehe auch Abbildung 4.32 auf Seite 373), so ergibt sich folgende SQL-Anweisung:

```
SELECT  V_NAME, N_NAME
FROM    MITARBEITER M, BESUCHT_1 B
WHERE   M.PERS_NR = B.PERS_NR
AND     KURS_BEZ IN ('OS/2-Einführung', 'DB-Entwurf')
GROUP   BY V_NAME, N_NAME
HAVING  COUNT(*) = 2
```

Durch die GROUP BY-Klausel in Verbindung mit der Angabe HAVING COUNT(*) = 2 werden die Mitarbeiter ausgeschlossen, die nur einen der gesuchten Kurse besucht haben.

Vergleicht man die beiden Abfragen, so sieht man deutlich den Vorteil der ersten Normalform gegenüber der unnormalisierten Form. Die Komplexität der ersten Abfrage wäre noch wesentlich höher, würde man z.B. statt drei maximal zehn Kurse vorsehen.

◆ In unserem zweiten Abfragebeispiel wollen wir wissen, wieviel Kurse jeder Mitarbeiter insgesamt besuchte. Mit der unnormalisierten Tabelle MITARBEITER_KURS läßt sich diese Fragestellung in einer einzigen SQL-Abfrage überhaupt nicht ermitteln.

4.2 Der konzeptionelle Datenbankentwurf

In der normalisierten Form ist die hierzu benötigte SQL-Anweisung äußerst einfach:

```
SELECT  V_NAME, N_NAME, COUNT(*)
FROM    MITARBEITER M, BESUCHT_1 B
WHERE   M.PERS_NR = B.PERS_NR
GROUP   BY V_NAME, N_NAME
```

Zusammenfassend läßt sich sagen: Die erste Normalform weist eine ganze Reihe wichtiger Vorteile gegenüber der unnormalisierten Form auf. Sie sollte deshalb von allen Tabellen des Datenmodells erfüllt werden; d.h. das Auftreten von Wiederholfeldern ist unbedingt zu vermeiden.

Die Einhaltung der ersten Normalform ist jedoch nur die erste Stufe zu einem einwandfreien Datenmodell. Das Endziel ist erst dann erreicht, wenn auch die zweite und dritte Normalform erfüllt werden. Mit der zweiten Normalform werden wir uns im folgenden intensiver beschäftigen.

Die zweite Normalform

Eine Tabelle erfüllt die zweite Normalform, wenn alle Nichtschlüsselattribute nicht schon durch Teilkomponenten des Primärschlüssels, sondern nur durch den gesamten Primärschlüssel festgelegt werden.

Diese Definition bedarf einiger Erläuterungen:

♦ Nichtschlüsselattribute sind all die Attribute (Spalten) einer Tabelle, die nicht zum Primärschlüssel oder zu alternativen Schlüsseln der Tabelle gehören. In der Tabelle BESUCHT_1 in Abbildung 4.32 (Seite 373) sind die Spalten KURS_BEZ, KURS_DAUER und TERMIN jeweils Nichtschlüsselattribute.

♦ Was bedeutet nun der Ausdruck "ein Attribut wird festgelegt durch ..."? Bei der Einführung des relationalen Datenmodells hatten wir gesehen, daß mit der Angabe eines Wertes für den Primärschlüssel auch alle anderen Werte der zugehörigen Tabellenzeile ermittelt werden können. Betrachten wir hierzu die Tabelle MITARBEITER in Abbildung 4.32. Mit der Angabe eines Primärschlüsselwertes (z.B. PERS_NR = 2) lassen sich alle zugehörigen Nichtschlüsselattribute (z.B. V_NAME = "Rita") ermitteln. Die Nichtschlüsselattribute werden folglich durch den Primärschlüssel festgelegt.

Mit diesen Erläuterungen wollen wir uns nochmals der Definition der zweiten Normalform zuwenden: Die zweite Normalform ist also verletzt, wenn ein oder mehrere Nichtschlüsselattribute bereits durch eine Teilkomponente des Primärschlüssels festgelegt werden.

In der eben betrachteten Tabelle MITARBEITER kann eine solche Verletzung der zweiten Normalform überhaupt nicht auftreten, da der Primärschlüssel nur aus einer einzigen Spalte besteht und somit keine Teilkomponenten enthalten kann. D.h.: Eine Verletzung der zweiten Normalform ist überhaupt nur möglich, wenn sich der Primärschlüssel einer Tabelle aus mehreren Spalten zusammensetzt.

Betrachten wir nun die Tabelle BESUCHT_1 in Abbildung 4.32 auf Seite 373. Diese Tabelle besitzt einen zusammengesetzten Primärschlüssel. Er besteht aus den Spalten PERS_NR und KURS_NR. Um eine Verletzung der zweiten Normalform zu erkennen, müssen wir uns nun für jedes Nichtschlüsselattribut fragen, ob dieses bereits durch eine Komponente des Primärschlüssels festgelegt wird.

Betrachten wir zuerst das Attribut TERMIN. Durch alleinige Angabe der Personalnummer läßt sich dieses Attribut nicht festlegen, da ein Mitarbeiter in der Regel mehrere Kurse besucht hat und deshalb mehrere Kurstermine für seine Personalnummer vorliegen. Andererseits läßt sich das Attribut TERMIN auch nicht durch alleinige Angabe der Kursnummer festlegen, da ein bestimmter Kurs üblicherweise zu mehreren Terminen stattfindet. Das Attribut TERMIN ist somit nur durch Angabe beider Schlüsselkomponenten festzulegen. Es ist also durch den Primärschlüssel festgelegt, nicht aber durch Teilkommponenten des Primärschlüssels.

Eine andere Situation ergibt sich jedoch für die Attribute KURS_BEZ und KURS_DAUER. Diese Attribute werden bereits durch die Schlüsselkomponente KURS_NR festgelegt. D.h.: Ein Kurs mit einer bestimmten Kursnummer hat immer dieselbe Bezeichnung und immer dieselbe Dauer, unabhängig davon, welcher Mitarbeiter diesen Kurs besuchte. Die Tabelle BESUCHT_1 erfüllt somit nicht die zweite Normalform, da die Attribute KURS_BEZ und KURS_DAUER bereits durch eine Teilkomponente des Primärschlüssels festgelegt werden.

Überführung in die zweite Normalform

Wie kann nun eine Tabelle von der ersten in die zweite Normalform überführt werden? Ähnlich wie bei der Überführung von der unnormalisierten in die erste Normalform erfolgt auch die Überführung in die zweite Normalform durch Zerlegung der Ursprungstabelle in zwei neue Tabellen.

Man lagert alle Nichtschlüsselattribute, die bereits durch einen Teilschlüssel festgelegt werden, gemeinsam mit diesem Teilschlüssel in eine eigene Tabelle aus. Das Ergebnis dieses Zerlegungsprozesses ist in Abbildung 4.33 am Beispiel der Tabelle BESUCHT_1 dargestellt. Wir erhalten hierbei die beiden Tabellen BESUCHT und KURS, die jeweils die zweite Normalform erfüllen.

4.2 Der konzeptionelle Datenbankentwurf

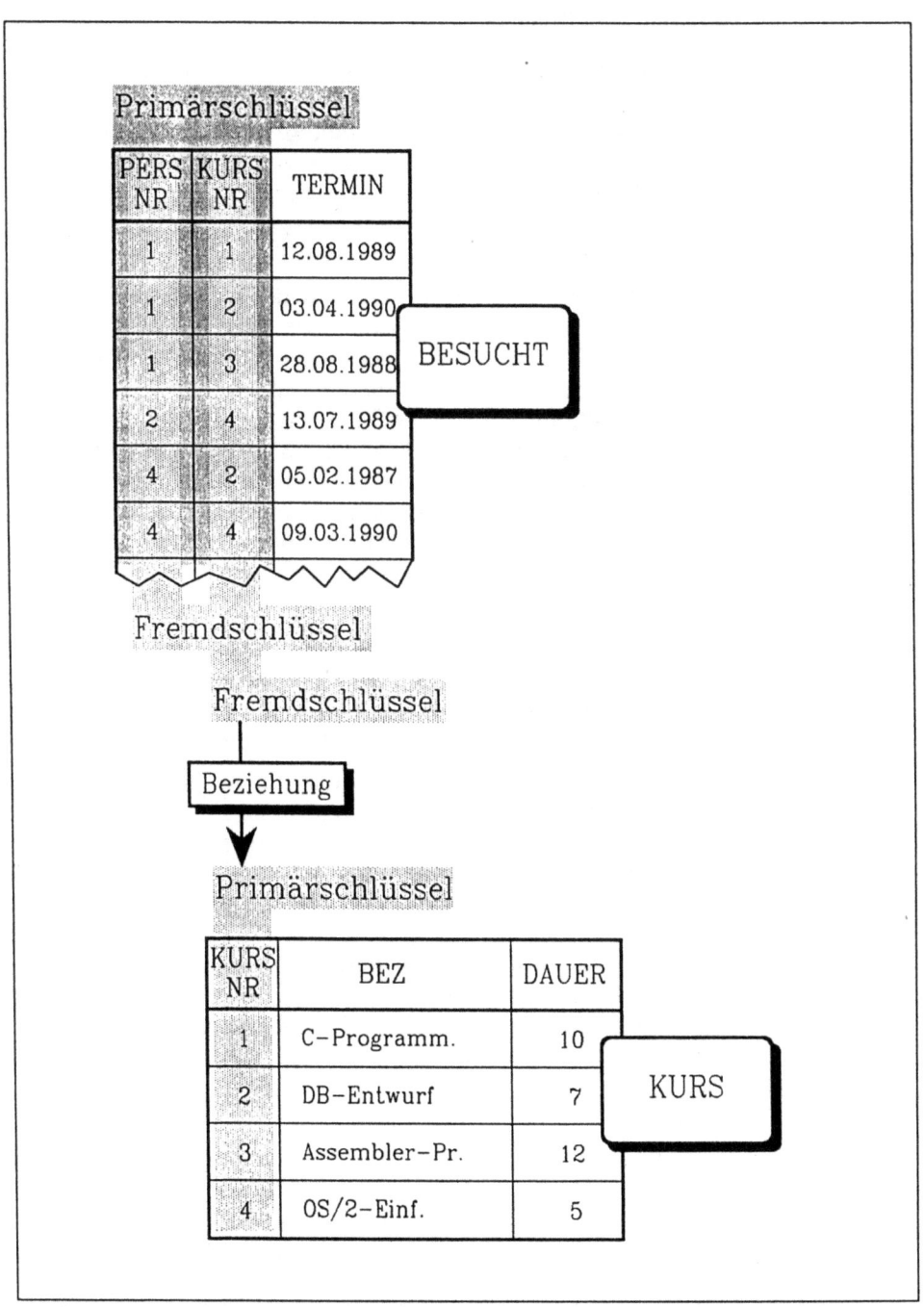

Abbildung 4.33

Vorteile der zweiten Normalform

Wir wollen im folgenden die Vorteile der zweiten Normalform erläutern, indem wir einige Mängel der ersten Normalform aufzeigen, die in der zweiten Normalform nicht mehr auftreten. Die Nachteile der ersten Normalform werden vor allem dann deutlich, wenn Änderungsoperationen ausgeführt werden. Die hierbei auftretenden Probleme bezeichnet man als sogenannte "Änderungsanomalien". Wir wollen diese Anomalien anhand von Einfüge-, Modifikations- und Löschoperationen erläutern:

In die Datenbank unseres Softwarehauses soll die Information abgelegt werden, daß ein Kurs mit der Kursnummer 6, der Bezeichnung "LAN-Einsatz" und der Dauer von 7 Tagen für die zukünftige Mitarbeiterschulung genutzt werden kann. Die genannten Kursdaten lassen sich in der Tabelle BESUCHT_1 in Abbildung 4.32 (Seite 373) erst dann abspeichern, wenn dieser Kurs von einem Mitarbeiter besucht wird. Es ist leicht einzusehen, daß die Informationen über den neuen Kurs auch schon dann für unser Softwarehaus bedeutsam sind, wenn noch kein Mitarbeiter zum Besuch des Kurses vorgesehen ist. Dieses Problem der ersten Normalform wird Einfügeanomalie genannt, weil es nicht möglich ist, in der Realität vorliegende Informationen in die Datenbank einzufügen.

In der zweiten Normalform tritt diese Einfügeanomalie nicht auf, da sich in die Tabelle KURS (siehe Abbildung 4.33) jederzeit neue Kurse einfügen lassen. Der Besuch eines Kurses ist in diesem Fall also nicht mehr Voraussetzung dafür, daß zu einem Kurs Daten erfaßt werden können.

Versucht man Daten in einer Tabelle, die nicht die zweite Normalform erfüllt, zu modifizieren, so führt dies ebenfalls zu Problemen. Will man z.B. die Dauer des Kurses "C-Programmierung" von zehn auf neun Tage abändern, so muß in der Tabelle BESUCHT_1 (siehe Abbildung 4.32 auf Seite 373) diese Modifikation mehrfach durchgeführt werden. Der Grund hierfür liegt darin, daß die kursspezifischen Daten wie KURS_BEZ und KURS_DAUER für jeden Kurs so oft abgelegt werden, wie er von Mitarbeitern besucht wurde. Wegen der mengenorientierten Arbeitsweise von SQL ist die Modifikation mehrerer Zeilen grundsätzlich kein Problem. Durch die SQL-Anweisung:

```
UPDATE BESUCHT_1
SET    KURS_DAUER = 9
WHERE  KURS_NR = 1
```

lassen sich alle Zeilen, die den Kurs "C-Programmierung" enthalten, in gleicher Weise modifizieren. Dennoch ist die redundante (d.h. mehrfache) Abspeicherung von Daten äußerst problematisch. Zum einen wird durch die Datenredundanz Speicherplatz vergeudet; zum anderen erfordert das Modifizieren desselben Datenfeldes in mehreren Zeilen einen unnötigen Verarbeitungsaufwand.

4.2 Der konzeptionelle Datenbankentwurf

Der größte Nachteil der Redundanz besteht jedoch darin, daß die Konsistenz der Daten nicht mehr sichergestellt werden kann. Durch die SQL-Anweisung:

```
UPDATE BESUCHT_1
SET    KURS_DAUER = 9
WHERE  PERS_NR = 1
AND    KURS_NR = 1
```

entsteht ein Datenbankzustand, in dem zum Kurs "C-Programmierung" zwei unterschiedliche Werte für das Attribut KURS_DAUER gespeichert sind. Ein solcher inkonsistenter Datenbankzustand kann vom Database Manager nicht verhindert werden.

In der zweiten Normalform (siehe Abbildung 4.33) werden die eben genannten Probleme vermieden. Dadurch, daß die kursspezifischen Daten in einer eigenen Tabelle gespeichert werden, tritt keine Redundanz auf; jede Information ist nur einmal gespeichert. Es sind somit Situationen ausgeschlossen, in denen zu einem Kurs mehrere, sich widersprechende Daten vorhanden sind.

Bei Löschoperationen ergibt sich eine ähnliche Problematik wie bei Einfügeoperationen. Hierzu betrachten wir einen Kurs, der in der Tabelle BESUCHT_1 nur ein einziges Mal gespeichert ist (weil nur ein Mitarbeiter diesen Kurs besuchte). Wird nun dieser Mitarbeiter aus der Tabelle MITARBEITER gelöscht, so verschwindet auch der zugehörige Kurseintrag aus der Tabelle BESUCHT_1 ("kaskadierendes Löschen"). Mit dem Löschen des Mitarbeiters gehen somit gleichzeitig alle Informationen über den betrachteten Kurs verloren. Diese Kursdaten sind jedoch möglicherweise für das Unternehmen weiterhin bedeutsam, so daß durch das Löschen des Mitarbeiters ein unerwünschter Datenverlust eingetreten ist. Dieses Fehlverhalten der ersten Normalform wird als Löschanomalie bezeichnet.

In der zweiten Normalform (siehe Abbildung 4.33) tritt die Löschanomalie nicht auf. Wird ein Mitarbeiter gelöscht, so verschwinden zwar alle ihn betreffenden Zeilen aus der Tabelle BESUCHT. Auf die Kursdaten in der Tabelle KURS hat eine solche Löschung jedoch keinen Einfluß. Es gehen folglich keine Kursdaten verloren.

Im übrigen ist die ursprüngliche Datenzusammenstellung der ersten Normalform (Tabelle BESUCHT_1) aus den beiden Tabellen BESUCHT und KURS leicht durch folgende Abfrage wiederherzustellen:

```
SELECT PERS_NR, B.KURS_NR, BEZ, DAUER, TERMIN
FROM   BESUCHT B, KURS K
WHERE  B.PERS_NR = K.PERS_NR
```

Man sagt deshalb: Die Zerlegung in die zweite Normalform ist verlustlos (engl. nonloss decomposition), weil hierbei keine Informationen verlorengehen. Andererseits können in der zweiten Normalform Daten abgespeichert werden, deren Abspeicherung in der ersten Normalform unmöglich ist (siehe Einfügeanomalie). Insofern läßt sich durch die Überführung in die zweite Normalform sogar ein Informationszuwachs erzielen.

Die dritte Normalform

Wie wir auf den vorangegangenen Seiten erläutert haben, befinden sich die Tabelle BESUCHT und KURS in Abbildung 4.33 beide in der zweiten Normalform. Sie erfüllen sogar - was wir im Moment noch nicht beweisen können - die dritte Normalform. Für die Behandlung der dritten Normalform benötigen wir jedoch eine Tabelle, die gegen diese verstößt. Zu diesem Zweck führen wir nun eine neue Tabelle KURS_1 ein (siehe Abbildung 4.34), die gegenüber der Tabelle KURS um die zusätzlichen Attribute INSTITUT_BEZ und INSTITUT_ORT erweitert wurde. Das Attribut INSTITUT_BEZ gibt an, von welchem Lehrinstitut ein bestimmter Kurs angeboten wird. Durch das Attribut INSTITUT_ORT wird beschrieben, wo die Lehrinstitute angesiedelt sind. Wir gehen hierbei von den (etwas praxisfremden) Annahmen aus, daß jeder Kurs nur von einem Lehrinstitut angeboten wird, und darüber hinaus, daß jedes Lehrinstitut nur an einem Ort ansässig ist.

Die Tabelle KURS_1 erfüllt die erste Normalform, da keine Wiederholfelder auftreten. Die zweite Normalform wird ebenfalls eingehalten, weil der Primärschlüssel nur aus einer Spalte besteht.

Die Definition der dritten Normalform lautet folgendermaßen:

Eine Tabelle erfüllt die dritte Normalform, wenn keines der Nichtschlüsselattribute durch ein anderes Nichtschlüsselattribut oder durch eine Nichtschlüsselattribut-Kombination festgelegt wird. Mit anderen Worten: Alle Nichtschlüsselattribute werden nur durch den Primärschlüssel und durch alternative Schlüssel festgelegt. Etwas anschaulicher formuliert könnte man auch sagen: Die dritte Normalform ist immer dann verletzt, wenn ein Nichtschlüsselattribut eine Eigenschaft eines anderen Nichtschlüsselattributs beschreibt.

Betrachten wir nun die Tabelle KURS_1 in Abbildung 4.34. Zur Überprüfung der dritten Normalform müssen wir jedes Nichtschlüsselattribut mit jedem anderen Nichtschlüsselattribut in Beziehung setzen. Das Attribut BEZ brauchen wir bei dieser Untersuchung nicht zu berücksichtigen, da es als alternativer Schlüssel der Tabelle KURS_1 kein Nichtschlüsselattribut darstellt.

Für die Untersuchung verbleiben somit die Attribute DAUER, INSTITUT_BEZ und INSTITUT_ORT (vergl. Abbildung 4.34). Beginnen wir mit den Attributen DAUER und INSTITUT_BEZ: Das Attribut DAUER legt das Attribut INSTITUT_BEZ nicht fest, da es verschiedene Kurse mit derselben

4.2 Der konzeptionelle Datenbankentwurf

Kursdauer bei unterschiedlichen Instituten geben kann; d.h. man kann anhand der Kursdauer nicht ermitteln, von welchem Lehrinstitut ein Kurs abgehalten wird. Genausowenig wird das Attribut DAUER vom Attribut INSTITUT_BEZ festgelegt, weil üblicherweise ein Lehrinstitut verschiedene Kurse mit unterschiedlicher Dauer anbietet; man kann also aus der Bezeichnung des Lehrinstituts nicht auf die Kursdauer schließen. Betrachten wir nun die Attribute DAUER und INSTITUT_ORT. Auch hier kann man sagen: Weder legt das Attribut DAUER das Attribut INSTITUT_ORT fest, noch gilt die Umkehrung.

Primärschlüssel

KURS NR	BEZ	DAUER	INSTITUT BEZ	INSTITUT ORT
1	C-Programm.	10	Lern-Fix GmbH	Stuttgart
2	DB-Entwurf	7	DV-Training	Berlin
3	Assembler-Pr.	12	Lern-Fix GmbH	Stuttgart
4	OS/2-Einf.	5	EDV-Lerncenter	Hamburg

KURS 1

Abbildung 4.34

Wenden wir uns schließlich den Attributen INSTITUT_BEZ und INSTITUT_ORT zu. Das Attribut INSTITUT_ORT legt nicht das Attribut INSTITUT_BEZ fest, da an einem Ort mehrere Lehrinstitute ansässig sein können. Auf der anderen Seite wird jedoch durch das Attribut INSTITUT_BEZ das Attribut INSTITUT_ORT festgelegt, weil ein Lehrinstitut - gemäß unserer Annahme - nur in einem Ort beheimatet ist. D.h. mit der Angabe einer Institutsbezeichnung liegt auch der Ort fest, an dem das betrachtete Lehrinstitut seinen Sitz hat.

Die Tabelle KURS_1 erfüllt somit nicht die dritte Normalform. Man sagt in diesem Fall: Das Attribut INSTITUT_ORT ist transitiv vom Primärschlüssel KURS_NR abhängig, was zum Ausdruck bringt, daß das Attribut INSTITUT_ORT nicht direkt durch den Primärschlüssel festgelegt wird, sondern daß es nur indirekt über das Attribut INSTITUT_BEZ vom Primärschlüssel abhängt.

Überführung in die dritte Normalform

Die Überführung einer Tabelle von der zweiten in die dritte Normalform erfolgt - wie auch bei den ersten beiden Normalformen - durch eine Zerlegung in zwei oder mehr neue Tabellen. Es werden hierbei all die Attribute in eine eigene Tabelle ausgelagert, die durch ein Nichtschlüsselattribut oder eine Nichtschlüsselattribut-Kombination festgelegt werden. Das festlegende Nichtschlüsselattribut oder die festlegende Nichtschlüsselattribut-Kombination werden ebenfalls in die neue Tabelle übernommen. Sie bilden dort den Primärschlüssel. Zusätzlich bleiben sie auch in der ursprünglichen Tabelle als Fremdschlüssel erhalten.

Wir wollen diesen Zerlegungsvorgang anhand der Tabelle KURS_1 (siehe Abbildung 4.35) erläutern. Entsprechend der eben genannten Vorschrift müssen wir das Attribut INSTITUT_ORT in eine neue Tabelle auslagern. Wir nennen diese neu entstandene Tabelle INSTITUT (siehe Abbildung 4.35). Das festlegende Attribut INSTITUT_BEZ wandert ebenfalls in die neue Tabelle und bildet dort den Primärschlüssel. Es bleibt jedoch auch noch in der Ausgangstabelle als Fremdschlüssel erhalten (Tabelle KURS_2 in Abbildung 4.35). Zwischen der neu entstandenen Tabelle INSTITUT und der abgemagerten Kurstabelle KURS_2 besteht somit eine relationale Beziehung.

Vorteile der dritten Normalform

Der wesentliche Vorteil der dritten Normalform besteht darin, daß in allen Attributen einer Tabelle keinerlei Redundanz mehr auftritt. Insofern ist die dritte Normalform den ersten beiden Normalformen überlegen, die diese Eigenschaft nicht aufweisen.

Um die Überlegenheit gegenüber der zweiten Normalform nachzuweisen, wollen wir uns nochmals mit der Tabelle KURS_1 in Abbildung 4.34 befassen, die - wie wir gesehen haben - zwar die zweite, nicht jedoch die dritte Normalform erfüllt. Die Redundanz der Tabelle KURS_2 besteht darin, daß die Information, an welchem Ort ein bestimmtes Lehrinstitut angesiedelt ist, nicht nur einmal abgespeichert wird, sondern so oft, wie es Kurse von diesem Lehrinstitut gibt.

4.2 Der konzeptionelle Datenbankentwurf

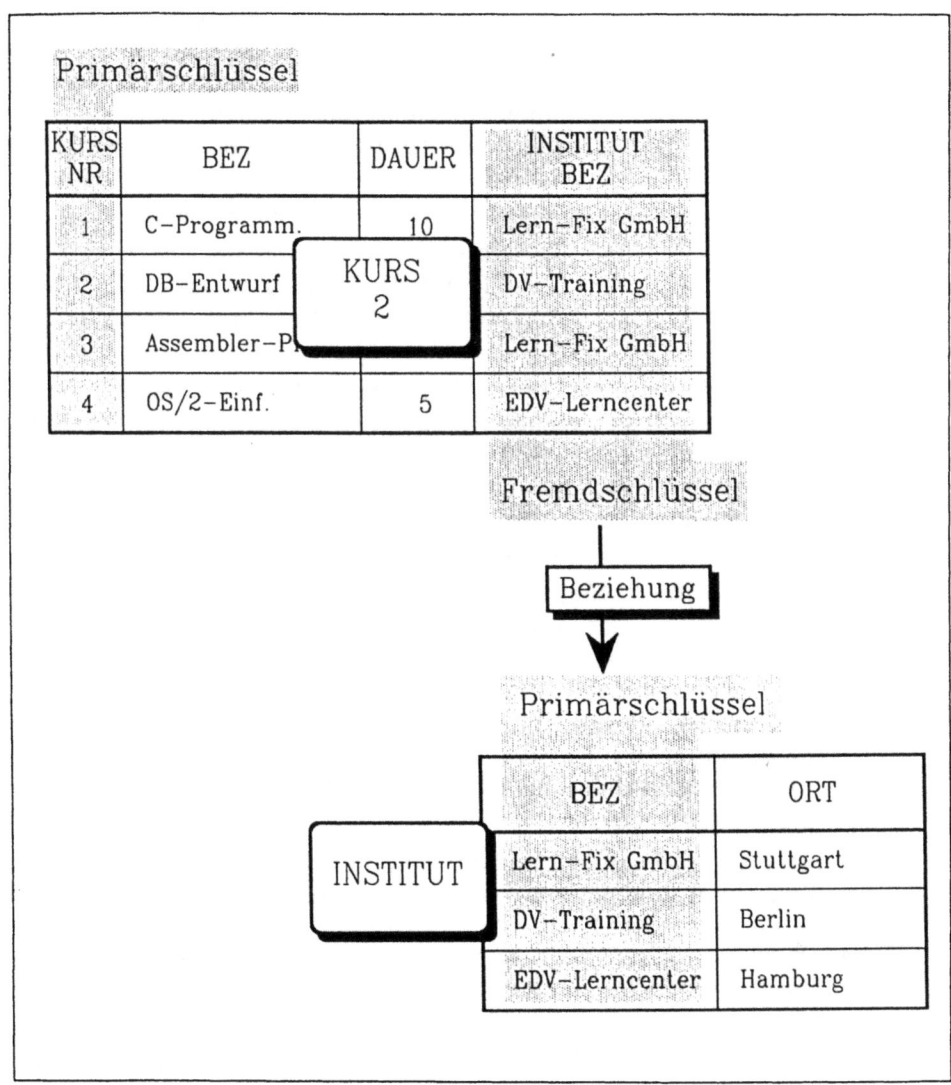

Abbildung 4.35

Hierdurch entstehen Änderungsanomalien, die wir im Prinzip bereits bei der ersten Normalform kennengelernt haben. Wir wollen uns deshalb kurz fassen:

Einfügeanomalie: Für ein bestimmtes Lehrinstitut kann der Institutsort nicht abgespeichert werden, wenn zu diesem Lehrinstitut noch kein Kurs gespeichert ist.

Modifikationsanomalie:	Wechselt ein Lehrinstitut seinen Standort, so muß die Spalte INSTITUT_ORT in mehreren Zeilen modifiziert werden; anderenfalls entsteht ein inkonsistenter Datenbankzustand, da dann zu einem Lehrinstitut mehrere Orte gespeichert sind, obwohl - laut Annahme - ein Lehrinstitut nur an einem Ort angesiedelt sein kann.
Löschanomalie:	Löscht man alle Kurse eines Lehrinstituts aus der Tabelle KURS_1, so geht auch die Information verloren, an welchem Ort das Lehrinstitut ansässig ist.

In der dritten Normalform (siehe Abbildung 4.35) treten die eben beschriebenen Anomalien nicht auf, da nun Lehrinstitute unabhängig vom Vorhandensein irgendwelcher Kurse erfaßt werden können. Anderseits ist durch die Beziehung zwischen den Tabellen KURS_2 und INSTITUT sichergestellt, daß Kursen nur Lehrinstitute zugeordnet werden, die auch tatsächlich existieren (d.h. in der Tabelle INSTITUT vorhanden sind).

Vergleicht man die Abbildung 4.34 (Seite 383) mit der Abbildung 4.35, so erkennt man intuitiv den Mangel der Tabelle KURS_1. Die Verletzung der dritten Normalform entsteht dadurch, daß zwei eigenständige Entitätsmengen - nämlich Kurse und Lehrinstitute - in einer gemeinsamen Tabelle abgebildet werden. Zwischen diesen Entitätsmengen besteht eine 1:n-Beziehungsmenge (ein Lehrinstitut kann n Kurse abhalten). Packt man nun beide Entitätsmengen in eine Tabelle, so wandert auch die 1:n-Beziehung zwischen den beiden Entitätsmengen in diese Tabelle.

Hierin liegt das eigentliche Problem. Eine Relation dient definitionsgemäß ausschließlich zur Abbildung von 1:1-Beziehungen zwischen dem Primärschlüssel der Relation und jedem Nichtschlüsselattribut. Versucht man Attribute in einer Relation zusammenzufassen, zwischen denen andere Beziehungen existieren (z.B. 1:n-Beziehungen), so entstehen die beschriebenen Änderungsanomalien.

Auf der anderen Seite erlaubt das relationale Modell die Abbildung von 1:n-Beziehungen zwischen Relationen mittels Fremdschlüssel-Primärschlüssel-Beziehungen. Aus diesen Gründen müssen die Attribute in der Weise zu Relationen zusammengefaßt werden, daß 1:n-Beziehungen nicht mehr innerhalb einer Relation, sondern nur noch zwischen Relationen auftreten[21].

---

[21] Eine Sonderstellung nehmen Tabellen mit rekursiven Beziehungen ein. Scheinbar treten hier 1:n-Beziehungen innerhalb einer Tabelle auf. Bei genauerem Hinsehen erkennt man jedoch, daß es sich bei rekursiven Beziehungen auch um Beziehungen zwischen zwei getrennten Entitätsmengen handelt. Der wesentliche Unterschied gegenüber "normalen" 1:n-Beziehungen besteht darin, daß eine der beiden Entitätsmengen nur Schlüsselattribute enthält. Diese entartete Entitätsmenge tritt deshalb nicht als eigenständige Tabelle, sondern nur als Fremdschlüssel in Erscheinung (siehe Abbildung 4.22 auf Seite 347); dort ist die entartete Entitätsmenge CHEF enthalten, die nur aus dem Schlüsselattribut CHEF_NR besteht).

Warum wird häufig gegen die Normalformen verstoßen?

In der Praxis wird häufig gegen die Normalformen verstoßen. Diese Verstöße haben meist dieselbe Ursache: Man orientiert sich beim Entwurf an externen Zugriffsanforderungen. Auf unser Beispiel in Abbildung 4.31 (Seite 371) angewandt, heißt das: Weil man in mehreren Programmen die Mitarbeiterdaten gemeinsam mit den zugehörigen Kursdaten verarbeiten möchte, tendiert man dazu, diese Daten auch in einer gemeinsamen Tabelle abzuspeichern. Eine solche Vorgehensweise verstößt jedoch gegen die 3-Ebenen-Architektur nach ANSI/SPARC, die verlangt, das konzeptionelle Datenmodell unabhängig von benötigten externen Sichten zu entwerfen. Die Vorteile einer solchen Vorgehensweise haben wir bereits im Rahmen der Einführung der 3-Ebenen-Architektur (Seite 295 ff.) erläutert. Bei der Behandlung der einzelnen Normalformen auf den vorangegangenen Seiten haben wir gesehen, welch schwerwiegende Nachteile man sich einhandelt, wenn man externe und konzeptionelle Ebene nicht voneinander trennt und dadurch die Normalformen verletzt.

Die konsequente Anwendung der ER-Methode führt zu einem Datenmodell, das automatisch die dritte Normalform erfüllt. Eine wesentliche Eigenschaft der ER-Methode besteht darin, daß eigenständige Sachverhalte der modellierten Miniwelt in getrennten Entitätsmengen und somit in getrennten Tabellen abgelegt werden. Die Normalisierung verfolgt genau dasselbe Prinzip: Es werden Tabellen daraufhin untersucht, ob sie mehrere voneinander unabhängige Sachverhalte abbilden. Liegt eine solche Situation vor, dann werden mittels der Normalisierung diese voneinander unabhängigen Sachverhalte in getrennte Tabellen separiert.

Datenmodellbedingte Redundanz

Wenngleich durch die dritte Normalform ein hohes Maß an Redundanzfreiheit erreicht wird, so gibt es doch eine Form der Redundanz, die in einem relationalen Datenmodell unvermeidbar ist. Es handelt sich hierbei um Redundanz in Fremdschlüsselattributen.

Betrachten wir hierzu die Abbildung 4.35. Die Beziehung zwischen den Tabellen KURS_2 und INSTITUT wird dadurch aufgebaut, daß Primärschlüsselwerte der Tabelle INSTITUT im Fremdschlüssel der Tabelle KURS_2 wiederholt werden. Die eigentliche Aufgabe des Fremdschlüssels INSTITUT_BEZ - nämlich auf eine bestimmte Zeile in der Tabelle INSTITUT zu verweisen - wird also erreicht, indem der Primärschlüsselwert dieser "Bezugszeile" redundant gespeichert wird. Der hierbei auftretende Redundanzgrad ist um so höher, je länger der Primärschlüssel ist. In extremen Fällen kann dies dazu führen, daß zur Abspeicherung eines Fremdschlüssels wesentlich mehr Speicherplatz benötigt wird als für die eigentliche Nutzinformation einer Tabelle. Solche Situationen lassen sich vermeiden, wenn künstliche Primärschlüssel verwendet werden, die in der Regel um einiges speicherplatzgünstiger definiert werden können als natürliche Primärschlüssel.

Betrachten wir hierzu nochmals die Abbildung 4.35 auf Seite 385. Angenommen, ein Wert für den Primärschlüssel BEZ der Tabelle INSTITUT umfaßt durchschnittlich zehn Bytes. Dies hat zur Folge, daß der Fremdschlüssel INSTITUT_BEZ der Tabelle KURS_2 ebenfalls durchschnittlich zehn Bytes beansprucht. Würde man nun für die Tabelle INSTITUT einen künstlichen Primärschlüssel vorsehen, der nur aus einer Zählnummer besteht, so wären zwei Bytes für dessen Abspeicherung ausreichend (SQL-Datentyp SMALLINT). Dadurch würde zwar einerseits der Speicherplatzbedarf der Tabelle INSTITUT geringfügig ansteigen; auf der anderen Seite würde nun jeder Fremdschlüsselwert in der Tabelle KURS_2 auch nur noch zwei Bytes beanspruchen. Üblicherweise muß man davon ausgehen, daß bei einer 1:n-Beziehung wesentlich mehr Fremdschlüssel als zugehörige Primärschlüssel auftreten. Insofern würde der Speicherplatzmehrbedarf in der Tabelle INSTITUT durch die Speicherplatzersparnis aufgrund der kürzeren Fremdschlüsselspalte in der Tabelle KURS_2 bei weitem übertroffen.

Ein weiterer Vorteil eines künstlichen Schlüssels besteht darin, daß seine Zeitinvarianz leicht gewährleistet werden kann. Da ein künstlicher Schlüssel keine Eigenschaft der Entität beschreibt, gibt es auch keinen Grund, ihn jemals zu modifizieren. Betrachtet man hingegen reale Eigenschaften von Entitäten, so ist deren Zeitinvarianz nur selten zu garantieren.

Wie wir gesehen haben, kann bei der derzeitigen Ausführung des Database Manager ein Primärschlüsselwert nicht mehr modifiziert werden, sobald ein Bezug auf diesen Primärschlüsselwert existiert. Es ist zwar anzunehmen, daß in zukünftigen Versionen des Database Manager diese Restriktion verschwinden wird. Bis dahin sollte man jedoch in Primärschlüsseln nur zeitinvariante Attribute verwenden. Dies läßt sich mit künstlichen Schlüsseln am einfachsten erreichen.

Redundanz durch Datenaggregation

Im folgenden wollen wir uns mit einer Form von Redundanz befassen, die durch die Normalisierung nicht aufgedeckt wird, da sie sich über mehrere Tabellen hinweg erstreckt. Diese Form der Redundanz entsteht immer dann, wenn in einer Tabelle aggregierte Informationen einer anderen Tabelle abgelegt werden.

Was unter "aggregierten Informationen" zu verstehen ist, wollen wir anhand des klassischen Beispiels "Konto/Buchung" erläutern (siehe Abbildung 4.36).

4.2 Der konzeptionelle Datenbankentwurf

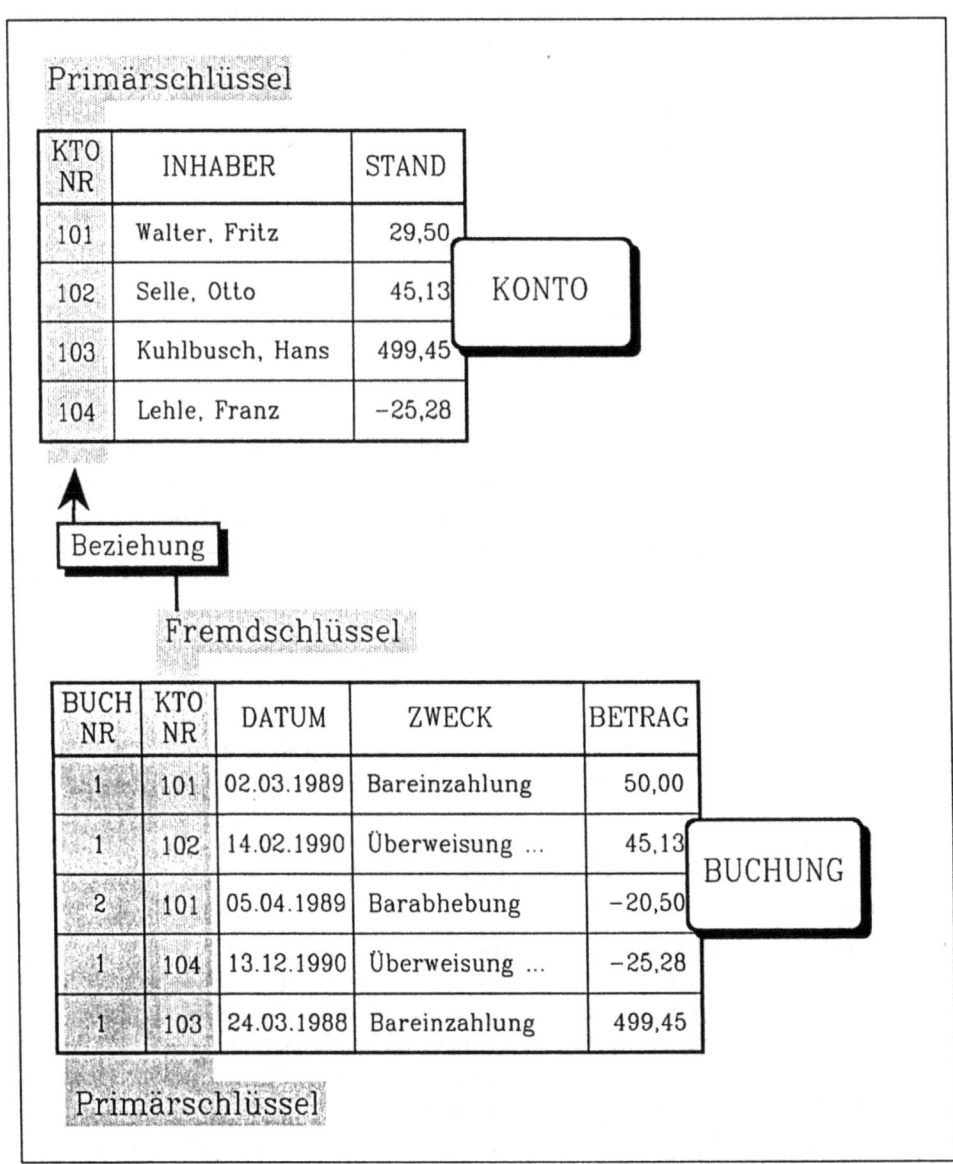

Abbildung 4.36

Sowohl die Tabelle KONTO als auch die Tabelle BUCHUNG erfüllen die dritte Normalform. Dennoch existiert eine Redundanz, die man allerdings erst dann erkennt, wenn man beide Tabellen gemeinsam betrachtet. Die Spalte STAND in der Tabelle KONTO ist von der Spalte BETRAG in der Tabelle

BUCHUNG abhängig, da die Summe aller Buchungsbeträge eines Kontos dem Kontostand dieses Kontos entsprechen muß. Die Abfrage

```
SELECT  K.KTO_NR, SUM(BETRAG)
FROM    KONTO K, BUCHUNG B
WHERE   K.KTO_NR = B.KTO_NR
GROUP   BY K.KTO_NR
```

liefert somit dieselbe Ergebnismenge, wie die Abfrage

```
SELECT  KTO_NR, STAND
FROM    KONTO
```

Die Redundanz, die sich durch Speicherung aggregierter Daten ergibt, führt - wie die Verletzung der Normalformen - zu Änderungsanomalien; d.h. die Spalten STAND und BETRAG dürfen nicht unabhängig voneinander verändert werden, da sonst die Datenkonsistenz verloren geht. Wir wollen im folgenden die Daten, aus denen sich aggregierte Daten ableiten, als Basisdaten bezeichen (in unserem Beispiel ist das Feld BETRAG ein Basisdatum).

Änderungsanomalien lassen sich vermeiden, wenn man auf die Abspeicherung aggregierter Daten verzichtet und statt dessen diese Daten bei Bedarf aus den Basisdaten jeweils neu errechnet. Andererseits kann die Ermittlung der aggregierten Daten mit einem so hohen Aufwand verbunden sein, daß man aus Performancegründen zusätzlich zu den Basisdaten aggregierte Daten abspeichert und die hiermit verbundenen Risiken in Kauf nimmt. In diesen Fällen muß die Datenkonsistenz dadurch sichergestellt werden, daß bei einer Änderung von Basisdaten mittels entsprechender Programme auch die aggregierten Daten aktualisiert werden.

Würde ein derartiges Programm zur Konsistenzsicherung vom Database Manager bei Änderung eines Basisfeldes automatisch gestartet, dann wäre die Gefahr der Dateninkonsistenz gebannt. Solche Programme, die vom Datenbanksystem beim Auftreten einer bestimmten Situation automatisch aufgerufen werden, nennt man Triggerprozeduren. Leider läßt der Database Manager die Definition von Triggerprozeduren nicht zu.

Aus diesem Grunde muß beim Database Manager mit Hilfe von Berechtigungsfunktionen[22] sichergestellt werden, daß Änderungsoperationen auf Basis- und aggregierte Felder ausschließlich über hierfür vorgesehene Programme ausgeführt werden. So müßte z.B. verhindert werden, daß ein Benutzer die Spalten STAND und BETRAG mit Hilfe des Query Manager direkt verändert (siehe Abbildung 4.36).

---

[22] Wir werden im Abschnitt 5.6 "Zugriffsschutz" auf diese Problematik detaillierter eingehen.

4.3 Implementierung des konzeptionellen Datenbankentwurfs

4.3.1 Datenbankdefinition

Innerhalb des konzeptionellen Datenbankentwurfs spielt der Begriff "Datenbank" im Grunde genommen keine Rolle. Es wird in dieser Entwurfsphase nicht eine Datenbank, sondern ein Datenmodell entworfen. Ein relationales Datenmodell legt fest, wie die abzuspeichernden Informationen zu Tabellen gruppiert werden und welche Beziehungen zwischen diesen Tabellen existieren (siehe Abbildung 4.27 auf Seite 362). Es gibt keine Auskunft darüber, wo die Daten abzuspeichern sind.

Demgegenüber ist eine Datenbank - insbesondere beim Database Manager - ein weitaus konkreteres Gebilde. Mit der Zuordnung von Tabellen zu einer Datenbank definiert man, wo diese Tabellen abgespeichert werden. Insofern ist die Datenbankdefinition eigentlich keine Aufgabe des konzeptionellen Datenbankentwurfs, sondern sie ist vielmehr dem internen Datenbankentwurf zuzuordnen. Wir wollen dennoch das Thema "Datenbankdefinition" bereits an dieser Stelle behandeln, da zuerst eine Datenbank angelegt werden muß, bevor man sich der Tabellendefinition zuwenden kann.

Was ist unter einer Database Manager-Datenbank zu verstehen? Wie man eine Datenbank erstellt, haben wir bereits zu Beginn des zweiten Kapitels erfahren. Es ist jedoch unklar, nach welchen Kriterien ein relationales Datenmodell in eine oder mehrere Datenbanken umgesetzt wird. Um diese Frage zu beantworten, muß man wissen, welche Konsequenzen aus der Zuordnung von Tabellen zu einer oder mehreren Datenbanken erwachsen.

Folgende Punkte sind zu beachten:

- Alle Objekte einer Datenbank - also insbesondere alle Tabellen - werden auf einem logischen Laufwerk abgespeichert.
- Beziehungen lassen sich ausschließlich zwischen Tabellen einer Datenbank definieren.
- SQL-Anweisungen (z.B. SELECT mit Join) können nur solche Tabellen miteinander verknüpfen, die derselben Datenbank angehören.
- Ein "normales" Anwendungsprogramm kann zu einem Zeitpunkt nur mit einer Datenbank arbeiten. Möchte man in einem Programm Daten mehrerer Datenbanken verarbeiten, so ist beim Datenbankwechsel immer erst die Verbindung zur aktuellen Datenbank abzubauen (Funktion "sqlestpd"),

bevor man Kontakt zu einer anderen Datenbank aufnimmt (Funktion "sqlestrd"). Ein solches Verfahren ist sehr zeitaufwendig. Alternativ hierzu ist es möglich, ein Programm zu schreiben, das aus mehreren OS/2-Prozessen besteht. Diese OS/2-Prozesse können dann Verbindungen zu unterschiedlichen Datenbanken aufnehmen. Mit Hilfe der OS/2-Interprozeßkommunikation lassen sich die einzelnen Prozesse koordinieren. Eine derartige Programmstruktur erfordert allerdings einen hohen Programmieraufwand.

Wie man sieht, gibt es sowohl Gründe dafür, ein Datenmodell auf mehrere Datenbanken abzubilden, als auch dafür, mit nur einer Datenbank zu arbeiten:

Die Entwicklung von Anwendungsprogrammen gestaltet sich am einfachsten, wenn man mit einer einzigen Datenbank auskommt. Andererseits ist man gezwungen, mehrere Datenbanken zu verwenden, sobald ein logisches Laufwerk (und damit maximal eine physische Festplatte) zur Aufnahme aller Daten eines Datenmodells nicht mehr ausreicht. Der Einsatz mehrerer Datenbanken erlaubt darüber hinaus, sowohl die Daten- als auch die Verarbeitungslast auf verschiedene Server-PCs des Netzes zu verteilen. Man ist in diesem Fall eher in der Lage, ein gestiegenes Zugriffsvolumen durch eine geänderte Konfiguration der Hardware auszugleichen. Auch aus Performancegesichtspunkten ist es günstiger, wenn sich die Zugriffe auf verschiedene Festplatten verteilen, was wiederum nur mit mehreren Datenbanken erreichbar ist.

Um die Vorteile mehrerer Datenbanken nutzen zu können, sollte man das Datenmodell daraufhin untersuchen, ob sich Teilmengen von Tabellen finden lassen, die zu den übrigen Tabellen des Modells nur wenige oder am besten keine Beziehungen besitzen. Derartige Teilmengen sind gute Kandidaten für eine eigene Datenbank.

Datenbankerstellung mit dem Query Manager

Wie man eine neue Datenbank mit Hilfe des Query Manager erstellt, wurde zu Beginn des zweiten Kapitels (Seite 11 ff.) ausführlich beschrieben. Wir wollen diesen Ablauf deshalb hier nicht wiederholen.

Die Database Services benötigen nur drei Informationen, um eine neue Datenbank anzulegen. Diese sind (vergl. Abbildung 2.3 auf Seite 12):

- ♦ der maximal achtstellige Datenbankname,
- ♦ der Kennbuchstabe des logischen Laufwerks, das zur Abspeicherung der Datenbank vorgesehen ist,
- ♦ ein maximal 30stelliger Kommentar. Dieser Kommentar wird vom Query Manager in der Datenbankübersicht angezeigt (Fenster "Databases", siehe Abbildung 2.16 auf Seite 26).

4.3 Implementierung des konzeptionellen Datenbankentwurfs

Das Erstellen einer neuen Datenbank dauert eine ganze Weile. Hierbei ist eine ziemlich starke Plattenaktivität zu beobachten. Was passiert beim Anlegen einer neuen Datenbank?

Im Rootverzeichnis des angegebenen Laufwerks wird ein Dateiverzeichnis erstellt. Für die erste Datenbank auf diesem Laufwerk heißt es SQL00001, für die zweite SQL00002, usw. Man kann also aus dem Verzeichnisnamen nicht direkt auf den Namen der zugehörigen Datenbank schließen. Das angelegte Verzeichnis dient zur Aufnahme aller Objekte der Datenbank. So bildet z.B. jede Tabelle eine OS/2-Datei innerhalb des Verzeichnisses. Die Dateien eines Datenbankverzeichnisses haben genauso nichtssagende Namen wie das Verzeichnis selbst. Sie beginnen alle mit SQL und sind im übrigen einfach durchnumeriert. Lediglich die Dateinamenserweiterungen geben Auskunft über die Dateiarten. Tabellendateien besitzen z.B. die Namenserweiterung DAT. Betrachtet man ein Datenbankverzeichnis direkt nach dem Erstellen der Datenbank, so sieht man, daß es bereits einige Tabellendateien aufweist (siehe folgende DIR-Ausgabe):

```
 Volume in drive C has no label.
 Directory of C:\SQL00001

 .              ..             SQLDBCON       SQL00000 LOG   SQL00001 LOG
 SQL00001 SEM   SQL00001 DAT   SQL00002 LOG   SQL00003 LOG   SQL00004 LOG
 SQL00005 LOG   SQL00002 DAT   SQL00002 LF    SQL00003 DAT   SQL00004 DAT
 SQL00005 DAT   SQL00006 DAT   SQL00007 DAT   SQL00007 LF    SQL00008 DAT
 SQL00009 DAT   SQL00010 DAT   SQL00011 DAT   SQL00012 DAT   SQL00013 DAT
 SQL00014 DAT   SQL00015 DAT   SQL00002 INX   SQL00003 INX   SQL00004 INX
 SQL00005 INX   SQL00006 INX   SQL00007 INX   SQL00008 INX   SQL00009 INX
 SQL00010 INX   SQL00011 INX   SQL00012 INX   SQL00013 INX   SQL00014 INX
 SQL00015 INX   SQL00016 DAT   SQL00016 LF    SQL00016 INX
```

Dies sind zum größten Teil sogenannte Katalogtabellen (engl. catalog tables), die in jeder Datenbank enthalten sein müssen. Wir werden auf Katalogtabellen noch des öfteren zurückkommen.

Neben dem Dateiverzeichnis, das die Datenbankobjekte umfaßt, wird noch ein weiteres Dateiverzeichnis erzeugt. Es heißt SQLDBDIR. Ein solches Verzeichnis existiert für jedes Laufwerk mit Database Manager-Datenbanken nur einmal. Es wird beim Anlegen der ersten Datenbank eines Laufwerks miterstellt. Dieses Dateiverzeichnis enthält ein sogenanntes Laufwerk-Datenbankverzeichnis (engl. volume database directory). Dort ist verzeichnet, welche Datenbanken auf dem Laufwerk zu finden sind.

Beim Anlegen einer Datenbank erstellen die Database Services eine Reihe von Zugriffsplänen für Database Manager-Hilfsprogramme und den Query Manager und speichern diese in der Datenbank ab (in Katalogtabellen). Darüber hinaus werden einige Berechtigungen für die neue Datenbank erteilt. Hierauf werden wir im Abschnitt 5.6 "Datenschutz" zurückkommen.

Datenbanken können nur lokal angelegt werden; die Erstellung muß also immer auf dem PC erfolgen, auf dessen Festplatte die Datenbank zu liegen kommt. Dies ist insbesondere dann bedeutsam, wenn eine Datenbank auf einem Server-PC angelegt werden soll, die man dann von mehreren Client-PCs des Netzes nutzen möchte. Während auf Client-PCs ablaufende Anwendungsprogramme problemlos auf eine entfernte Server-Datenbank zugreifen können, muß die Erstellung der Datenbank direkt auf dem Server-PC erfolgen.

Datenbankerstellung mit Hilfe von Database Manager-Funktionen

Üblicherweise wird die Installation von PC-Anwendungen dem Benutzer durch eine mehr oder weniger komfortable Installationsprozedur leicht gemacht. In diesem Sinne kann man es dem Anwender kaum zumuten, daß er eine Datenbank, die er für eine neue Database Manager-Anwendung benötigt, mit Hilfe des Query Manager selbst erstellt. Vielmehr sollte dieser Vorgang durch ein Installationsprogramm automatisiert werden.

Das folgende Programmbeispiel zeigt, wie eine Datenbank mit Hilfe einer Database Manager-Funktion angelegt werden kann. Dieses Programm stellt wohlgemerkt kein Beispiel für ein Installationsprogramm dar; es dient lediglich zur Erläuterung der Schnittstelle der Database Manager-Funktion "Create database".

```c
#include <stdlib.h>
#include <stdio.h>
#include <string.h>
#include <sqlenv.h>
#include <sqlca.h>
#include "dbm.h"

void eingabe(char *bezeichner, short laenge, char *ziel);

main()
{
  struct sqlca  sqlca;
  short   rc;
  char    dbname[SQL_DBNAME_SZ+1], laufwerk[2], kommentar[SQL_CMT_SZ+1];    /* 1 */

  eingabe("Datenbankname",    SQL_DBNAME_SZ, dbname);                        /* 2 */
```

4.3 Implementierung des konzeptionellen Datenbankentwurfs

```
  eingabe("Laufwerksbuchstabe", 1,         laufwerk);
  eingabe("Kommentar",        SQL_CMT_SZ,  kommentar);              /* 3 */

  rc = sqlestar();                                                  /* 4 */
  if ((rc != 0) && (rc != SQLE_RC_INVSTRT))                         /* 5 */
   {
     printf("Fehler bei STARTDBM: RC=%d\n", rc);
     exit(2);
   }

  sqlecred(dbname, laufwerk[0], kommentar, 0, &sqlca);              /* 6 */

  if (SQLCODE) fehler("CREATE DATABASE", &sqlca);

  printf("\nDatenbank %s wurde erstellt.\n", dbname);

  return(0);
}

void eingabe(char *bezeichner, short laenge, char *ziel)            /* 7 */
{
  char   puffer[100];

  printf("%s eingeben: ", bezeichner);

  while (strlen(gets(puffer)) > laenge)
    printf("\n%s zu lang. Max. %d Zeichen. Neuer Versuch: ",
           bezeichner, laenge);

  strcpy(ziel, puffer);
}
```

CREATEDB.C

Betrachten wir die wesentlichen Elemente des Programms:

Mit Hilfe der Funktion "eingabe" (7) werden die zur Erstellung der Datenbank benötigten Informationen von der Tastatur in char-Arrays eingelesen (Zeilen (2) bis (3)). Zur Dimensionierung der Arrays "dbname" und "kommentar" lassen sich Symbole aus der Includedatei SQLENV.H verwenden (SQL_DBNAME_SZ und SQL_CMT_SZ). Man muß allerdings diese Werte für den Nullterminator um eins erhöhen (1).

Eine neue Datenbank kann nur dann erstellt werden, wenn die Database Services aktiv sind. Diese werden in Zeile (4) mit Hilfe der Funktion "sqlestar" gestartet. Wir kennen "sqlestar" bereits aus dem Abschnitt "Database Services nicht aktiv" (Seite 207). Neben dem Rückkehrwert "0" ist auch der Rückkehrwert SQLE_RC_INVSTRT zulässig (5). Er tritt auf, wenn die Database Services bereits aktiv sind (siehe Includedatei SQLENV.H).

Die Erstellung der Datenbank erfolgt in Zeile (6) mit Hilfe der Funktion "sqlecred" ("Create database"). "sqlecred" besitzt in SQLENV.H folgenden Prototyp:

```
int sqlecred(unsigned char *,     /* database       */
             unsigned char,       /* drive          */
             unsigned char *,     /* comment        */
             short,               /* com code page */
             struct sqlca *);     /* SQLCA          */
```

Der Parameter "com code page" gibt an, welche Code Page für den Kommentar anzuwenden ist. Weist man diesem Parameter den Wert "0" zu, so wird die Code Page des Anwendungsprogramms benutzt.

Eine Datenbank, die mittels "sqlecred" erstellt wurde, unterscheidet sich von einer Datenbank, die mit dem Query Manager produziert wurde. Der Unterschied besteht darin, daß bei der Datenbankanlage durch den Query Manager eine weitere Tabelle erstellt und zusätzliche Zugriffspläne erzeugt werden. Dieser Unterschied ist jedoch nicht problematisch, da die eben genannten zusätzlichen Objekte nur dann gebraucht werden, wenn mit dem Query Manager auf die Datenbank zugegriffen wird. Sobald man eine mittels "sqlecred" angelegte Datenbank über den Query Manager anspricht, werden die noch fehlenden Datenbankobjekte nachträglich vom Query Manager erzeugt.

Löschen von Datenbanken

Zum Löschen einer Datenbank gibt es ebenfalls eine Database Manager-Funktion. Sie heißt "Drop database" und hat den Funktionsnamen "sqledrpd". Ihr Prototyp lautet:

```
int sqledrpd(unsigned char *,     /* database */
             struct sqlca *);     /* SQLCA    */
```

Mit Hilfe des Query Manager läßt sich eine Datenbank löschen, indem man im Fenster "Databases" die zu löschende Datenbank markiert und anschließend den Menüpunkt "Actions" in der Aktionszeile anklickt. Im daraufhin erscheinenden Untermenü klickt man dann auf die Auswahl "Erase...".

4.3.2 Tabellendefinition

Wir wollen nun daran gehen, das relationale Datenmodell der Miniwelt "Softwarehaus" (siehe Abbildung 4.27 auf Seite 362) in Tabellendefinitionen umzusetzen. Bereits zu Beginn des zweiten Kapitels wurde gezeigt, wie man

4.3 Implementierung des konzeptionellen Datenbankentwurfs

mit Hilfe des Query Manager Tabellen erstellen kann. Auf diese Weise entstanden die Übungstabellen MITARBEITER und KIND.

Im vorliegenden Abschnitt werden wir die SQL-Anweisung CREATE TABLE als ein weiteres Hilfsmittel zum Anlegen von Tabellen kennenlernen. Wir werden hier auch erfahren, wie Beziehungen zwischen Tabellen definiert werden.

Bei der Tabellenerstellung sind zwei Aufgaben zu bewältigen:

1. Zum einen geht es darum, dem Database Manager mit Hilfe der Sprache SQL Festlegungen mitzuteilen, die bereits im Rahmen der Datenmodellbildung getroffen wurden. Hierzu gehören: Tabellennamen, Spaltennamen, Definitionen von Primär- und Fremdschlüsseln und Löschregeln.

2. Zum andern ist für jede Tabellenspalte ein SQL-Datentyp und eventuell eine Spaltenlänge anzugeben. Zusätzlich muß man festlegen, in welchen Spalten Nullwerte zulässig sind.

Bevor wir uns mit der CREATE TABLE-Anweisung systematisch befassen, soll der grundsätzliche Aufbau dieser Anweisung anhand eines Beispiels gezeigt werden. Die Definition der Tabelle AUFTRAG könnte folgendermaßen lauten (siehe auch Abbildung 4.19 auf Seite 343):

```
CREATE TABLE AUFTRAG                                        -- 1
    (AUFTR_NR       SMALLINT      NOT NULL,                 -- 2
     BEZ            VARCHAR(30)   NOT NULL,
     PREIS          DECIMAL(9,2),
     TERMIN_GEPL    DATE,
     ABR_ART        CHAR(10),
     AUFTR_LEITER   SMALLINT,
     KUNDE_NR       SMALLINT      NOT NULL,                 -- 3

     PRIMARY KEY    (AUFTR_NR),                             -- 4

     FOREIGN KEY    LEITET (AUFTR_LEITER)                   -- 5
     REFERENCES     PROJ_MITARBEITER
     ON DELETE      SET NULL,

     FOREIGN KEY    ERTEILT (KUNDE_NR)
     REFERENCES     KUNDE
     ON DELETE      CASCADE)                                -- 6
```

Abbildung 4.37

Eine CREATE TABLE-Anweisung besteht aus maximal vier Teilen:
1. Im ersten Teil wird direkt im Anschluß an die Wörter CREATE TABLE der Name der zu erstellenden Tabelle angegeben (1).
2. Auf den Tabellennamen folgt die Definition der Tabellenspalten (Zeilen (2) bis (3)).
3. Im dritten Teil wird festgelegt, welche Spalten den Primärschlüssel bilden (4).
4. Der letzte Teil tritt nur dann auf, wenn die Tabelle Fremdschlüssel enthält (Zeilen (5) bis (6)).

Auf den folgenden Seiten beschäftigen wir uns mit diesen vier Teilen der CREATE TABLE-Anweisung im Detail.

Festlegung des Tabellennamens

Ein Tabellenname besteht grundsätzlich aus zwei Teilen. Diese beiden Namensteile werden durch einen Punkt voneinander getrennt; z.B.: DBMUSER.AUFTRAG

Der erste Namensteil gibt an, wem die Tabelle gehört. Man spricht hier auch vom Tabelleneigner (engl. table owner) oder vom Ersteller (engl. creator) der Tabelle. Der erste Namensteil einer Tabelle kann maximal acht Stellen umfassen; er muß mit einem Buchstaben beginnen und darf nur Buchstaben, Ziffern und das Zeichen "_" enthalten. Er darf nicht SYSIBM lauten, da dieser Name für Katalogtabellen reserviert ist.

Sie werden sich vielleicht darüber wundern, daß ein Tabellenname aus zwei Teilen besteht, wo wir doch bisher immer nur einteilige Tabellennamen benutzt haben. Die Lösung des scheinbaren Widerspruchs besteht darin, daß man den ersten Namensteil weglassen kann. In diesem Fall wird implizit die Identifikation des Benutzers (Benutzer-ID) als erster Namensteil verwendet. Da wir in der Vergangenheit immer mit der Benutzer-ID DBMUSER gearbeitet haben, besitzen alle seither angelegten Tabellen den ersten Namensteil DBMUSER.

Ein Tabellenname ohne ersten Namensteil nennt man einen unqualifizierten Tabellennamen (engl. unqualified table name). Ein kompletter Tabellenname heißt logischerweise qualifizierter Tabellenname (engl. qualified table name). Der erste Namensteil einer Tabelle wird auch als Qualifizierung (engl. qualifier) bezeichnet.

Durch eine qualifizierte Angabe von Tabellennamen kann man auf Tabellen zugreifen, die von anderen Benutzern - allerdings in derselben Datenbank - erstellt wurden. Nehmen wir an, ein Benutzer mit der Benutzer-ID OTTO habe ebenfalls eine Tabelle mit dem (unqualifizierten) Namen KUNDE erstellt. Um

4.3 Implementierung des konzeptionellen Datenbankentwurfs

nun als Benutzer mit der Benutzer-ID DBMUSER die Daten dieser Tabelle zu lesen, muß man folgende SQL-Anweisung ausführen:

```
SELECT * FROM OTTO.KUNDE ...
```

Wird beim Anlegen einer Tabelle eine Qualifizierung verwendet, die nicht der eigenen Benutzer-ID entspricht, so erstellt man eine Tabelle für einen anderen Benutzer. Hierzu muß man allerdings berechtigt sein. Wir werden auf die Berechtigungsproblematik im Abschnitt 5.6 "Zugriffsschutz" zurückkommen. Die Benutzer-ID DBMUSER besitzt alle Rechte; wir brauchen uns deshalb im Moment um fehlende Berechtigungen nicht zu sorgen.

Man kann beim Anlegen einer Tabelle sogar eine Qualifizierung verwenden, die keiner bestehenden Benutzer-ID entspricht. Dies ist z.B. dann sinnvoll, wenn mehrere Entwickler Programme schreiben, die auf dieselben Tabellen zugreifen. In diesem Fall wählt man eine neutrale Qualifizierung, die von jedem Entwickler benutzt wird. So können alle Entwickler unter ihrer eigenen Benutzer-ID arbeiten und dennoch auf gemeinsame Tabellen zugreifen.

Betrachten wir nun den eigentlichen Tabellennamen, d.h. den zweiten Namensteil. Er kann bis zu 18 Stellen umfassen und muß ebenfalls mit einem Buchstaben beginnen. Für die übrigen Stellen des Namens sind Buchstaben, Ziffern und das Zeichen '_' erlaubt. Dieser Teil des Tabellennamens sollte zum Ausdruck bringen, welche Daten in der Tabelle enthalten sind. Sofern man sich bereits beim ER-Entwurf an die Database Manager-Namenskonventionen gehalten hat, lassen sich die dort für Entitätsmengen und m:n-Beziehungsmengen vergebenen Namen einfach als Tabellennamen weiterverwenden.

Der gesamte Name einer Tabelle - also beide Namensteile zusammengenommen - darf in einer Datenbank nur einmal als Tabellenname vorkommen.

Festlegung der Tabellenspalten

Auf den Tabellennamen folgt in der CREATE TABLE-Anweisung die Definition aller Spalten der Tabelle (siehe Abbildung 4.37 auf Seite 397). Die Spaltenangabe beginnt mit einer öffnenden Klammer; die Definitionen der einzelnen Spalten werden durch Kommata voneinander getrennt. Jede Spaltenfestlegung gliedert sich in maximal drei Teile:

1. Spaltenname
2. Datentyp der Spalte
3. Weitere Angaben wie NOT NULL oder FOR BIT DATA

Spaltenname und Datentyp müssen immer angegeben werden. Weitere Angaben (Teil 3) sind nicht grundsätzlich erforderlich.

Betrachten wir die einzelnen Komponenten einer Spaltendefinition.

Spaltenname

Für den Aufbau eines Spaltennamens gelten dieselben Regeln wie für (unqualifizierte) Tabellennamen. Auch hier sollte man darauf achten, daß der Spaltenname den Spalteninhalt adäquat beschreibt. Üblicherweise verwendet man als Spaltennamen die Bezeichnungen, die bereits im ER-Modell für die korrespondierenden Attribute vergeben wurden. Innerhalb einer Tabelle darf es keine Spalten mit gleichem Namen geben.

Da eine einmal getroffene Festlegung von Tabellenspalten später nur noch mit viel Mühe wieder zu ändern ist, sollte man sich an dieser Stelle zwei Fragen stellen:

Läßt sich für die vorgesehenen Tabelleninhalte problemlos eine aussagekräftige Bezeichnung finden? Wenn nein, dann könnte dies ein Indiz dafür sein, daß Werte unterschiedlicher Eigenschaften in einer Spalte gemischt werden. Ein Beispiel hierzu:

Eine Spalte in der Mitarbeitertabelle enthalte das Heiratsdatum für einen verheirateten Mitarbeiter und das Scheidungsdatum für einen geschiedenen Mitarbeiter. Abgesehen davon, daß es schwierig sein dürfte, für diese Spalte einen vernünftigen Namen zu finden, hat eine derartige Spalte mit Mehrfachbedeutung viele Nachteile. So muß man Werte anderer Spalten (z.B. Spalte "Familienstand") zu Rate ziehen, um den Inhalt der Spalte richtig zu interpretieren. Weiterhin besteht die Gefahr, daß ein Benutzer, der mit dem Query Manager eine Abfrage ausführt, von der Mehrfachbedeutung der Spalte nichts weiß und deshalb das Ergebnis seiner Abfrage falsch deutet. Eine Spalte sollte daher immer nur eine Eigenschaft der Entität oder Beziehung zum Ausdruck bringen.

Die zweite Frage, die man sich stellen sollte, lautet: Beschreibt die Spalte gleichzeitig mehrere voneinander unabhängige Eigenschaften der Entität bzw. Beziehung? Oder anders formuliert: Setzt sich die betrachtete Spalte aus mehreren Teilfeldern zusammen? Eine derartig zusammengesetzte Spalte sollte man in Einzelspalten auftrennen, selbst wenn die Spalteninhalte in einer geplanten Anwendung immer nur gemeinsam verarbeitet werden. Denn grundsätzlich besteht die Gefahr, daß eigenständige Attribute zukünftig auch unabhängig voneinander verarbeitet werden müssen.

Datentypen

Betrachten wir die zweite Komponente einer Spaltendefinition - den Datentyp der Spalte. Im Grunde genommen kennen wir bereits alle Datentypen des Database Manager aus den Kapiteln 2 und 3.

Wir wollen uns an dieser Stelle mit der Frage befassen, nach welchen Gesichtspunkten Datentypen ausgewählt werden. Erinnern wir uns an den ER-

Entwurf: Dort wurde für jedes Attribut ein Wertebereich definiert, z.B. für das Attribut V_NAME der Wertebereich "Vornamen von Personen" (siehe Abschnitt "Wertebereiche" auf Seite 305).

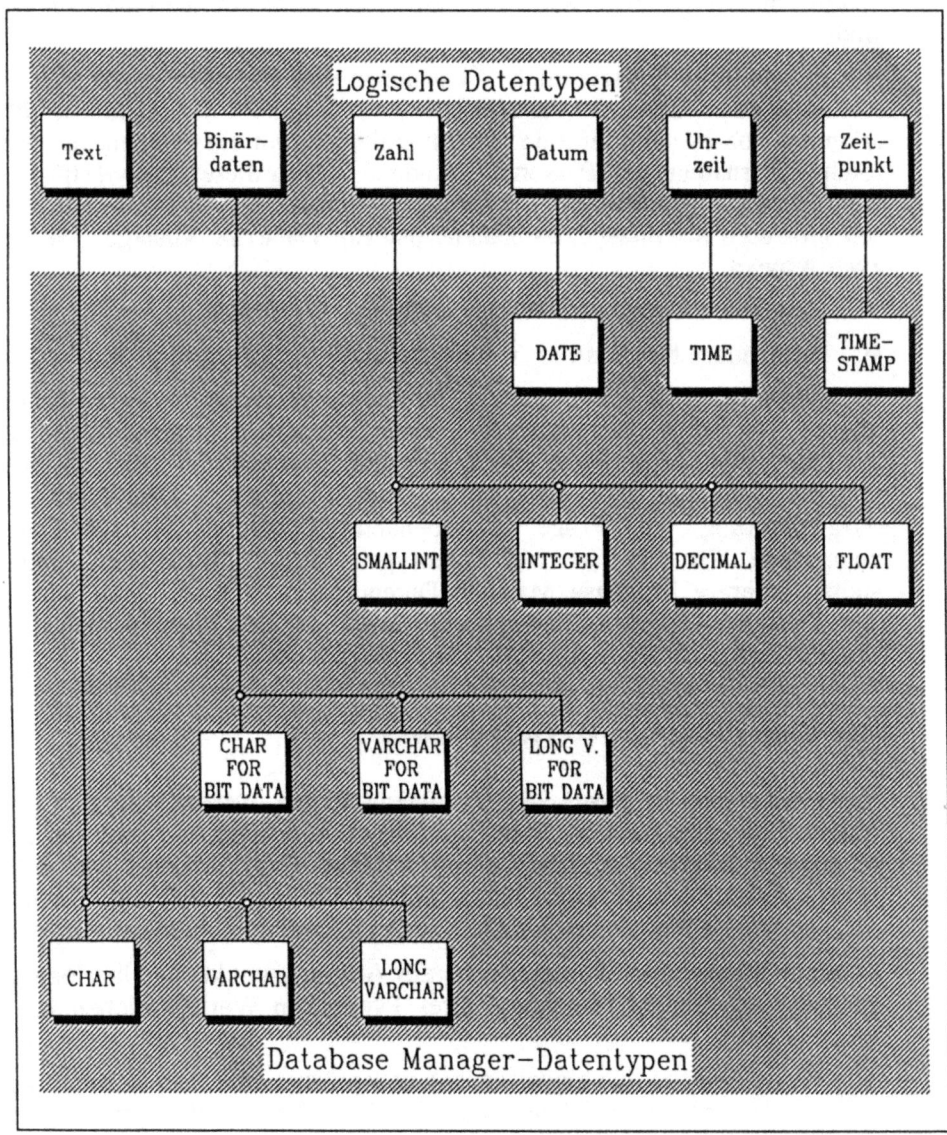

Abbildung 4.38

Aus Sicht der Datenmodellbildung wäre es nun wünschenswert, wenn man die Wertebereiche des ER-Modells dem Database Manager bekanntgeben könnte. Jeder Tabellenspalte ließe sich dann der zugehörige Wertebereich zuordnen. Schließlich wäre es Aufgabe des Database Manager, sicherzustellen, daß eine Spalte nur solche Werte annehmen kann, die in ihrem Wertebereich enthalten sind.

Am Beispiel des Wertebereichs "Vornamen von Personen" zeigt sich die Problematik einer solchen Vorgehensweise. Wie soll der Database Manager erkennen, ob es sich bei einer Benutzereingabe um ein Element des Wertebereichs "Vornamen von Personen" handelt. Wegen dieser Schwierigkeit ist das Konzept des Wertebereichs im Database Manager nicht vorgesehen. Statt dessen gibt es das Konzept des Datentyps. Ein Database Manager-Datentyp hat zwei Aspekte:

- Zum einen legt er eine Menge zulässiger Werte fest,
- zum andern bestimmt er, wie Werte im Speicher abgelegt werden.

In Abbildung 4.38 wird versucht, beide Aspekte voneinander zu trennen. Im oberen Teil der Abbildung sind logische Datentypen dargestellt, die als Definitionen sehr allgemeiner Wertebereiche angesehen werden können. Im unteren Teil der Abbildung sind diesen logischen Datentypen die zur Abspeicherung in Frage kommenden Database Manager-Datentypen zugeordnet. Für die logischen Datentypen "Text", "Binärdaten" und "Zahl" stehen mehrere Database Manager-Datentypen zur Wahl. Man wird jeweils den Database Manager-Datentyp auswählen, der den Wertebereich der Spalte abdeckt und hierzu den geringsten Speicherplatz benötigt.

Die Umsetzung von Wertebereichen

Sie werden sich an dieser Stelle vielleicht fragen, warum man sich beim ER-Entwurf die Mühe macht, Wertebereiche zu benennen, wo doch der Database Manager mit Wertebereichen nichts anfängt. Ganz umsonst war die Arbeit jedoch nicht. Wertebereiche helfen bei der Datentypfestlegung. Denn Spalten mit demselben Wertebereich sollten auch im Datentyp übereinstimmen.

Darüber hinaus sind Wertebereiche ein Ausgangspunkt für Überlegungen zur Prüfung von Benutzereingaben. Drei Typen von Wertebereichen lassen sich unterscheiden:

1. Wertebereiche, die algorithmisch überprüfbar sind. Ein Beispiel hierfür ist der Wertebereich "Geburtsdatum". Ein Geburtsdatum muß ein gültiges Kalenderdatum sein, das nicht in der Zukunft liegt. Durch den Datentyp DATE wird die Prüfung, ob ein Wert ein gültiges Kalenderdatum darstellt, dem Database Manager übertragen. Die Prüfung, ob ein eingegebe-

4.3 Implementierung des konzeptionellen Datenbankentwurfs

ner Wert in der Zukunft liegt, ließe sich durch eine einfache C-Funktion bewerkstelligen.

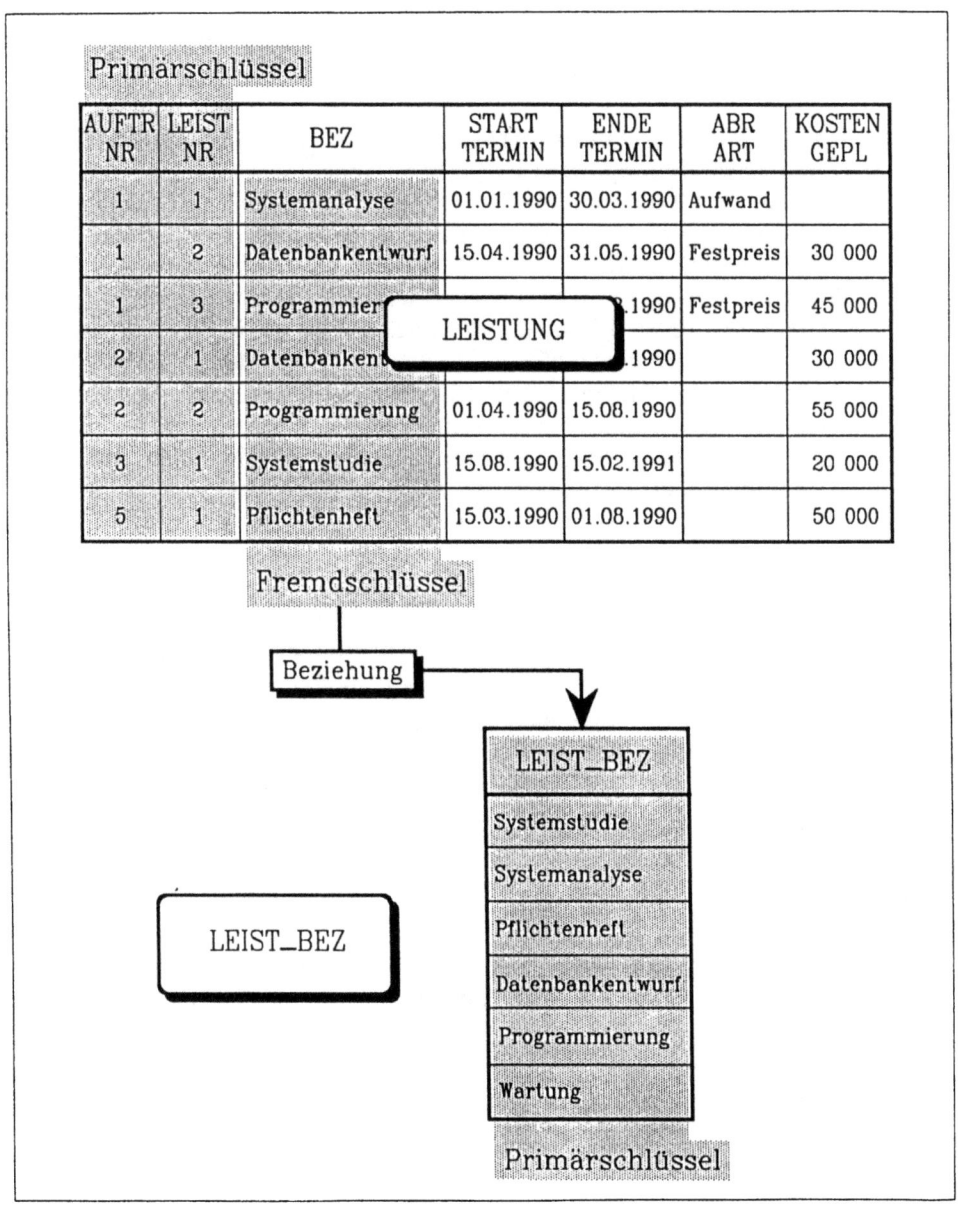

Abbildung 4.39

Wünschenswert wäre, daß der Database Manager eine solche Prüffunktion automatisch immer dann aufruft, wenn ein Wert des Wertebereichs "Geburtsdatum" eingefügt oder modifiziert wird. Leider kennt der Database Manager derartige Triggerprozeduren nicht. Man muß daher durch Autorisierungsfunktionen sicherstellen, daß eine Benutzereingabe nur über das hierfür vorgesehene Programm, nicht jedoch unkontrolliert über den Query Manager erfolgt.

2. Der zweite Typ von Wertebereichen liegt vor, wenn ein Wertebereich aus einer abzählbaren, nicht zu großen Menge von Einzelwerten besteht. In diesem Fall kann man die Überprüfung von Werten dem Database Manager übertragen, indem eine Tabelle eingerichtet wird, die alle Werte des Wertebereichs enthält. Diese Tabelle, die nur eine einzige Spalte besitzt, repräsentiert quasi den Wertebereich. Alle Spalten anderer Tabellen mit dem betrachteten Wertebereich werden dann als Fremdschlüssel bezüglich der Wertebereichstabelle definiert. In Abbildung 4.39 ist die eben beschriebene Technik anhand des Wertebereichs "Leistungsbezeichnungen" dargestellt. Der Vorteil dieser Verfahrensweise besteht darin, daß die Überprüfung vom Database Manager durchgeführt wird und somit Bestandteil der Datenbank ist. Des weiteren läßt sich ein so definierter Wertebereich leicht ändern, indem Zeilen in die Wertebereichstabelle aufgenommen bzw. aus ihr gelöscht werden. Das Löschen bereits verwendeter Werte aus der Wertebereichstabelle läßt sich mit der Löschregel "Löschen abweisen" verhindern; sie ist grundsätzlich für Fremdschlüssel zu verwenden, die sich auf eine Wertebereichstabelle beziehen.

3. Der dritte Typ von Wertebereichen umfaßt solche Fälle, in denen eine Überprüfung der Eingabe praktisch nicht möglich ist, weil es zuviel zulässige Werte gibt. Beispiele hierfür sind die Wertebereiche "Vornamen von Personen" oder "Telefonnummern".

Kehren wir nun zu den Datentypen des Database Manager zurück:

Datentypen für Textspalten

Der Datentyp CHAR eignet sich zur Abspeicherung von Zeichenketten fester Länge. Welche Länge die Spalte annehmen soll, wird in Klammern angegeben; z.B.

```
CHAR(23)
```

Läßt man die Längenangabe samt Klammern weg, so wird eine einstellige Spalte definiert. Die maximal mögliche Länge einer CHAR-Spalte beträgt 254 Zeichen.

4.3 Implementierung des konzeptionellen Datenbankentwurfs

Der Datentyp VARCHAR dient zur Abspeicherung von variabel langen Zeichenketten. Es ist dem Datentyp CHAR vorzuziehen, wenn die Länge der Datenwerte stark schwankt. Dem Datentyp VARCHAR muß immer eine Längenangabe folgen; z.B.

```
VARCHAR(150)
```

Es handelt sich hierbei um die maximale Länge, die ein Spaltenwert annehmen kann. VARCHAR-Spalten können bis zu 4000 Zeichen aufnehmen. Allerdings darf die Gesamtlänge einer Tabellenzeile 4005 Bytes nicht überschreiten. Wir werden auf die Berechnung der Zeilenlänge zurückkommen.

Für VARCHAR-Spalten mit einer Maximallänge über 254 Zeichen gelten einige Restriktionen. Derartige Spalten können in folgenden Situationen nicht verwendet werden:

- In einer SELECT-Spaltenliste in Verbindung mit DISTINCT,
- in einer GROUP BY-Klausel,
- in einer ORDER BY-Klausel,
- in einer Spaltenfunktion in Verbindung mit DISTINCT[23],
- in der Spaltenliste einer SELECT-Anweisung, die über einen Mengenoperator (außer UNION ALL) mit weiteren Abfragen verbunden ist.

Der Datentyp LONG VARCHAR dient zur Abspeicherung von Zeichenketten, deren Länge 4000 Zeichen überschreiten kann. Die maximale Länge eines LONG VARCHAR-Wertes beträgt 32 700 Zeichen. Im Gegensatz zu den Datentypen CHAR und VARCHAR benötigt der Datentyp LONG VARCHAR keine Längenangabe. Es gilt grundsätzlich das Maximum von 32 700 Zeichen.

Die Einsatzmöglichkeiten von LONG VARCHAR-Spalten in SQL-Anweisungen sind gegenüber VARCHAR(>254)-Spalten noch weiter eingeschränkt. Zusätzlich zu den oben angegebenen Restriktionen gelten folgende Einschränkungen: Eine LONG VARCHAR-Spalte kann nicht angegeben werden

- in einem Prädikat, es sei denn, es handelt sich um das Prädikat EXISTS,
- in einer Spaltenfunktion,
- in der Spaltenliste einer Unterabfrage, es sei denn, die Unterabfrage ist Teil eines EXISTS-Prädikats,
- in der Spaltenliste einer SELECT-Anweisung innerhalb einer INSERT-Anweisung,

---

[23] Dies stellt nur für die COUNT-Funktion eine Einschränkung dar, da bei den Funktionen MIN und MAX die Angabe von DISTINCT sinnlos ist.

♦ in der Spaltenliste einer SELECT-Anweisung, die über einen Mengenoperator mit weiteren Abfragen verbunden ist.

LONG VARCHAR-Daten werden nicht gemeinsam mit den übrigen Daten einer Tabellenzeile gespeichert; dies wäre bei einer maximalen Zeilenlänge von 4005 Bytes auch kaum möglich. Alle LONG VARCHAR-Werte einer Tabelle finden in einer eigenen OS/2-Datei Platz. Dateien, die LONG VARCHAR-Daten enthalten, besitzen die Namenserweiterung LF (siehe DIR-Ausgabe auf Seite 393).

Einsatz von Verschlüsselungen

Bei Textspalten, für die nur eine überschaubare Anzahl von Werten zulässig ist, stellt sich die Frage, ob Verschlüsselungen anstelle des Textes verwendet werden sollen. Zum einen wird hierdurch Speicherplatz gespart. Zum andern ist der Aufwand bei der Dateneingabe und bei der Formulierung von Abfragen geringer. Arbeitet man mit Verschlüsselungen, so wird aus der Wertebereichstabelle (siehe Abbildung 4.39 auf Seite 403) eine Verschlüsselungstabelle, die nun zwei Spalten aufweist. In Abbildung 4.40 ist der Einsatz von Verschlüsselungen anhand des bereits bekannten Beispiels "Leistungsbezeichnungen" dargestellt.

Datentypen für Spalten mit Binärdaten

Für Binärdaten kommen dieselben Datentypen in Frage wie für Textspalten; man gibt jedoch zusätzlich die Klausel FOR BIT DATA an (siehe auch Abbildung 4.38 auf Seite 401); z.B.:

```
CHAR(10) FOR BIT DATA
VARCHAR(270) FOR BIT DATA
LONG VARCHAR FOR BIT DATA
```

Was bewirkt die Angabe der Klausel FOR BIT DATA?

Sie verhindert, daß in C-Programmen ein schlichtes char-Array zur Datenaufnahme von VARCHAR-Werten verwendet werden kann. Statt dessen muß man bei variabel langen Spalten mit der Klausel FOR BIT DATA immer Strukturvariablen zur Datenaufnahme verwenden (siehe auch Abschnitt "Strukturvariablen" auf Seite 222 ff.).

Dies ist jedoch nicht der wesentliche Grund für die Existenz der FOR BIT DATA-Klausel. Sie ist dann bedeutsam, wenn Database Manager-Tabellendaten auf einen Rechner übertragen werden, der nicht die ASCII-, sondern die EBCDIC-Zeichendarstellung verwendet (z.B. IBM-Großrechner).

4.3 Implementierung des konzeptionellen Datenbankentwurfs

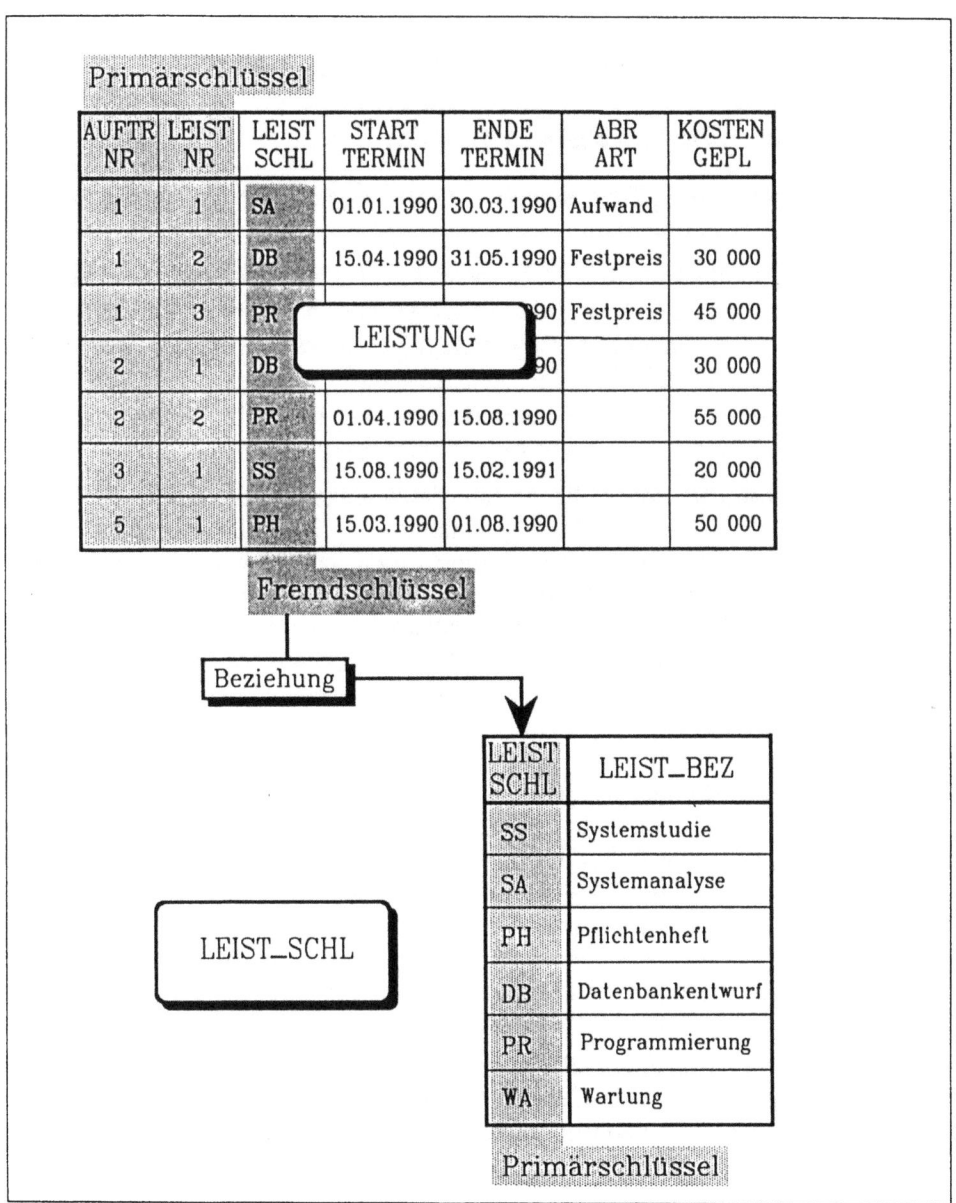

Abbildung 4.40

In diesem Fall werden Textspalten bei der Übertragung automatisch vom ASCII- in das EBCDIC-Format konvertiert. Für Spalten mit der Klausel FOR BIT DATA unterbleibt diese Konvertierung, da derartige Spalten definitionsgemäß keine ASCII-Zeichen enthalten; eine ASCII/EBCDIC-Konvertierung von Binärdaten hätte wohl wenig Sinn.

Datentypen für numerische Spalten

Für numerische Spalten stehen vier Datentypen zur Verfügung (siehe Abbildung 4.38 auf Seite 401).

Sind Fließkommazahlen (z.B. Meßwerte) abzuspeichern, so hat man keine Wahl. In diesem Fall muß der Datentyp FLOAT verwendet werden. Er benötigt keine Längenangabe. Eine FLOAT-Zahl kann folgende Werte annehmen: 0, $-1{,}79769*10^{+308}$ bis $-2{,}225*10^{-307}$ oder $+2{,}225*10^{-307}$ bis $+1{,}79769*10^{+308}$. Die Genauigkeit beträgt ungefähr 15 Dezimalstellen. Der Datentyp FLOAT entspricht dem C-Datentyp "double".

Für Spalten, bei denen die Anzahl Dezimalstellen festliegt (z.B. Währungsbeträge), wird üblicherweise der Datentyp DECIMAL verwendet. Eine DECIMAL-Zahl kann maximal 31 Stellen aufweisen; der Dezimalpunkt läßt sich bei der Spaltendefinition an beliebiger Stelle festlegen. Die Gesamtstellenzahl einer DECIMAL-Spalte (engl. precision) und die Anzahl Nachkommastellen (engl. scale) werden bei der Definition angegeben. So wird durch

```
DECIMAL(11,3)
```

eine Spalte mit insgesamt elf Stellen, davon drei Nachkommastellen, festgelegt. Läßt man die zweite Zahlenangabe samt Komma weg, so wird eine Spalte ohne Nachkommastellen definiert; z.B.:

```
DECIMAL(7)
```

Durch Angabe von DECIMAL ohne weiteren Zusatz wird eine Spalte mit fünf Stellen, davon keine Nachkommastelle, festgelegt.

Für die Gesamtstellenzahl einer DECIMAL-Spalte sollte man immer einen ungeraden Wert wählen, da ein gerader Wert vom Database Manager ohnehin auf den nächsthöheren ungeraden Wert erhöht wird.

Sind ganzzahlige Werte abzuspeichern, so stehen drei Datentypen zur Auswahl (vergl. Abbildung 4.38 auf Seite 401):

Der Datentyp SMALLINT eignet sich für Spalten, deren Werte den Zahlenbereich -32768 bis +32767 nicht überschreiten.

Der Datentyp INTEGER erlaubt die Speicherung ganzer Zahlen im Bereich von -2147483648 bis +2147483647. Man hat also neun Dezimalstellen zur

Verfügung. Die Datentypen SMALLINT und INTEGER entsprechen den C-Datentypen "short" und "long".

Für noch größere Zahlenwerte kann der Datentyp DECIMAL zum Einsatz kommen. Allerdings ist zu bedenken, daß Spalten mit über 15 Stellen in C-Programmen nur mit sehr hohem Aufwand ohne Genauigkeitsverlust zu verarbeiten sind. Näheres hierzu ist im Abschnitt "DECIMAL-Werte in den C-Datentyp double wandeln" auf Seite 589 ff. zu erfahren. Dort wird auch beschrieben, wie DECIMAL-Werte intern abgespeichert werden.

Ist man sich bezüglich des Wertebereichs einer Spalte nicht ganz sicher, so sollte man bei der Wahl des Datentyps oder seiner Stellenzahl (im Fall DECIMAL) ein gewisses "Sicherheitspolster" einkalkulieren. Denn das nachträgliche Ändern eines Datentyps ist ein mühsames Unterfangen.

Datentypen für Zeitpunkte

Zur Speicherung von Zeitpunkten stehen die Datentypen DATE, TIME und TIMESTAMP zur Verfügung (siehe Abbildung 4.38 auf Seite 401).

Zu den Datentypen DATE und TIME gibt es nicht allzuviel zu sagen. Speziell den Datentyp DATE haben wir bereits im Kapitel 2 ausführlich kennengelernt. Keinesfalls sollte man Datum- oder Uhrzeitwerte als Texte (z.B. mit dem Datentyp CHAR) abspeichern. Denn in zukünftigen Versionen des Database Manager wird es voraussichtlich Skalarfunktionen geben, die das Rechnen mit Datum- und Uhrzeitwerten erlauben (z.B. Zeitspanne zwischen zwei Datumwerten). Diese Funktionen lassen sich natürlich nur dann nutzen, wenn man die Datentypen DATE und TIME verwendet.

Der Datentyp TIMESTAMP bedarf einer ausführlicheren Erläuterung: Während die Datentypen DATE und TIME im Grunde genommen Zeiträume beschreiben (ein Tag bzw. eine Sekunde), so läßt sich mit dem Datentyp TIMESTAMP ein praktisch unendlich kurzer Zeitraum - d.h. ein echter Zeitpunkt - definieren. Dies wird dadurch erreicht, daß ein Zeitpunkt bis auf die Mikrosekunde genau festgehalten wird. Die externe Darstellung eines TIMESTAMP-Wertes umfaßt daher 26 Stellen. So ist z.B. der Zeitpunkt:

24.10.1990, 21:49:15 Uhr und 123456 Mikrosekunden

als TIMESTAMP-Wert folgendermaßen anzugeben:

'1990-10-24-21.49.15.123456'

Wofür ist der Datentyp TIMESTAMP nutzbringend einsetzbar? Es gibt zwei Hauptanwendungsgebiete:

1. Zur Erfassung von Ereignissen, die in schneller Folge auftreten können (mehrere pro Sekunde) und deren zeitliche Reihenfolge bedeutsam ist.

2. **Als künstlicher Schlüssel:** Häufig lassen sich keine natürlichen Attribute finden, die eine eindeutige Identifizierung einer Entität gewährleisten und die darüber hinaus zeitinvariant sind.[24] Deswegen ist es oftmals erforderlich, künstliche Primärschlüssel einzuführen (z.B. Personalnummer, Kundennumer etc.). Für derartige künstliche Identifizierungen muß dann jeweils auch ein Vergabeverfahren programmiert werden (z.B. nächste freie Personalnummer für einen neuen Mitarbeiter). Die Programmierung eines solchen Schlüsselvergabeverfahrens kann man sich ersparen, wenn ein künstlicher Primärschlüssel vom Datentyp TIMESTAMP verwendet wird. Um eine neue Zeile einzufügen, gibt man in der Werteliste der INSERT-Anweisung für die TIMESTAMP-Spalte einfach das Spezialregister CURRENT TIMESTAMP an; z.B.:

```
INSERT INTO ...
  VALUES(..., CURRENT TIMESTAMP, ...)
```

Der so vergebene Primärschlüsselwert ist garantiert eindeutig. Allerdings hat diese Technik auch einen Haken: Man muß nun dem Benutzer Möglichkeiten anbieten, über alternative Schlüssel zuzugreifen. Denn die Eingabe eines TIMESTAMP-Werts kann niemandem zugemutet werden. Ein TIMESTAMP-Primärschlüssel muß folglich für den Benutzer unsichtbar bleiben.

NOT NULL-Klausel

Im Rahmen der Spaltendefinition können neben Spaltenname und Datentyp noch weitere Angaben gemacht werden. Diese sind:

FOR BIT DATA Mit der FOR BIT DATA-Klausel haben wir uns bereits im Abschnitt "Datentypen für Spalten mit Binärdaten" befaßt.

PRIMARY KEY, REFERENCES Diese Klauseln werden in den nächsten Abschnitten "Festlegung des Primärschlüssels" und "Festlegung von Beziehungen" behandelt.

NOT NULL Mit der NOT NULL-Klausel wollen wir uns im folgenden beschäftigen.

Wann muß die NOT NULL-Klausel angegeben werden?

Antwort: Alle Spalten, die zum Primärschlüssel gehören, erfordern die Klausel NOT NULL. Auch Fremdschlüsselspalten hierarchischer Beziehungen sollten

---

[24] Vergl. hierzu auch Abschnitt "Künstliche Entitätsschlüssel" (Seite 310) und Abschnitt "Datenmodellbedingte Redundanz" (Seite 387).

4.3 Implementierung des konzeptionellen Datenbankentwurfs

die Klausel NOT NULL erhalten[25]; meist sind sie ohnehin Bestandteil des Primärschlüssels.

Wann darf die NOT NULL-Klausel nicht angegeben werden?

Antwort: In Fremdschlüsseln, denen die Löschregel "Nullsetzen" zugeordnet ist, muß mindestens eine Spalte des Fremdschlüssels Nullwerte zulassen[26].

Betrachten wir nun Spalten, die nicht unter die eben genannten Punkte fallen. In welchen Fällen sollte für derartige Spalten die NOT NULL-Klausel angegeben bzw. weggelassen werden? Das Zulassen des Nullwertes ist in drei Situationen sinnvoll:

1. Zur Kennzeichnung eines unbekannten Datenwertes. Betrachten wir hierzu die Tabelle KURS (siehe Abbildung 4.33 auf Seite 379). Beim Erfassen eines neuen Kurses kann es vorkommen, daß die Kursdauer dem Erfassenden nicht bekannt ist. Um die Erfassung des Kurses trotz dieses Informationsmangels zu ermöglichen, bietet es sich an, in der Spalte DAUER den Nullwert zuzulassen. Andererseits ist es wenig sinnvoll, einen Kurs zu erfassen, dessen Bezeichnung unbekannt ist; in der Spalte BEZ sollte deshalb der Nullwert nicht zugelassen werden.

2. Zur Kennzeichnung eines nicht vorhandenen Datenwertes. Auch hierzu ein Beispiel: Die Tabelle AUFTRAG enthält die Spalte AUFTR_LEITER (siehe Abbildung 4.17 auf Seite 333). Es kann nun Aufträge geben, die ohne einen Auftragsleiter abgewickelt werden. Dieser Sachverhalt läßt sich durch den Nullwert in der Spalte AUFTR_LEITER ausdrücken.

3. Zur Kennzeichnung des Wertes "nicht anwendbar". Betrachten wir nochmals die Tabelle AUFTRAG (siehe Abbildung 4.17): Dort ist es nur dann sinnvoll, in die Spalte PREIS einen Wert einzutragen, wenn die Spalte ABR_ART den Wert "Festpreis" enthält. Es gibt also im vorliegenden Fall eine Regel, die in Abhängigkeit von einem anderen Attribut festlegt, ob ein Eintrag in eine Spalte möglich ist. Leider wird die Einhaltung solcher Regeln vom Database Manager nicht erzwungen. Es ist daher dem Programmierer oder gar dem Benutzer überlassen, derartige Zusammenhänge zu berücksichtigen.

Treten in einer Tabelle mehrere Spalten auf, in denen ein Nullwert vom Typ "nicht anwendbar" zugelassen werden muß, dann sollte man prüfen, ob diese Spalten nicht Kandidaten für eine oder mehrere Spezialisierungstabellen darstellen[27].

Wie wir anhand der eben genannten drei Fälle gesehen haben, kann das Vorliegen eines Nullwertes unterschiedliche Ursachen haben. Der Nullwert gibt

---

[25] Vergl. Abschnitt "Hierarchische 1:n-Beziehungen" auf Seite 342.
[26] Vergl. Abschnitt "Nullwerte in zusammengesetzten Fremdschlüsseln" auf Seite 360.
[27] Vergl. hierzu Abschnitt "Spezialisierung und Verallgemeinerung" auf Seite 321 und Abschnitt "Die Umsetzung von 1:1-Beziehungen" auf Seite 354.

allerdings keine Auskunft darüber, welche der genannten Situationen vorliegt. Wenn also der Grund für das Fehlen eines Datenwertes eine bedeutsame Information darstellt, dann muß dieser als eigenständiges Attribut ebenfalls gespeichert werden. Manchmal trifft man auf Lösungen dieses Problems, in denen der Nullwert überhaupt nicht benutzt wird; statt dessen werden die unterschiedlichen Situationen durch spezielle Datenwerte dargestellt, die im Wertebereich der Spalte nicht vorkommen; z.B: "-1" für "unbekannt", "-2" für "nicht vorhanden" und "-3" für "nicht anwendbar". Allerdings muß die Bedeutung dieser Spezialwerte den Benutzern bekannt sein, wenn sie Abfragen mit dem Query Manager durchführen. Man sollte sich daher die Einführung derartiger Werte mit besonderer Bedeutung reiflich überlegen.

Bei Textspalten erliegt man oft der Versuchung, das Fehlen eines Wertes nicht durch den Nullwert, sondern durch Leerzeichen oder die Spaltenlänge "0" (bei VARCHAR oder LONG VARCHAR) darzustellen. Die Ursache hierfür liegt darin begründet, daß Leerzeichen intuitiv als nicht vorhandener Wert interpretiert werden. Man sollte jedoch auch bei Textspalten immer den Nullwert zur Kennzeichnung eines fehlenden Wertes verwenden. Nur so wird eine einheitliche Darstellung fehlender Datenwerte erreicht. Der Nutzen dieser einheitlichen Darstellung zeigt sich bei der Formulierung von Suchbedingungen. Verwendet man konsequent den Nullwert, so lassen sich Zeilen, die in einer bestimmten Spalte keinen Datenwert aufweisen, immer durch folgendes Prädikat vom Ergebnis ausschließen:

```
Spaltenname IS NOT NULL
```

Benutzt man jedoch mehrere Techniken zur Darstellung nicht vorhandener Werte (z.B. Nullwerte für numerische Spalten und Leerzeichen für Textspalten), so ist dies auch bei der Prädikatformulierung zu berücksichtigen. Im Grunde muß man sich dann für jede Spalte merken, woran ein fehlender Datenwert zu erkennen ist.

Berechnung der Zeilenlänge

Wie bereits erwähnt, darf die Gesamtlänge einer Zeile 4005 Bytes nicht überschreiten. Die folgende Tabelle gibt an, wieviel Speicherplatz die Datentypen des Database Manager beanspruchen:

4.3 Implementierung des konzeptionellen Datenbankentwurfs

Datentyp	Speicherplatzbedarf in Bytes
CHAR(n)	n
VARCHAR(n)	n+4
LONG VARCHAR	24
SMALLINT	2
INTEGER	4
DECIMAL(g,n)	int(g/2)+1
FLOAT	8
DATE	4
TIME	3
TIMESTAMP	10

Tabelle 4.1

Die Angabe "n+4" beim Datentyp VARCHAR ist als maximaler Speicherbedarf zu verstehen. Der tatsächliche Speicherbedarf kann zwischen 4 Bytes (Länge "0") und n+4 Bytes (Länge "n") variieren.

LONG VARCHAR-Spalten benötigen in der Regel weitaus mehr Speicherplatz als die in Tabelle 4.1 angegebenen 24 Bytes. Da LONG VARCHAR-Spalten in einer eigenen Datei abgespeichert werden, zählt der tatsächlich verbrauchte Speicherplatz bei der Berechnung der Zeilenlänge jedoch nicht. Die 24 Bytes, die eine LONG VARCHAR-Spalte innerhalb der Tabellenzeile beansprucht, enthalten lediglich einen Verweis auf die Lokation des LONG VARCHAR-Wertes in der LF-Datei.

Für Spalten, die Nullwerte zulassen, erhöht sich der in Tabelle 4.1 angegebene Speicherplatzbedarf jeweils um ein Byte.

Eine Tabelle kann aus maximal 255 Spalten bestehen. Diese Grenze wird man jedoch in der Praxis - insbesondere, wenn es sich um normalisierte Tabellen handelt - kaum erreichen.

Festlegung des Primärschlüssels

Zur Festlegung des Primärschlüssels gibt es zwei Alternativen:

1. Der Primärschlüssel kann mit Hilfe der eigenständigen Klausel PRIMARY KEY definiert werden. Hierzu gibt man in Klammern die Spalten an, die den Primärschlüssel bilden (siehe Zeile (4) in Abbildung 4.37 auf Seite 397). Besteht der Primärschlüssel aus mehreren Spalten, so sind diese durch Kommata voneinander zu trennen. Es dürfen maximal 16 Spalten angegeben werden; dies ist jedoch - wie bereits erwähnt - mehr eine theoretische Grenze. Die Gesamtlänge eines Primärschlüssels darf 255 Bytes nicht überschreiten. Bei einem Primärschlüssel mit mehreren Spalten ist die Reihenfolge, in der man die Spalten angibt, aus Performancegesichtspunkten durchaus bedeutsam: Es empfiehlt sich, bei einem Primärschlüssel, der Fremdschlüssel zu hierarchisch übergeordneten Tabellen enthält, die Spalten in Hierarchiereihenfolge anzugeben. So sollte man den Primärschlüssel der Tabelle LEISTUNG wie folgt definieren (vergl. Abbildung 4.20 auf Seite 344):

```
... PRIMARY KEY (AUFTR_NR, LEIST_NR) ...
```

und nicht in der umgekehrten Spaltenreihenfolge. Den Grund für diese Empfehlung werden wir im Abschnitt 4.4.3 "Die Wahl geeigneter Indexe" erfahren.

2. Besteht der Primärschlüssel aus einer einzigen Spalte, kann auf eine eigenständige PRIMARY KEY-Klausel in der CREATE TABLE-Anweisung verzichtet werden. In diesem Fall ist die PRIMARY KEY-Angabe im Rahmen der Spaltendefinition der Primärschlüsselspalte möglich. Die CREATE TABLE-Anweisung für die Tabelle AUFTRAG lautet dann (vergl. Abbildung 4.37 auf Seite 397):

```
CREATE TABLE AUFTRAG
    (AUFTR_NR      SMALLINT      NOT NULL PRIMARY KEY,
     BEZ           VARCHAR(30)   NOT NULL,
     PREIS         DECIMAL(9,2),
     TERMIN_GEPL   DATE,
     ABR_ART       CHAR(10),
     AUFTR_LEITER  SMALLINT,
     KUNDE_NR      SMALLINT      NOT NULL,

     FOREIGN KEY   LEITET (AUFTR_LEITER)
       REFERENCES  PROJ_MITARBEITER
       ON DELETE   SET NULL,
```

```
          FOREIGN KEY   ERTEILT (KUNDE_NR)
          REFERENCES    KUNDE
          ON DELETE     CASCADE)
```

Festlegung von Beziehungen

Im Rahmen der CREATE TABLE-Anweisung werden auch die Beziehungen zu anderen Tabellen festgelegt. Beziehungen gehen von der abhängigen Tabelle aus und sind auf die Vatertabelle gerichtet; sie werden deshalb in der CREATE TABLE-Anweisung der abhängigen Tabelle definiert. Es lassen sich nur Beziehungen angeben, die auf bereits existierende Tabellen zeigen. Eine Ausnahme von dieser Regel bilden rekursive Beziehungen. Da hier Vater- und abhängige Tabelle identisch sind, entstehen beide Partner einer Beziehung durch eine einzige CREATE TABLE-Anweisung.

Sehen wir einmal von rekursiven Beziehungen ab, so ist beim Erstellen der Tabellen eines Datenmodells eine gewisse Reihenfolge einzuhalten. Betrachten wir hierzu das Datenmodell unseres Softwarehauses in Abbildung 4.27 (Seite 362). Im ersten Schritt sind die Tabellen zu erstellen, von denen keine Beziehungen ausgehen; dies sind die Tabellen MITARBEITER, KURS und KUNDE. Im zweiten Schritt lassen sich die Tabellen anlegen, die nur Beziehungen zu den im ersten Schritt erstellten Tabellen aufweisen; dies sind die Tabellen BESUCHT und PROJ_MITARBEITER. Für die Definition der restlichen Tabellen ist folgende Reihenfolge einzuhalten: AUFTRAG, LEISTUNG und schließlich ARBEITET_AN.

Man kann allerdings auch einen anderen Weg gehen: Zuerst werden alle Tabellen des Datenmodells ohne Angabe von Beziehungen erstellt; anschließend legt man die Beziehungen mittels Tabellendefinitionsänderungen fest (wie man das macht, sehen wir im Abschnitt "Ändern von Tabellendefinitionen"). Wird diese Technik benutzt, so muß innerhalb der beiden Arbeitsschritte keine besondere Reihenfolge mehr eingehalten werden. Das eben beschriebene Vorgehen ist bei geschlossenen Beziehungsstrukturen[28] - zumindest für eine Tabelle der Struktur - unumgänglich, da von jeder Tabelle eine Beziehung ausgeht.

Betrachten wir nun die FOREIGN KEY-Klausel, mit deren Hilfe in der CREATE TABLE-Anweisung eine Beziehung definiert wird.

---

[28] Vergl. Abschnitt "Einschränkungen bezüglich Löschregeln" auf Seite 361 ff.

Für die Beziehung von der Tabelle AUFTRAG zur Vatertabelle PROJ_MITARBEITER lautet die FOREIGN KEY-Klausel wie folgt (vergl. Zeile (5) in Abbildung 4.37 auf Seite 397):

```
FOREIGN KEY   LEITET (AUFTR_LEITER)
   REFERENCES PROJ_MITARBEITER
   ON DELETE  SET NULL
```

An die Wörter FOREIGN KEY schließt sich der Name der Beziehung (engl. constraint name) an; er kann maximal achtstellig sein, muß mit einem Buchstaben beginnen und darf nur Buchstaben, Ziffern und das Zeichen "_" enthalten. Alle Beziehungen, die von einer Tabelle ausgehen, müssen unterschiedliche Namen tragen. Im vorliegenden Beispiel heißt die Beziehung LEITET. Es wurde hier einfach der Name der zugrundeliegenden 1:n-Beziehungsmenge des ER-Modells benutzt (siehe Abbildung 4.15 auf Seite 327).

Bei Beziehungen, die von Beziehungstabellen (z.B. BESUCHT oder ARBEITET_AN) ausgehen, fällt die Namenswahl etwas schwerer. Eine m:n-Beziehungsmenge des ER-Modells verwandelt sich im relationalen Modell in eine Beziehungstabelle mit zwei relationalen Beziehungen. Sofern im ER-Modell alle m:n-Beziehungen eindeutige Namen tragen, lassen sich diese als Namen für die Beziehungstabellen übernehmen[29]. Zur Benennung der beiden relationalen Beziehungen stehen leider jeweils nur acht Zeichen zur Verfügung. Es ist daher schwierig, sinnvolle Namen zu vergeben. Eine Möglichkeit, derartige Beziehungen zu benennen, besteht darin, die Namen der an der Beziehung beteiligten Tabellen in verkürzter Form zu einem neuen Namen zusammenzufügen. So könnte die Beziehung zwischen der Beziehungstabelle ARBEITET_AN und der "Entitätstabelle" PROJ_MITARBEITER den Namen ARB_PROJ erhalten.

Im übrigen ist die Angabe eines Beziehungsnamens in der FOREIGN KEY-Klausel nicht unbedingt erforderlich. Läßt man den Beziehungsnamen weg, so vergibt der Database Manager selbst einen Namen. Allerdings ist es durchaus empfehlenswert, einen (möglichst aussagekräftigen) Beziehungsnamen anzugeben. Denn bei Verstößen gegen eine Beziehung im Rahmen von INSERT-, UPDATE- oder DELETE-Anweisungen wird der Name der verletzten Beziehung im SQLCA-Element "sqlerrmc" preisgegeben[30].

Auf den Namen der Beziehung folgt in der FOREIGN KEY-Klausel die Liste der Fremdschlüsselspalten. Sie sind in Klammern anzugeben; besteht der Fremdschlüssel aus mehreren Spalten, so sind diese durch Kommata voneinander zu trennen. Die Reihenfolge, in der die Fremdschlüsselspalten angegeben

---

[29] Vergl. Abschnitt "Die Umsetzung von m:n-Beziehungen" auf Seite 351.
[30] Siehe auch Abschnitt 3.2.1 "Fehlerinformationen aufbereiten" auf Seite 195 ff.

4.3 Implementierung des konzeptionellen Datenbankentwurfs

werden, muß mit der Reihenfolge der korrespondierenden Primärschlüsselspalten in der PRIMARY KEY-Klausel der Vatertabelle übereinstimmen.

Die Datentypen der Fremdschlüsselspalten müssen zu den Datentypen der entsprechenden Primärschlüsselspalten kompatibel sein. Aus Performancegründen empfiehlt es sich, für Primär- und zugeordnete Fremdschlüsselspalten dieselben Datentypen zu verwenden[31].

An die Liste der Fremdschlüsselspalten schließt sich die Angabe REFERENCES an. Hier ist der Name der Tabelle einzutragen, auf die die Beziehung gerichtet ist - also der Name der Vatertabelle.

Die FOREIGN KEY-Klausel wird mit der Angabe einer Löschregel abgeschlossen. Sie wird durch die Wörter ON DELETE eingeleitet. Die drei zur Verfügung stehenden Löschregeln heißen:

RESTRICT für "Löschen abweisen",

CASCADE für "Kaskadierendes Löschen",

SET NULL für "Nullsetzen".

Gibt man keine Löschregel an, so wird standardmäßig RESTRICT verwendet.

Bei einem Fremdschlüssel, der nur aus einer einzigen Spalte besteht, kann man die Definition der Beziehung direkt an die Definition der Fremdschlüsselspalte anschließen; eine eigenständige FOREIGN KEY-Klausel ist in diesem Fall also nicht erforderlich. Die CREATE TABLE-Anweisung für die Tabelle AUFTRAG läßt sich hierdurch folgendermaßen vereinfachen (vergl. Abbildung 4.37 auf Seite 397):

```
CREATE TABLE AUFTRAG
    (AUFTR_NR      SMALLINT       NOT NULL PRIMARY KEY,
     BEZ           VARCHAR(30)    NOT NULL,
     PREIS         DECIMAL(9,2),
     TERMIN_GEPL   DATE,
     ABR_ART       CHAR(10),
     AUFTR_LEITER  SMALLINT
       LEITET      REFERENCES PROJ_MITARBEITER
       ON DELETE   SET NULL,
     KUNDE_NR      SMALLINT       NOT NULL
       ERTEILT     REFERENCES KUNDE
       ON DELETE   CASCADE)
```

---

[31] Primär- und zugeordnete Fremdschlüsselspalten sollten schon deshalb identische Datentypen erhalten, weil sie demselben Wertebereich zugeordnet sind.

Löschen von Tabellen

Das Löschen einer Tabelle ist ein einfacher Vorgang. So läßt sich z.B. die Tabelle AUFTRAG mit folgender SQL-Anweisung löschen:

```
DROP TABLE AUFTRAG
```

Die DROP TABLE-Anweisung darf nicht mit der SQL-Anweisung DELETE verwechselt werden. Während durch DELETE nur Zeilen aus einer Tabelle gelöscht werden, verschwindet mit DROP TABLE die gesamte Tabelle einschließlich aller in ihr enthaltenen Daten.

Die DROP TABLE-Anweisung hat noch eine weitere Auswirkung: Sie löscht alle Beziehungen, an denen die angegebene Tabelle beteiligt ist; und zwar nicht nur die Beziehungen, die von der zu löschenden Tabelle ausgehen, sondern auch die Beziehungen, für welche die zu löschende Tabelle die Vatertabelle darstellt. Mit der DROP TABLE-Anweisung wird folglich nicht nur eine Tabelle gelöscht; es werden darüber hinaus auch die Tabellendefinitionen der (bisher) abhängigen Tabellen geändert. Betrachten wir ein Beispiel:

Durch das Löschen der Tabelle AUFTRAG gehen nicht nur deren Beziehungen zu den Tabellen PROJ_MITARBEITER und KUNDE verloren. Es verschwindet ebenso die Beziehung, die von der Tabelle LEISTUNG auf die Tabelle AUFTRAG zeigt (vergl. Abbildung 4.27 auf Seite 362). Wird nun die Tabelle AUFTRAG mit der CREATE TABLE-Anweisung aus Abbildung 4.37 (Seite 397) neu erstellt, so entstehen hierdurch auch die von ihr ausgehenden Beziehungen. Die Beziehung von der Tabelle LEISTUNG zur Tabelle AUFTRAG, die mit dem Löschen von AUFTRAG ebenfalls verschwand, erwacht jedoch nicht mehr zu neuem Leben. Sie muß explizit mittels einer Änderung der Tabellendefinition von LEISTUNG neu festgelegt werden.

Man sollte sich daher vor dem Löschen einer Tabelle gut überlegen, welche Auswirkungen die Löschung auf die gesamte Beziehungsstruktur der Datenbank hat.

Ändern von Tabellendefinitionen

Zum Ändern von Tabellendefinitionen dient die SQL-Anweisung ALTER TABLE. Sie erlaubt Änderungen folgender Art:

- Zu einer existierenden Tabelle lassen sich weitere Spalten hinzufügen.
- Für eine bestehende Tabelle kann ein Primärschlüssel definiert werden, sofern sie bisher noch keinen besaß.
- Eine bestehende Tabelle kann mit (weiteren) Beziehungen versehen werden.

4.3 Implementierung des konzeptionellen Datenbankentwurfs

- Die Definition eines bestehenden Primärschlüssels läßt sich aufheben.
- Es ist möglich, eine existierende Beziehung zu löschen.

Bevor wir uns mit den eben genannten Änderungsarten genauer befassen, wollen wir uns vor Augen führen, was mit der ALTER TABLE-Anweisung nicht geändert werden kann:

- Der Name einer Tabelle ist nicht mehr änderbar.
- Die Definition bestehender Tabellenspalten (Spaltenname, Datentyp, Länge, NOT NULL-Klausel) kann nicht geändert werden.
- Existierende Spalten können aus einer Tabelle nicht mehr entfernt werden.

Natürlich lassen sich beliebige Änderungen erreichen, indem man eine Tabelle löscht und mit neuer Definition wieder anlegt. Eine solche Verfahrensweise ist jedoch meist sehr aufwendig; denn mit dem Löschen einer Tabelle wird nicht nur - wie bereits erwähnt - die Beziehungsstruktur verändert. Vielmehr verschwinden durch das Löschen einer Tabelle automatisch noch weitere Datenbankobjekte (Views, Indexe), die wir in den nächsten Abschnitten kennenlernen werden. Diese "abhängigen" Objekte müssen dann nach dem Wiederanlegen der geänderten Tabelle mühsam neu erstellt werden. Darüber hinaus ist zu überlegen, wie die Tabelleninhalte in die geänderte Tabelle hinübergerettet werden können. Es läßt sich also feststellen: Tabellenänderungen, die über die Möglichkeiten der ALTER TABLE-Anweisung hinausgehen, sind ein schwieriges Unterfangen. Wir werden uns im Abschnitt "Der externe Datenbankentwurf" mit diesem Thema näher befassen.

Kehren wir nun zur ALTER TABLE-Anweisung zurück und betrachten wir die verschiedenen Änderungsformen im einzelnen:

Hinzufügen neuer Spalten

Für die Erweiterung einer Tabelle um zusätzliche Spalten besitzt die ALTER TABLE-Anweisung folgende Form:

```
ALTER TABLE ... ADD ...
```

Im Anschluß an das Wort ADD ist die Definition der neuen Spalte anzugeben. Man hat hier dieselben Möglichkeiten wie bei der CREATE TABLE-Anweisung, mit zwei Ausnahmen:

1. Eine mit ALTER TABLE definierte Spalte kann nicht mit der Klausel NOT NULL versehen werden. Der Grund hierfür liegt darin begründet, daß alle bereits in der Tabelle enthaltenen Zeilen keinen Wert für die neue Spalte besitzen. Der Nullwert muß daher zulässig sein.

2. Die zweite Ausnahme resultiert aus der ersten: Weil die NOT NULL-Klausel nicht zulässig ist, kann auch die PRIMARY KEY-Angabe nicht erlaubt werden.

Mit der ALTER TABLE-Anweisung lassen sich gleichzeitig mehrere Spalten zu einer Tabelle hinzufügen. Nehmen wir an, die Tabelle AUFTRAG wäre ohne die Spalten ABR_ART und AUFTR_LEITER erstellt worden. Mit folgender Anweisung ließen sich beide Spalten (einschließlich der Beziehung LEITET) zur Tabelle AUFTRAG hinzufügen:

```
ALTER TABLE AUFTRAG
   ADD    ABR_ART       CHAR(10)
   ADD    AUFTR_LEITER  SMALLINT
          LEITET        REFERENCES PROJ_MITARBEITER
          ON DELETE     SET NULL
```

Mittels ALTER TABLE hinzugefügte Spalten werden "hinter" die bestehenden Spalten der Tabelle positioniert; d.h. bei einem "SELECT * ..." erscheinen sie ganz rechts in der Ergebnisdarstellung. Hieran gibt es nichts auszusetzen, da der Spaltenreihenfolge keine Bedeutung zukommt[32].

Nachträgliche Definition eines Primärschlüssels

Durch

```
ALTER TABLE ... PRIMARY KEY (...)
```

kann eine Tabelle mit einem Primärschlüssel versehen werden, wenn sie bisher noch keinen hatte. Hätten wir die Tabelle AUFTRAG ohne Primärschlüssel definiert, so ließe sich dies mit folgender Anweisung nachholen:

```
ALTER TABLE AUFTRAG PRIMARY KEY (AUFTR_NR)
```

Die ALTER TABLE-Anweisung wird in der vorliegenden Form vor allem für Änderungen der Primärschlüsseldefinition verwendet. Hierzu löscht man einen bestehenden Primärschlüssel, um ihn anschließend geändert wieder zu definieren. Mittels ALTER TABLE hinzugefügte Spalten können allerdings nicht Bestandteil des neuen Primärschlüssels werden, da für diese die Klausel NOT NULL unzulässig ist.

---

[32] Durch Definition entsprechender Views läßt sich sicherstellen, daß Ergebnisdaten dem Benutzer selbst beim "SELECT * ..." in einer festgelegten Spaltenreihenfolge präsentiert werden. Wir werden hierauf im Abschnitt 4.5 "Der externe Datenbankentwurf" zurückkommen.

Enthält die Tabelle, für die nächträglich ein Primärschlüssel festgelegt werden soll, bereits Daten, dann wird beim ALTER TABLE geprüft, ob die Eindeutigkeit des vorgesehenen Primärschlüssels gewährleistet ist. Ist dies nicht der Fall, wird die Primärschlüsseldefinition abgewiesen (SQLCODE "-673"). Die Missetäter können mit einer Abfrage folgender Art gefunden werden:

```
SELECT   AUFTR_NR, COUNT(*)
FROM     AUFTRAG
GROUP    BY AUFTR_NR
HAVING   COUNT(*) > 1
ORDER    BY AUFTR_NR
```

Definition von Beziehungen

Mit ALTER TABLE lassen sich Beziehungen definieren. Diese Fähigkeit der ALTER TABLE-Anweisung ist vor allem in vier Situationen bedeutsam:

1. In einer geschlossenen Beziehungsstruktur können nicht alle Beziehungen im Rahmen von CREATE TABLE-Anweisungen angegeben werden, da von jeder Tabelle der Struktur eine Beziehung ausgeht; es gibt also keine "Nur-Vatertabelle". Beim ersten CREATE TABLE muß deshalb die Beziehung weggelassen werden. Diese ist dann nachträglich mittels ALTER TABLE zu definieren.

2. Beim Löschen einer Tabelle verschwinden unter anderem alle Beziehungen, die auf die gelöschte Tabelle gerichtet sind. Wie bereits erwähnt, kommen diese Beziehungen durch das erneute Anlegen der gelöschten Tabelle nicht wieder zustande. Vielmehr müssen sie mittels ALTER TABLE neu definiert werden.

3. Soll die Definition eines Primärschlüssels durch Löschen und Neuerstellung geändert werden, so müssen alle Beziehungen, die auf diesen Primärschlüssel gerichtet sind, neu - und ebenfalls geändert - erstellt werden.

4. Um den Namen oder die Löschregel einer Beziehung zu ändern, ist die Beziehung zu löschen und mit anderem Namen bzw. anderer Löschregel wieder anzulegen.

Nehmen wir an, die Tabelle KUNDE sei gelöscht und anschließend wieder erstellt worden (siehe Abbildung 4.27 auf Seite 362). Dann muß die Beziehung ERTEILT, die von der Tabelle AUFTRAG ausgeht, neu definiert werden.

Hierzu schreibt man:

```
ALTER TABLE AUFTRAG
    FOREIGN KEY   ERTEILT (KUNDE_NR)
    REFERENCES    KUNDE
    ON DELETE     CASCADE
```

Eine Tabelle, für die eine neue Beziehung festgelegt werden soll, kann bereits Daten enthalten. In diesem Fall wird vom Database Manager beim ALTER TABLE überprüft, ob für alle Datenwerte des geplanten Fremdschlüssels entsprechende Werte im Primärschlüssel der angegebenen Vatertabelle existieren. Ist dies nicht gewährleistet, so wird die ALTER TABLE-Anweisung abgewiesen (SQLCODE "-667"). Man muß dann die betroffenen Zeilen ausfindig machen, z.B. durch:

```
SELECT * FROM AUFTRAG
WHERE   KUNDE_NR NOT IN (SELECT KUNDE_NR
                         FROM    KUNDE)
ORDER BY AUFTR_NR
```

Nach Korrektur der so ermittelten "Waisen" kann die ALTER TABLE-Anweisung wiederholt werden.

Löschen des Primärschlüssels

Das Löschen des Primärschlüssels einer Tabelle erfolgt durch folgende Form der ALTER TABLE-Anweisung:

```
ALTER TABLE ... DROP PRIMARY KEY
```

Hierdurch wird nicht nur die Definition des Primärschlüssels aufgehoben; gleichzeitig werden alle Beziehungen, die auf den gelöschten Primärschlüssel gerichtet sind, ebenfalls gelöscht.

Löschen einer Beziehung

Möchte man eine existierende Beziehung auflösen, so muß man in der ALTER TABLE-Anweisung hierzu ihren Namen angeben. Um die Beziehung LEITET, die von der Tabelle AUFTRAG ausgeht, zu löschen, schreibt man (vergl. Abbildung 4.37 auf Seite 397):

```
ALTER TABLE AUFTRAG DROP FOREIGN KEY LEITET
```

Bei der Behandlung der CREATE TABLE-Anweisung wurde erläutert, daß zur Definition einer Beziehung nicht unbedingt ein Beziehungsname angegeben werden muß. Allerdings wurde die Namensangabe empfohlen. Hat man die Beziehung dennoch nicht benannt, dann muß man nun zum Löschen der Beziehung den vom Database Manager vergebenen Beziehungsnamen aus einer Katalogtabelle ermitteln. Welche Katalogtabellen es gibt und welche Daten darin enthalten sind, ist Thema des folgenden Abschnitts.

Noch ein Tip: Soll eine bestehende Beziehung geändert werden, so läßt sich das hierzu nötige Löschen und Wiederanlegen in einer ALTER TABLE-Anweisung zusammenfassen; z.B. so:

```
ALTER TABLE AUFTRAG
   DROP FOREIGN KEY    ERTEILT
   FOREIGN KEY         ERTEILT (KUNDE_NR)
      REFERENCES       KUNDE
      ON DELETE        CASCADE
```

Katalogtabellen

Wie bereits erwähnt, enthält eine frisch angelegte Datenbank bereits mehrere Tabellen. Diese Tabellen werden Katalogtabellen (engl. catalog tables) genannt. Gemeinsam bilden sie den sogenannten Systemkatalog. Er kann als eine Datenbank in der Datenbank angesehen werden. Der Systemkatalog enthält Informationen über alle Objekte der Datenbank (z.B. Tabellen, Views, Zugriffspläne).

Insgesamt umfaßt der Systemkatalog 15 Katalogtabellen. Ihre Namen beginnen alle mit SYSIBM.SYS[33]. So lautet die Katalogtabelle, die Informationen über sämtliche Zugriffspläne der Datenbank enthält, SYSIBM.SYSPLAN. Beim Anlegen einer Datenbank werden nur 14 der 15 Katalogtabellen erstellt. Die Katalogtabelle SYSIBM.SYSBACKUP entsteht im Rahmen der ersten Datensicherung.

---

[33] Wird eine Datenbank mit Hilfe des Query Manager angelegt, dann enthält sie zusätzlich zu den Katalogtabellen noch eine weitere Tabelle. Diese trägt den Namen QRWSYS.QRWSYS_OBJECT. Sie dient zur Speicherung von Query Manager-Objekten (Abfragen, Aufbereitungsformate etc.).

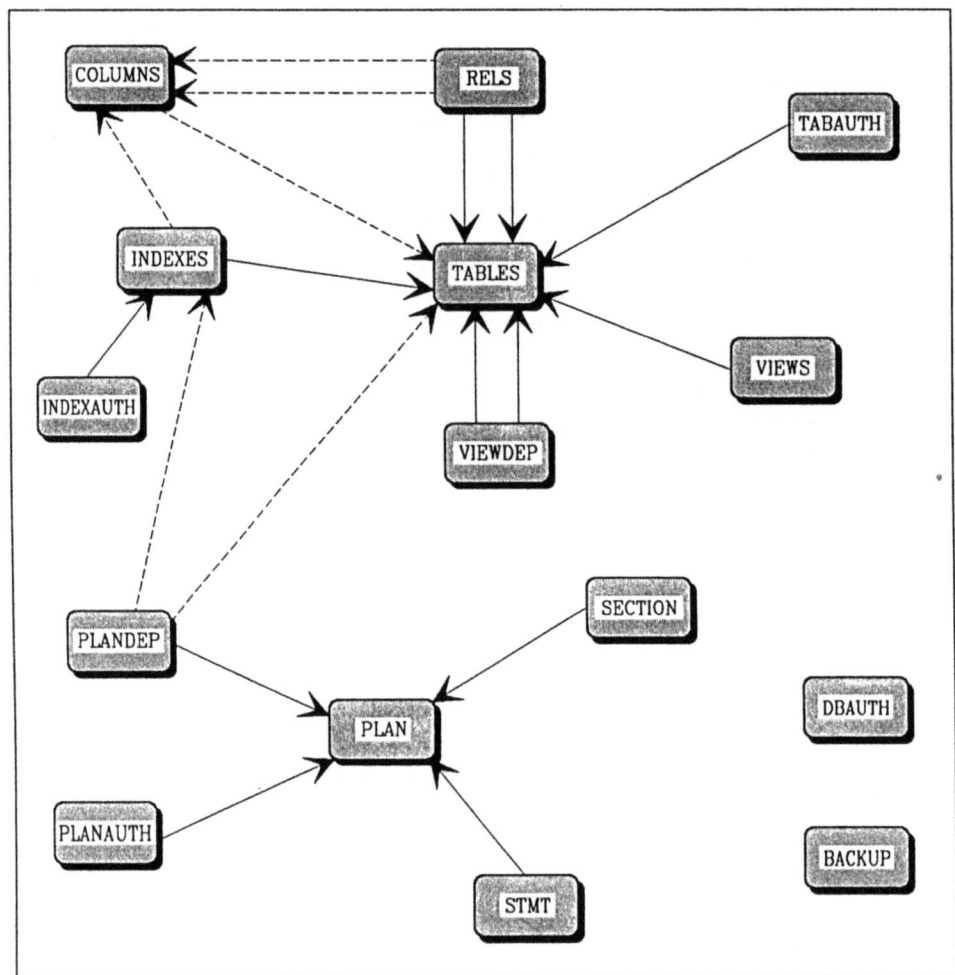

Abbildung 4.41

Abbildung 4.41 zeigt das relationale Datenmodell des Systemkatalogs. Die Tabellennamen sind dort aus Platzgründen jeweils ohne den Vorspann SYSIBM.SYS angegeben. Bevor wir uns mit den Katalogtabellen im einzelnen befassen, soll der Systemkatalog aus Sicht des Datenbankentwurfs betrachtet werden:

Der Systemkatalog weist - verglichen mit gewöhnlichen Datenbanken - einige Besonderheiten auf, die aus seiner speziellen Aufgabenstellung resultieren. So werden die in Abbildung 4.41 dargestellten Beziehungen zwischen den Katalogtabellen nicht - wie bei Benutzerdatenbanken üblich - explizit in der Datenbank geführt. Sie werden vielmehr direkt durch die Database Services überwacht[34]. Der Systemkatalog ist somit für sich gesehen keine echte relationale Datenbank, sondern lediglich eine Ansammlung von Tabellen. Da er nur von einem einzigen Programm - den Database Services - verwaltet wird, sind hier manche Entwurfskriterien unbedeutend, die für Benutzerdatenbanken äußerst wichtig sind. Der Systemkatalog sollte daher nicht als Vorbild für den Entwurf einer relationalen Datenbank herangezogen werden.

Katalogtabellen können nicht mittels SQL-Anweisungen verändert werden. Der ändernde Zugriff auf diese Tabellen ist ausschließlich den Database Services vorbehalten. Diese aktualisieren die Katalogtabellen immer dann, wenn ein Datenbankobjekt (z.B. eine Tabelle) neu erstellt, in der Struktur geändert oder gelöscht wird. So führt das Erstellen der Tabelle AUFTRAG mit der CREATE TABLE-Anweisung aus Abbildung 4.37 (Seite 397) zu neuen Einträgen in folgenden Katalogtabellen:

- SYSIBM.SYSTABLES,
- SYSIBM.SYSCOLUMNS,
- SYSIBM.SYSTABAUTH,
- SYSIBM.SYSINDEXES,
- SYSIBM.SYSINDEXAUTH,
- SYSIBM.SYSRELS.

Wenngleich der Systemkatalog in erster Linie dazu dient, die Database Services mit allen nötigen Informationen über die Datenbank zu versorgen, so kann er darüber hinaus auch uns wertvolle Auskünfte liefern. Denn der Systemkatalog ist durch SQL-Anweisungen zwar nicht zu verändern; er läßt sich jedoch mittels SELECT-Anweisungen in beliebiger Form auswerten.

Im Verlaufe dieses und des nächsten Kapitels werden wir alle Katalogtabellen kennenlernen. Im Moment beschränken wir uns jedoch auf die Tabellen SYSIBM.SYSTABLES, SYSIBM.SYSCOLUMNS und SYSIBM.SYSRELS.

Die Katalogtabelle SYSIBM.SYSTABLES

Die Tabelle SYSIBM.SYSTABLES enthält für jede Tabelle und View der Datenbank eine Zeile. In ihr sind auch alle Katalogtabellen verzeichnet; d.h., der Systemkatalog beschreibt sich sogar selbst. Wir wollen an dieser Stelle nicht alle Spalten der Tabelle SYSIBM.SYSTABLES erläutern, sondern nur die, mit denen wir im Moment etwas anfangen können. Sie sind in Tabelle 4.2 aufgeführt.

---

[34] In Abbildung 4.41 wird zwischen zwei Arten von Beziehungen unterschieden. Durchgezogene Pfeile kennzeichnen relationale Beziehungen (d.h. Beziehungen, die sich als Fremdschlüssel-Primärschlüssel-Beziehungen realisieren ließen). Gestrichelte Pfeile markieren Beziehungen, die im relationalen Datenmodell nicht definierbar sind.

Spaltenname	Datentyp	Beschreibung
NAME	VARCHAR(18)	Tabellen- oder Viewname (ohne Qualifizierung).
CREATOR	CHAR(8)	Qualifizierung des Namens.
TYPE	CHAR(1)	T = Tabelle, V = View.
CTIME	TIMESTAMP	Zeitpunkt der Erstellung.
REMARKS	VARCHAR(254)	Bemerkungen zur Tabelle oder View.
COLCOUNT	SMALLINT	Anzahl Spalten in der Tabelle oder View.
FID	SMALLINT	Identifikation der OS/2-Datei, die die Tabellendaten enthält. Z.B.: FID = 4 bedeutet SQL00004.DAT
PARENTS	SMALLINT	Anzahl Vatertabellen, von denen die Tabelle abhängig ist.
CHILDREN	SMALLINT	Anzahl abhängiger Tabellen, für welche die Tabelle Vatertabelle ist.
SELFREFS	SMALLINT	Anzahl rekursiver Beziehungen der Tabelle.
KEYCOLUMNS	SMALLINT	Anzahl Spalten des Primärschlüssels.

Tabelle 4.2

Eine der in Tabelle 4.2 aufgeführten Spalten bedarf einer weiteren Erläuterung. Es ist die Spalte REMARKS. Mit Hilfe der Anweisungen CREATE TABLE oder ALTER TABLE ist es nicht möglich, für eine Tabelle eine erläuternde Beschreibung anzugeben. Hierfür gibt es eine spezielle SQL-Anweisung. Sie lautet **COMMENT ON**. Um für die Tabelle LEISTUNG den beschreibenden Text "Daten zu Auftragsleistungen" in die Katalogtabelle SYSIBM.SYSTABLES zu speichern, schreibt man:

```
COMMENT ON TABLE LEISTUNG IS 'Daten zu Auftragsleistungen'
```

Die Tabellenbeschreibung kann bis zu 254 Zeichen umfassen. Nachdem wir mittels COMMENT ON allen Tabellen unseres Datenmodells Beschreibungen verpaßt haben, lassen sich diese mit folgender Abfrage dem Systemkatalog wieder entlocken:

```
SELECT  NAME, REMARKS
FROM    SYSIBM.SYSTABLES
WHERE   CREATOR = 'DBMUSER'
ORDER   BY NAME
```

Man erhält dann z.B.:

```
NAME                REMARKS
-----------------   ------------------------------------------------------------
ARBEITET_AN         Beziehung zwischen PROJ_MITARBEITER und LEISTUNG
AUFTRAG             Auftragsdaten
BESUCHT             Beziehung zwischen MITARBEITER und KURS
KUNDE               Kundendaten
KURS                Kursdaten
LEISTUNG            Daten zu Auftragsleistungen
MITARBEITER         Für alle Mitarbeiter gültige Daten
PROJ_MITARBEITER    Für Projektmitarbeiter gültige Daten
```

Die Katalogtabelle SYSIBM.SYSCOLUMNS

Die Tabelle SYSIBM.SYSCOLUMNS enthält Informationen über die Spalten aller Tabellen und Views der Datenbank. Pro Spalte weist sie eine Zeile auf. In SYSIBM.SYSCOLUMNS sind unter anderem folgende Daten gespeichert:

Spaltenname	Datentyp	Beschreibung
NAME	VARCHAR(18)	Spaltenname.
TBNAME	VARCHAR(18)	Name der Tabelle oder View, zu der die Spalte gehört.
TBCREATOR	CHAR(8)	Qualifizierung der Tabelle oder View.

Tabelle 4.3 (Teil 1)

Spaltenname	Datentyp	Beschreibung
REMARKS	VARCHAR(254)	Bemerkungen zur Spalte.
COLTYPE	CHAR(8)	Datentyp der Spalte.
NULLS	CHAR(1)	Y = Nullwert zulässig, N = Nullwert unzulässig.
CODEPAGE	SMALLINT	Zugeordnete Code Page bei nichtnumerischen Spalten. Null bei FOR BIT DATA-Spalten.
LENGTH	SMALLINT	Länge der Spalte.
SCALE	SMALLINT	Anzahl Nachkommastellen bei DECIMAL-Spalten.
COLNO	SMALLINT	Position der Spalte innerhalb der Tabellen- oder Viewdefinition.
KEYSEQ	SMALLINT	Position innerhalb des Primärschlüssels. Null oder Nullwert, wenn die Spalte keinem Primärschlüssel angehört.

Tabelle 4.3 (Teil 2)

Die Tabelle SYSIBM.SYSCOLUMNS enthält ebenfalls eine Spalte mit dem Namen REMARKS. Diese Spalte kann man dazu benutzen, um Bemerkungen zu Tabellenspalten aufzubewahren. Zum Füllen der Spalte REMARKS in der Katalogtabelle SYSIBM.SYSCOLUMNS dient wiederum die COMMENT ON-Anweisung. Sie lautet in diesem Fall:

```
COMMENT ON COLUMN ... IS ...
```

Der Spaltenname ist hierbei mit dem Tabellennamen zu qualifizieren (der wiederum selbst auch qualifiziert sein kann); z.B:

```
COMMENT ON COLUMN AUFTRAG.TERMIN_GEPL
   IS 'Geplanter Fertigstellungstermin'
```

Die Tabelle SYSIBM.SYSCOLUMNS läßt sich auf vielerlei Weise auswerten. So erhält man z.B. mit folgender Abfrage eine Übersicht über alle Spalten der Tabelle AUFTRAG:

```
SELECT   NAME, COLTYPE, LENGTH, SCALE, NULLS, KEYSEQ, COLNO
FROM     SYSIBM.SYSCOLUMNS
WHERE    TBNAME    = 'AUFTRAG'
AND      TBCREATOR = 'DBMUSER'
ORDER    BY COLNO
```

Das Ergebnis lautet:

```
NAME           COLTYPE    LENGTH   SCALE   NULLS   KEYSEQ   COLNO
------------   --------   ------   -----   -----   ------   -----
AUFTR_NR       SMALLINT      2       0       N        1       0
BEZ            VARCHAR      30       0       N        -       1
PREIS          DECIMAL       9       2       Y        -       2
TERMIN_GEPL    DATE          4       0       Y        -       3
ABR_ART        CHAR         10       0       Y        -       4
AUFTR_LEITER   SMALLINT      2       0       Y        -       5
KUNDE_NR       SMALLINT      2       0       N        -       6
```

Die Katalogtabelle SYSIBM.SYSRELS

Die Tabelle SYSIBM.SYSRELS enthält für jede Beziehung der Datenbank eine Zeile. Folgende Daten sind dort verzeichnet:

Spaltenname	Datentyp	Beschreibung
CREATOR	CHAR(8)	Qualifizierung der abhängigen Tabelle.
TBNAME	VARCHAR(18)	Name der abhängigen Tabelle.
RELNAME	CHAR(8)	Beziehungsname.
REFTBNAME	VARCHAR(18)	Name der Vatertabelle
REFTBCREATOR	CHAR(8)	Qualifizierung der Vatertabelle.

Tabelle 4.4 (Teil 1)

Spaltenname	Datentyp	Beschreibung
COLCOUNT	SMALLINT	Anzahl Spalten im Schlüssel.
DELETERULE	CHAR(1)	C = Kaskadierendes Löschen, R = Löschen abweisen, N = Nullsetzen.
UPDATERULE	CHAR(1)	Enthält immer "R".
TIMESTAMP	TIMESTAMP	Erstellungszeitpunkt.
FKCOLNAMES	VARCHAR(320)	Spalten des Fremdschlüssels, 18-stellig, jeweils durch ein Leerzeichen voneinander getrennt.
PKCOLNAMES	VARCHAR(320)	Spalten des Primärschlüssels, 18-stellig, jeweils durch ein Leerzeichen voneinander getrennt.

Tabelle 4.4 (Teil 2)

Etwas verwunderlich ist die Existenz der Spalte UPDATERULE. Wie wir wissen, gibt es nur eine einzige Modifikationsregel[35]. Sie lautet "Modifikation abweisen". Tatsächlich enthält die Spalte UPDATERULE auch immer den Wert "R" für "restrict". Das Vorhandensein dieser Katalogspalte läßt jedoch darauf schließen, daß es in einer zukünftigen Version des Database Manager die Modifikationsregel "Kaskadierendes Modifizieren" geben wird. Dann wird man in manchen Fällen auf die Einführung künstlicher Schlüssel verzichten können, da die Zeitinvarianz des Primärschlüssels nicht mehr gefordert werden muß.

Die Auswertung der Tabelle SYSIBM.SYSRELS erlaubt eine Übersicht über sämtliche Beziehungen einer Datenbank. Mit der Abfrage:

```
SELECT TBNAME, RELNAME, REFTBNAME, DELETERULE,
       FKCOLNAMES, PKCOLNAMES
FROM   SYSIBM.SYSRELS
ORDER  BY TBNAME, RELNAME
```

---

[35] Vergl. Abschnitt "Modifikationsregeln" auf Seite 337.

lassen sich die wesentlichen Daten aller Beziehungen anzeigen. Sie liefert für das Datenmodell "Softwarehaus" folgendes Ergebnis (die Spalte PKCOL-NAMES ist aus Platzgründen nicht abgedruckt):

```
                                      DELETE
TBNAME             RELNAME   REFTBNAME          RULE   FKCOLNAMES
----------------   --------  ----------------   ----   ------------------------
ARBEITET_AN        ARB_LEIS  LEISTUNG           C      AUFTR_NR      LEIST_NR
ARBEITET_AN        ARB_PROJ  PROJ_MITARBEITER   R      PERS_NR
AUFTRAG            ERTEILT   KUNDE              C      KUNDE_NR
AUFTRAG            LEITET    PROJ_MITARBEITER   N      AUFTR_LEITER
BESUCHT            BES_KURS  KURS               R      KURS_NR
BESUCHT            BES_MITA  MITARBEITER        C      PERS_NR
LEISTUNG           BEST_AUS  AUFTRAG            C      AUFTR_NR
PROJ_MITARBEITER   IST_EIN   MITARBEITER        C      PERS_NR
```

Tabellendefinition mit dem Query Manager

Wie wir aus Kapitel 2 wissen, ist die CREATE TABLE-Anweisung nicht die einzige Möglichkeit, um Tabellen anzulegen. Dort haben wir im Abschnitt 2.1.1 "Anlegen und Füllen von Tabellen" erfahren, wie man sich vom Query Manager durch den Erstellungsprozeß führen lassen kann. Im Abschnitt 2.2.1 wurde sogar das Thema "Tabellenerweiterung" (Seite 90 f.) schon angesprochen.

Insgesamt kann man sagen: Nahezu alles, was mit den Anweisungen CREATE TABLE und ALTER TABLE möglich ist, kann auch mit Unterstützung des Query Manager ausgeführt werden. Es gibt nur zwei kleine Ausnahmen:

1. Man muß eine Beziehung - sofern man sie mit dem Query Manager definiert - grundsätzlich benennen. Bei Verwendung von CREATE TABLE oder ALTER TABLE ist dies nicht notwendig, aber durchaus zu empfehlen.

2. Rekursive Beziehungen lassen sich mit dem Query Manager nicht in einem Schritt erstellen. Man muß zuerst die Tabelle ohne Beziehung anlegen und dann im Rahmen einer Tabellenänderung die rekursive Beziehung definieren.

Wie man sieht, sind die Einschränkungen des Query Manager nicht sonderlich hinderlich; die erste Einschränkung ist sogar hilfreich.

Für den erfolgreichen Umgang mit der Tabellendefinitionsfunktion des Query Manager ist es wichtig, die zugrundeliegende Arbeitsweise zu verstehen. Folgende Situationen sind zu unterscheiden:

- Klickt man im Fenster "Tables and Views" (siehe Abbildung 2.13 auf Seite 22) die Zeile -NEW- doppelt an, so wird der Query Manager hierdurch veranlaßt, aus den anschließenden Eingaben eine CREATE TABLE-Anweisung aufzubauen. Diese CREATE TABLE-Anweisung kommt dann beim Verlassen des Fensters "Table -NEW-" mittels "Exit" und "Save and exit" zur Ausführung (siehe Abbildung 2.12 auf Seite 22). Der im Feld "Comment" des Save-Fensters eingebbare Text wird in eine COMMENT ON TABLE-Anweisung umgesetzt.

- Öffnet man allerdings im Fenster "Tables and Views" die Definition einer bestehenden Tabelle durch Doppelklick, so wird aus den anschließenden Benutzereingaben eine ALTER TABLE-Anweisung erzeugt. Auch diese kommt dann durch Anklicken von "Exit und "Save and exit" zur Ausführung. Man versteht nun, warum bei der Änderung einer bestehenden Tabelle die meisten Punkte des Menüs "Actions" nicht mehr auswählbar sind. Dies liegt einfach an den eingeschränkten Möglichkeiten der ALTER TABLE-Anweisung, an denen auch der Query Manager nicht vorbeikommt.

Im übrigen verheimlicht der Query Manager nicht, was er aus den Benutzereingaben macht. Durch Anklicken der Auswahl "Actions" in der Aktionszeile und anschließendes Auswählen von "Show SQL..." kann man sich die bis dahin erstellte CREATE TABLE- oder ALTER TABLE-Anweisung anzeigen lassen. Mit der Auswahl "Convert to SQL..." ist es sogar möglich, die erstellte SQL-Anweisung ins "SQL Query-Fenster" zu übernehmen und dort zur Ausführung zu bringen. Die Auswahl "Get template..." ist ebenfalls erwähnenswert. Sie erlaubt es, die Definition einer bestehenden Tabelle als Basis für eine neue Tabelle zu übernehmen. Auf diese Weise kann eine Tabelle, die sich von einer existierenden Tabelle nur wenig unterscheidet, mit geringem Aufwand definiert werden.

Zur Festlegung von Primärschlüssel und Beziehungen dient die Auswahl "Constraints" in der Aktionszeile (siehe Abbildung 2.7 auf Seite 15). Mit den Auswahlmöglichkeiten dieses Menüs lassen sich Primärschlüssel und Beziehungen anlegen, ändern und löschen. Allerdings sind auch hier die Möglichkeiten eingeschränkt, wenn es darum geht, eine bestehende Tabelle zu ändern. Etwas ungewohnt ist die Bezeichnungsweise für Beziehungsnamen. Das Eingabefeld für den Beziehungsnamen heißt "Foreign key name", während sonst hierfür üblicherweise der Ausdruck "constraint name" benutzt wird.

Mit der Kenntnis der SQL-Anweisungen CREATE TABLE und ALTER TABLE und den Ausführungen der letzten beiden Seiten sollte der Umgang

4.3 Implementierung des konzeptionellen Datenbankentwurfs

mit der Tabellendefinitionsfunktion des Query Manager keine Schwierigkeiten mehr bereiten.

Natürlich lassen sich Tabellen mit Hilfe des Query Manager auch löschen. Hierzu markiert man die zu löschende Tabelle im Fenster "Tables and Views" (siehe Abbildung 2.13 auf Seite 22) und klickt auf die Auswahl "Actions" in der Aktionszeile. Im daraufhin erscheinenden Untermenü wählt man die Auswahl "Erase...".

Schlußwort

Mit der Umsetzung des relationalen Datenmodells in Tabellendefinitionen ist der konzeptionelle Datenbankentwurf abgeschlossen.

Ein wichtiger Punkt soll an dieser Stelle noch angesprochen werden: Die Qualität einer Datenbank hängt in hohem Maße vom Wissen des Entwerfers über die modellierte Miniwelt ab. ER-Entwurf und Normalisierung sind nur dann erfolgreich durchführbar, wenn die Semantik der Daten verstanden wird. Es ist also nicht möglich, nur mit Kenntnis von Entwurfstechniken eine Datenbank zu entwerfen. Vielmehr muß sich der Entwerfer zusätzlich das nötige Fachwissen aneignen oder - was meist erfolgversprechender ist - den Entwurf gemeinsam mit einem Kenner der Fachproblematik durchführen.

4.4 Der interne Datenbankentwurf

Erinnern wir uns an die 3-Ebenen-Architektur nach ANSI/SPARC (siehe Abbildung 4.1 auf Seite 296): Während auf der konzeptionellen Ebene der Entwurf in einer logischen Form (Tabellen, Beziehungen) erfolgt, beschäftigt man sich auf der internen Ebene damit, wie die Daten abgespeichert werden.

Was wissen wir bereits über die Speicherung von Tabellendaten?

♦   Alle Daten einer Tabelle werden in einer OS/2-Datei gespeichert. Dies gilt nicht für LONG VARCHAR-Daten. Für sie gibt es eine eigene Datei.

♦   Tabellenzeilen werden immer zusammenhängend gespeichert.

Wir wollen im folgenden unsere Kenntnisse über die Speicherung von Tabellen vertiefen:

Eine OS/2-Datei, die Tabellendaten enthält, wird vom Database Manager in 4096 Bytes große Blöcke eingeteilt. Diese Blöcke werden als Seiten (engl. page) bezeichnet. Seiten sind die I/O-Einheit des Database Manager; d.h. es wird immer eine vollständige Seite von der Datei gelesen bzw. auf die Datei geschrieben. Hiervon kann man sich überzeugen, indem man sich die Größe der DAT-Dateien eines Datenbankverzeichnisses anzeigen läßt (z.B. mittels DIR). Sie beträgt immer ein ganzes Vielfaches von 4 KB.

Tabellenzeilen werden grundsätzlich komplett innerhalb einer Seite gespeichert. Eine Zeile kann also niemals Seitengrenzen überschreiten. Hieraus erklärt sich auch die Beschränkung auf 4005 Bytes für die Länge einer Tabellenzeile (die restlichen 91 Bytes werden für Verwaltungszwecke benötigt).

Wird eine neue Zeile mittels INSERT in eine Tabelle eingefügt, so hat man keinen Einfluß darauf, wo diese Zeile innerhalb der Tabellendatei abgespeichert wird. In vielen Fällen wird eine neue Zeile an das Dateiende - also in die letzte Seite - geschrieben. Ist in keiner Seite mehr genügend Platz vorhanden, wird die Datei von den Database Services um eine weitere Seite vergrößert. Wurden jedoch bereits mittels DELETE Zeilen aus der Tabelle gelöscht, so kann auch dieser Platz für neue Zeilen wiederverwendet werden. Die Zeilenreihenfolge in der Tabellendatei entspricht dann nicht mehr der Einfügereihenfolge.

Die Modifikation einer Zeile kann dazu führen, daß sie von einer Seite zu einer andern verlagert wird. Dies ist dann der Fall, wenn eine Tabelle VARCHAR-Spalten enthält und sich die Länge einer Zeile durch die Modifikation derart vergrößert, daß sie in der bisherigen Seite nicht mehr unterzubringen ist. Allerdings verschwindet die länger gewordene Zeile in der usprünglichen Seite nicht völlig. Es verbleibt dort ein Zeiger, der auf die neue Position verweist.

4.4 Der interne Datenbankentwurf

Warum das so ist und welche Probleme hieraus entstehen, werden wir im Abschnitt 4.4.4 "Tabellenreorganisation" erfahren.

Löscht man Zeilen aus einer Tabelle, so wird der freigewordene Platz als solcher gekennzeichnet. Er steht dann für neue oder länger gewordene Zeilen wieder zur Verfügung. Eine Tabellendatei wird zwar bei Bedarf automatisch vergrößert; sie wird jedoch niemals infolge von SQL-Anweisungen verkleinert. Betrachten wir hierzu ein Beispiel: Eine Tabellendatei bestehe aus 100 Seiten. Nun werden alle Zeilen der Tabelle mittels DELETE ohne WHERE-Klausel gelöscht. Anschließend umfaßt die zugehörige Tabellendatei immer noch 100 - jetzt allerdings - leere Seiten. Die Tabellendatei läßt sich nur dadurch wieder verkleinern, indem man die Tabelle reorganisiert. Wie man das macht, werden wir ebenfalls im Abschnitt 4.4.4 "Tabellenreorganisation" erfahren.

Zugriff auf Tabellendaten

Nachdem wir wissen, in welcher Form Tabellenzeilen in der zugehörigen OS/2-Datei abgespeichert werden, können wir uns der Frage zuwenden, wie der Zugriff auf diese Daten erfolgt. Betrachten wir hierzu folgende SQL-Anweisung:

```
SELECT * FROM MITARBEITER
WHERE  GEB_DATUM = '9.1.1955'
ORDER  BY N_NAME
```

Nach welchem Verfahren werden die Ergebniszeilen von den Database Services ermittelt? Da die Zeilen in der Datei keine bestimmte Reihenfolge aufweisen, bleibt den Database Services nichts anderes übrig, als die gesamte Datei Seite für Seite nach Zeilen zu durchsuchen, welche die Suchbedingung erfüllen. Zur Ausführung der obigen SELECT-Anweisung wird folglich die komplette Tabellendatei sequentiell gelesen. Diese Form des Zugriffs wird im Englischen als "table scan" bezeichnet. Ins Deutschen läßt sich das Wort "scan" am treffendsten mit dem Ausdruck "absuchen" übersetzen. Wir wollen im folgenden jedoch bei der englischen Bezeichnungsweise bleiben.

Man kann sich leicht vorstellen, daß der Tabellenscan bei großen Tabellen eine sehr zeitaufwendige Methode darstellt, um Zeilen zu suchen. Insbesondere bei einem Erfassungsprogramm, das z.B. zu einem vorgegebenen Primärschlüssel Daten aktualisieren soll, ist es untragbar, wenn jeweils die gesamte Tabellendatei sequentiell durchlesen wird. In solchen Fällen ist es erforderlich, die gesuchte Zeile schneller zu finden. Die Lösung dieses Problems stellen Indexe dar. Sie sind Thema des folgenden Abschnitts.

4.4.1 Indexe

Ein Index ermöglicht einen schnellen Zugriff auf eine Tabellenzeile, wenn man die Werte bestimmter Spalten dieser Zeile kennt. Ein Index bezieht sich immer auf eine oder mehrere Spalten einer Tabelle. Man nennt diese Tabellenspalten "indizierte Spalten" oder auch "Indexschlüssel". Der Begriff "Indexschlüssel" darf allerdings nicht mit den Begriffen "Primär-" und "Fremdschlüssel" verwechselt werden. Während ein Primärschlüssel immer auch gleichzeitig ein Indexschlüssel ist (weil für jeden Primärschlüssel automatisch ein Index erstellt wird), gilt dies für Fremdschlüssel nicht zwangsläufig; d.h. zu einem Fremdschlüssel muß es keinen Index geben. Darüber hinaus können auch Spalten, die weder zum Primär-, noch zu Fremdschlüsseln gehören, einen Indexschlüssel bilden.

Wie ist ein Index aufgebaut? Betrachten wir hierzu den Index für die Primärschlüsselspalte AUFTR_NR der Tabelle AUFTRAG. Wie wir eben erfahren haben, gibt es diesen Index bereits, ohne daß wir das bisher wußten. Er wurde im Rahmen der CREATE TABLE-Anweisung automatisch erstellt. Solange die Tabelle AUFTRAG sehr klein ist, besteht der Index aus einer einzigen Indexseite. Eine Indexseite umfaßt - wie eine Seite aus einer Tabellendatei - 4096 Bytes. Zur besseren Unterscheidung werden im weiteren Seiten aus Tabellendateien "Datenseiten" genannt.

Eine Indexseite enthält für jede Zeile der Tabelle einen Indexeintrag. Diese Indexeinträge bestehen aus zwei Teilen: dem Wert der indizierten Spalte und einem Zeiger, der die Position der zugehörigen Tabellenzeile in der Tabellendatei angibt (siehe Abbildung 4.42). Die Indexeinträge sind innerhalb der Indexseite nach dem indizierten Spaltenwert sortiert.

Wie erfolgt nun ein Zugriff über den Index? Folgende Anweisung sei auszuführen:

```
SELECT * FROM AUFTRAG WHERE AUFTR_NR = 77
```

Zuerst wird die (einzige) Indexseite eingelesen und dort der Indexeintrag mit dem Spaltenwert "77" gesucht. Da die Indexeinträge sortiert sind, geht diese Suche sehr schnell. Der gefundene Indexeintrag enthält die Nummer der Datenseite, in der sich die gewünschte Zeile befindet. Mit einer zweiten Leseoperation wird diese Datenseite ebenfalls eingelesen. Ihr wird schließlich die gesuchte Zeile entnommen.

Man sieht also: Für den Datenzugriff über den Index sind nur zwei Leseoperationen erforderlich. Wird die Zeile nicht über den Index, sondern mittels Tabellenscan gelesen, so sind meist wesentlich mehr Zugriffe nötig. Eine Tabellendatei aus 40 Seiten erfordert beim Tabellenscan im Durchschnitt 20 Leseoperationen, bis die gesuchte Zeile gefunden ist.

4.4 Der interne Datenbankentwurf

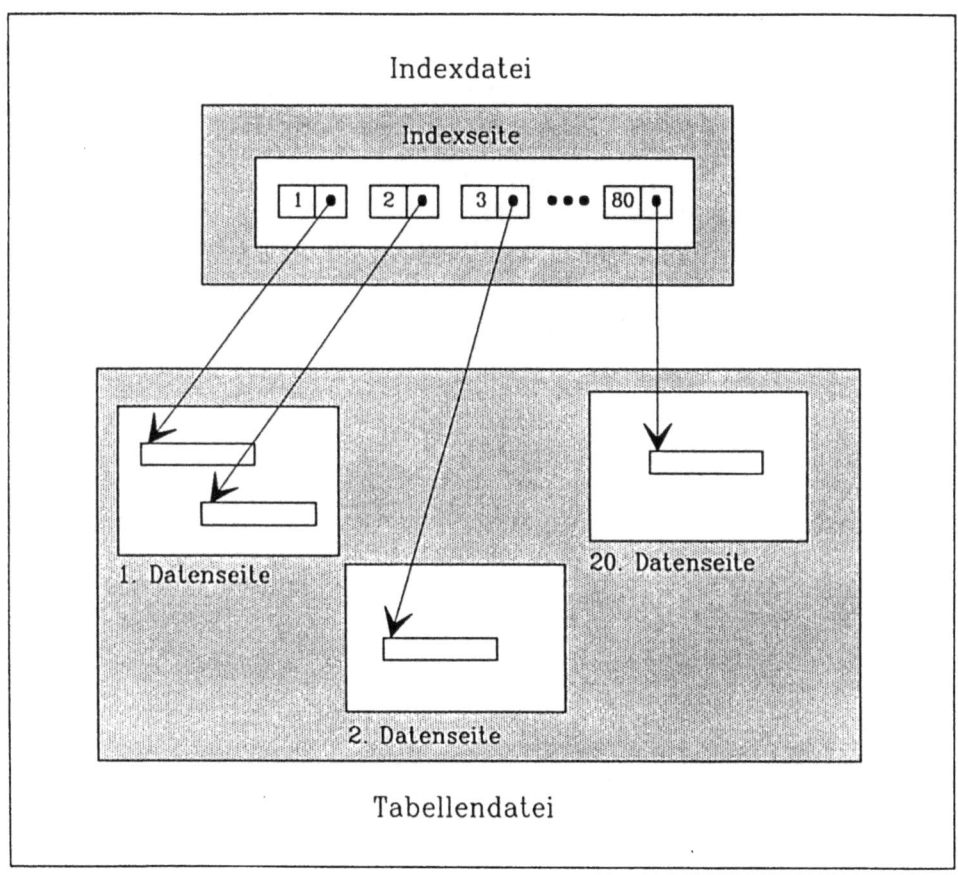

Abbildung 4.42

Der bisher betrachtete Index besteht aus einer einzigen Indexseite. Er wird als einstufiger Index bezeichnet. Irgendwann umfaßt die Tabelle AUFTRAG jedoch so viele Zeilen, daß nicht mehr alle zugehörigen Indexeinträge in einer einzigen Indexseite Platz finden. Die Indexseite muß geteilt werden (engl. index page split). Die Indexeinträge werden also auf zwei Indexseiten aufgeteilt. Gleichzeitig wird über diese beiden Indexseiten eine weitere Indexseite gesetzt. Ihre Einträge verweisen nun nicht mehr auf Datenseiten, sondern auf die Indexseiten der darunterliegenden Stufe (siehe Abbildung 4.43). Die oberste Indexseite - sie wird auch als Indexwurzel (engl. root page) bezeichnet - besitzt pro Indexseite der darunterliegenden Stufe einen Eintrag. Diese Einträge enthalten jeweils den höchsten Datenwert der Indexseite, auf die sie verweisen. Wie leicht einzusehen ist, werden bei einem zweistufigen Index drei Lesezugriffe benötigt, um für einen vorgegebenen Indexwert die zugehörige Tabellenzeile zu ermitteln.

Bei zunehmender Größe der Tabelle müssen immer wieder Indexseiten der unteren Stufe geteilt werden, da sie nicht mehr alle Einträge aufnehmen können. Mit jeder Teilung erhält die Wurzelseite einen weiteren Indexeintrag. Umfaßt die untere Stufe soviel Indexseiten, daß die Wurzelseite nicht mehr alle zugehörigen Einträge aufnehmen kann, muß die Wurzelseite erneut geteilt werden. Man hat nun einen dreistufigen Index. Indexe mit mehr als drei Stufen dürften beim Database Manager nur selten auftreten, da sich - bei moderater Schlüssellänge - mit einem dreistufiger Index bereits sehr große Tabellen indizieren lassen. Ein dreistufiger Index erfordert vier Lesezugriffe, um eine Zeile zu einem vorgegebenen Indexschlüssel zu ermitteln. Wollte man diese Zeile per Tabellenscan finden, so müßten Tausende von Datenseiten gelesen werden.

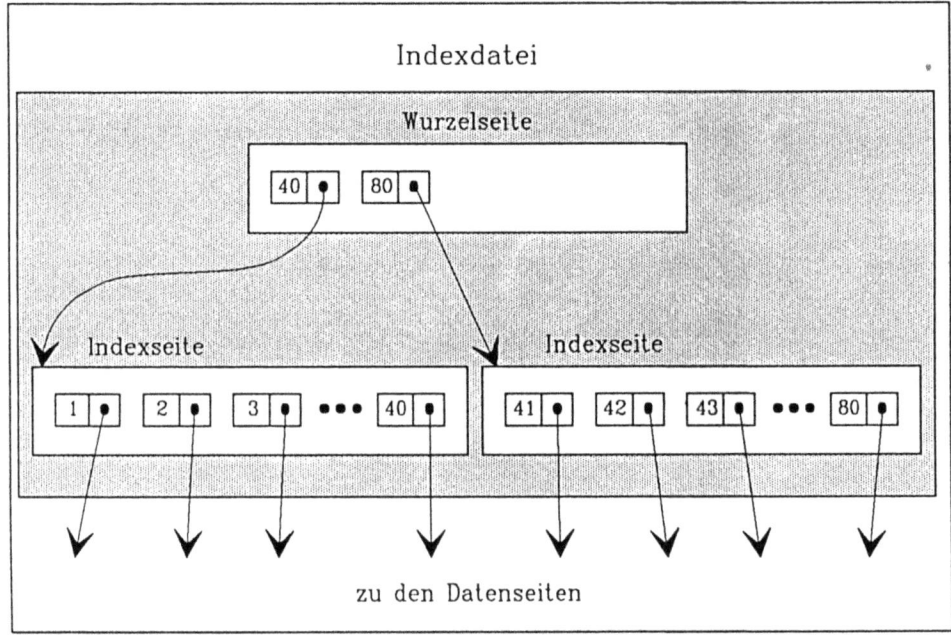

Abbildung 4.43

Bei einem Index aus mehr als zwei Stufen gibt es drei Typen von Indexseiten. Die oberste Indexseite heißt - wie bereits bekannt - Wurzelseite. Die Seiten der untersten Stufen werden als "Blätter" (engl. leaf page) bezeichnet. Die Seiten der dazwischenliegenden Stufen besitzen keine besondere Bezeichnung.

Die gesamte Indexstruktur wird als balancierter Baum (engl. B-tree) bezeichnet. Die Bezeichnung "balanciert" soll zum Ausdruck bringen, daß jedes Indexblatt die gleiche Anzahl Stufen von der Wurzel entfernt ist. Der Vorteil dieser Struktur liegt darin, daß ein Zugriff - unabhängig vom Schlüsselwert - immer dieselbe Anzahl Leseoperationen erfordert.

Für eine Tabelle kann es mehrere Indexe geben. Alle Indexe einer Tabelle werden in einer gemeinsamen OS/2-Datei abgespeichert. Indexdateien sind an der Namenserweiterung **INX** zu erkennen (vergl. DIR-Ausgabe auf Seite 393). Der vordere Teil des Dateinamens einer Indexdatei ist identisch mit dem Namen der indizierten Tabellendatei.

Beeinflussung von Änderungsoperationen

Wie wir gesehen haben, kann ein Index den Zugriff zu Tabellenzeilen wesentlich beschleunigen. Diesem Vorteil stehen jedoch auch Nachteile gegenüber.

Zum einen benötigt ein Index Speicherplatz, ohne daß hierdurch zusätzliche Informationen abgespeichert werden. Der Speicherplatzbedarf ist um so höher, je länger der Indexschlüssel und je größer die indizierte Tabelle ist.

Zum andern beeinflußt ein Index die Ausführungsgeschwindigkeit von Änderungoperationen:

- Mit jedem Einfügen einer Tabellenzeile wird von den Database Services automatisch auch der zugehörige Indexeintrag in die passende Blattseite vorgenommen. Ist die in Frage kommende Blattseite voll, wird sie geteilt. Unter Umständen führt das Einfügen einer Tabellenzeile sogar dazu, daß der Index um eine Stufe wächst.

- Wird der Indexschlüssel einer Tabellenzeile modifiziert, so wird der bestehende Indexeintrag von den Database Services gelöscht und an anderer Stelle ein neuer Eintrag vorgenommen werden.

- Beim Löschen einer Tabellenzeile verschwindet auch der zugehörige Indexeintrag.

Alle Indexe einer Tabelle werden also bei Änderungsoperationen automatisch aktualisiert; Indexe sind deshalb immer "up to date". Der Zusatzaufwand, der aus der Indexaktualisierung resultiert, ist natürlich um so höher, je mehr Indexe für eine Tabelle bestehen. Indexe sollten daher nicht leichtfertig angelegt werden. Wir werden später Kriterien für die Wahl geeigneter Indexe kennenlernen.

Indexerstellung

Zur Definition von Indexen dient die CREATE INDEX-Anweisung. Eine Indexdefinition für die Spalten N_NAME und GEB_DATUM der Tabelle MITARBEITER könnte folgendermaßen lauten:

```
CREATE INDEX MITAR_INDEX_1
   ON  MITARBEITER
      (N_NAME, GEB_DATUM)
```

Im Anschluß an die Wörter CREATE INDEX wird der Name des Indexes angegeben (MITAR_INDEX_1). Für Indexnamen gelten die gleichen Regeln wie für Tabellennamen. Auf das Wort ON folgt der Name der indizierten Tabelle. Schließlich werden in Klammern die Indexspalten - also der Indexschlüssel - festgelegt. Ein Indexschlüssel kann aus maximal 16 Spalten bestehen. Die Gesamtlänge des Indexschlüssels darf aber 255 Bytes nicht überschreiten. Es ist daher ausgeschlossen, LONG VARCHAR-Spalten in Indexen zu verwenden.

Bei der Definition der Indexspalten kann für jede Spalte die Sortierrichtung angegeben werden. ASC steht für aufsteigende Sortierung, DESC für absteigende Sortierung. Gibt man nichts an, wird standardmäßig aufsteigende Sortierung angenommen. Um eine absteigende Sortierung des Geburtsdatums zu erzielen, könnte man obige CREATE INDEX-Anweisung folgendermaßen erweitern:

```
CREATE INDEX MITAR_INDEX_1
   ON  MITARBEITER
      (N_NAME, GEB_DATUM DESC)
```

Mit Hilfe eines Indexes läßt sich sogar die Eindeutigkeit einer Spalte oder einer Spaltenkombination erzwingen. Möchte man z.B. verhindern, daß es in der Tabelle MITARBEITER mehrere Personen gleichen Nachnamens und gleichen Geburtsdatums gibt, so muß die Indexdefintion um das Wort UNIQUE erweitert werden:

```
CREATE UNIQUE INDEX MITAR_INDEX_1
   ON  MITARBEITER
      (N_NAME, GEB_DATUM DESC)
```

In der Praxis wäre dieser Index natürlich wenig sinnvoll. Die Definition eines eindeutigen Indexes ist allerdings für alternative Schlüssel zu erwägen: In manchen Fällen hat man mehrere Schlüsselkandidaten zur Verfügung, von denen

4.4 Der interne Datenbankentwurf

nur einer als Primärschlüssel auserwählt werden kann[36]. Soll jedoch auch für die übrig gebliebenen alternativen Schlüssel die Eindeutigkeit gewährleistet werden, so läßt sich dies durch entsprechende Indexdefinitionen erreichen. Doch Vorsicht: Meist muß für alternative Schlüssel der Nullwert zugelassen werden. Diese Forderung verhindert zwar nicht die Definition eines eindeutigen Indexes; der Nullwert wird im Index jedoch wie ein ganz normaler Datenwert behandelt; d.h. er darf ebenfalls nur einmal auftreten. Wegen dieses Mangels scheidet die Definition eines eindeutigen Indexes für die meisten alternativen Schlüssel leider aus.

Ein Index kann jederzeit angelegt werden. Die indizierte Tabelle muß jedoch bereits existieren. Erstellt man einen Index für eine Tabelle, die bereits Zeilen enthält, so wird er im Rahmen der Definition gleich mit Einträgen gefüllt. Handelt es sich um einen eindeutigen Index, dann werden die indizierten Spalten bezüglich der Eindeutigkeit überprüft. Die Indexerstellung wird abgebrochen, wenn mehrfache Schlüsselwerte auftreten (SQLCODE "-603").

Ein Index kann auch jederzeit wieder gelöscht werden. Hierzu gibt es die SQL-Anweisung DROP INDEX. Um obigen Index zu löschen, schreibt man:

```
DROP INDEX MITAR_INDEX_1
```

Ein Primärschlüsselindex ist auf diese Weise jedoch nicht zu löschen (SQLCODE "-669"). Er verschwindet nur dann, wenn die Primärschlüsseldefinition aufgehoben wird.

Das Ändern von Indexen ist nicht möglich. Soll eine Indexdefinition geändert werden, so ist der bisherige Index zu löschen und ein neuer anzulegen.

Indexerstellung mit dem Query Manager

Selbstverständlich können Indexe auch mit Hilfe des Query Manager definiert werden. Hierzu markiert man im Fenster "Tables and Views" die zu indizierende Tabelle (siehe Abbildung 2.13 auf Seite 22). Anschließend klickt man auf die Auswahl "Actions". Im daraufhin erscheinenden Untermenü ist der Punkt "Add index..." auszuwählen. Es öffnen sich dann nacheinander die Fenster "Add Index" und "Save Index". Dort lassen sich alle zur Definition des Indexes nötigen Angaben machen.

Das Untermenü "Actions" des Fensters "Tables and Views" bietet auch die Möglichkeit, bestehende Indexe zu löschen. Hierzu dient der Menüpunkt "Erase index...".

---

[36] Vergl. Abschnitt "Die Wahl des Entitätsschlüssels" auf Seite 309. Dort ist das Attribut KENNZEICHEN ein alternativer Schlüssel der Entität KRAFTFAHRZEUG.

Schließlich kann man sich die Definitionen existierender Indexe einer Tabelle anzeigen lassen. Zu diesem Zweck wählt man den Menüpunkt "Show index..." im Untermenü "Actions".

Indexverwendung

Wir wissen nun einiges über Aufbau und Definition von Indexen; es ist jedoch noch weithin unklar, wie Indexe einzusetzen sind.

Grundsätzlich gilt: Ob und wenn ja, in welcher Form ein Index zum Datenzugriff benutzt wird, ist Entscheidung der Database Services. Die Komponente der Database Services, die diese Entscheidung trifft, heißt "Optimierer" (engl. optimizer). Die Bezeichnung "Optimierer" soll zum Ausdruck bringen, daß dieses Programm aus den zur Verfügung stehenden Zugriffsalternativen die optimale auswählt. Mit anderen Worten: Wir können zwar Indexe anlegen. Die Verwendung dieser Indexe liegt jedoch nicht in unserer Hand.

Und das ist auch gut so! Denn nur auf diese Weise läßt sich die Datenunabhängigkeit zwischen konzeptioneller und externer Ebene einerseits und interner Ebene andererseits gewährleisten. Gäbe es eine Möglichkeit - so wie dies bei einem weitverbreiteten PC-Datenbanksystem der Fall ist -, in Programmen die Verwendung von Indexen vorzuschreiben, so würde man auf der externen Ebene auf Speicherungsformen Bezug nehmen. Eine Änderung interner Speicherungsformen hätte somit zwangsläufig auch Programmänderungen zur Folge. Die Optimierung von Speicherstrukturen wäre folglich eine arbeitsaufwendige Angelegenheit.

Nicht so beim Database Manager: Hier ist es möglich, ein lahmes Programm durch Definition eines oder mehrerer geeigneter Indexe in Schwung zu bringen. Das Programm - d.h. die EXE-Datei - bleibt dabei völlig unverändert. Man muß lediglich nach der Indexdefinition die Database Services dazu veranlassen, den Zugriffsplan des Programms neu zu erstellen[37].

Zusammenfassend läßt sich sagen: Ein Datenbanksystem wird der 3-Ebenen-Architektur nach ANSI/SPARC nur dann gerecht, wenn es eine auf der externen Ebene formulierte Zugriffsanweisung völlig selbständig in eine optimale interne Zugriffsstrategie umsetzt.

Man könnte nun fordern: Wenn der Database Manager schon eigenmächtig den Zugriffspfad festlegt, warum erstellt er dann nicht gleich die optimalen Indexe? Vielleicht wird es einmal soweit kommen. Im Moment kann der Database Manager jedoch nicht erkennen, ob eine bestimmte Zugriffsanforderung in Zukunft häufiger vorkommt oder nur einmalig auftritt. Dieses Wissen ist

---

[37] In Abschnitt 5.2 "SQL-Kompilation" wird erläutert, wie man einen Zugriffsplan ohne Precompile neu erstellen kann.

jedoch wichtig für die Entscheidung, ob sich die Definition eines Indexes lohnt.

4.4.2 Der Optimierer

Wir wollen uns zu Beginn dieses Abschnitts mit den verschiedenen Zugriffsmethoden befassen, die dem Optimierer zur Wahl stehen. Anschließend beschäftigt uns die Frage, nach welchen Kriterien sich der Optimierer für eine bestimmte Zugriffsmethode entscheidet. Hieraus werden dann im nächsten Abschnitt Empfehlungen für die geeignete Wahl von Indexen abgeleitet.

Zugriffsmethoden

Zwei Zugriffsmethoden des Optimierers haben wir bereits kennengelernt: Die eine besteht darin, eine gesamte Tabellendatei sequentiell zu lesen. Diese Methode heißt Tabellenscan. Die zweite Methode ist der gezielte Zugriff auf eine Tabellenzeile über einen Index. Da bei dieser Methode ein Index abgesucht wird, heißt sie "Indexscan". Für den Indexscan gibt es mehrere Spielarten:

Eindeutiger Index

Die ideale Einsatzform eines Indexes liegt vor, wenn es sich um einen eindeutigen Index handelt und die Abfrage für alle Spalten des Indexes Suchwerte vorgibt. Eine derartige Situation tritt unter anderem immer dann auf, wenn nach einem Primärschlüsselwert gesucht wird; z.B.:

```
SELECT * FROM AUFTRAG WHERE AUFTR_NR = 12
```

In diesem Fall wird pro Indexstufe eine Indexseite gelesen. Zusätzlich wird eine Datenseite gelesen.

Nichteindeutiger Index

Handelt es sich um einen nichteindeutigen Index, so kann es zu einem Schlüsselwert mehrere Zeilen und damit mehrere Indexeinträge geben. Betrachten wir hierzu wiederum ein Beispiel: In der Mitarbeitertabelle gäbe es einen Index über die Spalte GEB_DATUM. Die Abfrage laute:

```
SELECT * FROM MITARBEITER WHERE GEB_DATUM = '29.4.1964'
```

Das Ergebnis kann in diesem Fall aus mehreren Zeilen bestehen. Der Indexbaum wird jedoch nicht für jede Ergebniszeile erneut von der Wurzelseite abgesucht. Dies passiert nur einmal. Alle Indexeinträge zu einem Schlüsselwert befinden sich auf der Blattebene direkt hintereinander. Sie sind folglich entweder in einer Blattseite oder in aufeinander folgenden Blattseiten zu finden. Sämtliche Blattseiten sind in Sortierreihenfolge miteinander verkettet. Deshalb können die Database Services von einer Blattseite auf die nächste wechseln, ohne erneut den Baum zu durchlaufen. Für jeden Indexeintrag zum vorgegebenen Schlüssel wird die zugehörige Datenseite gelesen.

Die eben beschriebene Technik ist auch dann anwendbar, wenn nach einem Bereich von Schlüsselwerten gesucht wird; z.B.:

```
SELECT * FROM MITARBEITER
WHERE  GEB_DATUM BETWEEN '9.1.1955' AND '29.4.1964'
```

"Nonmatching" Index

Betrachten wir einen Index mit mehreren Spalten (z.B. N_NAME und GEB_DATUM). Wird nach einem Wert für eine Indexspalte gesucht, die nicht die erste Spalte des Indexes darstellt, dann ist der Indexbaum zur Suche nicht verwendbar. In diesem Fall können jedoch alle Blattseiten des Indexes nach dem fraglichen Wert durchsucht werden. Dies ist in manchen Fällen immer noch günstiger, als alle Datenseiten zu durchsuchen.

Man spricht bei der eben beschriebenen Zugriffsform von einem "nonmatching" Index, was als "nichtpassender" Index übersetzt werden könnte.

Zugriff ausschließlich auf den Index

Sind alle benötigten Tabellenspalten im Index enthalten, kann der Zugriff auf Datenseiten völlig entfallen. Mit einem Index über die Spalten N_NAME und GEB_DATUM ist es möglich, die Abfrage

```
SELECT N_NAME, GEB_DATUM FROM MITARBEITER
```

ohne Zugriff auf Datenseiten zu beantworten.

Joinmethoden

Der Join von Tabellen tritt in der Praxis häufig auf. Dies gilt insbesondere dann, wenn die Normalisierung ernst genommen wurde. Der Optimierer des

4.4 Der interne Datenbankentwurf

Database Manager kennt zwei Joinmethoden. Sie heißen "**Nested Loop Join**" und "**Merge Join**".

Beim "Nested Loop Join" wird eine der beiden zu verknüpfenden Tabellen als sogenannte "äußere Tabelle" auserwählt. In einem ersten Schritt werden alle Suchbedingungen angewandt, die sich nur auf die äußere Tabelle beziehen. Für jede Zeile der äußeren Tabelle, die diese Suchbedingungen erfüllt, werden in einem zweiten Schritt alle Zeilen der "inneren Tabelle" ermittelt, die die Joinbedingung und darüber hinaus weitere Suchbedingungen für die innere Tabelle erfüllen. Die so gefundenen Zeilen der inneren Tabelle werden jeweils mit der Zeile der äußeren Tabelle verküpft. Sowohl bei der Ermittlung der Zeilen der äußeren Tabelle als auch bei der Ermittlung zugeordneter Zeilen der inneren Tabelle können Indexe zum Einsatz kommen.

Beim "Merge Join" werden beide am Join beteiligten Tabellen parallel abgearbeitet. Hierzu ist es notwendig, daß die Tabellen bezüglich der Joinspalte(n) geordnet vorliegen. Diese Ordnung läßt sich erzielen, indem über einen Index zugegriffen wird. Ist kein passender Index vorhanden, muß die Ordnung durch eine Sortierung der Tabelle(n) erreicht werden. Der "Merge Join" zeichnet sich gegenüber dem "Nested Loop Join" dadurch aus, daß beide beteiligten Tabellen nur einmal durchsucht werden. Beim "Nested Loop Join" ist die innere Tabelle unter Umständen vielfach zu durchsuchen.

Sortierung

Nicht nur beim "Merge Join" ist eine geordnete Folge von Tabellenzeilen erforderlich. Auch die SQL-Klausel ORDER BY, GROUP BY und DISTINCT verlangen eine geordnete Zeilenreihenfolge. In manchen Fällen kann die Ordnung durch Zugriff über einen Index erreicht werden. Oftmals läßt sich jedoch die Zeilenreihenfolge nur durch eine Sortierung der Tabellenzeilen erreichen.

Statistikdaten im Systemkatalog

Die wesentliche Aufgabe des Optimierers besteht darin, die ihm zur Verfügung stehenden Zugriffsmethoden so einzusetzen, daß eine gegebene SQL-Anweisung mit geringstem Aufwand ausgeführt wird. Der Optimierer arbeitet hierbei nach einem Kostenmodell, mit dessen Hilfe die voraussichtlich zur Ausführung benötigte CPU- und I/O-Zeit errechnet wird. Derartige Kostenabschätzungen werden für mehrere alternative Zugriffspfade vorgenommen. Schließlich wählt der Optimierer den Zugriffspfad aus, der die geringsten Kosten verursacht.

Der Optimierer kann nur dann die richtige Entscheidung treffen, wenn er Kenntnisse über Tabellen- und Indexinhalte besitzt. Um den Optimierer mit solchen Informationen zu versorgen, gibt es in den Katalogtabellen eine Reihe von Spalten, die Statistikinformationen aufnehmen können. Betrachten wir diese Statistikspalten im einzelnen:

Die Katalogtabelle SYSIBM.SYSTABLES enthält folgende Statistikspalten:

Spaltenname	Datentyp	Beschreibung
CARD	INTEGER	Anzahl Zeilen der Tabelle.
NPAGES	INTEGER	Anzahl Seiten der Tabellendatei, in denen Tabellenzeilen enthalten sind.
FPAGES	INTEGER	Gesamtzahl Seiten der Tabellendatei.
OVERFLOW	INTEGER	Anzahl Zeilen, die - weil sie länger wurden - in eine andere Seite verlagert werden mußten.

Tabelle 4.5

Die Statistikspalten der Tabelle SYSIBM.SYSTABLES geben dem Optimierer also Auskunft über die Größe einer Tabelle und die Größe der zugehörigen Tabellendatei. Die Werte NPAGES und FPAGES können sich unterscheiden, wenn aus bestimmten Datenseiten alle Zeilen gelöscht wurden. Wie bereits erwähnt, bleiben solche leeren Seiten in der Datei weiterhin enthalten.

Auf die Bedeutung der Spalte OVERFLOW werden wir im Abschnitt 4.4.4 "Tabellenreorganisation" näher zu sprechen kommen.

Die Katalogtabelle SYSIBM.SYSCOLUMNS enthält ebenfalls Spalten mit Statistikinformationen. Es handelt sich um folgende Spalten:

Spaltenname	Datentyp	Beschreibung
COLCARD	INTEGER	Anzahl unterschiedlicher Datenwerte innerhalb der Spalte.
HIGH2KEY	VARCHAR(16)	Zweitgrößter Datenwert der Spalte.
LOW2KEY	VARCHAR(16)	Zweitkleinster Datenwert der Spalte.
AVGCOLLEN	INTEGER	Durchschnittliche Spaltenlänge.

Tabelle 4.6

4.4 Der interne Datenbankentwurf

Anhand der Inhalte von COLCARD, HIGH2KEY und LOW2KEY macht sich der Optimierer ein Bild über die Werteverteilung einer Spalte. Er geht davon aus, daß die Spaltenwerte gleichmäßig über den Bereich von LOW2KEY bis HIGH2KEY verteilt sind. Diese Annahme kann in Fällen, in denen keine Gleichverteilung vorliegt (z.B. Blutgruppen), zu falschen Entscheidungen des Optimierers führen. Es mag verwundern, warum nicht der größte und kleinste Datenwert registriert wird. Die Verwendung des zweitgrößten bzw. zweitkleinsten Spaltenwertes soll verhindern, daß "Ausreißer" das Verteilungsbild verfälschen.

Der Inhalt von AVGCOLLEN ist nur für VARCHAR-Spalten interessant, da deren Länge variieren kann (für LONG VARCHAR-Spalten werden keine Statistikdaten geführt).

Betrachten wir nun die letzte Katalogtabelle mit Statistikinformationen. Es ist die Tabelle SYSIBM.SYSINDEXES; sie enthält für jeden Index der Datenbank eine Zeile. Mit der Tabelle SYSIBM.SYSINDEXES haben wir uns bisher noch nicht beschäftigt. In der folgenden Tabelle sind daher nicht nur die Statistikspalten von SYSIBM.SYSINDEXES aufgeführt, sondern alle Spalten dieser Katalogtabelle:

Spaltenname	Datentyp	Beschreibung
NAME	VARCHAR(18)	Indexname (ohne Qualifizierung).
CREATOR	CHAR(8)	Indexqualifizierung.
TBNAME	VARCHAR(18)	Name der indizierten Tabelle.
TBCREATOR	CHAR(8)	Qualifizierung der indizierten Tabelle.
COLNAMES	VARCHAR(320)	Liste aller Indexspalten mit vorangestelltem + oder - zur Kennzeichnung auf- bzw. absteigender Sortierung.
UNIQUERULE	CHAR(1)	D = Mehrfacheinträge erlaubt, U = Eindeutiger Index, P = Index für Primärschlüssel.
COLCOUNT	SMALLINT	Anzahl Spalten im Indexschlüssel.

Tabelle 4.7 (Teil 1)

Spaltenname	Datentyp	Beschreibung
IID	SMALLINT	Interne Indexidentifizierung.
NLEAF	INTEGER	Anzahl Blattseiten.
NLEVELS	SMALLINT	Anzahl Indexstufen.
FIRSTKEYCARD	INTEGER	Anzahl unterschiedlicher Werte der ersten Indexspalte.
FULLKEYCARD	INTEGER	Anzahl unterschiedlicher Werte des gesamten Indexes.
CLUSTERRATIO	SMALLINT	Dieser Wert gibt an, in welchem Maß die Zeilenreihenfolge in der Tabellendatei mit der Indexfolge übereinstimmt (in Prozent).

Tabelle 4.7 (Teil 2)

Die Spalten NLEAF, NLEVELS, FIRSTKEYCARD, FULLKEYCARD und CLUSTERRATIO sind Statistikspalten, die vom Optimierer zur Entscheidung herangezogen werden, ob und in welcher Form ein Index zum Zugriff benutzt wird. Insbesondere die Spalte CLUSTERRATIO spielt eine wichtige Rolle. Wir werden hierauf zurückkommen.

Ermitteln von Statistikwerten

Die Statistikspalten der Katalogtabellen werden nicht automatisch mit Statistikdaten gefüllt. Standardmäßig enthalten diese Spalten den Wert "-1". Um sie mit echten Statistikdaten zu versehen, ist das Hilfsprogramm **RUNSTATS** (Abkürzung von "run statistics"; zu deutsch "Statistiken erstellen") aufzurufen. RUNSTATS kann auf zweierlei Weise gestartet werden:

1. Mit Hilfe des Query Manager,

2. durch Aufruf einer Database Manager-Funktion.

Um RUNSTATS vom Query Manager aus zu starten, ist im Fenster "Tables and Views" (siehe Abbildung 2.13 auf Seite 22) die Tabelle zu markieren, für die oder für deren Indexe Statistikwerte ermittelt werden sollen. Anschließend klickt man auf die Auswahl "Tools" und die Unterauswahl "Run statistics...". Im daraufhin erscheinenden Fenster "Run Statistics" ist wählbar, ob man Statistiken für die Tabelle, für ihre Indexe oder für beides erstellen möchte.

4.4 Der interne Datenbankentwurf

Soll die Statistikerstellung programmgesteuert erfolgen, so steht hierfür die Database Manager-Funktion "sqlustat" zur Verfügung. In der Includedatei SQLUTIL.H besitzt sie den Prototyp:

```
int sqlustat (unsigned char[28],    /* table name  */
              unsigned int,          /* nbr indexes */
              unsigned char *[],     /* indexlist   */
              unsigned char,         /* statsopt    */
              unsigned char,         /* sharelvl    */
              struct sqlca *);       /* SQLCA       */
```

Gibt man für den Parameter "nbr indexes" den Wert Null an, werden Statistiken für alle Indexe der Tabelle erstellt. Gibt man hingegen einen Wert größer Null an, dann müssen entsprechend viele Pointer des Arrays "indexlist" auf char-Arrays mit den Namen der Indexe verweisen, für die Statistikwerte zu ermitteln sind.

Zur Versorgung der Parameter "statsopt" und "sharelvl" enthält SQLUTIL.H folgende Symbole:

```
/* Parameters for RUNSTATS */
#define   SQL_STATS_TABLE    'T'    /* statsopt = Tabelle ohne Indexe */
#define   SQL_STATS_BOTH     'B'    /* statsopt = Tabelle und Indexe  */
#define   SQL_STATS_INDEX    'I'    /* statsopt = Nur Indexe          */
#define   SQL_STATS_REF      'R'    /* sharelvl = Nur Lesen           */
#define   SQL_STATS_CHG      'C'    /* sharelvl = Ändern              */
```

Die Option SQL_STATS_REF führt dazu, daß andere Benutzer während des RUNSTATS-Laufs nur lesend auf die Tabelle zugreifen können. SQL_STATS_CHG erlaubt hingegen auch ändernden Zugriff parallel zum RUNSTATS-Lauf.

Das folgende Programm ALLESTAT.SQC veranschaulicht die Anwendung der Funktion "sqlustat". Es aktualisiert die Statistikwerte aller Tabellen und Indexe einer Datenbank (4). Systemkatalogtabellen und deren Indexe müssen jedoch von der Statistikermittlung ausgeschlossen werden (3). Damit sich das Programm für verschiedene Datenbanken verwenden läßt, ist der Datenbankname beim Aufruf als Parameter anzugeben (siehe Zeilen (1) und (2)); z.B.:

ALLESTAT UEBUNG

Allerdings muß in jeder Datenbank, deren Statistikdaten mittels ALLESTAT.SQC aktualisiert werden sollen, ein Zugriffsplan für dieses Programm existieren. Fehlt der Zugriffsplan, so führt die erste ausführbare SQL-Anweisung auf einen SQLCODE "-805". Im Abschnitt 5.2 "SQL-Kompilation" wer-

den wir erfahren, wie man zu einem Programm Zugriffspläne in mehreren
Datenbanken erstellen kann.

```
#include <stdlib.h>
#include <stdio.h>
#include <string.h>
#include <sqlenv.h>
#include <sqlutil.h>
#include "dbm.h"

EXEC SQL INCLUDE SQLCA;

main(int argc, char *argv[])                                         /* 1 */
{
  EXEC SQL BEGIN DECLARE SECTION;
    char name[19], creator[9];
  EXEC SQL END DECLARE SECTION;

  char table_name[28], *pos;

  initdbm(argv[1], SQL_USE_SHR, &sqlca);                             /* 2 */
  EXEC SQL DECLARE SYSTABLES_LES CURSOR FOR
           SELECT NAME, CREATOR FROM SYSIBM.SYSTABLES
           WHERE TYPE = 'T' AND CREATOR <> 'SYSIBM';                 /* 3 */
  EXEC SQL OPEN SYSTABLES_LES;
  if (SQLCODE < 0) fehler("OPEN SYSTABLES_LES", &sqlca);

  while (SQLCODE != 100)
    {
      EXEC SQL FETCH SYSTABLES_LES INTO  :name, :creator;
      if (SQLCODE < 0) fehler("FETCH SYSTABLES_LES", &sqlca);

      if (SQLCODE != 100)
        {
          /* Tabellenqualifizierung "creator" von 8 Stellen
             auf tatsächliche Länge verkürzen */
          if ((pos = strchr(creator, ' ')) != NULL) *pos = '\0';
          strcpy(table_name, creator);
          strcat(table_name, ".");
          strcat(table_name, name);

          printf("Statistik für %s wird ermittelt.\n", table_name);

          sqlustat(table_name, 0, NULL, SQL_STATS_BOTH,              /* 4 */
                   SQL_STATS_CHG, &sqlca);
```

```
            if (SQLCODE) fehler("Aufruf von sqlustat", &sqlca);
        }
    }
    EXEC SQL CLOSE SYSTABLES_LES;
    if (SQLCODE < 0) fehler("CLOSE SYSTABLES_LES", &sqlca);

    sqlestpd(&sqlca);
    return(0);
}
```

ALLESTAT.SQC

Das Ermitteln von Statistikwerten für alle Tabellen und Indexe einer Datenbank (z.B. mittels ALLESTAT.SQC) ist dringend zu empfehlen. Nur mit zutreffenden Statistikwerten hat der Optimierer eine Chance, richtige Entscheidungen zu treffen. Tabellen, die starken Änderungen unterworfen sind, erfordern eine regelmäßige Wiederholung des RUNSTATS-Laufs.

Um einem Mißverständnis vorzubeugen: Trifft der Optimierer eine falsche Entscheidung (z.B. weil keine Statistikwerte vorliegen), so bedeutet dies nicht, daß die SQL-Anweisung fehlerhaft ausgeführt wird. Eine Fehlentscheidung des Optimierers beeinflußt lediglich die Ausführungsdauer einer SQL-Anweisung, nicht deren Ergebnis.

Arbeitsweise des Optimierers

Die exakte Arbeitweise des Optimierers ist ein Betriebsgeheimnis der IBM. Da der Optimierer ständig weiterentwickelt wird, ändert sie sich darüber hinaus mit neuen Versionen des Database Manager. Im Grunde genommen könnte es uns auch gleichgültig sein, wie der Optimierer arbeitet. Hauptsache er findet immer den besten Zugriffspfad. Ein gewisser Eindruck von der "Persönlichkeit" des Optimieres ist allerdings erforderlich, da wir sonst bei der Wahl geeigneter Indexe überfordert sind.

Zwei wesentliche Aspekte des Optimierers sollen im folgenden betrachtet werden: **Filterfaktoren** und der **Ordnungsgrad von Indexen**:

Ein Filterfaktor gibt an, für welchen Teil einer Tabelle ein Prädikat voraussichtlich den Wert "Wahr" annimmt. Er besitzt den Wert "1", wenn das Prädikat für alle Zeilen der Tabelle wahr ist, und den Wert "0", wenn keine Zeile der Tabelle das Prädikat erfüllt. Filterfaktoren werden anhand der Statistikwerte berechnet.

Hierzu drei Beispiele:

Prädikat	Formel für Filterfaktor
GEHALT = 4000	1/COLCARD
GEHALT <> 4000	1 - (1/COLCARD)
GEHALT > 5000	(HIGH2KEY - 5000) / (HIGH2KEY - LOW2KEY)

Die erste der drei Formeln erklärt sich folgendermaßen: Da der Wert COLCARD angibt, wieviel unterschiedliche Werte in einer Spalte existieren (siehe Tabelle 4.6 auf Seite 446), erhält man - statistisch gesehen - CARD/COLCARD Ergebniszeilen, wenn nach einem einzelnen Spaltenwert gesucht wird. Ein Filterfaktor gibt jedoch nicht die Anzahl Ergebniszeilen, sondern den Anteil an der Gesamtzeilenzahl an. Daher ist der Wert CARD/COLCARD durch CARD zu teilen; man erhält also 1/COLCARD. Die Herleitung der verbleibenden zwei Formeln sei dem Leser überlassen.

Um zu echten Zahlenwerten zu kommen, nehmen wir folgende Statistikwerte für die Tabelle MITARBEITER an:

- NPAGES = FPAGES   = 50
- CARD   = 600
- COLCARD(GEHALT)   = 400
- HIGH2KEY(GEHALT)   = 8000
- LOW2KEY(GEHALT)   = 2000

Mit diesen Zahlen erhält man:

Prädikat	Filterfaktor
GEHALT = 4000	0,0025
GEHALT <> 4000	0,9975
GEHALT > 5000	0,5

Gibt es zur Spalte GEHALT einen Index, so stehen für die oben aufgeführten Prädikate die Methoden "Tabellenscan" und "Indexscan" zur Wahl. Welche Methode ist die günstigere?

- Für das Prädikat "GEHALT = .4000" ist ein Indexscan die optimale Methode, da der niedrige Filterfaktor erwarten läßt, daß neben den Zugriffen auf Indexseiten nur wenige Zugriffe auf Datenseiten notwendig sind.

- Aufgrund des Prädikats "GEHALT <> 4000" wird sicher kein Index zum Einsatz kommen, weil der hohe Filterfaktor darauf hindeutet, daß vermutlich alle Datenseiten gelesen werden müssen. Hier ist der Tabellenscan die günstigere Methode.

- Bei mittleren Filterfaktoren - wie im Prädikat "GEHALT > 5000" - hängt die Methodenwahl vom Ordnungsgrad (Spalte CLUSTERRATIO in SYSIBM.SYSINDEXES) des zur Verfügung stehenden Indexes ab.

Der Ordnungsgrad eines Indexes gibt an, in welchem Maße die Zeilenreihenfolge in der Tabellendatei mit der Indexreihenfolge übereinstimmt. Betrachten wir die Extreme:

Ein Ordnungsgrad von 100 Prozent sagt aus, daß die Tabellenzeilen innerhalb der Tabellendatei vollständig bezüglich des Indexschlüssels geordnet sind. Ein Ordnungsgrad von 0 Prozent bedeutet hingegen: Die Tabellenzeilen sind in der Tabellendatei bezüglich des Indexschlüssels völlig ungeordnet.

Bei einem Index mit einem Ordnungsgrad von 0 Prozent ist zu befürchten, daß aufeinanderfolgende Indexeinträge auf jeweils unterschiedliche Datenseiten zeigen. Für das Prädikat "GEHALT > 5000" sind insgesamt 300 Ergebniszeilen zu erwarten (CARD*Filterfaktor). Ein Index mit einem Ordnungsgrad von 0 Prozent führt daher voraussichtlich zu 300 Zugriffen auf Datenseiten. Da die gesamte Tabellendatei nur aus 50 Datenseiten besteht, wird somit jede Datenseite sechsmal eingelesen. Ein Tabellenscan ist in diesem Fall natürlich wesentlich günstiger. Hier wird jede Seite der Tabellendatei nur einmal gelesen.

Besitzt ein Index einen hohen Ordnungsgrad, dann steigt die Wahrscheinlichkeit, daß aufeinanderfolgende Indexeinträge auf dieselbe Datenseite verweisen. Solche Indexe können sich auch bei höheren Filterfaktoren noch als günstig erweisen. Betrachten wir einen Index für die Spalte GEHALT mit einem Ordnungsgrad von 100 Prozent. Für das Prädikat "GEHALT > 5000" sind dann nur noch 25 Zugriffe auf Datenseiten nötig (NPAGES*Filterfaktor). Hinzu kommen noch einige Zugriffe auf Indexseiten. In der Summe benötigt man jedoch weniger Zugriffe als bei einem Tabellenscan.

Bei der Behandlung von Tabellendateien haben wir gesehen, daß die Reihenfolge der Zeilen in der Tabellendatei durch SQL-Anweisungen nicht beeinflußbar ist. Insofern ist der Ordnungsgrad eines Indexes dem Zufall überlassen. Man kann allerdings durch eine Tabellenreorganisation die Zeilen einer Tabellendatei in eine bestimmte Indexreihenfolge bringen. Anschließend besitzt somit einer der Tabellenindexe einen Ordnungsgrad von 100 Prozent. Diese hundertprozentige Ordnung geht natürlich infolge von SQL-Änderungsanweisungen, die nach der Reorganisation ausgeführt werden, wieder verloren. Durch regelmäßige Reorganisation aller Tabellen läßt sich jedoch erreichen, daß jeweils ein Index pro Tabelle kontinuierlich einen hohen Ordnungsgrad behält.

4.4.3 Die Wahl geeigneter Indexe

Da - wie wir gesehen haben - Indexe auch mit Nachteilen verbunden sind (Speicherplatzbedarf, erhöhter Aufwand bei Änderungsanweisungen), sollte die Indexwahl gut überlegt werden. Glücklicherweise ist man hierbei - anders als beim konzeptionellen Datenbankentwurf - an keinen festen Zeitpunkt gebunden. Wegen der Datenunabhängigkeit zwischen interner und konzeptioneller Ebene kann ohne Risiko mit verschiedenen Indexen experimentiert werden. Folgendes zeitliche Vorgehen hat sich in der Praxis bewährt:

1. Im Anschluß an die Tabellendefinition überlegt man sich, für welche Fremdschlüssel die Erstellung von Indexen angebracht ist.
2. Die Definition weiterer Indexe und auch die Festlegung, nach welchen Indexen die Tabellendateien zu ordnen sind, erfolgt erst dann, wenn das Datenvolumen der Datenbank bekannt ist und die wichtigsten Programme geschrieben sind. Zu diesem Zeitpunkt weiß man üblicherweise, welche Programme häufig aufgerufen werden bzw. besonders kurze Antwortzeiten verlangen. Die Zugriffsanforderungen dieser Programme müssen durch Indexe optimal abgedeckt werden.

Der interne Datenbankentwurf ist insgesamt als ein dynamischer Prozeß anzusehen. Neue Programme und gestiegenes Datenvolumen können immer wieder dazu führen, daß bestehende Indexdefinitionen erweitert oder überarbeitet werden müssen.

Fremdschlüsselindexe

Betrachten wir zuerst die Indexe, deren Notwendigkeit bereits nach der Tabellendefinition erkennbar ist. Es handelt sich hierbei um Indexe für Fremdschlüssel. Bei jedem Versuch, einen Primärschlüssel zu modifizieren oder zu löschen, überprüfen die Database Services automatisch die Werte aller diesem Primärschlüssel zugeordneten Fremdschlüssel. Im schlimmsten Fall erfolgt für sämtliche abhängigen Tabellen ein Tabellenscan (obwohl diese Tabellen in der SQL-Anweisung überhaupt nicht angesprochen werden).

Ein weiterer Punkt ist zu bedenken: Fremdschlüssel stellen Beziehungen zwischen Tabellen her. Sie werden deshalb sehr häufig in Joinbedingungen benutzt.

4.4 Der interne Datenbankentwurf

Aus den beiden eben genannten Gründen sollte für den Zugriff auf Fremdschlüssel ein Index zur Verfügung stehen. Zu dieser Regel gibt es zwei Ausnahmen:

1. Bei Tabellen, die weniger als sechs Datenseiten in Anspruch nehmen, bringt ein Index keine Vorteile. Ein Tabellenscan ist hier der beste Weg.
2. Für Fremdschlüssel, die auf Wertebereichstabellen verweisen[36], ist es meist günstiger, keinen Index festzulegen. Die (ohne Index) höheren Aufwände für (seltene) Änderungen in der Wertebereichstabelle sind eher in Kauf zu nehmen als die Nachteile des Indexes.

Aber auch in anderen Fällen ist nicht immer die Definition eines Fremdschlüsselindexes notwendig. Bei einem Fremdschlüssel, der seinerseits Bestandteil eines Primärschlüssels ist, kann eventuell der Primärschlüsselindex mitbenutzt werden. Zwei Situationen sind hier zu unterscheiden:

1. **Hierarchische Beziehungen:**

   Wurde eine hierarchische Beziehung in der Weise realisiert, daß der Fremdschlüssel zur hierarchisch übergeordneten Tabelle Bestandteil des Primärschlüssels ist, dann kann der Primärschlüsselindex auch zum Zugriff auf den Fremdschlüssel verwendet werden. Voraussetzung hierfür ist allerdings, daß die Spalten dieses Fremdschlüssels den Beginn der Primärschlüsseldefinition bilden (siehe auch Abschnitt "Festlegung des Primärschlüssels" auf Seite 414).

2. **M:n-Beziehungstabellen:**

   Bei m:n-Beziehungstabellen besteht der Primärschlüssel aus zwei Fremdschlüsseln (siehe Tabelle ARBEITET_AN in Abbildung 4.24 auf Seite 352). Für den Fremdschlüssel, dessen Spalten den Anfang der Primärschlüsseldefinition bilden, ist kein weiterer Index nötig. Der zweite Fremdschlüssel, dessen Spalten am Ende der Primärschlüsseldefinition stehen, sollte jedoch einen Index erhalten.

Weitere Indexe

Wie bereits angesprochen, ist es für die Festlegung weitergehender Indexe wichtig, zu wissen, welche SQL-Anweisungen beschleunigt werden sollen. In der Praxis fallen die Programme, die nicht so flott wie erwartet laufen, ziemlich schnell auf. Durch einen CodeView-Test dieser Programme lassen sich die problematischen SQL-Anweisungen ebenfalls relativ leicht finden.

---

[36] Vergl. Abschnitt "Die Umsetzung von Wertebereichen" (Seite 402) und Abschnitt "Einsatz von Verschlüsselungen" (Seite 406).

Bei nicht programmierten Abfragen (z.B. Query Manager-Abfragen) ist die Situation etwas schwieriger. In diesem Fall muß man ermitteln, welche Abfragen von Benutzern besonders häufig gestellt werden.

Im folgenden werden einige Situationen aufgezeigt, bei denen Indexe vorteilhaft eingesetzt werden können:

Die Klauseln ORDER BY, GROUP BY und DISTINCT erfordern, daß Tabellenzeilen in einer bestimmten Reihenfolge verarbeitet werden. Dies kann erreicht werden, indem die Database Services die zu ordnenden Zeilen in eine **temporäre Ergebnistabelle** kopieren und dort sortieren. Alternativ hierzu ist es möglich, über einen Index zuzugreifen, der die geforderte Reihenfolge aufweist. Wird jedoch durch ein Prädikat der WHERE-Klausel eine starke Reduktion der Ergebnismenge erreicht, so ist eher hierfür ein Index anzubieten. Die Sortierung einer kleinen Ergebnismenge erfordert dann keinen hohen Aufwand mehr.

Manchmal ist es jedoch wichtig, die Bildung einer temporären Ergebnistabelle unbedingt zu verhindern. Betrachten wir hierzu ein Beispiel: In einem Anzeigeprogramm sollen die nächsten 20 Mitarbeiter angezeigt werden, die mehr als 4000 DM verdienen. Da die Einschränkung auf 20 Ergebniszeilen in SQL nicht formulierbar ist, muß man sich mit folgender SELECT-Anweisung begnügen:

```
DECLARE XYZ CURSOR FOR
    SELECT PERS_NR, V_NAME, ...
    FROM    MITARBEITER
    WHERE   GEHALT > 4000
    ORDER   BY GEHALT
```

Gibt es keinen Index mit hohem Ordnungsgrad für die Spalte GEHALT, dann werden sämtliche Zeilen der Tabelle MITARBEITER mit GEHALT > 4000 auf eine temporäre Ergebnistabelle kopiert und dort sortiert. Dies passiert alles im Rahmen der OPEN CURSOR-Anweisung. Es dauert somit sehr lange, bis überhaupt die erste FETCH-Anweisung zur Ausführung kommt. Außerdem werden mehrere hundert Tabellenzeilen gelesen und sortiert, obwohl nur 20 zur Anzeige kommen.

Existiert allerdings ein Index mit hohem Ordnungsgrad für die Spalte GEHALT, so wird dieser Index zum Zugriff verwendet. Im Rahmen der OPEN CURSOR-Anweisung erfolgt nun keinerlei Datenzugriff. Vielmehr werden erst durch die anschließenden FETCH-Anweisungen nur die Index- und Datenseiten gelesen, die zur Ermittlung der 20 Zeilen tatsächlich benötigt werden.

Man sieht also: Der Zeitpunkt (OPEN CURSOR oder FETCH) des Datenzugriffs hängt davon, ob eine temporäre Ergebnistabelle gebildet wird.

4.4 Der interne Datenbankentwurf

Unglücklicherweise kommt in der beschriebenen Situation ein Index nur dann zum Einsatz, wenn er einen hohen Ordnungsgrad aufweist, da der Filterfaktor des Prädikats "GEHALT > 4000" relativ hoch ist. Leider weiß der Optimierer nicht, daß tatsächlich nur 20 FETCH-Anweisungen ausgeführt werden. Bei einer derart geringen Ergebnismenge wäre selbst ein Index mit einem Ordnungsgrad von 0 Prozent noch geeignet.

Indexe zur Verarbeitung von Suchbedingungen

Ein wichtiges Einsatzgebiet für Indexe stellt die Verarbeitung von Suchbedingungen dar. Wie bereits erwähnt, spielen hier der Filterfaktor des Prädikats und der Ordnungsgrad des Indexes die wesentliche Rolle.

Betrachten wir Prädikate, die durch den Operator AND miteinander verknüpft werden. Hier können mehrspaltige Indexe immer dann eingesetzt werden, wenn die Prädikate Werte für einen zusammenhängenden Teilschlüssel des Indexes (von links beginnend) liefern. Hierzu einige Beispiele: Ein Index enthalte die Spalten (S1, S2, S3, S4). Für folgende Suchbedingungen kann der Index verwendet werden:

```
S1 = Wert1 AND S2 = Wert2 AND S3 = Wert3 AND S4 = Wert4

S1 > Wert1

S1 = Wert1 AND S2 BETWEEN Wert2 AND Wert3
```

Für folgende Suchbedingung eignet sich der Index hingegen nicht:

```
S2 = Wert1 AND S3 = Wert2
```

Suchbedingungen, deren Prädikate durch den Operator OR miteinander verbunden sind, erlauben sogar den gleichzeitigen Einsatz mehrerer Indexe. Gibt es für die Spalten GEB_DATUM und GEHALT jeweils einen Index, so können für die Suchbedingung

```
GEB_DATUM = '13.4.1956' OR GEHALT BETWEEN 5000 AND 5500
```

beide Indexe gleichzeitig benutzt werden.

Über einen Index kann auch mehrfach zugegriffen werden, wenn die indizierten Spalten in OR-verknüpften Prädikaten oder in IN-Prädikaten auftreten; z.B.:

```
GEHALT IN (4000, 5000, 6000)
```

Indexe, die nie verwendet werden

Beim Umgang mit Indexen herrscht eine gewisse Arbeitsteilung: Unsere Aufgabe ist es, Indexe anzulegen; über den Indexeinsatz entscheidet jedoch der Optimierer. Diese Arbeitsteilung kann dazu führen, daß bestimmte Indexe niemals verwendet werden, weil sie vom Optimierer immer als ungeeignet angesehen werden. Derartige Indexe haben also keinen Nutzen; die Nachteile, die Indexe allgemein mit sich bringen, treten dennoch auf (vergl. Abschnitt "Beeinflussung von Änderungsoperationen" auf Seite 439). Es ist daher wichtig, sich bereits vor der Definition eines Indexes zu überlegen, ob dieser Index überhaupt eine Chance besitzt, vom Optimierer eingesetzt zu werden.

Wie wir gesehen haben, kommen Indexe bevorzugt für Prädikate mit kleinen Filterfaktoren in Frage. Enthält ein Prädikat eine Spalte, die bezogen auf die Gesamtzeilenzahl nur wenige unterschiedliche Werte annimmt (COLCARD << CARD), so ist der Filterfaktor eines solchen Prädikats zwangsläufig hoch. Daraus folgt: Spalten mit wenigen unterschiedlichen Werten eignen sich nicht zur Indizierung. Hierzu ein Beispiel: Die Tabelle MITARBEITER enthalte eine Spalte GESCHLECHT mit den Werten "M" und "W". Wird diese Spalte in einem Prädikat verwendet, so muß der Optimierer annehmen, daß mindestens die Hälfte aller Tabellenzeilen ausgewählt werden. Ein Index für die Spalte GESCHLECHT würde daher praktisch nie benutzt.

Im übrigen gibt es eine Möglichkeit, herauszufinden, welche Indexe für SQL-Anweisungen in Programmen nicht verwendet werden. Hiermit wollen wir uns im folgenden beschäftigen.

Die Katalogtabelle SYSIBM.SYSPLANDEP

Die Katalogtabelle SYSIBM.SYSPLANDEP gibt an, von welchen Datenbankobjekten (Tabellen, Views, Indexe) ein Zugriffsplan abhängig ist (siehe Abbildung 4.41 auf Seite 424). Diese Tabelle enthält für jedes Datenbankobjekt, vom dem ein Zugriffsplan abhängt, eine Zeile. Pro Zugriffsplan können also mehrere Zeilen in SYSIBM.SYSPLANDEP auftreten. Betrachten wir die wichtigsten Spalten dieser Katalogtabelle im einzelnen:

4.4 Der interne Datenbankentwurf

Spaltenname	Datentyp	Beschreibung
BNAME	VARCHAR(18)	Unqualifizierter Name des Objekts, von dem der Zugriffsplan abhängig ist.
BCREATOR	CHAR(8)	Qualifizierung des Objekts, von dem der Zugriffsplan abhängig ist.
BTYPE	CHAR(1)	Typ des Objektes BNAME: T = Tabelle, V = View, I = Index.
DNAME	CHAR(8)	Name des abhängigen Zugriffsplans.
DCREATOR	CHAR(8)	Qualifizierung des abhängigen Zugriffsplans.

Tabelle 4.8

Möchte man alle Indexe ermitteln, die in Zugriffsplänen nicht vorkommen (d.h. für die Ausführung statischer SQL-Anweisungen nicht benutzt werden), so ist dies mit folgender Katalogabfrage möglich:

```
SELECT  CREATOR, NAME
FROM    SYSIBM.SYSINDEXES
WHERE   CREATOR <> 'SYSIBM'
EXCEPT
SELECT  BCREATOR, BNAME
FROM    SYSIBM.SYSPLANDEP
WHERE   BCREATOR <> 'SYSIBM'
AND     BTYPE    = 'I'
ORDER BY 1,2
```

Durch das Prädikat "CREATOR <> 'SYSIBM'" werden Indexe für Systemkatalogtabellen und Primärschlüsselindexe vom Ergebnis ausgeschlossen.

Wird ein Index angelegt, so hat dies auf bestehende Zugriffspläne zunächst keinen Einfluß. Damit der Optimierer den neuen Index auch für SQL-Anweisungen existierender Programme in Betracht ziehen kann, müssen die Pläne dieser Programme neu "gebunden" werden. Im Abschnitt 5.2 "SQL-Kompilation" werden wir erfahren, wie sich bestehende Zugriffspläne ohne Precompile neu binden lassen. Bevor man also mit obiger Katalogabfrage prüft, ob es Indexe gibt, die in keinem Zugriffsplan verwendet werden, sollte man sicherheitshalber folgendes tun:

1. Alle Statistikdaten der Datenbank aktualisieren
   (z.B. mittels ALLESTAT.SQC).
2. Alle Zugriffspläne der Datenbank neu binden.

Wurde lediglich ein einzelner Index erstellt, so braucht man nur solche Zugriffspläne neu zu binden, die auf die indizierte Tabelle zugreifen. Welche das sind, läßt sich mit folgender Katalogabfrage (am Beispiel der Tabelle DBMUSER.MITARBEITER) beantworten:

```
SELECT DISTINCT DCREATOR, DNAME
FROM    SYSIBM.SYSPLANDEP
WHERE   BCREATOR = 'DBMUSER'
AND     BNAME    = 'MITARBEITER'
AND     BTYPE    = 'T'
ORDER BY 1,2
```

SQL-Anweisungen optimieren

In seltenen Fällen kann es vorkommen, daß trotz der Definition geeigneter Indexe eine SQL-Anweisung nicht zufriedenstellend ausgeführt wird. Hier hilft manchmal - insbesondere bei Abfragen, die sich auf mehrere Tabellen beziehen - eine ergebnisneutrale Umformulierung der SQL-Anweisung. Bevor wir uns mit diesem Thema genauer befassen, soll allerdings eine Warnung ausgesprochen werden:

Wird bei der Formulierung von SQL-Anweisungen auf Schwächen des Optimierers Rücksicht genommen, so durchbricht man hiermit die 3-Ebenen-Architektur nach ANSI/SPARC. Man beschreibt in diesem Fall mit der SQL-Anweisung nicht nur die gewünschte Ergebnismenge, sondern nimmt in gewissem Maße Einfluß darauf, wie die Anweisung ausgeführt wird. Die bedeutendste Eigenschaft von SQL "WAS statt WIE" geht damit ein Stück weit verloren.

Welche Möglichkeiten der Optimierung von SQL-Anweisungen gibt es?

4.4 Der interne Datenbankentwurf

Beim Join von Tabellen kann dem Optimierer geholfen werden, indem man Suchbedingungen redundant angibt. Um zu ermitteln, welche Mitarbeiter an den Leistungen eines bestimmten Auftrags arbeiten, würde man üblicherweise folgende Abfrage formulieren (vergl. Abbildung 4.24 auf Seite 352):

```
DECLARE XYZ CURSOR FOR
    SELECT PERS_NR, A.LEIST_NR, BEZ, ...
    FROM   ARBEITET_AN A, LEISTUNG L
    WHERE  A.AUFTR_NR = L.AUFTR_NR
    AND    A.LEIST_NR = L.LEIST_NR
    AND    A.AUFTR_NR = :auftrag_nr
    ORDER  BY PERS_NR, A.LEIST_NR
```

Der Optimierer kann in seiner Entscheidungsfindung unterstützt werden, wenn man das Prädikat

```
AUFTR_NR = :auftrag_nr
```

zusätzlich auf die Tabelle LEISTUNG anwendet. Die Abfrage lautet dann folgendermaßen:

```
DECLARE XYZ CURSOR FOR
    SELECT PERS_NR, A.LEIST_NR, BEZ, ...
    FROM   ARBEITET_AN A, LEISTUNG L
    WHERE  A.AUFTR_NR = L.AUFTR_NR
    AND    A.LEIST_NR = L.LEIST_NR
    AND    A.AUFTR_NR = :auftrag_nr
    AND    L.AUFTR_NR = :auftrag_nr
    ORDER  BY PERS_NR, A.LEIST_NR
```

Am Ergebnis ändert sich hierdurch natürlich nichts.

Abfragen mit korrelierten Unterabfragen oder mit Unterabfragen in Verbindung mit IN lassen sich oftmals so umformulieren, daß die Unterabfrage durch einen Join ersetzt werden kann. In derartigen Fällen ist die Join-Version einer Abfrage der Version mit Unterabfrage vorzuziehen.

Denormalisierung

Läßt sich die Ausführungsdauer wichtiger Programme trotz SQL-Optimierung nicht auf ein erträgliches Maß reduzieren, so ist manchmal die Veränderung des relationalen Datenmodells der einzige Ausweg.

Zwei Maßnahmen bieten sich an:

1. **Denormalisierung:**

   Hierunter versteht man das gezielte Verletzen der Normalformen[39]. Durch Denormalisierung läßt sich die Tabellenanzahl eines Datenmodells verringern. Damit reduziert sich auch die Notwendigkeit, Tabellen mittels Joins zu verknüpfen. Zur Ausführung von Abfragen sind folglich weniger Leseoperationen nötig.

2. **Speicherung aggregierter Informationen:**

   Durch redundante Abspeicherung aggregierter Informationen (z.B. Summenwerte) lassen sich in manchen Fällen beträchtliche Einsparungen an Leseoperationen erzielen[40].

Die beiden ebengenannten Maßnahmen sind jedoch nur "in höchster Not" zu erwägen. Vor allem die Denormalisierung wird durch schwerwiegende Nachteile erkauft, die sich insbesondere bei zukünftigen Erweiterungen des Datenmodells auswirken. Man sollte daher keinesfalls prophylaktisch denormalisieren. Eine Denormalisierung ist immer erst dann vorzunehmen, wenn auf anderem Wege die geforderte Performance nicht erzielbar ist.

4.4.4 Tabellenreorganisation

Es gibt im wesentlichen drei Situationen, in denen eine Tabelle reorganisiert werden sollte. In den folgenden Abschnitten werden wir uns mit diesen Situationen im Detail befassen. Anschließend wird die Durchführung von Tabellenreorganisationen erläutert.

Massenlöschungen

Wie bereits erwähnt, wird eine Tabellendatei von den Database Services automatisch vergrößert, wenn sie zur Aufnahme neuer Zeilen nicht mehr in der Lage ist. Auf der anderen Seite wird eine Tabellendatei in Folge von SQL-Anweisungen niemals verkleinert. Wenn also aus einer Tabelle viele Zeilen gelöscht werden, entsteht in der zugehörigen Tabellendatei ungenutzter Speicherplatz. Sofern abzusehen ist, daß die Tabellengröße nicht in Kürze wieder stark ansteigt, empfiehlt es sich, eine Tabellenreorganisation durchzuführen. Hierdurch wird die Größe der Tabellendatei an die tatsächliche Tabellengröße angepaßt.

Man kann anhand der Statistikspalten NPAGES und FPAGES (siehe Tabelle 4.5 auf Seite 446) feststellen, wieviel Seiten einer Tabellendatei ungenutzt

---

[39] Vergl. Abschnitt 4.2.4 "Normalisierung" auf Seite 369 ff.
[40] Vergl. Abschnitt "Redundanz durch Datenaggregation" auf Seite 388 ff.

4.4 Der interne Datenbankentwurf

sind. Um z.B. alle Tabellen mit mehr als zehn Seiten zu ermitteln, die mindestens 30 Prozent leere Seiten enthalten, läßt sich folgende Katalogabfrage formulieren:

```
SELECT  CREATOR, NAME, FPAGES, NPAGES
FROM    SYSIBM.SYSTABLES
WHERE   TYPE   = 'T'
AND     FPAGES >= 10
AND     FPAGES-NPAGES >= 0.3*NPAGES
```

Zeilenverlagerung

Tabellenzeilen, die VARCHAR-Spalten enthalten, besitzen eine variable Länge. Wird eine Zeile durch Modifikation von VARCHAR-Spalten länger, so kann es vorkommen, daß sie in eine neue Seite verlagert werden muß, da sie in der bisherigen Seite nicht mehr unterzubringen ist.

Bei der Behandlung von Indexen haben wir gesehen, daß ein Indexeintrag jeweils aus einem Schlüsselwert und einem Pointer besteht. Der Pointer verweist hierbei auf die Position der zum Schlüsselwert gehörenden Tabellenzeile (siehe Abbildung 4.42 auf Seite 437). Wird nun eine Tabellenzeile in eine andere Datenseite verlagert, so müßten Indexeinträge, die auf diese Zeile zeigen, ebenfalls modifiziert werden, damit sie auf die neue Zeilenposition verweisen. Um derartige Indexmodifikationen zu vermeiden, arbeitet der Database Manager nach einem anderen Verfahren:

Wird eine Tabellenzeile in eine andere Datenseite verlagert, so wird an der ursprünglichen Zeilenposition ein Pointer eingetragen, der auf die neue Zeilenposition verweist (siehe Abbildung 4.44). Dadurch brauchen Indexeinträge, die auf die verlagerte Zeilen verweisen, nicht geändert zu werden. Diesem Vorteil steht allerdings auch ein Nachteil gegenüber: Weil der Index nun nicht mehr direkt auf die Position der Tabellenzeile zeigt, ist zum Zugriff auf die Tabellenzeile eine weitere Datenseite zu lesen.

Die Wirksamkeit von Indexen wird somit durch Verlagerung von Tabellenzeilen verschlechtert. Dies gilt verstärkt, wenn eine Tabellenzeile infolge mehrerer UPDATE-Anweisungen mehrfach verlagert wird. In diesem Fall baut sich zwischen der erstmaligen Zeilenposition und der aktuellen Zeilenposition eine Pointerkette auf. Um eine mehrfach verlagerte Tabellenzeile über einen Index zu ermitteln, sind folglich zusätzlich zu den Zugriffen auf Indexseiten mehrere Zugriffe auf Datenseiten nötig.

Die Verlagerung von Tabellenzeilen läßt sich mit Hilfe einer Tabellenreorganisation beseitigen. Da im Rahmen einer Reorganisation alle Indexe der Tabelle neu erstellt werden, entfällt die Notwendigkeit von Pointern innerhalb von

Datenseiten. Nach einer Reorganisation verweisen somit alle Indexeinträge der Blattseiten wieder **direkt** auf die Position der zugehörigen Zeile.

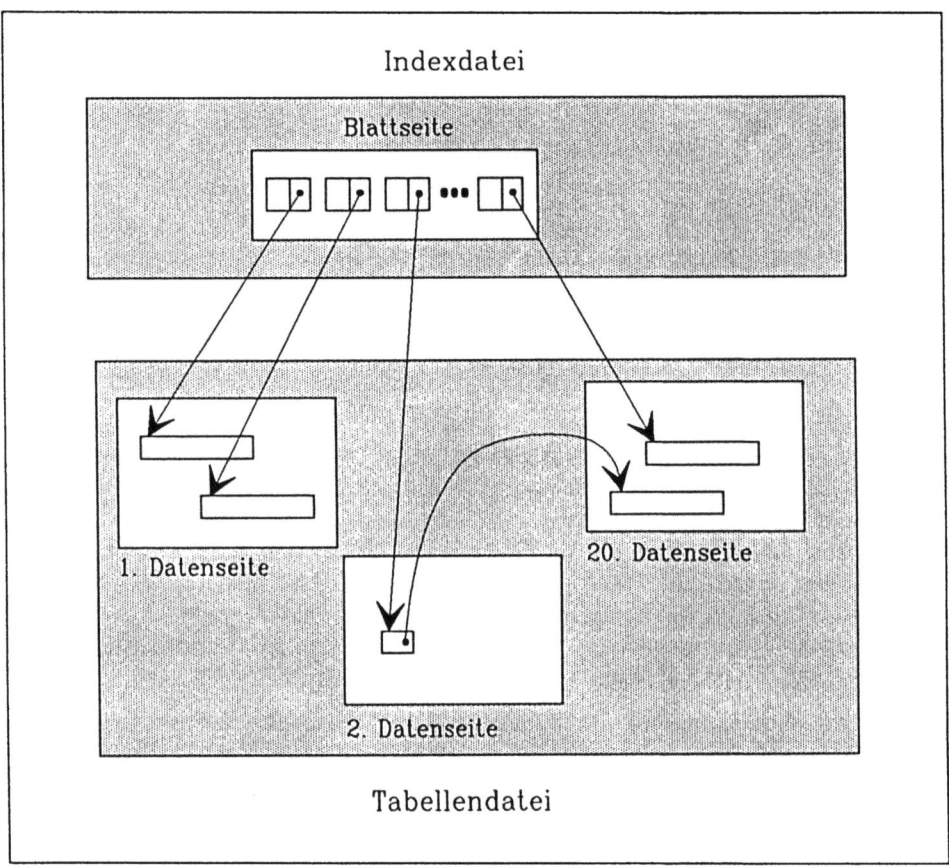

Abbildung 4.44

Wie kann man erkennen, ob eine Verlagerung von Tabellenzeilen stattgefunden hat? Auch hier gibt eine Statistikspalte des Systemkatalogs Auskunft. Es ist die Spalte OVERFLOW in der Tabelle SYSIBM.SYSTABLES (siehe Tabelle 4.5 auf Seite 446). Sie gibt an, wieviel Zeilen einer Tabelle in andere Datenseiten verlagert wurden. Möchte man alle Tabellen mit mindestens 100 Zeilen ermitteln, bei denen über 5 Prozent der Tabellenzeilen verlagert wurden, so läßt sich dies mit folgender Katalogabfrage bewerkstelligen:

```
SELECT  CREATOR, NAME, CARD, OVERFLOW
FROM    SYSIBM.SYSTABLES
WHERE   TYPE     = 'T'
AND     CARD    >= 100
AND     OVERFLOW > 0.05*CARD
```

Ordnungsgrad des "ordnenden Indexes"

Im Abschnitt "Arbeitsweise des Optimierers" (Seite 451 ff.) haben wir gesehen, daß ein Index mit hohem Ordnungsgrad auch bei ungünstigeren Filterfaktoren noch nutzbringend einsetzbar ist. Der am häufigsten verwendete Index einer Tabelle sollte daher einen hohen Ordnungsgrad (über 90 Prozent) aufweisen.

Durch eine Tabellenreorganisation ist erreichbar, daß die Speicherungsreihenfolge der Zeilen in der Tabellendatei vollständig mit der Sortierreihenfolge eines Indexes dieser Tabelle übereinstimmt. Man kann also mittels Tabellenreorganisation einem Index zu 100prozentigem Ordnungsgrad verhelfen. Da sich der Ordnungsgrad dieses Indexes durch Änderungsoperationen, die nach der Reorganisation ausgeführt werden, wieder verschlechtert, müssen Reorganisationen regelmäßig wiederholt werden. Wie weit sich der Ordnungsgrad eines Indexes vom Idealwert 100 entfernt hat, kann der Statistikspalte CLUSTERRATIO der Tabelle SYSIBM.SYSINDEXES (siehe Tabelle 4.7 auf Seite 447) entnommen werden. Weil die Zeilen in einer Tabellendatei nicht gleichzeitig mehrere Speicherungsreihenfolgen annehmen können, kann man in der Regel pro Tabelle nur einem Index zu einem hohen Ordnungsgrad verhelfen.

Wann ist eine Tabellenreorganisation durchzuführen?

Da die Reorganisation großer Tabellen durchaus einige Zeit und Prozessorkapazität in Anspruch nimmt, empfiehlt es sich, Tabellen nur dann zu reorganisieren, wenn eine Reorganisationsbedürftigkeit vorliegt. In den vorangegangenen Abschnitten wurde gezeigt, welche Statistikspalten hierzu analysiert werden müssen. Vor einer Auswertung dieser Katalogspalten sollte jedoch ein RUNSTATS-Lauf über alle Tabellen und Indexe der Datenbank durchgeführt werden (z.B. mittels ALLESTAT.SQC auf Seite 450). Hierdurch wird die Aktualität der Statistikwerte sichergestellt.

Durchführung einer Tabellenreorganisation

Eine Tabellenreorganisation kann auf zweierlei Weise ausgeführt werden:
1. Mit Hilfe des Query Manager,
2. durch Aufruf einer Database Manager-Funktion.

Benutzt man den Query Manager, so ist im Fenster "Tables and Views" die zu reorganisierende Tabelle durch Anklicken auszuwählen. Anschließend klickt man auf die Auswahl "Tools" und die Unterauswahl "Reorganize..." (vergl. Abbildung 2.13 auf Seite 22). Besitzt die angegebene Tabelle keine Indexe (d.h. auch keinen Primärschlüssel), so beginnt nun die Reorganisation ohne weitere Benutzereingaben. Die drei Punkte in der Auswahl "Reorganize..." als Kennzeichen für ein weiteres Fenster sind in diesem Fall also nicht gerechtfertigt.

Üblicherweise hat man jedoch mindestens einen Index für jede Tabelle - nämlich den automatisch erstellten Primärschlüsselindex. Sind zur ausgewählten Tabelle Indexe definiert, so erscheint nach dem Anklicken des Menüpunkts "Reorganize..." das Fenster "Reorganize". Dort kann man im Eingabefeld "Index name" den Namen des Indexes angeben, der zur Festlegung der Zeilenreihenfolge in der Tabellendatei benutzt werden soll. Der hier angegebene Index erhält also durch die Reorganisation einen Ordnungsgrad von 100 Prozent.

In vielen Fällen ist der Primärschlüsselindex der am häufigsten verwendete Index. Es bietet sich deshalb oftmals an, ihn als ordnenden Index anzugeben. Bei der Eingabe des Primärschlüssel-Indexnamens stellt sich jedoch ein Problem: Da wir diesen Index nicht selbst angelegt haben, kennen wir auch nicht seinen Namen. Hier hilft die Schaltfläche "List" im Fenster "Reorganize" weiter. Sie ermöglicht die Anzeige einer Liste aller Indexe der Tabelle (Fenster "Index Names"). Der Primärschlüsselindex ist in dieser Liste leicht zu erkennen. Sein Name beginnt mit SYSIBM.SQL. Durch Doppelklick kann ein Indexname aus dem Fenster "Index Names" in das Fenster "Reorganize" übernommen werden.

Nach erfolgter Reorganisation wird in einem weiteren Fenster die Empfehlung ausgesprochen, einen RUNSTATS-Lauf für die reorganisierte Tabelle auszuführen. Dieser Empfehlung sollte man folgen, da sich durch die Reorganisation einige Statistikwerte geändert haben (z.B. OVERFLOW).

Bei der Reorganisation größerer Tabellen kann es vorkommen, daß der Reorganisationslauf mit dem SQLCODE "-964" abbricht. In diesem Fall ist die Größe bzw. Anzahl der sogenannten "Logdateien" nicht ausreichend. Wir werden hierauf im Abschnitt 5.3 "Transaktionsverarbeitung" genauer eingehen. Um jedes Risiko auszuschließen, sollte vor der Reorganisation größerer Tabellen eine Datenbanksicherung durchgeführt werden. Wie man das macht,

4.4 Der interne Datenbankentwurf

wurde im Abschnitt "Erstellen einer Datenbanksicherung" auf Seite 210 erläutert.

Für die programmgesteuerte Tabellenreorganisation steht die Database Manager-Funktion "Reorganize table" mit dem Funktionsnamen "sqlureor" zur Verfügung. Sie besitzt in der Includedatei SQLUTIL.H folgenden Prototyp:

```
int sqlureor (unsigned char[9],      /* database  */
              unsigned char[28],     /* table name */
              unsigned char[28],     /* iname */
              unsigned char[],       /* filepath */
              struct sqlca *);       /* SQLCA */
```

Der erste Parameter von "sqlureor" gibt an, aus welcher Datenbank eine Tabelle reorganisiert werden soll. Es ist daher nicht nötig, vor der Funktion "sqlureor" die Funktion "Start using database" (Funktionsname "sqlestrd"[41]) aufzurufen. Im Gegenteil, sofern das Programm bereits eine Datenbankverbindung besitzt, so sollte diese vor dem Aufruf von "sqlureor" mittels "Stop using database" (Funktionsname "sqlestpd") beendet werden. Allerdings müssen die Database Services beim Aufruf von "sqlureor" aktiv sein.

Mit Hilfe des zweiten Parameters legt man fest, welche Tabelle reorganisiert werden soll. Der Tabellenname ist **qualifiziert** anzugeben.

Der dritte Parameter dient zur Festlegung des ordnenden Indexes. Auch dieser Name ist qualifiziert einzutragen. Man kann hier anstelle eines Indexnamens eine Zeichenkette angeben, die nur aus einem Nullterminator besteht. In diesem Fall erzeugt die Reorganisation keine definierte Zeilenreihenfolge innerhalb der Tabellendatei. Da jedoch - wie wir gesehen haben - Indexe mit hohem Ordnungsgrad erstrebenswert sind, sollte grundsätzlich ein Indexname angegeben werden.

Mit dem vierten Parameter kann man einen Dateiverzeichnispfad festlegen. Das hierdurch definierte Dateiverzeichnis wird während der Reorganisation zur Speicherung temporärer Dateien benutzt. Der Dateiverzeichnispfad ist mit dem Zeichen "\" abzuschließen. Gibt man eine leere Zeichenkette an, so werden die temporären Dateien im Datenbankverzeichnis angelegt.

---

[41] Vergl. Abschnitt "Database Manager-Funktionen" auf Seite 182.

Ablauf einer Tabellenreorganisation

Möchte man alle reorganisationsbedürftigen Tabellen einer Datenbank reorganisieren, so empfiehlt sich folgende Vorgehensweise:

1. Statistiken für alle Tabellen und Indexe der Datenbank aktualisieren (z.B. mittels ALLESTAT.SQC).

2. Anhand der Statistikspalten NPAGES, FPAGES, OVERFLOW (in SYSIBM.SYSTABLES) und CLUSTERRATIO (in SYSIBM.SYSINDEXES) ermitteln, welche Tabellen zu reorganisieren sind.

3. Tabellen reorganisieren.

4. Statistikdaten für reorganisierte Tabellen und deren Indexe aktualisieren.

5. Zugriffspläne, die auf die reorganisierten Tabellen zugreifen, neu binden (siehe Abschnitt 5.2 "SQL-Kompilation").

4.5 Der externe Datenbankentwurf

Zum Schluß dieses Kapitels beschäftigen wir uns mit der externen Ebene der 3-Ebenen-Architektur nach ANSI/SPARC. Wie man anhand Abbildung 4.1 (Seite 296) erkennen kann, spielen auf dieser Ebene Views die wesentliche Rolle.

Da das Ergebnis jeder SELECT-Anweisung wiederum Tabellenform besitzt, liegt es nahe, ein solches Ergebnis als Ausgangspunkt für weitere SQL-Anweisungen nutzbar zu machen. Dies ist zum einen dadurch möglich, daß ein Abfrageergebnis mit Hilfe der Query Manager-Aktion "Save data..." als neue eigenständige Tabelle abgespeichert wird. Eine andere Technik besteht darin, nicht das **Ergebnis** einer Abfrage zu speichern, sondern statt dessen die **Abfrage**, die das Ergebnis hervorrief.

Genau dies tut der Database Manager, wenn man eine View erstellt: Er speichert die Viewdefinition - d.h. im wesentlichen eine SELECT-Anweisung - in die Systemkatalogtabelle SYSIBM.SYSVIEWS ab[42] (siehe Abbildung 4.41 auf Seite 424).

Wenngleich Views nahezu in derselben Weise wie gewöhnliche Tabellen verwendet werden können, so unterscheiden sie sich dennoch von diesen erheblich. Während die Zeilen einer Tabelle in OS/2-Dateien gespeichert sind, gibt es bei Views keine Abspeicherung von Daten.

Im folgenden soll anhand eines Beispiels erläutert werden, wie man sich die Abarbeitung einer SQL-Anweisung auf eine View vorstellen kann. Hierzu wird eine View GROSSVERDIENER mit folgender CREATE-Anweisung erstellt:

```
CREATE VIEW GROSSVERDIENER (NN, VN)
AS
   SELECT N_NAME, V_NAME
   FROM   MITARBEITER
   WHERE  GEHALT > 4000
```

Wir besitzen nun also eine virtuelle Tabelle GROSSVERDIENER, die die Namen aller Mitarbeiter mit einem Gehalt von über 4000 DM umfaßt. Die Spalte NN enthält die Nachnamen, die Spalte VN die Vornamen dieser Mitarbeiter.

---

[42] Die Unterschiede zwischen Save data-Tabellen und Views wurden im Abschnitt 2.2.5 "Virtuelle Tabellen" (Seite 126 ff.) ausführlich erörtert.

Um alle "Großverdiener" zu finden, deren Nachnamen mit "M" beginnen, schreibt man:

```
SELECT * FROM GROSSVERDIENER
WHERE  NN LIKE 'M%'
ORDER  BY NN
```

Die Abarbeitung dieser Abfrage kann man sich folgendermaßen vorstellen:

Zuerst werden die "Großverdiener" ermittelt, indem die SELECT-Anweisung der Viewdefinition ausgeführt wird. Auf das Ergebnis dieser Abfrage wird dann die obenstehende SELECT-Anweisung angewandt. Letztlich werden die Daten somit aus der Tabelle MITARBEITER bezogen. Die eben beschriebene Verarbeitungsfolge ist allerdings nur als Gedankenmodell zu verstehen. Der Optimierer wird in der Regel eine effektive Form der Ausführung finden.

Bevor wir uns mit der Frage beschäftigen, wie sich Views zur Realisierung der externen Ebene einsetzen lassen, sollen die SQL-Anweisungen zum Erstellen und Löschen von Views näher betrachtet werden.

Die Anweisung CREATE VIEW

Die allgemeine Form der CREATE VIEW-Anweisung lautet:

```
CREATE VIEW Viewname (Spaltenliste)
AS
   SELECT-Anweisung
   WITH CHECK OPTION
```

Betrachten wir die einzelnen Elemente der CREATE VIEW-Anweisung:

Für die Benennung einer View gelten dieselben Regeln wie für Tabellennamen (siehe Abschnitt "Festlegung des Tabellennamens" auf Seite 398). Die Angabe einer Liste von Spaltennamen im Anschluß an den Viewnamen ist nur dann erforderlich, wenn die SELECT-Anweisung nicht für alle Ergebnisspalten Spaltennamen liefert (z.B. weil in der Spaltenliste der SELECT-Anweisung Gruppenfunktionen auftreten) bzw. wenn Spaltennamen mehrfach vorkommen. Auch in Fällen, die keine Spaltenliste erfordern, ist es möglich, eine Spaltenliste anzugeben (siehe Spalten NN und VN in der View GROSSVERDIENER). Läßt man die Spaltenliste weg, so werden die Spaltennamen der zugrundeliegenden Abfrage übernommen.

4.5 Der externe Datenbankentwurf

So besitzt die View

```
CREATE VIEW GROSSVERDIENER_1
AS
   SELECT  N_NAME, V_NAME
   FROM    MITARBEITER
   WHERE   GEHALT > 4000
```

die Spalten N_NAME und V_NAME.

Auf das Schlüsselwort AS folgt eine SELECT-Anweisung, die als eigentliche Definition der View anzusehen ist. Bis auf eine Ausnahme lassen sich hier alle Möglichkeiten nutzen, die im Kapitel 2 für SELECT-Anweisungen beschrieben wurden. Nicht angebbar ist die ORDER BY-Klausel. Dies mag auf den ersten Blick wie eine Einschränkung aussehen; bei näherer Betrachtung zeigt sich jedoch, daß die ORDER BY-Klausel in einer CREATE VIEW-Anweisung dem relationalen Datenmodell widersprechen würde. Denn wie eine gewöhnliche Tabelle weist auch eine View keine definierte Zeilenreihenfolge auf.

Die Angabe "WITH CHECK OPTION" in der CREATE VIEW-Anweisung ist optional. Wir werden später auf diese Klausel zurückkommen.

Reine Leseviews

Welche SQL-Anweisungen auf eine View ausgeführt werden können, hängt von der Formulierung der SELECT-Anweisung in der Viewdefinition ab. Man unterscheidet "reine Leseviews" (engl. read only view), für die nur SELECT-Anweisungen zulässig sind, und änderbare Views (engl. updatable view), auf die darüber hinaus INSERT-, UPDATE- und DELETE-Anweisungen angewandt werden können.

Eine reine Leseview liegt vor, wenn die Hauptabfrage[43] der Viewdefinition eines der folgenden Elemente aufweist:

- Eine FROM-Klausel mit mehr als einer Tabelle oder View,
- eine reine Leseview in der FROM-Klausel,
- die Angabe von DISTINCT,
- eine GROUP BY-Klausel,
- eine HAVING-Klausel,
- eine Gruppenfunktion in der Spaltenliste,

---

[43] Die SELECT-Anweisung innerhalb einer CREATE VIEW-Anweisung kann Unterabfragen enthalten. Die oben aufgeführten Kriterien beziehen sich auf die Hauptabfrage.

- eine Unterabfrage, die sich auf dieselbe Tabelle oder View bezieht, wie die Hauptabfrage,
- einen Mengenoperator (UNION, INSERSECT oder EXCEPT).

Damit eine View für INSERT-Anweisungen einsetzbar ist, muß zusätzlich gewährleistet sein, daß ihre Spaltenliste alle NOT NULL-Spalten der zugrundeliegenden Tabelle enthält.

Die Klausel WITH CHECK OPTION

Besitzt eine änderbare View eine WHERE-Klausel, so kann es sinnvoll sein, zusätzlich die Klausel WITH CHECK OPTION anzugeben. Hierdurch wird bei INSERT- oder UPDATE-Anweisungen überprüft, ob die Änderung die WHERE-Klausel erfüllt. Läßt man die WITH CHECK OPTION-Klausel weg, erfolgt keine derartige Überprüfung; es kann dann passieren, daß eine über eine View eingefügte Zeile bei einer anschließenden Abfrage ohne WHERE-Klausel auf dieselbe View nicht angezeigt wird (da sie die WHERE-Klausel der Viewdefinition nicht erfüllt).

Löschen einer View

Wie bei allen Datenbankobjekten erfolgt auch das Löschen einer View mit einer DROP-Anweisung. Sie lautet:

```
DROP VIEW Viewname
```

z.B.:

```
DROP VIEW GROSSVERDIENER
```

oder

```
DROP VIEW DBMUSER.GROSSVERDIENER
```

Datenunabhängigkeit durch Views

Der CASE-Experte James Martin hat den Nutzen der externen Ebene folgendermaßen zusammengefaßt: "Jeder Programmierer hat seine eigene logische Datenstruktur und kann in glücklicher Unkenntnis darüber, wie die Daten wirklich organisiert sind, die Anwendung schreiben. Wenn sich die Datenorganisation ändert, dann bleiben die alten Programme dennoch lauffähig."

4.5 Der externe Datenbankentwurf

Im weiteren wollen wir diese Aussage anhand eines konkreten Beispiels nachvollziehen; d.h. es soll gezeigt werden, wie sich der konzeptionelle Datenbankentwurf ändern läßt, ohne daß hierdurch bestehende Sichten verloren gehen. Wir beginnen die Betrachtung mit der Tabelle KURS (siehe Abbildung 4.33 auf Seite 379), die gegenüber dem bisherigen Datenmodell eine zusätzliche Spalte INSTITUT besitzt (um Mißverständnissen vorzubeugen: die zusätzliche Spalte INSTITUT stellt noch nicht die Datenbankänderung dar, die hier betrachtet werden soll). Die Tabelle KURS wird also durch folgende CREATE TABLE-Anweisung definiert:

```
CREATE TABLE     KURS
   (KURS_NR      SMALLINT       NOT NULL PRIMARY KEY,
    BEZ          VARCHAR(30)    NOT NULL,
    DAUER        SMALLINT,
    INSTITUT     VARCHAR(30)    NOT NULL)
```

Ohne Kenntnis von der 3-Ebenen-Architektur nach ANSI/SPARC würde man Programme und (Query Manager-)Benutzer direkt auf diese Tabelle zugreifen lassen. Um jedoch die externe Ebene von der konzeptionellen Ebene unabhängig zu machen, müssen für den Datenzugriff Views eingerichtet werden. Nehmen wir an, in einem Programm sollen ausschließlich Daten aus der Tabelle KURS verarbeitet werden. In diesem Fall entspricht die Tabelle KURS zufällig der benötigten externen Sicht. Wie wir gleich sehen werden, ist es selbst in einer solchen Situation wichtig, mit einer View zu arbeiten.

Wir definieren also eine View V_KURS, die strukturell mit der Tabelle KURS übereinstimmt:

```
CREATE VIEW V_KURS
AS
   SELECT KURS_NR, BEZ, DAUER, INSTITUT
   FROM   KURS
```

Diese View wird nun innerhalb von Programmen und von Query Manager-Benutzern zum Zugriff auf Kursdaten verwendet. Mittels Zugriffsschutzfunktionen[44] läßt sich verhindern, daß Benutzer direkt auf die Tabelle KURS zugreifen.

Zu einem späteren Zeitpunkt - nachdem also bereits einige Programme geschrieben wurden, die Kursdaten verarbeiten - soll der konzeptionelle Datenbankentwurf erweitert werden. Hierbei sei vorgesehen, zukünftig nicht nur die Namen von Kursinstituten zu speichern, sondern darüber hinaus weitere Institutsdaten, wie z.B. Adresse. Aus Normalisierungsgründen wird die

---

[44] Siehe Abschnitt 5.6 "Zugriffsschutz".

Einrichtung einer neuen Tabelle INSTITUT erforderlich. Da sich der Institutsname nicht besonders gut als Primärschlüssel für diese Tabelle eignet, wird ein künstlicher Primärschlüssel INST_NR eingeführt. Die Beziehung zwischen den Tabellen INSTITUT und KURS kommt zustande, indem das Attribut INST_NR als Fremdschlüssel in die Tabelle KURS aufgenommen wird. Im Gegenzug wandert die bisher dort vorhandene Spalte INSTITUT in die neue Tabelle INSTITUT und erhält den Namen BEZ. Es ergeben sich also folgende CREATE TABLE-Anweisungen[45]:

```
CREATE TABLE    INSTITUT
   (INST_NR     SMALLINT      NOT NULL PRIMARY KEY,
    BEZ         VARCHAR(30)   NOT NULL,
    PLZ         CHAR(5),
    ORT         VARCHAR(15),
    STRASSE     VARCHAR(30))

CREATE TABLE    KURS
   (KURS_NR     SMALLINT      NOT NULL PRIMARY KEY,
    BEZ         VARCHAR(30)   NOT NULL,
    DAUER       SMALLINT,
    INST_NR     SMALLINT      NOT NULL
      VERANST   REFERENCES    INSTITUT)
```

Um die existierende Sicht auf die Kursdaten unverändert aufrechtzuerhalten, ist die View V_KURS neu zu erstellen; d.h. die Abbildung zwischen konzeptioneller und externer Ebene muß geändert werden. Dies geschieht durch folgende Neudefinition der View V_KURS:

```
CREATE VIEW V_KURS (KURS_NR, BEZ, DAUER, INSTITUT)
AS
   SELECT KURS_NR, K.BEZ, DAUER, I.BEZ
   FROM   KURS K, INSTITUT I
   WHERE  K.INST_NR = I.INST_NR
```

Man sieht also: Das konzeptionelle Datenbankmodell läßt sich ändern, ohne daß hierdurch externe Sichten berührt werden. Diese Datenunabhängigkeit macht sich vor allem dann bezahlt, wenn viele Programme für eine Datenbank existieren. Würde man innerhalb dieser Programme anstatt auf Views direkt

---

[45] Die Änderung der Tabelle KURS kann nicht mittels ALTER TABLE vorgenommen werden, da ALTER TABLE das Entfernen von Spalten nicht erlaubt. Die Tabelle KURS muß also mit DROP TABLE gelöscht und mit obiger CREATE TABLE-Anweisung neu angelegt werden. Vor dem Löschen der Tabelle KURS sollten die Kursdaten in eine Hilfstabelle gesichert werden (z.B. mittels "Save data..."). Nach dem Neuerstellen von KURS können sie durch eine geschickt formulierte INSERT-Anweisung wieder zurückkopiert werden.

4.5 Der externe Datenbankentwurf

auf Tabellen zugreifen, so würde eine Datenbankänderung eine Vielzahl von Programmänderungen nach sich ziehen.

Grenzen der Datenunabhängigkeit

Die soeben erfolgreich durchexerzierte Datenbankänderung darf nicht über die Grenzen der Datenunabhängigkeit hinwegtäuschen. So ist es zwar möglich, die View V_KURS unverändert aufrechtzuerhalten; jedoch hat die "Qualität" dieser View durch die Erweiterung des konzeptionellen Modells gelitten. Vor der Datenbankerweiterung war V_KURS eine änderbare View; nach der Erweiterung ist V_KURS nur noch eine reine Leseview, da sie sich jetzt auf zwei Tabellen bezieht. D.h. Programme, die auf die View V_KURS Änderungsanweisungen ausführen, funktionieren mit der neuen Version von V_KURS nicht mehr. Für derartige Programme schlägt somit die Änderung auf der konzeptionellen Ebene bis auf die externe Ebene durch.

Insgesamt lassen sich Änderungen des konzeptionellen Datenmodells bezüglich ihrer Auswirkungen in drei Klassen einteilen:

1. **Keine Auswirkungen:**

   Das Erweitern bestehender Tabellen um zusätzliche Spalten bzw. das Erweitern des konzeptionellen Datenmodells um zusätzliche Tabellen hat keine Auswirkung auf bestehende Programme. Voraussetzung hierfür ist allerdings, daß in Programmen anstelle von "SELECT *" die benötigten Spalten in der Spaltenliste explizit aufgeführt werden. Bestehende Viewdefinitionen müssen nicht geändert werden.

2. **Bestehende externe Sichten bleiben erhalten:**

   Werden Spalten in andere Tabellen verlagert, so lassen sich bestehende Sichten meist durch geänderte Viewdefinitionen erhalten (siehe obiges Beispiel). "Lesende" Programme können daher unverändert bleiben. Änderungsprogramme müssen allerdings modifiziert werden, wenn sich bestehende Views durch die neue Abbildung von änderbaren Views zu reinen Leseviews wandeln.

3. **Änderungen, die auf die externe Ebene durchschlagen:**

   Wird die Struktur von Tabellenspalten (Datentyp, Länge) verändert oder werden Tabellenspalten gelöscht, so lassen sich existierende Sichten nicht vollständig aufrechterhalten. Bei derartigen Änderungen des konzeptionellen Datenmodells müssen deshalb meist auch Programme geändert werden.

5 Aufbau des Database Manager

5.1 Systemarchitektur

Bereits im Kapitel 2 (siehe Abbildung 2.26 auf Seite 135) machten wir uns ein Bild vom Aufbau des Database Manager. Wir beschränkten uns dort allerdings auf eine Einzelplatzkonfiguration (engl. standalone configuration), bei der sich alle Datenbanken auf dem PC des Benutzers befinden. Im folgenden soll gezeigt werden, wie sich die in Abbildung 2.26 dargestellte Architektur erweitert, wenn eine Client-Server-Konfiguration vorliegt.

An einer Client-Server-Konfiguration sind mindestens zwei PCs beteiligt, die über ein lokales Netz miteinander verbunden sind. In der Regel besteht eine solche Konfiguration aus vielen Client-PCs, die im Database Manager-Sprachgebrauch als **Requester** bezeichnet werden, und wenigen Server-PCs (siehe Abbildung 5.1).

Die Requester bilden die eigentlichen Benutzerstationen des Netzes. Hier werden die Anwendungsprogramme ausgeführt. Auf den Server-PCs befinden sich die Datenbanken, auf die von mehreren Benutzern an unterschiedlichen PCs zugegriffen wird. Derartige Datenbanken werden im folgenden als "Serverdatenbanken" oder "entfernte Datenbanken" (engl. remote database) bezeichnet.

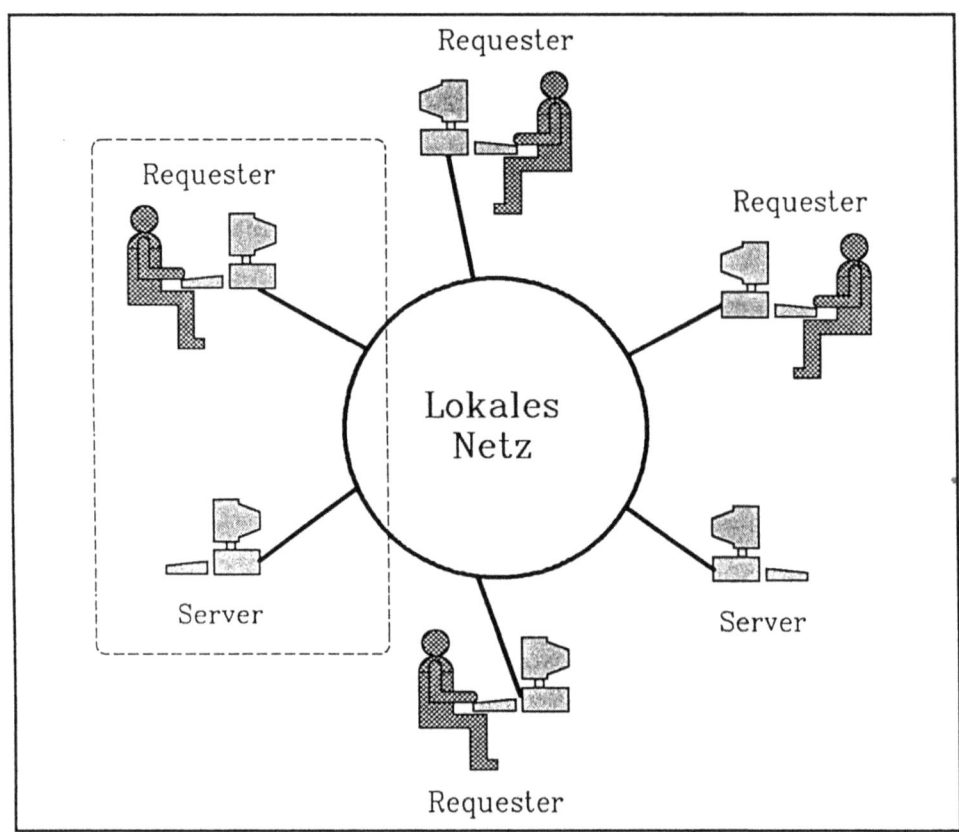

Abbildung 5.1

Für die weitere Betrachtung wollen wir uns auf den in Abbildung 5.1 gestrichelt eingezeichneten Teil des Netzes beschränken. Dieser Ausschnitt - bestehend aus einem Requester und einem Server - ist in Abbildung 5.2 detaillierter dargestellt. Der obere Teil der Abbildung enthält den Requester, der untere den Server. Verfolgen wir anhand Abbildung 5.2 den Zugriff auf eine Serverdatenbank:

Der Ablauf beginnt mit dem Aufruf eines Database Manager-Anwendungsprogramms durch den Benutzer des Requesters (Schritt 1 in Abbildung 5.2). Wie wir bereits aus Kapitel 2 wissen, ist der Query Manager im Grunde genommen auch nur ein Database Manager-Anwendungsprogramm. Er braucht also in der weiteren Betrachtung nicht gesondert behandelt zu werden.

5.1 Systemarchitektur

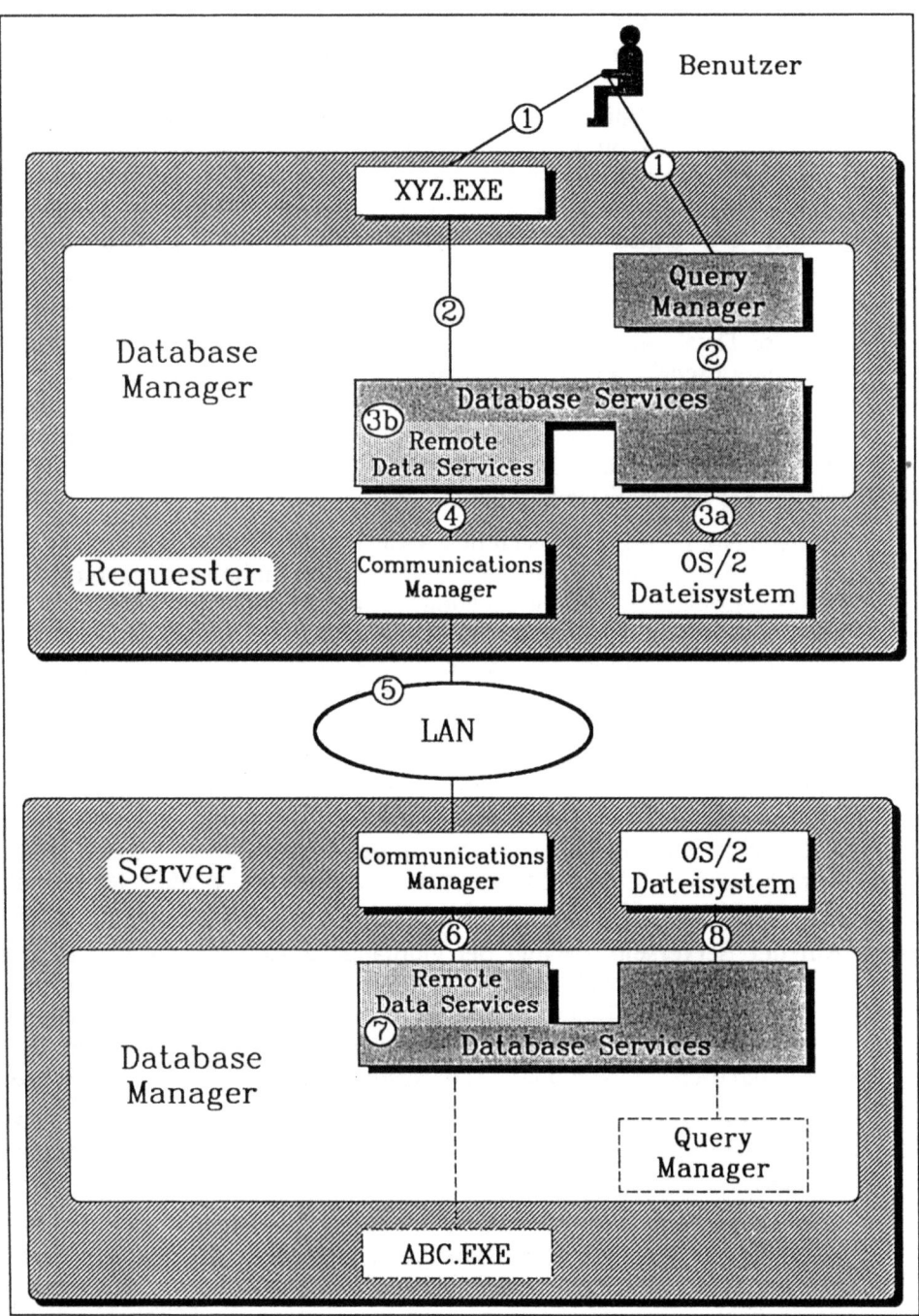

Abbildung 5.2

Nachdem das Programm XYZ.EXE (oder der Query Manager) geladen und gestartet wurde, erteilt es an die **lokalen** Database Services Aufträge in Form von SQL-Anweisungen bzw. Database-Manager-Funktionsaufrufen (Schritt 2). Die Weiterverarbeitung der empfangenen Aufträge durch die Database Services hängt nun davon ab, ob sie sich auf eine lokale oder auf eine entfernte Datenbank beziehen. Handelt es sich um einen Auftrag für eine lokale Datenbank, so wird dieser Auftrag durch die Database Services des Requesters ausgeführt. Die eigentlichen Datenbankzugriffe erfolgen dann über das lokale OS/2-Dateisystem (Schritt 3a).

Bezieht sich jedoch ein Auftrag auf eine entfernte Datenbank, so wird er innerhalb der Database Services an die Komponente "Remote Data Services" weitergeleitet (Schritt 3b). Die Remote Data Services sind ein optionaler Bestandteil der Database Services; sie haben auf der Requesterseite die Aufgabe, den Auftrag an den Server-PC zu übermitteln (unterer Teil von Abbildung 5.2). Dort existiert ebenfalls die Komponente "Remote Data Services" als Bestandteil der Server Database Services.

Wie aus Abbildung 5.2 ersichtlich wird, kommunizieren die Remote Data Services der Server- und Requesterseite nicht direkt miteinander, sondern über die OS/2-Komponente "Communications Manager" (Schritt 4 bis 6). Zur Kommunikation wird die sogenannte APPC-Schnittstelle (Advanced Program-to-Program Communication) des Communications Manager verwendet. Sie erlaubt eine Kommunikation, die vom jeweils eingesetzten Kommunikationsmedium unabhängig ist. Welche Netztypen zur Datenübertragung benutzt werden können, hängt also nicht von den Remote Data Services ab, sondern von den Leistungsmerkmalen des Communications Manager. Derzeit werden die Netzwerkprotokolle IBM Token Ring, IBM PC Network, Ethernet, SDLC und X.25 unterstützt. Bei einer Änderung des Netzwerktyps müssen lediglich die Konfigurationsprofile der beteiligten Communications Manager geändert werden. Die Remote Data Services bleiben von einer solchen Änderung unberührt.

Auf der Serverseite gelangt der empfangene Auftrag von den Remote Data Services in den verarbeitenden Teil der Database Services (Schritt 7). Dort wird er ausgeführt (unter Zuhilfenahme eines Zugriffspfads, wenn es sich um eine SQL-Anweisung handelt). Die Auftragsausführung resultiert letztlich in Dateizugriffen, die vom OS/2-Dateisystem durchgeführt werden (Schritt 8).

Eventuelle Auftragsergebnisse (bei SELECT-Anweisungen) gehen den beschriebenen Weg in umgekehrter Richtung zum Anwendungsprogramm zurück.

Wie man anhand von Abbildung 5.2 sieht, "verlängert" sich der Weg eines Auftrags für eine entfernte Datenbank gegenüber der lokalen Verarbeitung erheblich. Die Schritte 3b bis 7 sind zusätzlich auszuführen. Als Gegenwert für den erhöhten Zugriffsaufwand erhält man jedoch die Möglichkeit, Datenbanken nicht nur einem einzelnen Benutzer, sondern vielen Benutzern gleichzeitig zur Verfügung zu stellen.

Konfigurationsformen

Bereits bei der Installation der Database Services ist durch das Beantworten mehrerer Fragen die geplante Einsatzform festzulegen. Anhand der Benutzerantworten wird vom Installationsprogramm bestimmt, welcher Teilumfang der Database Manager-Software auf die Festplatte kopiert werden muß. Folgende Konfigurationsformen stehen zur Wahl:

Einzelplatzkonfiguration:

Der Zugriff ist auf lokale Datenbanken beschränkt (siehe Abbildung 2.26 auf Seite 135). Diese Konfiguration wird installiert, wenn beim Installationsvorgang auf die Frage "Will your workstation use Remote Data Services?" die Antwort "No" ausgewählt wird.

Alle folgenden Konfigurationsformen erfordern die Antwort "Yes" auf die eben genannte Frage des Installationsprogramms.

Requester ohne lokale Datenbanken:

Bei dieser Konfiguration kann nur auf entfernte Datenbanken zugegriffen werden. Lokale Datenbanken lassen sich also nicht erstellen. Ein Requester ohne lokale Datenbanken wird konfiguriert, wenn bei der Installation die Frage "Will databases be stored on this workstation" mit "No" beantwortet wird.

Requester mit lokalen Datenbanken:

Es können sowohl lokale, als auch entfernte Datenbanken benutzt werden. Die lokalen Datenbanken sind jedoch von anderen PCs nicht erreichbar. Für diese Konfiguration ist die Frage "Will databases be stored on this workstation" mit "Yes" und die anschließende Frage "Will other workstations need access to databases on your workstation" mit "No" zu beantworten.

Server:

Ein Server besitzt lokale Datenbanken, auf die von anderen PCs des Netzes (Requester) zugegriffen werden kann. Natürlich ist es auch möglich, auf Serverdatenbanken lokal zuzugreifen (siehe Programm ABC.EXE und Query Manager im unteren Teil von Abbildung 5.2). Manche Operationen, wie das Erstellen, Sichern und Wiederherstellen von Datenbanken, müssen lokal durchgeführt werden. Es empfiehlt sich daher, auch auf einem Server den Query Manager zu installieren; es sei denn, für die eben genannten Aufgaben stehen selbstgeschriebene Programme zur Verfügung (wie z.B. CREATEDB.C, Seite 394). Um eine Serverkonfiguration zu installieren, ist auf die Frage des Installationsprogramms "Will other workstations need access to databases on your workstation" mit "Yes" zu antworten.

Für den Einsatz des Database Manager in einer Client-Server-Konfiguration sind neben der korrekten Installation der Database Services weitere Konfigurationstätigkeiten auszuführen. Insbesondere müssen die zur Kommunikation erforderlichen APPC-Profile des Communications Managers eingerichtet werden. Nähere Angaben hierzu finden sich im Database Manager-Handbuch "OS/2 EE Version 1.2 Database Manager Administrator's Guide" (IBM-Bestellnummer: S01F-0267).

Datenbanklokations-Transparenz

Der Umgang mit entfernten Datenbanken unterscheidet sich nicht vom Umgang mit lokalen Datenbanken. Es ist für den Benutzer also nicht erkennbar, wo sich eine Datenbank befindet. Man sagt deshalb: Es herrscht "Lokationstransparenz" (engl. location transparency), was heißen soll: Die Lokation einer Datenbank ist für den Benutzer unsichtbar[1].

Bei der Verwendung des Query Manager äußert sich die Lokationstransparenz darin, daß alle dem Benutzer zugänglichen Datenbanken im Databases-Fenster in gleicher Weise angezeigt werden. Hier stehen also lokale und entfernte Datenbanken, nach Namen sortiert, einträchtig untereinander. Sieht man von der Datenbankerstellung, -sicherung und -wiederherstellung ab, so sind sämtliche Funktionen des Query Manager für entfernte Datenbanken in völlig gleicher Weise einsetzbar wie für lokale Datenbanken.

---

[1] Der Ausdruck "Transparenz" wird im DV-Sprachgebrauch meist im Sinne von "Unsichtbarkeit" verwendet. Im täglichen Sprachgebrauch bedeutet "Transparenz" jedoch "Durchsichtigkeit". Diese widersprüchlichen Bedeutungen des Wortes "Transparenz" führen oft zu Mißverständnissen.

Nicht nur der Begriff "Transparenz", sondern auch der Ausdruck "Lokationstransparenz" wird in unterschiedlicher Weise benutzt: Im Database Manager-Sprachgebrauch heißt "Lokationstranzparenz": Der Speicherort einer Datenbank ist für den Benutzer unsichtbar. In der Datenbankliteratur wird der Ausdruck Lokationstransparenz üblicherweise im Zusammenhang mit verteilten Datenbanken verwendet. Hier bedeutet Lokationstransparenz weit mehr als beim Database Manager: Tabellen, die an unterschiedlichen Lokationen gespeichert sind (oder sich sogar über mehrere Lokationen erstrecken), können in SQL-Anweisung in derselben Weise miteinander verknüpft werden, wie wenn sie alle lokal (in einer Datenbank) gespeichert wären.

Lokationstransparenz nützt jedoch nicht nur dem Benutzer, sondern auch dem Programmierer. Auch hier gilt: Ein Database Manager-Programm, das für eine lokale Datenbank entwickelt wurde, kann **völlig unverändert** für eine entfernte Datenbank eingesetzt werden. Lediglich einige selten benötigte Database Manager-Funktionen funktionieren für entfernte Datenbanken nicht. Alle Beispielprogramme dieses Buchs (außer CREATEDB.C) arbeiten daher auch mit entfernten Datenbanken.

5.2 SQL-Kompilation

Wie wir bereits aus Kapitel 3 (siehe Abbildung 3.3 auf Seite 185) wissen, werden statische SQL-Anweisungen im Rahmen des Precompiles in elementare Zugriffsbefehle übersetzt. Diese Zugriffsbefehle für alle SQL-Anweisungen einer Programmquelldatei (SQC-Datei) bilden einen sogenannten Zugriffsplan. Das Umwandeln von SQL-Anweisungen in elementare Zugriffsbefehle - d.h. die Erstellung eines Zugriffsplans - ist Aufgabe des Optimierers (siehe Abschnitt 4.4.2 "Der Optimierer"). Anhand der im Systemkatalog gespeicherten Statistikdaten versucht der Optimierer, für alle SQL-Anweisungen einer Programmquelle den jeweils optimalen Zugriffspfad zu finden.

Struktur des Zugriffsplans

Zugriffspläne sind in sogenannte **Sektionen** (engl. section) gegliedert. Eine Sektion enthält entweder die elementaren Zugriffsbefehle für eine einzelne ausführbare SQL-Anweisung (z.B. SELECT ... INTO, INSERT, UPDATE, DELETE) oder für eine Gruppe zusammengehörender SQL-Anweisungen (z.B. OPEN, FETCH, CLOSE).

Jede Sektion kann als eigenständiges Zugriffsmodul angesehen werden, das von den übrigen Sektionen des Plans unabhängig ist.

Abspeicherung des Zugriffsplans

Zugriffspläne werden in den Systemkatalogtabellen SYSIBM.SYSPLAN und SYSIBM.SYSSECTION gespeichert (siehe Abbildung 4.41 auf Seite 424). Die elementaren Zugriffsbefehle befinden sich in der Tabelle SYSIBM.SYSSECTION. Für jede Sektion enthält diese Tabelle eine oder mehrere Zeilen. Die Identifikation einer Sektion erfolgt über den Plannamen (Spalte PLNAME), die Planqualifizierung (Spalte PLCREATOR) und eine sogenannte **Sektionsnummer** (Spalte SECTNO). Letztere dient zur Unterscheidung der Sektionen eines Plans. Die elementaren Zugriffsbefehle selbst sind in interner, und daher nicht lesbarer Form in der Spalte SECTION der Tabelle SYSIBM.SYSSECTION enthalten.

Ausführung des Zugriffsplans

Durch den Precompilevorgang wird zum einen ein Zugriffsplan erstellt und im Systemkatalog gespeichert; zum anderen wird die Programmquelle modifiziert: Alle SQL-Anweisungen werden in C-Kommentare umgewandelt; anstelle ausführbarer SQL-Anweisungen fügt der Precompiler Funktionsaufrufe in die C-

5.2 SQL-Kompilation

Quelle ein. Mit Hilfe dieser Funktionsaufrufe erfolgt zur Programmlaufzeit die Kommunikation zwischen Anwendungsprogramm und Database Services.

Betrachten wir hierzu Abbildung 5.3. Das dort abgebildete Programm ABC.SQC enthält zwei ausführbare SQL-Anweisungen. Der zugehörige Plan DBMUSER.ABC besteht ebenfalls aus zwei Sektionen. Sektion 1 enthält die elementaren Zugriffsbefehle für die SELECT-Anweisung von ABC.SQC. Sektion 2 beinhaltet die Zugriffsbefehle für die UPDATE-Anweisung.

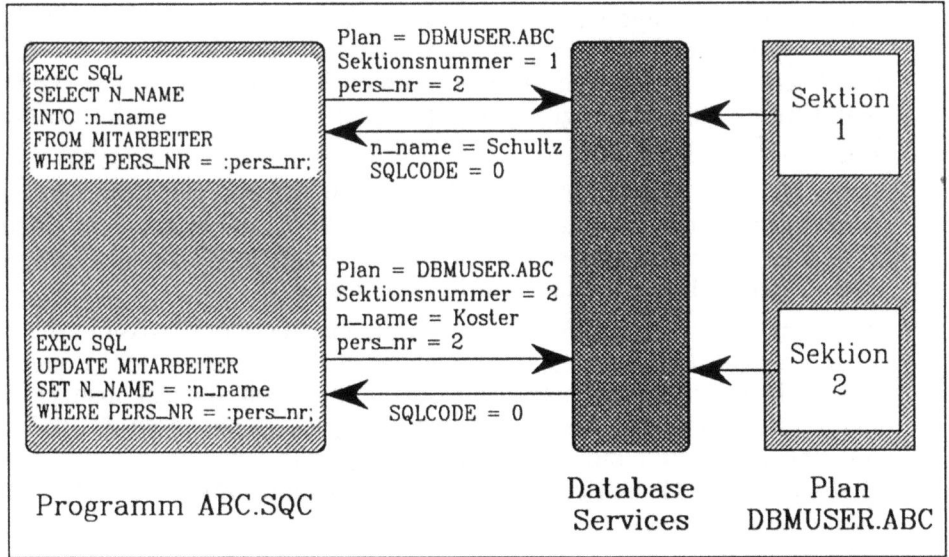

Abbildung 5.3

Die anstelle der SELECT-Anweisung vom Precompiler eingefügten Funktionsaufrufe[2] sorgen nun dafür, daß der Planname DBMUSER.ABC, die Sektionsnummer "1" und der Wert der Wirtsvariablen "pers_nr" an die Database Services übermittelt werden (siehe Abbildung 5.3). Aufgrund dieses Auftrags führen die Database Services die Sektion 1 des Plans DBMUSER.ABC mit dem empfangenen Wirtsvariablenwert aus. Anschließend wird das Ergebnis (Wirtsvariable "n_name") zusammen mit dem SQLCODE an das Anwendungsprogramm zurückgemeldet. Die Abarbeitung der UPDATE-Anweisung erfolgt in entsprechender Weise.

Nach dieser Betrachtung erscheint die Kommunikation zwischen Anwendungsprogramm und Database Services in einem neuen Licht: Der Auftrag, der vom

---

[2] Eine detaillierte Behandlung der vom Precompiler generierten Funktionsaufrufe ist im Abschnitt "Die modifizierte Quelle erforschen" auf Seite 553 ff. zu finden.

Anwendungsprogramm an die Database Services erteilt wird, besteht also nicht - wie bisher behauptet - aus einer SQL-Anweisung; vielmehr wird zur Laufzeit lediglich eine Sektionsnummer übermittelt. Die zugehörige SQL-Anweisung liegt den Database Services ja bereits seit dem Precompile als Sektion des Zugriffsplans vor.

Automatisches Neubinden eines Plans

In welcher Weise eine SQL-Anweisung vom Optimierer in elementare Zugriffsbefehle umgesetzt wird, hängt wesentlich davon ab, welche alternativen Zugriffspfade zum Zeitpunkt der Planerstellung existieren. Da Zugriffspfade jederzeit dynamisch geändert werden können, besteht die Gefahr, daß bestehende Sektionen ungültig werden, weil sie auf nicht mehr existierenden Zugriffspfaden basieren.

Betrachten wir hierzu ein Beispiel: Nehmen wir an, der Optimierer kommt zum Ergebnis, daß der Zugriff auf eine Tabelle T1 am besten über einen Index I1 erfolgt. Er wird also solche elementare Zugriffsbefehle erzeugen, die für einen Zugriff über den Index I1 erforderlich sind.

Aus dem Abschnitt 4.4 "Der interne Datenbankentwurf" wissen wir, daß das Löschen eines Indexes wegen der Datenunabhängigkeit zwischen interner und konzeptioneller Ebene gefahrlos möglich sein muß. Löscht man jedoch den Index I1, so sind die vom Optimierer erzeugten elementaren Zugriffsbefehle, die sich auf diesen Index beziehen, nicht mehr ausführbar. Alle Pläne, die Zugriffsbefehle für den gelöschten Index enthalten, funktionieren folglich nicht mehr; sie sind ungültig.

Wie lösen die Database Services dieses Problem? Nehmen wir das Ergebnis vorweg: Die von der Löschung des Indexes betroffenen Pläne werden **automatisch** neu erstellt. Wie geht das vor sich?

Immer dann, wenn Tabellen, Views und Indexe gelöscht werden (SQL-Anweisung DROP ...) bzw. wenn Tabellen strukturell geändert werden (SQL-Anweisung ALTER TABLE), prüfen die Database Services, welche Zugriffspläne auf das gelöschte oder geänderte Datenbankobjekt zugreifen. Um diese Prüfung durchführen zu können, existiert im Systemkatalog die Tabelle SYSIBM.SYSPLANDEP, in der für jeden Plan verzeichnet ist, von welchen Tabellen, Views und Indexen er abhängt (siehe auch Tabelle 4.8 auf Seite 459). Alle Pläne, die das geänderte bzw. gelöschte Datenbankobjekt benutzen, werden von den Database Services in der Tabelle SYSIBM.SYSPLAN als ungültig gekennzeichnet (d.h. die Spalte VALID erhält den Wert N).

Sobald ein solchermaßen als ungültig gekennzeichneter Plan ausgeführt werden soll, versuchen die Database Services ihn neu zu erstellen. Da sie zu diesem Zeitpunkt möglicherweise keinen Zugriff auf die zugehörige Programmquelle haben, müssen sie die neu zu übersetzenden SQL-Anweisungen von anderer

Stelle beziehen. Speziell für diesen Zweck - das automatische Neubinden eines ungültig gewordenen Plans - existiert im Systemkatalog die Tabelle SYSIBM.SYSSTMT (vergl. Abbildung 4.41 auf Seite 424). Sie enthält für alle Pläne die zugehörigen SQL-Anweisungen in der Originalform, so wie sie vom Programmierer in die jeweilige SQC-Quelldatei eingetippt wurden.

Im betrachteten Beispiel können die Database Services den betroffenen Plan problemlos neu binden, da alle Tabellenzugriffe grundsätzlich auch ohne Index ausführbar sind. Wird jedoch anstelle eines Indexes eine im Plan verwendete Tabelle bzw. View gelöscht, und diese bis zum nächsten Aufruf des Plans nicht wieder erstellt, dann schlägt das automatische Neubinden des ungültigen Plans fehl. Man erhält in diesem Fall für die erste ausführbare SQL-Anweisung des Programms einen negativen SQLCODE, der auf das fehlende Datenbankobjekt hinweist.

Man könnte sich nun vorstellen, daß die Database Services beim Anlegen eines Indexes genauso verfahren wie beim Löschen; d.h. alle Pläne, die potentiell vom neuen Index profitieren könnten, werden von den Database Services neu erstellt. Dies ist jedoch **nicht** der Fall! Die Erstellung eines Indexes beeinflußt bestehende Pläne nicht. Damit ein neuer Index vom Optimierer für bereits bestehende Pläne in Betracht gezogen werden kann, müssen diese **explizit** neu gebunden werden.

Techniken zur Programmumwandlung

Bei der in Kapitel 3 beschriebenen Technik zur Programmumwandlung kommen dem Precompiler zwei Aufgaben zu (siehe Abbildung 3.3 auf Seite 185): Zum einen ist er dafür zuständig, die SQC-Quelle in eine für den Precompiler akzeptable Form umzuwandeln. Zum anderen veranlaßt er die Database Services, in der Datenbank einen Zugriffsplan zu erstellen.

Der Precompiler kann allerdings auch in der Weise aufgerufen werden, daß zwar eine modifizierte Quelle erstellt, jedoch noch kein Zugriffsplan erzeugt wird. Die Zugriffsplanerstellung muß dann in einem zusätzlichen Schritt durch Aufruf des sogenannten **Binders** erfolgen. Das Abkoppeln der Planerstellung von der Programmumwandlung bietet drei wichtige Vorteile:

1. Ein Programm kann für mehrere Datenbanken eingesetzt werden. Im Abschnitt "Konsistenzprüfung durch Zeitmarke" werden wir erfahren, warum sich ein Programm mit der bisher verwendeten Umwandlungstechnik nicht an mehrere Datenbanken binden läßt.

2. Sollen Änderungen im internen Datenbankentwurf (neue Indexe, aktualisierte Statistikdaten, reorganisierte Tabellen) in bestehenden Plänen genutzt werden, so müssen diese neu gebunden werden. Dies ist durch Aufruf des Binders möglich, ohne daß die gesamte Programmumwandlungsprozedur erneut durchlaufen werden muß.

3. Ein Database Manager-Programm kann verteilt werden, ohne daß dem zukünftigen Benutzer zur Planerstellung die Programmquelle und die Umwandlungswerkzeuge (z.B. C-Compiler) ausgehändigt werden müssen.

Der letzte der eben genannten Punkte ist sicherlich der wichtigste; er soll anhand Abbildung 5.4 verdeutlicht werden. Sie zeigt den Umwandlungsprozeß zur Erzeugung "versandfähiger" Database Manager-Programme. Die Lademodulerstellung (EXE-Datei) erfolgt wie gewohnt (vergl. Abbildung 3.3 auf Seite 185). Unterschiede ergeben sich jedoch bei der Planerstellung: Vom Precompiler wird anstatt eines nicht versandfähigen Zugriffsplans eine sogenannte **Binddatei** (Dateinamenserweiterung **BND**, siehe Abbildung 5.4) erzeugt. Diese enthält alle Informationen, die zur Planerstellung am Einsatz-PC erforderlich sind. Sie muß gemeinsam mit dem zugehörigen Lademodul an den zukünftigen Benutzer verschickt werden. Im Rahmen der Programminstallation ist auf dem Ziel-PC die Binddatei in einen Zugriffsplan umzuwandeln. Zur Ausführung dieses Umwandlungsschrittes kann man dem Benutzer eine OS/2-Kommandodatei zur Verfügung stellen, die den korrekten Aufruf des Binders sicherstellt. Hierauf werden wir bei der Behandlung des Binders genauer eingehen.

Steuerung des Precompilers

Die Arbeitsweise des Precompilers kann durch Angabe von Precompileroptionen beeinflußt werden. Bisher haben wir den Precompiler mit den Optionen

/f=eur /p /b

aufgerufen (siehe Abschnitt "Aufruf des Precompilers" auf Seite 185). Insgesamt gibt es neun verschiedene Precompileroptionen, die an dieser Stelle jedoch nicht alle behandelt werden sollen. Wir wollen hier lediglich auf die Optionen "/p" und "/b" eingehen. Darüber hinaus wird im Abschnitt "Festlegen von Isolationsstufen" auf Seite 514 die Precompileroption "/i" erläutert.

Die Option "/p" veranlaßt den Precompiler, in der angegebenen Datenbank einen Zugriffsplan für die umzuwandelnde Programmquelldatei (SQC-Datei) zu erstellen. Wie bei allen Datenbankobjekten, setzt sich auch der Planname aus zwei Teilen zusammen, die durch einen Punkt voneinander getrennt werden. Der erste Namensteil - die Planqualifizierung - entspricht der Benutzer-ID, unter der der Benutzer während des Precompiles angemeldet ist; in unserem Fall ist dies die Benutzer-ID DBMUSER.

5.2 SQL-Kompilation

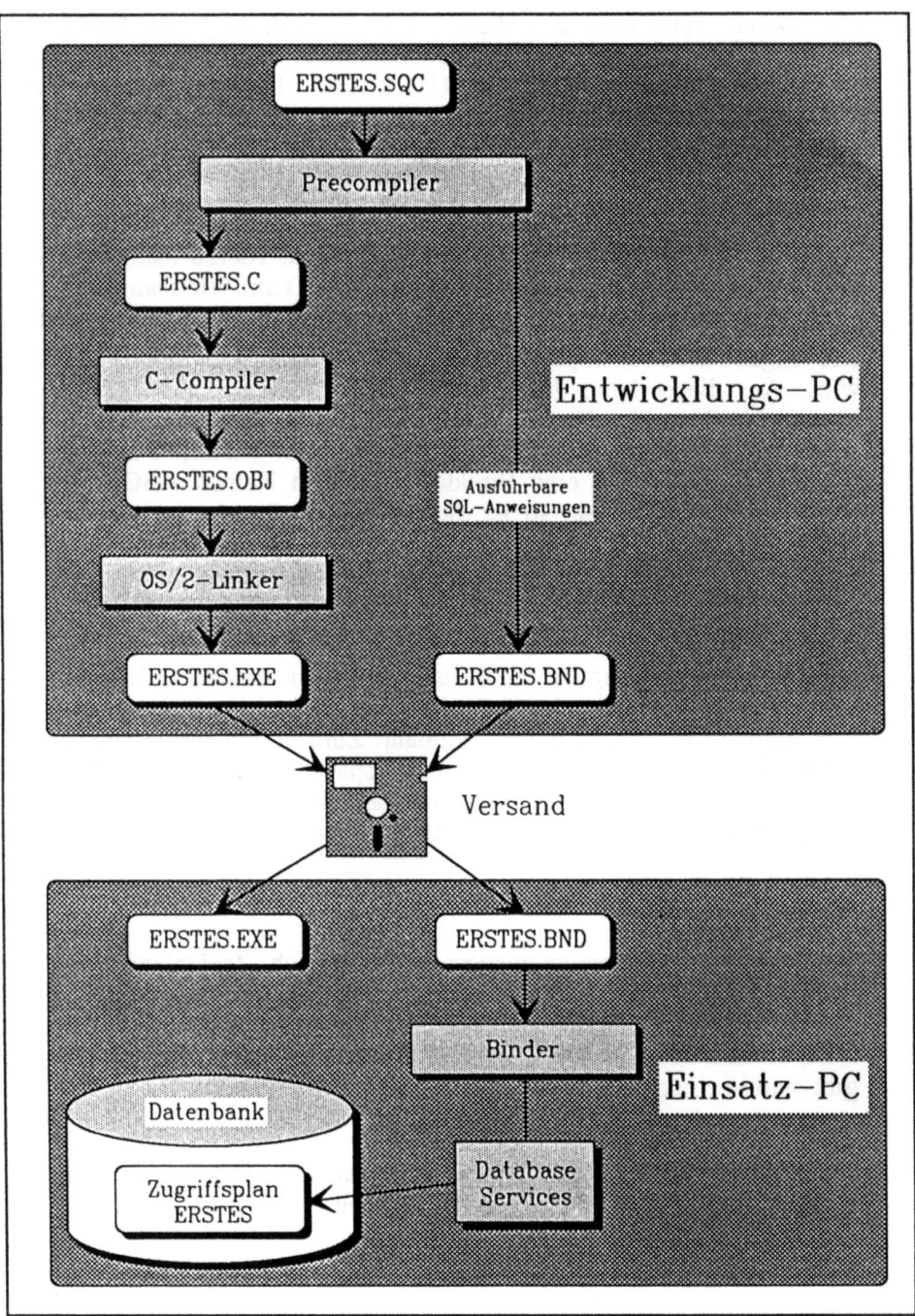

Abbildung 5.4

Der zweite Namensteil des Plans wird standardmäßig aus dem Namen der Quelldatei übernommen. Für eine Quelldatei mit dem Namen ABC.SQC ergibt sich folglich der Planname DBMUSER.ABC. Ist man mit dieser standardmäßigen Namensbildung nicht einverstanden, so kann man mit Hilfe der P-Option einen anderen Plannamen festlegen. Soll beispielsweise der Plan statt DBMUSER.ABC DBMUSER.DEF lauten, so ist beim Precompile "/p=def" anzugeben.

Auch die Planqualifizierung läßt sich verändern. Hierzu meldet man sich vor dem Precompile unter einer anderen Benutzer-ID an. Wie man das macht, werden wir im Abschnitt "Benutzeran- und -abmeldung" auf Seite 531 erfahren.

Die Angabe der Precompileroption "/b" sorgt dafür, daß eine Binddatei erstellt wird. Aus dieser kann dann später mit Hilfe des Binders ein Zugriffsplan erzeugt werden. Der Name der Binddatei wird standardmäßig ebenfalls aus dem Namen der umzuwandelnden Quelldatei abgeleitet. Für die Quelldatei ABC.SQC erhält man eine Binddatei mit dem Namen ABC.BND. Soll die Binddatei anders heißen, so ist dies mit der B-Option anzugeben. Gibt man beim Precompile z.B. "/b=xyz.bnd" an, wird eine Binddatei mit dem Namen XYZ.BND erzeugt. Allerdings muß die Dateinamenserweiterung BND lauten, da andernfalls die Binddatei vom Binder nicht akzeptiert wird.

Bei den bisherigen Precompileraufrufen wurden die Optionen "/p" und "/b" immer gemeinsam angegeben. Dies ist durchaus sinnvoll. Zum einen erspart man sich durch Angabe der P-Option den Aufruf des Binders, da bereits der Precompiler die Planerstellung veranlaßt. Zum andern erlaubt die mit Hilfe der B-Option zusätzlich erzeugte Binddatei, später den Plan ohne Precompile neu zu binden (z.B. nach einer Änderung des internen Datenbankentwurfs) oder weitere Pläne für das Programm in anderen Datenbanken zu erstellen.

Aufruf des Binders

Der Aufruf des Binders ist ausgesprochen einfach. Zusätzlich zum Programmnamen (SQLBIND.EXE) gibt man den Namen der Binddatei und den Namen der Datenbank an, in der der Plan erstellt werden soll. Um in der Datenbank XYZ anhand der Binddatei ABC.BND den Plan DBMUSER.ABC anzulegen, gibt man in einer OS/2-Full-Screen- oder -Fenstersession

sqlbind abc.bnd xyz

ein. Befindet sich die Binddatei nicht im aktuellen Dateiverzeichnis, so ist der Dateiname mit einer Pfadangabe zu versehen.

5.2 SQL-Kompilation

Folgende Voraussetzungen sind zu beachten:

- Die Database Services müssen vor dem Aufruf von SQLBIND.EXE aktiviert worden sein.
- In der angegebenen Datenbank (im obigen Beispiel: XYZ) müssen alle Datenbankobjekte vorhanden sein, die in der Quelldatei, aus der die Binddatei resultiert, angesprochen werden.
- Die Benutzer-ID, unter der der Benutzer während der Ausführung von SQLBIND.EXE angemeldet ist, muß alle zum Binden benötigten Berechtigungen besitzen. Dieser Aspekt ist vor allem dann bedeutsam, wenn der Binder nicht vom Programmierer, sondern vom Programmbenutzer aufgerufen wird (siehe Abbildung 5.4 auf Seite 489). Näheres hierzu erfahren wir im Abschnitt 5.6.2 "Berechtigungsvergabe innerhalb des Database Manager".

Durch einen einzigen Aufruf des Binders lassen sich mehrere Pläne auf einmal binden. Hierzu erstellt man eine Datei, die die Namen aller umzuwandelnden Binddateien enthält. Die einzelnen Binddateinamen sind mittels Pluszeichen miteinander zu verbinden; z.B.:

```
erstes.bnd+zweites.bnd+
ueberl1.bnd
```

BNDLISTE.BND

Alle drei Binddateien lassen sich nun mit folgendem Aufruf des Binders in Pläne umwandeln:

sqlbind @bndliste.bnd uebung

Anhand des Zeichens @ erkennt der Binder, daß die nachfolgende Datei keine Binddatei ist, sondern eine Datei, in der Binddateinamen enthalten sind.

Die eben angesprochene Technik eignet sich besonders dann, wenn die Zugriffspläne am Einsatz-PC vom Programmbenutzer zu erstellen sind. Man verschickt hierzu neben den EXE-Dateien alle benötigten Binddateien, eine Datei, die eine Liste aller umzuwandelnden Binddateien enthält (z.B. BNDLISTE.BND) und folgende Kommandodatei zum Aufruf des Binders:

```
REM Erstellen von Zugriffsplänen

startdbm
sqlbind @bndliste.bnd uebung
```

BIND.CMD

Implizite Qualifizierung bei der Planerstellung

Datenbankobjekte (vor allem Views), die in statischen SQL-Anweisungen einer Programmquelldatei unqualifiziert angegeben werden, erhalten bei der Planerstellung eine implizite Qualifizierung. Erfolgt die Planerstellung bereits im Rahmen des Precompiles (P-Option), so dient die zum Precompile verwendete Benutzer-ID als Qualifizierung. Entsteht ein Plan jedoch erst durch Aufruf des Binders, so fungiert die beim Binden verwendete Benutzer-ID als implizite Qualifizierung.

Die Gefahr einer falschen Qualifizierung läßt sich am einfachsten dadurch vermeiden, indem Datenbankobjekte in allen SQL-Anweisungen grundsätzlich qualifiziert angesprochen werden. Auf der anderen Seite besitzt ein Programm mit unqualifizierten SQL-Anweisungen eine höhere Flexibilität, die vor allem dann zum Tragen kommt, wenn es für mehrere Datenbanken eingesetzt werden soll. Die angesprochenen Views können dann in den verschiedenen Datenbanken unterschiedliche Qualifizierungen besitzen.

Konsistenzprüfung durch Zeitmarke

Ein Database Manager-Programm besteht aus zwei Teilen, die an unterschiedlicher Stelle gespeichert sind: Der eine Teil ist das Lademodul, das sich in einer EXE-Datei befindet; der andere ist der Zugriffsplan, der in Systemkatalogtabellen einer Datenbank gespeichert ist. Beide Programmteile müssen zusammenpassen; d.h. sie sollten aus demselben Precompilelauf entstanden sein.

Betrachten wir hierzu ein Beispiel: Das Programm ERSTES.SQC wird um eine zweite SQL-Anweisung erweitert. Anschließend wird der Precompiler ohne P-Option aufgerufen; d.h. die Zugriffsplanerstellung unterbleibt. Die vom Precompiler erzeugte C-Quelle wird mittels C-Compiler und Linker in eine Lademoduldatei ERSTES.EXE umgewandelt. Ruft man nun das neue Programm ERSTES.EXE auf, so wird unter anderem der vom Precompiler für die neue SQL-Anweisung erzeugte Code durchlaufen. Dieser Code sendet an die Database Services den Auftrag, die zweite Sektion des Plans DBMUSER.ERSTES auszuführen (siehe Abbildung 5.3 auf Seite 485). Der - noch alte - Zugriffsplan besitzt jedoch nur eine Sektion. Das Programm kann also nicht regulär weitergeführt werden.

Der Database Manager benutzt eine Technik, um Situationen, wie die eben beschriebene, bereits bei der Aktivierung eines Plans zu erkennen. Diese Technik funktioniert folgendermaßen:

Jede vom Precompiler erstellte C-Quelle beginnt mit der Deklaration der Variablen "sqla_program_id". Für das Programm ERSTES.C könnte diese Deklaration folgendermaßen aussehen:

```
static unsigned char sqla_program_id[40] =
{111,65,65,66,65,67,66,67,68,66,77,85,83,69,82,32,69,82,83,84,
69,83,32,32,71,66,102,66,82,82,67,72,32,32,32,32,32,32,32,32};
```

Versucht man den Wert der Variablen "sqla_program_id" als ASCII-Text zu interpretieren, erhält man folgendes Ergebnis:

oAABACBC**DBMUSER ERSTES** *GBfBRRCH*

Wie man sieht, enthält "sqla_program_id" den Plannamen (fett gedruckt). Die letzten acht Zeichen von "sqla_program_id" (kursiv gedruckt) bilden eine sogenannte **Zeitmarke** (engl. timestamp). Sie kennzeichnet eindeutig den Precompilezeitpunkt. Diese Zeitmarke wird vom Precompiler nicht nur in die erzeugte C-Quelle eingetragen, sondern sie gelangt gleichzeitig in den Zugriffsplan bzw. in die Binddatei. Sie findet sich in der Katalogtabelle SYSIBM.SYSPLAN in der Spalte UNIQUE_ID wieder.

Betrachten wir nun nochmals anhand Abbildung 5.3 (Seite 485) die Kommunikation zwischen Anwendungsprogramm und Database Services zur Programmlaufzeit. Vom Anwendungsprogramm wird an die Database Services nicht - wie in Abbildung 5.3 dargestellt - nur der Planname und die Sektionsnummer an die Database Services übergeben, sondern es wird der Wert von "sqla_program_id" und die Sektionsnummer übergeben. "sqla_program_id" enthält jedoch zusätzlich zum Plannamen die Zeitmarke. Die Database Services sind somit in der Lage, zu überprüfen, ob die vom Anwendungsprogramm erhaltene Zeitmarke mit der in SYSIBM.SYSPLAN gespeicherten Zeitmarke übereinstimmt. Ist dies nicht der Fall, wird die SQL-Anweisung mit dem SQLCODE "-818" abgebrochen.

Nun wird auch verständlich, warum es nicht gelingen kann, ein Programm durch mehrfachen Precompile an unterschiedliche Datenbanken zu binden. Durch jeden neuen Precompile gelangt eine neue Zeitmarke in das Lademodul, die mit Zeitmarken in Plänen, die aus früheren Precompiles stammen, nicht übereinstimmt. Soll ein Programm an mehrere Datenbanken gebunden werden, so ist ein Precompile mit der B-Option durchzuführen. Aus der hierdurch entstandenen Binddatei können nun mehrere Zugriffspläne in unterschiedlichen Datenbanken erstellt werden, die alle dieselbe Zeitmarke aufweisen.

Löschen von Zugriffsplänen

Wie wir gesehen haben, werden mit Hilfe des Precompilers bzw. des Binders Zugriffspläne angelegt. Wie läßt sich jedoch ein Zugriffsplan aus einer Datenbank wieder entfernen, wenn das zugehörige Database Manager-Programm nicht mehr benötigt wird? Zum Löschen von Zugriffsplänen dient die SQL-Anweisung **DROP PROGRAM**.

Um z.B. den Zugriffsplan DBMUSER.ERSTES aus der Datenbank UEBUNG zu entfernen, gibt man im SQL Query-Fenster

```
DROP PROGRAM ERSTES

oder

DROP PROGRAM DBMUSER.ERSTES
```

ein. Läßt man die Planqualifizierung weg, so wird implizit die Benutzer-ID, unter der man momentan angemeldet ist, als Qualifizierung benutzt.

Einen Überblick über die gespeicherten Pläne erhält man durch folgende Katalogabfrage:

```
SELECT  *
FROM    SYSIBM.SYSPLAN
WHERE   CREATOR = 'DBMUSER'
ORDER   BY NAME
```

Serieller Zugriff auf mehrere Datenbanken

Zwischen einer Programmquelldatei (SQC-Datei) und dem zugehörigen Plan herrscht eine 1:1-Zuordnung. Da ein Plan nur SQL-Anweisungen enthalten kann, die sich auf die Datenbank beziehen, in der der Plan gespeichert ist, dürfen in einer Quelldatei nicht SQL-Anweisungen für mehrere Datenbanken auftreten. Möchte man also nacheinander auf unterschiedliche Datenbanken zugreifen, so muß man mit mehreren Quelldateien arbeiten. Für diese Quelldateien sind jeweils eigenständige Pläne zu erstellen, die dann in unterschiedlichen Datenbanken abgespeichert werden können.

Beim Zugriff auf mehrere Datenbanken innerhalb eines Programms muß jedoch immer erst die bestehende Datenbankverbindung abgebaut werden (Aufruf der Funktion "Stop using database"), bevor eine neue Datenbankverbindung aufgebaut werden kann (Funktion "Start using database").

Der parallele Zugriff auf mehrere Datenbanken ist nur dann möglich, wenn das Programm in mehreren OS/2-Prozessen abläuft. Zum Aufbau einer derartigen Multiprozeß-Programmstruktur sind jedoch tiefergehende OS/2-Kenntnisse erforderlich. Eine Behandlung dieses Themas würde hier zu weit führen.

5.3 Transaktionsverarbeitung

Bei der Ausführung von Änderungsanweisungen ist es in manchen Fällen sehr wichtig, daß eine Folge aufeinanderfolgender SQL-Anweisungen komplett ausgeführt wird. Eine unvollständige Abarbeitung solcher zusammengehörender Änderungsanweisungen ist also unbedingt zu vermeiden.

Betrachten wir ein Beispiel für eine derartige Situation: Ein Geldbetrag soll von einem Konto auf ein anderes Konto überwiesen werden. Unter der Annahme, daß eine Kontentabelle mit den Spalten KTO_NR und STAND (für Kontostand) existiert, sind folgende SQL-Anweisungen auszuführen:

```
EXEC SQL  UPDATE KONTO
          SET    STAND = STAND - :betrag
          WHERE  KTO_NR = :kto_nr_1;

EXEC SQL  UPDATE KONTO
          SET    STAND = STAND + :betrag
          WHERE  KTO_NR = :kto_nr_2;
```

Tritt bei der zweiten UPDATE-Anweisung ein Fehler auf (z.B. weil ein Konto mit der in "kto_nr_2" enthaltenen Nummer nicht existiert), so wurde der Geldbetrag zwar vom ersten Konto abgehoben, jedoch nicht auf das zweite Konto eingezahlt. Man sagt: die Datenbank befindet sich in einem inkonsistenten Zustand; der abgehobene Geldbetrag ist quasi verlorengegangen. Zur Vermeidung eines derartigen inkonsistenten Zustands ist es notwendig, daß im Fehlerfall keine der beiden SQL-Anweisungen ausgeführt wird; d.h. tritt bei der Ausführung der zweiten UPDATE-Anweisung ein Fehler auf, so muß auch die erste UPDATE-Anweisung wieder rückgängig gemacht werden.

Eine Folge von SQL-Anweisungen, die entweder vollständig auszuführen ist oder (im Fehlerfall) überhaupt nicht ausgeführt werden darf, wird als **Transaktion** (engl. transaction) bezeichnet. In IBM-Handbüchern werden anstelle des Begriffs "transaction" häufig die Ausdrücke "unit of recovery" oder "unit of work" verwendet. Eine Transaktion überführt eine Datenbank von einem bestehenden konsistenten Zustand in einen neuen konsistenten Zustand. Die beiden oben aufgeführten UPDATE-Anweisungen bilden somit zusammen eine Transaktion.

Wie wird das Transaktionskonzept vom Database Manager realisiert?

Mit der ersten SQL-Anweisung, die nach dem Aufruf der Funktion "Start using database" ausgeführt wird, beginnt eine Transaktion. Standardmäßig endet diese Transaktion mit dem Aufruf der Funktion "Stop using database" oder mit dem Programmende. Sofern in einem Programm nicht mehrfach "Start using database" aufgerufen wird, befinden sich folglich alle SQL-Anweisungen des Programms innerhalb einer Transaktion. Sämtliche bisher behandelten Beispielprogramme bestanden jeweils aus einer einzigen Transaktion.

Die SQL-Anweisung COMMIT

Es ist allerdings auch möglich, die SQL-Anweisungen eines Programms in mehrere Transaktionen aufzuteilen. Dies ist vielfach sinnvoll, wie folgendes Beispiel zeigt: Ein Programm habe die Aufgabe, mehrere Überweisungen auszuführen. Jede Überweisung resultiert - wie wir gesehen haben - in zwei UPDATE-Anweisungen. Würden alle SQL-Anweisungen in einer einzigen Transaktion ausgeführt, so würden im Fehlerfall alle bis dahin erfolgten Überweisungen wieder rückgängig gemacht. Zur Gewährleistung der Datenbankkonsistenz wäre es jedoch ausreichend, nur die Überweisung rückgängig zu machen, bei deren Ausführung der Fehler auftrat.

Die SQL-Anweisung

```
COMMIT
```

dient zur gezielten Festlegung von Transaktionen. Durch diese Anweisung wird die momentane Transaktion abgeschlossen und eine neue Transaktion begonnen. In Abbildung 5.5 ist ein Programmablauf dargestellt, der aus drei Transaktionen besteht.

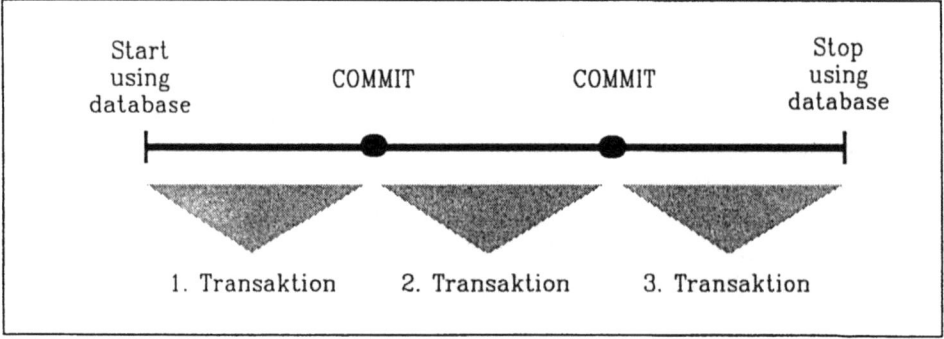

Abbildung 5.5

5.3 Transaktionsverarbeitung

Anhand des bereits angesprochenen Programms zur Ausführung mehrerer Überweisungen soll im folgenden gezeigt werden, wie sich jede Überweisung als eigene Transaktion definieren läßt:

```
while(...)    /* Schleife über zu verarbeitende Überweisungen */
  {

      ...     /* kto_nr_1, kto_nr_2 und betrag einlesen */

      EXEC SQL UPDATE KONTO
               SET     STAND = STAND - :betrag
               WHERE   KTO_NR = :kto_nr_1;

      if (SQLCODE) fehler ("UPDATE kto_nr_1", &sqlca);

      EXEC SQL UPDATE KONTO
               SET     STAND = STAND + :betrag
               WHERE   KTO_NR = :kto_nr_2;

      if (SQLCODE) fehler ("UPDATE kto_nr_2", &sqlca);

      EXEC SQL COMMIT;

      if (SQLCODE) fehler ("COMMIT", &sqlca);
  }
```

COMMIT und Cursorverarbeitung

Die COMMIT-Anweisung besitzt einen unangenehmen Nebeneffekt: Sie schließt offene Cursor. Im Anschluß an eine COMMIT-Anweisung können daher keine FETCH- CLOSE- oder cursorgesteuerten Änderungsanweisungen mehr ausgeführt werden. Die mittels COMMIT zwangsweise geschlossenen Cursor lassen sich zwar wieder öffnen; allerdings wird die Position, die ein Cursor zum COMMIT-Zeitpunkt einnahm, durch ein erneutes Öffnen nicht mehr hergestellt. Vielmehr befindet sich ein Cursor nach der OPEN-Anweisung - wie üblich - vor der ersten Ergebniszeile.

Zum Glück gibt es jedoch eine Lösung des eben beschriebenen Problems: Durch Angabe der Klausel WITH HOLD im Rahmen der DECLARE CURSOR-Anweisung läßt sich das Schließen eines offenen Cursors durch COMMIT verhindern.

Eine Cursordeklaration mit der Klausel WITH HOLD könnte etwa folgendermaßen lauten:

```
EXEC SQL
  DECLARE MITARBEITER_LES CURSOR WITH HOLD FOR
    SELECT PERS_NR, V_NAME, N_NAME, GEB_DATUM, GEHALT
    FROM   MITARBEITER
    WHERE  GEHALT >= :gehalt_min
    ORDER  BY GEHALT;
```

Doch auch ein "WITH HOLD-Cursor" übersteht eine COMMIT-Anweisung nicht völlig ungeschoren: Zeigte der Cursor vor dem COMMIT auf eine Ergebniszeile (siehe Abbildung 3.6 auf Seite 268), so rutscht er infolge des COMMITs vor die nächste Ergebniszeile. Dies bedeutet: Nach einem COMMIT können zwar die Anweisungen FETCH und CLOSE ausgeführt werden, nicht jedoch cursorgesteuerte Änderungsanweisungen (UPDATE ... WHERE CURRENT OF oder DELETE ... WHERE CURRENT OF). Eine cursorgesteuerte Änderungsanweisung muß sich folglich in derselben Transaktion befinden wie die FETCH-Anweisung, auf die sie sich bezieht.

Transaktionen rückgängig machen

Wie bereits erwähnt, erfüllt das Transaktionskonzept seine eigentliche Aufgabe dann, wenn aus irgendwelchen Gründen nicht sämtliche SQL-Anweisungen einer Transaktion erfolgreich ausgeführt werden können. In einer solchen Situation werden alle seit Beginn der Transaktion ausgeführten SQL-Anweisungen rückgängig gemacht. Grundsätzlich lassen sich drei Fälle unterscheiden, die zum "Zurückrollen" bereits begonnener Transaktionen führen:

1. Gezieltes Rückgängigmachen einer nicht abgeschlossenen Transaktion durch die SQL-Anweisung ROLLBACK.
2. Automatisches Rückgängigmachen einer nicht abgeschlossenen Transaktion bei abnormalem Ende des Anwendungsprogramms.
3. Rückgängigmachen aller nicht abgeschlossenen Transaktionen im Rahmen einer Datenbankinstandsetzung.

In den folgenden drei Abschnitten werden wir uns mit den eben genannten Situationen detaillierter befassen.

Die SQL-Anweisung ROLLBACK

Mit Hilfe der SQL-Anweisung

```
ROLLBACK
```

hat der Programmierer die Möglichkeit, alle SQL-Anweisungen seit Beginn der aktuellen Transaktion (d.h. seit der letzten COMMIT-Anweisung oder seit "Start using database", sofern keine COMMIT-Anweisung abgesetzt wurde) wieder rückgängig zu machen. Darüber hinaus definiert die ROLLBACK-Anweisung den Beginn einer neuen Transaktion.

Von der ROLLBACK-Anweisung wird üblicherweise immer dann Gebrauch gemacht, wenn eine normale Programmfortsetzung nicht mehr möglich ist. Führt beispielsweise eine SQL-Anweisung zu einem negativen SQLCODE, so ist die Fortsetzung des Programms meist sinnlos. Vor Beendigung des Programms sollte in solchen Fällen die ROLLBACK-Anweisung ausgeführt werden, um bereits erfolgte Datenbankänderungen innerhalb der offenen Transaktion wieder rückgängig zu machen.

Betrachten wir nochmals das Programmstück auf Seite 497, mit dessen Hilfe jede Überweisung als eine eigene Transaktion definiert wurde. Beim Auftreten von SQLCODEs ungleich Null wird dort die Funktion "fehler" aufgerufen, die ihrerseits den Programmlauf beendet. Aus Sicht der Database Services handelt es sich hierbei um ein ganz normales Programmende; die aktuelle Transaktion wird deshalb (durch ein implizites COMMIT) regulär abgeschlossen. Damit jedoch im Fehlerfall bereits erfolgte Änderungen innerhalb der aktuellen Transaktion rückgängig gemacht werden, ist vor dem Beenden des Programms eine ROLLBACK-Anweisung auszuführen. Zu diesem Zweck erstellen wir eine neue Funktion "sqlfehlr", die zukünftig bei Fehlern in SQL-Anweisungen anstelle der Funktion "fehler" aufgerufen wird:

```
#include <stdlib.h>
#include <sql.h>
#include <sqlca.h>
#include "dbm.h"

void sqlfehlr(char *anweisung, struct sqlca *adr_sqlca)

{
   struct sqlca sqlca;                              /* 1 */
```

```
    EXEC SQL ROLLBACK;                                          /* 2 */

    fehler(anweisung, adr_sqlca);
}
```

SQLFEHLR.SQC

Die Funktion "sqlfehlr" erfordert im Gegensatz zur Funktion "fehler" einen Precompile, da sie eine SQL-Anweisung enthält - nämlich die ROLLBACK-Anweisung (2).

Mit der Anweisung (1) wird zusätzlich zur SQLCA, deren Adresse (adr_sqlca) von der rufenden Funktion übergeben wird, eine weitere SQLCA mit dem Variablennamen "sqlca" deklariert. Diese Deklaration hat zwei Gründe:

1. Der vom Precompiler erzeugte C-Code weist den Variablennamen "sqlca" auf; es muß daher eine Strukturvariable vom Typ "sqlca" mit diesem Namen existieren.
2. Die übergebene SQLCA (adr_sqlca) enthält Informationen zur fehlerhaften SQL-Anweisung (z.B. SQLCODE), die mittels der Funktion "fehler" ausgegeben werden. Würde diese SQLCA auch für den ROLLBACK benutzt, so würde der SQLCA-Inhalt zur fehlerhaften SQL-Anweisung überschrieben. Die Funktion "fehler" würde dann nicht den SQLCODE der fehlerhaften SQL-Anweisung, sondern statt dessen den SQLCODE der ROLLBACK-Anweisung ausgeben.

Um die Funktion "sqlfehlr" in die Bibliothek "DBM.LIB" aufzunehmen, ist im Anschluß an Precompile und Compile folgende Anweisung einzugeben:

lib dbm +sqlfehlr;

Des weiteren sollte der Funktionsprototyp von "sqlfehlr"

```
void sqlfehlr(char *anweisung, struct sqlca *adr_sqlca);
```

in die Includedatei "DBM.H" eingetragen werden.

Grundsätzlich ist bei allgemein einsetzbaren Funktionen, die SQL-Anweisungen enthalten, zu beachten, daß diesen Funktionen jeweils ein Zugriffsplan zugeordnet ist. Soll eine derartige Funktion für eine neue Datenbank verwendet werden, so ist auch in der neuen Datenbank ein Zugriffsplan für diese Funktion zu erstellen.

Die Funktion "sqlfehlr" funktioniert allerdings selbst dann, wenn kein zugehöriger Zugriffsplan existiert. Dies liegt daran, daß zur Ausführung der ROLLBACK-Anweisung kein Zugriffsplan erforderlich ist.

5.3 Transaktionsverarbeitung

Doch nun zurück zum eigentlichen Thema: Mit der neuen Funktion "sqlfehlr" anstelle von "fehler" lautet das ansonsten unveränderte Programmstück von Seite 497:

```
while(...)    /* Schleife über zu verarbeitende Überweisungen */
{

    ...       /* kto_nr_1, kto_nr_2 und betrag einlesen */

    EXEC SQL UPDATE KONTO
             SET    STAND = STAND - :betrag
             WHERE  KTO_NR = :kto_nr_1;

    if (SQLCODE) sqlfehlr ("UPDATE kto_nr_1", &sqlca);

    EXEC SQL UPDATE KONTO
             SET    STAND = STAND + :betrag
             WHERE  KTO_NR = :kto_nr_2;

    if (SQLCODE) sqlfehlr ("UPDATE kto_nr_2", &sqlca);

    EXEC SQL COMMIT;

    if (SQLCODE) sqlfehlr ("COMMIT", &sqlca);
}
```

Durch die ROLLBACK-Anweisung in "sqlfehlr" ist sichergestellt, daß eine begonnene Transaktion im Fehlerfall wieder rückgängig gemacht wird. Eine Abbuchung ohne zugehörige Einzahlung kann nun nicht mehr auftreten.

Noch ein Wort zur Cursorverarbeitung: Wie beim COMMIT, so werden auch durch die ROLLBACK-Anweisung offene Cursor geschlossen. Im Gegensatz zum COMMIT nützt hier die Angabe der WITH HOLD-Klausel im Rahmen der Cursordeklaration nichts; d.h. auch "WITH HOLD-Cursor" werden durch eine ROLLBACK-Anweisung geschlossen.

Abnormales Ende des Anwendungsprogramms

Wie jeder Programmierer weiß, kann es Situationen geben, in denen ein Programm abnormal (d.h. ungeplant) endet. So wird beispielsweise ein Programm (oder exakter ein Prozeß) vom OS/2 zwangsweise beendet, wenn es versucht, auf "fremde" Speichersegmente zuzugreifen. Häufig resultiert eine solche Adreßraumverletzung aus der Verwendung nicht initialisierter Pointervariablen. Jedem, der C-Programme für OS/2 schreibt, ist bestimmt schon die in derartigen Fällen auftretende OS/2-Fehlermeldung:

```
SYS1943: A program caused a protection violation.

TRAP 000D
...
```

begegnet.

Da ein abnormales Programmende inmitten einer Transaktion auftreten kann, stellt sich die Frage, wie diese Transaktion von den Database Services abgeschlossen wird. Sinnvollerweise sollte bei einem abnormalen Programmende die aktuelle Transaktion von den Database Services rückgängig gemacht werden.

Genau dies wird von den Database Services im Falle eines abnormalen Programmendes getan. Allerdings gibt es hierbei einen kleinen Schönheitsfehler; denn es existieren Situationen, in denen die Database Services nicht erfahren, daß es sich um ein abnormales Programmende handelt. In diesen Fällen wird die aktuelle Transaktion fälschlicherweise durch einen COMMIT abgeschlossen. Zwei Formen von Programmabbrüchen sind bei C-Programmen zu unterscheiden:

1. Ein vom OS/2 hervorgerufenes abnormales Programmende (z.B. Adreßraumverletzung oder Eingabe von *Strg C*), wird von den Database Services korrekt erkannt. In solchen Fällen wird die aktuelle Transaktion des Programms rückgängig gemacht.
2. Fehlersituationen innerhalb von C-Laufzeitfunktionen, die zum abnormalen Programmende führen (z.B. Division durch Null), werden von den Database Services nicht als "abnormales Programmende" erkannt. Derartige Programmabbrüche haben daher zur Folge, daß die aktuelle Transaktion mittels COMMIT abgeschlossen wird. Beim Auftreten von C-Laufzeit-Fehlermeldungen ist folglich zu überprüfen, ob das abgebrochene Programm einen inkonsistenten Datenbankzustand hinterlassen hat.

Datenbankinstandsetzung

Neben den beiden bisher behandelten Fällen (ROLLBACK-Anweisung und abnormales Programmende), in denen immer nur eine einzelne Transaktion rückgängig gemacht werden muß, gibt es eine weitere Situation, in der unter Umständen viele Transaktionen in mehreren Datenbanken unvollständig ausgeführt werden. Dies ist dann der Fall, wenn die Database Services in ihrer Arbeit - z.B. durch Stromausfall - unterbrochen werden.

Bei einer unvorhergesehenen Beendigung der Database Services können die momentan aktiven Datenbanken in einen inkonsistenten Zustand geraten. Derartige inkonsistente Datenbanken sind fürs erste nicht mehr verwendbar. Ein Aufruf der Funktion "Start using database" führt zum SQLCODE "-1015". Mit Hilfe der Funktion "Database restart" lassen sich inkonsistente Datenbanken wieder instandsetzen (engl. recovery process). Hierbei werden u.a. alle zum Unterbrechungszeitpunkt noch nicht abgeschlossenen Transaktionen zurückgesetzt.

Wir haben bereits im Abschnitt "Wie erzeugt man einen inkonsistenten Datenbankzustand?" auf Seite 211 gezeigt, was bei einer Unterbrechung der Database Services infolge eines Systemabsturzes passieren kann. Dort wurden die Database Services in ihrer Arbeit unterbrochen, als sie gerade beschäftigt waren, UPDATE-Anweisungen des Programms ABSTURZ.SQC auszuführen. Alle UPDATE-Anweisungen dieses Programms bildeten eine einzige Transaktion; wegen des Systemabsturzes wurde das Transaktionsende ("Stop using database") nicht erreicht. Bei der anschließenden Datenbankinstandsetzung wurden deshalb bereits ausgeführte UPDATE-Anweisungen des Programms ABSTURZ.SQC wieder rückgängig gemacht. Die Tabelle MITARBEITER enthielt nach der Datenbankinstandsetzung also genau den Inhalt, den sie bereits vor dem Aufruf von ABSTURZ.SQC aufwies.

Wie werden Änderungsanweisungen vom Database Manager ausgeführt?

Wir wollen uns im folgenden mit der Frage beschäftigen, wie vom Database Manager unvollständig ausgeführte Transaktionen rückgängig gemacht bzw. inkonsistente Datenbanken instandgesetzt werden:

Zu jeder aktiven[3] Datenbank existiert im Hauptspeicher ein Pufferbereich (engl. buffer pool), der zur Aufnahme eingelesener Daten- und Indexseiten dient. Die Größe dieses Pufferbereichs kann pro Datenbank individuell festgelegt werden. Standardmäßig beträgt sie 16 Seiten[4].

Die Aufgabe des Pufferbereichs besteht darin, den Datenzugriff zu beschleunigen: Dadurch, daß eingelesene Daten- oder Indexseiten im Pufferspeicher so lange wie möglich aufbewahrt werden, kann oftmals ein Dateizugriff entfallen, weil sich die benötigte Seite noch im Pufferbereich befindet.

---

[3] Eine Datenbank ist dann aktiv, wenn mindestens ein Anwendungsprogramm die Funktion "Start using database" für diese Datenbank aufgerufen hat und die Funktion "Stop using database" noch nicht aufgerufen hat.
[4] Die Größe des Pufferbereichs kann mit Hilfe des Query Manager verändert werden. Hierzu klickt man im Databases-Fenster auf die Auswahl "Tools" und anschließend auf die Unterauswahl "Reconfigure local database...". Im daraufhin erscheinenden gleichnamigen Fenster ist die Voreinstellung "Change general database configuration..." durch Anklicken der Enter-Schaltfläche zu bestätigen. Nun läßt sich im Eingabefeld "Buffer pool size (# of 4K pages)" die Größe des Pufferbereichs festlegen.

Auch SQL-Anweisungen, die zu Datenbankänderungen führen, werden zunächst im Pufferbereich ausgeführt. Jede Änderung wird allerdings zusätzlich in einer speziellen Datei - der sogenannten **Logdatei** (engl. recovery log file) - protokolliert.

Die Logdatei erfüllt zwei wichtige Aufgaben:

1. Ist eine Transaktion rückgängig zu machen, so werden von den Database Services die Einträge der Logdatei solange rückwärts abgearbeitet, bis der Beginn der betroffenen Transaktion erreicht ist. Anhand dieser Logdateieinträge werden bereits ausgeführte Änderungen wieder annulliert. Sofern die geänderten Seiten noch nicht in die Datenbank zurückgeschrieben wurden, reicht es aus, die Änderungen nur im Pufferbereich rückgängig zu machen. Andernfalls müssen die Database Services die Änderungen auch in der Datenbank wieder zurückzunehmen.

2. Bei einer unvorhergesehenen Unterbrechung der Database Services können die zum Unterbrechungszeitpunkt aktiven Datenbanken in einen inkonsistenten Zustand geraten. Durch eine Datenbankinstandsetzung ("Restart database") läßt sich mit Hilfe der Logdateieinträge wieder ein konsistenter Datenbankzustand erzielen. Hierbei passiert folgendes:

    ♦ Wurden für Transaktionen, die zum Unterbrechungszeitpunkt noch nicht abgeschlossen waren, bereits Änderungen in die Datenbank zurückgeschrieben, so werden diese Änderungen rückgängig gemacht (engl. undo process).

    ♦ Wurden für Transaktionen, die zum Unterbrechungszeitpunkt bereits abgeschlossen waren (COMMIT oder ROLLBACK), noch nicht alle Änderungen auf die Datenbank zurückgeschrieben, so wird dies anhand der Logdateieinträge nachgeholt (engl. redo process).

Logdateien

Bisher haben wir vereinfachend immer nur von einer Logdatei gesprochen. Tatsächlich sind jeder Datenbank üblicherweise mehrere Logdateien zugeordnet. Standardmäßig besitzt eine Datenbank fünf Logdateien. Sie sind im Datenbankverzeichnis anhand der Dateinamenserweiterung **LOG** zu erkennen (vergl. DIR-Ausgabe auf Seite 393). Die Namen der Logdateien beginnen mit SQL und sind im übrigen durchnummeriert (z.B. SQL00002.LOG).

Die Logdateien werden von den Database Services zirkulierend beschrieben. Dies bedeutet: Logdateien, die nicht mehr benötigte Logeinträge[5] enthalten, werden für neue Logeinträge wiederbenutzt.

---

[5] Ein Logeintrag wird dann nicht mehr benötigt, wenn die korrespondierende Änderung zu einer abschlossenen Transaktion gehört und darüber hinaus in der Datenbank ausgeführt wurde.

5.3 Transaktionsverarbeitung

Die Konfiguration der Logdateien kann mit Hilfe des Query Manager in mehrfacher Weise beeinflußt werden. Hierzu wählt man im Fenster "Databases" die Datenbank aus, deren Logkonfiguration verändert werden soll (siehe Abbildung 2.16 auf Seite 26). Anschließend klickt man in der Aktionszeile auf die Auswahl "Tools" und die Unterauswahl "Reconfigure local database...". Daraufhin erscheint das Fenster "Reconfigure Local Database", das wiederum drei Auswahlmöglichkeiten bietet. Wir wählen "Change database log configuration.." und erhalten dann das in Abbildung 5.6 dargestellte Fenster.

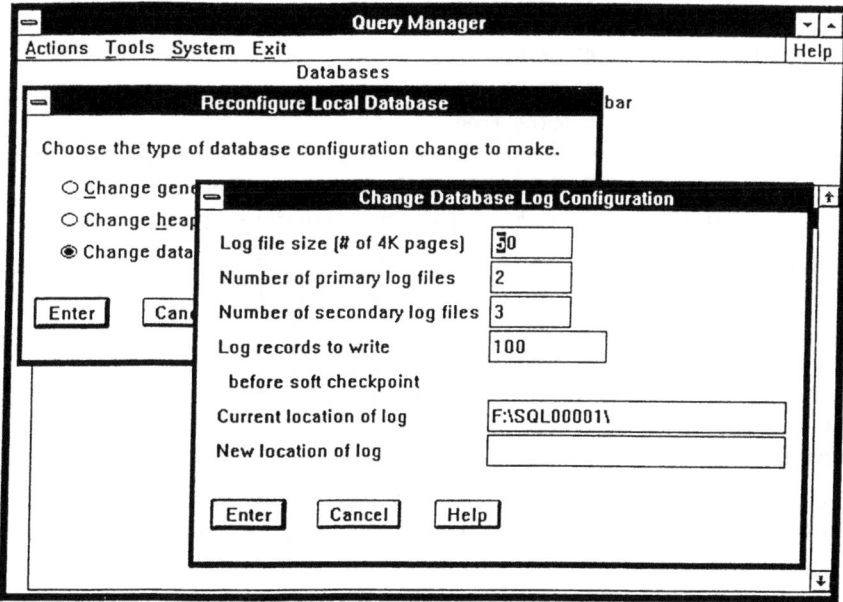

Abbildung 5.6

Im Eingabefeld "Log file size (# of 4K pages)" wird die Größe der Logdateien festgelegt. Der Standardwert beträgt 50 Seiten. Die Logdateigröße muß zwischen 15 und 255 Seiten liegen.

Mit Hilfe der beiden folgenden Eingabefelder wird die Gesamtzahl an Logdateien festgelegt. Hierbei wird zwischen primären (primary log files) und sekundären Logdateien (secondary log files) differenziert. Primäre Logdateien beanspruchen ständig den unter "Log file size" angegebenen Speicherplatz auf der Festplatte. Demgegenüber werden sekundäre Logdateien mit der Größe Null angelegt. Sie werden nur dann auf die unter "Log file size" angegebene Größe gebracht, wenn sie tatsächlich benötigt werden. Werden sie nicht mehr gebraucht, so erhalten sie wieder die Größe Null.

Der Speicherplatzbedarf von Logdateien kann mit Hilfe des OS/2-Kommandos DIR leicht überprüft werden. Um die Logdateien der im Verzeichnis C:\SQL00001 enthalten Datenbank anzulisten, gibt man ein:

DIR C:\SQL00001*.LOG

Für eine momentan nicht aktive Datenbank erhält man z.B.:

```
SQL00000 LOG     12288  03.01.91  18.14
SQL00001 LOG    204800  03.01.91  12.29
SQL00002 LOG    204800  03.01.91  12.10
SQL00003 LOG         0  03.01.91  12.10
SQL00004 LOG         0  03.01.91  12.10
SQL00005 LOG         0  03.01.91  12.10
     6 File(s)   5718016 bytes free
```

Anmerkung: Die Datei SQL00000.LOG nimmt eine Sonderstellung ein. Sie ist weder eine primäre noch eine sekundäre Logdatei.

Die Standardeinstellung von zwei primären und drei sekundären Logdateien mit jeweils 50 Seiten erlaubt einen maximalen Logspeicherbereich von zirka 1 MByte. In der Praxis erweist sich dieser Wert oftmals als nicht ausreichend. Insbesondere das Reorganisieren von Tabellen erfordert einen sehr großen Logspeicherbereich. Es hat sich gezeigt, daß während des Reorganisierens einer Tabelle ein Logspeicherbereich mit bis zu fünffacher Tabellendateigröße benötigt wird.

Für die Anzahl primärer bzw. sekundärer Logdateien kann jeweils ein Wert zwischen 0 und 63 eingegeben werden. Allerdings muß die Summe beider Werte (Gesamtzahl an Logdateien) zwischen 1 und 63 liegen.

Primäre Logdateien zeichnen sich gegenüber sekundären Logdateien durch eine höhere Performance aus, da sie sofort verwendet werden können. Sekundäre Logdateien hingegen müssen erst auf die festgelegte Größe gebracht werden, bevor sie einsatzfähig sind. Demgegenüber beanspruchen primäre Logdateien ständig Speicherplatz auf der Festplatte. Folgende Vorgehensweise hat sich bewährt:

Die Anzahl primärer Logdateien sollte so gewählt werden, daß für den "normalen" Datenbankbetrieb keine sekundären Logdateien benötigt werden. Ob sekundäre Logdateien zum Einsatz kommen, läßt sich überprüfen, indem man während des Datenbankbetriebs hin und wieder die oben aufgeführte DIR-Anweisung absetzt.

Sekundäre Logdateien dienen als Reserve für überdurchschnittliches Logaufkommen, z.B. bei Tabellenreorganisationen oder Transaktionen, die sehr viele Änderungsanweisungen enthalten. Um Programmabbrüche wegen mangelnden Logspeicherplatzes zu verhindern (SQLCODE "-964"), sollte die Anzahl sekundärer Logdateien möglichst groß gewählt werden. Allerdings ist zu beachten, daß bei einer sehr großen Zahl sekundärer Logdateien im Extremfall der gesamte freie Speicherplatz des logischen Laufwerks von Logdateien belegt wird.

Für Datenbanken, die nur selten eingesetzt werden und keine hohen Ansprüche an die Performance stellen, gilt eine andere Empfehlung: Derartige Datenbanken werden sinnvollerweise ohne primäre Logdateien betrieben. Auf diese Weise wird kein Plattenplatz für nur selten genutzte Logdateien verschwendet.

Das vierte Eingabefeld im Fenster "Change Database Log Configuration" (siehe Abbildung 5.6) legt fest, nach wieviel Logeinträgen ein sogenannter "soft checkpoint" ausgeführt werden soll. Ein "soft checkpoint" vereinfacht eine eventuell erforderliche Datenbankinstandsetzung, indem die Anzahl abzuarbeitender Logeinträge verringert wird. Häufige "soft checkpoints" - also ein geringer Wert im Feld "Log records to write ..." - sorgen für eine schnelle Datenbankinstandsetzung. Allerdings wird der normale Datenbankbetrieb durch zu häufige "soft checkpoints" belastet. Seltenere "soft checkpoints" verlängern eine eventuell notwendige Datenbankinstandsetzung, entlasten jedoch den normalen Datenbankbetrieb. Der im Feld "Log records to write ..." einzutragende Wert kann zwischen 0 und 65 535 liegen. Der Wert 0 führt dazu, daß überhaupt keine "soft checkpoints" ausgeführt werden.

Verlagern von Logdateien

Die beiden Felder "Current location of log" und "New location of log" im Fenster "Change Database Log Configuration" (siehe Abbildung 5.6 auf Seite 505) ermöglichen das Verlagern von Logdateien. Grundsätzlich befinden sich alle Dateien, die zu einer Datenbank gehören, in einem einzigen Dateiverzeichnis - dem sogenannten Datenbankverzeichnis. Dies gilt standardmäßig auch für Logdateien. Logdateien lassen sich jedoch - im Gegensatz zu allen anderen Dateien eines Datenbankverzeichnisses - in ein anderes Dateiverzeichnis verlagern.

Im Ausgabefeld "Current location of log" wird angezeigt, in welchem Dateiverzeichnis sich die Logdateien derzeit befinden (standardmäßig ist dies das Datenbankverzeichnis). Sollen die Logdateien in ein anderes Verzeichnis verlagert werden, so ist der Pfad des neuen Verzeichnisses im Eingabefeld "New location of log" anzugeben. Das hier eingetragene Verzeichnis muß bereits existieren. Möchte man zu einem späteren Zeitpunkt die Logdateien wieder in das Datenbankverzeichnis zurückverlagern, so ist im Feld "New location of log" der Text DEFAULT einzutragen.

Eine Verlagerung von Logdateien kann aus zwei Gründen sinnvoll sein:

1. Bei großen Datenbanken besteht die Gefahr, an die Kapazitätsgrenze des logischen Laufwerks zu stoßen. Durch Verlagern der Logdateien auf ein anderes logisches Laufwerk läßt sich dieses Problem etwas entschärfen.
2. Stehen mehrere Platten mit getrennten Zugriffsarmen zur Verfügung, so läßt sich die Performance einer Datenbank steigern, indem man die Logdateien auf ein Laufwerk verlagert, das einen eigenen Zugriffsarm besitzt. Hierdurch wird verhindert, daß ein Zugriffsarm ständig zwischen Tabellen- und Indexdateien einerseits und Logdatei andererseits hin- und herwandert. Idealerweise legt man die Logdateien einer performancekritischen Datenbank auf ein Laufwerk mit geringer zusätzlicher Zugriffsaktivität. Der Zugriffsarm bleibt dann nahezu ständig auf der aktuellen Logdatei positioniert, wodurch sich das Schreiben von Logeinträgen stark beschleunigen läßt.

Langlaufende Transaktionen

Im vorliegenden Abschnitt wollen wir uns mit Programmen beschäftigen, die sehr viele Änderungsanweisungen enthalten; z.B. ein Programm, das aus einer Eingabedatei mehrere tausend Zeilen in eine Tabelle einfügt. Unter der Annahme, daß jede Änderungsanweisung - aus logischer Sicht - eine eigene Transaktion darstellt, gibt es drei Alternativen für die Festlegung von Transaktionen:

1. Nach jeder Änderung wird eine COMMIT-Anweisung ausgeführt.
2. Alle Änderungsanweisungen des Programms bilden eine einzige Transaktion.
3. Nach einer festgelegten Anzahl von Änderungen (z.B. jeweils nach 100 Änderungen) wird die Transaktion mittels COMMIT abgeschlossen.

Alle drei Alternativen besitzen Vor- und Nachteile. Daher muß im Einzelfall entschieden werden, welche Technik am besten geeignet ist. Folgende Punkte sind hierbei zu berücksichtigen:

Die erste Alternative verhindert ein starkes Anwachsen der Logdateien am effektivsten. Dafür erhöht sich die Programmlaufzeit wegen der vielen COMMIT-Anweisungen unter Umständen erheblich.

Darüber hinaus muß in der Programmlogik eine Möglichkeit vorgesehen werden, den Programmlauf ab einem bestimmten Punkt zu wiederholen. Dies hat folgenden Grund: Bricht das Programm während des Laufs ab, so lassen sich die bereits abgeschlossenen Transaktionen mittels ROLLBACK nicht mehr rückgängig machen. Bei einem Wiederholungslauf des Programms muß deshalb dafür gesorgt werden, daß nur noch die Änderungsanweisungen zur Aus-

5.3 Transaktionsverarbeitung

führung kommen, die nicht bereits beim ersten Lauf mittels COMMIT abgeschlossen wurden. Man sagt: das Programm muß wiederanlauffähig (engl. restartable) geschrieben werden.

Die zweite Alternative ist programmtechnisch einfacher zu realisieren. Weil im Abbruchfall alle Änderungen rückgängig gemacht werden, kann ein erneuter Programmlauf wieder von Anfang an beginnen. Darüber hinaus entsteht kein Zusatzaufwand durch COMMIT-Anweisungen. Diesen Vorteilen stehen zwei Nachteile gegenüber:

1. Da alle Logeinträge bis zum Ende des Programmlaufs aufbewahrt werden müssen, wachsen die Logdateien übermäßig an. Ein weiterer Punkt - der im Abschnitt 5.4 "Konkurrierender Zugriff" ausführlicher behandelt wird, soll bereits hier angesprochen werden: Tabellenzeilen, die von einem Programm geändert wurden, können von anderen Programmen erst dann wieder verarbeitet werden, wenn die Änderungstransaktion abgeschlossen wird. Ein langlaufendes Änderungsprogramm, das nur aus einer einzigen Transaktion besteht, sperrt somit viele Zeilen für längere Zeit.

2. Tritt ein abnormales Programmende ein, nachdem bereits viele Änderungsanweisungen ausgeführt wurden, so nimmt die (explizite oder implizite) ROLLBACK-Anweisung viel Zeit in Anspruch; denn alle bereits ausgeführten Änderungen müssen anhand der Logeinträge wieder rückgängig gemacht werden.

Die dritte Alternative bildet einen Kompromiß aus den vorangehenden Alternativen: Zum einen wird die Transaktionslänge auf ein erträgliches Maß begrenzt; zum anderen wird die COMMIT-Häufigkeit gegenüber der ersten Alternative reduziert. Aus programmtechnischer Sicht ist diese Alternative jedoch die aufwendigste: Sie muß wiederanlauffähig sein und zusätzlich Programmlogik für die periodisch auszuführenden COMMITs enthalten.

Übersicht über aktive Database Manager-Programme

Der Query Manager bietet in gewissem Umfang die Möglichkeit, Database Manager-Programme während ihrer Arbeit zu beobachten. Hierbei werden insbesondere zum "Transaktionsgeschehen" einige Informationen angezeigt. Der Aufruf dieses "Monitors" geschieht folgendermaßen:

Im Databases-Fenster des Query Manager wird innerhalb der Aktionszeile die Auswahl "System" und anschließend die Unterauswahl "Show Operational Status..." angeklickt. Im daraufhin erscheinenden Fenster läßt sich festlegen, über welche Datenbanken Informationen anzuzeigen sind.

Das Fenster "Operational Status" zeigt tabellarisch einige Informationen zu den ausgewählten Datenbanken. Die Spalte "Location" gibt beispielsweise an, wo sich die Datenbank befindet. Für eine lokale Datenbank steht hier der

Kennbuchstabe des logischen Laufwerks, für eine entfernte Datenbank der Name des PCs, auf dem die Datenbank angesiedelt ist. Die Spalte "Current Connects" sagt aus, wieviel Programmverbindungen momentan zur jeweiligen Datenbank bestehen.

Durch Doppelklick auf eine der angezeigten Datenbanken gelangt man schließlich in das Fenster "User Detail" (siehe Abbildung 5.7). Dort wird für jedes Programm, das momentan eine Verbindung zur ausgewählten Datenbank besitzt, eine Zeile angezeigt. Leider enthält die Anzeige weder Programm- noch Planname, sondern lediglich die Benutzer-ID (Spalte "ID") des Programmausführenden. Es ist deshalb schwierig, Programme voneinander zu unterscheiden, die unter derselben Benutzer-ID ablaufen.

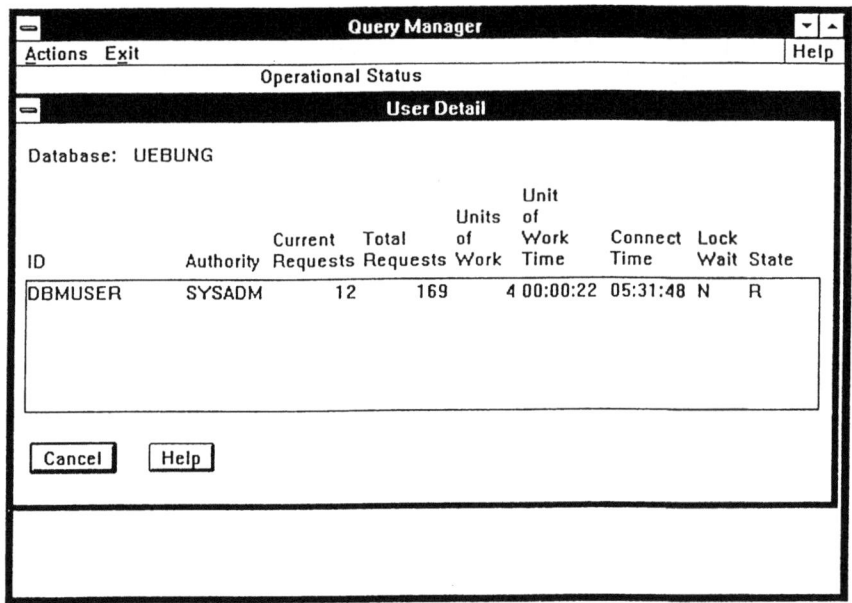

Abbildung 5.7

Im folgenden sollen nur die Spalten erläutert werden, die zum jetzigen Zeitpunkt verständlich sind:

Die Spalte "Current Requests" gibt an, wieviel SQL-Anweisungen innerhalb der momentan offenen Transaktion bereits ausgeführt wurden.

Die Spalte "Total Requests" zeigt, wieviel SQL-Anweisungen insgesamt - d.h. seit "Start using database" - ausgeführt wurden.

Der Spalte "Units of Work" ist die Anzahl an Transaktionen zu entnehmen. Die momentan noch offene Transaktion ist in dieser Zahl mit enthalten.

5.3 Transaktionsverarbeitung

Die verstrichene Zeit seit Beginn der momentan offenen Transaktion wird in der Spalte "Unit of Work Time" angezeigt (Anzeigeformat: Stunden:Minuten:Sekunden).

Die Spalte "Connect Time" gibt an, wieviel Zeit seit "Start Using database" vergangen ist (Anzeigeformat: Stunden:Minuten:Sekunden).

Die Spalte "State" gibt über den Status der momentan offenen Transaktion Auskunft. Drei Stati werden hierbei unterschieden:

S Von der Datenbank wurde weder gelesen noch wurde die Datenbank verändert.

R Von der Datenbank wurde gelesen; die Datenbank wurde jedoch nicht verändert.

C Die Datenbank wurde verändert.

Hinweis: Um die Anzeige des Fensters "User Detail" zu aktualisieren, muß man bis ins Fenster "Show Operational Status" zurückgehen.

5.4 Konkurrierender Zugriff

Zu den wichtigsten Aufgaben eines Datenbanksystems zählt die Koordination des parallelen Zugriffs mehrerer Programme auf eine Datenbank. Da Programme, die gleichzeitig auf dieselben Daten zugreifen, sich gegenseitig Konkurrenz machen, spricht man hier von "konkurrierendem Zugriff". Konkurrierender Zugriff kann aus zwei Situationen resultieren:

1. **Ein** Benutzer ruft **mehrere** Programme auf, die mit derselben (lokalen oder entfernten) Datenbank arbeiten.
2. Eine Serverdatenbank wird von **mehreren** Benutzern des PC-Netzes gleichzeitig verwendet.

Die maximal zulässige Anzahl paralleler Programmverbindungen läßt sich für jede Datenbank individuell festlegen. Standardmäßig sind acht gleichzeitige Programmverbindungen möglich[6].

Im weiteren wollen wir uns damit beschäftigen, welche Probleme der konkurrierende Zugriff aufwerfen kann. Ein Datenbanksystem muß in der Lage sein, folgende drei Situationen zu verhindern:

1. **Verlust einer Modifikation (engl. lost update):**

   Eine Tabellenzeile wird von zwei Programmen (P1 und P2) eingelesen. Beide Programme ermitteln aufgrund der eingelesenen Daten neue Werte für eine Spalte dieser Zeile. Die Modifikation der eingelesenen Zeile wird dann zuerst von P1 und anschließend von P2 ausgeführt. Da sich P2 bei der Ermittlung des neuen Spaltenwerts nicht auf die von P1 geänderten Daten bezieht, geht die Änderung von P1 verloren.

2. **Zugriff auf geänderte Daten nicht abgeschlossener Transaktionen:**

   Ein Programm P1 ändert Tabellendaten. Anschließend liest ein Programm P2 die geänderten Daten ein und benutzt sie als Basis für weitere Änderungsanweisungen. Im dritten Schritt werden die Änderungen des Programms P1 durch einen ROLLBACK rückgängig gemacht. Die Änderungen des Programms P2, die auf den nun wieder aufgehobenen Änderungen von P1 beruhen, bleiben jedoch erhalten. Die Verarbeitung von P2 basiert somit auf ungültigen Daten.

---

[6] Der Standardwert für die Anzahl maximal zulässiger Programmverbindungen kann mit Hilfe des Query Manager verändert werden: Hierzu klickt man im Databases-Fenster auf die Auswahl "Tools" und anschließend auf die Unterauswahl "Reconfigure local database...". Im nächsten Fenster bestätigt man den Auswahlvorschlag "Change general database configuration..." durch Anklicken der Enter-Schaltfläche. Das daraufhin erscheinende Fenster enthält u.a. das Eingabefeld "Maximum number of active applications". Der Eintrag in diesem Feld legt fest, wieviele Programme gleichzeitig mit der Datenbank arbeiten können.

3. **Wiederholung einer Abfrage führt zu anderen Ergebnissen:**

    Ein Programm liest Zeilen einer Tabelle ein. Im Rahmen der Verarbeitung wird es erforderlich, erneut auf bereits gelesene Zeilen zurückzugreifen. Aus Speicherplatz- oder Programmlogikgründen werden die gelesenen Zeilen nicht im Hauptspeicher zwischengespeichert, sondern nochmals aus der Datenbank ermittelt. Inzwischen erfolgte Änderungen können dazu führen, daß das Ergebnis der zweiten SELECT-Anweisung vom Ergebnis des ersten Lesens abweicht. Hieraus resultiert eventuell ein fehlerhafter Programmlauf.

Der Database Manager ist in der Lage, das Auftreten der eben beschriebenen Problemfälle zu verhindern. Er arbeitet hierbei nach folgendem grundsätzlichen Verfahren:

Greift ein Programm auf Tabellendaten zu, so werden hierdurch die Zugriffsmöglichkeiten anderer Programme vorübergehend eingeschränkt. Man sagt: Die Daten werden "gesperrt". Das Sperren von Datenbankdaten bedeutet jedoch nicht immer, daß keinerlei Zugriff mehr möglich ist. Neben dem völligen Sperren von Daten gibt es z.B. auch Sperrformen, die zwar das Lesen der gesperrten Daten durch andere Programme zulassen, das Ändern der Daten jedoch unterbinden.

Am Transaktionsende werden in der Regel alle Sperren aufgehoben; die betroffenen Daten können also wieder ungehindert verarbeitet werden.

Generell gilt: Das Sperren von Datenbankdaten wird vom Database Manager automatisch durchgeführt. In den meisten Fällen ist das standardmäßige Sperrverhalten des Database Manager ausreichend, so daß man sich als Programmierer hierüber keine Gedanken machen muß. Für schwierigere Fälle gibt es jedoch mehrere Möglichkeiten, auf das Sperrverhalten des Database Manager Einfluß zu nehmen. Im folgenden wollen wir uns mit diesen Möglichkeiten detailliert befassen:

Isolationsstufen

Isolationsstufen (engl. isolation level) legen fest, in welchem Maße Leseoperationen (SELECT-Anweisungen) gegen konkurrierende Änderungen geschützt werden. Zwischen folgenden drei Isolationsstufen kann gewählt werden:

1. **Repeatable Read:**

    Bei dieser Isolationsstufe ist sichergestellt, daß eine Abfrage, die innerhalb einer Transaktion mehrfach ausgeführt wird, immer zum selben Ergebnis führt. Alle eingelesenen Zeilen bleiben bis zum Transaktionsende gesperrt; sie können in diesem Zeitraum von **anderen** Programmen nicht modifiziert oder gelöscht werden.

2. **Cursor Stability:**

   Eine mittels FETCH eingelesene Zeile kann solange von anderen Programmen nicht modifiziert oder gelöscht werden, solange der Cursor auf diese Zeile zeigt. Verläßt der Cursor die Zeile[7], ist sie von anderen Programmen wieder änderbar.

3. **Uncommitted Read:**

   Mit dieser Isolationsstufe werden Zeilen beim Einlesen überhaupt nicht gesperrt; parallel ablaufende Änderungsprogramme werden folglich nicht behindert. Die Isolationsstufe "Uncommitted Read" unterscheidet sich noch in einem anderen Punkt von den zuvor genannten Isolationsstufen: Beim Lesen wird auf bereits existierende Sperren keine Rücksicht genommen; d.h.: auch Änderungen noch nicht abgeschlossener Transaktionen werden an das einlesende Programm weitergegeben (daher die Bezeichnung "Uncommitted Read").

   Bei den Isolationsstufen "Repeatable Read" und "Cursor Stability" ist dies nicht der Fall: Hier werden nur solche Zeilen an das Programm weitergereicht, die nicht innerhalb noch offener Transaktionen geändert wurden. Treffen die Database Services während der Ausführung einer Abfrage auf eine Zeile, die in einer noch offenen Transaktion geändert wurde, so wird die Abfrage erst dann weitergeführt, wenn die "sperrende Transaktion" abgeschlossen ist.

Festlegung von Isolationsstufen

Isolationsstufen werden auf Planebene festgelegt; für alle SELECT-Anweisungen eines Plans gilt somit dieselbe Isolationsstufe. Eine Ausnahme ist allerdings zu berücksichtigen:
Die Isolationsstufe "Uncommitted Read" ist nur für solche Cursor wirksam, die nicht mit der Klausel FOR UPDATE OF definiert wurden und für die keine cursorgesteuerten DELETE-Anweisungen auftreten[8]. Ist eine FOR UPDATE OF-Klausel oder eine cursorgesteuerte DELETE-Anweisung vorhanden, so wird trotz Angabe von "Uncommitted Read" die Isolationsstufe "Cursor Stability" verwendet.

Isolationsstufen lassen sich entweder beim Precompile oder beim Binden des Zugriffsplans festlegen. In beiden Fällen geschieht dies mit der I-Option. Folgende Angaben sind möglich:

/I=RR	Repeatable Read
/I=CS	Cursor Stability
/I=UR	Uncommitted Read

---

[7] Zur Cursorpositionierung vergl. Abbildung 3.6 auf Seite 268.
[8] Vergl. Abschnitt 3.4.1 "Cursorgesteuerte Änderungsanweisungen" auf Seite 265 ff.

5.4 Konkurrierender Zugriff

Läßt man beim Binden die I-Option weg, so wird die Isolationsstufe des Precompiles benutzt. Fehlt auch hier die I-Option, kommt standardmäßig die Isolationsstufe "Cursor Stability" zur Anwendung.

Isolationsstufen im Systemkatalog

Möchte man sich eine Übersicht über die Isolationsstufen der Pläne einer Datenbank verschaffen, so ist dies durch Auswertung der Spalte ISOLATION in der Katalogtabelle SYSIBM.SYSPLAN möglich, z.B. folgendermaßen:

```
SELECT  NAME, ISOLATION
FROM    SYSIBM.SYSPLAN
WHERE   CREATOR = 'DBMUSER'
ORDER   BY NAME
```

Die Spalte ISOLATION enthält **R** für "Repeatable Read", **C** für "Cursor Stability" und **U** für "Uncommitted Read".

Welche Isolationsstufe ist zu verwenden?

Alle drei Isolationsstufen besitzen Vor- und Nachteile. Man muß daher im Einzelfall entscheiden, welche Isolationsstufe sich am besten eignet. Folgende Punkte sind hierbei zu berücksichtigen:

Die Isolationsstufe "Repeatable Read" ist die sicherste. Sie garantiert, daß die auf Seite 512 f. beschriebenen Probleme des konkurrierenden Zugriffs nicht auftreten. Andererseits ist bei dieser Isolationsstufe die Sperrdauer am längsten, da alle eingelesenen Zeilen bis zum Transaktionsende gegen Änderungen gesperrt werden. "Repeatable Read" sollte man deshalb nur dann verwenden, wenn sichergestellt werden muß, daß gelesene Daten bis zum Transaktionsende unverändert bleiben. Um parallel ablaufende Änderungsprogramme nicht unnötig zu behindern, ist bei Repeatable Read-Programmen auf kurze Transaktionen zu achten (häufige COMMIT-Anweisungen).

"Cursor Stability" bewährt sich in vielen Fällen als vernünftiger Kompromiß zwischen den beiden Extremen "Repeatable Read" und "Uncommitted Read". Mit "Cursor Stability" ist - wie bei der Isolationsstufe "Repeatable Read" - sichergestellt, daß eine geänderte Zeile erst dann an das Programm weitergereicht wird, wenn die Änderung durch den Transaktionsabschluß bestätigt wird. Wegen des geringeren Sperrumfangs werden jedoch Änderungsprogramme durch Cursor Stability-Abfragen weniger behindert als durch Repeatable Read-Abfragen.

Die Isolationsstufe "Uncommitted Read" bietet keinerlei Schutz gegen die Gefahren des konkurrierenden Zugriffs. Sie wird daher auch als "schmutziges

Lesen" (engl. dirty read) bezeichnet. "Uncommitted Read" sollte nur in solchen Fällen verwendet werden, in denen eine gegenseitige Behinderung von Programmen unbedingt zu vermeiden ist.

Der Einsatz von "Uncommitted Read" ist z.B. für ein Programm sinnvoll, das Tabellendaten mit automatischer Aktualisierung am Bildschirm anzeigen soll. Ein derartiges Programm muß die auszugebenden Daten regelmäßig in kurzen Zeitabständen ermitteln. Bei Verwendung der Isolationsstufen "Repeatable Read" oder "Cursor Stability" würde dieses ständige Lesen in der Datenbank die Änderung der betroffenen Daten stark behindern. Darüber hinaus würde die Aktualität der Anzeige durch langlaufende Änderungstransaktionen eingeschränkt.

Sperrumfang

Die vom Database Manager verhängten Sperren beziehen sich entweder auf einzelne Zeilen (engl. row level lock) oder auf gesamte Tabellen (engl. table lock). Wie leicht einzusehen ist, führen Zeilensperren zu einer geringeren Behinderung anderer Programme als Tabellensperren. Allerdings werden Zeilensperren vom Database Manager in der Regel nur dann verwendet, wenn der Datenzugriff über einen Index erfolgt. Doch auch Zeilensperren besitzen Nachteile. Zur Erläuterung dieser Nachteile müssen wir kurz auf die Sperrtechnik des Database Manager eingehen:

Jeder Datenbank ist ein Hauptspeicherbereich zugeordnet, in dem Sperren verzeichnet werden. Dieser Hauptspeicherbereich wird "Sperrliste" (engl. lock list) genannt. Das Verhängen einer Sperre führt zu einem Eintrag in der Sperrliste. Wird eine Sperre aufgehoben, so wird auch der zugehörige Eintrag aus der Sperrliste wieder entfernt.

Eine SQL-Anweisung, die viele Zeilen einer Tabelle berührt, zieht im Falle von Zeilensperren viele Einträge und Löschungen in der Sperrliste nach sich. Hieraus resultiert ein erheblicher Aufwand für das Sperren, der sich in erhöhtem CPU-Verbrauch niederschlägt. Abhängig von der Sperrdauer können Zeilensperren darüber hinaus zu Platzmangel in der Sperrliste führen. Welche Konsequenzen hieraus entstehen, werden wir im Abschnitt "Sperreskalation" behandeln.

Die eben beschriebenen Nachteile von Zeilensperren treten bei Tabellensperren nicht auf. Hier ist zum Sperren einer gesamten Tabelle nur ein einziger Eintrag in der Sperrliste erforderlich. Deshalb eignet sich für SQL-Anweisungen, die auf viele Zeilen einer Tabelle zugreifen, eine Tabellensperre besser als eine Vielzahl einzelner Zeilensperren.

Explizites Sperren von Tabellen

Standardmäßig entscheidet der Database Manager unter Berücksichtigung verschiedener Kriterien (z.B. Zugriffspfad) eigenständig, ob auf Zeilen- oder auf Tabellenebene gesperrt wird. Man kann allerdings das Sperren auf Tabellenebene erzwingen. Hierzu dient die LOCK TABLE-Anweisung. Sie existiert in zwei Formen:

```
EXEC SQL LOCK TABLE Tabellenname IN SHARE MODE;

EXEC SQL LOCK TABLE Tabellenname IN EXCLUSIVE MODE;
```

Bei der ersten Form (SHARE MODE) können andere Programme zwar lesend, jedoch nicht ändernd auf die gesperrte Tabelle zugreifen. Die zweite Form (EXCLUSIVE MODE) sperrt die angegebene Tabelle gegen jeglichen Zugriff anderer Programme, sofern es sich nicht um Abfragen mit der Isolationsstufe "Uncommitted Read" handelt. Eine mittels LOCK TABLE verhängte Tabellensperre bleibt bis zum Ende der Transaktion erhalten. Die Angabe von Views ist in der LOCK TABLE-Anweisung nicht möglich. Man muß hier also von der Empfehlung, in Programmen ausschließlich Views anzusprechen[9], abweichen.

Für die Verwendung der LOCK TABLE-Anweisung gibt es im wesentlichen zwei Gründe:

1. Bei SQL-Anweisungen, die viele Zeilen einer Tabelle berühren, entsteht durch Zeilensperren ein erheblicher Zusatzaufwand. Dies gilt insbesondere für Änderungsanweisungen, da hier - unabhängig von der Isolationsstufe - Sperren grundsätzlich bis zum Transaktionsende aufrechterhalten werden. Durch eine gezielte Tabellensperre mittels LOCK TABLE läßt sich die Effizienz solcher Anweisungen verbessern. In manchen Fällen ist es insgesamt günstiger, den Zugriff anderer Programme auf eine Tabelle für eine bestimmte Zeit völlig zu verhindern, als jede geänderte Zeile einzeln zu sperren und am Transaktionsende wieder freizugeben.

2. Die Anweisung LOCK TABLE ... IN SHARE MODE bietet sich an, wenn die mittels "Repeatable Read" erzielbare Isolation nicht ausreicht. Soll z.B. sichergestellt werden, daß alle Abfragen einer Transaktion Daten liefern, die zum selben Zeitpunkt gültig waren, so ist dies durch "Repeatable Read" nicht erreichbar. Die Isolationsstufe "Repeatable Read" gewährleistet zwar, daß bereits gelesene Zeilen nicht mehr verändert werden können, verhindert jedoch nicht das Ändern noch nicht gelesener Tabellenzeilen. Durch Sperren einer Tabelle im SHARE MODE wird der Zustand dieser Tabelle bis zum Transaktionsende eingefroren; alle Abfra-

---
[9] Vergl Abschnitt 4.5 "Der externe Datenbankentwurf".

gen, die zwischen LOCK TABLE und Transaktionsende ausgeführt werden, liefern daher Daten, die zeitlich gesehen konsistent sind.

Beim Einsatz der LOCK TABLE-Anweisung ist zu beachten, daß Änderungen in einer Tabelle aufgrund von Beziehungen[10] möglicherweise weitere implizite Aktionen der Database Services (Abfragen oder Änderungen) auslösen. Es kann daher sinnvoll sein, mittels LOCK TABLE zusätzliche Tabellen zu sperren, die zwar explizit in SQL-Anweisungen überhaupt nicht auftauchen, auf die jedoch zur Wahrung der Beziehungsintegrität von den Database Services implizit zugegriffen wird.

Sperreskalation

Wie bereits erwähnt, besitzt jede aktive Datenbank einen Hauptspeicherbereich, der als Sperrliste fungiert. Die Größe der Sperrliste läßt sich zwar pro Datenbank individuell festlegen; sie wird jedoch vom Database Manager während des Betriebs einer Datenbank nicht dynamisch verändert. Es kann daher die Situation auftreten, daß mehr Sperren zu verzeichnen sind, als von der Sperrliste aufgenommen werden können. Das Problem einer zu kleinen Sperrliste tritt vor allem dann auf, wenn viele Zeilensperren gleichzeitig aufrechterhalten werden müssen.

Der Database Manager löst dieses Problem dadurch, daß er von Zeilensperren auf Tabellensperren übergeht. Da eine Tabellensperre in der Regel viele Zeilensperren ersetzt, reduziert sich hierdurch die Anzahl Sperren in der Sperrliste. Das Umwandeln von Zeilensperren in eine Tabellensperre wird als "Sperreskalation" (engl. lock escalation) bezeichnet.

Sperreskalation tritt in zwei Situationen auf:

- ♦ Zum einen, wenn die Sperrliste soweit gefüllt ist, daß sie nur noch wenige Sperren aufnehmen kann.

- ♦ Zum andern kann Sperreskalation für ein einzelnes Programm erfolgen, obwohl die Sperrliste insgesamt nur zu einem geringen Teil gefüllt ist. In diesem Fall wird die Sperreskalation dadurch ausgelöst, daß die Sperrliste zu einem vorgegebenen Prozentsatz mit Sperren für das betrachtete Programm gefüllt ist. Betrachten wir hierzu ein Beispiel: Beträgt der Füllgrad, bei dem Sperreskalation auftritt, 22 Prozent, so heißt dies: Ist die Sperrliste zu 22 Prozent mit Sperren eines Programms gefüllt, so wird für dieses Programm auf Tabellensperren umgeschaltet. Im vorliegenden Fall dient die Sperreskalation zur Effizienzsteigerung, indem beim Auftreten vieler Zeilensperren für ein Programm auf Tabellensperren umgeschaltet wird.

---

[10] Vergl. Abschnitt "Beziehungsintegrität und Datenänderungen" auf Seite 335 ff.

5.4 Konkurrierender Zugriff

Der prozentuale Füllgrad der Sperrliste, bei dessen Überschreitung Sperreskalation auftritt, kann mit Hilfe des Query Manager festgelegt werden. Hierzu klickt man im Databases-Fenster auf die Auswahl "Tools" und anschließend auf die Unterauswahl "Reconfigure local database...". Daraufhin öffnet sich ein gleichnamiges Fenster mit drei Auswahlmöglichkeiten. Man bestätigt den Auswahlvorschlag "Change general database configuration..." durch Anklicken der Enter-Schaltfläche. Hierdurch gelangt man in das Fenster "Change General Database Configuration" (siehe Abbildung 5.8).

Dort kann mit Hilfe des Eingabefeldes "Maximum percent of lock lists allowed per application" der prozentuale Füllgrad der Sperrliste festgelegt werden, bei dessen Überschreitung auf Tabellensperren umgeschaltet wird. Der Standardwert hierfür wird vom Database Manager anhand des Wertes im Feld "Maximum number of active applications" festgelegt. Bei maximal acht gleichzeitig aktiven Programmen beträgt er 22 Prozent.

Mit Hilfe des Eingabefeldes "Maximum storage for lock lists (# of 4K pages)" (siehe Abbildung 5.8) wird die Größe der Sperrliste festgelegt (in 4 kByte-Seiten).

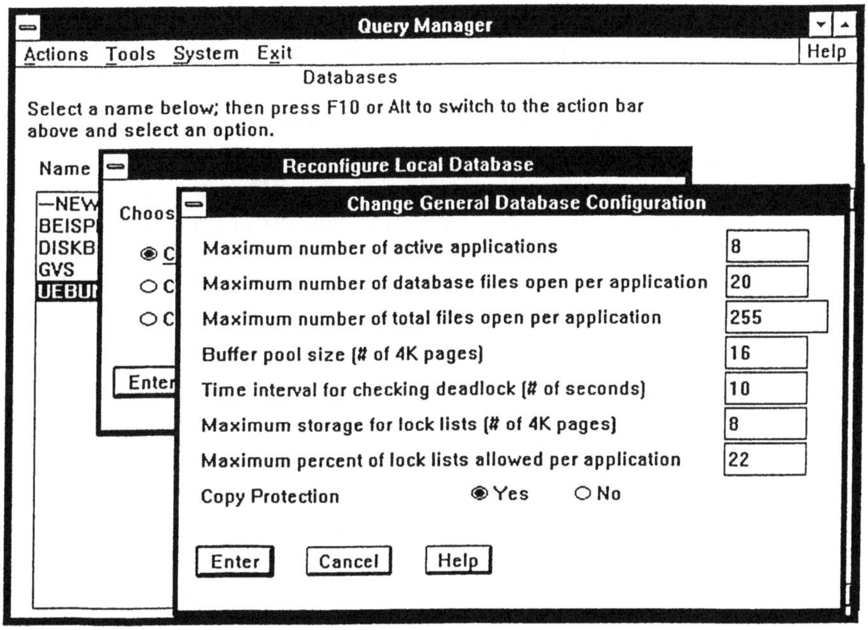

Abbildung 5.8

Blockadesituationen

Betrachten wir folgendes Beispiel: Zwei Programme (P1 und P2) modifizieren zwei Zeilen (Z1 und Z2) einer Tabelle; allerdings in unterschiedlicher Reihenfolge. Das Programm P1 modifiziert zuerst die Zeile Z1; das Programm P2 beginnt mit der Zeile Z2. Anschließend versucht das Programm P1 die Zeile Z2 zu modifizieren; im Gegenzug möchte das Programm P2 die Zeile Z1 modifizieren. Die UPDATE-Anweisung von P1 kann jedoch nicht ausgeführt werden, da die Zeile Z2 durch P2 gesperrt ist. Entsprechendes gilt für P2. Beide Programme warten also darauf, daß die Sperre des jeweils anderen Programms aufgehoben wird. Es ist eine Blockadesituation (engl. deadlock) eingetreten.

Der Database Manager prüft in regelmäßigen Zeitabständen, ob Blockadesituationen vorliegen. Ist dies der Fall, so werden Blockaden durch folgende Maßnahme aufgelöst: Eines der beiden an einer Blockade beteiligten Programme wird zum "Verlierer" erklärt. Dies bedeutet:

◆ Die offene Transaktion des Verliererprogramms wird rückgängig gemacht.

◆ Damit das Verliererprogramm vom impliziten ROLLBACK Kenntnis erhält, wird die aktuelle SQL-Anweisung mit dem SQLCODE "-911" quittiert.

Wir wollen dies anhand des obigen Beispiels veranschaulichen: Angenommen, das Programm P2 wird zum Verlierer erklärt, so wird die bereits ausgeführte UPDATE-Anweisung, die die Zeile Z2 modifizierte, wieder rückgängig gemacht. Die zweite UPDATE-Anweisung des Programms P2, die sich wegen der Sperre durch P1 nicht ausführen läßt, wird mit dem SQLCODE "-911" abgebrochen. Da durch den ROLLBACK von P2 die Zeile Z2 wieder entsperrt wird, kann nun das Programm P1 normal fortgesetzt werden.

Die Zeitspanne zwischen zwei Blockadeprüfungen läßt sich für jede Datenbank gezielt einstellen. Hierzu dient das Eingabefeld "Time interval for checking deadlock (# of seconds)" im Query Manager-Fenster "Change General Database Configuration" (siehe Abbildung 5.8). Standardmäßig beträgt die Zeitspanne zwischen zwei Blockadeprüfungen zehn Sekunden. Bei der Veränderung dieses Wertes (zwischen 1 und 600 Sekunden) ist zu beachten: Häufige Blockadeprüfungen erhöhen die CPU-Belastung während des normalen Datenbankbetriebs, sorgen jedoch für eine schnelle Auflösung von Blockaden. Seltenere Blockadeprüfungen entlasten die CPU, führen aber andererseits dazu, daß Blockaden länger unentdeckt bleiben.

Beobachtung des Sperrverhaltens

Der Database Manager gibt nahezu keine Auskünfte über sein Sperrverhalten. Es ist daher sehr schwierig, zu erkennen, ob lange Antwortzeiten aus einem ungünstigen Sperrverhalten resultieren.

Mit Hilfe des Query Manager-Fensters "User Detail" (siehe Abbildung 5.7 auf Seite 510) kann man allerdings feststellen, ob ein Programm momentan wegen Sperren anderer Programme warten muß. Ist dies der Fall, so enthält die Spalte "Lock Wait" das Zeichen **W**. Muß nicht auf die Aufhebung von Sperren gewartet werden, findet sich in der Spalte "Lock Wait" das Zeichen **N**.

Sperren einer kompletten Datenbank

Neben den bisher beschriebenen Sperrmechanismen besteht die Möglichkeit, eine gesamte Datenbank zu sperren. Eine derartige Datenbanksperrung erfolgt jedoch nicht auf Programm-, sondern auf Benutzerebene. D.h.: **Ein** Benutzer kann mit beliebigen Programmen auf die Datenbank zugreifen; allen anderen Benutzern ist jedoch der Zugriff auf die gesperrte Datenbank verwehrt.

Ob eine Datenbank exklusiv benutzt werden soll, wird beim Aufruf der Funktion "Start using database" festgelegt (vergl. Abschnitt "Database Manager-Funktionen" auf Seite 182 ff.). Um exklusiven Zugang zur Datenbank zu erhalten, ist als zweiter Parameter von "sqlestrd" (oder "initdbm") anstelle der Konstanten SQL_USE_SHR die Konstante SQL_USE_EXC zu verwenden. Eine exklusive Datenbankverbindung läßt sich allerdings nur dann aufbauen, wenn zum Zeitpunkt des sqlestrd-Aufrufs kein anderer Benutzer mit der Datenbank arbeitet. Andernfalls scheitert der sqlestrd-Aufruf (SQLCODE "-1035").

Gelingt der Aufbau einer exklusiven Datenbankverbindung, so werden - solange die exklusive Datenbankverbindung besteht - sqlestrd-Aufrufe anderer Benutzer ebenfalls mit dem SQLCODE "-1035" abgewiesen.

5.5 Datensicherung und -wiederherstellung

Das Sicherungs- und Wiederherstellungskonzept des Database Manager ist ein Schwachpunkt des ansonsten gut gelungenen Produkts. Der wesentliche Mangel besteht darin, daß nach dem Verlust einer Datenbank (z.B. durch Plattendefekt) nicht der **aktuelle** Datenbankzustand wiederhergestellt werden kann. Es ist lediglich möglich, die Datenbank in den Zustand der letzten Datenbanksicherung zu versetzen. Alle Änderungen, die nach der letzten Sicherung ausgeführt wurden, sind also verloren und müssen erneut eingegeben werden.

Andere Datenbanksysteme erlauben meist die Wiederherstellung des aktuellen Datenbankzustands, indem sämtliche Datenbankänderungen, die nach der letzten Sicherung erfolgten, anhand aufbewahrter Logdateien nochmals ausgeführt werden. Diese Technik erfordert zwar einigen Speicherplatz, da sämtliche Logeinträge seit der letzten Sicherung aufzuheben sind; sie ist jedoch unumgänglich, wenn ein Aktualitätsverlust von mehreren Stunden oder gar Tagen nicht toleriert werden kann.

Doch nun zurück zum Sicherungs- und Wiederherstellungskonzept des Database Manager. Es beruht im wesentlichen darauf, daß das gesamte Datenbankverzeichnis mit Hilfe des OS/2-Backup-Programms gesichert[11] bzw. mit dem OS/2-Restore-Programm wiederhergestellt wird. Sowohl zum Sichern als auch zum Wiederherstellen einer Datenbank kann der Query Manager benutzt werden. Das Sichern einer Datenbank wurde bereits im Abschnitt "Erstellen einer Datenbanksicherung" auf Seite 210 f. beschrieben.

Wir wollen uns hier deshalb auf die Frage beschränken, wann eine vollständige bzw. wann eine teilweise Sicherung durchzuführen ist (Auswahl "Entire database" bzw. "Changes only" im Fenster "Backup Local Database"). Bei einer teilweisen Sicherung werden nur die Dateien des Datenbankverzeichnisses kopiert, die seit der letzten Sicherung verändert wurden. Demgegenüber wird bei einer vollständigen Sicherung das gesamte Datenbankverzeichnis gesichert.

Ein denkbares Sicherungsverfahren könnte so aussehen, daß einmal wöchentlich eine vollständige Sicherung erstellt wird. Zusätzlich werden täglich teilweise Sicherungen durchgeführt. Eine teilweise Sicherung bringt jedoch gegenüber einer vollständigen Sicherung nur dann eine Ersparnis, wenn die zu sichernde Datenbank große Tabellen enthält, die seit der letzten Sicherung nicht geändert wurden. Bereits die Änderung einer einzigen Zeile führt dazu, daß bei einer teilweisen Sicherung die komplette Tabellendatei kopiert wird.

Während einer Datenbanksicherung ist die gesamte zu sichernde Datenbank gesperrt; sie kann also in diesem Zeitraum nicht benutzt werden. Darüber hin-

---

[11] Logdateien werden nicht gesichert.

aus kann man nur lokale Datenbanken sichern. Ein Datenbank muß also immer an ihrem "Heimat-PC" gesichert werden.

Datenbankwiederherstellung

Wie bereits erwähnt, lassen sich auch Datenbankwiederherstellungen mit Hilfe des Query Manager durchführen. Hierzu wird im Databases-Fenster die wiederherzustellende Datenbank[12] markiert. Anschließend klickt man auf die Auswahl "Tools" und die Unterauswahl "Restore local database...". Daraufhin gibt man den Kennbuchstaben des Laufwerks ein, das zum Einlesen der Sicherungsdisketten vorgesehen ist. Im nächsten Fenster besteht die Möglichkeit, die Wiederherstellung abzubrechen (Do you want to continue the restore process?). Durch Anklicken der Yes-Schaltfläche wird das OS/2-Restore-Programm in einer Fenstersession mit dem Titel "Restoring Database ..." aktiviert. Dort wird man dann aufgefordert, die Sicherungsdisketten nacheinander einzulegen.

Verständlicherweise kann eine Datenbank während der Wiederherstellung noch nicht benutzt werden. Außerdem ist zu beachten, daß eine Datenbank grundsätzlich an ihrem Heimat-PC wiederhergestellt werden muß.

Sichern mittels Streamer

Bei größeren Datenbanken ist die Verwendung eines Streamers anstelle der standardmäßigen Sicherung auf Disketten zu empfehlen. Leider gibt es zur Zeit nur wenige Streamer, die unter OS/2 betrieben werden können. Steht ein Streamer zur Verfügung, so läßt sich eine Datenbank einfach dadurch sichern, daß alle Dateien des zugehörigen Datenbankverzeichnisses abgezogen werden. Bei einer Datenbankwiederherstellung ist ebenfalls das gesamte Datenbankverzeichnis von der Sicherung zurückzukopieren.

---

[12] Taucht die zerstörte Datenbank im Databases-Fenster überhaupt nicht mehr auf, so ist sie zuerst als neue (leere) Datenbank anzulegen. Danach kann sie aus der Sicherung wiederhergestellt werden.

5.6 Zugriffsschutz

Im vorliegenden Abschnitt wollen wir uns mit dem Schutz von Datenbankobjekten (z.B. Tabellen oder Zugriffsplänen) gegen unberechtigten Zugriff befassen.

Wie wir wissen, werden Datenbankzugriffe nicht direkt von Anwendungsprogrammen, sondern von den Database Services ausgeführt. Ein Anwendungsprogramm erteilt lediglich einen Auftrag (in Form einer eingebetteten SQL-Anweisung oder eines Database Manager-Funktionsaufrufs), der dann von den Database Services bearbeitet wird[13]. Zu Beginn der Auftragsbearbeitung prüfen die Database Services, ob der Programmbenutzer überhaupt berechtigt ist, die beabsichtigte Datenbankoperation auszuführen. Diese Berechtigungsprüfung kann von den Database Services verständlicherweise nur dann vorgenommen werden, wenn sie den Programmbenutzer kennen. Zur Ausführung von Datenbankzugriffen ist es deshalb erforderlich, daß sich der Benutzer zu erkennen gibt. Als Hilfsmittel hierfür dient eine sogenannte "Benutzeridentifikation" (kurz: Benutzer-ID, engl. user ID). Die Eingabe der Benutzer-ID durch den Benutzer wird als "Benutzeranmeldung" (engl. logon) bezeichnet.

Um zu verhindern, daß sich ein Benutzer unrechtmäßig mit der Benutzer-ID einer anderen Person anmeldet, läßt sich jeder Benutzer-ID ein Paßwort zuordnen. Nur wenn das zur Benutzer-ID passende Paßwort eingegeben wird, wird die Anmeldung des Benutzers akzeptiert.

Die Benutzeranmeldung einschließlich der Paßwortüberprüfung ist nicht Aufgabe des Database Manager. Das OS/2 (Extended Edition) enthält hierfür eine eigenständige Komponente mit der Bezeichnung "User Profile Management" (zu Deutsch: Benutzerprofil-Verwaltung). Die Existenz einer vom Database Manager unabhängigen OS/2-Komponente zur Benutzeranmeldung hat durchaus ihren Sinn: Denn nicht nur der Database Manager erfordert eine Benutzeridentifikation, sondern auch andere OS/2-Komponenten, die ebenfalls mit benutzerbezogenen Berechtigungen arbeiten (z.B. LAN-Dienste).

Zusammenspiel zwischen Database Manager und User Profile Management

Wie eben erwähnt, ist für die Benutzeranmeldung das User Profile Management zuständig. Die Berechtigungsprüfung erfolgt hingegen im Database Manager. Dort wird auch festgelegt, welche Rechte (engl. privilege) die einzelnen Benutzer erhalten.

---

[13] Vergl. hierzu Abbildung 2.26 auf Seite 135.

5.6 Zugriffsschutz

In den nächsten Abschnitten werden wir uns sowohl mit der Benutzeranmeldung als auch mit der Berechtigungsvergabe detaillierter befassen. Zuvor soll jedoch erläutert werden, wie das User Profile Management und der Database Manager zusammenarbeiten. Betrachten wir hierzu Abbildung 5.9:

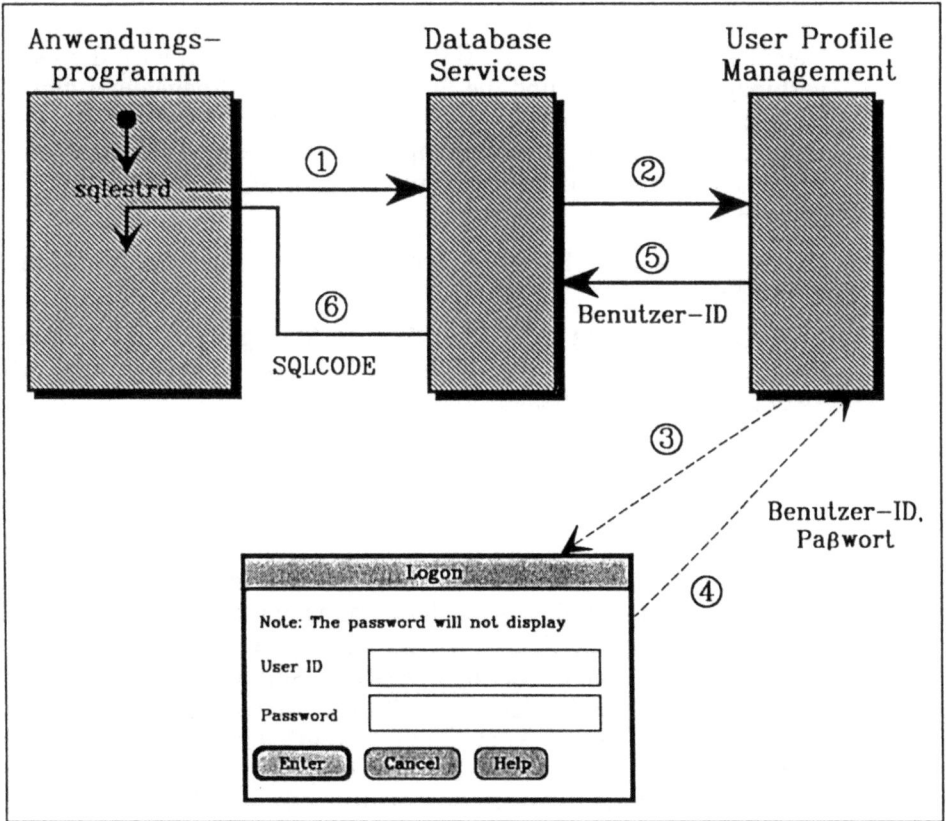

Abbildung 5.9

In den meisten Database Manager-Programmen lautet der erste an die Database Services erteilte Auftrag: "Start using database" (d.h. Aufruf der Funktion "sqlestrd"; Schritt 1 in Abbildung 5.9). Zu diesem Zeitpunkt stellt sich daher für die Database Services erstmalig die Frage: Welcher Benutzer verbirgt sich hinter diesem Programm? Um den Programmbenutzer zu ermitteln, richten die Database Services an das User Profile Management folgende Anfrage (Schritt 2): Welcher Benutzer ist angemeldet?

Vereinfacht betrachtet, können zwei unterschiedliche Situationen vorliegen:

1. Der momentan aktive Benutzer hat sich bereits gegenüber dem User Profile Management angemeldet:

   In diesem Fall antwortet das User Profile Management auf die Database Services-Anfrage mit der Benutzer-ID des Benutzers (Schritt 5). Die Database Services prüfen dann, ob der Benutzer zum Aufbau der geforderten Datenbankverbindung berechtigt ist. Ist dies der Fall, wird die Datenbankverbindung aufgebaut und die Funktion "sqlestrd" gegenüber dem Anwendungsprogramm mit dem SQLCODE "0" quittiert (Schritt 6). Fehlt dem Benutzer die nötige Berechtigung, so wird keine Datenbankverbindung aufgebaut und der sqlestrd-Aufruf mit dem SQLCODE "-1060" beendet (Schritt 6).

2. Es ist derzeit kein Benutzer gegenüber dem User Profile Management angemeldet:

   In diesem Fall wird vom User Profile Management das Logon-Fenster ausgegeben (Schritt 3 in Abbildung 5.9). Im folgenden sind wiederum zwei Fälle zu unterscheiden:

   a) Gibt der Benutzer eine gültige Benutzer-ID samt zugehörigem Paßwort ein (Schritt 4), so wird diese Benutzer-ID an die Database Services übergeben (Schritt 5). Der weitere Ablauf entspricht dann dem Fall 1.

   b) Ist der Benutzer nicht in der Lage oder nicht gewillt, sich anzumelden (d.h. er bricht den Anmeldevorgang durch Anklicken der Cancel-Schaltfläche ab; Schritt 4), so wird vom User Profile Management keine Benutzer-ID an die Database Services zurückgemeldet. Statt dessen antwortet das User Profile Management an die Database Services: "Keine Anmeldung erfolgt" (Schritt 5). Diese Antwort veranlaßt die Database Services, keine Datenbankverbindung aufzubauen und den sqlestrd-Aufruf mit dem SQLCODE "-1093" zu beenden (Schritt 6).

Wurde eine Datenbankverbindung aufgebaut, so wird die vom User Profile Management zurückgemeldete Benutzer-ID von den Database Services zur Berechtigungsprüfung aller weiteren Aufträge des Programms bis zum Abbau der Datenbankverbindung benutzt. Ein Wechsel der Benutzer-ID ist also für eine bereits bestehende Datenbankverbindung nicht mehr wirksam.

Grenzen des Zugriffsschutzes

Bevor wir uns mit dem User Profile Management genauer befassen, soll ein wichtiger Aspekt des Zugriffsschutzes angesprochen werden:

Wie bereits in Abschnitt 4.3.1 "Datenbankdefinition" erwähnt, wird eine Database Manager-Datenbank durch eine Vielzahl von Dateien innerhalb eines OS/2-Dateiverzeichnisses repräsentiert. Bei lokalen Datenbanken läßt sich der direkte Zugriff auf diese Dateien nicht verhindern; ein Benutzer kann also unter Umgehung der Zugriffsmechanismen des Database Manager diese Datenbankdateien ansehen, verändern oder gar löschen.

Bei einer entfernten Datenbank ist dies anders. Hier befindet sich das Datenbankverzeichnis auf einem Server-PC, der sich gegen direkten Zugriff durch Benutzer des PC-Netzes schützen läßt. So gesehen lohnt sich der Einsatz der Berechtigungsfunktionen des Database Manager nur für Serverdatenbanken, da nur für diese ein echter Zugriffsschutz gewährleistet ist.

5.6.1 Benutzerprofil-Verwaltung

Das User Profile Management erfüllt im wesentlichen folgende Aufgaben:
1. Benutzerverwaltung,
2. Benutzergruppenverwaltung,
3. Benutzeran- und -abmeldung.

Benutzerverwaltung

Das Einrichten von Benutzer-IDen ist uns nicht völlig unbekannt. Bereits in der Einleitung dieses Buches wurde die Benutzer-ID DBMUSER angelegt. Darüber hinaus wurde dort ein Verfahren zur **automatischen** Benutzeranmeldung während des OS/2-Starts beschrieben. Wir waren deshalb bei allen bisherigen Query Manager- und Programmierübungen unter der Benutzer-ID DBMUSER angemeldet, ohne hiervon allzuviel zu bemerken.

An dieser Stelle soll nicht erneut beschrieben werden, wie man ins Fenster "Add a New User" gelangt (siehe Abbildung 1.1 auf Seite 6). Statt dessen wollen wir uns hier mit den verschiedenen Festlegungen befassen, die bei der Einrichtung einer neuen Benutzer-ID zu treffen sind:

Im Eingabefeld "User ID" des Fensters "Add a New User" wird die zu definierende Benutzer-ID eingetragen. Sie kann maximal acht Stellen umfassen und muß mit einem Buchstaben oder mit einem der Zeichen "#", "@" oder "$" beginnen. Für die restlichen Stellen sind Buchstaben, Ziffern und die Zeichen "#" und "@" zulässig; das Zeichen "$" kann ebenfalls benutzt werden, solange es nicht die letzte Stelle der Benutzer-ID bildet. Darüber hinaus darf eine

Benutzer-ID nicht mit den Zeichenketten SYS, SQL oder IBM beginnen. Weiterhin sind folgende Bezeichnungen für Benutzer-IDen unzulässig: PUBLIC, USERS, ADMINS, und GUESTS.

Im Feld "User comment" gibt man sinnvollerweise den Namen des Benutzers und eventuell weitere identifizierende Daten (z.B. Telefonnummer oder Abteilungskürzel) ein. Die Eingabe kann maximal 40 Zeichen umfassen.

Das Auswahlfeld "Select User Type" dient zur Klassifizierung des neuen Benutzers. In gewisser Weise werden hierdurch bereits Berechtigungen festgelegt. Diese Berechtigungen darf man jedoch nicht mit solchen Berechtigungen verwechseln, die innerhalb des Database Manager definiert werden.

- Die Auswahl "User" legt einen "gewöhnlichen" Benutzer fest. Ein solchermaßen klassifizierter Benutzer besitzt nur die Berechtigungen, die ihm explizit innerhalb des Database Manager erteilt werden bzw. die er durch Aufnahme in Benutzergruppen implizit erhält.

- Ein Benutzer vom Typ "Local Administrator" nimmt die höchste Berechtigungsstufe des Database Manager ein. Diese Superberechtigung heißt innerhalb des Database Manager "Systemadministrator", oder kurz **SYSADM**. Ein SYSADM-Benutzer kann neue Datenbanken anlegen; außerdem besitzt er uneingeschränkten Zugriff auf alle lokalen Datenbanken. Die SYSADM-Berechtigung ist die einzige Database Manager-bezogene Berechtigung, die nicht innerhalb des Database Manager, sondern im User Profile Management festgelegt wird. Pro PC kann es nur **einen** lokalen Administrator geben.

- Die Auswahl "Administrator" (siehe Abbildung 1.1 auf Seite 6) ist noch weitergehender als die Auswahl "Local Administrator". Ein Administrator besitzt ebenfalls die SYSADM-Berechtigung. Er hat jedoch zusätzlich das Recht, innerhalb des User Profile Management Benutzer und Benutzergruppen zu verwalten.

Im Auswahlfeld "Select Password Option" wird angegeben, ob zur Benutzeranmeldung ein Paßwort erforderlich ist. Wie bereits erwähnt, läßt sich echter Zugriffsschutz nur dann gewährleisten, wenn Paßwörter vorgeschrieben werden, da anderenfalls nicht verhindert werden kann, daß sich ein Benutzer mit der Benutzer-ID eines anderen Benutzers anmeldet. Wählt man "Required Password", so muß in den Feldern "Password" und "Type the password again ..." das dem Benutzer zugeordnete Paßwort eingegeben werden. Der Benutzer kann später dieses Initialpaßwort durch ein Paßwort eigener Wahl ersetzen.

Das Auswahlfeld "Select Access Authority" erlaubt, eine Benutzer-ID zu aktivieren (Auswahl "Allowed") bzw. außer Kraft zu setzen (Auswahl "Denied"). Eine Benutzer-ID bereits beim Anlegen außer Kraft zu setzen, ist wohl nur in Ausnahmefällen sinnvoll. Die Auswahl "Denied" läßt sich jedoch dann nutzbringend einsetzen, wenn eine bereits definierte Benutzer-ID vorübergehend ihre Gültigkeit verlieren soll. Mit Hilfe von "Denied" ist dies auf einfache Weise möglich, ohne daß hierzu die im Database Manager festgelegten Berechtigungen verändert werden müssen.

Im Fenster "User Profile Management - User Management" lassen sich nicht nur neue Benutzer-IDen einrichten; es können auch bestehende Benutzerprofile geändert oder gar gelöscht werden. Hierzu markiert man die zu bearbeitende Benutzer-ID und klickt anschließend auf die Auswahl "Actions" in der Aktionszeile. Die Unterauswahl "Update user information..." erlaubt das Modifizieren eines Benutzerprofils; die Unterauswahl "Erase user ID..." dient zum Löschen einer Benutzer-ID.

Definition von Benutzergruppen

Das User Profile Management bietet die Möglichkeit, Benutzergruppen zu bilden. Derartige Benutzergruppen lassen sich innerhalb des Database Manager genau in derselben Weise berechtigen, wie auch einzelne Benutzer berechtigt werden. Ein Benutzer besitzt also im Database Manager nicht nur die Rechte, die ihm explizit erteilt wurden, sondern auch die, die ihm durch Mitgliedschaft in Benutzergruppen zufallen.

Der Einsatz von Benutzergruppen vereinfacht die Berechtigungsvergabe oftmals erheblich: Zum einen reduziert sich die Anzahl der innerhalb des Database Manager zu vergebenden Berechtigungen, da nur wenige Gruppen statt vieler Einzelbenutzer zu berechtigen sind. Zum anderen kann man neuen Benutzern alle benötigten Database Manager-Rechte einfach dadurch erteilen, daß sie in eine oder mehrere Gruppen aufgenommen werden. In gleicher Weise werden einem Benutzer Rechte entzogen, indem er aus einer Gruppe ausgeschlossen wird. Aufgrund der eben beschriebenen Vorteile sollte man anstreben, innerhalb des Database Manager Berechtigungen ausschließlich an Benutzergruppen zu erteilen.

Das Einrichten von Benutzergruppen ist ziemlich einfach:

Im Fenster "User Profile Management - User Profile" klickt man auf die Auswahl "Manage" und die Unterauswahl "Manage Groups...". Hierdurch gelangt man ins Fenster "User Profile Management - Group Management". Zum Anlegen einer neuen Gruppe ist dort die Zeile

-NEW-   Add a new group

zu markieren. Anschließend klickt man auf die Auswahl "Actions" und die Unterauswahl "Add a new group...". Es öffnet sich dann das Fenster "Add a New Group" (siehe Abbildung 5.10).

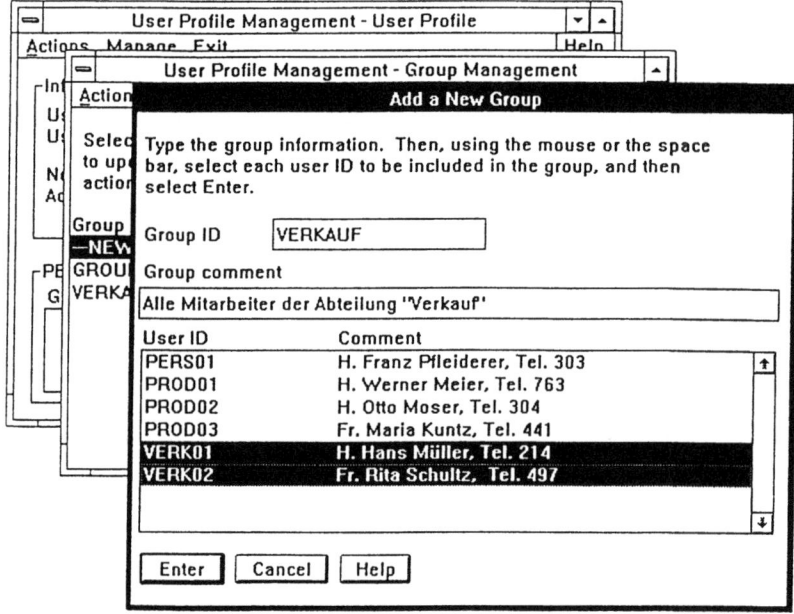

Abbildung 5.10

Dort gibt man im Feld "Group ID" die Gruppen-ID der neuen Gruppe ein. Für die Benennung von Gruppen-IDen gelten dieselben Regeln wie für Benutzer-IDen. Das Eingabefeld "Group comment" dient zur verbalen Beschreibung der Gruppe (max. 40 Zeichen).

Im unteren Teil des Fensters werden alle derzeit definierten Benutzer-IDen angezeigt. Die Zuordnung einzelner Benutzer zur neuen Gruppe erfolgt einfach durch Anklicken der entsprechenden Zeilen dieser Anzeige (in Abbildung 5.10 sind die Benutzer-IDen VERK01 und VERK02 ausgewählt). Das Anklicken der Enter-Schaltfläche schließt die Gruppendefinition ab.

Aufnahme eines Benutzers in Benutzergruppen

Soeben wurde gezeigt, wie einer **neuen Benutzergruppe** bereits im Rahmen der Gruppendefinition Benutzer zugeordnet werden können. Soll jedoch ein **neuer Benutzer** in bereits existierende Gruppen aufgenommen werden, empfiehlt sich folgende Vorgehensweise:

Nach dem Anlegen der Benutzer-ID (siehe Abschnitt "Benutzerverwaltung" auf Seite 527 ff.) ist im Fenster "User Profile Management - User Management" die neu definierte Benutzer-ID durch Anklicken zu markieren. Anschließend klickt man auf die Auswahl "Actions" und die Unterauswahl

"Select groups for user ID...". Im daraufhin erscheinenden Fenster "Select groups" sind alle bestehenden Benutzergruppen tabellarisch aufgelistet. Die Aufnahme des Benutzers in eine oder mehrere dieser Gruppen erfolgt einfach durch Anklikken der entsprechenden Zeilen. Erneutes Anklicken einer markierten Zeile entfernt den Benutzer wieder aus der Gruppe.

Benutzeran- und -abmeldung

Wie bereits erwähnt, ist zwischen zwei Formen der Benutzeranmeldung zu unterscheiden: Man kann sich entweder freiwillig anmelden, oder man wird zur Anmeldung gezwungen, sobald das erste Database Manager-Programm einer OS/2-Sitzung aufgerufen wird (vergl. Abbildung 5.9 auf Seite 525).

Die freiwillige Anmeldung erfolgt durch Aufruf des Programms LOGON.EXE. Dies kann wiederum auf zweierlei Weise geschehen:

1. durch Doppelklick auf die Zeile "Logon" im Fenster "Group - User Profile Management Services", oder
2. durch Eingabe von LOGON im OS/2-Kommandomodus bzw. über eine Kommandodatei (siehe STARTUP.CMD auf Seite 8). Beim Aufruf von LOGON können bereits alle Anmeldeparameter mitgegeben werden, so daß die Anzeige des Logon-Fensters entfällt. Wir wollen hier auf eine Syntaxbeschreibung des LOGON-Aufrufs verzichten. Sie kann der im Fenster "Group - Main" aufgeführten "OS/2 Command Reference" entnommen werden.

Möchte man sich wieder abmelden, so ist dies durch Doppelklick auf die Zeile "Logoff" im Fenster "Group - User Profile Management Services" oder durch Eingabe von LOGOFF im OS/2-Kommandomodus möglich. Eine Abmeldung ist eigentlich nur dann nötig, wenn man den PC unbeaufsichtigt läßt und eine mißbräuchliche Benutzung von Database Manager-Programmen ausschließen will.

Anmeldung beim Zugriff auf Serverdatenbanken

Soll auf eine entfernte Serverdatenbank zugegriffen werden, so muß der Benutzer sowohl lokal als auch auf dem Server-PC angemeldet sein. Für die Berechtigungsprüfung wird die Benutzer-ID herangezogen, die bei der Anmeldung auf dem Server-PC angegeben wurde.

Sinnvollerweise besitzt ein Benutzer, der mit einer Serverdatenbank arbeitet, auf dem Server-PC dieselbe Benutzer-ID und dasselbe Paßwort wie auf seinem lokalen PC. In diesem Fall erfolgt nämlich die Anmeldung auf dem Server-PC beim Verbindungsaufbau zur Serverdatenbank automatisch. Sind die eben genannten Voraussetzungen nicht erfüllt, so muß sich der Benutzer zweimal anmelden (lokal und auf dem Server-PC).

5.6.2 Berechtigungsvergabe innerhalb des Database Manager

Bevor wir die Berechtigungsvergabe systematisch behandeln, soll anhand eines Beispiels ein erster Eindruck davon vermittelt werden, wie man Berechtigungen erteilt:

Damit ein Benutzer lesend auf eine Tabelle zugreifen kann, benötigt er die SELECT-Berechtigung für diese Tabelle. Sie wird - wie alle Berechtigungen - mit Hilfe der SQL-Anweisung GRANT vergeben. Um z.B. dem Benutzer mit der Benutzer-ID VERK01 SELECT-Berechtigung auf die Tabelle MITARBEITER zu erteilen, gibt man - angemeldet unter der Benutzer-ID DBMUSER - im SQL Query-Fenster folgende SQL-Anweisung ein:

```
GRANT SELECT ON MITARBEITER TO VERK01
```

Der Benutzer VERK01 kann anschließend die Tabelle MITARBEITER in SELECT-Anweisungen unter dem Namen DBMUSER.MITARBEITER ansprechen.

Anstelle des einzelnen Benutzers VERK01 läßt sich auch eine Benutzergruppe - z.B. die Gruppe VERKAUF - berechtigen. Hierzu schreibt man:

```
GRANT SELECT ON MITARBEITER TO VERKAUF
```

Nun sind alle Mitglieder der Gruppe VERKAUF berechtigt, die Tabelle DBMUSER.MITARBEITER in SELECT-Anweisungen zu verwenden.

Soll eine bestimmte Berechtigung allen Benutzern zuteil werden, so ist dies durch Angabe der Gruppe PUBLIC möglich. Diese Gruppe ist allerdings keine echte Benutzergruppe; denn sie braucht nicht im User Profile Management eingerichtet zu werden. Dies wäre im übrigen auch gar nicht möglich. Die Gruppe PUBLIC umfaßt **definitionsgemäß** alle Benutzer. Um jedermann lesenden Zugriff auf die Tabelle MITARBEITER zu erlauben, schreibt man also:

```
GRANT SELECT ON MITARBEITER TO PUBLIC
```

Zum Zurückziehen erteilter Berechtigungen dient die SQL-Anweisung REVOKE. Die mittels obiger GRANT-Anweisungen an den Benutzer VERK01, an die Gruppe VERKAUF bzw. an die Allgemeinheit erteilten

5.6 Zugriffsschutz

SELECT-Berechtigungen lassen sich mit folgenden REVOKE-Anweisungen wieder entziehen:

```
REVOKE SELECT ON MITARBEITER FROM VERK01
REVOKE SELECT ON MITARBEITER FROM VERKAUF
REVOKE SELECT ON MITARBEITER FROM PUBLIC
```

Nach dieser kurzen Einführung wollen wir uns mit den verschiedenen Berechtigungsformen des Database Manager befassen.

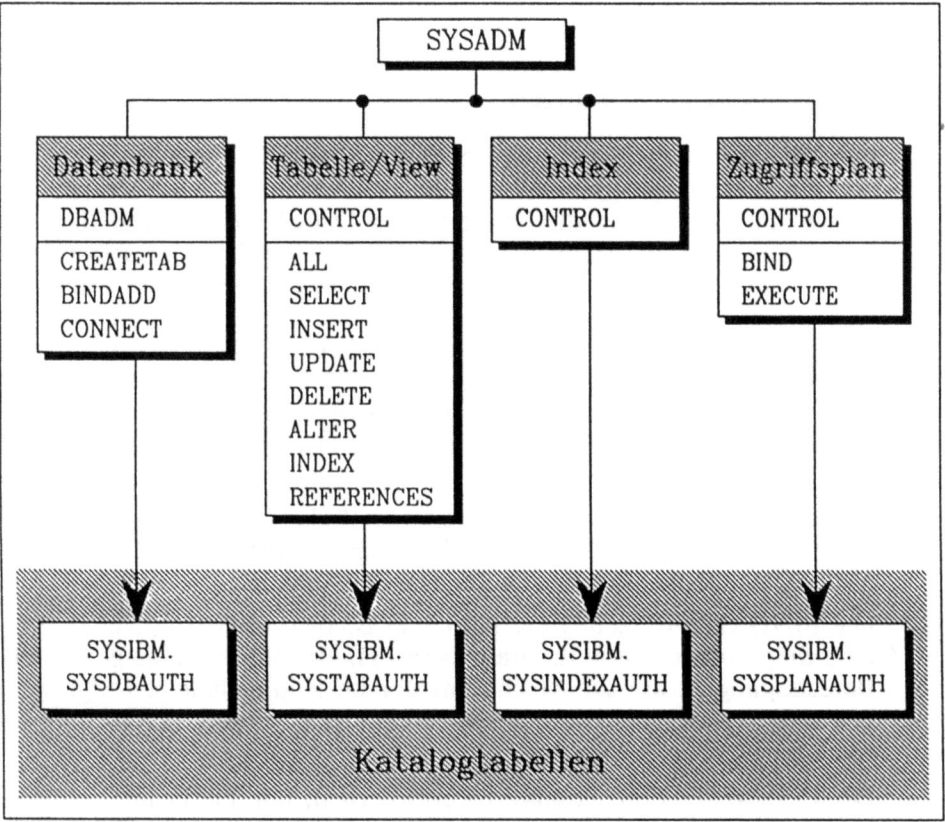

Abbildung 5.11

Klassifiziert man die Berechtigungen bezüglich der Datenbankobjekte, auf die sie sich jeweils beziehen, so erhält man folgende Berechtigungsklassen (engl. privilege class):

Berechtigungen für

- eine gesamte Datenbank,
- eine Tabelle oder View,
- einen Index,
- einen Zugriffsplan.

Abbildung 5.11 zeigt, welche Berechtigungen in den ebengenannten Klassen enthalten sind. Im folgenden wollen wir uns diese Berechtigungen genauer ansehen.

Datenbankberechtigungen

Die DBADM-Berechtigung ist - nach der SYSADM-Berechtigung - die zweithöchste Berechtigungsstufe des Database Manager. Sie erlaubt uneingeschränkten Zugriff auf alle Objekte **einer** Datenbank. Die DBADM-Berechtigung kann nur von einem Benutzer vergeben werden, der selbst SYSADM-Berechtigung besitzt. Es ist nicht möglich, DBADM-Berechtigung an PUBLIC zu erteilen. Mit der Vergabe der DBADM-Berechtigung werden vom Database Manager automatisch auch die Rechte CREATETAB, BINDADD und CONTROL vergeben. Nimmt man die DBADM-Berechtigung mittels REVOKE wieder zurück, so bleiben diese beim GRANT zusätzlich erhaltenen Rechte bestehen. Die REVOKE-Anweisung ist hier also nicht die vollständige Umkehrung der GRANT-Anweisung.

Die CREATETAB-Berechtigung erlaubt, Tabellen anzulegen. Der Ersteller einer Tabelle erhält automatisch die Tabellenberechtigung CONTROL (siehe nächster Abschnitt) für die von ihm erstellte Tabelle.

Die BINDADD-Berechtigung wird zum Binden neuer Zugriffspläne benötigt. Allerdings braucht ein Programmierer für die Planerstellung zusätzlich alle Berechtigungen, die zur Ausführung der im Plan enthaltenen SQL-Anweisungen erforderlich sind. Gruppenberechtigungen werden hierbei vom Database Manager nicht berücksichtigt.

Die CONNECT-Berechtigung ist erforderlich, um überhaupt Verbindung mit einer Datenbank aufnehmen zu können (d.h. Aufruf von "Start using database").

Nur Benutzer, die selbst SYSADM- oder DBADM-Berechtigung besitzen, sind in der Lage, CREATETAB-, BINDADD- oder CONNECT-Berechtigungen zu vergeben.

5.6 Zugriffsschutz

Die GRANT-Anweisung nimmt für Datenbankberechtigungen folgende Form an:

```
GRANT Berechtigung ON DATABASE TO Benutzer-ID/Gruppen-ID/PUBLIC
```

Zum Beispiel:

```
GRANT DBADBM ON DATABASE TO VERK01
```

Für die REVOKE-Anweisung gilt entsprechend:

```
REVOKE Berechtigung ON DATABASE FROM Benutzer-ID/Gruppen-ID/PUBLIC
```

Zum Beispiel:

```
REVOKE DBADM ON DATABASE FROM VERK01
```

Beim Anlegen einer neuer Datenbank - hierzu ist SYSADM-Berechtigung erforderlich - werden vom Database Manager automatisch folgende Datenbankberechtigungen vergeben:

```
GRANT BINDADD, CREATETAB, CONNECT ON DATABASE TO PUBLIC
```

Standardmäßig kann also jeder im User Profile Management definierte Benutzer mit einer neuen Datenbank Verbindung aufnehmen, dort eigene Tabellen anlegen und Programme schreiben, die auf diese Tabellen zugreifen. Möchte man den Datenbankzugriff restriktiver handhaben, so lassen sich die bei der Datenbankerstellung automatisch vergebenen Datenbankrechte durch folgende REVOKE-Anweisung

```
REVOKE BINDADD, CREATETAB, CONNECT ON DATABASE FROM PUBLIC
```

wieder zurückziehen.

Datenbankberechtigungen können nicht nur mittels GRANT-/REVOKE-Anweisungen verwaltet werden, sondern auch mit einer speziell dafür vorgesehenen Komponente des Query Manager. Hierzu ist es erforderlich, im Databases-Fenster des Query Manager die Datenbank, für die Berechtigungen verwaltet werden sollen, zu markieren. Anschließend klickt man auf die Auswahl "Tools" und die Unterauswahl "Authorizations...". Hierdurch gelangt man ins Fenster "Database Authorizations". Da der Umgang mit dieser Query Manager-Komponente relativ einfach ist, soll hier auf eine weitere Beschreibung verzichtet werden. Nötigenfalls ist von der Help-Schaltfläche Gebrauch zu machen.

Tabellenberechtigungen

Tabellen und Views sind die wichtigsten Objekte einer Datenbank. Deshalb gibt es, wie Abbildung 5.11 (Seite 533) zeigt, hierfür auch die größte Anzahl unterschiedlicher Berechtigungen. Die dort aufgeführten Berechtigungen ALTER, INDEX und REFERENCES sind allerdings auf Views nicht anwendbar; sie können nur für Tabellen vergeben werden.

Die CONTROL-Berechtigung bildet innerhalb der Tabellenberechtigungen die höchste Berechtigungsstufe. Sie erlaubt den uneingeschränkten Zugriff auf eine Tabelle bzw. View. Ein Benutzer mit CONTROL-Berechtigung kann alle übrigen Tabellenberechtigungen (soweit anwendbar) an andere Benutzer oder Gruppen vergeben. Um die CONTROL-Berechtigung zu erteilen, benötigt man selbst SYSADM- oder DBADM-Berechtigung.

Der Ersteller einer Tabelle erhält automatisch die CONTROL-Berechtigung über diese Tabelle. Für Views gilt dies nur dann, wenn der Viewersteller CONTROL-Berechtigung für alle der View zugrundeliegenden Tabellen oder Views besitzt.

Die Berechtigung ALL ist im Grunde genommen keine eigenständige Tabellenberechtigung, sondern dient lediglich der Schreiberleichterung. Die Angabe von ALL in einer GRANT-Anweisung sorgt dafür, daß alle in Abbildung 5.11 unterhalb von ALL aufgeführten Berechtigungen vergeben werden.

Die Berechtigungen SELECT, INSERT, UPDATE und DELETE werden benötigt, um eine Tabelle oder View in den gleichnamigen SQL-Anweisungen benutzen zu können.

Zur Ausführung der Anweisung ALTER TABLE ist die ALTER-Berechtigung erforderlich. Werden im Rahmen von CREATE TABLE- bzw. ALTER TABLE-Anweisungen Beziehungen zu anderen Tabellen definiert, so sind hierzu REFERENCES-Berechtigungen für die jeweiligen Vatertabellen nötig.

Die INDEX-Berechtigung erlaubt das Anlegen von Indexen zu einer Tabelle.

Um Views erstellen zu können, benötigt man SELECT- oder CONTROL-Berechtigung für alle der View zugrundeliegenden Tabellen oder Views. Hierbei werden Rechte, die aus der Zugehörigkeit zu Gruppen resultieren (einschließlich PUBLIC) vom Database Manager **nicht** berücksichtigt.

5.6 Zugriffsschutz

GRANT- und REVOKE-Anweisungen nehmen für Tabellenberechtigungen folgende grundsätzliche Form an:

```
GRANT   Berechtigung
ON      TABLE Tabellen-/Viewname
TO      Benutzer-ID/Gruppen-ID/PUBLIC

REVOKE  Berechtigung
ON      TABLE Tabellen-/Viewname
FROM    Benutzer-ID/Gruppen-ID/PUBLIC
```

Zum Beispiel:

```
GRANT SELECT, UPDATE ON TABLE MITARBEITER TO VERK01

REVOKE DELETE ON TABLE DBMUSER.KIND FROM PUBLIC
```

Das Wort TABLE in der GRANT- bzw. REVOKE-Anweisung kann weggelassen werden (siehe Beispiele auf Seite 532 f.).

Beim Anlegen einer Datenbank wird vom Database Manager automatisch die SELECT-Berechtigung für alle Katalogtabellen an PUBLIC vergeben. Ist man hiermit nicht einverstanden, so können diese PUBLIC-Berechtigungen von einem SYSADM- oder DBADM-Benutzer wieder entzogen werden.

Tabellenberechtigungen lassen sich nicht nur mit GRANT- und REVOKE-Anweisungen verwalten, sondern auch über eine speziell dafür vorgesehene Berechtigungskomponente des Query Manager. Hierzu klickt man im Fenster "Tables and Views" auf die Tabelle oder View, für die Berechtigungen vergeben bzw. entzogen werden sollen. Anschließend klickt man auf die Auswahl "Tools" und die Unterauswahl "Authorizations...". Daraufhin öffnet sich das Fenster "Table Authorizations" bzw. "View Authorizations". Hier läßt sich die Verwaltung von Tabellenberechtigungen schnell und übersichtlich durchführen.

Indexberechtigung

Besitzt man die CONTROL-Berechtigung für einen Index, so ist man in der Lage, diesen Index zu löschen (siehe Abbildung 5.11 auf Seite 533). Der Ersteller eines Indexes erhält automatisch die CONTROL-Berechtigung. Sie kann jedoch auch explizit mit Hilfe einer GRANT-Anweisung vergeben werden. Hierfür gibt es in der Praxis allerdings kaum eine sinnvolle Anwendung.

Planberechtigungen

Für Zugriffspläne existieren die Berechtigungen CONTROL, BIND und EXECUTE (siehe Abbildung 5.11 auf Seite 533):

Die CONTROL-Berechtigung erlaubt - wie bei allen anderen Datenbankobjekten - uneingeschränkte Kontrolle über einen bestimmten Plan. Ein Benutzer mit CONTROL-Berechtigung über einen Plan kann daher diesen Plan neu binden, ausführen oder löschen. Außerdem ist er in der Lage, die Berechtigungen BIND und EXECUTE an andere Benutzer weiterzugeben.

Mit der BIND-Berechtigung läßt sich ein bereits existierender Plan neu binden. Das erstmalige Binden eines Planes muß allerdings von einem Benutzer durchgeführt werden, der BINDADD-, DBADM- oder SYSADM-Berechtigung besitzt.

Die EXECUTE-Berechtigung erlaubt das Ausführen eines Planes. Enthält ein Programm ausschließlich statische[14] SQL-Anweisungen, so benötigt ein Benutzer zur Programmausführung nur zwei Berechtigungen: CONNECT-Berechtigung für die Datenbank und EXECUTE-Berechtigung für den Zugriffsplan des Programms. Der Benutzer braucht also nicht für die SQL-Anweisungen berechtigt zu werden, die innerhalb des Programms statisch ausgeführt werden. Betrachten wir hierzu ein Beispiel:

Zum Aufruf des Programms ERSTES.SQC (siehe Seite 175) ist die CONNECT-Berechtigung für die Datenbank UEBUNG und die EXECUTE-Berechtigung für den Zugriffsplan DBMUSER.ERSTES erforderlich. Der Programmbenutzer benötigt jedoch keine SELECT-Berechtigung für die Tabelle DBMUSER.MITARBEITER, obwohl innerhalb des Programms Daten von dieser Tabelle gelesen werden. Sollen jedoch Daten aus der Tabelle DBMUSER.MITARBEITER mittels einer dynamischen SQL-Anweisung ermittelt werden (z.B. mit Hilfe einer Query Manager-Abfrage), so braucht man hierzu die SELECT-Berechtigung auf diese Tabelle (oder eine höhere Berechtigung)[15].

Im Gegensatz zum planausführenden Benutzer muß der Planbinder alle Berechtigungen aufweisen, die zur Ausführung der im Plan enthaltenen statischen SQL-Anweisungen nötig sind. Der Planbinder trägt deshalb eine besondere Verantwortung: Indem er die EXECUTE-Berechtigung (oder CONTROL-Berechtigung) für den von ihm erstellten Plan an andere Benutzer erteilt, gibt er in gewissem Umfang seine eigenen Rechte weiter. Er hat deshalb darauf zu achten, daß nur solche Benutzer oder Gruppen berechtigt werden, die zum Aufruf des Programms befugt sind.

---

[14] In Abschnitt 3.5 "Ausblick auf dynamisches SQL" (Seite 287 ff.) wurde der Unterschied zwischen statischem und dynamischem SQL erläutert.
[15] Siehe Abschnitt 6.2.5 "Berechtigungsprüfung bei dynamischem SQL".

5.6 Zugriffsschutz

GRANT- und REVOKE-Anweisungen nehmen für Planberechtigungen folgende grundsätzliche Form an:

```
GRANT Berechtigung
ON    PROGRAM Planname
TO    Benutzer-ID/Gruppen-ID/PUBLIC

REVOKE Berechtigung
ON     PROGRAM Planname
FROM   Benutzer-ID/Gruppen-ID/PUBLIC
```

Zum Beispiel:

```
GRANT EXECUTE ON PROGRAM ERSTES TO PUBLIC

REVOKE CONTROL ON PROGRAM DBMUSER.ZWEITES FROM VERK01, VERK02
```

Berechtigungsprüfung innerhalb von Programmen

Ruft ein Benutzer ein Programm auf, für dessen Zugriffsplan er nicht berechtigt ist, führt die **erste** ausführbare SQL-Anweisung des Programms auf den SQLCODE "-551". Dies rührt daher, daß die Database Services den Zugriffsplan des Programms aktivieren, sobald sie eine SQL-Anweisung vom Anwendungsprogramm empfangen, die auf diesen Zugriffsplan verweist[16]. Zu diesem Zeitpunkt wird geprüft, ob der Benutzer zur Ausführung des Zugriffsplans berechtigt ist[17].

Da der SQLCODE "-551" aus einem Benutzerfehler (unberechtigter Aufruf eines Programms) und nicht aus einem Systemfehler innerhalb der Database Services resultiert, sollte er nicht durch die allgemeine Fehlerfunktion "fehler" abgehandelt werden. Stattdessen ist in diesem Fall eine dem Benutzer verständliche (deutsche) Fehlermeldung angebracht.

Empfehlungen für ein Berechtigungskonzept

Wie wir auf den vorangegangenen Seiten gesehen haben, gibt es viele unterschiedliche Möglichkeiten, Berechtigungen zu erteilen. Bei ungünstiger Hand-

---

[16] COMMIT- und ROLLBACK-Anweisungen werden ohne Zuhilfenahme des Zugriffsplans ausgeführt. Befinden sich diese Anweisungen am Anfang eines Programms, so kommen sie deshalb auch bei fehlender EXECUTE-Berechtigung zur Ausführung. Der SQLCODE "-551" tritt dann erst bei der darauffolgenden ausführbaren SQL-Anweisung auf.
[17] Bei einem Programm mit mehreren Plänen wird für **jeden** Plan geprüft, ob EXECUTE-Berechtigung vorliegt.

habung dieser Möglichkeiten kann die Berechtigungsvergabe sehr aufwendig werden.

Beim Aufbau eines Berechtigungskonzepts sind zwei Datenbank-Einsatzformen zu unterscheiden:

- Zum einen hat man es mit **Testdatenbanken** zu tun, die von Programmentwicklern für den Programmtest benutzt werden. Derartige Datenbanken enthalten üblicherweise keine Echtdaten; sie sind daher nicht besonders schützenswert.

- Zum anderen gibt es sogenannte **Produktionsdatenbanken**. Hierunter versteht man Datenbanken, auf die von Endbenutzern mittels ausgetesteter Programme zugegriffen wird. Produktionsdatenbanken enthalten meist "sensible" Daten (z.B. Gehälter), die nicht von allen Benutzern beliebig bearbeitet werden dürfen.

Folgende Berechtigungskonzepte haben sich in der Praxis bewährt:

Berechtigungskonzept für Testdatenbanken

Alle Programmentwickler, die eine gemeinsame Serverdatenbank für die Programmierung benutzen, sollten für diese Datenbank die DBADM-Berechtigung erhalten. Da beim Binden von Plänen Gruppenberechtigungen nicht berücksichtigt werden, ist die DBADM-Berechtigung jedem Entwickler einzeln zu erteilen. Arbeiten viele Entwickler (mehr als 5) an einer gemeinsamen Testdatenbank, so kann ein differenzierteres Berechtigungskonzept erforderlich werden.

Berechtigungskonzept für Produktionsdatenbanken

Eine Produktionsdatenbank sollte nicht zur Programmentwicklung dienen. Daher empfiehlt es sich, die bei der Datenbankerstellung automatisch an PUBLIC vergebene Berechtigung BINDADD zu entziehen (REVOKE BINDADD ON DATABASE FROM PUBLIC).

Die standardmäßig ebenfalls an PUBLIC erteilte Berechtigung CONNECT kann beibehalten werden, sofern alle Objekte innerhalb der Datenbank geschützt werden.

Für die weitere Berechtigungsvergabe ist es erforderlich, die Vielzahl von Einzelaufgaben, die durch den Datenbankeinsatz unterstützt werden sollen, zu Tätigkeitskomplexen zusammenzufassen (z.B. Tätigkeitskomplex "Personal" oder "Verkauf"). Für jeden dieser Tätigkeitskomplexe ist im User Profile Management eine Benutzergruppe anzulegen. Anschließend können die zukünftigen Datenbankbenutzer in eine oder mehrere Benutzergruppen aufgenommen werden. Schließlich müssen die Benutzergruppen im Database Manager berechtigt werden. Abhängig von den auszuführenden Aufgaben sind drei Berechtigungsformen zu unterscheiden:

1. Aufruf von Programmen mit statischem SQL: Hier ist EXECUTE-Berechtigung an die jeweiligen Benutzergruppen zu erteilen.
2. Aufruf von Programmen mit dynamischem SQL: Zusätzlich zur EXECUTE-Berechtigung müssen die Berechtigungen vergeben werden, die zur Ausführung der dynamischen SQL-Anweisungen erforderlich sind (siehe Abschnitt 6.2.5 "Berechtigungsprüfung bei dynamischem SQL").
3. Manche Tätigkeiten sind in ihren Zugriffsanforderungen so vielfältig, daß nicht alle zukünftigen Auswerteanforderungen im voraus geplant werden können. Zusätzlich müssen solche Anfragen meist kurzfristig beantwortet werden. Für derartige "spontane" Datenbankanfragen lohnt es sich nicht, Database Manager-Programme zu schreiben. Vielmehr ist hier der Query Manager das geeignete Auswerteinstrument. Da der Query Manager alle Datenbankzugriffe dynamisch ausführt, muß die Benutzergruppe gezielt zum Zugriff auf bestimmte Views[18] berechtigt werden. Soll die Speicherung von Zwischenergebnissen mittels "Save data..."[19] möglich sein, so muß auch die CREATETAB-Berechtigung vergeben werden.

Gezielte Zugriffskontrolle über Views

Wie wir im Abschnitt 4.5 "Der externe Datenbankentwurf" gesehen haben, wird mit Hilfe von Views die Datenunabhängigkeit zwischen externer und konzeptioneller Ebene erreicht. Bei der Festlegung externer Sichten lassen sich auch Aspekte der Zugriffskontrolle berücksichtigen. Betrachten wir hierzu folgendes Beispiel:

Die Benutzergruppe VERKAUF soll berechtigt werden, Mitarbeiterdaten mit Hilfe des Query Manager auszuwerten. Der Zugriff auf die Spalte GEHALT soll jedoch verwehrt bleiben. Hierzu erstellt man eine View, in der die Spalte GEHALT nicht vorkommt, z.B. folgendermaßen:

```
CREATE VIEW MITARBEITER_V
AS
   SELECT PERS_NR, V_NAME, N_NAME, GEB_DATUM
   FROM    MITARBEITER
```

---

[18] Keinesfalls sollten Benutzergruppen zum Zugriff auf Tabellen berechtigt werden, da sonst die Datenunabhängigkeit zwischen konzeptioneller und externer Ebene verloren geht (vergl. Abschnitt 4.5 "Der externe Datenbankentwurf").

[19] Vergl. Abschnitt "Tabellen kopieren" auf Seite 60 ff.

Anschließend wird die Benutzergruppe VERKAUF zum lesenden Zugriff auf die neue View berechtigt:

```
GRANT SELECT ON MITARBEITER_V TO VERKAUF
```

Durch Views lassen sich nicht nur Tabellenspalten, sondern auch Tabellenzeilen vor unberechtigtem Zugriff schützen. Dies ist durch eine WHERE-Klausel in der Viewdefinition zu erreichen.

Berechtigungsbezogene Systemkatalogtabellen

Alle behandelten Berechtigungen des Database Manager (außer SYSADM) werden in Systemkatalogtabellen verzeichnet. Der Zusammenhang zwischen Berechtigungsklasse und Katalogtabelle ist in Abbildung 5.11 auf Seite 533 dargestellt.

Diese Katalogtabellen besitzen einen weitgehend einheitlichen Aufbau. Wir wollen uns daher auf die Beschreibung der Tabelle SYSIBM.SYSDBAUTH beschränken:

Spaltenname	Datentyp	Beschreibung
GRANTOR	CHAR(8)	Benutzer-ID des Benutzers, der die Berechtigung erteilte.
GRANTEE	CHAR(8)	Benutzer-ID bzw. Gruppen-ID des berechtigten Benutzers bzw. der berechtigten Gruppe.
DBADMAUTH	CHAR(1)	Y = DBADM-Berechtigung vorhanden, N = DBADM-Berechtigung nicht vorhanden.
CREATETABAUTH	CHAR(1)	Y = CREATETAB-Berechtigung vorhanden, N = CREATETAB-Berechtigung nicht vorh.
BINDAUTH	CHAR(1)	Y = BINDADD-Berechtigung vorhanden, N = BINDADD-Berechtigung nicht vorhanden.
CONNECTAUTH	CHAR(1)	Y = CONNECT-Berechtigung vorhanden, N = CONNECT-Berechtigung nicht vorhanden.

Tabelle 5.1

6 Fortgeschrittene Programmiertechniken

Das vorliegende Kapitel befaßt sich mit weiterführenden Techniken der Database Manager-Programmierung. Es besteht aus zwei Abschnitten:

Im Abschnitt 6.1 wird eine neue Database Manager-Kommunikationsstruktur eingeführt - die SQLDA.

Der Abschnitt 6.2 ist dem dynamischen SQL gewidmet. Wir werden dort alle Formen dynamischen SQLs kennenlernen.

6.1 Kommunikation über die SQLDA

Bisher hatten wir die SQLCA als einzige (und äußerst wichtige) Kommunikationsstruktur des Database Manager kennengelernt. Sie gibt nach jeder ausführbaren SQL-Anweisung Auskunft über den Erfolg der Auftragsbearbeitung durch die Database Services.

Neben der SQLCA sind uns Wirtsvariablen als ein weiteres Medium zur Kommunikation zwischen Anwendungsprogramm und Database Services begegnet. Mit ihrer Hilfe ist es zum einen möglich, Daten vom Anwendungsprogramm an die Database Services zu senden (z.B. einen Vergleichswert in einer WHERE-Klausel). Zum anderen dienen Wirtsvariablen zur Aufnahme von Abfrageergebnissen (im Rahmen von INTO-Klauseln). Damit eine C-Variable als Wirtsvariable eingesetzt werden kann, muß sie innerhalb einer DECLARE SECTION deklariert werden.

Wir werden nun eine neue Datenstruktur des Database Manager kennenlernen, die sich ebenfalls zur Definition von Wirtsvariablen eignet. Es handelt sich hierbei um die "SQL descriptor area"; sie wird üblicherweise mit "SQLDA" abgekürzt. Ins Deutsche übersetzt, könnte man diese Datenstruktur "SQL-Beschreibungsstruktur" nennen. Da sich bislang im Deutschen für die SQLDA kein einheitlicher Begriff durchgesetzt hat, bleiben wir bei der englischen Bezeichnung. Vereinfacht ausgedrückt dient die SQLDA zur Beschreibung von Wirtsvariablen.

Wie bereits erwähnt, ist die SQLDA als Ersatz für DECLARE SECTIONs anzusehen. Wirtsvariablen werden somit nicht mehr innerhalb von DECLARE SECTIONs deklariert, sondern wie ganz gewöhnliche C-Variablen. Welche Konsequenzen ergeben sich hieraus?

Wirtsvariablen sind Speicherbereiche des Anwendungsprogramms, die zum Datenaustausch mit den Database Services dienen. Damit die Database Services in der Lage sind, Wirtsvariablen korrekt zu verarbeiten, benötigen sie für jede Wirtsvariable eine Reihe von Informationen. Diese sind:

- SQL-Datentyp der Wirtsvariablen
- Länge der Wirtsvariablen
- Speicheradresse der Wirtsvariablen
- Speicheradresse der Indikatorvariablen, sofern der Wirtsvariablen eine Indikatorvariable zugeordnet ist.

Man bezeichnet diese Informationen als Beschreibung einer Wirtsvariablen.

Solange Wirtsvariablen innerhalb von DECLARE SECTIONs deklariert werden, braucht man sich als Programmierer über die Variablenbeschreibung keine Gedanken zu machen. Der Precompiler ermittelt in diesem Fall die Beschreibung einer Wirtsvariablen anhand ihrer C-Deklaration. Darüber hinaus erzeugt er für jede SQL-Anweisung, in der die betrachtete Wirtsvariable vorkommt, den C-Code, der zur Übermittlung der Variablenbeschreibung an die Database Services benötigt wird.

Deklariert man Wirtsvariablen außerhalb von DECLARE SECTIONs, dann kann der Precompiler die ebengenannten Aufgaben nicht mehr übernehmen. Man ist nun als Programmierer selbst dafür verantwortlich, den Database Services die Beschreibungen der Wirtsvariablen bereitzustellen. Das Hilfsmittel hierfür ist die SQLDA. In sie trägt man die Beschreibungen der Wirtsvariablen einer SQL-Anweisung ein. Innerhalb der SQL-Anweisung gibt man dann nicht mehr die C-Namen der Wirtsvariablen, sondern den Namen der SQLDA an; z.B. statt

```
EXEC SQL FETCH INTO :pers_nr, :n_name, :gehalt;
```

schreibt man

```
EXEC SQL FETCH USING DESCRIPTOR :sqlda;
```

Zuvor sind allerdings die Beschreibungen der Variablen "pers_nr", "n_name" und "gehalt" in die SQLDA einzutragen.

6.1 Kommunikation über die SQLDA

Nachdem wir uns mit dem Zweck der SQLDA befaßt haben, wollen wir im folgenden die Definition und den Aufbau der SQLDA behandeln.

Definition der SQLDA

Der Database Manager bietet zwei Möglichkeiten, die SQLDA zu definieren. Zum einen kann dies mit Hilfe der Precompiler-Anweisung

```
EXEC SQL INCLUDE SQLDA;
```

geschehen; alternativ hierzu läßt sich die C-Preprozessoranweisung

```
#include <sqlda.h>
```

verwenden. Beide Techniken führen dazu, daß folgende C-Strukturdefinition ins Programm eingebettet wird:

```
#ifndef   SQLDASIZE

/* SQL Descriptor Area - SQLDA */
struct sqlda
{
   unsigned char   sqldaid[8];          /* Eye catcher = 'SQLDA   ' */
   long            sqldabc;             /* SQLDA size in bytes = 16+44*SQLN */
   short           sqln;                /* Number of SQLVAR elements */
   short           sqld;                /* # of used SQLVAR elements */
   struct sqlvar
   {
      short             sqltype;         /* Variable data type */
      short             sqllen;          /* Variable data length */
      unsigned char    *sqldata;         /* Pointer to variable data value */
      short            *sqlind;          /* Pointer to Null indicator */
      struct sqlname                     /* Variable Name */
      {
         short             length;       /* Name length [1..30] */
         unsigned char     data[30];     /* Variable or Column name */
      } sqlname;
   } sqlvar[1];
};

/* macro for allocating SQLDA */
#define   SQLDASIZE(n) (sizeof(struct sqlda) + (n-1)*sizeof(struct sqlvar))

#endif
```

SQLDA

Die SQLDA ist aus zwei Teilen aufgebaut: aus einem Kopfteil, der die Variablen "sqldaid", "sqldabc", "sqln" und "sqld" umfaßt. Diesem Kopfteil schließt sich die Struktur "sqlvar" an; sie dient der Beschreibung einer Wirtsvariablen. Da man die SQLDA zur Beschreibung beliebig vieler Wirtsvariablen einsetzen kann, ist die der Struktur "sqlvar" zugeordnete, gleichnamige Strukturvariable als Array deklariert. Das Array "sqlvar" enthält also pro Wirtsvariable ein Element.

Bevor wir die einzelnen Variablen der SQLDA behandeln, wollen wir uns mit der Deklaration einer Strukturvariablen vom Typ "sqlda" befassen. Um eine SQLDA zu deklarieren, die eine einzige Wirtsvariable beschreibt, ist folgende C-Anweisung ausreichend:

```
struct sqlda sqlda;
```

In den meisten Fällen sollen mit Hilfe einer SQLDA jedoch mehrere Wirtsvariablen beschrieben werden. Dies läßt sich erreichen, indem die SQLDA über eine Pointervariable adressiert wird, z.B. folgendermaßen:

```
struct sqlda *ptr_sqlda;
```

Die so deklarierte Pointervariable muß anschließend einem Speicherbereich zugeordnet werden, der genügend Platz für die vorgesehene SQLDA bietet.

Berechnung des Platzbedarfs mittels SQLDASIZE

Zur Berechnung des benötigten Speicherplatzes dient das Makro SQLDASIZE, das durch die Anweisungen EXEC SQL INCLUDE SQLCA bzw. "#include <sqlda.h>" zusätzlich zur Struktur "sqlda" definiert wird. Dieses Makro besitzt einen Parameter, mit dem man angibt, für wieviel Wirtsvariablen Beschreibungen in der SQLDA Platz finden sollen. Um beispielsweise eine SQLDA für vier Wirtsvariablen anzulegen, lassen sich folgende C-Anweisungen verwenden:

```
EXEC SQL INCLUDE SQLDA;
struct sqlda *ptr_sqlda;

ptr_sqlda = (struct sqlda *) malloc(SQLDASIZE(4));
if (ptr_sqlda == NULL)
   {
     printf("Zu wenig Speicher für SQLDA.\n");
     exit(2);
   }
```

Die Elemente der SQLDA

Betrachten wir nun die einzelnen Elemente der SQLDA (siehe Seite 545). Beginnen wir mit den Variablen des Kopfteils:

- ♦ sqldaid[8] In dieses Element kann man den Text "SQLDA " eintragen. Es dient dazu, die SQLDA in Speicherauszügen leichter wiederzufinden. Da das Array "sqldaid" von den Database Services nicht ausgewertet wird, erspart man sich üblicherweise die Mühe, es zu belegen.
- ♦ sqldabc Hier ist die Gesamtlänge der SQLDA einzutragen. Sie wird am einfachsten mit Hilfe des Makros SQLDASIZE ermittelt.
- ♦ sqln Im Element sqln gibt man an, für wieviel Beschreibungen die SQLDA Platz bietet.
- ♦ sqld Hier trägt man ein, wieviel Beschreibungen die SQLDA tatsächlich enthält. Üblicherweise gibt man für sqln und sqld denselben Wert an.

Während die Elemente des Kopfteils die SQLDA selbst beschreiben, dienen die Elemente der Struktur "sqlvar" zur Beschreibung einer Wirtsvariablen (siehe Seite 545). Betrachten wir diese Elemente im einzelnen:

- ♦ sqltype Hier ist ein dreistelliger Zahlenwert anzugeben, der Auskunft über den SQL-Datentyp der Wirtsvariablen gibt. Zusätzlich legt dieser Zahlenwert fest, ob der Wirtsvariablen eine Indikatorvariable zugeordnet ist. Wir werden im Anschluß an diese Übersicht hierauf detaillierter eingehen.
- ♦ sqllen Länge der Wirtsvariablen
- ♦ sqldata Adresse der Wirtsvariablen
- ♦ sqlind Adresse der Indikatorvariablen, sofern der Wirtsvariablen eine Indikatorvariable zugeordnet ist.
- ♦ sqlname Diese Struktur braucht vom Programmierer nicht belegt zu werden. Sie ist nur dann relevant, wenn die SQLDA nicht vom Anwendungsprogramm, sondern von den Database Services belegt wird. Wir werden im Abschnitt 6.2.3 "SELECT-Anweisungen mit unbekannter Spaltenliste" auf einen solchen Fall eingehen.

Die Belegung des Elements "sqltype"

Die folgende Tabelle zeigt, welcher Wert in die Variable "sqltype" für eine Wirtsvariable mit vorgegebener C-Deklaration einzutragen ist. Glücklicherweise enthält die Includedatei SQL.H für jeden gültigen "sqltype" ein zugehöriges Symbol. Es empfiehlt sich, in Programmen diese Symbole anstelle der Zahlenwerte zu benutzen, da hierdurch eine bessere Lesbarkeit der Programme erreicht wird.

C-Deklaration	sqltype	Symbol
char	452	SQL_TYP_CHAR
char[n]	460	SQL_TYP_CSTR
struct {short; char[n];} 1 <= n <= 4000	448	SQL_TYP_VARCHAR
struct {short; char[n];} 4001 <= n <= 32700	456	SQL_TYP_LONG
short	500	SQL_TYP_SMALL
long	496	SQL_TYP_INTEGER
double	480	SQL_TYP_FLOAT

Tabelle 6.1

Zusätzlich zu den in Tabelle 6.1 angegebenen "sqltypes" gibt es noch weitere Werte, die jedoch nur in zwei Fällen von Belang sind:

1. Wenn die Belegung der SQLDA nicht vom Anwendungsprogramm, sondern von den Database Services erfolgt, muß das Anwendungsprogramm in der Lage sein, alle auftretenden "sqltypes" zu verarbeiten. Mit diesem Punkt werden wir uns im Abschnitt 6.2.3 "SELECT-Anweisungen mit unbekannter Spaltenliste" genauer befassen.

2. Sind Tabellenspalten vom SQL-Datentyp DECIMAL mit mehr als 15 Stellen zu verarbeiten, so führt die Konvertierung in das C-Datenformat "double" zu einem Genauigkeitsverlust. Durch Angabe des Wertes "484" (SQL_TYP_DECIMAL) im SQLDA-Element "sqltype" kann man erreichen, daß ein DECIMAL-Datenwert ohne Konvertierung in die vorgesehene Wirtsvariable übertragen wird. Ein derartiger DECIMAL-Wert läßt sich im C-Programm allerdings nicht mit Standardmitteln (z.B. arithmetische Operatoren) weiterverarbeiten. Wir werden auf diese Problematik

Die Belegung von "sqllen"

Nachdem wir nun die wichtigsten "sqltypes" kennen, müssen wir nochmals auf das sqlvar-Element "sqllen" zurückkommen. Diesem Element ist die Länge der Wirtsvariablen zuzuweisen. Wie ist diese Länge definiert? Für alle in Tabelle 6.1 enthaltene "sqltypes" außer SQL_TYP_VARCHAR und SQL_TYP_LONG ist in "sqllen" die Wirtsvariablenlänge in Bytes einzutragen.

Für Wirtsvariablen vom Typ SQL_TYP_VARCHAR oder SQL_TYP_LONG ist in "sqllen" allerdings nur die Länge des char-Elements der Struktur anzugeben (siehe Tabelle 6.1). Das short-Element der Struktur wird bei der sqllen-Belegung nicht berücksichtigt[1].

Berücksichtigung von Indikatorvariablen

Wie bereits erwähnt, dient das SQLDA-Element "sqltype" nicht nur zur Angabe des SQL-Datentyps, sondern es legt zusätzlich fest, ob der Wirtsvariablen eine Indikatorvariable zugeordnet ist. Ist dies der Fall, dann erhöht sich der sqltype-Wert um eins. So hat beispielsweise eine Wirtsvariable vom C-Datentyp "short" einen sqltype-Wert von "501", wenn eine Indikatorvariable zugeordnet ist.

Für den Programmierer ist jedoch wichtiger, wie die Symbole für Wirtsvariablen mit zugeordneten Indikatorvariablen lauten. Diese Symbole lassen sich aus den in Tabelle 6.1 angegebenen Namen ableiten, indem dem dritten Namensteil jeweils der Buchstabe "N" vorangestellt wird; z.B. SQL_TYP_NSMALL für eine short-Wirtsvariable mit zugeordneter Indikatorvariable.

Ein Beispielprogramm zum SQLDA-Einsatz

Das folgende Programm soll die Verwendung der SQLDA veranschaulichen. Es handelt sich hierbei um eine Variante des Programms CURSOR1.SQC (siehe Kapitel 3, Seite 260).

---

[1] Zur Erinnerung: Der Wirtsvariablentyp SQL_TYP_VARCHAR ist dem Typ SQL_TYP_CSTR vorzuziehen, wenn die korrespondierende Tabellenspalte mit der Klausel "FOR BIT DATA" definiert wurde. In diesem Fall ist die binäre Null nicht als Wertbegrenzer geeignet, da sie auch innerhalb des Ergebniswertes auftreten kann. Die aktuelle Länge des VARCHAR-Ergebniswertes muß deshalb in einer eigenen Variablen abgelegt werden (short-Element der Struktur, siehe auch Abschnitt "Strukturvariablen" auf Seite 222).

```
#include <stdlib.h>
#include <stdio.h>
#include <sqlenv.h>
#include <sql.h>
#include "dbm.h"

#define   ANZ_WIRTSVAR 3

EXEC SQL INCLUDE SQLCA;
EXEC SQL INCLUDE SQLDA;                                               /*  1 */

main()
{
  EXEC SQL BEGIN DECLARE SECTION;
    double  gehalt_min;
  EXEC SQL END DECLARE SECTION;

  short   pers_nr, gehalt_ind;                                        /*  2 */
  char    n_name[16];
  double  gehalt;                                                     /*  3 */

  struct sqlda *ptr_sqlda;                                            /*  4 */

  ptr_sqlda = (struct sqlda *) malloc(SQLDASIZE(ANZ_WIRTSVAR));
  if (ptr_sqlda == NULL)
     {
       printf("Zu wenig Speicher für SQLDA.\n");
       exit(2);
     }                                                                /*  5 */

  ptr_sqlda->sqldabc          = SQLDASIZE(ANZ_WIRTSVAR);              /*  6 */
  ptr_sqlda->sqln             = ANZ_WIRTSVAR;
  ptr_sqlda->sqld             = ANZ_WIRTSVAR;                         /*  7 */

  ptr_sqlda->sqlvar[0].sqltype = SQL_TYP_SMALL;                       /*  8 */
  ptr_sqlda->sqlvar[0].sqllen  = sizeof pers_nr;
  ptr_sqlda->sqlvar[0].sqldata = (unsigned char *) &pers_nr;          /*  9 */

  ptr_sqlda->sqlvar[1].sqltype = SQL_TYP_CSTR;
  ptr_sqlda->sqlvar[1].sqllen  = sizeof n_name;
  ptr_sqlda->sqlvar[1].sqldata = n_name;

  ptr_sqlda->sqlvar[2].sqltype = SQL_TYP_NFLOAT;                      /* 10 */
  ptr_sqlda->sqlvar[2].sqllen  = sizeof gehalt;
  ptr_sqlda->sqlvar[2].sqldata = (unsigned char *) &gehalt;           /* 11 */
  ptr_sqlda->sqlvar[2].sqlind  = &gehalt_ind;                         /* 12 */
```

```
EXEC SQL
  DECLARE MITARBEITER_LES CURSOR FOR
    SELECT PERS_NR, N_NAME, GEHALT                          /* 13 */
    FROM    MITARBEITER
    WHERE   GEHALT >= :gehalt_min
    ORDER   BY GEHALT;

initdbm("UEBUNG", SQL_USE_SHR, &sqlca);

printf("Gehaltsuntergrenze für Anzeige eingeben: ");
scanf("%lf", &gehalt_min);

EXEC SQL OPEN MITARBEITER_LES;

if (SQLCODE < 0) sqlfehlr("OPEN MITARBEITER_LES", &sqlca);

printf("\nPNR  Nachname         Gehalt\n"
       "---  ---------------   --------\n");

while (SQLCODE != 100)
  {
    EXEC SQL
      FETCH MITARBEITER_LES
        USING DESCRIPTOR :*ptr_sqlda;                       /* 14 */

    if (SQLCODE < 0) sqlfehlr("FETCH MITARBEITER_LES", &sqlca);

    if (SQLCODE != 100) printf("%3d %-15s %8.2f\n",
                               pers_nr, n_name, gehalt);
  }

EXEC SQL CLOSE MITARBEITER_LES;

if (SQLCODE < 0) sqlfehlr("CLOSE MITARBEITER_LES", &sqlca);

sqlestpd(&sqlca);
return(0);
}
```

SQLDA.SQC

Der wesentliche Unterschied des Programms SQLDA.SQC zum Programm CURSOR1.SQC besteht darin, daß nun in der FETCH-Anweisung anstatt Wirtsvariablen eine SQLDA angegeben wird (14). Hierdurch ändert sich die Syntax der FETCH-Anweisung geringfügig; anstelle der INTO-Klausel ist die Klausel USING DESCRIPTOR zu verwenden.

Betrachten wir nun die Anweisungen, die nötig sind, um die SQLDA anzulegen und mit Variablenbeschreibungen zu füllen:

Das Anlegen der SQLDA erfolgt genau in der Weise, wie dies in den Abschnitten "Definition der SQLDA" und "Berechnung des Platzbedarfs mittels SQLDASIZE" behandelt wurde (siehe Seite 545 ff.). Wir wollen deshalb die Zeilen (1) und (4) bis (5) hier nicht erneut diskutieren.

Die Anweisungen (6) bis (7) belegen den Kopfteil der SQLDA. Auch sie bedürfen keiner weiteren Erläuterung.

Mit Hilfe des Anweisungsblocks (8) bis (12) werden die Beschreibungen dreier Wirtsvariablen in die SQLDA gefüllt. Es handelt sich hierbei um die Variablen "pers_nr", "n_name" und "gehalt". Da die SQLDA eine Alternative zur DECLARE SECTION darstellt, ist es nicht erforderlich, die ebengenannten Variablen in einer DECLARE SECTION zu deklarieren (siehe (2) bis (3)). Die Reihenfolge der Variablenbeschreibungen innerhalb des Arrays "sqlvar" muß mit der Reihenfolge der korrespondierenden Spalten in der SELECT-Spaltenliste übereinstimmen (13).

Etwas ärgerlich ist die Belegung des SQLDA-Elements "sqldata" für Wirtsvariablen, die nicht den C-Datentyp "char" aufweisen (siehe (9) und (11)). Da die Pointervariable "sqldata" in der SQLDA-Definition unverständlicherweise den Datentyp "unsigned char" besitzt, muß bei der Adreßzuweisung von Wirtsvariablen anderen Datentyps eine Typkonvertierung erzwungen werden. Diese Mühe könnte man sich sparen, wenn die Variable "sqldata" den Datentyp "void" besäße.

Der Variablen "gehalt" ist mittels der Anweisungen (10) und (12) die Indikatorvariable "gehalt_ind" zugeordnet. Diese Indikatorvariable wurde ausschließlich zu Demonstrationszwecken eingeführt; sie ist im Grunde überflüssig, da bei der vorliegenden SELECT-Anweisung Zeilen mit Nullwerten in der Gehaltsspalte vom Ergebnis ausgeschlossen werden.

Die Anweisungen (6) bis (12) bilden gemeinsam mit der FETCH-Anweisung (14) den Ersatz für folgende "Wirtsvariablen-FETCH-Anweisung":

```
EXEC SQL
  FETCH MITARBEITER_LES
  INTO :pers_nr, :n_name, :gehalt:gehalt_ind;
```

Man sieht deutlich, daß die Definition und Belegung der SQLDA wesentlich mehr Programmcode verlangt, als die Verwendung von Wirtsvariablen, die in DECLARE SECTIONs deklariert werden.

Es stellt sich daher die Frage nach dem Nutzen der SQLDA. Im Grunde genommen gibt es nur eine einzige Situation, die den Einsatz der SQLDA in der hier gezeigten Form erforderlich macht: das Lesen von DECIMAL-Werten mit mehr als 15 Stellen. Die Konvertierung derart großer DECIMAL-Werte in den C-Datentyp "double" führt zu einem Genauigkeitsverlust. Dieses Problem läßt

6.1 Kommunikation über die SQLDA

sich lösen, indem man mit Hilfe einer SQLDA DECIMAL-Werte unkonvertiert ins Programm überträgt. Wir werden hierauf im Abschnitt 6.2.3 "SELECT-Anweisungen mit unbekannter Spaltenliste" zurückkommen.

Sollten Sie tatsächlich einmal DECIMAL-Werte mit einer sehr großen Gesamtstellenzahl benötigen, so ist zu bedenken, daß die SQLDA in statischen INSERT- und UPDATE-Anweisungen nicht verwendet werden kann. Mit anderen Worten: Mittels "FETCH ... USING DESCRIPTOR" ist man zwar in der Lage, DECIMAL-Werte mit großer Gesamtstellenzahl ohne Genauigkeitsverlust zu lesen; es gibt jedoch keine Möglichkeit, solche DECIMAL-Werte mit statischem SQL in Tabellen einzutragen.

Sie werden sich nun vielleicht fragen, warum die SQLDA hier so ausführlich behandelt wurde, wo sie doch nur in exotischen Fällen zur Anwendung kommt. Auf diese Frage gibt es zwei Antworten:

1. In manchen Situationen ist es hilfreich, den vom Precompiler erzeugten C-Code zu verstehen (z.B. bei der Fehlersuche mittels CodeView). Dies ist jedoch ohne SQLDA-Kenntnisse nicht möglich. Wir werden hierauf gleich genauer eingehen.

2. Für eine bestimmte Form dynamischen SQLs (SELECT-Anweisungen mit unbekannter Spaltenliste) ist die Verwendung der SQLDA unumgänglich. Da die Handhabung dieser SQL-Form an sich schon sehr kompliziert ist, wurde aus didaktischen Gründen der Umgang mit der SQLDA bereits hier anhand eines einfachen Beispiels geübt.

Die modifizierte Quelle erforschen

Mit den frisch erworbenen SQLDA-Kenntnissen können wir es wagen, den vom Precompiler erzeugten C-Code zu analysieren. Als Basis dieser Analyse dient das Programm NULLIND1.SQC (siehe Kapitel 3, Seite 238), da hier alle wichtigen Elemente der modifizierten Quelle gezeigt werden können. Im folgenden ist der wesentliche Teil der modifizierten Quelle NULLIND1.C aufgelistet:

```
static unsigned char sqla_program_id[40] =                          /* 1 */
{111,65,65,66,65,67,66,67,68,66,77,85,83,69,82,32,78,85,76,76,
73,78,68,49,108,65,117,73,82,72,74,71,32,32,32,32,32,32,32,32};
...
/*                                                                  /* 2 */
EXEC SQL
    SELECT  V_NAME, GEHALT, N_NAME
    INTO    :v_name, :gehalt:gehalt_ind, :n_name
    FROM    MITARBEITER
```

```
        WHERE   PERS_NR = :pers_nr;
 */                                                              /*  3 */
 {                                                               /*  4 */
   sqlastrt(sqla_program_id,0L,&sqlca);                          /*  5 */
   sqlaaloc(1,1,1,0L);                                           /*  6 */
     sqlasetv(1,0,500,2,&pers_nr,0L,0L);                         /*  7 */
   sqlaaloc(2,3,2,0L);                                           /*  8 */
     sqlasetv(2,0,460,16,v_name,0L,0L);                          /*  9 */
     sqlasetv(2,1,481,8,&gehalt,&gehalt_ind,0L);                 /* 10 */
     sqlasetv(2,2,460,16,n_name,0L,0L);                          /* 11 */
   sqlacall((unsigned short)24,1,1,2,0L);                        /* 12 */
   sqlastop(0L);                                                 /* 13 */
 }                                                               /* 14 */
```

Auszug aus NULLIND1.C

An den Beginn der Programmquelle wird vom Precompiler die Deklaration der Variablen "sqla_program_id" gestellt (1). Sie enthält den Namen des zugeordneten Zugriffsplans und seine Zeitmarke. Wir wollen an dieser Stelle nicht erneut auf den Zusammenhang zwischen Zugriffsplan und Programmquelle eingehen; er wurde im Abschnitt "Konsistenzprüfung durch Zeitmarke" auf Seite 492 f. ausführlich behandelt.

Im Anschluß an die Deklaration von "sqla_program_id" werden vom Precompiler einige Prototypen für Database Manager-Funktionen definiert. Aus Platzgründen wurde auf den Abdruck dieses Teils des erzeugten Codes verzichtet. Er ist für das Verständnis der modifizierten Quelle nicht relevant.

Der interessante Teil der modifizierten Quelle besteht aus den C-Anweisungen, die vom Precompiler anstelle einer ausführbaren SQL-Anweisung eingefügt werden. Wie man sieht, wird die SQL-Anweisung selbst in einen C-Kommentar umgewandelt (Zeilen (2) und (3)). Zur Ausführung dieser SQL-Anweisung dient der aus den Zeilen (4) bis (14) bestehende C-Anweisungsblock.

Von den dort enthaltenen Funktionen kommuniziert jedoch nur die Funktion "sqlacall" mit den Database Services (12). Die übrigen Funktionen dienen im wesentlichen dazu, Informationen des Programms in interne Kontrollblöcke zu übertragen (hell schattierter Bereich in Abbildung 3.4 auf Seite 193). Die Funktion "sqlacall" benutzt dann diese Kontrollblöcke für die Kommunikation mit den Database Services. Betrachten wir die Funktionen im einzelnen:

Die Funktion "sqlastrt" überträgt den Inhalt der Variablen "sqlca_program_id" und die Adresse der SQLCA in einen internen Kontrollblock (5). Darüber hinaus wird von "sqlastrt" ein OS/2-Semaphor (engl. semaphore) angefordert. Dieser Semaphor wird erst wieder durch die Funktion "sqlastop" zurückgegeben (13). Der Semaphor verhindert, daß mehrere SQL-Anweisungen eines OS/2-Prozesses gleichzeitig zur Ausführung kommen[2].

Die Funktion "sqlaaloc" (Zeilen (6) und (8)) hat zur Aufgabe, eine interne SQLDA anzulegen. Es handelt sich hierbei um eine SQLDA, die nur von den Database Manager-Schnittstellenprogrammen ansprechbar ist. Mit dem ersten Parameter von "sqlaaloc" wird der anzulegenden SQLDA eine Nummer zugeordnet, die in weiteren Funktionsaufrufen zur Bezugnahme dient (quasi ein "SQLDA-Handle").

Der zweite Parameter von "sqlaaloc" legt fest, wieviel Wirtsvariablen in der SQLDA Platz finden sollen (Elemente "sqln" und "sqld" der SQLDA). Die restlichen beiden Parameter der Funktion "sqlaaloc" sind im Rahmen unserer Betrachtung nicht bedeutsam.

Für die vorliegende SELECT-Anweisung generiert der Precompiler zwei sqlaaloc-Aufrufe. Der erste (6) legt eine Eingabe-SQLDA an; sie nimmt die Beschreibungen der Wirtsvariablen auf, deren Werte an die Database Services übermittelt werden sollen. Im betrachteten Beispiel ist dies nur die Variable "pers_nr". Der zweite sqlaaloc-Aufruf (8) legt eine Ausgabe-SQLDA an. Diese dient der Beschreibung von Wirtsvariablen, die in der INTO-Klausel auftreten. In der vorliegenden SQL-Anweisung sind dies die Variablen "v_name", "gehalt" und "n_name".

Nachdem nun zwei SQLDAs angelegt wurden, müssen diese auch mit Wirtsvariablenbeschreibungen gefüllt werden. Dies ist Aufgabe der Funktion "sqlasetv". Für jede zu beschreibende Wirtsvariable ist ein Aufruf dieser Funktion nötig ((7) und (9) bis (11)). Der erste Parameter von "sqlasetv" gibt an, in welche SQLDA die Beschreibung eingetragen werden soll. Der zweite Parameter legt den Index des Arrays "sqlvar" fest (siehe Deklaration der SQLDA auf Seite 545). Die Parameter 3 bis 6 entsprechen den sqlvar-Elementen "sqltype", "sqllen", "sqldata" und "sqlind". Der letzte Parameter der Funktion "sqlasetv" hat keine Bedeutung.

Man sieht also: Der vom Precompiler erzeugte Code tut genau das, was wir im Programm SQLDA.SQC auf Seite 550 eigenhändig programmiert haben; er füllt die Beschreibungen aller Wirtsvariablen der zugrundeliegenden SQL-Anweisung in eine oder zwei SQLDAs.

Mit Hilfe der Funktion "sqlcall" (12) wird nun endlich die Kommunikation mit den Database Services durchgeführt. Sie bedient sich hierbei der Daten, die von den zuvor aufgerufenen Funktionen gesammelt wurden. Beginnen wir mit dem zweiten Funktionsparameter. Er teilt den Database Services mit, welche Sektion des Zugriffsplans ausgeführt werden soll (siehe auch Abschnitt 5.2

---

[2] Die durch den Semaphor erzwungene Serialisierung von SQL-Anweisungen ist nur dann relevant, wenn ein Programm mehrere OS/2-Threads umfaßt. Threads sind parallel ablaufende Programmteile innerhalb eines OS/2-Prozesses.

"SQL-Kompilation"). Da in manchen Fällen mehrere SQL-Anweisungen die Ausführung derselben Sektion zur Folge haben (z.B. zusammengehörende OPEN-, FETCH- und CLOSE-Anweisungen), ist die alleinige Angabe der Sektionsnummer nicht ausreichend. Deshalb wird in solchen Situationen anhand des ersten sqlacall-Parameters festgelegt, um welche Anweisung es sich tatsächlich handelt.

Der dritte und vierte sqlacall-Parameter gibt die zu verwendenden Ein- und Ausgabe-SQLDAs an (SQLDA-Nummer des sqlaaloc-Aufrufs). Der letzte Parameter ist bedeutungslos.

Der vom Precompiler erzeugte Codeblock wird durch den Aufruf der Funktion "sqlastop" abgeschlossen (13). Die einzige Aufgabe dieser Funktion besteht darin, den von der Funktion sqlastrt angeforderten Semaphor wieder freizugeben.

Abschließend kann man sagen: Die SQLDA ist nicht nur als Hilfsmittel für den Programmierer anzusehen, sondern sie dient darüber hinaus als internes Kommunikationsmedium für die Database Manager-Schnittstellenfunktionen.

6.2 Dynamisches SQL

Die wesentlichen Unterschiede zwischen statischem und dynamischem SQL wurden bereits im Abschnitt 3.5 "Ausblick auf dynamisches SQL" (Seite 287 ff.) ausführlich behandelt. Wir wollen uns deshalb an dieser Stelle auf eine knappe Zusammenfassung der Ergebnisse beschränken:

Eine statische SQL-Anweisung wird vor der Programmausführung in die ausführbare Form übersetzt. Sie muß daher bereits zum Zeitpunkt der Programmierung in ihrem Aufbau weitgehend festliegen. Die einzige Möglichkeit, die Wirkungsweise einer statischen SQL-Anweisung noch zur Programmlaufzeit zu beeinflussen, besteht im Einsatz von Wirtsvariablen. In Kapitel 3 haben wir gesehen, wo innerhalb von SELECT-, UPDATE- und DELETE-Anweisungen Wirtsvariablen verwendet werden können. Möchte man jedoch solche Bestandteile einer SQL-Anweisung, die sich nicht durch Wirtsvariablen ersetzen lassen (z.B. Tabellen- oder Viewnamen), erst zur Laufzeit festlegen, so muß man die Anweisung dynamisch ausführen.

Neben den in Kapitel 3 behandelten SQL-Anweisungen kann man auch Datendefinitionsanweisungen (CREATE, ALTER, DROP und COMMENT ON) statisch in Programme einbetten, etwa folgendermaßen:

```
EXEC SQL
  CREATE TABLE ABC (SPAL1 CHAR(3), SPAL2 FLOAT NOT NULL);
```

Allerdings ist bei diesen Anweisungen in der statischen Form der Einsatz von Wirtsvariablen nicht möglich; sie müssen somit zum Programmierzeitpunkt bereits vollständig vorliegen. Entsprechendes gilt für die Autorisierungsanweisungen GRANT und REVOKE.

Bei der dynamischen Ausführung von SQL-Anweisungen unterscheidet man drei unterschiedliche Programmiertechniken:

- ♦ Technik 1 Diese Technik läßt sich für alle SQL-Anweisungen außer SELECT-Anweisungen anwenden. Wir werden solche SQL-Anweisungen zukünftig als "Nicht-SELECT-Anweisungen" bezeichnen.
- ♦ Technik 2 Die zweite Technik wird eingesetzt, wenn SELECT-Anweisungen auszuführen sind, von denen zum Programmierzeitpunkt der Aufbau der SELECT-Spaltenliste bekannt ist. Derartige Anweisungen werden im folgenden "SELECT-Anweisungen mit bekannter Spaltenliste" (engl. fixed-list SELECT statement) genannt.

♦ Technik 3   Die dritte Technik kommt zur Anwendung, wenn man zum Programmierzeitpunkt noch nicht weiß, aus welchen Spalten die Ergebnismenge einer SELECT-Anweisung aufgebaut ist. SELECT-Anweisungen dieser Form werden wir im weiteren unter dem Begriff "SELECT-Anweisungen mit unbekannter Spaltenliste" (engl. varying-list SELECT statement) ansprechen.

Die folgenden drei Abschnitte dienen der detaillierten Behandlung der eben genannten Techniken.

6.2.1   Nicht-SELECT-Anweisungen

Die dynamische Ausführung von Nicht-SELECT-Anweisungen ist ziemlich einfach. Dies liegt daran, daß bei diesen Anweisungen keine Daten von den Database Services an das Programm zurückgeliefert werden müssen.

Eine Nicht-SELECT-Anweisung wird mit Hilfe der SQL-Anweisung EXECUTE IMMEDIATE ausgeführt. Hierfür muß die gewünschte Nicht-SELECT-Anweisung als Zeichenkette in einem char-Array vorliegen; z.B. folgendermaßen:

```
...
EXEC SQL BEGIN DECLARE SECTION;
   char    anweisung[80];
EXEC SQL END DECLARE SECTION;

...

strcpy(anweisung,
       "UPDATE MITARBEITER_1 SET GEHALT = 4000 WHERE PERS_NR = 2");   /* 1 */

EXEC SQL EXECUTE IMMEDIATE :anweisung;

...
```

Bei der Formulierung einer dynamisch auszuführenden SQL-Anweisung ist nicht die eingebettete, sondern die interaktive Form zu verwenden (1); also die Form, die uns vom Query Fenster des Query Manager bekannt ist. Da eine dynamische SQL-Anweisung vom Precompiler nicht erfasst wird, darf sie weder mit EXEC SQL beginnen, noch ist sie mit einem Strichpunkt abzuschließen (1). Darüber hinaus ist die Angabe von Wirtsvariablen unzulässig.

Was tut die Anweisung EXECUTE IMMEDIATE? Sie wandelt die in der Wirtsvariablen enthaltene SQL-Anweisung von der Textform in eine ausführ-

6.2 Dynamisches SQL

bare Form um. Diese gelangt anschließend zur Ausführung. Nach erfolgter Ausführung wird die ausführbare Form der Anweisung sofort wieder gelöscht.

Man kann sich die ausführbare Form einer dynamischen SQL-Anweisung als eine Art "Miniplan" vorstellen, der direkt vor der Ausführung gebunden und nach der Ausführung wieder zerstört wird. Das Erstellen der ausführbaren Form einer dynamischen SQL-Anweisung wird deshalb auch "dynamisches Binden" (engl. dynamic bind) genannt.

Für folgende SQL-Anweisungen kann EXECUTE IMMEDIATE nicht eingesetzt werden:

- Nichtausführbare Anweisungen, wie INCLUDE, BEGIN/END DECLARE SECTION, WHENEVER und DECLARE CURSOR. Nichtausführbare SQL-Anweisungen dienen ausschließlich zur Steuerung des Precompilers. Es ist deshalb leicht einzusehen, daß eine dynamische Ausführung dieser Anweisungen keinen Sinn ergibt.

- Die Anweisungen OPEN, FETCH und CLOSE lassen sich grundsätzlich nicht dynamisch ausführen, also auch nicht mit EXECUTE IMMEDIATE. Dies ist jedoch - wie wir später sehen werden - keine ernsthafte Einschränkung.

- Nur der Vollständigkeit halber sei hier nochmals erwähnt, daß sich EXECUTE IMMEDIATE zur Ausführung von SELECT-Anweisungen nicht eignet.

Wir wollen im folgenden die Anwendung der EXECUTE IMMEDIATE-Anweisung anhand eines Beispielprogramms veranschaulichen:

```
#include <stdlib.h>
#include <stdio.h>
#include <string.h>                                              /* 1 */
#include <sqlenv.h>
#include <sql.h>
#include "dbm.h"

EXEC SQL INCLUDE SQLCA;

char fehlertext[512];

main()
{
  EXEC SQL BEGIN DECLARE SECTION;
    char    anweisung[400];
  EXEC SQL END DECLARE SECTION;

  initdbm("UEBUNG", SQL_USE_SHR, &sqlca);                        /* 2 */
  printf("SQL-Anweisung eingeben (keine SELECT-Anweisung!):\n");
```

```
    while (*gets(anweisung))                                            /*  3  */
    {
      EXEC SQL EXECUTE IMMEDIATE :anweisung;                            /*  4  */

      if (SQLCODE)
          {
             sqlaintp(fehlertext, sizeof fehlertext, 79, &sqlca);       /*  5  */
             printf("\n%s", fehlertext);
          }
      else   printf("\nSQL-Anweisung fehlerfrei ausgeführt.\n");        /*  6  */

      if (SQLWARN0 == 'W' && SQLWARN4 == 'W')                           /*  7  */
         printf("\a\x1B[7mAchtung: UPDATE/DELETE-Anweisung betraf die"
                " gesamte Tabelle.\x1B[0m\n");

      printf("\nWeitere SQL-Anweisung oder ENTER für Programmende:\n");
    }

    sqlestpd(&sqlca);
    return(0);
}
```

EXEIMME.SQC

Das Programm EXEIMME.SQC hat eine ähnliche Funktion wie das SQL Query-Fenster des Query Manager: Es führt vom Benutzer eingegebene SQL-Anweisungen aus. Allerdings ist es bei weitem nicht so komfortabel wie das SQL Query-Fenster; darüber hinaus unterscheidet es sich von diesem dadurch, daß es keine SELECT-Anweisungen beherrscht.

Betrachten wir die einzelnen Elemente des Programms:

Die vom Benutzer eingegebene SQL-Anweisung wird mit Hilfe der C-Bibliotheksfunktion "gets" in die Wirtsvariable "anweisung" eingelesen (3). Sofern der Benutzer nicht nur die ENTER-Taste drückte, sondern tatsächlich etwas eingegeben hat, wird der Anweisungsblock der while-Schleife durchlaufen. Hat der Benutzer hingegen nur ENTER gedrückt, so wird das Programm beendet (siehe (3)).

Die EXECUTE IMMEDIATE-Anweisung in Zeile (4) reicht die eingegebene SQL-Anweisung an die Database Services zur Ausführung weiter. Tritt bei der Ausführung ein SQLCODE ungleich Null auf, so wird der von den Database Services übergebene SQLCODE in die zugehörige Fehler- bzw. Warnungsmeldung umgewandelt (5). Hierzu dient die Database Manager-Funktion "sqlaintp" (siehe Abschnitt 3.2.1 "Fehlerinformationen aufbereiten" auf Seite 195 ff.). Die bisher in Fehlersituationen aufgerufene Funktion "sqlfehlr" eignet sich an dieser Stelle nicht, da sie grundsätzlich den gesamten Programmlauf beendet. Im Programm EXEIMME.SQC soll der Benutzer nach einer fehlerhaften SQL-Anweisung jedoch noch weitere Anweisungen eingeben können; das Beenden des Programms im Fehlerfall ist also nicht erwünscht.

Im Erfolgsfall erhält der Benutzer eine entsprechende Meldung (6). Verwendet man anstelle des Programms EXEIMME.SQC das SQL Query-Fenster des Query Manager, so wird im Anschluß an eine erfolgreich ausgeführte SQL-Anweisung immer die Anweisung COMMIT abgesetzt. Hierauf wurde im Programm EXEIMME.SQC verzichtet. Dadurch hat der Benutzer die Möglichkeit, durch Eingabe der Anweisungen COMMIT oder ROLLBACK selbst Beginn, Dauer und Abschluß einer Transaktion zu bestimmen. Man könnte sich z.B. folgende Sequenz von SQL-Anweisungen vorstellen:

```
CREATE TABLE ABC (X CHAR(3), Y FLOAT NOT NULL)
INSERT INTO ABC VALUES ('XYZ', 3.5)
COMMIT
CREATE INDEX ABC_IND ON ABC (X DESC)
INSERT INTO ABC VALUES ('UVW', 8.7)
ROLLBACK
```

Nach Ausführung dieser Anweisungen befindet sich in der Datenbank eine neue Tabelle mit dem Namen ABC; sie enthält eine Zeile mit den Werten "XYZ" und "3.5". Der Index ABC_IND und die Tabellenzeile mit den Werten "UVW" und "8.7" existieren hingegen nicht.

Solange nicht explizit COMMIT eingegeben oder das Programm beendet wurde, besteht also immer noch die Möglichkeit, irrtümlich ausgeführte SQL-Anweisungen durch ROLLBACK wieder rückgängig zu machen. Für einen Benutzer, der das Transaktionskonzept des Database Manager nicht kennt, ist der automatische COMMIT des Query Manager der hier vorgestellten Lösung sicher vorzuziehen; durch den automatischen COMMIT wird verhindert, daß Sperren über eine längere Zeit bestehen bleiben und die Logdateien übermäßig anwachsen (siehe auch Abschnitt 5.3 "Transaktionsverarbeitung" und Abschnitt 5.4 "Konkurrierender Zugriff").

Das Programm EXEIMME.SQC unterscheidet sich noch in einem weiteren Aspekt vom SQL Query-Fenster des Query Manager, indem es das Warnungskennzeichen SQLWARN4 auswertet und in Form einer Benutzernachricht ausgibt (7). SQLWARN4 wird bei dynamisch ausgeführten UPDATE- oder DELETE-Anweisungen gesetzt, wenn diese keine WHERE-Klausel aufweisen. Werden derartige Anweisungen statisch programmiert, so bleibt SQLWARN4 ungesetzt. In diesen Fällen gibt allerdings bereits der Precompiler eine entsprechende Warnung aus.

Ein Punkt des Programms EXEIMME.SQC ist noch erklärungsbedürftig: In Zeile (1) wird die Datei STRING.H als Includedatei angegeben, obwohl das Programm keine Zeichenkettenfunktionen aufweist. Die Angabe von

STRING.H ist dennoch nötig, da der Precompiler beim Umsetzen der EXECUTE IMMEDIATE-Anweisung in C-Code einen Aufruf der C-Bibliotheksfunktion "strlen" generiert.

Das Programm EXEIMME.SQC bietet noch Raum für Erweiterungsmöglichkeiten: Für eine allgemeine Einsetzbarkeit des Programms wäre es z.B. nötig, den in der Funktion "initdbm" benutzten Datenbanknamen (2) variabel zu gestalten (vergl. Programm ALLESTAT.SQC auf Seite 450). Das Programm muß dann allerdings an alle Datenbanken gebunden werden, für die es verwendet werden soll.

Eine andere denkbare Erweiterungsmöglichkeit besteht darin, die auszuführenden SQL-Anweisungen anstatt von der Tastatur aus einer Datei einzulesen. Man könnte dann die Datendefinitionsanweisungen aller Objekte einer Datenbank in eine Datei ablegen und diese durch einen einzigen Programmaufruf zur Ausführung bringen. Ein solches Programm ließe sich beispielsweise im Rahmen der Installation einer Anwendung einsetzen.

6.2.2 SELECT-Anweisungen mit bekannter Spaltenliste

In der Praxis taucht häufig der Fall auf, daß eine SELECT-Anweisung sich zwar nicht statisch formulieren läßt, der Aufbau ihrer Spaltenliste jedoch bereits zum Programmierzeitpunkt festliegt. Wir wollen in diesem Abschnitt ein Verfahren zur dynamischen Ausführung derartiger SELECT-Anweisungen behandeln. Hierzu sehen wir uns anhand eines Beispiels nochmals die statische Form einer SELECT-Anweisung an. Besteht die Ergebnismenge aus mehreren Zeilen, so werden folgende SQL-Anweisungen benötigt:

```
EXEC SQL DECLARE MITARBEITER_LES CURSOR FOR
         SELECT  N_NAME, GEHALT
         FROM    MITARBEITER WHERE GEHALT > 4000;

EXEC SQL OPEN MITARBEITER_LES;

EXEC SQL FETCH MITARBEITER_LES INTO :n_name, :gehalt;

EXEC SQL CLOSE MITARBEITER_LES;
```

Betrachten wir nun die dynamische Form dieser Anweisung:

6.2 Dynamisches SQL

```
EXEC SQL DECLARE MITARBEITER_LES CURSOR FOR SEL_MITARBEITER;   /* 1 */

strcpy(anweisung,                                              /* 2 */
       "SELECT N_NAME, GEHALT FROM MITARBEITER WHERE GEHALT > 4000");

EXEC SQL PREPARE SEL_MITARBEITER FROM :anweisung;              /* 3 */

EXEC SQL OPEN MITARBEITER_LES;                                 /* 4 */

EXEC SQL FETCH MITARBEITER_LES INTO :n_name, :gehalt;

EXEC SQL CLOSE MITARBEITER_LES;
```

Wie man sieht, unterscheidet sich eine dynamische SELECT-Anweisung mit bekannter Spaltenliste in zwei Punkten von ihrem statischen Gegenstück:

- Die DECLARE CURSOR-Anweisung enthält in der dynamischen Version keine SELECT-Anweisung (1), sondern statt dessen einen symbolischen Anweisungsnamen (engl. statement name). Dieser Anweisungsname - im obigen Beispiel heißt er "SEL_MITARBEITER" - steht stellvertretend für eine SELECT-Anweisung, deren Aufbau zum Programmierzeitpunkt noch nicht festliegt. Für Anweisungsnamen gelten dieselben Regeln wie für Cursornamen: sie können maximal 18 Stellen umfassen, müssen mit einem Buchstaben beginnen und dürfen nur Buchstaben, Ziffern oder das Zeichen "_" enthalten.

- Bevor der Cursor geöffnet werden kann, muß den Database Services mitgeteilt werden, welche SELECT-Anweisung sich hinter dem symbolischen Anweisungsnamen verbirgt. Hierfür gibt es eine neue SQL-Anweisung - die PREPARE-Anweisung. Mittels der PREPARE-Anweisung übergibt man den Database Services eine Wirtsvariable, die eine SELECT-Anweisung in Textform enthält (siehe (2) und (3)). Wie bei der EXECUTE IMMEDIATE-Anweisung, so wird auch hier aus der Textform eine ausführbare Form der SELECT-Anweisung gebildet. Diese ausführbare Form wird als "präparierte Anweisung" (engl. prepared statement) bezeichnet. Der wesentliche Unterschied zwischen PREPARE- und EXECUTE IMMEDIATE-Anweisung besteht darin, daß im vorliegenden Fall die präparierte Anweisung nicht gleich ausgeführt wird. Die Ausführung erfolgt erst mit der OPEN-Anweisung (4).
Die PREPARE-Anweisung beinhaltet genau den Teil der Arbeit, den die Database Services im statischen Fall bereits beim Binden des Zugriffsplans erledigen. Im Gegensatz zur EXECUTE IMMEDIATE-Anweisung läßt sich hier der Geschwindigkeitsnachteil des dynamischen SQLs somit genau lokalisieren: die gegenüber der statischen Form erhöhte Programmlaufzeit resultiert aus der Ausführung der PREPARE-Anweisung.

Für die SELECT-Anweisung mit bekannter Spaltenliste gibt es drei wesentliche Einsatzgebiete:

1. Flexible Auswertungen:
   Was hierunter zu verstehen ist, wird in Kürze anhand eines Beispiels erläutert.

2. Abfragen auf Tabellen bzw. Views, die erst zur Laufzeit erstellt werden:
   Tabellen, die in einem Programm angelegt werden, können im selben Programm nicht statisch ausgewertet werden. Statische Abfragen sind nur auf solche Tabellen möglich, die bereits zum Zeitpunkt des Precompiles existieren.

3. Abfragen mit unbekannten Tabellennamen:
   Manchmal ist es sinnvoll, aktuell nicht benötigte Daten in "Historietabellen" auszulagern. So könnte man sich vorstellen, daß immer zu Beginn eines Jahres die Vorjahresdaten in eine Tabelle übertragen werden, die im Tabellennamen die Jahreszahl enthält. Auf diese Weise erhält man mit der Zeit mehrere Tabellen mit gleicher Struktur. Möchte man nun allgemein einsetzbare Auswerteprogramme schreiben, bei denen der Benutzer angibt, welches Jahr ausgewertet werden soll, so ist dies mit statischem SQL nicht möglich. Hier bietet sich die dynamische SELECT-Anweisung an, da bei ihr Tabellennamen erst zur Laufzeit festliegen müssen.

Im folgenden soll gezeigt werden, wie sich die SELECT-Anweisung mit bekannter Spaltenliste zur Programmierung flexibler Auswertungen einsetzen läßt. Betrachten wir hierzu nochmals das Programm CURSOR1.SQC auf Seite 260. Dort konnte der Benutzer einen Gehaltswert eingeben; anschließend wurden alle Mitarbeiter angelistet, die mindestens das eingegebene Gehalt verdienen. Wir wollen diese Auswertung nun in der Weise erweitern, daß nicht nur ein Gehaltswert, sondern auch der zu verwendende Vergleichsoperator vom Benutzer eingegeben werden kann. Darüber hinaus soll auch die Sortierung des Ergebnisses vom Benutzer festgelegt werden. Das folgende Programm SELBEK.SQC realisiert die ebengenannten Erweiterungen:

```
#include <stdlib.h>
#include <stdio.h>
#include <string.h>
#include <sqlenv.h>
#include "dbm.h"

EXEC SQL INCLUDE SQLCA;

main()
{
  EXEC SQL BEGIN DECLARE SECTION;
    short    pers_nr;
```

6.2 Dynamisches SQL

```
      char    v_name[16], n_name[16], geb_datum[11], anweisung[100];
      double  gehalt;
   EXEC SQL END DECLARE SECTION;

   char    oper_und_vergl_gehalt[20], sortierspalte[19];

   EXEC SQL
      DECLARE MITARBEITER_LES CURSOR FOR SEL_MITARBEITER;          /* 1 */

   initdbm("UEBUNG", SQL_USE_SHR, &sqlca);

   printf("Operator (<,=,>,<>,>=,<=) und Vergleichsgehalt eingeben: ");
   gets(oper_und_vergl_gehalt);                                    /* 2 */

   printf("Sortierspalte eingeben: ");
   scanf("%18s", sortierspalte);                                   /* 3 */

   strcpy(anweisung, "SELECT PERS_NR, V_NAME, N_NAME, GEB_DATUM, GEHALT "  /* 4 */
                     "FROM    DBMUSER.MITARBEITER WHERE GEHALT ");
   strcat(anweisung, oper_und_vergl_gehalt);
   strcat(anweisung, " ORDER BY ");
   strcat(anweisung, sortierspalte);                               /* 5 */
/* printf("\n%s\n\n", anweisung); */                               /* 6 */

   EXEC SQL PREPARE SEL_MITARBEITER FROM :anweisung;               /* 7 */

   if (SQLCODE < 0) sqlfehlr("PREPARE SEL_MITARBEITER", &sqlca);

   EXEC SQL OPEN MITARBEITER_LES;                                  /* 8 */

   if (SQLCODE < 0) sqlfehlr("OPEN MITARBEITER_LES", &sqlca);

   printf("\nPNR  Vorname           Nachname         Geb.-Dat.   Gehalt\n"
          "---  ----------------  ----------------  ----------  --------\n");

   while (SQLCODE != 100)
     {
       EXEC SQL
         FETCH MITARBEITER_LES
         INTO  :pers_nr, :v_name, :n_name, :geb_datum, :gehalt;

       if (SQLCODE < 0) sqlfehlr("FETCH MITARBEITER_LES", &sqlca);

       if (SQLCODE != 100) printf("%3d %-15s %-15s %10s %8.2f\n",
                             pers_nr, v_name, n_name, geb_datum, gehalt);
     }

   EXEC SQL CLOSE MITARBEITER_LES;

   if (SQLCODE < 0) sqlfehlr("CLOSE MITARBEITER_LES", &sqlca);
```

```
sqlestpd(&sqlca);
return(0);
}
```

SELBEK.SQC

Betrachten wir das Programm SELBEK.SQC im einzelnen:

Die DECLARE CURSOR-Anweisung in Zeile (1) ordnet dem Cursor MITARBEITER_LES die (symbolische) Anweisung SEL_MITARBEITER zu.

Die Zeilen (2) bis (5) dienen dazu, die gewünschte SELECT-Anweisung in Textform aufzubauen. Das Einlesen der vom Benutzer festlegbaren Teile der SELECT-Anweisung erfolgt mit Hilfe der Funktionen "gets" und "scanf" (Zeilen (2) und (3)). Anschließend werden diese variablen Teile gemeinsam mit den konstanten Anweisungsteilen zu einer vollständigen SELECT-Anweisung zusammengefügt (Zeilen (4) bis (5)). In der Testphase empfiehlt es sich, die fertige SELECT-Anweisung mittels "printf" auszugeben (6). So lassen sich beim Zusammenbau der Anweisung aufgetretene Fehler meist schnell erkennen.

Die PREPARE-Anweisung in Zeile (7) bildet aus der Textform der SELECT-Anweisung, die zuvor in der Wirtsvariablen "anweisung" aufgebaut wurde, eine ausführbare Form und ordnet diese der Anweisung SEL_MITARBEITER zu. Da die Anweisung SEL_MITARBEITER ihrerseits über die DECLARE CURSOR-Anweisung (1) mit dem Cursor MITARBEITER_LES verbunden ist, sind nun die Voraussetzungen zum Öffnen des Cursors erfüllt.

Der Rest des Programms SELBEK.SQC (ab Zeile (8)) unterscheidet sich nicht mehr vom Programm CURSOR1.SQC auf Seite 260. Wir können uns daher die Erläuterung dieses Programmteils ersparen.

Qualifizieren von View- und Tabellennamen

Bei SQL-Anweisungen, die dynamisch ausgeführt werden, ist es wichtig, Viewnamen (oder Tabellennamen[3]) qualifiziert anzugeben (siehe DBMUSER.MITARBEITER in Zeile (4)). Unqualifizierte Viewnamen werden im Rahmen der PREPARE-Anweisung von den Database Services implizit mit der Benutzer-ID des Benutzers qualifiziert, der das Programm ausführt. Es werden somit, je nachdem mit welcher Benutzer-ID das Programm aufgerufen wird, unterschiedliche Viewnamen gebildet. Soll jedoch ein Programm mit be-

---

[3] Um eine möglichst hohe Datenunabhängigkeit zu erreichen, sollten in Programmen keine Tabellen, sondern ausschließlich Views verwendet werden (siehe Abschnitt 4.5 "Der externe Datenbankentwurf"). Aus Aufwandsgründen halten wir uns im Rahmen dieses Buches nicht an diese Regel.

nutzerunabhängigen Views arbeiten, so sind diese Views qualifiziert anzugeben.

Bei statischem SQL existiert dieses Problem nicht, da hier alle unqualifizierten Viewnamen bereits beim Binden des Zugriffsplans mit der Benutzer-ID des Binders qualifiziert werden (siehe Abschnitt 5.2 "SQL-Kompilation").

Warum dynamisches SQL?

Wollte man das Programm SELBEK.SQC mit statischem SQL realisieren, so müßte man für jede mögliche Kombination von Vergleichsoperator und Sortierspalte eine eigene DECLARE CURSOR-Anweisung angeben. Die Ursache hierfür liegt darin begründet, daß Vergleichsoperatoren und ORDER BY-Spalten nicht durch Wirtsvariablen ersetzt werden können. Da im betrachteten Beispiel sechs unterschiedliche Vergleichsoperatoren und fünf verschiedene Spaltennamen eingebbar sind, bräuchte man in der statischen Realisierung 30 DECLARE CURSOR-Anweisungen. Die Anweisungen OPEN, FETCH und CLOSE müßten ebenfalls 30mal angegeben werden.

Inkonsistenzen zwischen Spaltenliste und FETCH-Anweisung

Der Precompiler kann beim dynamischen SELECT nicht mehr überprüfen, ob die Wirtsvariablen in der FETCH-Anweisung bezüglich Anzahl und Datentyp mit der Spaltenliste übereinstimmen. Deshalb werden eventuelle Inkonsistenzen von den Database Services erst zur Laufzeit erkannt.

Ist der Datentyp einer Wirtsvariablen zum Datentyp der korrespondierenden Ergebnisspalte inkompatibel, so liefert die erste FETCH-Anweisung den SQLCODE "-303". Die ermittelte Ergebnismenge läßt sich in diesem Fall also nicht in die Wirtsvariablen des Programms übertragen.

Eine weitere mögliche Inkonsistenz besteht darin, daß die Anzahl der Wirtsvariablen in der FETCH-Anweisung nicht mit der Anzahl an Ergebnisspalten übereinstimmt. Solange die Datentypen der FETCH-Wirtsvariablen mit den korrespondierenden Ergebnisspalten harmonieren, führt diese Situation nicht zu einem negativen SQLCODE, sondern nur zum Setzen des Warnungskennzeichens SQLWARN3 (und natürlich SQLWARN0) auf "W" (siehe auch Abschnitt "Auswertung der Warnungskennzeichen SQLWARN0 bis SQLWARN7" auf Seite 199 f.).

Enthält die FETCH-Anweisung überzählige Wirtsvariablen, so bleiben diese unbelegt; enthält sie zuwenig Wirtsvariablen, so werden eben nur so viele Ergebnisspalten ins Programm übertragen, wie in der FETCH-Anweisung Wirtsvariablen vorhanden sind.

Dynamisches "SELECT ... INTO"?

Wie wir in Kapitel 3 gesehen haben, kann man im statischen SQL zum Lesen einer einzelnen Tabellenzeile die Anweisung "SELECT ... INTO" verwenden. Man erspart sich hierdurch einigen Programmieraufwand gegenüber der cursorgesteuerten SELECT-Anweisung. Das dynamische SQL kennt leider keine "SELECT ... INTO-Anweisung"; d.h. es muß auch dann die cursorgesteuerte SELECT-Technik verwendet werden, wenn man nur eine einzige Zeile lesen möchte.

6.2.3 SELECT-Anweisungen mit unbekannter Spaltenliste

Wir wollen uns nun mit dem schwierigsten Fall dynamischen SQLs beschäftigen. Dieser liegt vor, wenn zum Zeitpunkt der Programmierung keinerlei Annahmen über den Aufbau der auszuführenden SQL-Anweisung getroffen werden können.

Ein Beispiel für eine derartige Problemstellung ist das SQL Query-Fenster des Query Manager. Dort kann der Benutzer eine beliebige SQL-Anweisung eingeben. Handelt es sich hierbei um eine SELECT-Anweisung, so ist zum Programmierzeitpunkt nicht bekannt, welche Ergebnisdaten von den Database Services an das Programm geliefert werden. Eine FETCH-Anweisung mit einer Liste fest definierter Wirtsvariablen kommt somit nicht in Frage. Statt dessen muß es möglich sein, die aufnehmenden Wirtsvariablen dynamisch zur Laufzeit festzulegen. Das Hilfsmittel für die dynamische Definition von Wirtsvariablen kennen wir bereits - es ist die SQLDA.

Mit der Anweisung:

```
EXEC SQL FETCH ... USING DESCRIPTOR :sqlda;
```

lassen sich beliebig aufgebaute Ergebniszeilen einlesen, sofern die angegebene SQLDA Wirtsvariablenbeschreibungen enthält, die bezüglich Anzahl und Datentyp mit den Spalten der Ergebniszeile harmonieren.

Es stellt sich nun die Frage: Wie kommen diese Beschreibungen in die SQLDA? Dies geschieht in zwei Schritten:

1. Zuerst werden die Database Services veranlaßt, für alle Spalten der Ergebnismenge die Beschreibungsdaten "sqltype", "sqllen" und "sqlname" in die SQLDA einzustellen (Aufbau der SQLDA siehe Seite 545).

2. Mit diesen Informationen ist es dem Anwendungsprogramm nun möglich, Speicherbereiche zur Aufnahme der Ergebnisdaten und zugehöriger Indi-

katorwerte anzulegen und Pointer auf diese Bereiche in die SQLDA einzutragen.

Das Programm SELUNBEK.EXE

Im folgenden wird das Ausführen von SELECT-Anweisungen mit unbekannter Spaltenliste anhand des Beispielprogramms SELUNBEK.EXE detailliert behandelt. Dieses Programm stellt eine erweiterte Fassung des Programms EXEIMME.SQC dar, die sich von EXEIMME.SQC dadurch unterscheidet, daß nun auch SELECT-Anweisungen verarbeitet werden können.

Wegen der großen Gesamtlänge des Programms SELUNBEK.SQC ist es nicht an einem Stück, sondern in fünf Teilen abgedruckt. Jeder Teil enthält jeweils eine Funktion. Zwischen diesen Funktionen besteht die in Abbildung 6.1 dargestellte Aufrufhierarchie:

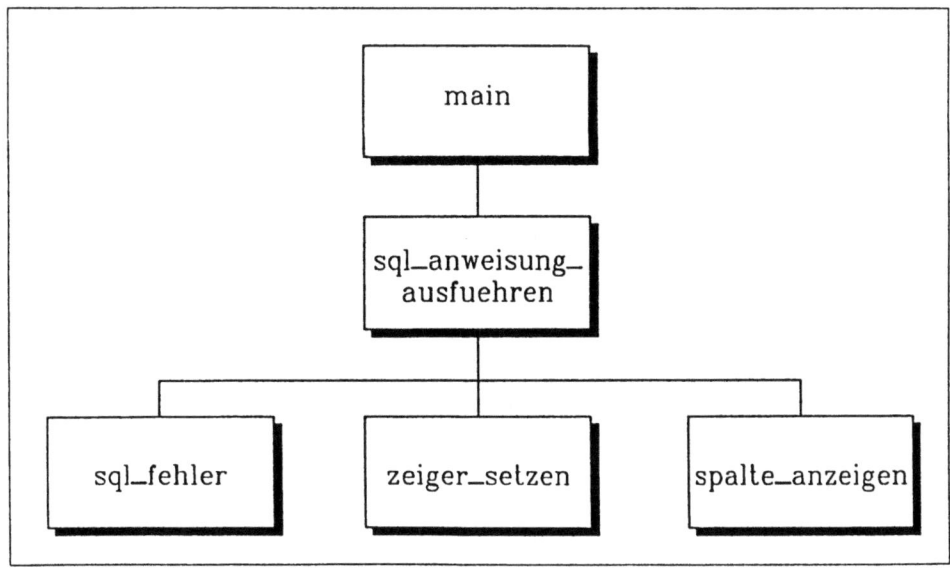

Abbildung 6.1

Noch ein Tip: Da bei der Erläuterung des Programms SELUNBEK.SQC häufig auf die SQLDA verwiesen wird, empfiehlt es sich, die Includedatei SQLDA.H (Verzeichnis SQLLIB) auszudrucken und beim Lesen neben das Buch zu legen. Sie ersparen sich hierdurch einiges Blättern.

Beginnen wir mit dem ersten Teil von SELUNBEK.SQC, der die üblichen Includedateien, die Definition der Funktionsprototypen und die Funktion "main" umfaßt:

```
#include <stdlib.h>
#include <stdio.h>
#include <string.h>
#include <sqlenv.h>
#include <sql.h>
#include "dbm.h"

EXEC SQL INCLUDE SQLCA;
EXEC SQL INCLUDE SQLDA;

void   sql_anweisung_ausfuehren(char anweisung[]);
short  sql_fehler(void);
void   zeiger_setzen(struct sqlda *ptr_sqlda);
void   spalte_anzeigen(short sqltype, short sqllen,
                       char *sqldata, short *sqlind);

main(int argc, char *argv[])
{
  EXEC SQL BEGIN DECLARE SECTION;
    char anweisung[400];                                        /* 1 */
  EXEC SQL END DECLARE SECTION;

  initdbm(argv[1], SQL_USE_SHR, &sqlca);                        /* 2 */
  printf("SQL-Anweisung eingeben:\n");

  while (*gets(anweisung))                                      /* 3 */
    {
      sql_anweisung_ausfuehren(anweisung);
      printf("\nWeitere SQL-Anweisung oder ENTER für Programmende:\n");
    }                                                           /* 4 */

  sqlestpd(&sqlca);
  return(0);
}
```

SELUNBEK.SQC - Teil 1 (Funktion "main")

Zur Funktion "main" gibt es nicht allzuviel zu sagen. Sie besteht im wesentlichen aus einer while-Schleife (Zeilen (3) bis (4)), in der SQL-Anweisungen eingelesen und zur Verarbeitung an die Funktion "sql_anweisung_ausfuehren" weitergereicht werden. Gibt der Benutzer nichts ein, sondern drückt nur die ENTER-Taste, so wird die while-Schleife und damit das gesamte Programm beendet.

6.2 Dynamisches SQL

Damit sich das Programm für beliebige Datenbanken einsetzen läßt, ist im Aufruf der Funktion "initdbm" anstelle eines konstanten Datenbanknamens die Variable "argv[1] enthalten (2). Man kann also bereits beim Start von SELUNBEK.EXE angeben, welche Datenbank zu verwenden ist. Um z.B. SQL-Anweisungen für die Datenbank UEBUNG abzusetzen, gibt man

SELUNBEK UEBUNG

ein.

Betrachten wir nun den wichtigsten Teil des Programms - die Funktion "sql_anweisung_ausfuehren":

```
void sql_anweisung_ausfuehren(char anweisung[])
{
  struct sqlda  mini_sqlda, *ptr_voll_sqlda;               /* 1 */
  short         i;

  EXEC SQL DECLARE CURS CURSOR FOR SQL_ANW;                /* 2 */

  mini_sqlda.sqldabc = SQLDASIZE(1);                       /* 3 */
  mini_sqlda.sqln    = 1;                                  /* 4 */

  EXEC SQL PREPARE SQL_ANW INTO :mini_sqlda FROM :anweisung; /* 5 */
  if (sql_fehler()) return;                                /* 6 */

  switch(mini_sqlda.sqld)                                  /* 7 */
    {
    case 0:
      EXEC SQL EXECUTE SQL_ANW;                            /* 8 */
      if (!sql_fehler())
        printf("\nSQL-Anweisung fehlerfrei ausgeführt.\n");
      return;

    case 1:
      ptr_voll_sqlda = &mini_sqlda;                        /* 9 */
      break;

    default:
      ptr_voll_sqlda = (struct sqlda *)                    /* 10 */
                  malloc(SQLDASIZE(mini_sqlda.sqld));
      if (ptr_voll_sqlda == NULL)
        {
        printf("Zu wenig Speicher für SQLDA.\n");
        exit(2);
        }
      ptr_voll_sqlda->sqldabc = SQLDASIZE(mini_sqlda.sqld);
      ptr_voll_sqlda->sqln    = mini_sqlda.sqld;
      ptr_voll_sqlda->sqld    = mini_sqlda.sqld;           /* 11 */
```

```
            EXEC SQL DESCRIBE SQL_ANW INTO :*ptr_voll_sqlda;        /* 12 */
            if (sql_fehler()) return;
      }                                                              /* 13 */

   EXEC SQL OPEN CURS;
   if (sql_fehler()) return;

   zeiger_setzen(ptr_voll_sqlda);                                    /* 14 */

   while (SQLCODE != 100)
     {
        EXEC SQL FETCH CURS USING DESCRIPTOR :*ptr_voll_sqlda;        /* 15 */

        if (SQLCODE != 100)
          {
             if (sql_fehler())
                {
                   EXEC SQL CLOSE CURS;
                   return;
                }

             for (i=0; i<ptr_voll_sqlda->sqld; i++)                   /* 16 */
                {
                   spalte_anzeigen(ptr_voll_sqlda->sqlvar[i].sqltype, /* 17 */
                                   ptr_voll_sqlda->sqlvar[i].sqllen,
                                   ptr_voll_sqlda->sqlvar[i].sqldata,
                                   ptr_voll_sqlda->sqlvar[i].sqlind);
                }
             printf("\n");                                            /* 18 */
          }
     }

   EXEC SQL CLOSE CURS;
   if (sql_fehler()) return;

   if (mini_sqlda.sqld > 1) free(ptr_voll_sqlda);                     /* 19 */
}
```

SELUNBEK.SQC - Teil 2 (Funktion "sql_anweisung_ausfuehren")

Die Funktion "sql_anweisung_ausfuehren" beginnt mit der Deklaration eines Cursors (2). Wie beim SELECT mit bekannter Spaltenliste, so wird auch hier in der DECLARE CURSOR-Anweisung ein Cursor (CURS) für einen symbolischen Anweisungsnamen (SQL_ANW) deklariert. Bevor dieser Cursor geöffnet werden kann, muß dem Anweisungsnamen SQL_ANW eine präparierte SQL-Anweisung zugeordnet werden. Das Präparieren der in der Variablen "anweisung" enthaltenen SQL-Anweisung erfolgt mit Hilfe einer PREPARE-

6.2 Dynamisches SQL 573

Anweisung (5). Diese ist uns ja bereits aus dem Programm SELBEK.SQC bekannt.

Die SQLDA in der PREPARE-Anweisung

Beim SELECT mit unbekannter Spaltenliste wird allerdings eine erweiterte Form der PREPARE-Anweisung benötigt. Die Erweiterung besteht aus einer zusätzlichen INTO-Klausel, die zur Angabe einer SQLDA dient (Variable "mini_sqlda", siehe Zeilen (5) und (1)).

In diese SQLDA tragen nun die Database Services während der Ausführung der PREPARE-Anweisung einen oder mehrere Werte ein. Die Eintragungen sind von folgenden Einflußfaktoren abhängig:

1. Größe der SQLDA
2. Form der SQL-Anweisung (SELECT oder Nicht-SELECT)

Damit die Database Services die Größe der übergebenen SQLDA kennen, muß das Anwendungsprogramm vor dem Ausführen der PREPARE-Anweisung den SQLDA-Variablen "sqldabc" und "sqln" die passenden Werte zuweisen (Zeilen (3) und (4)).

Abhängig von den ebengenannten Einflußfaktoren sind bei der Belegung der SQLDA durch die Database Services drei Fälle zu unterscheiden:

1. Die SQL-Anweisung in der Variablen "anweisung" ist eine Nicht-SELECT-Anweisung:
   In diesem Fall wird dem SQLDA-Element "sqld" der Wert "0" zugewiesen, da bei einer Nicht-SELECT-Anweisung von den Database Services keine Ergebnisse an das Programm zurückgeliefert werden müssen. Weitere Elemente der SQLDA werden nicht belegt.

2. Die SQL-Anweisung ist eine SELECT-Anweisung, deren Spaltenliste **nicht** mehr Spalten aufweist, als die übergebene SQLDA sqlvar-Elemente enthält:
   In einer solchen Situation wird in das SQLDA-Element "sqld" von den Database Services eingetragen, wieviel Spalten die Spaltenliste umfaßt. Für jede dieser Spalten werden zusätzlich die Variablen "sqltype", "sqllen" und "sqlname" des zugehörigen sqlvar-Elements belegt; d.h.: die Beschreibungen aller Ergebnisspalten werden in die SQLDA eingetragen.

3. Die SQL-Anweisung ist eine SELECT-Anweisung, deren Spaltenliste **mehr** Spalten umfaßt, als die SQLDA sqlvar-Elemente enthält:
   In diesem Fall wird von den Database Services in das Element "sqld" eingetragen, aus wieviel Spalten die Spaltenliste besteht. Weitere Elemente der SQLDA werden nicht belegt.

Wir wollen die Belegung der SQLDA durch die Database Services nochmals anhand einiger Beispiele verdeutlichen:

SQL-Anweisung	sqln	Belegung der SQLDA durch die Database Services beim PREPARE
UPDATE MITARBEITER SET GEHALT = 5000 WHERE PERS_NR = 3	beliebig	sqld = 0
SELECT PERS_NR, GEB_DATUM FROM MITARBEITER	2	sqld = 2 sqlvar[0].sqltype = 500 sqlvar[0].sqllen = 2 sqlvar[0].sqlname.length = 7 sqlvar[0].sqlname.data = PERS_NR sqlvar[1].sqltype = 384 sqlvar[1].sqllen = 10 sqlvar[1].sqlname.length = 9 sqlvar[1].sqlname.data = GEB_DATUM
SELECT PERS_NR, GEB_DATUM FROM MITARBEITER	1	sqld = 2

Im letzten Beispiel werden keine Spaltenbeschreibungen in die SQLDA eingetragen, da für die Beschreibung der Spaltenliste zwei sqlvar-Elemente benötigt würden, die SQLDA jedoch nur Platz für ein sqlvar-Element aufweist (sqln=1).

Wenden wir uns nun wieder der Funktion "sql_anweisung_ausfuehren" zu. Dort finden sich die drei zu unterscheidenden Fälle als verschiedene Zweige einer switch-Anweisung wieder (Zeilen (7) bis (13)). Zwischen der PREPARE- und der ebengenannten switch-Anweisung befindet sich noch ein Aufruf der Funktion "sql_fehler". Diese überprüft den SQLCODE und gibt im Falle einer Fehler- bzw. Warnungssituation eine entsprechende Meldung aus. Bei einem negativen SQLCODE liefert die Funktion "sql_fehler" einen Rückkehrwert von "1", andernfalls den Wert "0". Sie läßt sich somit in if-Anweisungen ohne Angabe eines Vergleichsoperators einsetzen (6).

Betrachten wir nun die bereits angesprochene switch-Anweisung genauer (7):

Die EXECUTE-Anweisung

Der erste Zweig der switch-Anweisung wird durchlaufen, wenn die eingegebene SQL-Anweisung eine Nicht-SELECT-Anweisung ist. Im Abschnitt 6.2.1 haben wir die EXECUTE IMMEDIATE-Anweisung als Hilfsmittel zum dynamischen Ausführen von Nicht-SELECT-Anweisungen kennengelernt. Diese Anweisung ist jedoch in der vorliegenden Situation nicht ideal. Dies hat folgenden Grund: Die EXECUTE IMMEDIATE-Anweisung bildet aus einer SQL-Anweisung in Textform die präparierte Form und führt diese anschließend sofort aus.

Durch das Ausführen der PREPARE-Anweisung ist jedoch ebenfalls die präparierte Form der SQL-Anweisung gebildet worden. Es müßte folglich eine Anweisung geben, die eine bereits präparierte Nicht-SELECT-Anweisung lediglich ausführt. Eine solche Anweisung ist die EXECUTE-Anweisung (8). Sie führt die (präparierte) Nicht-SELECT-Anweisung aus, die sich hinter dem angegebenen Anweisungsnamen (SQL_ANW) verbirgt.

Die DESCRIBE-Anweisung

Betrachten wir nun den default-Zweig der switch-Anweisung (der zweite Zweig folgt später). Er wird durchlaufen, wenn vom Benutzer eine SELECT-Anweisung mit mehr als einer Ergebnisspalte eingegeben wurde. In diesem Fall ist die in der PREPARE-Anweisung angegebene SQLDA (mini_sqlda) zu klein, um die Beschreibungen der Ergebnisspalten aufzunehmen. Da jedoch die Database Services in die Variable "mini_sqlda.sqld" die Ergebnisspaltenanzahl vermerkt haben, ist man jetzt in der Lage, eine SQLDA in ausreichender Größe anzulegen. Dies geschieht mit den Anweisungen (10) bis (11). Die neue SQLDA muß - weil sie dynamisch angelegt wird - über eine Pointervariable (ptr_voll_sqlda) angesprochen werden.

Jetzt sind wir zwar im Besitz einer ausreichend dimensionierten SQLDA; diese enthält aber noch nicht die Beschreibungen der Ergebnisspalten. Um die neue SQLDA zu füllen, könnte man eine weitere PREPARE-Anweisung absetzen, deren INTO-Klausel nun die neue SQLDA enthalten müßte. Hierdurch würde zum zweitenmal die präparierte Form der SELECT-Anweisung gebildet. Da die präparierte Form schon vorliegt, gibt es einen günstigeren Weg: die DESCRIBE-Anweisung. Mit ihrer Hilfe kann man die Spaltenbeschreibungen einer bereits präparierten SELECT-Anweisung in eine SQLDA übertragen, ohne daß hierzu die Anweisung nochmals präpariert wird. Man gibt in der DESCRIBE-Anweisung einfach den Namen der präparierten SELECT-Anweisung und die SQLDA an, die die Spaltenbeschreibungen aufnehmen soll (siehe Zeile (12)).

Sehen wir uns schließlich noch den zweiten Zweig der switch-Anweisung an: Er wird durchlaufen, wenn eine SELECT-Anweisung mit nur einer Ergebnisspalte vorliegt. In diesem Fall ist die beim PREPARE angegebene SQLDA (mini_sqlda) ausreichend. Damit im weiteren Verlauf des Programms die SQLDA einheitlich angesprochen werden kann, wird die Pointervariable "ptr_voll_sqlda" mit der Adresse der "mini_sqlda" belegt (9).

Die Größe der SQLDA

In der Funktion "sql_anweisung_ausfuehren" haben wir folgendes Vorgehen gewählt: Zuerst wird die PREPARE-Anweisung mit einer SQLDA ausgeführt, die nur eine einzige Spaltenbeschreibung aufnehmen kann. Enthält die SELECT-Anweisung mehrere Spalten, so wird eine zweite, größere SQLDA angelegt und mittels DESCRIBE gefüllt.

Diese Vorgehensweise ist nur eine von mehreren möglichen. Man könnte alternativ hierzu bereits beim PREPARE eine SQLDA angeben, die 255 Spaltenbeschreibungen aufnehmen kann. Eine solch große SQLDA wäre für alle denkbaren SELECT-Anweisungen ausreichend, da der Database Manager Spaltenlisten mit mehr als 255 Spalten nicht zuläßt. Es bestünde also nie die Notwendigkeit, eine zweite SQLDA mittels DESCRIBE zu füllen. Der Nachteil dieser Technik besteht darin, daß eine SQLDA für 255 Spalten 11236 Bytes Hauptspeicher beansprucht, obwohl für die meisten SELECT-Anweisungen wesentlich kleine SQLDAs ausreichend wären.

Als weitere Alternative könnte man sich vorstellen, beim PREPARE eine SQLDA mit z.B. 20 sqlvar-Elementen zu verwenden. Diese SQLDA würde nicht allzuviel Speicherplatz beanspruchen, wäre jedoch für die meisten Abfragen ausreichend, so daß nur selten das Anlegen einer zweiten SQLDA notwendig wäre.

In der Funktion "sql_anweisung_ausfuehren" wurde vor allem deshalb eine Minimal-SQLDA mit nur einem einzigen sqlvar-Element gewählt, weil sich eine derartige SQLDA am einfachsten deklarieren läßt (siehe (1)).

Cursorverarbeitung in "sql_anweisung_ausfuehren"

Der Umgang mit dem Cursor unterscheidet sich bei einer SELECT-Anweisung mit unbekannter Spaltenliste nur wenig von der üblichen Cursorverarbeitung.

Der wichtigste Unterschied zur "normalen Cursorverarbeitung" besteht in der FETCH-Anweisung; hier ist anstelle der INTO-Klausel die USING DESCRIPTOR-Klausel zu verwenden (15). Diese kennen wir bereits aus dem Abschnitt 6.1 "Kommunikation über die SQLDA".

Bevor man jedoch die SQLDA "ptr_voll_sqlda" in einer FETCH-Anweisung verwenden kann, müssen noch die Variablen "sqldata" und "sqlind" der sqlvar-Elemente mit Werten versehen werden. Diese Pointervariablen legen fest, wohin die von den Database Services ermittelten Ergebnis- bzw. Indikatorwerte geschrieben werden sollen. Es ist sicher leicht einzusehen, daß die Belegung dieser Variablen nicht von den Database Services im Rahmen der PREPARE- oder DESCRIBE-Anweisung erfolgen kann, sondern vom Anwendungsprogramm durchgeführt werden muß. Hierzu dient die Funktion "zeiger_setzen" (14). Wir werden uns den Aufbau dieser Funktion in Kürze genauer ansehen.

6.2 Dynamisches SQL

In den bisherigen Programmbeispielen wurden die mittels FETCH gelesenen Ergebnisdaten mit einem simplen printf-Aufruf ausgegeben. So einfach läßt sich die Ergebnisausgabe beim SELECT mit unbekannter Spaltenliste nicht mehr bewerkstelligen, da nun das Ausgabeformat in Abhängigkeit von Datentyp und Länge dynamisch aufgebaut werden muß. Zur Ausgabe eines einzelnen Ergebniswertes dient die Funktion "spalte_anzeigen" (17). Sie erhält als Übergabeparameter die Beschreibungsdaten aus dem sqlvar-Element, das mit der auszugebenden Spalte korrespondiert. Die Funktion "spalte_anzeigen" wird in einer Schleife aufgerufen (16), so daß nacheinander alle Ergebniswerte einer Zeile ausgegeben werden. Anschließend wird durch "printf" ein Zeilenvorschub erzeugt (18), um dann den gesamten Vorgang für die nächste Ergebniszeile zu wiederholen.

Nachdem alle Ergebniszeilen abgeholt (FETCH) und angezeigt wurden, wird der Cursor geschlossen und mittels "malloc" für eine zweite SQLDA angeforderter Speicherplatz (siehe (10)) wieder freigegeben (19).

Abschließend läßt sich zur Funktion "sql_anweisung_ausfuehren" sagen: Die Kommunikation zwischen Anwendungsprogramm und Database Services wird in erster Linie über die SQLDA abgewickelt. Sie erfolgt hierbei in beide Richtungen. In diesem Punkt unterscheidet sich die SQLDA von der SQLCA, die Informationen nur in eine Richtung transportiert (von den Database Services an das Anwendungsprogramm).

Die Funktion "sql_fehler"

In der zuvor behandelten Funktion "sql_anweisung_ausfuehren" wird im Anschluß an jede ausführbare SQL-Anweisung die Funktion "sql_fehler" aufgerufen. Ihre wesentliche Aufgabe besteht darin, den SQLCODE der vorangegangenen SQL-Anweisung zu überprüfen. Die Funktion "sql_fehler" ist wie folgt aufgebaut:

```
short sql_fehler(void)
{
  #define KORREKT 0
  #define FEHLER  1

  char   fehlertext[512];
  short  rueckkehrwert = KORREKT;

  if (SQLCODE)
    {
      sqlaintp(fehlertext, sizeof fehlertext, 79, &sqlca);         /* 1 */
      printf("\n%s", fehlertext);
      if (SQLCODE < 0) rueckkehrwert = FEHLER;                     /* 2 */
    }
```

```
    if (SQLWARN0 == 'W' && SQLWARN4 == 'W')                              /* 3 */
       printf("\a\x1B[7mAchtung: UPDATE/DELETE-Anweisung betraf die"     /* 4 */
              " gesamte Tabelle.\x1B[0m\n");

    return(rueckkehrwert);
}
```

SELUNBEK.SQC - Teil 3 (Funktion "sql_fehler")

Die Funktion "sql_fehler" ist weitgehend selbsterklärend. Wir wollen uns daher kurz fassen:

Trat ein SQLCODE ungleich Null auf, so wird der zugehörige Nachrichtentext ermittelt (Funktion "sqlaintp" in Zeile (1)) und ausgegeben. Bei einem negativen SQLCODE wird darüber hinaus der Rückkehrwert der Funktion "sql_fehler" auf "1" gesetzt (2). Dadurch läßt sich "sql_fehler" in if-Abfragen ohne Angabe von Vergleichsoperatoren einsetzen.

Neben dem SQLCODE wird auch das Warnungskennzeichen SQLWARN4 überprüft. Ist es gesetzt, so wird ebenfalls eine Nachricht an den Benutzer ausgegeben (Zeilen (3) und (4)).

Die Funktion "zeiger_setzen"

Nach erfolgreicher Ausführung einer PREPARE- oder DESCRIBE-Anweisung sind für alle Ergebnisspalten die sqlvar-Variablen "sqltype", "sqllen" und "sqlname" gefüllt. Abbildung 6.2 zeigt beispielhaft die Belegung der sqlvar-Elemente 0 und 1 für folgende Abfrage:

```
SELECT GEHALT, PERS_NR FROM MITARBEITER ...
```

Das Element 0 des Arrays "sqlvar" beschreibt die Spalte GEHALT, das Element 1 die Spalte PERS_NR. Der Wert "485" in der Variablen "sqltype" gibt an, daß es sich bei der Spalte GEHALT um eine DECIMAL-Spalte handelt, in der Nullwerte zugelassen sind. Der Wert "500" beschreibt die zweite Spalte als eine SMALLINT-Spalte, in der keine Nullwerte auftreten können. Die Variable "sqllen" enthält für die Spalte GEHALT zwei Informationen. Das niederwertige Byte gibt die Gesamtstellenzahl der DECIMAL-Spalte an; das höherwertige Byte von "sqllen" sagt aus, mit wieviel Nachkommastellen die Spalte definiert wurde[4]. Bei der Spalte PERS_NR ist die Variable "sqllen" ein-

---

[4] Die Darstellung von sqlvar[0].sqllen in Abbildung 6.2 entspricht der tatsächlichen Datenablage im Speicher; d.h. bei einer 16-Bit-Variablen kommt - in Richtung aufsteigender Speicheradressen gesehen - zuerst das niederwertige Byte und anschließend das höherwertige Byte.

6.2 Dynamisches SQL

facher zu interpretieren: Sie gibt an, wieviel Bytes zur Abspeicherung des Ergebniswertes benötigt werden.

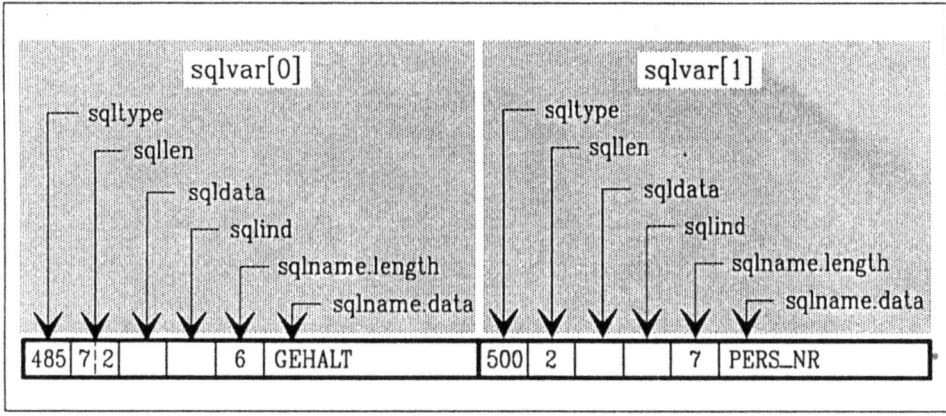

Abbildung 6.2

Die Variablen "sqlname.data" enthalten jeweils die Namen der Ergebnisspalten; die Variablen "sqlname.length" geben an, aus wieviel Zeichen die Spaltennamen bestehen; d.h. die Variablen "sqlname.data" werden von den Database Services nicht mit Nullterminatoren abgeschlossen.

Im vorliegenden Beispielprogramm wird aus Aufwandsgründen auf die Ausgabe von Spaltennamen (in Form einer Ergebnisüberschrift) verzichtet. Die Variablen "sqlname.length" und "sqlname.data" sind deshalb für uns nicht relevant.

Bevor eine SQLDA in einer FETCH-Anweisung verwendet werden kann, müssen auch die noch verbleibenden sqlvar-Variablen "sqldata" und "sqlind" belegt werden. In diese Variablen sind Pointer einzutragen, die auf Speicherbereiche verweisen, die zur Aufnahme der Ergebnis- und Indikatorwerte vorgesehen sind (siehe Abbildung 6.3).

Wie bereits angedeutet, ist es Aufgabe der Funktion "zeigen_setzen", die Pointervariablen "sqldata" und "sqlind" der SQLDA zu füllen. Um dynamisch Speicherplatz für Ergebnis- und Indikatorwerte bereitstellen zu können, muß die Größe der jeweils benötigten Speicherbereiche bekannt sein. Sie läßt sich aus den Angaben in den sqlvar-Variablen "sqltype" und "sqllen" ermitteln.

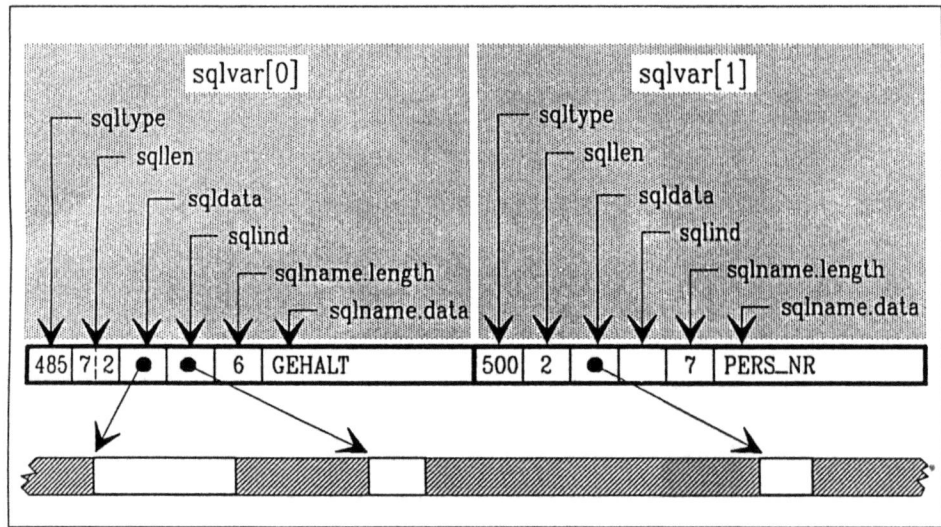

Abbildung 6.3

Welche "sqltypes" können auftreten?

Betrachten wir zuerst, welche Werte in der Variablen "sqltype" auftreten können. Tabelle 6.2 gibt einen Überblick über alle "sqltypes" für NOT NULL-Spalten:

SQL-Datentyp	C-Deklaration	sqltype	Symbol
CHAR(n)	char[n]	452	SQL_TYP_CHAR
VARCHAR(n)	struct {short; char[n];} 1 <= n <= 4000	448	SQL_TYP_VARCHAR
LONG VARCHAR	struct {short; char[32700];}	456	SQL_TYP_LONG
DATE	char[10]	384	SQL_TYP_DATE

Tabelle 6.2 (Teil 1)

6.2 Dynamisches SQL

SQL-Datentyp	C-Deklaration	sqltype	Symbol
TIME	char[8]	388	SQL_TYP_TIME
TIMESTAMP	char[26]	392	SQL_TYP_STAMP
SMALLINT	short	500	SQL_TYP_SMALL
INTEGER	long	496	SQL_TYP_INTEGER
FLOAT	double	480	SQL_TYP_FLOAT
DECIMAL(g,n)	-	484	SQL_TYP_DECIMAL

Tabelle 6.2 (Teil 2)

Sofern eine Ergebnisspalte Nullwerte enthalten kann, erhöht sich der "sqltype" um eins (siehe "sqlvar[0].sqltype" in Abbildung 6.3). In den zugehörigen Symbolen der Includedatei SQL.H ist dann dem letzten Namensteil ein "N" vorangestellt (z.B. SQL_TYP_NDECIMAL für eine DECIMAL-Spalte, die Nullwerte zuläßt).

Sie werden sich an dieser Stelle vielleicht fragen, warum hier zum zweitenmal eine Tabelle mit "sqltypes" abgedruckt ist (vergl. Tabelle 6.1 auf Seite 548). In der Tabelle 6.2 sind die "sqltypes" aufgelistet, die von den Database Services im Rahmen von PREPARE- oder DESCRIBE-Anweisungen in die SQLDA eingetragen werden. Tabelle 6.1 enthält demgegenüber solche "sqltypes", die sinnvollerweise benutzt werden, wenn die sqltype-Festlegung Aufgabe des Anwendungsprogramms ist. So ist beispielsweise der sqltype-Wert "484" in der Tabelle 6.1 nicht zu finden, da es hierfür keine C-Deklaration gibt. Wenn die Festlegung des "sqltypes" dem Anwendungsprogramm obliegt, wird man deshalb statt "484" eher den Wert "480" verwenden, der dem C-Datentyp "double" entspricht.

Beim dynamischen SELECT mit unbekannter Spaltenliste bleibt die Festlegung der "sqltypes" den Database Services vorbehalten. Wir müssen uns daher im Anwendungsprogramm auf die in Tabelle 6.2 dargestellten "sqltypes" einstellen[5].

---

[5] Man kann die von den Database Services im Rahmen der PREPARE- bzw. DESCRIBE-Anweisung vorgeschlagenen "sqltypes" vor Ausführung der FETCH-Anweisung ändern. So könnte man einen sqltype-Wert von "484" in "480" umsetzen, um die Database Services beim FETCH zur Konvertierung von DECIMAL-Werten in den C-Datentyp "double" zu veranlassen. Diese Möglichkeit ist allerdings mit Vorsicht zu genießen, da sie in der IBM-Literatur nicht beschrieben ist und deshalb unter Umständen in späteren Versionen des Database Manager nicht mehr funktioniert.

Größe der benötigten Speicherbereiche

Nachdem geklärt ist, mit welchen "sqltypes" im Anwendungsprogramm zu rechnen ist, können wir uns der Speicherplatzfrage zuwenden. Die folgende Tabelle gibt an, wieviel Bytes zur Aufnahme von Ergebnisdaten jeweils benötigt werden:

SQL-Datentyp	sqllen	Länge in Bytes
CHAR(n)	n	n
VARCHAR(n)	n	n + sizeof(short)
LONG VARCHAR	32700	32700 + sizeof(short)
DATE	10	10
TIME	8	8
TIMESTAMP	26	26
SMALLINT	2	2
INTEGER	4	4
FLOAT	8	8
DECIMAL(g,n)	g + (n*256)	int(g/2)+1

Tabelle 6.3

Abhängig vom SQL-Datentyp ergeben sich also drei verschiedene Algorithmen zur Berechnung des benötigten Speicherplatzes:

1. Für die Datentypen VARCHAR und LONG VARCHAR erhält man die erforderliche Speicherplatzgröße, indem zum sqllen-Wert die Länge eines short-Wertes hinzuaddiert wird. Dies rührt daher, daß sqllen nur die echte Spaltenlänge (entsprechend der Tabellendefinition) angibt. Zusätzlich ist jedoch der Platz für das dem Ergebniswert vorangestellte Längenfeld bereitzuhalten (vergl. Spalte "C-Deklaration" in Tabelle 6.2).

2. Die Speicherplatzberechnung für den Datentyp DECIMAL ist relativ kompliziert. Zum einen muß die Längeninformation aus dem sqllen-Wert herausgelöst werden (niederwertiges Byte); zum zweiten ist diese in die zugehörige Bytezahl umzurechnen. Für die Umrechnung gilt: ein Byte

6.2 Dynamisches SQL

kann zwei Dezimalstellen aufnehmen (BCD-Codierung; Binary Coded Decimal). Ein zusätzliches Halbbyte ist für das Vorzeichen erforderlich. Folgende C-Anweisung liefert die Bytezahl für DECIMAL-Spalten:

```
bytezahl = ((sqllen & 0x00FF) / 2) + 1
```

3. Für alle übrigen SQL-Datentypen entspricht der sqllen-Wert direkt dem benötigten Speicherplatz in Bytes.

Verwaltung der dynamischen Speicherbereiche

Nachdem wir nun wissen, wieviel Speicherplatz für die einzelnen "sqltypes" bereitzustellen ist, stellt sich die Frage, wie man diese Bereiche im Hauptspeicher anordnen soll. Zwei Alternativen bieten sich an:

1. Man kann die Speicherverwaltung der Sprache C bzw. dem Betriebssystem überlassen, indem man für jede Ergebnisspalte und für jeden Indikator mittels "malloc" einen eigenen Speicherbereich anfordert.

2. Die Vielzahl von malloc-Aufrufen der ersten Alternative läßt sich vermeiden, indem man zuerst den gesamten Speicherbedarf ermittelt und dann hierfür einen einzigen malloc-Aufruf durchführt.

In der Funktion "zeiger_setzen" werden wir keine der eben genannten Möglichkeiten nutzen, sondern aus Gründen der einfacheren Darstellung mit einem statisch definierten Speicherbereich arbeiten. Betrachten wir den Aufbau der Funktion "zeiger_setzen" im einzelnen:

```
#define  SQLVAR   ptr_sqlda->sqlvar[i]                              /* 1 */

char     zeile[SQL_MAXRECL+(SQL_MAXSEL_ITEMS*SQL_IND_LENGTH)];      /* 2 */
char     long_spalte[SQL_LONGMAX+sizeof(short)];                    /* 3 */
void zeiger_setzen(struct sqlda *ptr_sqlda)
{
  short i;
  char *lfd_pos = zeile;                                            /* 4 */

  for (i=0; i<ptr_sqlda->sqld; i++)                                 /* 5 */
    {
      SQLVAR.sqldata = lfd_pos;                                     /* 6 */
```

```
        switch(SQLVAR.sqltype)
          {
            case SQL_TYP_VARCHAR:
            case SQL_TYP_NVARCHAR:
              lfd_pos += SQLVAR.sqllen + sizeof(short);             /* 7 */
              break;

            case SQL_TYP_LONG:
            case SQL_TYP_NLONG:
              SQLVAR.sqldata = long_spalte;                         /* 8 */
              break;

            case SQL_TYP_DECIMAL:
            case SQL_TYP_NDECIMAL:
              lfd_pos += ((SQLVAR.sqllen & 0x00FF) / 2) + 1;        /* 9 */
              break;

            default:
              lfd_pos += SQLVAR.sqllen;                             /* 10 */
          }

        if (SQLVAR.sqltype & 1) SQLVAR.sqlind = ((short *) lfd_pos)++;  /* 11 */
      }                                                             /* 12 */
}
```

SELUNBEK.SQC - Teil 4 (Funktion "zeiger_setzen")

Die Funktion "zeiger_setzen" besteht aus einer einzigen for-Schleife (Zeilen (5) bis (12)). Pro Schleifendurchlauf werden die Variablen "sqldata" und "sqlind" für ein sqlvar-Element belegt. Um den Schreibaufwand in Grenzen zu halten, dient das Symbol SQLVAR als Abkürzung für den Vorspann "ptr_sqlda->sqlvar[i]", der allen sqlvar-Variablen vorausgeht (1).

Die Belegung der Variablen "sqldata" erfolgt in Zeile (6). Die dort angegebene Pointervariable "lfd_pos" wird zuvor in Zeile (4) mit der Anfangsadresse des Arrays "zeile" (2) initialisiert.

Nach der Belegung von "sqldata" wird die Bytelänge des zugehörigen Ergebniswertes berechnet. Um diesen Zahlenwert wird dann "lfd_pos" erhöht. Die Längenberechnung erfolgt abhängig vom "sqltype" auf dreierlei Weise (Zeilen (7), (9) und (10)). Die Berechnungsalgorithmen hierfür haben wir ja bereits angesprochen.

Spalten vom Typ LONG VARCHAR erhalten in der Funktion "zeiger_setzen" eine Sonderbehandlung: Da sie sich wegen ihres Umfangs mittels "printf" ohnehin nicht vernünftig ausgeben lassen, wird im Programm SELUNBEK.SQC auf die Ausgabe von LONG VARCHAR-Werten ganz verzichtet. Ergebniswerte für derartige Spalten werden deshalb nicht im Array "zeile" abgelegt, sondern statt dessen im Array "long_spalte" (3). Dieses Array dient gewissermaßen als Mülleimer für LONG VARCHAR-Ergebnisse, da allen sqldata-Variablen dieses Typs dieselbe Adresse zugeordnet wird (8).

Nachdem die Variable "lfd_pos" um die Bytelänge der aktuellen Ergebnisspalte erhöht wurde (außer bei LONG VARCHAR), wird dieser neue Wert der Variablen "sqlind" zugewiesen (11). "lfd_pos" wird anschließend um die Länge einer Indikatorvariablen erhöht. Die Belegung der Variablen "sqlind" erfolgt allerdings nur dann, wenn der "sqltype" ungerade ist, da nur in diesem Fall Nullwerte auftreten können und somit ein Indikator erforderlich ist.

Die Behandlung der Funktion "zeiger_setzen" soll mit zwei Anmerkungen zur Dimensionierung der Arrays "zeile" und "long_spalte" abgeschlossen werden:

Die Größe von "zeile" wurde so gewählt, daß sie für die maximal mögliche Zeilenlänge von 4005 Bytes und 255 Indikatorwerte (= maximale Spaltenzahl pro SELECT) ausreicht (2). Für die eben genannten Maximalwerte gibt es Konstantendefinitionen in der Includedatei SQL.H (SQL_MAXRECL und SQL_MAXSEL_ITEMS). Die Länge eines Indikatorwertes wird durch SQL_IND_LENGTH definiert. Allerdings kann durch einen Join von Tabellen durchaus eine Ergebniszeile auftreten, deren Länge 4005 Bytes überschreitet. Für solche Abfragen ist unser Beispielprogramm nicht gewappnet.

Das Array "long_spalte" ist so groß dimensioniert, daß es einen LONG VARCHAR-Wert maximaler Länge (32700) aufnehmen kann (siehe auch Tabelle 6.3 auf Seite 582). Auch für die Länge einer LONG VARCHAR-Spalte gibt es in SQL.H eine Konstantendefinition (SQL_LONGMAX).

Die Funktion "spalte_anzeigen"

Der noch ausstehende Teil des Programms SELUNBEK.SQC umfaßt die Funktion "spalte_anzeigen". Ein Aufruf dieser Funktion führt dazu, daß ein einzelner Ergebniswert am Bildschirm angezeigt wird. Zur Ausgabe einer kompletten Ergebniszeile wird die Funktion "spalte_anzeigen" entsprechend der Anzahl an Ergebnisspalten mehrfach aufgerufen (siehe Zeile (17) in Funktion "sql_anweisung_ausfuehren" auf Seite 572).

Die Funktion "spalte_anzeigen" ist zwar ziemlich lang; dafür ist ihr Aufbau nicht besonders kompliziert:

```
void spalte_anzeigen(short sqltype, short sqllen, char *sqldata,   /* 1 */
                     short *sqlind)
{
  char   clen[7], format[19];
  short  dec_laenge    = sqllen & 0x00FF;                          /* 2 */
  short  dec_nachkomma = (sqllen & 0xFF00) >> 8;                   /* 3 */
```

```
struct varchar {short laenge;                                      /*  4 */
                char  inhalt[4000];} *varchar;

strcpy(format, "%-");                                              /*  5 */
strcat(format, itoa(sqllen, clen, 10));                            /*  6 */
strcat(format, ".");                                               /*  7 */
strcat(format, clen);                                              /*  8 */
strcat(format, "s ");                                              /*  9 */

switch (sqltype)
  {
    case SQL_TYP_NCHAR:
    case SQL_TYP_NDATE:
    case SQL_TYP_NTIME:
    case SQL_TYP_NSTAMP:
      if (*sqlind IST_SQL_NULL) {printf(format, "-"); break;}      /* 10 */

    case SQL_TYP_CHAR:
    case SQL_TYP_DATE:
    case SQL_TYP_TIME:
    case SQL_TYP_STAMP:
      printf(format, sqldata);                                     /* 11 */
      break;

    case SQL_TYP_NVARCHAR:
      if (*sqlind IST_SQL_NULL) {printf(format, "-"); break;}

    case SQL_TYP_VARCHAR:
      varchar = (struct varchar*) sqldata;                         /* 12 */

      if (varchar->laenge < sqllen)
        varchar->inhalt[varchar->laenge] = '\0';                   /* 13 */

      printf(format, varchar->inhalt);
      break;

    case SQL_TYP_NSMALL:
      if (*sqlind IST_SQL_NULL) {printf("%6s ", "-"); break;}

    case SQL_TYP_SMALL:
      printf("%6d ", *(short *)sqldata); break;                    /* 14 */

    case SQL_TYP_NINTEGER:
      if (*sqlind IST_SQL_NULL) {printf("%11s ", "-"); break;}

    case SQL_TYP_INTEGER:
      printf("%11ld ", *(long *)sqldata); break;                   /* 15 */

    case SQL_TYP_NFLOAT:
      if (*sqlind IST_SQL_NULL) {printf("%13s ", "-"); break;}
```

```
            case SQL_TYP_FLOAT:                                          /* 16 */
              printf("%13.5E ", *(double *)sqldata); break;

            case SQL_TYP_NDECIMAL:
              strcpy(format, "%");                                       /* 17 */
              strcat(format, itoa(dec_laenge+2, clen, 10));
              strcat(format, "s ");                                      /* 18 */

              if (*sqlind IST_SQL_NULL) {printf(format, "-"); break;}

            case SQL_TYP_DECIMAL:
              strcpy(format, "%");                                       /* 19 */
              strcat(format, itoa(dec_laenge+2, clen, 10));              /* 20 */
              strcat(format, ".");
              strcat(format, itoa(dec_nachkomma, clen, 10));
              strcat(format, "f ");                                      /* 21 */

              printf(format, dectodou(sqldata, dec_laenge, dec_nachkomma));  /* 22 */
              break;

            case SQL_TYP_NLONG:
            case SQL_TYP_LONG:
              break;                                                     /* 23 */
          }
        }
```

SELUNBEK.SQC - Teil 5 (Funktion "spalte_anzeigen")

Beim Aufruf der Funktion "spalte_anzeigen" werden die sqlvar-Variablen "sqltype", "sqllen", "sqldata" und "sqlind" als Parameter übergeben (1). Diese Variablen enthalten alle Informationen, die zur Aufbereitung und Ausgabe des Ergebniswertes benötigt werden.

Die Ergebnisausgabe in "spalte_anzeigen" läßt sich grob in vier Fälle untergliedern:

1. Ausgabe von Zeichenketten konstanter Länge
2. Ausgabe von VARCHAR-Werten
3. Ausgabe numerischer Werte (außer DECIMAL)
4. Ausgabe von DECIMAL-Werten

Für alle diese Fälle besteht die Hauptschwierigkeit darin, eine spaltengerechte Anzeige zu erzielen; d.h. bei der Festlegung des Ausgabeformats hat man sich nicht an der Länge des aktuell auszugebenden Ergebniswertes zu orientieren, sondern an der maximalen Breite der jeweiligen Spalte. Betrachten wir die vier Fälle im einzelnen:

Ausgabe von Zeichenketten konstanter Länge

Eine Zeichenkette konstanter Länge, die nicht durch einen Nullterminator abgeschlossen ist (!), liegt bei folgenden SQL-Datentypen vor: CHAR, DATE, TIME und TIMESTAMP (siehe Tabelle 6.2 auf Seite 580). Die Ausgabe derartiger Ergebniswerte erfolgt in Zeile (11).

Der Inhalt der dort angegebenen Variablen "format" wird zuvor in den Zeilen (5) bis (9) dynamisch aufgebaut. Da die hier betrachteten Ergebniswerte keinen Nullterminator besitzen, muß die Ausgabelänge durch die printf-Formatzeichenkette auf die Spaltenbreite "sqllen" begrenzt werden. Dies geschieht mit Hilfe der strcat-Aufrufe in den Zeilen (7) und (8). Die Variable "clen" enthält hierbei die Länge des Ergebniswertes in Form einer Zeichenkette. Sie wird in Zeile (6) durch die C-Bibliotheksfunktion "itoa" belegt.

Das Minuszeichen und die Längenangabe vor dem Dezimalpunkt (siehe Zeilen (5) und (6)) sind zur korrekten Ausgabe der hier betrachteten Ergebniswerte nicht nötig; sie stören allerdings auch nicht. Diese beiden Angaben sind jedoch notwendig, wenn man mit derselben Formatzeichenkette auch das Kennzeichen "-" für einen Nullwert ausgeben möchte (siehe Zeile (10)). Durch das Minuszeichen in der Formatzeichenkette wird eine linksbündige Ausgabe errreicht. Die Längenangabe vor dem Dezimalpunkt sorgt dafür, daß auch bei der Ausgabe des einstelligen Nullkennzeichens "-" die richtige Spaltenbreite eingehalten wird.

Ausgabe von VARCHAR-Werten

VARCHAR-Werte werden in ähnlicher Weise wie Zeichenketten konstanter Länge ausgegeben. Allerdings muß man zwei Dinge zusätzlich berücksichtigen:

1. Ein VARCHAR-Wert ist als Strukturvariable vom Typ "varchar" zu interpretieren (siehe Zeilen (4) und (12) und Tabelle 6.2 auf Seite 580). Das Element "inhalt" enthält hierbei die eigentliche Zeichenkette, wiederum ohne Nullterminator. Das Element "laenge" gibt die Länge des aktuellen Ergebniswertes an. Sie kann zwischen "0" und "sqllen" schwanken.

2. Ist der Ergebniswert kürzer als die Maximallänge "sqllen", so muß sichergestellt werden, daß er nur in der richtigen Länge ausgegeben wird. Dies läßt sich erreichen, indem man ihn vor dem printf-Aufruf mit einem Nullterminator abschließt (13).

Ausgabe numerischer Werte (außer DECIMAL)

Die Ausgabe von Ergebniswerten der Datentypen SMALLINT, INTEGER oder FLOAT erfolgt auf herkömmliche Weise (Zeilen (14), (15) und (16)).

Ausgabe von DECIMAL-Werten

Bei der Ausgabe von DECIMAL-Werten ist nicht nur die Gesamtstellenzahl des Wertes zu berücksichtigen, sondern auch die Position des Dezimalpunktes. Beide Größen lassen sich aus dem Wert der Variablen "sqllen" ermitteln (siehe Zeilen (2) und (3)).

Hiermit kann eine geeignete float-Formatzeichenkette gebildet werden (Zeilen (19) bis (21)). Zur Gesamtstellenzahl des DECIMAL-Wertes wird der Wert "2" hinzuaddiert (20), um Platz für ein Vorzeichen und den Dezimalpunkt vorzusehen. Damit ein DECIMAL-Wert mit Hilfe der dynamisch aufgebauten Formatzeichenkette ausgegeben werden kann, muß er zuvor vom SQL-DECIMAL-Datenformat in das C-double-Format umgewandelt werden. Dies geschieht mit der Funktion "dectodou" (22). Wir werden auf diese Funktion in Kürze näher eingehen. Damit sich das Programm SELUNBEK.SQC korrekt übersetzen läßt, ist in die Includedatei DBM.H folgender Funktionsprototyp aufzunehmen:

```
double dectodou(unsigned char *zahl, short laenge, short nachkomma);
```

Bei der Ausgabe eines DECIMAL-Nullkennzeichens muß die Formatzeichenkette ebenfalls dynamisch erstellt werden, um die richtige Spaltenbreite zu erreichen (Zeilen (17) bis (18)).

Ausgabe von LONG VARCHAR-Werten

Wie bereits erwähnt, werden LONG VARCHAR-Spalten überhaupt nicht ausgegeben (23).

DECIMAL-Werte in den C-Datentyp "double" wandeln

Im Gegensatz zu anderen Programmiersprachen (z.B. COBOL) besitzt C keinen Datentyp, der dem SQL-Datentyp DECIMAL entspricht. Damit man mit einem DECIMAL-Ergebniswert im Programm rechnen kann, muß dieser erst in einen numerischen C-Datentyp konvertiert werden. Die folgende Funktion tut genau dies: Sie wandelt einen Zahlenwert aus der SQL-DECIMAL-Darstellung in die C-double-Darstellung um.

```
#include <stdlib.h>
#include <math.h>

double dectodou(unsigned char *zahl, short laenge, short nachkomma)    /* 1 */
{
  short    i, anz_bytes = (laenge / 2) + 1;                            /* 2 */
```

```
      double   ergebnis = 0.0;

      for (i=0; i<anz_bytes; i++)                                  /* 3 */
      {
         ergebnis = (ergebnis * 10) + ((zahl[i] & 0x00F0) >> 4);   /* 4 */

         if (i < anz_bytes-1)                                       /* 5 */
            ergebnis = (ergebnis * 10) + (zahl[i] & 0x000F);       /* 6 */
      }                                                             /* 7 */

      if ((zahl[anz_bytes-1] & 0x000F) == 0x000B ||                /* 8 */
          (zahl[anz_bytes-1] & 0x000F) == 0x000D)
         ergebnis = - ergebnis;

      return(ergebnis / pow((double) 10, (double) nachkomma));     /* 9 */
   }
```

DECTODOU.C

Bevor wir uns die Funktion "dectodou" ansehen, soll das DECIMAL-Datenformat kurz erläutert werden. Wie bereits erwähnt, handelt es sich hierbei um die sogenannte Binary Coded Decimal-Darstellung (BCD). Im IBM-Sprachgebrauch wird das BCD-Format oftmals auch als gepackte Dezimaldarstellung (engl. packed decimal) bezeichnet. Die BCD-Darstellung ist eine Mischung zwischen Dezimal- und Binärdarstellung. Jede Dezimalstelle einer BCD-Zahl nimmt ein Halbbyte ein. Innerhalb dieses Halbbytes ist die Ziffer binär abgelegt. Das höchstwertige Halbbyte stellt keine Ziffer dar, sondern enthält das Vorzeichen der Zahl. Die Werte 0xA, 0xC, 0xE und 0xF kennzeichnen ein positives Vorzeichen, die Werte 0xB und 0xD ein negatives Vorzeichen. Betrachten wir einige Beispiele:

```
   Inhalt (hexadezimal):      02 1D
   Relative Speicheradresse:  0  1            Wert: - 21

   Inhalt (hexadezimal):      87 6C
   Relative Speicheradresse:  0  1            Wert: 876

   Inhalt (hexadezimal):      12 34 56 7D
   Relative Speicheradresse:  0  1  2  3      Wert: -1234567
```

Da die DECIMAL-Darstellung eine Darstellung variabler Länge ist (zwischen 1 und 16 Bytes beim Database Manager), kann man einen DECIMAL-Wert nur dann entschlüsseln, wenn man seine aktuelle Länge kennt. Auch die Position des Dezimalpunkts ist dem DECIMAL-Wert nicht zu entnehmen. Diese Infor-

6.2 Dynamisches SQL

mation muß ebenfalls zusätzlich zum eigentlichen DECIMAL-Wert mitgeliefert werden.

Aus den ebengenannten Gründen besitzt die Funktion "dectodou" drei Parameter (1): einen Pointer auf den zu konvertierenden DECIMAL-Wert (zahl), die Gesamtstellenzahl des DECIMAL-Werts (laenge) und die Anzahl Nachkommastellen (nachkomma).

In Zeile (2) wird aus der Gesamtstellenzahl der DECIMAL-Zahl nach der bekannten Formel errechnet, wieviel Bytes sie belegt (anz_bytes).

Die Ermittlung des Zahlenwerts erfolgt dann byteweise in der anschließenden for-Schleife (Zeilen (3) bis (7)). Auf das Vorzeichen und die Stellung des Dezimalpunkts wird hier noch keine Rücksicht genommen. In Zeile (4) wird die Ziffer des höherwertigen Halbbytes zum Ergebnis hinzugefügt; in Zeile (6) die Ziffer des niederwertigen Halbbytes. Das niederwertige Halbbyte des letzten Bytes darf allerdings nicht als Ziffer interpretiert werden (5).

Sofern das letzte niederwertige Halbbyte den Wert 0xB oder 0xD besitzt, erhält die Zahl ein negatives Vorzeichen (8).

Zum Schluß wird mit Hilfe der C-Bibliotheksfunktion "pow" der Dezimalpunkt an die richtige Stelle gesetzt (9).

Da es sich bei "dectodou" um eine allgemein einsetzbare Funktion handelt, empfiehlt es sich, sie in die Bibliothek DBM.LIB aufzunehmen. Das aus der Übersetzung resultierende Modul DECTODOU.OBJ läßt sich mit folgender Anweisung zur Bibliothek DBM.LIB hinzufügen:

lib dbm + dectodou

Hiermit sind die Voraussetzungen geschaffen, um auch SELUNBEK.SQC auf die übliche Weise in ein Lademodul und einen Zugriffsplan umzuwandeln.

Im Abschnitt 6.1 wurde darauf hingewiesen, daß die SQLDA in statischen FETCH-Anweisungen nur dann verwendet werden sollte, wenn DECIMAL-Werte mit mehr als 15 Stellen zu verarbeiten sind. Wir wollen nun auf dieses Thema zurückkommen:

Der IBM-Compiler C/2 (Version 1.1) bietet keinen Datentyp mit einer Genauigkeit von mehr als 15 signifikanten Stellen[6]. Der SQL-Datentyp DECIMAL

---

[6] Der C/2-Compiler Version 1.1 kennt zwar neben dem Datentyp "double" auch den Datentyp "long double"; leider sind jedoch beide Datentypen völlig identisch implementiert. Beim Microsoft-C-Compiler Version 6 unterscheiden sich die beiden Datentypen. Während der Datentyp "double" wie beim IBM-Compiler acht Bytes in Anspruch nimmt, hat der Datentyp "long double" eine Größe von zehn Bytes. Die Microsoft-Implementierung des Datentyps "long double" ermöglicht daher die Aufnahme von SQL-DECIMAL-Werten mit bis zu 19 signifikanten Stellen ohne Genauigkeitsverlust. Es ist zu erwarten, daß eine zukünftige Version des IBM-C-Compilers mit der heutigen Microsoft-Version gleichzieht. Möglicherweise erlaubt dann der Database Manager-Precompiler die Verwendung von "long double" zur Deklaration von Wirtsvariablen.

kann jedoch bis zu 31 Stellen umfassen. Möchte man DECIMAL-Werte mit dieser Genauigkeit in C-Programmen weiterverarbeiten, kommt folglich eine Umwandlung in einen C-Datentyp (wie z.B. in "dectodou") nicht in Frage. Vielmehr muß man eigene Funktionen erstellen, die die benötigten Operationen direkt im DECIMAL-Datenformat durchführen.

Abschließend läßt sich sagen: Die SELECT-Anweisung mit unbekannter Spaltenliste ist unbestritten die komplizierteste Form dynamischen SQLs. Dies liegt vor allem daran, daß die Speicherplatzbereitstellung für Ergebniswerte und die Aufbereitung der Ergebnisse je nach Datentyp unterschiedlich durchzuführen ist. Darüber hinaus besteht beim Einsatz von SELECTs mit unbekannter Spaltenliste immer die Gefahr, daß ein derartiges Programm für zukünftige Versionen des Database Manager erweitert werden muß, weil neue Datentypen hinzukommen.

Sollten Sie dennoch Lust verspüren, das Programm SELUNBEK.SQC weiter auszubauen, dann ist die Ausgabe der Spaltennamen in Form einer Ergebnisüberschrift eine interessante Aufgabe. Wie bereits erwähnt, finden sich die Spaltennamen in der sqlvar-Variablen "sqlname". Für Ergebnisspalten, denen sich keine Spaltennamen zuordnen lassen, enthält "sqlname" eine Zahl (in Textform), die der Position in der Spaltenliste entspricht[7].

6.2.4 Dynamisches SQL in Verbindung mit cursorgesteuerten Änderungsanweisungen

In Abschnitt 3.4.1 "Cursorgesteuerte Änderungsanweisungen" haben wir die cursorgesteuerte Form von Änderungsanweisungen kennengelernt. Es handelt sich hierbei um UPDATE- und DELETE-Anweisungen, die in der WHERE-Klausel keine Suchbedingung, sondern den Bezug auf einen Cursor enthalten. Eine solche Änderungsanweisung wird immer auf die Tabellenzeile wirksam, auf die der angegebene Cursor momentan zeigt.

Wie verhält es sich nun mit cursorgesteuerten Änderungsanweisungen in Verbindung mit dynamischem SQL? Drei Fälle lassen sich unterscheiden:

1. **Dynamische** SELECT-Anweisung (mit bekannter oder mit unbekannter Spaltenliste) und **statische** UPDATE- bzw. DELETE-Anweisung.

2. **Dynamische** SELECT-Anweisung und **dynamische** UPDATE- bzw. DELETE-Anweisung (mittels EXECUTE IMMEDIATE oder PREPARE und EXECUTE).

3. **Statische** (cursorgesteuerte) SELECT-Anweisung und **dynamische** UPDATE- bzw. DELETE-Anweisung.

---

[7] Der Query Manager bildet in solchen Fällen künstliche Spaltennamen, indem er vor die Zahl, die in "sqlname" enthalten ist, den Text "EXPRESSION " schreibt.

6.2 Dynamisches SQL

Der Database Manager erlaubt alle drei Kombinationen.

Der unter Punkt 2 aufgeführte Fall soll anhand des folgenden Beispiels veranschaulicht werden. Es handelt sich hierbei um eine dynamische SELECT-Anweisung mit bekannter Spaltenliste und einer cursorgesteuerten UPDATE-Anweisung, die mittels EXECUTE IMMEDIATE ebenfalls dynamisch ausgeführt wird.

```
EXEC SQL BEGIN DECLARE SECTION;
   char    anweisung[200], n_name[16];
   double  gehalt;
EXEC SQL END DECLARE SECTION;

EXEC SQL DECLARE MITARBEITER_LES CURSOR FOR SEL_MITARBEITER;        /* 1 */

strcpy(anweisung, "SELECT N_NAME, GEHALT "
                  "FROM    DBMUSER.MITARBEITER "
                  "WHERE   GEHALT > 4000 "
                  "FOR     UPDATE OF GEHALT");                      /* 2 */

EXEC SQL PREPARE SEL_MITARBEITER FROM :anweisung;

EXEC SQL OPEN MITARBEITER_LES;

EXEC SQL FETCH MITARBEITER_LES INTO :n_name, :gehalt;

strcpy(anweisung, "UPDATE DBMUSER.MITARBEITER "
                  "SET     GEHALT = 5000 "
                  "WHERE   CURRENT OF MITARBEITER_LES");

EXEC SQL EXECUTE IMMEDIATE :anweisung;

EXEC SQL CLOSE MITARBEITER_LES;
```

Beachtenswert hierbei ist, daß die Klausel FOR UPDATE OF nicht - wie im statischen Fall - in der DECLARE CURSOR-Anweisung auftritt, sondern statt dessen in der dynamischen SELECT-Anweisung enthalten ist (siehe Zeilen (1) und (2)).

6.2.5 Berechtigungsprüfung bei dynamischem SQL

Dynamische SQL-Anweisungen werden erst zur Programmlaufzeit von der Textform in die ausführbare Form umgewandelt; oder in der Sprache des Database Manager formuliert: Dynamische SQL-Anweisungen werden zur Laufzeit präpariert. Hieraus ergibt sich zwangsläufig folgende Konsequenz:

Die Berechtigungsprüfung erfolgt bei dynamischem SQL grundsätzlich während der Programmausführung.

Erinnern wir uns nochmals an die Berechtigungsprüfung bei statischem SQL (siehe Abschnitt 5.6 "Zugriffsschutz"). Hier sind zwei Fälle zu unterscheiden:

1. Bei Abfragen und Änderungsanweisungen (INSERT, UPDATE, DELETE) wird die Berechtigungsprüfung bereits im Rahmen des Bindevorgangs durchgeführt. Zur Laufzeit ist somit keine Berechtigungsprüfung mehr nötig.

2. Bei Datendefinitionsanweisungen (CREATE, ALTER, DROP, COMMENT ON) und bei GRANT- und REVOKE-Anweisungen erfolgt die Berechtigungsprüfung auch im statischen Fall während der Programmausführung.

Es besteht somit - was den Prüfungszeitpunkt angeht - nur bei Abfragen und Änderungsanweisungen ein Unterschied zwischen statischem und dynamischem SQL. Allerdings treten diese Anweisungen in Programmen weitaus häufiger auf als beispielsweise Datendefinitionsanweisungen. Dynamische Abfragen und Änderungsanweisungen haben also gegenüber ihren statischen Konkurrenten einen zweifachen Nachteil: Zum einen erfolgt die Umsetzung in die ausführbare Form auf Kosten der Laufzeit. Zum zweiten wird die Ausführungsdauer durch die Berechtigungsprüfung nochmals erhöht.

Wessen Berechtigung wird geprüft?

Zwischen dynamischem und statischem SQL gibt es noch einen weiteren, sehr wichtigen Unterschied: Die Benutzer-ID, die eine dynamische SQL-Anweisung ausführt, muß die Berechtigung besitzen, die für die auszuführende Anweisung notwendig ist.

Im statischen Fall ist dies nicht erforderlich. Hier reicht es aus, wenn die ausführende Benutzer-ID die EXECUTE-Berechtigung auf den auszuführenden Plan besitzt. Mit dieser EXECUTE-Berechtigung erhält sie das Recht, alle im Plan auftretenden Anweisungen auszuführen. Die Benutzerberechtigung ist somit für statische Programme sehr einfach. Man gibt allen Benutzern, die zum Aufruf eines bestimmten Programms befugt sind, die EXECUTE-Berechtigung für den oder die Pläne[8], die zum Programm gehören. Handelt es sich hierbei um viele Benutzer, dann ist es am besten, wenn man eine Benutzergruppe einrichtet und der zugehörigen Gruppen-ID die EXECUTE-Berechtigung erteilt (siehe Abschnitt 5.6 "Zugriffsschutz").

In einem Programm mit dynamischem SQL ist die Sachlage komplizierter: Auch hier muß der Benutzer die EXECUTE-Berechtigung für den oder die

---

[8] Besteht ein Programm aus mehreren Quelldateien mit SQL-Anweisungen, so besitzt es auch mehrere Pläne, nämlich für jede "SQC-Quelldatei" einen.

6.2 Dynamisches SQL

Pläne des Programms besitzen. Sie allein reicht jedoch nicht aus. Zusätzlich zur EXECUTE-Berechtigung benötigt der Benutzer die Berechtigungen, die zum Ausführen der im Programm enthaltenen dynamischen SQL-Anweisungen erforderlich sind. Betrachten wir hierzu ein Beispiel:

Im Programm A.EXE mit dem Plan DBMUSER.A wird die Anweisung

```
SELECT N_NAME, GEHALT FROM MITARBEITER
```

statisch ausgeführt. Im Programm B.EXE mit dem Plan DBMUSER.B wird dieselbe SELECT-Anweisung dynamisch ausgeführt. Dort muß allerdings die Tabelle MITARBEITER qualifiziert angegeben werden, also folgendermaßen:

```
SELECT N_NAME, GEHALT FROM DBMUSER.MITARBEITER
```

Wäre die Tabelle MITARBEITER in der dynamischen SELECT-Anweisung unqualifiziert, so würden die Database Services den Tabellennamen mit der Benutzer-ID des jeweiligen Benutzers qualifizieren (siehe auch Abschnitt "Qualifizieren von View- und Tabellennamen" auf Seite 566).

Ein Benutzer mit der Benutzer-ID BEN1 soll beide Programme aufrufen können. Für das Programm A.EXE muß der Planeigner DBMUSER hierzu die GRANT-Anweisung:

```
GRANT EXECUTE ON PROGRAM A TO BEN1
```

ausführen. Für das Programm B.EXE sind hingegen folgende Anweisungen nötig:

```
GRANT EXECUTE ON PROGRAM B TO BEN1
GRANT SELECT  ON TABLE MITARBEITER TO BEN1
```

Enthält ein Programm viele dynamische Anweisungen, so kann es recht mühsam sein, alle Berechtigungen zu vergeben, die zum erfolgreichen Ausführen des Programms nötig sind. Dieses Problem läßt sich durch Verwendung von Benutzergruppen etwas entschärfen. Man braucht dann die notwendigen SQL-Berechtigungen nur einmal an die Benutzergruppe zu erteilen; etwa folgendermaßen:

```
GRANT EXECUTE ON PROGRAM B TO VERKAUF
GRANT SELECT  ON TABLE MITARBEITER TO VERKAUF
```

Anschließend können Benutzer (z.B. Mitarbeiter der Abteilung "Verkauf") zum Aufruf des Programms berechtigt werden, indem man ihre Benutzer-IDen der Benutzergruppe VERKAUF zuordnet.

Warum wird die Berechtigung des Benutzers geprüft?

Bei statischem SQL erfolgt die Berechtigungsprüfung immer gegen die Benutzer-ID des Binders; auch dann, wenn sie erst zur Programmausführungszeit stattfindet. Warum ist es bei dynamischem SQL nicht ebenso geregelt? Zur Beantwortung dieser Frage betrachten wir zwei unterschiedliche Einsatzformen dynamischen SQLs:

1. Erinnern wir uns an das Programm SELBEK.SQC auf Seite 564. Dort wird dynamisches SQL eingesetzt, um gewisse Limitationen des statischen SQLs zu umgehen. Die Verwendung von dynamischen SQL macht es möglich, daß der Benutzer nicht nur den Vergleichswert eines WHERE-Prädikats, sondern auch den zugehörigen Vergleichsoperator eingeben kann. Darüber hinaus kann der Benutzer die Sortierung der Ergebnismenge festlegen.

2. Eine andere Einsatzform dynamischen SQLs wird durch die Programme EXEIMME.SQC (Seite 559) und SELUNBEK.SQC (Seite 570 ff.) repräsentiert. Mit diesen Programmen kann der Benutzer beliebige SQL-Anweisungen zur Ausführung bringen.

Würde bei Programmen des zweiten Typs die Berechtigung anhand der Benutzer-ID des Binders geprüft, dann hätte jeder Programmbenutzer die gleichen Rechte wie der Planbinder, da Programme dieses Typs die Ausführung beliebiger SQL-Anweisungen ermöglichen. Für derartige Programme ist es also durchaus sinnvoll, daß die Prüfung gegen die Benutzer-ID des Programmbenutzers erfolgt.

Bei Programmen des ersten Typs liegt eine andere Situation vor: Aufgrund dessen, daß die SQL-Anweisung im Programm weitgehend vorformuliert ist, kann der Benutzer nicht allzuviel Schaden anrichten. Im Grunde genommen ist eine SQL-Anweisung dieses Typs mit statischem SQL vergleichbar. Deshalb wäre hier die Berechtigungsprüfung gegen die Benutzer-ID des Programmbenutzers verzichtbar.

Wenn die Database Services den Auftrag zur Ausführung einer dynamischen SQL-Anweisung erhalten, dann wissen sie nicht, in welchem Maße diese Anweisung vom Programm vorformuliert wurde. Sie müssen folglich vom schlimmsten Fall ausgehen; d.h. eine Benutzereingabe wurde vom Programm ungefiltert an sie weitergereicht (so wie dies z.B. in SELUNBEK.SQC der Fall ist). Deshalb ist es aus Sicht des Zugriffsschutzes konsequent, daß bei dynamischen SQL-Anweisungen grundsätzlich die Berechtigungsprüfung gegen die

6.2.6 Verwendung von Parametermarkierungen

Der wesentliche Nachteil von dynamischem SQL gegenüber statischem SQL besteht in der längeren Ausführungsdauer, die daraus resultiert, daß die Bildung der ausführbaren Form einer SQL-Anweisung erst zur Laufzeit erfolgt. Diesem Nachteil kann man in bestimmten Fällen durch Verwendung von Parametermarkierungen (engl. parameter marker) entgegenwirken.

Im folgenden wird anhand eines Beispiels gezeigt, wo sich Parametermarkierungen nutzbringend einsetzen lassen:

Nehmen wir an, es gäbe eine Vielzahl von Mitarbeitertabellen, die alle dieselbe Struktur aufweisen. Es soll nun ein Programm geschrieben werden, das in der Lage ist, Daten in jede dieser Mitarbeitertabellen einzufügen. Der Benutzer soll nach Aufruf des Programms angeben können, mit welcher Tabelle er arbeiten möchte.

Ein derartiges Programm muß dynamisches SQL verwenden, da zum Bindezeitpunkt der Tabellenname für die INSERT-Anweisung noch nicht bekannt ist. Das Programm könnte folgendermaßen aussehen:

```c
#include <stdlib.h>
#include <stdio.h>
#include <string.h>
#include <sqlenv.h>
#include "dbm.h"

EXEC SQL INCLUDE SQLCA;

main()
{
  EXEC SQL BEGIN DECLARE SECTION;
    char anweisung[100];
  EXEC SQL END DECLARE SECTION;

  char    rumpf_anw[49], puffer[80];

  initdbm("UEBUNG", SQL_USE_SHR, &sqlca);

  strcpy(rumpf_anw, "INSERT INTO ");                    /* 1 */
  printf("\nTabellenname: ");
  strcat(rumpf_anw, gets(puffer));                      /* 2 */
  strcat(rumpf_anw, " VALUES (");                       /* 3 */
```

Benutzer-ID des Programmbenutzers erfolgt; wenngleich dies für Programme des ersten Typs schmerzlich ist.

```
      printf("\nPersonalnr. : ");
      while (*gets(puffer))                                                      /* 4 */
        {
          strcpy(anweisung, rumpf_anw);                                          /* 5 */
          strcat(anweisung, puffer);
          strcat(anweisung, ", \'");

          printf("Vorname     : ");
          strcat(anweisung, gets(puffer));
          strcat(anweisung, "\', \'");

          printf("Nachname    : ");
          strcat(anweisung, gets(puffer));
          strcat(anweisung, "\', \'");

          printf("Geburtsdatum: ");
          strcat(anweisung, gets(puffer));
          strcat(anweisung, "\', ");

          printf("Gehalt      : ");
          strcat(anweisung, gets(puffer));
          strcat(anweisung, ")");                                                /* 6 */

          EXEC SQL EXECUTE IMMEDIATE :anweisung;                                 /* 7 */
          if (SQLCODE < 0) sqlfehlr("EXECUTE IMMEDIATE", &sqlca);

          printf("\nWeitere Personalnr. oder ENTER für Programmende: ");         /* 8 */
        }                                                                        /* 9 */
      sqlestpd(&sqlca);
      return(0);
   }
```

OHNEPARA.SQC

Das Programm OHNEPARA.SQC besteht aus zwei Teilen:

Der erste Teil umfaßt die Zeilen (1) bis (3). Hier wird in der Variablen "rumpf_anw" der Beginn einer INSERT-Anweisung aufgebaut. Nach Ausführung von Zeile (3) enthält "rumpf_anw" folgende Zeichenkette:

```
INSERT INTO tabellenname VALUES (
```

Das Wort "tabellenname" ist hierbei durch den Tabellennamen zu ersetzen, der vom Benutzer eingegeben wurde (siehe Zeile (2)).

Der zweite Teil des Programms OHNEPARA.SQC besteht aus einer while-Schleife (Zeilen (4) bis (9)). Pro Schleifendurchlauf werden die Daten eines Mitarbeiters eingefügt. Möchte der Benutzer die Erfassung beenden, so muß er die ENTER-Taste drücken, ohne zuvor eine Personalnummer eingegeben zu haben (siehe Zeilen (4) und (8)).

In den Zeilen (5) bis (6) wird anhand der Benutzereingaben die Werteliste der INSERT-Anweisung aufgebaut. Nach Ausführung der Zeile (6) enthält die Variable "anweisung" eine vollständige INSERT-Anweisung. Diese wird dann in Zeile (7) an die Database Services zur Ausführung übergeben.

Betrachtet man den Ablauf des Programms OHNEPARA.SQC aus Sicht der Database Services, so gelangt mit jedem neu zu erfassenden Mitarbeiter eine EXECUTE IMMEDIATE-Anweisung zur Ausführung. Dies bedeutet: Pro Mitarbeiter wird die INSERT-Anweisung erneut präpariert. Die nacheinander ausgeführten INSERT-Anweisungen unterscheiden sich jedoch nur in den Werten der VALUE-Liste; der Anweisungsrumpf bleibt immer derselbe (siehe Zeile (5)).

Nun wissen wir vom statischen SQL, daß es ohne Kenntnis der Werteliste möglich ist, eine INSERT-Anweisung in die ausführbare Form umzuwandeln. Denn im statischen Fall kann man schreiben:

```
EXEC SQL
   INSERT INTO MITARBEITER
   VALUES (:pers_nr, :v_name, :n_name, :geb_datum, :gehalt);
```

Die Werte der Wirtsvariablen "pers_nr" bis "gehalt" sind beim Binden des Zugriffsplans noch nicht bekannt; sie werden erst zur Programmlaufzeit festgelegt.

Wenden wir diese Erkenntnis auf das Programm OHNEPARA.SQC an:

Da das Vorhandensein der INSERT-Werteliste für das Präparieren der Anweisung nicht notwendig ist, sollte es eigentlich ausreichen, die INSERT-Anweisung nach dem Einlesen des Tabellennamens nur einmal zu präparieren. Anschließend müßte diese präparierte INSERT-Anweisung mit unterschiedlichen Wertelisten mehrfach ausgeführt werden.

Wie Sie sich denken können, sind Parametermarkierungen das Hilfsmittel zur Realisierung der soeben skizzierten Vorgehensweise. Sie erlauben das dynamische Präparieren von SQL-Anweisungen, die noch nicht vollständig vorliegen. Parametermarkierungen tauchen in dynamischen SQL-Anweisungen in Form von Fragezeichen auf. Die INSERT-Anweisung des Programms OHNEPARA.SQL lautet mit Parametermarkierungen wie folgt:

```
INSERT INTO tabellenname VALUES (?, ?, ?, ?, ?)
```

Im Programm OHNEPARA.SQC fand das Präparieren und Ausführen der SQL-Anweisung in einem Schritt statt - nämlich mit der EXECUTE IMME-

DIATE-Anweisung. Möchte man eine SQL-Anweisung nur einmal präparieren und dann mehrfach ausführen, so sind hierfür verständlicherweise zwei Anweisungen erforderlich. Wir haben beide Anweisungen bereits im Programm SELUNBEK.SQC (Funktion "sql_anweisung_ausfuehren" auf Seite 571) kennengelernt. Es handelt sich um die Anweisungen PREPARE und EXECUTE. Das folgende Programmbeispiel verdeutlicht die Anwendung beider Anweisungen in Verbindung mit Parametermarkierungen:

```
#include <stdlib.h>
#include <stdio.h>
#include <string.h>
#include <sqlenv.h>
#include "dbm.h"

EXEC SQL INCLUDE SQLCA;

main()
{
  EXEC SQL BEGIN DECLARE SECTION;
    char     anweisung[100], v_name[16], n_name[16], geb_datum[11];
    short    pers_nr;
    double   gehalt;
  EXEC SQL END DECLARE SECTION;

  char     puffer[80];

  initdbm("UEBUNG", SQL_USE_SHR, &sqlca);

  strcpy(anweisung, "INSERT INTO ");                           /* 1 */
  printf("\nTabellenname: ");
  strcat(anweisung, gets(puffer));
  strcat(anweisung, " VALUES (?, ?, ?, ?, ?)");                /* 2 */

  EXEC SQL PREPARE ANW FROM :anweisung;                        /* 3 */
  if (SQLCODE < 0) sqlfehlr("PREPARE", &sqlca);

  printf("\nPersonalnr. : ");
  while (*gets(puffer))
    {
      pers_nr = atoi(puffer);                                  /* 4 */

      printf("Vorname     : ");
      gets(v_name);                                            /* 5 */

      printf("Nachname    : ");
      gets(n_name);                                            /* 6 */
```

6.2 Dynamisches SQL

```
        printf("Geburtsdatum: ");
        gets(geb_datum);                                              /* 7 */

        printf("Gehalt      : ");
        gehalt = atof(gets(puffer));                                  /* 8 */

        EXEC SQL                                                      /* 9 */
           EXECUTE ANW USING :pers_nr, :v_name, :n_name, :geb_datum, :gehalt;
        if (SQLCODE < 0) sqlfehlr("EXECUTE", &sqlca);

        printf("\nWeitere Personalnr. oder ENTER für Programmende: ");
     }
  sqlestpd(&sqlca);
  return(0);
}
```

MITPARA.SQC

Im Gegensatz zum Programm OHNEPARA.SQC wird nun gleich im ersten Programmteil die gesamte INSERT-Anweisung in der Variablen "anweisung" aufgebaut (Zeilen (1) bis (2)). Die zu diesem Zeitpunkt noch unbekannten Datenwerte werden durch Parametermarkierungen repräsentiert (2). Anschließend erfolgt das Präparieren der (unvollständigen) Anweisung durch die Database Services (3). Die präparierte Anweisung erhält den Namen ANW.

Im zweiten Teil des Programms werden die vom Benutzer eingegebenen Mitarbeiterdaten den Wirtsvariablen "pers_nr" (4), "v_name" (5), "n_name" (6), "geb_datum" (7) und "gehalt" (8) zugewiesen. Diese Wirtsvariablen werden in der anschließenden EXECUTE-Anweisung benutzt, um Werte für die Parametermarkierungen vorzusehen (9). Auf diese Weise kann eine dynamisch präparierte SQL-Anweisung mehrfach mit unterschiedlichen Werten ausgeführt werden.

In der USING-Klausel der EXECUTE-Anweisung ist für jede Parametermarkierung eine Wirtsvariable anzugeben (9). Die Wirtsvariablen müssen in ihrem Datentyp mit dem Datentyp der jeweils korrespondierenden Parametermarkierung kompatibel sein. Der Datentyp einer Parametermarkierung wird von den Database Services aus dem Kontext der SQL-Anweisung ermittelt.

Alternativ zur Angabe einzelner Wirtsvariablen kann man in der USING-Klausel auch eine SQLDA einsetzen. Die EXECUTE-Anweisung hat dann folgenden prinzipiellen Aufbau:

```
EXEC SQL EXECUTE ... USING DESCRIPTOR :sqlda;
```

Diese Form der Parameterversorgung ist in solchen Situationen zu wählen, in denen die Anzahl benutzter Parametermarkierungen erst zur Programmlaufzeit festliegt. Hierbei hat man die SQLDA in dem Maße mit Wirtsvariablenbeschreibungen zu bestücken, wie zuvor beim Präparieren Parametermarkierungen verwendet wurden. Alle Variablen der sqlvar-Elemente (außer sqlname) sind vom Anwendungsprogramm vor Ausführung der EXECUTE-Anweisung zu belegen . Darüber hinaus muß man die Variablen "sqldabc", "sqln" und "sqld" entsprechend der Anzahl Parametermarkierungen mit Werten versorgen (vergl. hierzu Zeilen (6) bis (12) des Programms SQLDA.SQC auf Seite 550).

Parametermarkierungen in dynamisch ausgeführten SELECT-Anweisungen

Unser bisheriges Beispiel bezog sich auf eine Nicht-SELECT-Anweisung. Parametermarkierungen können jedoch auch in dynamisch ausgeführten SELECT-Anweisungen angewandt werden. Es spielt hierbei keine Rolle, ob es sich um eine SELECT-Anweisung mit bekannter oder mit unbekannter Spaltenliste handelt.

Die Belegung der Parametermarkierungen mit aktuellen Werten erfolgt beim SELECT in der OPEN-Anweisung. Für eine SELECT-Anweisung mit bekannter Spaltenliste ergibt sich z.B. folgender Ablauf:

```
EXEC SQL BEGIN DECLARE SECTION;
   char    anw[100], n_name[16];
   short   pers_nr;
EXEC SQL END DECLARE SECTION;

EXEC SQL DECLARE CURS CURSOR FOR ANW;

strcpy(anw, "SELECT N_NAME FROM DBMUSER.MITARBEITER WHERE PERS_NR = ?");

EXEC SQL PREPARE ANW FROM :anw;

while (...)
  {
    scanf("%d", &pers_nr);

    EXEC SQL OPEN CURS USING :pers_nr;

    EXEC SQL FETCH CURS INTO :n_name;

    EXEC SQL CLOSE CURS;
  }
```

6.2 Dynamisches SQL

Die Verwendung von Parametermarkierungen in dynamisch ausgeführten SELECT-Anweisungen ist nur dann sinnvoll, wenn der Cursor nach dem Präparieren mehrfach mit unterschiedlichen Wirtsvariablen geöffnet wird. Oder anders formuliert: Parametermarkierungen in SELECT-Anweisungen machen es möglich, eine dynamisch präparierte SELECT-Anweisung mehrmals mit unterschiedlichen Daten auszuführen.

Auch beim OPEN kann man anstelle einzelner Wirtsvariablen eine SQLDA verwenden. Die OPEN-Anweisung ist nun wie folgt aufgebaut:

```
EXEC SQL OPEN ... USING DESCRIPTOR :sqlda;
```

Im Falle dynamischer SELECT-Anweisungen mit unbekannter Spaltenliste hat man es dann allerdings mit zwei SQLDAs zu tun; eine zur Versorgung von Parametermarkierungen im Rahmen der OPEN-Anweisung, eine zweite zur Aufnahme von Ergebnisdaten in der FETCH-Anweisung. Diese Kombination ist - was den Schwierigkeitsgrad angeht - als "Krönung" der SQL-Programmierung anzusehen; sie kommt in der Praxis jedoch fast nie vor.

Vor einer Einsatzform von Parametermarkierungen soll an dieser Stelle gewarnt werden: Parametermarkierungen sollten nicht direkt vom Benutzer in die SQL-Anweisung eingestreut werden, sondern nur programmgesteuert zur Anwendung kommen. Dies hat folgenden Grund: Während die Database Services das Anwendungsprogramm mittels der SQLDA über den Aufbau einer unbekannten Spaltenliste informieren (siehe Programm SELUNBEK.EXE), gibt es eine vergleichbare Hilfestellung für Parametermarkierungen nicht. Wollte man also die Festlegung von Parametermarkierungen dem Benutzer überlassen, so müßte man anschließend Datentyp und Länge dieser Parametermarkierungen anhand einer Analyse der SELECT-Anweisung erkennen. Dies ist in der Praxis nahezu unmöglich.

Wo können Parametermarkierungen auftreten?

Da Parametermarkierungen im Prinzip die gleiche Aufgabe erfüllen wie Wirtsvariablen in statischen SQL-Anweisungen, können sie nahezu überall dort verwandt werden, wo Wirtsvariablen zugelassen sind. Folgende Einschränkungen sind jedoch zu beachten:

♦ Parametermarkierungen sind in Spaltenlisten von SELECT-Anweisungen nicht erlaubt.

♦ Parametermarkierungen dürfen nicht auf beiden Seiten eines Vergleichsoperators auftreten. Der Ausdruck

```
... WHERE ? = ? ...
```

ist also unzulässig.

- Es dürfen nicht beide Operanden eines einzelnen arithmetischen Operators gleichzeitig Parametermarkierungen sein. Der Ausdruck

```
... ? + ? ...
```

ist folglich nicht erlaubt.

- In den Prädikaten BETWEEN oder IN hat mindestens ein Operator keine Parametermarkierung zu sein.
- Eine Parametermarkierung kann nur in folgender Situation als Parameter einer Skalarfunktion verwendet werden: Die Skalarfunktion darf nicht in der Spaltenliste einer SELECT-Anweisung auftreten. Darüber hinaus lassen sich nur solche Argumente von Skalarfunktionen durch Parametermarkierungen ersetzen, für die ein bestimmtes Datenformat vorgeschrieben ist. Dies ist z.B. für das zweite und dritte Argument der Funktion SUBSTR gewährleistet, da diese Argumente den Datentyp INTEGER aufweisen müssen.

Lebensdauer dynamisch präparierter SQL-Anweisungen

Wie wir auf den zurückliegenden Seiten gesehen haben, kann es sinnvoll sein, eine dynamisch präparierte SQL-Anweisung mehrfach auszuführen. Es stellt sich daher die Frage: Wie lange wird eine dynamisch präparierte Anweisung von den Database Services aufbewahrt?

Grundsätzlich gilt: Mit dem Ende einer Transaktion werden alle Anweisungen gelöscht, die innerhalb dieser Transaktion dynamisch präpariert wurden. Man kann also nach einem COMMIT keine Anweisung mehr ausführen, die vor dem COMMIT dynamisch präpariert wurde.

Es gibt allerdings eine Ausnahme: Eine dynamisch präparierte SELECT-Anweisung, auf die sich ein mit der Klausel WITH HOLD deklarierter Cursor bezieht, überdauert einen COMMIT, wenn der Cursor zum COMMIT-Zeitpunkt geöffnet ist.

Noch ein weiterer Punkt ist bei dynamisch präparierten SQL-Anweisungen zu beachten:

Alle EXECUTE- bzw. dynamischen OPEN-Anweisungen müssen sich in derselben Quelldatei befinden, wie die zugehörige PREPARE-Anweisung. Innerhalb dieser Datei können sie in einer beliebigen Funktion auftreten. Der Grund für diese Einschränkung liegt darin begründet, daß eine PREPARE- und die zugehörige EXECUTE- oder OPEN-Anweisung über denselben Plan ausgeführt werden müssen. Wegen der 1:1-Beziehung zwischen Plan und Quelldatei (siehe Abschnitt 5.2 "SQL-Kompilation") ist dies nur dann der Fall, wenn die PREPARE-Anweisung und die ausführende Anweisung(en) in derselben Quelldatei enthalten sind. Zwischen dem Präparieren und dem Ausführen einer Anweisung können allerdings durchaus andere Pläne zum Einsatz kommen, indem SQL-Anweisungen anderer Quelldateien ausgeführt werden.

Stichwortverzeichnis

#define 234
3-Ebenen-Architektur 295, 442, 460

- A -

Abfragen 26
  ändern 167
  geführte 161, 164
  speichern 125
  Unter- 96, 461
Abkömmling 361
Administrator 528
ALL 99, 116
ALLG.DEF 221
ALTER TABLE 418, 557
Anomalie
  Einfüge- 380, 385
  Lösch- 381, 386
  Modifikations- 386
ANSI-ESCAPE-Sequenzen 270
ANSI/SPARC 295
Anweisung
  Änderungs- 249, 265, 503
  ausführbare 182
  -name, symbolischer 563
  nicht ausführbare 182
  optimieren 460
ANY 98
APPC 480
Attribut 304
  klassifizierendes 322, 358
Aufbereitungsformat
  erweitern 152
AVG 84, 285

- B -

Backend 138
BCD 590
Benutzer
  -abmeldung 531
  -anmeldung 524, 531
  -gruppe 529
  -ID 491, 524
  -profil 527
  -verwaltung 527
Berechtigung 524
  dynamisches SQL 593
  Empfehlung für 539
  für Programme 539
  -vergabe 532
BETWEEN 40, 279
Beziehung 313
  1:1- 317, 354, 386
  1:n- 318, 340
  festlegen 415, 421
  hierarchische 319, 342, 455
  -integrität 335, 350
  Ist-ein- 322, 324
  -kette, geschlossen 364
  Komplexität 317
  löschen 422
  m:n- 318, 351, 455
  -menge 314, 325, 340
  -name 416
  rekursive 315, 324, 347, 367
Binddatei 488, 491
Binder 487, 490, 514
Blockadesituation 520
BREAK 156

- C -

C
  -Compiler 188
  -Deklarationen, empfohlene 228
CASCADE 417
Client 478
CLOSE 259
CLUSTERRATIO 448, 465
COLCARD 447
COMMENT ON 426, 428, 557
COMMIT 496, 561, 604
Communications Manager 480
COUNT 83, 286
CREATE 557
  database 394
  INDEX 440
  TABLE 397
  VIEW 129, 470
CURRENT
  DATE 66
  TIME 66
  TIMESTAMP 66, 410
  USER 66
CURRENT OF 267
Cursor
  -verarbeitung 256
Cursor Stability 514

- D -

Database Manager 134
  -Funktionen 182, 190, 195, 213
Database restart 208, 503
Database Services 134
  nicht aktiv 207
  starten 173
  stoppen 174
DATE 409
Datenbank 391
  anlegen 13, 392
  -definition 391
  inkonsistenter Zustand 205, 208
  instandsetzen 502
  löschen 396
  -sicherung 210, 522
  -verzeichnis 393
  -wechsel 391, 494

  -wiederherstellung 523
Datenbankentwurf
  externer 469
  interner 434
  konzeptioneller 301
Datenbanksystem
  relational 10
Datenkorrektur 29
Datenmodell, relational 328
Datensicherung 522
Datentyp
  C-Deklaration 215
  -klasse 217
  Query Manager- 16
  resultierender 283
  Speicherplatzbedarf 413
  SQL- 215, 580
Datenunabhängigkeit 299, 472, 475
DBM.H 203, 240, 242, 500
DECIMAL 408, 589
DECLARE
  CURSOR 257
  SECTION 181, 230, 544
DELETE 69, 254
  cursorgesteuert 272
  Unterabfrage 106
Denormalisierung 461
DESCRIBE 575
DESCRIPTOR, USING 544
DISTINCT 52
double 589
DROP 557
  INDEX 441
  PROGRAM 494
  TABLE 418
  VIEW 472
Duplikat 116

- E -

Entität 302
  -menge 303, 338
  -schlüssel 308, 310
Entity-Relationship-Modell 302
ER-Diagramm 303, 306, 314, 327
Ergebnis
  -aufbereitung 138
  ausdrucken 160

EXCEPT 110, 273
EXEC SQL 177
EXECUTE 538, 574
   IMMEDIATE 558
EXISTS 104, 281
externe Ebene 297

- F -

FEHLER.C 201
FETCH 257, 456
Filterfaktor 451
FIRSTKEYCARD 448
FLOAT 408
FOR BIT DATA 406
FOR UPDATE OF 267
FOREIGN KEY 415
Form 140
Formatierungscode
   für Texte 149
   für Zahlen 143
FPAGES 446, 462
Frontend 138
FULLKEYCARD 448
Funktion
   Skalar- 78
   Spalten- 82

- G -

GRANT 532, 557
GROUP BY 88, 273
Gruppenbildung 88
Gruppenwechsel 156

- H -

HAVING 93, 95, 273
   Unterabfrage 105
HIGH2KEY 447

- I -

IN 39, 278
INCLUDE
   SQLCA 180

SQLDA 545
Index 299, 436
   -blatt 438
   eindeutiger 443
   -erstellung 440
   nichteindeutiger 443
   nonmatching 444
   Ordnungsgrad 451, 465
   -scan 443
   -schlüssel 436
   -verwendung 442, 486
   -wahl 454
   -wurzel 437
Information
   aggregierte 388, 462
   Binär- 224, 406
INITDBM.C 206
INSERT 63, 250
   mit SELECT 106
INTEGER 408
interne Ebene 298
INTERSECT 109, 273
INTO 177
IS NULL 46, 281
Isolationsstufe 513, 515
   Festlegung 514
   im Katalog 515
IST_SQL_NULL 240

- J -

Join 54
   -bedingung 56
   Merge 445
   -methode 444
   mit sich selbst 120
   Nested Loop 445
   Outer 118, 124

- K -

Katalog
   -tabelle 393, 423
Konfiguration 481
Konsistenzprüfung 492
konzeptionelle Ebene 297
Korrelationsname 56, 122

- L -

LENGTH 78, 282
LIKE 41, 279
Linker 190, 221
LOCK TABLE 517
LOG 504
Logdateien 504
   Konfiguration 505
   primäre 505
   sekundäre 505
   verlagern 507
Lokationstransparenz 482
Löschregel 336, 353, 361
Löschrestriktion 368
Löschverbindung 361, 366
LOW2KEY 447

- M -

MAX 84, 285
Menge
   Differenz- 110
   Schnitt- 109
   Vereinigungs- 109
MIN 84, 285
Miniwelt 301
Modifikationsregel 337
Modifikationsrestriktion 368
Moduldefinitionsdatei 221

- N -

NICHT_SQL_NULL 242
NLEAF 448
NLEVELS 448
Normalform 370
Normalisierung 369
NOT NULL 410
NPAGES 446, 462
Nullwert 33, 64, 237, 309
   Darstellung 147
   GROUP BY 92
   in Suchbedingungen 43, 50
   in zusammengesetzten
      Fremdschlüsseln 360, 411

- O -

OPEN 259, 456
Operation
   Änderungs- 60, 367, 439
   Modifikations- 60
Operator
   logischer 47
   Mengen- 108
   Vergleichs- 38
Optimierer 442, 484
   Arbeitsweise 451
ORDER BY 32, 273
   Mengenoperationen 114
OS/2-Prozeß 136, 194
OVERFLOW 464

- P -

Parametermarkierung 597
Paßwort 524
Prädikat 45, 276, 452
Präsentationskomponente 290
Precompiler 175
   Aufruf 185
   -optionen 488, 514
PREPARE 563, 573
PRIMARY KEY 414
Programm
   abnormales Ende 501
   aktives 509
   fensterkompatibles 221
   modifiziertes 187, 553
   -umwandlung 487
Prompted Query 161
PUBLIC 532
Pufferbereich 503

- Q -

Query Manager
   Anwendungsentwicklung 168, 294
   Aufruf 148
   Funktionen 134
   Profil 145
   Programmschnittstelle 139

- R -

Redundanz 384, 387
REFERENCES 417
Relation 329
   Beziehungen 332
   Eigenschaften 330
REMARKS 426
Remote Data Services 480
Reorganisation 453, 462
   durchführen 466
Repeatable Read 513
Requester 478
RESTRICT 417
Retrieve message 200
REVOKE 532, 557
ROLLBACK 498, 520, 561
RUNSTATS 448, 465

- S -

Save data... 61, 75, 126
Schlüssel
   alternativer 331
   Fremd- 332, 360, 416
   -index 454
   -kandidat 310
   künstlicher 410
   Primär- 331, 414, 420, 422
   zusammengesetzter 339
Seite 434
   Daten- 436
   Index- 436
Sektion 484
SELECT 28, 94
Server 481
   Benutzeranmeldung 531
   -datenbanken 478
   -PC 392, 478
SET NULL 417
Skalarfunktion 78
SMALLINT 408
soft checkpoint 507
SOME 98
Sortierung 31, 445
Spalten
   -breite 143
   Datentyp 400
   festhalten 159

   -formatierung 143
   -name 400
   -überschrift 141
Spaltenfunktion 82
   arithmetischer Ausdruck 87
   DISTINCT 88
Spaltenliste 31
   arithmetischer Ausdruck 79
Sperren 513
   explizites 517
   gesamte Datenbank 521
   Tabellen- 516
   Zeilen- 516
Sperreskalation 518
Sperrliste 516, 519
Sperrumfang 516
Spezialisierung 321, 355, 411
Spezialregister 66
SQL 9, 71
   descriptor area 543
   deskriptiv 73
   dynamisches 287, 557
   eingebettetes 177
   interaktives 177
   -Kommunikationsstruktur 196
   -Kompilation 484
   mengenorientiert 74
   -Normierung 72
   statisches 287
   -Überblick 75
SQL_NULL 242
sqlaintp 200
sqlbind 490
SQLCA 195, 237
SQLCODE 181, 198
   differenzierte Behandlung 252
   Nachrichtentext 200
SQLDA 544, 573, 576
SQLDASIZE 546
sqlecred 396
sqledrpd 396
sqlerrmc 416
sqlestar 207, 395
sqlestpd 182, 391
sqlestrd 182, 392
sqllen 549
sqlprep 186
sqlrest 208
sqltype 546, 580

sqlureor 467
sqlustat 449
SQLWARN 199
SQLWARN1 218
SQLWARN3 567
SQLWARN4 561
Start Database Manager 207
Start using database 183
STARTDBM.EXE 173
Statistik
 -daten 445
 ermitteln 448
STOPDBM.EXE 174
Streamer 523
SUBSTR 80, 284
Suchbedingung 46
SUM 84, 285
SYSADM 528
SYSIBM.SYSCOLUMNS 427, 446
SYSIBM.SYSDBAUTH 542
SYSIBM.SYSINDEXES 447
SYSIBM.SYSPLAN 484, 493
SYSIBM.SYSPLANDEP 458, 486
SYSIBM.SYSRELS 429
SYSIBM.SYSSECTION 484
SYSIBM.SYSSTMT 487
SYSIBM.SYSTABLES 425, 446
SYSIBM.SYSVIEWS 469

- T -

Tabellen
 abhängige 332
 anlegen 14, 396, 431
 erweitern 90, 418
 füllen 23
 kopieren 60
 löschen 418
 -name 398
 -qualifizierung 398, 566
 -scan 435, 453
 temporäre Ergebnis- 456
 Vater- 332
 verbinden 54
 virtuelle 126, 469
Textmuster 41
TIME 409
TIMESTAMP 409

Transaktion 495
 Cursor 497
 langlaufende 508
 rückgängig machen 498
 Status 511
Triggerprozedur 390
Tupel 330

- U -

Uncommitted Read 514
UNION 109, 273
UNIQUE 440
Unterabfrage 96
 korrelierende 101
 mit IN 104
UPDATE 67, 254
 cursorgesteuert 266
 mengenorientiert 266
 Unterabfrage 105
USAGE 154
User Profile Management 524

- V -

VARCHAR 405, 463
 LONG 405
Variable
 Indikator- 238, 243, 549
 Struktur- 222, 406
Verallgemeinerung 321, 355
Vererbung 323
verlustlose Zerlegung 382
Verschlüsselung 406
View 127, 132, 297, 469
 löschen 472
 -qualifizierung 566
 reine Lese- 471
 Zugriffskontrolle 541

- W -

Warnungskennzeichen 199
Wert 304
Wertebereich 40, 279, 305, 334
 Umsetzung 403

Werteliste 39, 63, 278
WHENEVER 245
  Geltungsbereich 248
WHERE 34, 95
Wiederholfelder 370, 374
Wirtssprache 175
Wirtsvariablen 214, 235, 485
  für Zahlen 225
  formale Parameter 233
  in Spaltenlisten 286
  INTO 218
  Pointer- 235, 262
  Sichtbarkeit 230
  Verwendung 275
WITH CHECK OPTION 472
WITH HOLD 497, 604

- Z -

Zeichenketten, abschneiden 218, 244
Zeilen
  einfügen 62
  länge 412
  löschen 69
  modifizieren 66
  -reihenfolge 64, 70
  -verlagerung 463
zeitinvariant 66
Zeitmarke 493
Zeitpunkt 409
Zugriff, konkurrierender 512
Zugriffsmethode 443
Zugriffsplan 180, 192, 288, 458
  Abspeicherung 484
  Ausführung 484
  autom. Neubinden 486
  löschen 493
  -name 490
  -qualifizierung 490, 492
Zugriffsschutz 524, 527

Anhang: Englisch-deutsches Wörterbuch

Access plan	Zugriffsplan (Zugriffsmodul, das durch Kompilation von SQL-Anweisungen entsteht)
alternate key	alternativer Schlüssel (Schlüsselkandidat, der nicht zum Primärschlüssel erwählt wurde)
attribute	Attribut
B-tree	balancierter Indexbaum
bind	Binden (Erstellen eines Zugriffsplans)
buffer pool	Pufferbereich (Hauptspeicherbereich zur Zwischenspeicherung von Daten- und Indexseiten)
business rules	Unternehmensregeln
Candidate key	Schlüsselkandidat
catalog table	Katalogtabelle
clause	Klausel (Teil einer SQL-Anweisung mit definierter Aufgabe; z.B. WHERE-Klausel, dient zur Festlegung einer Suchbedingung)
cluster ratio	Ordnungsgrad eines Indexes
clustering, degree of	Maß der Zeilenordnung
column	Spalte
column function	Spaltenfunktion
composit key	zusammengesetzter Schlüssel (Primärschlüssel, der aus mehreren Spalten besteht)
constraint name	Name einer Fremdschlüssel-Primärschlüssel-Beziehung
correlated subquery	korrelierende Unterabfrage (Ergebnis der Unterabfrage ist von der Hauptabfrage abhängig)
correlation name	Korrelationsname
create	erstellen, anlegen
creator	Ersteller einer Database Manager-Objektes (Tabelle, View, Index, Plan)
cycle	geschlossene Beziehungskette
Data type	Datentyp (einer Tabellenspalte)
database	Datenbank
database management system	Datenbanksystem
Database Services	Wesentlicher Teil des Database Manager; hier werden alle SQL-Anweisungen und Database Manager-Funktionsaufrufe ausgeführt (Datenbankmaschine)
delete	löschen
delete rule	Löschregel
delete-connected	Löschverbindung

dependent table	abhängige Tabelle (referenzierende Tabelle)
descendent	Abkömmling (mittelbar abhängige Tabelle)
domain	Wertebereich
drive	(logisches) Laufwerk
dynamic link library	dynamische Linkbiliothek (Dateien mit der Namenserweiterung DLL)
Edit code	Formatierungscode (dient zur Festlegung der Spaltenformatierung im Report-Fenster)
entity	Entität
entity set	Entitätsmenge
except	Differenzmenge bilden (Operator zur Verküpfung von SELECT-Anweisungen)
executable statement	ausführbare SQL-Anweisung (SQL-Anweisung, die einen Auftrag an die Database Services zur Folge hat; vergl. auch "not executable statement")
expression	(arithmetischer) Ausdruck
Fixed-list SELECT statement	SELECT-Anweisung mit bekannter Spaltenliste
foreign key	Fremdschlüssel
Host language	Wirtssprache
host variable	Wirtsvariable (Variable der Wirtssprache, die in SQL-Anweisungen verwendet wird)
Insert	einfügen
intersect	Schnittmenge bilden (Operator zur Verküpfung von SELECT-Anweisungen)
Key	Schlüssel
Label	Sprungmarke (im C-Programm)
leaf page	Indexseite der untersten Stufe (Indexblatt)
location transparency	Lokationstransparenz (der Speicherort einer Datenbank ist für den Benutzer unsichtbar)
lock	Sperre
lock escalation	Sperreskalation
lock list	Sperrliste (Hauptspeicherbereich, in dem Sperren verzeichnet werden)
logon	Benutzeranmeldung (Eingabe von Benutzer-ID und Paßwort)
Nickname	Spitzname
nonloss decomposition	verlustlose Zerlegung (Normalisierung)
not executable statement	nicht ausführbare SQL-Anweisung (eine in ein Programm eingebettete SQL-Anweisung, die nur eine Steueranweisung für den Precompiler darstellt)
null value	Nullwert (leeres Datenfeld)
nullable	nullfähig (eine Tabellenspalte ist nullfähig, wenn sie Nullwerte zuläßt).
Optimizer	Optimierer (Komponente der Database Services, die für die Wahl des Zugriffspfads zuständig ist).
owner	Eigner eines Database Manager-Objektes (Tabelle, View, Index, Plan)

Page	Seite (I/O-Einheit für Tabellen und Indexe; eine Seite umfaßt 4 KB).
parameter marker	Parametermarkierung (Datenwerte, die beim dynamischen Präparieren einer SQL-Anweisung noch nicht bekannt sind, werden durch Parametermarkierungen "?" gekennzeichnet).
parent table	Vatertabelle (referenzierte Tabelle)
positioned delete	positionierte DELETE-Anweisung (DELETE-Anweisung, die in der WHERE-Klausel auf die momentane Position eines Cursors Bezug nimmt).
positioned update	positionierte UPDATE-Anweisung (UPDATE-Anweisung, die in der WHERE-Klausel auf die momentane Position eines Cursors Bezug nimmt).
precision	Gesamtstellenzahl eines DECIMAL-Zahlenwertes
predicate	Prädikat
prepare	präparieren (eine SQL-Anweisung von der Textform in eine ausführbare Form überführen)
prepare time	Zeitpunkt, zu dem eine SQL-Anweisung in die ausführbare Form überführt wird.
prepared statement	präparierte SQL-Anweisung (SQL-Anweisung, die von der Textform in eine ausführbare Form umgewandelt wurde)
primary key	Primärschlüssel
privilege	Berechtigung
Qualified name	Qualifizierter Tabellen-, View-, Index- oder Planname. (Name der aus zwei Namensteilen besteht, die durch einen Punkt voneinander getrennt werden)
qualifier	Qualifizierung (erster Namensteil von Tabellen, Views, Indexen und Plänen)
Query Manager	Benutzerschnittstelle zu den Database Services. Der Query Manager und die Database Services bilden zusammen den Database Manager.
Read only result table	reine Lese-Ergebnistabelle
read only view	reine Leseview (kann nur für SELECT-Anweisungen benutzt werden)
recovery log file	Logdatei (Datei, in der alle Datenbankänderungen registriert werden)
recovery process	Datenbankinstandsetzung nach einem Systemabsturz
referential constraint	Einschränkung eines Fremdschlüssels durch eine Beziehung
referential integrity	Beziehungsintegrität
referential structure	Beziehungsstruktur
relationship	Beziehung
relationship set	Beziehungsmenge
Remote Data Services	optionale Komponente der Database Services zum Zugriff auf entfernte Datenbanken
remote database	entfernte Datenbank
repeating group	Wiederholgruppe (zusammengehörige Wiederholfelder)
role	Rolle
row	Zeile
row level lock	Zeilensperre (eine einzelne Zeile wird gesperrt; vergl. "table lock")

rule	Regel
Scalar function	Skalarfunktion
scale	Anzahl Nachkommastellen eines DECIMAL-Zahlenwertes
search condition	Suchbedingung
section	Sektion (eigenständiges Zugriffsmodul innerhalb des Zugriffsplans)
select	auswählen
select list	Spaltenliste (einer SELECT-Anweisung)
self-referencing table	Tabelle mit rekursiver Beziehung
set	Menge
set operator	Mengenoperator (UNION, INTERSECT, EXCEPT)
special register	Spezialregister (z.B. CURRENT DATE)
SQL communication area	SQL-Kommunikationsstruktur
sqlca	siehe "SQL communication area"
statement name	Anweisungsname (in dynamischem SQL)
string	Zeichenkette
subquery	Unterabfrage (SELECT-Anweisung in Prädikaten)
subselect	einzelne SELECT-Anweisung (ohne INSERSECT, EXEPCT oder UNION)
surrogate	künstlicher Schlüssel
Table	Tabelle
table lock	Tabellensperre (eine gesamte Tabelle wird gesperrt; vergl. "row level lock").
table scan	Tabellenscan (sequentielles Durchsuchen einer Tabellendatei)
timestamp	Zeitpunkt
transaction	Transaktion (Folge von SQL-Anweisungen, die eine Datenbank von einem bestehenden konsistenten in einen neuen konsistenten Zustand überführt).
Union	Vereinigungsmenge (Operator zur Verküpfung von SELECT-Anweisungen)
unique index	eindeutiger Index (die Eindeutigkeit des Indexschlüssels wird sichergestellt)
unit of recovery	Transaktion (siehe "transaction")
unit of work	Transaktion (siehe "transaction")
updatable view	änderbare View (eine View, für die Änderungsoperationen zulässig sind; vergl. "read only view")
update	modifizieren, Modifikation
update rule	Modifikationsregel
userid	Benutzeridentifikation (Benutzer-ID)
Value	Wert
value set	Wertebereich
varying-list SELECT statement	SELECT-Anweisung mit unbekannter Spaltenliste
view	Sicht, virtuelle Tabelle
volume database directory	Laufwerk-Datenbankverzeichnis
Warning indicator	Warnungskennzeichen (Elemente der "sqlca")
window	Fenster

MIX
Papier aus verantwortungsvollen Quellen
Paper from responsible sources
FSC® C105338

If you have any concerns about our products,
you can contact us on
ProductSafety@springernature.com

In case Publisher is established outside the EU,
the EU authorized representative is:
**Springer Nature Customer Service Center GmbH
Europaplatz 3, 69115 Heidelberg, Germany**

Printed by Libri Plureos GmbH
in Hamburg, Germany